Managementforschung 1

Managementforschung 1

Herausgegeben von

Wolfgang H. Staehle und Jörg Sydow

Walter de Gruyter · Berlin · New York 1991

Prof. Dr. Wolfgang H. Staehle, Institut für Management der Freien Universität Berlin, Garystr. 21, 1000 Berlin 33

Dr. Jörg Sydow, Institut für Management der Freien Universität Berlin, Garystr. 21, 1000 Berlin 33

Das Buch enthält 32 Abbildungen, 5 Tabellen und 4 Übersichten

⊗ Gedruckt auf säurefreiem Papier, das die US-ANSI-Norm über Haltbarkeit erfüllt.

Die Deutsche Bibliothek – CIP-Einheitsaufnahme

Managementforschung / hrsg. von Wolfgang H. Staehle ... –
Berlin ; New York : de Gruyter.
NE: Staehle, Wolfgang H. [Hrsg.]

1 (1991)
ISBN 3-11-012176-X

Printed in Germany.
Satz: Knipp Textverarbeitungen, Wetter. – Druck: Gerike GmbH, Berlin. – Buchbinderische Verarbeitung: Dieter Mikolai, Berlin. – Umschlagentwurf: Johannes Rother, Berlin.

Zur Konzeption der „Managementforschung“

„Managementforschung“ wird alternierend von *Wolfgang H. Staehle, Peter Conrad* und *Jörg Sydow,* Institut für Management der Freien Universität Berlin, herausgegeben. „Managementforschung“ erscheint jährlich und wendet sich zum einen an Forscher und Studierende der Wirtschafts- und Sozialwissenschaften, die sich mit Fragen des Managements befassen; Studierenden kann sie in Ergänzung zu Lehrbüchern dem vertiefenden Studium der Managementlehre dienen. Zum anderen wendet sie sich an wissenschaftlich interessierte Managementpraktiker, denen sie einen Überblick über Stand und Ergebnisse der Managementforschung bietet.

„Managementforschung“ versteht sich als ein Publikumsorgan für Wissenschaftler, die Management als Funktion und Institution untersuchen - gleichgültig, welcher Disziplin sie angehören. Diese disziplinäre Offenheit wird durch die personelle Besetzung des Beirats unterstrichen, der die Herausgeber bei der Akquisition, Begutachtung und Auswahl geeigneter Beiträge unterstützt. Dem Herausgeberbeirat gehören zur Zeit an:

„Managementforschung" beabsichtigt auch, den wissenschaftlichen Dialog zwischen Anhängern und Kritikern einer *verhaltenswissenschaftlichen* Managementlehre zu intensivieren. „Managementforschung" versteht sich dabei primär als ein Publikationsorgan für solche Wissenschaftler, die sich aus verhaltenswissenschaftlicher Sicht mit dem Gegenstandsbereich Management befassen; zudem sollen Vertreter jener Richtungen zu Wort kommen, die die verhaltenswissenschaftliche Managementforschung vor allem aus mikroökonomischer, entscheidungslogischer und quantitativ-analytischer Richtung (Management Science) kritisieren. Der Schwerpunkt liegt auf innovativen, konzeptionellen und empirischen Forschungsbeiträgen. Regelmäßig werden aber auch state of the art-Übersichtsartikel zu zentralen Gebieten der Managementforschung erscheinen. Neben anerkannten Fachvertretern werden auch qualifizierte Nachwuchswissenschaftler die Gelegenheit haben, zu aktuellen Fragen Stellung zu nehmen.

In der Regel werden die Beiträge von den Herausgebern in Absprache mit den Beiräten bei den Autoren gezielt in Auftrag gegeben. Grundsätzlich erstellen diese eine erste Manuskriptfassung ihres Beitrags, die dann einem konstruktiven Reviewprozeß unterzogen wird; dies ist das *prozedural* Besondere an der „Managementforschung". Auf der Grundlage ausführlicher Reviews wird über die Akzeptanz sowie über Art und Umfang der planmäßigen Überarbeitung des Manuskriptes entschieden. Jeder Band der „Managementforschung" ist somit das Ergebnis einer engen Kooperation zwischen Autoren, Beiräten und Herausgebern, auch wenn letztlich allein die Autoren für den Inhalt die Verantwortung tragen.

Vorwort

Dieser erste Band der jährlich erscheinenden „Managementforschung" enthält insgesamt neun Beiträge, die alphabetisch geordnet sind. Die drei ersten Beiträge nehmen Anstöße aus der neueren Systemtheorie auf und beziehen sie konzeptionell auf Fragen des Managements. Dieser Schwerpunkt spiegelt lediglich die besondere Aktualität der Fragestellung aber keine redaktionelle Absicht wider. Insoweit, und dies wird für jeden Band gelten, dokumentiert die „Managementforschung" immer in theoretisch-konzeptioneller wie methodischer Hinsicht den Zeitgeist.

Der im Zusammenhang mit der Publikation dieses ersten Bandes für uns als Herausgeber entstandene ‚Managementbedarf' hielt sich aufgrund des Engagements, der Termintreue und der Verläßlichkeit von Autoren und Beiräten beim Abfassen, Reviewen und Überarbeiten der Manuskripte in akzeptablen Grenzen. Dafür danken wir allen Beteiligten.

Berlin im März 1991 — Wolfgang H. Staehle und Jörg Sydow

Inhaltsverzeichnis

Helmut Kasper

Neuerungen durch selbstorganisierende Prozesse

Handhabung von Neuerungen; Innovationsmanagement; kulturelle Muster; selbstorganisierende Prozesse; Strukturänderungen; Systemtheorie

Zusammenfassung

Neuerungen im Zusammenhang mit selbstorganisierenden Prozessen in formal organisierten Sozialsystemen waren bislang selten ein Erkenntnisinteresse der Managementforschung. Vernachlässigt wurde in der Betriebswirtschaftslehre – im Gegensatz etwa zu Rechtsfächern und Politikwissenschaften – auch Luhmanns Theorieangebot von „sozialen Systemen" seit seiner „autopoietischen Wende", das einen der bedeutendsten Ansätze zur Erklärung zur Selbstorganisation darstellt. Luhmanns Ansatz der neueren Systemtheorie soziologischer Provenienz wird hier reflektiert aufgegriffen. Er dient vor allem der Weiterentwicklung von Weicks Ansatz zum „Prozeß des Organisierens". Eine Verdichtung erfolgt im Zuge der Erstellung eines eigenen Modells „selbstorganisierender Prozesse", das mögliche Verlaufsmuster in bezug auf die Entstehung und Handhabung von Neuerungen in formal organisierten Sozialsystemen abbildet.

Managementforschung 1 (1991), hrsg. von W.H. Staehle u. J. Sydow,
Walter de Gruyter · Berlin · New York, S. 1-74

Inhaltsübersicht

1 Problemstellung

Bisherige Auffassungen vom „Gestaltungsmanagement“ sehen sich zunehmend Sichtweisen gegenüber, die das Managen von Organisationen als „Ordnungsmanagement“ mit hohen Anteilen von Selbstorganisationsprozessen (z.B. Probst 1987; Greipel 1988) vertreten. In den siebziger Jahren begannen sich Studien im Bereich der Management- und Organisationsforschung im angelsächsischen Raum (z. B. Hedberg et. al 1976; Weick 1969, 1976, 1979) vom Postulat des Mach- und Beherrschbaren von Organisationen zu distanzieren. Organisationen seien nicht ausschließlich vom Management plan-, gestalt- und steuerbar. Vielmehr sind einseitig gesetzten Handlungen (= Organisieren) Grenzen auferlegt und Organisationsprozesse können auch „von selbst“ entstehen, ohne daß sie von einem mehr oder weniger geschickten Regisseur (= Manager) gewollt oder gar inszeniert werden. Weick (1985, S. 213), der ein phänomenologisch orientiertes Modell des Prozesses des Organisierens anbietet, das selbstorganisierenden Prozessen einen hohen Stellenwert beimißt, formuliert plastisch: „Der Manager stapft buchstäblich in den Schwarm der Ereignisse hinein und versucht aktiv, sie dem Zufall (selbstorganisierende Prozesse, H. K.) zu entreißen und ihnen Ordnung aufzuzwingen.“

In der deutschsprachigen betriebswirtschaftlichen Management- und Organisationsforschung wurde bislang jedoch eine umfassende theoretische Auseinandersetzung mit dem Phänomen der „selbstorganisierenden Prozesse“ nicht angeregt.

Nun hat sich innerhalb der Soziologie, beeinflußt durch Impulse aus den Bereichen der Biologie, Kybernetik, der Kommunikationstheorie, der Evolutionstheorie und auch durch die Arbeiten des „Radikalen Konstruktivismus“, in den achtziger Jahren die sogenannte „neuere Systemtheorie“ entwickelt, die untrennbar in Zusammenhang mit Luhmanns Arbeiten, insbesondere seinem Theorieangebot „soziale Systeme“ zu sehen ist, wobei Selbstorganisationsprozessen ein zentraler Stellenwert zukommt. An den damit ausgelösten heftigen auch fachübergreifenden Diskussionen beteiligte sich die betriebswirtschaftliche Management- und Organisationsforschung bislang kaum.[1]

Eine reflektierte Übertragung dieser Erkenntnisse der „neueren Systemtheorie“ soziologischer Provenienz (insbesondere Luhmann 1984, 1985, 1988a, 1988b; Teubner 1987a, 1987b; Willke 1987a, 1987b, 1987c) auf das Feld der betriebswirtschaftlichen Management- und Organisations-

1 So wirkte an der Festschrift „Theorie als Passion, Niklas Luhmann zum 60. Geburtstag“ kein (!) Betriebswirt mit. Es beteiligten sich, um nur einige zu nennen, aber so unterschiedliche Bereiche wie Ethnologie, Sprach-, Politik-, Erziehungs- und Rechtswissenschaften (siehe im Detail Baecker et al. 1987)

forschung könnte m. E. insbesondere in bezug auf selbstorganisierende Prozesse ganz entscheidende Impulse bringen und insgesamt zu einer Weiterentwicklung für das Management für Wirtschafts- und Verwaltungsorganisationen führen. Dieser Beitrag ist ein Schritt in diese Richtung.

Es wird ein eigenes Modell für formal organisierte Sozialsysteme zur Diskussion gestellt, das die Ansätze von Luhmann, Weick und mein Organisationskulturverständnis (beruhend auf den Erkenntnissen von Habermas) reflektiert bündelt und weiterentwickelt.[2] Organisationen werden dabei als selbstreferentielle Systeme aufgefaßt, wobei in diesem Beitrag insbesondere Verlaufsmuster von selbstorganisierenden Prozessen zur Diskussion gestellt werden. Auf Basis dieses Modells wird die Handhabung des „Neuen" problematisiert und diskutiert. Damit soll das Konzept selbstreferentieller Systeme im Zusammenhang mit der Neuerungsfähigkeit von Wirtschaftsorganisationen zur Anwendung gelangen.

Zunächst werden wichtige Begriffe und Zusammenhänge der neueren Systemtheorie erläutert, da deren Kenntnis in der Managementlehre kaum vorausgesetzt werden kann. Nach einer knappen Erläuterung von Weicks Modell des Organisierens wird ein eigenes Modell selbstorganisierender Prozesse im Zusammenhang mit der Entstehung des Neuen argumentativ und graphisch dargestellt, um im Anschluß daran einige Konsequenzen und Steuerungsprobleme in bezug auf Neuerungen insbesondere im Lichte des Modells zur Diskussion zu stellen.

2 Die neuere Systemtheorie

Unter dem Begriff „neuere Systemtheorie" werden im wesentlichen jene Ansätze subsumiert, die – ausgehend vor allem von der Kybernetik und Biologie – in der Soziologie untrennbar mit dem Namen Luhmann[3] ver-

---

2 Darüber hinaus erfolgt in vielen Bereichen eine Vertiefung und Erweiterung, insbesondere entlang der Arbeiten von Habermas (1981 – 1989), Kirsch (1984, 1989, 1990), Nedelmann, Teubner (1987a, 1987b) und Willke (1987a, 1987b, 1987c).

3 Luhmann (1984) seinerseits stützt seinen Entwurf wesentlich auf die Erkenntnisse der Biologen Maturana (1981) und Varela (1979), von denen er sich allerdings in einigen entscheidenden Punkten ganz deutlich distanziert. Maturana und Varela wiederum konnten an Vorarbeiten u. a. von Foersters (vgl. Haferkamp/Schmid 1987, S. 10) anknüpfen, denn seit dem Ende der fünfziger Jahre verfolgten verschiedene Forschungsrichtungen die Frage, inwieweit man die Strukturierungsleistungen von Systemen als eine Folge von deren operativer Geschlossenheit begreifen könne. Diese Ideen griffen aber nur sehr zögernd

bunden sind. Der „Explosivstoff Selbstreferenz" (Luhmann 1984, S. 656), den Varela und Maturana ins Spiel brachten, gab der Entwicklung der Systemtheorie in der Soziologie einen revolutionären Impuls. Die Grundidee der neueren, selbstreferentiellen Systeme kann wie folgt zusammengefaßt werden (Willke 1987a, S. 6): Komplexe soziale Systeme handeln und beobachten sich dabei selbst (vgl. Luhmann 1984, S. 314; 1988a, S. 95). Komplexe Sozialsysteme reproduzieren ihre Einheit, ihre Strukturen und Elemente kontinuierlich und in einem operativ geschlossenen Prozeß mit Hilfe der Elemente, aus denen sie bestehen. Auf den Punkt gebracht: jedes System kontrolliert seine Realitätsannahmen in diesem Sinne rekursiv durch Beobachtung seiner Beobachtung. Selbstreferentielle Systeme sind in ihrer Tiefenstruktur geschlossene Systeme. Mit anderen Worten: Auch die Systemtheorie sieht nun ein, daß soziale Systeme „generative Mechanismen ausbilden" können, „mit Hilfe derer sie sich selber reproduzieren und evolutionär verändern" (Willke 1987a, S. 5 f.). Diese generativen Mechanismen kann man als funktionale Äquivalente zum genetischen Code bei Organismen betrachten.[4] Entscheidend ist nun, daß mit der Annahme solch generativer Mechanismen nicht schon eine bestimmte notwendige Richtung der Evolution sozialer Systeme determiniert wird. Vielmehr eröffnen sie einen begrenzten Bereich möglicher Variationen und Unbestimmtheit. Die Frage ist dann, welche Bedingungen dazu geführt haben, „daß in der historischen Entwicklung sozialer Systeme aus einer Bandbreite von Möglichkeiten schließlich nur ganz bestimmte Optionen sich durchgesetzt haben" (Willke 1987a, S. 7).

Ein wesentlicher Punkt, in dem sich die neueren soziologischen Systemansätze von Luhmann, aber auch Baecker (1988), Teubner (1987a, 1987b) und Willke (1987a, 1987b) gegenüber fast allen anderen Systemansätzen unterscheiden, ist, daß sie als zentrale Elemente eines Systems nicht Menschen – etwa in Form einer Partialinklusion[5] – ansehen, sondern Handlun-

---

von der Mathematik und Biologie auf die Sozialwissenschaften über. Überzeugungsarbeiten mußten eben diesbezüglich Maturana und Varela leisten, die nachweisen konnten, daß sich insbesondere biologische Systeme aufgrund geschlossener Operationen reproduzieren.

4 Im Kern sagt das Prinzip der funktionalen Äquivalente nach Luhmann (1970, S. 33) aus: „Für soziale Systeme ist kennzeichnend, daß sie nicht unbedingt auf spezifische Leistungen angewiesen sind, mit denen sie stehen und fallen. Wichtige Beiträge zu ihrer Erhaltung werden durch Leistungen erbracht, die durch andere, funktional-äquivalente Leistungen ersetzbar sind."

5 Partialinklusion nach Allport (erstmals 1933, hier 1969) bedeutet, daß Mitglieder einerseits Elemente in einer Systemkonzeption sind, andererseits aber, daß der Mensch nie voll und ganz nur einem sozialen System zugehörig sein kann. Grundgedanke ist, daß eine Organisation den Menschen zwar als Ganzes als Mitglied aufnimmt, das Individuum selbst der Organisation aber nur mit einem

gen (Kommunikationen). „Nicht aus einer Ansammlung von Menschen (bestehen soziale Systeme, H. K.), sondern aus dem Prozessieren von Kommunikationen“ (Willke 1987a, S. 45). Die systemische Sichtweise nach Luhmann hat demnach in erster Linie die Vernetzung von Kommunikationen (Entscheidungen) im Blickfeld und nicht kognitive Abläufe im Menschen. In dieser systemtheoretischen Perspektive gehören die Mitglieder eines sozialen Systems als Personen zur Umwelt dieses Systems (Luhmann 1985, S. 40 f.; Willke 1976, S. 43; Willke 1987a, S. 39). Um es mit den Worten von Kirsch zu unterstreichen, sieht Luhmann gerade mit diesem systemtheoretischen Ansatz die Chance, die Eigenständigkeit des Sozialen herauszuarbeiten: „Es ist eine der Grundannahmen Luhmanns, daß sich soziales Leben nicht auf die Kategorie des Subjektes reduzieren läßt“ (Kirsch 1989, S. 303). Das ist auch der tiefere Sinn jener radikalen Trennung vom Sozialen und Psychischen, wie sie von Luhmann vorgenommen, vielfach jedoch kritisiert wurde.

Da das Theorieangebot von Luhmann nicht ohne weiteres vorausgesetzt werden kann, seine Thesen aber für die hier dargelegten Überlegungen in tragender Weise herangezogen werden, erscheint es sinnvoll – notwendigerweise kurz und global –, auf Luhmanns Grundgedanken einzugehen. Luhmanns Gesellschaftstheorie wird zuerst in groben Umrissen skizziert, um daran anschließend auf seine Vorstellungen von organisierten Sozialsystemen einzugehen.

2.1 Luhmanns Gesellschaftstheorie

Nach Luhmann haben sich in der Gesellschaft im Laufe der Zeit verschiedene Subsysteme bzw. Funktionssysteme ausdifferenziert. Eines dieser gesellschaftlichen Subsysteme ist das Wirtschaftssystem. Andere Funktionssysteme sind z. B. Politik, Wissenschaft, Recht etc. Jedes dieser Subsysteme hat einen jeweils spezifischen, eigenen Code. Keines dieser Subsysteme kann die anderen Subsysteme oder deren Codes dominieren. Es gibt

Teil seiner Persönlichkeit verbunden sein kann, da es gleichzeitig auch einer Reihe anderer Systeme angehört. In jüngerer Zeit stößt das Modell der „Partialinklusion“ auf eine zunehmende Rezeption sowohl im sozialwissenschaftlichen wie auch im betriebswirtschaftlichen Bereich (siehe Katz/Kahn 1966; Willke 1978, S. 234 ; Bendixen 1980, 195 f.), nicht zuletzt auch verbunden und bedingt durch das Auftreten rollentheoretischer Interpretationen (dazu Kahn/Wolfe 1975, S. 252; vgl. Hermann 1984, S. 40). Insbesondere jene rollentheoretischen Konzeptionen, die auf dem Prinzip der „Partialinklusion“ basieren, kritisieren Crozier/Friedberg (1979, S. 60 ff.), da sie die Existenz von Handlungsfreiräumen vernachlässigen.

auch kein Subsystem, das sozusagen gesellschaftsumspannend wirkt. Die Gesellschaft löst sich vielmehr restlos in Funktionssysteme auf. Alle Funktionssysteme zusammen sind nicht mehr als das Ganze, sondern weniger.

Ursache dafür, daß es überhaupt zur Ausbildung eines Wirtschaftssystems kam, sind Medien, d. h. symbolisch generalisierte Medien. Zuerst war es das Medium Eigentum, dann – im Sinne einer sogenannten Zweitcodierung – das symbolisch generalisierte Medium „Geld“, das zum Entstehen des Wirtschaftssystems führte. Die Theorie der symbolisch generalisierten Steuerungsmedien stammt freilich nicht originär von Luhmann. Sie wurde schon früher von Parsons entwickelt und erfuhr u. a. durch Luhmann und Habermas unterschiedlich geartete Änderungen (Willke 1987a, S. 136 f.). Diese Theorie bezieht sich u. a. auf Medien wie Macht, Geld, Wahrheit, Glaube oder Vertrauen, die über die Kapazität der menschlichen Sprache hinaus kommunikationserleichternde Funktion erfüllen. Medien werden ab einer bestimmten Stufe der Entwicklung der Gesellschaft notwendig. Für den Spezialaspekt des wirtschaftlichen Handelns entwikkelte sich schon sehr früh Geld als ein Medium zu seiner Vereinfachung und Steuerung. Steuerungsmedien sind Symbolsysteme, die sich nach und nach von der Ebene realer, handgreiflicher Objekte lösen und eine spezifische Eigendynamik entwickeln. Diese Eigendynamik wird steuerungsrelevant und verändert somit die Qualität menschlicher Beziehungen in den betroffenen Teilbereichen durch Abstraktion, Generalisierung und Ausbildung neuer Systemzusammenhänge (Willke 1987a, S. 137). Medien bestehen im Kern als entkoppelte, voneinander unabhängige Ereignisse (Luhmann 1988a, S. 305). Beispielsweise konkretisiert sich Geld in Zahlungen.

Funktionssysteme haben einen eigenen, zweiwertigen Code (Luhmann 1988a, S. 85).[6] Im Falle des Wirtschaftssystems heißt der Mediencode eben „Geld“ mit dem Code „Zahlen/Nichtzahlen.“ Der positive Anschlußwert ist „Zahlen“, der negative Referenzwert „Nichtzahlen“. Wie jedes Funktionssystem ist das Wirtschaftssystem zunächst auf den jeweiligen Code bzw. die darin enthaltene Zweiwertigkeit festgelegt. Dabei ist klar herauszustellen: Ein Funktionssystem – wie die Wirtschaft – richtet sich ausschließlich nach dem eigenen Code. Auf der Ebene der Codes herrscht eindeutig die binäre Logik, d. h. es gibt einen Wert und einen Gegenwert.

Von den Codes zu unterscheiden sind die Programme der Funktionssysteme. Erst die Programme und die Situation entscheiden darüber, welcher der beiden Code-Werte schließlich realisiert wird. Und hier auf der

6 Später verweist allerdings Luhmann (1988a, S. 304) auch darauf, daß nicht alle Funktionssysteme ein symbolisch generalisiertes Kommunikationsmedium ausgebildet haben. Als Beispiel nennt Luhmann Erziehung und Krankenbehandlung, die kein Medium ausgebildet haben. Auch das Recht hat kein Medium, sondern ist auf politisch zentrierte Macht angewiesen.

Ebene der Programme läßt Luhmann (1988a, S. 246) ausdrücklich auch die mehrwertige Logik zu. Jedes Funktionssystem (z. B. Wirtschaft) entscheidet daher entsprechend seinem eigenen Code und seinen eigenen Programmen, ob und inwieweit es zum Beispiel Werte auch anderer Funktionssysteme (z.B. der Politik) übernimmt.

Der Geldcode schreibt z. B. nicht vor, daß jemand verkauft oder eine Dienstleistung erbringt. Die Präferenzfrage – was bevorzugt wird, das Zahlen oder das Nichtzahlen – überläßt der Code den Programmen des Wirtschaftssystems sowie der Situation (Luhmann 1988a, S. 244). Der Code ist somit nur benutzbar mit Hilfe von Programmen, die anzeigen, ob es angebracht und richtig ist, zu zahlen oder nicht zu zahlen.

Zusammenfassend läßt Luhmann auf der Ebene des Codes nur die binäre Logik gelten, konzediert aber dann auf der Ebene der Entscheidungsprogramme eine mehrwertige Logik, so daß hier ausgeschlossene Drittwerte durchaus berücksichtigt werden können. Dieser Unterschied ist fundamental und deshalb hervorzukehren, weil er es – auch in der systemtheoretischen Betrachtung von Luhmann – ermöglicht, Phänomene wie Macht, Mikropolitik etc. nicht nur am Rande einzubringen, sondern sie – entgegen manch irrtümlicher Interpretationen – auch grundlegend vorzusehen.

2.2 Wirtschaftsorganisationen bei Luhmann

Luhmann (1988a, S. 123) schlägt vor, „Wirtschaftsorganisationen ... als autopoietisch-geschlossene Systeme zu verstehen, die sich an internen Vorstellungen über die Möglichkeiten der Fortsetzung ihrer Selbstproduktion orientieren, eine bestimmte Unternehmensgeschichte fortschreiben, bestimmte ‚kritische Größen' beachten (und andere außer acht lassen) und von daher bestimmen, was für sie ein sinnvolles Risiko ist." Eine Organisation ist, von innen betrachtet, ein riesiges Netzwerk zur Kleinverteilung von Risiken und Verantwortungen, das sich in gewissem Umfange machttaktisch ausnutzen läßt. Luhmann baut zwar Möglichkeiten zur Ausnutzung von Machtquellen ein, hält aber dennoch am Primat des Stellen-Mediums fest: Stellen werden (hierarchisch) zugeordnet, durch Aufgaben (Programme) definiert und mit Personen besetzt (Luhmann 1988a, S. 309). Als weiteres Medium ist bei Luhmann das Medium Macht vorgesehen.

Da Organisationen als autopoietisch-geschlossene Systeme aufgefaßt werden, wird im folgenden zunächst die Grundidee von Selbstreferenz dargestellt und vom biologischen Autopoiesis-Konzept abgegrenzt. Anschließend wird auf die enorme Bedeutung der Umwelt bzw. insbesondere der Menschen auch in der Theorie Luhmanns hingewiesen. Dies wird deshalb als notwendig erachtet, weil in mißverständlicher Interpretation der Luhmann'schen Thesen häufig die Rolle der Menschen völlig negiert wird.

2.2.1 Selbstreferenz

Selbstreferentielle soziale Systeme sind – ganz allgemein definiert – Systeme, die „Elemente, aus denen sie bestehen mit Hilfe von Elementen, aus denen sie bestehen, reproduzieren und durch diesen Reproduktionsprozeß Grenzen im Verhältnis zur Umwelt setzen"(Luhmann 1988a, S. 311).[7] Luhmann (1988b, S. 166) macht dezidiert den Vorschlag, „organisierte Sozialsysteme ... als Systeme zu begreifen, ... die aus Entscheidungen bestehen und die Entscheidungen, aus denen sie bestehen, durch die Entscheidungen, aus denen sie bestehen, selbst anfertigen."[8]

Luhmann verwendet Autopoiesis abwechselnd in einem engeren (purer

---

7 „Der Begriff Selbstreferenz bezeichnet die Einheit, die ein Element, ein Prozeß, ein System für sich selbst ist, unabhängig von der Beobachtung durch andere" (Luhmann 1984, S. 58). Das heißt: Es gibt Systeme mit der Fähigkeit, Beziehungen zu sich selbst herzustellen und diese Beziehung zu differenzieren gegen Beziehungen zu ihrer Umwelt (Luhmann 1984, S. 31).

8 Die Grundidee von autopoietischen Systemen stammt von Maturana (1981) und Varela (1979) und bezog sich auf biologische Systeme. Sie lautet vereinfacht ausgedrückt: „ein autopoietisches System reproduziert die Elemente, aus denen es besteht mit Hilfe der Elemente, aus denen es besteht". Um den Begriff „Autopoiesis" ist eine Begriffsverwirrung entstanden, nahezu jeder Autor fühlt sich bemüßigt, Begriffsvarianten hinzuzufügen. Exemplarisch sei auf die Anmerkungen bei Teubner (1987a, S. 94 ff. „Galaxie der Autopoiesis") und Kirsch (1989, S. 222 u. S. 302) verwiesen. Kirsch (1989, S. 225) konstatiert nicht nur das Fehlen einer allgemeinen Definition von Autopoiesis, sondern unterstellt Luhmann des weiteren eine Art „big bang"-Theorie der Autopoiesis. In diesem Punkt unterliegt Kirsch offensichtlich einem Irrtum, wenngleich dieser Irrtum durch Luhmanns nicht immer stringente Wortverwendung erleichtert, wenn nicht gar provoziert wird. Luhmann verwendet nämlich den Ausdruck „autopoietische Reproduktion" in zweifacher Weise. Einerseits versteht er darunter den puren Vollzug der Autopoiesis (also in einem engeren Sinne) und andererseits bezeichnet er damit auch das Zusammenspiel von purem Vollzug der Autopoiesis und mitlaufender Selbstreferenz (also in einem weiteren Sinne). Sinngemäß jedoch scheint klar, daß Luhmann Autopoiesis im engeren Sinne unterstellt. Denn er trennt immer wieder klar zwischen Autopoiesis und mitlaufender Selbstreferenz. Beide passieren nebeneinander (Ausnahme ist Selbstbeobachtung). Der von Kirsch vorgetragene und von seinen Mitarbeitern (siehe z.B. zu Knyphausen 1988) übernommene Vorwurf an Luhmann beträfe ja nur die von Luhmann sinngemäß nicht gemeinte Autopoiesis im weiteren Sinne (siehe dazu ausführlicher: Kasper 1990, S. 167 ff.).

Vollzug autopoietischer Reproduktion) und in einem weiteren (Kombination von autopoietischer Selbstreproduktion und Selbstbeobachtung) Sinne. Inhaltlich jedoch scheint es klar zu sein: Soziale Systeme sind für Luhmann (1984, S. 167) in ihrer Grundstruktur, d. h. auf der Ebene der Elemente, autopoietisch, d. h. sie arbeiten mit zirkulär geschlossener Grundstruktur. „Und: Soziale Systeme müssen ihre spezifische Operationsweise definieren oder über Reflexion ihre Identität bestimmen, um regeln zu können, welche Sinneinheiten intern die Selbstreproduktion des Systems ermöglichen, also immer wieder zu reproduzieren sind“ (Luhmann 1984, S. 61).

Referenz rückt Luhmann (1984, S. 596) in die Nähe des Begriffs Beobachtung. Referenz ist die Bezeichnung von etwas im Kontext einer Unterscheidung von anderem. Selbstreferenz bezeichnet etwas, zu dem es selbst gehört. Die operative Geschlossenheit des Systems ist nicht Selbstzweck, sondern die Bedingung dafür, daß sich das System überhaupt nach außen öffnen kann. Die mitlaufende Selbstreferenz ist Voraussetzung und Bedingung für die autopoietische Selbstreproduktion eines Systems. Für einfache soziale Systeme genügt die sogenannte basale Selbstreferenz als eine Mindestvoraussetzung. Für komplexere soziale Systeme, die Strukturen aufbauen, ist eine höherstufige Form von Selbstreferenz – Reflexivität und Reflexion – nötig.

Selbstreferenz bezeichnet bei Luhmann, wie erwähnt, die Einheit, die „etwas“ (ein Element, ein Prozeß, ein System) für sich selbst ist, unabhängig von der Beobachtung durch andere. Selbstreferenz ist bei Luhmann immer gedacht als mitlaufende Selbstreferenz. Reine Selbstreferenz ist unmöglich (Luhmann 1984, S. 604; Teubner 1987a, S. 80 u. S. 103). Selbstreferenz bedeutet in Zusammenhang mit sozialen Systemen bei Luhmann im Kern lediglich, daß soziale Systeme ihre Selbstreproduktion nur mit Hilfe diverser Formen von Selbstreferenz (darunter auch von Selbstbeobachtungen und Selbstbeschreibungen) bewerkstelligen können. Um seinen eigenen Fortgang zu steuern, fertigt das soziale System letztlich in sich selbst Beschreibungen von sich selbst an.

Selbstreferenz ist faktisch die einzige Möglichkeit für ein soziales System, mit der Komplexität der Welt umzugehen. Um mit Umweltkomplexität fertig zu werden, benutzen soziale Systeme diese selbstbezogenen, vereinfachenden (Selbst)Beobachtungen. Näher einzugehen ist auf Reflexivität und Reflexion.

Eine Steigerungsstufe von mitlaufender Selbstreferenz ist *Reflexivität* oder prozessuale Selbstreferenz (Luhmann 1984, S. 601). Die entscheidende Differenz heißt bei Reflexivität vorher/nachher. Das Selbst, das sich referiert, ist nicht ein Moment dieser Unterscheidung, sondern der durch sie konstituierte Prozeß. Der Prozeß entsteht somit mit Hilfe der Vorher/Nachher-Differenz, wenn die Zusatzbedingung der Selektivitätsverstärkung erfüllt ist. Das heißt, das „Vorher" muß das „Nachher" in irgendeiner Weise anschließen. Das Ereignis kommt nur im Prozeß vor, weil es sein Zustandekommen der Selektivität früherer oder späterer Ereignisse verdankt (Luhmann 1984, S. 611). Kommunikation ist ein solcher Prozeß. Seine Elementarereignisse sind bestimmt durch Reaktionserwartung und Erwartungsreaktion. Voraussetzung ist, daß die selbstreferentielle Operation selbst zum Prozeß gehört, somit bei Kommunikationsprozessen selbst Kommunikation ist, also Kommunikation über Kommunikation. Bei Beobachtungsprozessen muß sie selbst Beobachtung sein, bei Machtanwendungsprozessen selbst Machtanwendung. Reflexivität verstärkt somit die prozeßtypischen Merkmale. Für soziale Prozesse gilt: alle Reflexivität kann nur über Kommunikation gewonnen werden (Luhmann 1984, S. 610).

In dem Prozeß sind ansatzweise ohnehin Momente der Selbstbeobachtung eingebaut. Zur Reflexivität wird diese Beobachtung aber erst, wenn das Wiedereintreten in den Prozeß mit Mitteln des Prozesses artikuliert wird (vgl. Luhmann 1984, S. 611). Es müssen somit Prozesse im Prozeß vorliegen, die es übernehmen, den Prozeß in den Prozeß wiedereinzuführen, damit man von Kommunikation über Kommunikation sprechen kann (Luhmann 1984, S. 611). Luhmann (1984, S. 613) nimmt nun an, daß Kommunikation über Kommunikation dann häufiger auftritt, wenn „Unwahrscheinlichkeit und Neuigkeitswert der Kommunikationsthemen und -beiträge" zunimmt. Reflexive Kommunikation kommt meist dann zustande, wenn der im Kommunikationsprozeß mitlaufende Verstehenstest negativ ausfällt (Luhmann 1984, S. 198).

„Reflexiv sind Prozesse, die auch auf sich selbst angewandt werden können. Im Falle von Kommunikation heißt dies, daß über Kommunikation kommuniziert werden kann. Man kann den Kommunikationsverlauf in der Kommunikation thematisieren, kann fragen und erläutern, wie etwas gemeint gewesen war, kann um Kommunikation bitten, Kommunikation ablehnen, Kommunikationszusammenhänge errichten" (Luhmann 1984, S. 210). Ohne Sprache ist Reflexivität kaum möglich, da das bloß Wahrgenommene als Kommunikation nicht eindeutig genug ist für weitere kommunikative Behandlung.

Wie erwähnt, setzt Luhmann gerade Reflexivität in sozialen Systemen mit Selbstbeobachtung gleich. Selbstbeobachtung kann in sozialen Systemen nur entstehen, wenn die Differenz zwischen Handeln und Beobachten kommuniziert (somit operativ wirksam) wird. Selbstbeobachtung entsteht in sozialen Systemen dann, wenn die Differenz zwischen Handeln und Beobachten kommunikativ überwunden wird. Selbstbeobachtung ist die kommunizierbare Differenz zwischen Handeln und Beobachten (Luhmann 1984, S. 408).

Das ist näher zu erklären. In sozialen Systemen können nicht alle gleichzeitig handeln. Handeln und Beobachtungschancen sind verteilt, kommen nebeneinander vor. Einer handelt, ein anderer beobachtet. In dem Moment, wo der Beobachter reagiert – das kann er in sozialen Systemen letztlich nur über Kommunikation –, entsteht zwangsläufig Selbstbeobachtung des Systems. Selbstbeobachtung ist plastisch ausgedrückt „das Wiedereinschleusen von Handlungsbeobachtungen in Kommunikationen" (Luhmann 1984, S. 411). In der Selbstbeobachtung verschmelzen Handeln und Kommunikation, also mitlaufende Selbstreferenz und Autopoiesis (im engeren Sinne). Selbstbeobachten ist mithin die Basisoperation eines sozialen Systems (Luhmann 1984, S. 63). Vorweg sei schon festgehalten, daß für Luhmann die Selbstbeobachtung der fundamentale Prozeß beim Strukturaufbau eines sozialen Systems ist.

Zum tieferen Verständnis wird in diesem Zusammenhang noch etwas ausgeholt: Eine der fundamentalsten Thesen von Luhmann ist es, daß jede Beobachtung streng an die Selbstreferenz des Beobachters geknüpft ist. „Jede Beobachtung ist abhängig vom Operationsmodus des beobachtenden Systems" (Willke 1987a, S. 122). Kurzum: Beobachtung ist immer nur im Kontakt des beobachtenden Systems mit sich selbst möglich. Bezogen auf soziale Systeme bedeutet das: Wenn ein soziales System etwas beobachtet, ist dies immer ein Teil des Systems. Beobachtung hat immer mit dem beobachtenden System selbst zu tun.

Selbst in der Umwelt (bei der sogenannten Fremdbeobachtung) kann das beobachtende System nur etwas erkennen, was in seinem eigenen Bezugsrahmen einen Sinn macht (vgl. Willke 1987a, S. 122). Wie und was ein System (z. B. eine bestimmte Person, eine Clique, ein Klub, eine Partei) beobachtet, hängt von der Eigenart und Identität dieses Systems ab.

Selbstbeschreibung ist nur jener Teil von Selbstbeobachtung, der in Worten artikuliert wird. Selbstbeobachtung umfaßt darüber hinaus noch Gesten, Körpersprache etc. Prinzipiell umfaßt kommunizierte Selbstbeobachtung mehr als nur Beschreibungen. Mit anderen Worten: Eine rudimentäre Selbstbeobachtung des Systems wird erst dadurch zur Selbstbeschreibung, daß semantische Artefakte produziert werden (Sprache, Ausdrücke), auf die sich weitere Kommunikation beziehen kann und mit der die Einheit des Systems bezeichnet wird. Kommunikationsprozesse können nur durch Sprache ausdifferenziert werden.

Damit ist m. E. die zentrale Rolle von Sprache in Zusammenhang mit Reflexivität auch bei Luhmann zementiert. Die Sprache stellt nicht nur die Reflexivität des Kommunikationsprozesses (= Kommunikation über Kommunikation) sicher und ermöglicht damit erst Selbststeuerung (Luhmann 1984, S. 210). Sprache ist auch für die nächste Stufe der Selbstreferenz, die Reflexion, von hoher Bedeutung und im Unterschied zur Reflexivität nicht mehr auf das Systemspezifische beschränkt.

Reflexion ist eine noch höhere Stufe von Selbstreferenz in einem sozialen System. Dabei wird die Einheit des Systems im Unterschied zu etwas anderem formuliert (Luhmann 1988a, S. 129; 1984, S. 617). Dazu muß das System sich selbst beobachten und beschreiben können. Durch Reflexion grenzen sich Systeme identitätsmäßig von ihrer Umwelt und anderen Systemen ab. In der Reflexion nehmen Systemoperationen Bezug auf die eigene beobachtete oder beschriebene Identität. „Soziale Systeme müssen ... über Reflexion ihre Identität bestimmen, um regeln zu können, welche Sinneinheiten intern die Selbstreproduktion des Systems ermöglichen, also immer wieder zu reproduzieren sind“ (Luhmann 1984, S. 61).

Zur Reflexion gehört, daß das System seine Differenz zur Umwelt (zum Beispiel die Vorstellung seiner Grenzen) in der internen Kommunikation verwendet. Ein System orientiert die eigenen Operationen an der eigenen Einheit und verwendet als entscheidende Leitdifferenz System/Umwelt. Der entscheidende Unterschied ist jener zwischen System und Umwelt und nicht mehr die Differenz zwischen Elementen/Relation (wie bei der basalen Selbstreferenz) oder die Differenz des Vorher/Nachher (wie bei der Reflexivität).

Mit zunehmender Differenzierung zwischen System und Umwelt geht eine zunehmende Identitätsbildung des Systems Hand in Hand. System-Umweltrelationen werden benötigt, um sich seiner eigenen Identität bewußt zu sein. Bewegt man sich immer im selben Muster, hat man wenig Bedarf, sich in Reflexionen der eigenen Identität zu üben. Wird die Umwelt widersprüchlicher und komplexer, wird die Selbstverständlichkeit des eigenen Verhaltens brüchig, man bekommt Identitätsfragen in den Blick. Die Reflexionen befassen sich – konkret gesehen – mit Stellungnahmen gegenüber Eigentümern, Konkurrenz, Lieferanten, Zielgruppen, Produkten, eigenen Mitarbeitern, Finanzstruktur und Substanzentwicklung (Schmitz 1988a, S. 124 in Anlehnung an Luhmann 1976b, S. 135). Später (1988) hat Luhmann (1988a, S. 129) seinen Begriff von Reflexion noch etwas ausgedehnt und in Zusammenhang mit dem Wirtschaftssystem von eher „parasitärer Reflexion“ gesprochen, von einer Reflexion also, die mit Hilfe eher „parasitärer Semantiken“ abläuft.

Dies ist näher zu erklären: Während es bei der Reflexivität um temporale Unterscheidungen innerhalb des Wirtschaftssystems ging, bezieht sich Reflexion auf die Einheit des Systems, und zwar „auf das System als Teilsystem des Gesellschaftssystems“ (Kirsch 1989, S. 304 f.). Das ist ein wichtiger Satz, denn mit der parasitären Reflexion beschreibt das System die eigene Identität als Moment der modernen Gesellschaft (Luhmann 1988a, S. 130). Damit läßt es Luhmann zu, daß andere, gesellschaftsinterne Semantiken ins System hereinkommen und dort wirksam werden können, die nicht nur mehr auf die Sprache des Systems (bzw. der Preise) beschränkt sein müssen.

Diese Feststellung hat meiner Meinung nach eine sehr wichtige Konsequenz. Die parasitäre Reflexion geht über das speziell „Systemische" des Funktionssystems Wirtschaft hinaus, die Semantiken anderer Funktionssysteme können berücksichtigt werden. Nach der Diktion von Luhmann ist es die sogenannte „gesellschaftsinterne Umwelt" mit ihren familialen, religiösen, erzieherischen, wissenschaftlichen und politischen Semantiken, die da ins Systemische hineingreift (Luhmann 1988a, b, S. 36). Schlicht und einfach formuliert: Es sind Lebensweltaspekte, die hier ins Systemische Eingang finden.

Was im Rahmen von Reflexivität nicht möglich war, ist über Reflexion sehr wohl möglich: zum Beispiel die ökologischen Auswirkungen der Ökonomie zu reflektieren (Luhmann 1988b, S. 130).

Identität[9] wird, wie erwähnt, immer durch Differenzierung hergestellt: Identität ergibt sich immer im Unterschied zu etwas anderem. Im Fall von Reflexion ist es die Differenz von System und Umwelt. Soziale Systeme müssen – wie oben dargelegt – über Reflexion ihre Identität bestimmen, um regeln zu können, welche Sinneinheiten intern die Selbstreproduktion des Systems ermöglichen.

Reflexionen sind im Prinzip vereinfachende Selbstbeschreibungen. Luhmann (1984, S. 620) stellt sich die Frage, in welche Richtung nun die autopoietische Reproduktion eines sozialen Systems durch Reflexion gesteuert werden kann. Er vermutet, daß Reflexion die Entwicklung des Systems beeinflussen kann, denn die selektiv vereinfachten Selbstbeschreibungen legen sich innerhalb eines gewissen Spielraums kontingent fest. Das ist von entscheidender Bedeutung: Reflexionen sind Selbstbeschreibungen, also Semantiken, mit denen das System bewußt operieren kann. Der Sprache kommt mithin ein Steuerungseffekt zu. Der Steuerungseffekt stellt sich gemäß Luhmann so dar: „Handelnde Organisationsmitglieder halten sich an Erwartungen und rechnen von da aus auf Handlungen bzw. Entscheidungen zurück. Eine Restunsicherheit wird durch Kommunikation erledigt: man teilt einander mit, wie was gemeint war, und verständigt sich, wenn nicht über das Ereignis, so doch über seinen Sinn und Zweck. So fertigt das System in seiner Kommunikation anstelle originärer Selbstbeobachtung laufend Selbstbeschreibungen an, die im weiteren dann an die Stelle der allzu komplexen Originärereignisse treten und das Anschlußverhalten kanalisieren" (Luhmann 1988a, S. 277). Solche Selbstbeschreibungen, die Anschlußverhalten kanalisieren, können Reflexion (wenn Differenz System-Umwelt) oder Reflexivität (wenn es um systeminterne Operationen des Systems geht) sein. Auf diese Selbstbeschreibungen kommt es somit an.

Es gilt: Wenn die Beteiligten von „wir" sprechen (oder wenn sie ihrer Verbindung einen Namen geben), ist das nicht mehr nur Selbstbeobach-

9 Luhmann (1988a, S. 283) setzt Identität des Systems gleich mit Reflexion.

tung, sondern Selbstbeschreibung. Und zwar eine Selbstbeschreibung, die eine Übervereinheitlichung (Luhmann 1984, S. 619) erzeugt. Dabei kann die Leitdifferenz entweder auf eine Semantik hingebogen werden, die das Verhältnis von System und Umwelt im System repräsentieren kann (das wäre dann Reflexion) oder auf eine Semantik, die basale Operationen des Systems bezeichnen kann (das wäre dann Reflexivität) .

Der Vorgang läßt sich mit Hilfe von Teubners Präzisierungen illustrieren: Teubner (1987a, S. 120) geht davon aus, daß Ereignisse erst dadurch zu Handlungen im System werden, daß die Kommunikation ihre Teilnehmer als Personen beobachtet, d.h. als soziale Konstrukte erst konstituiert und diesen selbstgeschaffenen kommunikativen Realitäten dann bestimmte Ereignisse als Handlungen zugerechnet werden. Erst wenn man diese Handlungszurechnung auf eine juristische Person verlagert, also kollektiviert, kommt es dazu, daß Kollektivhandlungen dem „corporate actor" zugerechnet werden, der selbst ein Produkt dieser Handlungen ist. Dies soll nun unter Rückgriff auf Luhmanns Unterscheidung zwischen Kommunikation und Beobachten tiefergehend erläutert werden.

Da soziale Systeme nicht als Ansammlung von Menschen, sondern als Ansammlung von Kommunikationen angesehen werden, steht das Prozessieren von Kommunikationen im Mittelpunkt der Betrachtungen (Willke 1987a, S. 45). Der basale (= elementare) Prozeß kann in sozialen Systemen daher immer nur der Kommunikationsprozeß sein. Die Autopoiesis (= Reproduktion im Sinne Luhmanns) eines sozialen Systems kann daher nur über Kommunikation geschehen. Kommunikation kann nun nicht direkt beobachtet, sondern kann nur erschlossen werden. „Um beobachtbar zu werden und um sich selbst beobachten zu können, muß ein Kommunikationssystem als Handlungssystem ausgeflaggt werden" (Luhmann 1984, S. 226). Das besorgt das Kommunikationssystem selbst. Es „produziert Handlungen", indem es Kommunikationen einem bestimmten Adressaten zuschreibt. Unter „Handlung" ist somit eine zurechenbare Einzelselektion zu verstehen. Dasselbe gilt analog (und mit der zusätzlichen Bedingung des Vorhandenseins von Entscheidungslasten) für „Entscheidung" in formal organisierten Sozialsystemen. Soziale Systeme konstituieren sich – immer auf Basis von Kommunikation – demnach als Handlungssysteme (Luhmann 1984, S. 227). Nur über Kommunikation (Zuschreibung) ist es möglich, „Handlungen" zu konstituieren. Durch „Handlung" wiederum wird die Kommunikation als einfaches Ereignis fixiert.

Von „Handlung" ist „Handeln" zu unterscheiden. Handeln kann entweder Thema einer Kommunikation (man kann z. B. über Handlungen sprechen) oder Mitteilung als Handlung sein. Nur als Mitteilungshandeln kann Handeln zur notwendigen Selbstreproduktion des Systems beitragen. Mit Luhmanns Worten (1984, S. 227): „Das soziale System fertigt in sich selbst eine Beschreibung von sich selbst an, um den Fortgang der Prozesse, die

Reproduktion des Systems zu steuern." In dieser Selbstbeschreibung sind dann „Handlungen" (und nicht Kommunikation) Letztelemente eines sozialen Systems. Handlungen werden also durch Zurechnungsprozesse konstituiert. Handlungen werden immer Systemen zugerechnet (Luhmann 1984, S. 228). Was bedeutet in einem sozialen System nun konkret, daß Handlungen durch Zurechnungsprozesse konstituiert werden? Eine Zurechnung von Kommunikation zu Handlungen geschieht durch soziale Beschreibung mit Hilfe von Differenzschemata. Zugeschrieben werden kann immer nur einem System. Ein soziales System kann also letztlich Handlungen nur sich selbst bzw. seiner Umwelt zuschreiben. Bezüglich der Umwelt kann noch in systeminterne (z. B. Mitarbeiter bzw. ihre Motivation) oder in systemexterne Umwelt (z.B. andere Systeme) differenziert werden. Ein System kann sich selbst die Schuld für ein Ereignis zuschreiben oder anderen Systemen.

Zuschreibungen sind Teil der Semantik. Sie können variabel sein, doch können derartige Schematismen auch in organisationalen Ideologien festgeschrieben werden (Schmitz 1988a, S. 139). Auf diese Weise kann also soziale Realität verarbeitet, ja geradezu geformt werden.

„Soziale Systeme können dann als operativ geschlossen angesehen werden, wenn sie semantische Strukturen (insbesondere Codes und Programme) ausbilden, welche die in ihnen ablaufenden kommunikativen Operationen auf selbstreferentielle, rekursive Umlaufbahnen zwingen" (Willke 1987c, S. 338). Man kann damit Wirtschaftsorganisationen (= immer gedacht als formal organisierte soziale Systeme) als komplexe Systeme begreifen, die „sich in ihrer Einheit, ihren Strukturen und Elementen kontinuierlich und in einem operativ geschlossenen Prozeß mit Hilfe der Elemente reproduzieren, aus denen sie bestehen" (Willke 1987a, S. 6).

2.2.2 Betonung der Umwelt

Organisationen als selbstreferentielle Systeme zu begreifen, heißt aber nun nicht, daß eine Organisation alle Elemente (Entscheidungen, Strukturen, Identität) ausschließlich in Bezug zu sich selbst anfertigt. Selbstreferentielle Prozesse sind immer auch auf die Umwelt bzw. auf Fremdreferenz angewiesen (vgl. Willke 1987a, S. 93).

Luhmann (1988b, S. 173) hat ausdrücklich darauf hingewiesen, daß „autopoietische Systeme ... weder umweltlose Systeme sind noch ihrerseits ohne Einwirkung durch und auf die Umwelt operieren können." Doch die Umwelt „wird für das System erst sinnvoll, wenn sie auf die Entscheidungszusammenhänge des Systems bezogen werden kann" (Luhmann 1988b, S. 173).

Zur Veranschaulichung: „Zwar gibt es ohne Personen keine sozialen Systeme, ohne derartige Systeme kein Zusammenwirken von Personen; von den Mitgliedern gehören aber nur ihre der Organisation zuzurechnenden Handlungsweisen zur Organisation: die Anfrage des Verkaufsleiters in der EDV-Abteilung, seine Erwartungen an die unterstellten Mitarbeiter usw., nicht aber z. B. seine psychischen Dispositionen oder seine außerorganisatorischen Interessen und Verpflichtungen, die mit betriebsspezifischen Änderungen konkurrieren“ (Exner et al. 1987, S. 267).

Zusammenfassend seien vier Vorteile der neueren Systemtheorie herausgegriffen, die unterstreichen, warum „Der Komplexität von Unternehmen ... am ehesten systemtheoretische Zugänge gerecht“ (Exner et al. 1987, S. 265) werden:

– Das Soziale bildet bei Luhmann einen eigenständigen Realitätsbereich, eine emergente Ordnung, die sich nicht auf irgendwelche biologischen und psychischen Systeme rückführen läßt (Willke 1987d, S. 167). Gerade die radikale Trennung zwischen psychischen und sozialen Systemen, die Luhmann vornahm – soziale Systeme sind bei Luhmann keine Ansammlung von Menschen, sondern bestehen aus dem Prozessieren von Kommunikationen –, ist geeignet, deren Besonderheiten und Eigengesetzlichkeiten zu fassen und das System nicht nur zur bloßen Aggregation verkommen zu lassen.

– Soziale Systeme bilden sich auf der Grundlage von Kommunikation. Für ihre Kontinuität ist fortlaufende Kommunikation unerläßlich. Das macht verständlich, warum das Einwirken auf Personen nicht ausreicht, um Veränderungen in sozialen Systemen zu bewirken. Dazu ist es vielmehr vonnöten, die systemische Operationsweise des jeweiligen sozialen Systems selbst zu beeinflussen. Das hängt damit zusammen, daß sich ein emergentes System nicht auf den einen oder anderen Baustein zurückführen bzw. zerlegen läßt, sondern etwas Eigenständiges ist. Dies bedeutet aber in der Konsequenz, daß mit herkömmlichen Mitteln einer Handlungstheorie die Fülle bestehender praktischer Probleme in komplexen Systemen nicht in den Griff zu bekommen ist. Auch die Systemtheorie wird diese Lage nicht schlagartig verändern. Aber sie hat den Vorteil, daß sie analytisch auf einer Stufe von Komplexität arbeitet, die die Komplexität praktischer Probleme zu fassen imstande ist. Die Systemtheorie stellt nicht die Frage nach der Steuerung von Einzelhandlungen, sondern nach der Steuerung von Sozialsystemen (Willke 1987a, S. 120).

– Nur dann, wenn eine Beobachtung im sozialen System operativ wirksam wird – das kann in sozialen Systemen nur über Kommunikation und nach den Spielregeln des betroffenen sozialen Systems geschehen –, wird sie (nicht der Beobachter selbst) Teil des Sozialsystems. Diese Kommunikation kann erst dann zur „Selbstbeobachtung des Systems“ werden, wenn sie das System aufgreift, auf sie reagiert. Beobachtungen, die nicht kommuniziert werden, spielen für das soziale System jedenfalls keine Rolle. Und so gibt es laut Luhmann nur die Möglichkeit, ein soziales System als ein System mit einem spezifischen Eigenleben aufzufassen: ein System, das sich selbst in einer ganz spezifischen Weise beobachtet und damit auch verändert.

– Ein weiterer Vorteil des Ansatzes von Luhmann ist – wie erwähnt – die mögliche Hervorkehrung wirtschaftlicher Komponenten. Seine Sichtweise erlaubt es, ökonomische Phänomene wie Zahlungen und Markt in zentraler Weise einzubeziehen. Es ist nun einmal nicht wegzudiskutieren, daß Unternehmungen Markt- und Zahlungsmechanismen ausgesetzt sind und das unterscheidet eine Unternehmung beispielsweise von einem Amt, einer Gruppe, einer Familie.[10] Luhmann erlaubt ein klares Hervorkehren der Eigenarten von organisierten Sozialsystemen, wie sie für das Wirtschaftssystem charakteristisch sind.

2.3 Elemente des organisierten Sozialsystems aus der Sichtweise der neueren Systemtheorie

Es werden im folgenden die für die neuere Systemtheorie fundamentalen Begriffe „Entscheidungen", „Erwartungen", „Strukturen", „Kultur" und „Strukturänderungen" erläutert.

2.3.1 Entscheidungen

Im vorliegenden Zusammenhang stehen jene Entscheidungen im Mittelpunkt der Betrachtungen, die in einem System als Kommunikationen bzw. als Handlungen sichtbar werden. Eine Handlung kann nur dann überhaupt zu einer Entscheidung werden, wenn eine Erwartung an sie gerichtet ist. Entscheidungen kann man als bewußte Versuche ansehen, in mehrdeutigen Situationen zu handeln (Titscher/Königswieser 1985, S. 127). Mit anderen Worten: Eine Handlung muß unter Erwartungsdruck gesetzt wer-

---

10 Bei der Übernahme von Erkenntnissen von Schwesterwissenschaften in die Organisationstheorie wurde m. E. in der Vergangenheit mitunter verabsäumt, Wirtschaftsorganisationen von anderen Gruppierungen abzugrenzen. Zum Beispiel dann, wenn Erkenntnisse der Familientherapie vorbehaltslos auf Organisationen übertragen wurden. Ein wenig ist diese Kritik auf die Mailänder Gruppe (Selvini Palazzoli et al. 1984) gemünzt, die sich dieses Problems zwar bewußt ist, daraus aber kaum Konsequenzen zieht.

den, damit sie zur Entscheidung wird. Kurzum: Man muß erwarten, daß entschieden wird.

In formal organisierten Sozialsystemen ist jedes formal organisierte Verhalten als Entscheiden zu behandeln. Die Erwartung, daß entschieden wird, wird demnach einkalkuliert. Formal organisierte Systeme sind auf die Anfertigung von Entscheidungen gewissermaßen „spezialisiert" (Luhmann 1988a, S. 289). Die Mitglieder formal organisierter Sozialsysteme müssen damit rechnen, daß nicht nur im formal organisierten Bereich alles Verhalten Entscheidung ist und dieses gegebenenfalls gerechtfertigt werden muß (Luhmann 1988a, S. 296), sondern dies auch für den nichtformalisierten Bereich gilt. Organisationsmitglieder stellen sich vorsorglich auf die Möglichkeit ein, daß ihr Verhalten (immer) als Entscheiden behandelt werden kann (Luhmann 1988a, S. 296).

In formal organisierten Systemen kann es vorkommen, daß auf Entscheidungen reagiert wird, für die es keinerlei Erwartungen gibt. Beispielsweise dann, wenn ein Entscheider diese Erwartungen selbst erfindet. Das wäre zwar ein pathologischer Fall, aber dies tritt laut Luhmann (1988a, S. 299) häufiger ein als man denkt!

Entscheidung ist somit das, was das System als Entscheidung ansieht. Entscheidungen sind systemrelativ. Diese Systemrelativität hat Folgen. Externe Erwartungen und Appelle sind vergeblich, wenn sie keinen Zugang zum internen Netzwerk der Entscheidungsproduktion finden. Dabei ist jedoch zu beachten, daß von außen herangetragene Erwartungen nur verstanden und befolgt werden können, wenn sie in die interne Sprache übersetzt werden (Luhmann 1988a, S. 290).

Die Entscheidungserwartung kann durchaus auch rückblickend entstehen. Im nachhinein kann einem jedes Verhalten als Entscheidung ausgelegt werden, auch wenn man selbst der Meinung ist, gar keine Entscheidung (etwa im Sinne einer Wahl) getroffen zu haben.

Der Entscheidungsbegriff von Luhmann (1988a, S. 282) muß an dieser Stelle nochmals vertieft werden. Sieht man genauer hin, ist Entscheidung Kontingenzverarbeitung unter Inanspruchnahme von Zeit.[11] Vor der Entscheidung präsentiert sich diese Kontingenz als Wahlsituation. Man kann Erwartungen erfüllen oder auch nicht. Was gewählt wird, ist vor der Entscheidung jedenfalls unsicher. Gerade die Möglichkeit, der Erwartung auch nicht folgen zu können, macht ja Handeln erst zum Entscheiden.

Nach der Entscheidung steht fest, wofür man sich entschieden hat. Aber auch im nachhinein bleibt Kontingenz an der Entscheidung sozusagen kle-

---

11 Ein Sinnsystem kann in die Zeit Ausweichmöglichkeiten hineinprojizieren. Davon ist jene natürliche Zeit zu unterscheiden, in der sich Autopoiesis abspielt. Das Sinnsystem kann sich zwar nicht entzeitlichen, kann aber die eigene Existenz temporalisieren (Luhmann 1988b, S. 170).

ben, denn die Entscheidung hätte auch anders ausfallen können. Später kann man mit Blick auf Alternativen die getroffene Entscheidung entweder bereuen oder feiern.

Entscheidung als Ereignis ist einen Moment lang beides zugleich: Wahlmöglichkeit und Festlegung. Momentan entsteht eine Einheit, die sofort wieder in Differenz aufgelöst wird. Sie überführt Wahlmöglichkeit in Festlegung.[12]

Entscheidung führt Entscheidungsmotive aus der Umwelt und aus dem System, Äußeres und Inneres zusammen und bewahrt gleichzeitig vor deren struktureller Verschmelzung.

Entscheidungen sind somit Elemente von Organisationen, aber dennoch haben sie auch Außenbedeutung. So sind beispielsweise die auf betrieblicher Ebene getroffenen Investitionsentscheidungen für die gesamte Volkswirtschaft von Bedeutung. Betriebliche Entscheidungen sind somit in umfassendere Felder eingelagert." Unternehmensentscheidungen sind eine funktionale Verbindungsstelle von ökonomischen und anderen sozialen Prozessen und Strukturen" (Schmitz 1988a, S. 90).

Cohen, March und Olsen (Cohen et al.1972; March/Olsen 1976) sowie Weick (1979, 1985) betonen bei der Beschreibung von Entscheidungsprozessen, daß es vor allem darauf ankommt, wie der Akteur in einer bestimmten sozialen Situation die Realität definiert und interpretiert. Entscheidungen werden somit nicht „produziert", sondern rekonstruiert (vgl. Schreyögg 1984, S. 201 f.).

Organisationsmitglieder halten sich an Erwartungen und rechnen von da aus auf Handlungen bzw. Entscheidungen zurück. Restunsicherheiten werden mit Hilfe von Kommunikation erledigt. Man teilt einander mit, wie was gemeint war, und verständigt sich, wenn nicht über das Ereignis, so doch über seinen Sinn und Zweck (Luhmann 1988a, S. 277). Kurzum, man fertigt Selbstbeschreibungen an.

Informationen machen somit gesprächig. Informationen haben einen symbolischen Wert, und sie sind nützlich für den Fall, daß die zu treffende oder getroffene Entscheidung zu Erwartungen in Diskrepanz gerät. Von Mitgliedern in Organisationen wird dementsprechend politisches Gespür verlangt. Sie müssen sensibel sein in bezug auf das Erwartungsnetz, das die Entscheidung beherrscht (Luhmann 1988a, S. 287). Viele typische, formale und informale Eigenheiten des Verhaltens in formal organisierten Systemen dürften als Anpassung des Verhaltens an Entscheidungsdruck und als Suche nach gefahrlosen, sicheren, wenig anforderungsreichen Ver-

---

12 Oder in der Diktion von Luhmann (1988a, S. 277) ausgedrückt: In Form einer Entscheidung kann die Differenz von System und Umwelt zur Einheit gebracht werden, ohne daß dies nun eine strukturelle Verschmelzung von System und Umwelt herbeiführt.

haltensweisen zu erklären sein, die notfalls als begründbare Entscheidung dargestellt werden können. Wie schon angesprochen, wird in formal organisierten Sozialsystemen erwartet, daß sich jedes offizielle, dienstliche Verhalten als Entscheidung darstellen läßt – „auch und gerade dann, wenn etwas schiefgeht" (Luhmann, 1988a, S. 289). Das wieder führt zu „hochgetriebenen Absicherungsstrategien und zur Präferenz für Entscheidungen, bei denen am wenigsten Unerwartetes passieren kann, es ermutigt nicht gerade zur Suche nach besseren Alternativen. Informationsverhalten richtet sich eher auf ... den höchsten Sicherheitswert" (Luhmann 1988a, S. 290).

Entscheidungen entstehen unter Erwartungslast und dieser Druck ist so organisiert, daß die Mitgliedschaft in einer Organisation, die berufliche Existenz oder zumindest Karriere bzw. das persönliche Ansehen im System von der Erfüllung dieser organisierten Erwartungen abhängen. Unter diesen Bedingungen vermutet Luhmann (1988a, S. 290) zu Recht, daß man besondere Verhaltensweisen in Organisationen zu erwarten hat.

Aus den bisherigen Ausführungen ist zu ersehen, daß Entscheidung immer mit Erwartung zusammenhängt. Beide, Entscheidung und Erwartung, sind aufeinander zu beziehen. Ohne sich an Erwartungen zu reiben, käme keine Entscheidung zustande. Systemtheoretisch gesehen sind Entscheidungen Ereignisse und Erwartungen Strukturen.

2.3.2 Erwartungen/Strukturen

Erwartungen in formal organisierten Sozialsystemen sind in der Diktion der neueren Systemtheorie immer Verhaltenserwartungen. Verhaltenserwartungen werden an Handlungen herangetragen und provozieren Entscheidungen. Dabei können Fremderwartungen oder Eigenerwartungen des Handelnden selbst gemeint sein, und die Erwartungen können gut eingeführt oder auch neuartig sein (Luhmann 1988a, S. 278). Es genügt Luhmann (1988a, S. 281), daß dabei eigenmotiviertes Geschehen erwartet wird, ohne daß dadurch gleich schon Sinngebung erfolgen muß: Man kann sich beispielsweise langsames Arbeiten erwarten, ohne eine besondere Vorstellung von Langsamkeit zu unterstellen.

Generell gilt: Niemals sind Erwartungen als etwas Eindeutiges, inhaltlich genau Umschriebenes anzusehen. Erwartungen geben vielmehr eine Bandbreite von Möglichkeiten vor. Anders formuliert: sie schließen gewisse Alternativen dezidiert aus, definieren das erlaubte Feld in indirekter Weise, im Sinne „Was nicht verboten ist, ist erlaubt".

„Systemtheoretisch gesprochen" können Erwartungen zu Strukturen werden. Spezifiziert ein System eigene Strukturen, dann hat es bereits das

Stadium der puren Faktizität von Selbstreferenz überwunden und die nächste Stufe erreicht: die Stufe der prozessualen Selbstreferenz. Das ist in allen komplexen Sozialsystemen der Fall. Damit ist klar, daß mit Strukturen nicht nur formale Strukturen gemeint sind, sondern daß der Begriff „Struktur“ in Luhmanns Theorieangebot sehr viel weiter gefaßt ist. Organisationen können ihre Strukturen auf zweierlei Art spezifizieren: durch formale Satzung oder durch sich einspielende Gewohnheiten. Es kommt immer auf die Funktion von Strukturen an. Strukturleistungen werden laut Luhmann (1975, S. 41f.; 1988b, S. 176) dadurch noch gesteigert, daß Erwartungen generalisiert werden. Generalisierte Erwartungen gelten für mehr als nur eine Entscheidung.

Es gibt nun Generalisierungen, die an Wissen anknüpfen und solche, die an normatives Erwarten anknüpfen. Beides entsteht rudimentär in allen sozialen Systemen, d. h. egal ob diese nun offiziell gesetzt sind oder nicht (Luhmann 1984, S. 451). Es gibt sozusagen offizielles und nicht offizielles Wissen (= Kognitionen) und Normen. Normen werden erst dann in Anspruch genommen, wenn es darum geht, kontrafaktische Generalisierungen abzustützen, Kognitionen, wenn unerwartete Erwartungen strukturiert werden sollen.

Normen und Kognitionen unterscheiden sich somit darin, welche Vorwegdispositionen für den Enttäuschungsfall in den Erwartungen eingebaut sind. Sie dienen dazu, entweder mehr Erwartungen erwartbar zu machen (= Normen) oder unwahrscheinlicheren Erwartungen eine strukturierende Funktion zu geben (= Kognitionen). Es wird mit erwartbar gemacht, wie man sich im Enttäuschungsfall verhalten kann (Luhmann 1984, S. 436).

Es ist davon auszugehen, daß speziell in formal organisierten Sozialsystemen immer wieder „reine“ Normen und Kognitionen vorkommen. Diese Differenz zwischen normativen und kognitiven Erwartungen treibt neue Differenzen heraus: nämlich konformes und abweichendes Verhalten (bei den Normen) und Wissen und Nichtwissen (bei den Kognitionen).

Normative Erwartungen stecken mehr oder weniger eng ab, wie das Ergebnis bzw. die Entscheidung ausfallen soll. Liegen normative Erwartungen vor, kann ihnen entsprochen werden oder nicht. Die entscheidende Differenz lautet damit: konform/abweichend und nicht wie bei der früheren Präferenztheorie besser/schlechter. Werden die normativen Erwartungen erfüllt, wird die Erwartung selbst reproduziert. Wird sie nicht erfüllt, ist der Erwartende berechtigt, trotz Enttäuschung an seiner Erwartung weiterhin festzuhalten und sie öffentlich zu vertreten (Luhmann 1984, S. 438). Bei normativen Erwartungen ist vermutlich der soziale Druck zur Konformität stärker als bei kognitiven Erwartungen, wo man die Entscheidung eher der Realität überläßt (Luhmann 1984, S. 441).

Auch bei kognitiven Erwartungen gilt: wird ihnen entsprochen, wird die

Erwartung selbst zementiert bzw. reproduziert. Im Gegensatz zu den normativen Erwartungen wird aber an kognitiven Erwartungen im Enttäuschungsfall nicht festgehalten. Kognitive Erwartungen werden im Enttäuschungsfall reflexiv, es bieten sich Möglichkeiten zu Änderungen.

Für Strukturbildung sind diese Differenzen (konform/abweichend, wissen/nicht wissen) entscheidend, und nicht historische Gesetze, die z. B. festlegen, wie der Zustand A in den Zustand B übergeht (Luhmann 1984, S. 443). Entscheidend scheint viel mehr die Übersetzung von Systembildungsproblemen in Differenzen zu sein. Wird dabei der Punkt getroffen, auf den es ankommt – und das ist laut Luhmann sozial die doppelte Kontingenz und zeitlich die enttäuschbare Erwartung –, entstehen im Laufe der Zeit aus Zufallsereignissen Ordnungen. „Was immer passiert, legt (1) Erwartungsbildung und (2) Testen der Erwartung an der Alternative von Beibehalten oder Aufgeben nahe. Es wird dann nicht ausbleiben, daß sich Sinngehalte ankristallisieren, die diese Entscheidung ihrerseits erwartbar machen, ihr Begründungen, Konsenschancen, Ausnahmezulassungen zuliefern“ (Luhmann 1984, S. 443).

Neben Normen und Kognitionen nennt Luhmann (1984, S. 453 ff.) speziell für formale Strukturen noch eine weitere Möglichkeit, Enttäuschungsfällen vorzubeugen: die strukturfunktionale Latenz. Sie besagt im Kern, daß die offizielle Struktur andere Möglichkeiten latent aufrechterhalten muß, in die sie sich auflösen könnte. Latenz schützt dadurch, daß zentrale Aspekte unhinterfragt bleiben. Prominentes Beispiel wäre die informelle Struktur, die eigentlich für die Aufrechterhaltung der formellen Struktur sorgt. Denn die Kommunikation im informalen Bereich über die hierarchisch strukturierte formale Organisation wird nicht behindert, noch aber wird dafür gesorgt, daß informale Kommunikation nicht mit dem Organisationsvollzug selbst verwechselt werden kann und auch nicht für eine Änderung der formalen Organisation und ihrer Praktiken gehalten wird. Mit anderen Worten: Man mag ausgiebig darüber beratschlagen, wie man den Vorgesetzten ausschaltet, einschaltet, beschäftigt, mit ihm umgeht; aber das ändert selbstverständlich nichts daran, daß er Vorgesetzter ist, und bestätigt es geradezu, denn nur unter dieser Voraussetzung hat solche informale Kommunikation überhaupt Sinn (Luhmann 1984, S. 462).

Anschlüsse und Verknüpfungen von Entscheidungen werden in sozialen Systemen somit durch Erwartungsstrukturen hergestellt. Für formale Organisationen existieren zunächst mit der Mitgliedschaftsregel, dann mit Kommunikationswegen, Programmen und Personen, Möglichkeiten struktureller Einschränkungen. Mit ihrer Hilfe können Erwartbarkeiten in unterschiedlichen Hinsichten hergestellt werden. Jede dieser Formen stellt einen Weg dar, Komplexität zu reduzieren und Erwartungssicherheit zu produzieren (Schmitz 1988a, S. 128).

„Mit Strukturen eines Systems sind im sozialen Bereich nicht einfach

Organigramme oder etwas Ähnliches gemeint, sondern auch Regeln, Normen, Vorschriften, Gewohnheiten, Einsichten, Werte, Erfahrungen, Bindungen, Organisationsbestimmungen, das Gefüge von Denkvorstellungen, tragenden Verhaltensprinzipien, das Machtgefüge, das Beziehungsnetz von Sympathie und Antipathie usw." „Die Struktur ... geht aus dem Geschehen und den Ereignissen hervor, die untereinander verbunden sind und auf sich selbst kreisförmig zurückwirken" (Probst 1987, S. 36).

Formale Organisationen verfügen also über verschiedene Möglichkeiten der Strukturierung. Primäre Mittel der Gestaltung (Schmitz 1988a, S. 108) sind dabei die Festlegung von Kommunikationswegen, Programmen und Personen. Die – u. a. mit den genannten drei Formen erreichbare – strukturelle Einschränkung von Entscheidungszusammenhängen nennt Luhmann (1988b, S. 174) „Redundanz".

Wenn man den Begriff „Redundanz" verwendet, geht man von einem Beobachter aus, der sich über das System informieren möchte. Redundanz erreicht dann ihren Höchstwert, wenn ihm (dem Beobachter) dabei eine Information genügt, um das System zu identifizieren und es vollständig zu kennen (Luhmann 1988b, S. 174). Die Redundanz nimmt ab, wenn die Kenntnis einer Entscheidung immer weniger Rückschlüsse darauf ermöglicht, wie vorher entschieden worden ist und wie weiterhin entschieden wird (Luhmann 1988b, S. 174). „Ein hohes Maß an Redundanz bedeutet Gleichförmigkeit, erwartbare Aktionen und Reaktionen, reduziert die Komplexität und hat dank größerer Übersichtlichkeit eine Entlastungsfunktion, die mit einem Verlust an Varietät erkauft wird" (Exner et al. 1987, S. 271). Hohe Redundanz bedeutet daher auch mehr Sicherheit.

Die Varietät (= Verschiedenartigkeit der Entscheidungen) ist gering, wenn das System sich immer nur mit ähnlichen Entscheidungen befaßt. Sie nimmt zu, wenn sich die Spannweite der getroffenen Entscheidungen erweitert. Luhmann (1988b, S. 174) nimmt an, daß die Entscheidungsarbeit dazu tendiert, Strukturen zu kondensieren und damit die Redundanz eines Systems zu erhöhen. Eine solche Tendenz führt zu der „oft beobachteten Kristallisation altwerdender Organisationen."[13] Andererseits kann es sein, daß das System auf Turbulenzen und Strukturänderungen in seiner Umwelt durch Erhöhung seiner Varietät reagiert, also mehr verschie-

---

13 Dieses Problem einer Tendenz zur Erstarrung als Gefahr für Organisationen wird in der betriebswirtschaftlichen Organisationsliteratur nahezu einhellig seit langem (Gutenberg 1951; Kosiol 1962) erkannt. Eine umfassende Analyse leistete Türk (1976, S. 127 ff. und 145 ff.), indem er u. a. „pathologische Zustände der Übersteuerung" und „Überstabilisierung" in Organisationen feststellte. Besonders hinzuweisen ist auf den Ansatz von Hedberg et al. (1976), die ja eine Strategie zur Bekämpfung dieser Erstarrungstendenzen anbieten. Vgl. dazu auch Kasper (1986a, S. 116 ff., 1988; S. 354 ff.).

denartige Entscheidungen zuläßt (Luhmann 1988b, S. 174). Die Varietät der Entscheidungen kann so unbemerkt ansteigen, bis sich die Frage einer strukturellen Anpassung (sekundär) nachträglich stellt. Es muß, mit anderen Worten, nicht sofort zu Strukturänderungen kommen. Gibt es einen Anstieg der Varietät der Entscheidungen, verringert sich zunächst die Redundanz. Entscheidungen legen einander wechselseitig weniger fest. Es wird schwieriger, Entscheidungen aus anderen Entscheidungen vorauszusagen. Das System kann in Richtung Adhocratie (vgl. Mintzberg 1983) oder darüber hinaus in eine bloße Menge kaum zusammenhängender Entscheidungen degenerieren (Luhmann 1988b, S. 174).

Organisationen können ständig oszillieren zwischen Aufnahme oder Abweisen von Rauschen und zwischen Verlust und Wiederherstellung von Redundanz ... wobei die Autopoiesis ... auf verschiedene Weise durchgehalten werden und die strukturelle Komplexität des Systems zunehmen oder in Richtung auf gleichbleibende Varietät und erhöhte Redundanz abnehmen kann (Luhmann 1988b, S. 175).

Eine Erhöhung der Redundanz bedeutet die Steigerung der Komplexitätsdifferenz gegenüber der Umwelt. Mit anderen Worten: Je stärker ein System die eigene Redundanz verdichtet, desto stärker reduziert es die eigene Komplexität im Verhältnis zur Umwelt. Eine Erhöhung der Varietät bedeutet hingegen die Verringerung der Komplexitätsdifferenz zwischen System und Umwelt. Mit anderen Worten: Je stärker ein System die Zahl und Verschiedenartigkeit der möglichen Elemente (= Entscheidungen) erhöht, desto größer wird der Bereich, in dem eine Korrespondenz zwischen Umweltereignissen und Systemereignissen hergestellt werden kann.

„Beide Veränderungen können der Stabilität des Systems, interpretiert als Fortsetzbarkeit der Autopoiesis, dienen oder ihr abträglich sein“ (Luhmann 1988b, S. 175). Komplexe Organisationen verdichten Entscheidungszusammenhänge – wie erwähnt – durch drei verschiedene Formen der Zusammenfassung (= Prämissen): durch Festlegung von Entscheidungsprogrammen, von Kommunikationswegen und – die stärkste Form der Absicherung – mit Hilfe von Personen.

Das Aufstellen von Entscheidungsprogrammen ist eine Möglichkeit, Informationen durch Entscheidungen zu bündeln und damit Redundanz zu erhöhen (Luhmann 1988b, S. 177). Organisationen stellen Entscheidungsprogramme auf, mit deren Hilfe sie die Richtigkeit von Entscheidungen beurteilen (Zweckprogramme mit fixem Output; Konditionalprogramme, die Spielraum begrenzen) (Luhmann 1988b, S. 177). In der Tat vermutet Luhmann, daß Organisationen dazu tendieren, die programmierte Richtigkeit für Rationalität zu halten bzw. sich den Durchblick auf Systemrationalität durch ihre Programme zu verstellen.

Eine zweite Möglichkeit struktureller Einschränkungen in formal organisierten Sozialsystemen ist – neben den Entscheidungsprogrammen – die Festlegung der Kommunikationswege. Als dritte Möglichkeit, neben Entscheidungsprogrammen und dem Kommunikationsnetz, sind es Personen, die die schärfste Absicherung der Redundanz vornehmen können (vgl. Luhmann 1988b, S. 177). Personen sind kaum veränderbar, diese Art der Redundanz ist nur für Mitglieder der Organisation erkennbar (vgl. Luhmann 1988b, S. 178).

In allen diesen drei Formen (Entscheidungsprogramme, Kommunikationswege, Personen) werden somit Entscheidungsprämissen gebündelt und strukturelle Einschränkungen getroffen. Trotz dieser Metaentscheidungen bleiben, wie gesagt, Verhaltensspielräume offen. Strukturbildung kann auch außerhalb dieser formalen Schienen ablaufen.

Um Änderungsmöglichkeiten auf einem abstrakteren strukturellen Niveau rekombinieren zu können, hat man die Vorstellung der „Stelle" (Position, Planstelle) erfunden. Die Stellenstruktur macht in formal organisierten Systemen die Redundanz des Systems transparent (Luhmann 1988b, S. 178). „Jede Stelle ist ... als eine Kombination aus programmatischen, netzwerkartigen und personalen Entscheidungsprämissen anzusehen. ... Die Stelle hat eine Aufgabe, gehört zu einer bestimmten Abteilung und ist mit einer Person besetzt" (Luhmann 1988b, S. 178). Stellen bilden die relativ hohe Redundanz des Systems auf einem abstrakten Niveau wieder ab (Luhmann 1988b, S. 178). Redundanz betrifft, wie gezeigt, die Verknüpfung von Entscheidungen. Die Erzeugung von Redundanzen ist Formgebung. Aber man muß auch Stellen mit Entscheidungen koppeln. Stellen sind das Medium, dem sich die Form einer Organisation aufprägen kann. Die Form wird bestimmt durch den Zusammenhang zwischen Stellen und Entscheidungen.

2.3.3 Kontingenz von Entscheidungen

Die bei Luhmann immer wieder betonte Kontingenz von Entscheidungen (es könnte immer auch anders sein), aber auch die jeweils immer vom System selbst konstituierten Grenzen und die Vergeblichkeit systemexterner Erwartungen halten weitere Möglichkeiten für politische Auseinandersetzungen und -prozesse bereit. Schon aus diesen Äußerungen geht klar hervor, daß die Konstitution der Erwartungsstrukturen in formal organisierten Sozialsystemen über die genannten formalen Formen (Entscheidungsprogramme, Kommunikationswege, Personen) hinausgeht. Die Komplexität eines formal organisierten Sozialsystems ist nicht allein im Formalen zu suchen. Vielmehr können Normen und Kognitionen in einem System u. a. auch aufgrund mikropolitischer Aktivitäten von Organisationsmitgliedern entstehen und sich entwickeln. Mit anderen Worten: der Eigenwert, die Tradition und die Geschichte einer Organisation spielen herein. Der Eigenwert macht sich bei der Gestaltung geltend, d.h. Erwartungsstrukturen steuern das System implizit. „Operationen und Beobachtungen in Organisationen sind strukturiert durch Erwartungen und Annahmen über sich selbst und die Umwelt, die aus der Geschichte des Unternehmens evolvieren“ (Schmitz 1988a, S. 114). Geschichte ist geprägt durch die Gründungssituation, Weiterentwicklungen und Veränderungen. Größere Wandlungen hinterlassen in Strukturen den Abdruck. Strukturen sind das Gedächtnis sozialer Systeme.

2.3.4 Kulturelle Muster

Luhmann hat in seinem Gedankengebäude die Möglichkeit eingeräumt, daß es – sowohl auf der Ebene von Kommunikationen (Autopoiesis im engeren Sinne) als auch auf der Ebene der Beobachtung (Entscheidungszurechnung) – Verhaltens- und Interpretationsmuster gibt, die sich im Laufe der Systemgeschichte entwickelt haben, abgespeichert wurden und im Bedarfsfall immer wieder aktiviert werden. Als kulturelle Verhaltens- und Interpretationsmuster lassen sich mit Luhmann daher jene Verfahrensweisen bezeichnen, die sich gegen ein „Reflexiv-Werden“ sträuben. Als Kulturmuster auf der Ebene konkreter Abläufe (bzw. Kommunikationen) sind daher Mythen, Ritualisierungen, alltägliche Selbstverständlichkeiten anzusehen. Sie sind – anders als Kognitionen – stärker dagegen geschützt, kommuniziert und dadurch geändert oder aufgehoben zu werden. Sie sind gegenüber kognitiv-fundierten Änderungen immun und gerade darin liegt ihre Funktion. Kultur ist aber nicht nur auf der Ebene konkreter Abläufe erfahrbar, sondern auch auf der Ebene der Beobachtung, auf der Ebene der Semantik. Es gibt auch kulturelle Wahrnehmungs- und Deutungsmuster, nach Luhmann einen „Themenvorrat“, der bei Bedarf aktiviert werden kann. Es ist anzunehmen, daß diese kulturellen Elemente eher normativen Charakter haben, daß an ihnen somit auch im Enttäuschungsfall festgehalten wird. Kulturelle Muster sind inhaltlich auf zwei Ebenen anzutreffen: Auf der Ebene der Semantik sind es vor allem symbolische Kürzel wie Sollaussagen, Pflichtbegriffe, Hinweise auf Gewohnheiten, Normalitäten und Üblichkeiten, die auf der Ebene des Erwartens von Erwartungen angesiedelt sind (Luhmann 1984, S. 416) und auf der Ebene konkreter Verhaltensweisen Mythen, Ritualisierungen, alltägliche Selbstverständlichkeiten.

Ein weiterer wichtiger Baustein zur Entwicklung des eigenen Modells ist die Thematik von Strukturänderung. Sie ist deshalb von Relevanz, weil es bei der Qualifizierung von Entscheidungen als Ereignisse eine äußerst verkürzte Sichtweise wäre, in Zusammenhang mit Innovation lediglich bei dem Ereignis „Entscheidung" anzuknüpfen. Nach der Sichtweise Luhmanns macht es viel eher Sinn, den Hebel bei den Erwartungserwartungen bzw. bei Strukturänderungen anzusetzen.

2.3.5 Strukturänderung

Änderung ist in selbstreferentiellen Systemen immer Selbständerung. Strukturänderung setzt immer Selbsterhaltung im Sinne der autopoietischen Reproduktion voraus. Erst wenn für die Autopoiesis gesorgt ist, kann es zu Strukturänderungen kommen. Setzt man Selbsterhaltung (= Fortsetzung der Autopoiesis) voraus, gibt es zwei Möglichkeiten:

1. Anschlußhandeln im Rahmen der vorhandenen Erwartungsstrukturen,
2. Anschlußhandeln aufgrund abweichender Erwartungsstrukturen.

Um es zu präzisieren: Autopoiesis ist somit Bedingung dafür, ob sich Strukturen ändern oder nicht (Luhmann 1984, S. 475). Zuerst muß ein Weiterhandeln möglich sein, dann können in einem weiteren Schritt daraus Strukturänderungen folgen. Ob es dazu kommt, ist nicht sicher. Denn Strukturänderungen müssen immer erst situativ überzeugen. Mit anderen Worten: man muß weiterhandeln und dann erst einmal sehen, ob das Handeln Strukturwert gewinnt, ob es sich somit eignet, Erwartungen zu formen. Entscheidend sind dabei Situation und Überzeugungsmittel. Als eines der wichtigsten Überzeugungsmittel ist die Sprache/Semantik hervorzuheben.

Es gibt für Luhmann solche laufend passierenden Strukturänderungen und solche, die auffallen, weil sie eben besonders problematisiert sind. Dabei ist primär an Kognitionen und Normen zu denken, wobei Kognitionen reflexiv werden können, während Normen dazu ein viel höheres Abstraktionsniveau benötigen. Luhmann unterscheidet im Prinzip drei verschiedene Formen von Strukturänderungen in komplexen sozialen Systemen:

1. Morphogenese
2. Umweltanpassung
3. Selbstanpassung

Der grundlegende Prozeß ist jener der Morphogenese, der daher nun auch als erster genauer erklärt und erweitert werden soll.

Morphogenese

Morphogenese ist für Luhmann (1984, S. 481) ein Prozeß, der das Zustandekommen neuer und den Umbau alter Strukturen bewirkt. Er versteht unter Morphogenese das, was sich „wild“ entwickelt, das was sich im Zuge einer Systemgeschichte – prozeßmäßig – entwickelt. Es handelt sich dabei um einen unkontrolliert ablaufenden Prozeß. Der Morphogenese liegt weder die System/Umwelt-Differenz zugrunde (wie bei der Umweltanpassung), noch die Differenz Element/Relation (wie bei der Selbstanpassung), sondern die Differenz von Aktivierung und Inhibierung, somit von Ermöglichung und Repression. Was sich aufgrund der Morphogenese entwickelt, muß nicht etwas sein, das man ohne weiteres mit dem Etikett der Rationalität versehen könnte. Es handelt sich um einen blinden, kreativen, evolutionären Prozeß, der keineswegs auf Verbesserungen abstellt.

Durch Morphogenese entsteht dann entweder ad hoc ein internes Anpassungsproblem und gegebenenfalls eine umweltbezogene Anpassungsmöglichkeit, die dann ausgenutzt werden kann.

Die Einheit der Morphogenese sieht Luhmann durch zwei Formprinzipien gegeben: durch „Hierarchie“ und durch die sogenannte „Funktionsorientierung“. Da ist festzuhalten, daß für komplexe Systeme eher die Funktionsorientierung in Frage kommt. Es handelt sich dabei um Formen, nicht um Inhalte. Es sind angebbare Formen, wie sich die Einheit des Systems realisieren kann. Es handelt sich dabei jedoch nicht um eine Einheit in Differenz zur Umwelt, sondern um eine Einheit zu sich selbst (Luhmann 1984, S. 38). Funktionen sind immer Gesichtspunkte des Vergleichs der realisierten mit anderen Möglichkeiten. Diese Funktionsorientierung ist „ein morphogenetisches Prinzip von ausschlaggebender Bedeutung, das die Selektion erfolgreicher Strukturen im Evolutionsprozeß steuert. ... Dies ist möglich, weil Handeln und Beobachten sich wechselseitig nicht zwingend ausschließen“ (Luhmann 1984, S. 407). Beides kommt ständig nebeneinander vor. Sobald Beobachtung kommuniziert oder sogar beobachtet wird – wenn es also zu Selbstbeobachtung kommt –, greifen Handeln und Beobachten ineinander über (Luhmann 1984, S. 407).

Es handelt sich hier wohl um Selbstorganisation im Sinne einer simplen Selbstherstellung und Selbsterhaltung der inneren Ordnung eines Systems ganz im Sinne Teubners (1987a, S. 96 f.). Dieses Prinzip der Funktionsorientierung geht laut Luhmann gerade bei der situativen Selektion von Anschlußhandlungen und erst recht in die Auswahl, Widerlegung und Neuauswahl von Strukturen ein. Wichtig ist: Sprache ist hier nicht vonnöten, es genügt Selbstbeobachtung.

Morphogenese kann formal als eigendynamischer Mechanismus umschrieben werden, denn durch Formprinzipien wie Hierarchie und Funktionsorientierung werden Prozesse ausgelöst, in denen sich die Ausgangsfaktoren wechselseitig und zirkulär stimulieren, so daß sich im zeitlichen Ablauf Ursachen und Wirkungen verkehren und damit stets erneut eine aus sich selbst erzeugte Dynamik veranlassen. Dies entspricht dem formal-klassischen Prinzip von Eigendynamik. Wenn Ereignissen Eigendynamik zugeschrieben wird, geschieht dies nicht selten mit der Absicht, die für deren Zustandekommen faktisch verantwortlichen Akteure zu entlasten oder komplexere Wirkungszusammenhänge kognitiv zu vereinfachen (vgl. Nedelmann 1982, S. 22).

Es wäre nun wünschenswert, Selbstorganisationskonzepte auf die dahintersteckenden eigendynamischen Mechanismen zu durchschauen und ihnen damit den Charakter der Anonymität zu nehmen. Die Soziologie ist gegenwärtig (noch) nicht in der Lage, ein geschlossenes theoretisches Konzept anzubieten, das das Zusammenspiel mehrerer und möglicherweise auch einander kontrastierender eigendynamischer Mechanismen erklären könnte.

In der Soziologie (vgl. Nedelmann 1982, S. 83) gibt es bereits theoretische Neuorientierungen, die von Konzepten eines einzigen eigendynamischen Prozesses wegführen und die davon ausgehen, daß immer mehrere eigendynamische Prozesse zusammenwirken müssen, um einen autonomen Prozeß aufrechtzuerhalten bzw. selbsttragend zu machen. Man ist somit davon abgekommen, nach einem einzigen sozialen Prozeß und seinen Gesetzmäßigkeiten zu suchen (Broicher 1982, S. 78) und einen einheitlichen evolutionären Prozeß zu unterstellen. Das bei Luhmann lediglich formal ausgerichtete Prinzip der Funktionsorientierung ist m. E. deshalb mit mehreren eigendynamischen Prozessen kompatibel, weil es inhaltlich verschiedene bzw. unter Umständen sogar einander entgegengesetzte Mechanismen zuläßt.

Denkbar wären eigendynamische Prozesse wie sie Turner (1976) und darauf aufbauend Perrow (1987) herausgearbeitet haben: Turner analysierte kumulative eigendynamische Vorgänge. Bei ihm summieren sich die sozialen Folgen plötzlich und unerwartet. Turner ging mit seiner Desasterforschung der Frage nach, wie es zu solchen Katastrophen kommen kann und fand zwei eigendynamische Mechanismen (Nedelmann 1982, S. 21): die „Akkumulation von miteinander verbundenen Irrtümern" und das Nicht-Reagieren der Akteure (d. h. die Akteure sehen sich durch die Ereignisse nicht dazu veranlaßt, die Situation zu re-definieren). Perrow (1987) baut auf diese Thesen Turners auf und beschäftigt sich mit Fällen, in denen sich soziale Folgen summieren, die plötzlich und völlig unerwartet auftreten. Die Folgen sind Panik, Unglücksfälle, Katastrophen.

Mit anderen Worten: Will man einen eigendynamischen Prozeß analysieren, müssen die zugrundeliegenden Muster der endogenen Faktoren herausgearbeitet werden. Endogene Faktoren eigendynamischer Prozesse können grundsätzlich in vielfältiger Weise zueinander stehen. Ihre Beziehung kann antagonistisch, ambivalent, dualistisch und/oder interdependent sein. Es kann auch eine Kausalitätsbeziehung gegeben sein.[14] Dementsprechend kann es verschiedene Prozeßmechanismen und Verlaufsformen geben, und zwar Dialektik bei Antagonismen, Pendel bei Ambivalenzen, Zyklus bei Dualismen und Alternierung bei Interdependenzen (Broicher 1982, S. 88).

Wie man ersehen kann, ist die bei Luhmann aufgezeigte zyklische Morphogenese lediglich nur einer von mehreren möglichen eigendynamischen Prozessen, der ein dualistisches Verhältnis der Faktoren zugrunde legt. Luhmann spricht abwechselnd von Zirkularität und Akkumulationen und diese Denkfiguren der „Zirkularität" und „Kumulation" sind in der Tat die geläufigsten, wenngleich sie, wie erwähnt, auch nicht die einzigen Vorstellungen über eigendynamische Prozeßverlaufsformen sind (Nedelmann 1982, S. 17). Zur Weiterentwicklung von Luhmann wäre es denkbar, von einem zirkulären Prozeßverlauf („circuli vitiosi") auszugehen, dem eine dualistische Beziehung zwischen endogenen Faktoren, die diesen Prozeß auslösen, zugrundeliegt: Es war in erster Linie Simmel, der Dualismus für soziale Gebilde und speziell auch für Gruppenprozesse als konstitutiv erachtete (siehe Nedelmann 1982, S. 13). Soziale Gebilde wären demnach durch widerstreitende soziale Bestrebungen getragen und gebildet. Das gilt bei Simmel nicht nur für gesellschaftliche und kulturelle Wandlungsprozesse, sondern insbesondere auch für die Analyse von Gruppenprozessen und kann daher auch für Organisationen angenommen werden. Solche dualistische, soziale Kräfte sind etwa beispielsweise

– Konformität und Individualität,
– Antagonismus und Solidarität,
– Anpassung und Rebellion,
– Freiheit und Zwang.

Diese jeweiligen Extrempole sind gleichzeitig in sozialen Wechselwirkungsprozessen vorhanden und prägen damit das soziale Leben des jeweiligen sozialen Gebildes (vgl. Nedelmann 1982, S. 13). Laut Simmel bleiben bestimmte soziale Antagonismen eben unversöhnt, Ambivalenzen können zu permanenten Pendelprozessen führen, die absolute Bewegung kann ein „Perpetuum Mobile" in Gang setzen. Derartige ambivalente soziale Prozesse sind daher nicht etwa als Ausnahmeerscheinung sozialen Lebens anzusehen, die durch externe Anstöße hervorgerufen werden und wieder

14 Damit ist der Bogen zu Europas klassischen Soziologen gespannt, die stärker und häufiger als moderne Autoren von Dualismen, Ambivalenzen, Antagonismen ausgegangen sind. Es drängen sich Marx, Weber, Simmel, Durkheim, Elias auf, die bereits die Wirkungsmechanismen ungewollter und unbeabsichtigter Folgen untersuchten.

zum Stillstand gelangen – sondern sie sind das soziale Leben (Nedelmann 1982, S. 14).

Nun wieder zurück zu den Strukturänderungen bei Luhmann, von denen – wie betont – die Morphogenese nur eine von drei Möglichkeiten ist. Neben der Morphogenese geht es dabei um die Anpassung, genauer um die Umwelt- und Selbstanpassung eines Systems.

Anpassung

Zunächst ist der Begriff der Anpassung nach Luhmann zu klären. Anpassung ist in einem autopoietischen System grundsätzlich immer Selbständerung. Dies aus folgendem Grund: Selbstreferentielle Systeme sind ja in dem Sinne geschlossene Systeme, als daß sie ihre eigenen Elemente und damit auch ihre eigenen Strukturänderungen selbst produzieren und es keinen direkten Kausalzugriff der Umwelt auf das System ohne Mitwirkung des Systems gibt. In diese Anpassungen gehen zuviel Eigenleistungen des Systems, zu viel „Eigenes" in die „Anpassung" ein, als daß man daraus auf eine Kompatibilität von System und Umwelt schließen könnte. „Paradoxerweise ist es also gerade der Eigenanteil am Prozeß struktureller Anpassung, der verhindern kann, daß ein System sich langfristig-erfolgreich in seiner Umwelt stabilisiert" (Luhmann 1984, S. 478). Alle Anpassung ist immer Selbständerung. Alle Strukturänderung, sei sie nun Anpassung an Umwelt oder nicht, ist Selbständerung.

Selbständerung/Strukturänderung ist in sozialen Systemen nur über Kommunikation möglich. Und hier macht Luhmann (1984, S. 479) eine wichtige Präzisierung: Änderungen müssen keineswegs selbst Thema von Kommunikation oder gar geplant sein. „Sie (die Strukturänderung, H.K.) erfordert aber Situationen im System, in denen es beobachtbar, verständlich, plausibel ist, daß Erwartungen sich ändern."

Die Anpassung kann entweder bezogen sein auf das System selbst (= Selbstanpassung) oder auf die Umwelt (= umweltbezogene Anpassung). In Präzisierung und Erweiterung von Luhmann ist zusätzlich festzustellen: die Selbstanpassung läuft über Reflexivität und die umweltbezogene Anpassung über Reflexion.

Selbstanpassung bereinigt systeminterne Schwierigkeiten, die sich aus Unausgewogenheiten in der Relationierung von Elementen (somit in der Reduktion interner Komplexität, die ihrerseits Folge der Morphogenese, aber auch von Umweltanpassungen sein können) ergeben. Luhmann (1984, S. 479) vermutet, daß Anpassungsprozesse in bürokratischen Organisationen weitgehend diesem Typus der Selbstanpassung folgen. Selbstanpassung verlangt ein „hohes, ständig korrekturbedürftiges Maß an Feinabstimmung" und „hohe Sensibilität" für geringfügige Unterschiede.[15]

Schließt man sich nun Luhmanns These an, daß gerade in Organisationen die Selbstanpassung eine enorme Rolle spielt und hält man sich gleichzeitig vor Augen, daß die Organisationstheorie jahrelang eigentlich von der Umweltanpassung ausging, wäre die traditionelle Organisationstheorie bislang am eigentlichen Problem vorbeigegangen und hätte den größten Bereich struktureller Anpassung, eben die Selbstanpassung, außer acht gelassen. Dann wäre, Luhmann konsequent weiterverfolgend, eigentlich die gesamte Organisationstheorie auf den Kopf zu stellen. Man könnte allerdings doch noch Teile der alten Theorie hinüberretten, da ja Luhmann auch umweltbezogene Anpassung für möglich hält. Jedoch mit der Einschränkung, daß auch diese umweltbezogene Anpassung immer Selbständerung bedeutet.

Das Ausbleiben von Selbstanpassung führt zu Konflikten. Wie gezeigt wurde, „läuft" Selbstanpassung über Reflexivität. Die Selbstanpassung über Reflexivität kann auf mehreren Ebenen gleichzeitig ablaufen. Primär sind hier reflexive Erwartungen im Auge zu behalten. Auch bei der Reflexivität spielt die Sprache eine Rolle. Allerdings ist sie auf die Sprache des Wirtschaftssystems (Preise, Kosten) festgelegt.

Erwartungsänderungen können im Blick auf Differenz System und Umwelt interpretiert werden (Luhmann 1984, S. 479). Das macht es wahrscheinlich, aber nicht notwendig, daß sich ein soziales System über Strukturänderungen seiner Umwelt anpaßt. Die Primärfrage lautet dabei: „Mit welcher Semantik bestimmt das System selbst die Unterscheidung von System und Umwelt, wie wirkt diese Semantik sich auf Prozesse der Informationsverarbeitung aus und welche Anpassungsnotwendigkeiten erscheinen infolgedessen auf den Bildschirmen des Systems" (Luhmann 1984, S. 477). Damit ist die Bedeutung der Semantik im Zusammenhang mit Reflexion deutlich herausgehoben.

Umweltanpassung „läuft" über Reflexion. Reflexion ist auf Sprache fixiert, wobei diese Semantik über das Wirtschaftssystemspezifische hinausgeht. Reflexionsmaßnahmen werden aller Voraussicht eher nur punktuell

---

15 Dagegen unterstellt Luhmann (1984, S. 479), daß bei Familien bei hoher Selbstfestlegung der persönlichen Eigenarten der wenigen Mitglieder eher Umweltanpassungen typisch zu sein scheinen. In Familien gibt es ein anderes Konfliktklima als in Organisationen. Damit liefert Luhmann einen Ansatzpunkt zur Kritik der systemischen Familientherapeuten à la Selvini Palazzoli (Selvini Palazzoli et al. 1984), die Familientherapie auf Organisationen übertragen haben. Doch wäre es eine genauere Untersuchung wert, welche Änderungen dabei vorgenommen wurden und inwiefern Kritik tatsächlich gerechtfertigt erscheint.

gesetzt, sind somit Ereignisse, die – bei situativer Veränderung – möglicherweise zu neuen Erwartungsstrukturen führen können. Dann erst wäre von Strukturänderung zu sprechen. Möglicherweise werden sie von morphogenetischen Prozessen überlagert.

Zusammenfassende Übersicht zu Strukturänderungen:

1. **Morphogenese/Selbstorganisation**
   Differenz: Aktivierung/Inhibierung,
   (Funktionsorientierung als morphogenetisches Prinzip)
2. **Selbstanpassung**
   Differenz: Element/Relation,
   Reflexivität; Komplexität
3. **Umweltanpassung**
   Differenz: System/Umwelt;
   Reflexion; Differenzierung

Zusammenfassend zur Strukturänderung ist festzuhalten: Im großen und ganzen laufen also Strukturänderungen entweder ad hoc als Anpassungen oder unkontrolliert morphogenetisch ab. Bei den Ad-hoc-Anpassungen sind es erlaubte (wie z. B. Gesetzesänderungen) und unerlaubte Abweichungen, die sich aber erst in konkreten Abläufen durchsetzen müssen. Bei morphogenetischen Änderungen handelt es sich um den Umbau (Transformation) der bestehenden Erwartungsstrukturen.

Mit den bisher behandelten und damit gesetzten Bausteinen (Entscheidungen, Erwartungen, Strukturen, Kultur, Strukturänderungen) erscheint es (noch) nicht ausreichend, ein eigenständiges Organisationsmodell zu entwickeln. Als weitere Basis wird dazu das „Modell des Organisierens" von Weick einbezogen. Deshalb wird es im folgenden knapp dargestellt, um darauf aufbauend und in Anlehnung an Luhmann ein eigenes, modifiziertes Organisationsmodell zur Diskussion stellen zu können.

3 Weicks Modell des Organisierens

Organisieren – im Verständnis von Weick – ist der Versuch, „unabhängige Handlungen zu vernünftigen Folgen zusammenzufügen, so daß vernünftige Ergebnisse erzielt werden." Zuallererst bedeutet Organisieren, Einigung darüber, was Wirklichkeit und Illusion ist (Weick 1985, S. 12). Das geschieht durch „konsensuelle Validierung" (Weick 1985, S. 16), d. h. „Mitglieder von Organisationen verbringen beträchtlich viel Zeit damit, untereinander eine annehmbare Darstellung dessen, was vor sich geht, auszuhandeln.“ Diese Tätigkeit der „konsensuellen Validierung“ hat „Reduktion von Wirklichkeit“ zum Inhalt.

Selbstbeschreibung und Selbstbeobachtung sind somit auch bei Weick von großer Bedeutung. Kern des Organisierens sind laut Weick Rezepte, die als Interpretationsschemata dienen. Für Weick (1985, S. 70) ist aber immer klar: „Das meiste bleibt unorganisiert, und das, was organisiert ist, bleibt mehrdeutig.“

Es ist somit festzuhalten: Weick geht (wie Luhmann) von der Existenz selbstorganisierender Prozesse (bei Luhmann: morphogenetische Prozesse) sowie von der Möglichkeit aus, einen Teil davon – beschreibend – herauszugreifen. Dabei – wie durch den Begriff „auszuhandeln“ betont wird – sind jeweils mikropolitisch nutzbare Spielräume gegeben.

Weick entwirft ein „Modell des Organisierens“ nach dem Muster jener Prozesse, die mutmaßlich natürliche Auslese bewirken. Die vier Elemente des Organisierens sind:

- Ökologischer Wandel,
- Gestaltung,
- Selektion,
- Retention.

Ökologischer Wandel

Erlebensströme, die Menschen und Tätigkeiten umgreifen, wandeln sich (Weick 1985, S. 189). Die Ströme weisen Variationen auf. Ökologische Änderungen sind so quasi externe Ereignisse, also Ereignisse, die sich außerhalb des Systems ändern. In der Diktion von Luhmann wären es Ereignisse in der Umwelt eines Systems. Wenn alles reibungslos läuft, ist man sich dieser Dinge nicht bewußt, erst wenn sie sich wandeln, wird Aufmerksamkeit aktiviert.

Gestaltung

Gestaltung ist für Organisieren das, was Variation für die natürliche Auslese ist. Gestaltung drückt die aktivere Rolle der Organisationsmitglieder aus. Akteure tun etwas, um Wandlungen einer näheren Betrachtung auszusondern. Diese Handlung des Einklammerns ist eine Form der Gestaltung. Eine andere Form tritt dann auf, wenn der Akteur etwas tut, was ökologischen Wandel hervorruft (Weick 1985, S. 190). Die Umwelt beugt sich buchstäblich den Gestaltungsakten der Leute. Gestaltung stellt nur die mehrdeutigen Rohmaterialien zur Verfügung, die dann vom Selektionsprozeß ergriffen oder fallengelassen werden können (Weick 1985, S. 191).

„Gestalten" im Sinne von Weick ist zunächst gleichzusetzen mit Verändern. Gestalten ist mit anderen Worten ein aktueller Eingriff, den beispielsweise Neuberger (1988a, S. 59) auf das Management beschränkt. Dabei setzen Manager keine konkreten Handlungen, sie ziehen nicht Schrauben an, sondern sie reden Wirklichkeit herbei. Es sind laut Neuberger immer symbolische Gestaltungen, also Kommunikationen. In der Diktion von Weick schaffen sich damit die Manager das, was sie hernach als Umwelt wahrnehmen.

Durch „Gestalten" werden aber erst Rohmaterialien produziert, die anschließend (somit nachträglich) beobachtet und mit Sinn (Beschreibungen, Erklärungen) belegt werden können.

Bevor auf diese Sinngebung (Selektion) näher eingegangen wird, soll eine Besonderheit im Weick'schen Gedankengebäude besonders hervorgehoben werden, zumal sich Luhmann in diesem Punkt besonders eng an Weick angekoppelt hat: Weick (1985, S. 277 f.) postuliert das Primat des Handelns vor dem Denken; mit Luhmanns Worten das Primat der autopoietischen Reproduktion vor der Zuschreibung (mitlaufenden Selbstreferenz, Selbstbeobachtung bzw. Zurechnung zu Entscheiden).

Zuerst wird Kommunikation fortgesetzt, z. B. etwas gemacht, mitgeteilt, gesagt und dann erst wird nachträglich diese Kommunikation mit Sinn belegt, interpretiert, zurechtgerückt. Erst daran nachträglich wird sie zur Entscheidung und werden – bei situativer Bewährung – damit Erwartungserwartungen gesetzt. Eine der entscheidenden Neuerungen Weicks in der Organisationstheorie war es ja, die herkömmliche Auffassung in diesem Punkt umgedreht zu haben. Es ist nicht immer so, daß vorher genau überlegt und daran anschließend gehandelt wird. Sondern Kommunikationen werden gesetzt, und dann wird in der Regel nachträglich zugerechnet. Um Mißverständnissen vorzubeugen: Subjektive Überlegungen, die solchen Kommunikationen vorausgehen, sind damit keineswegs ausgeschlossen. Doch spielen sie in einem sozialen System solange keine Rolle, solange sie nicht in diesem sozialen System beobachtbar sind. Erst das gelangt im sozialen System zur Bedeutung, was an dieser Kommunikation eben in diesem sozialen System sicht- und beobachtbar wird. Mit anderen Worten: Erst das, was in einem sozialen System sicht- und beobachtbar wird, ist das Material, das mit Sinn belegt werden kann. Ein möglicher subjektiver Sinn, an den diese Kommunkation durchaus geknüpft sein kann, fällt aus dem Blickwinkel heraus.

Selektion

Das Sinn-Machen spielt sich im Selektionsprozeß ab. Das heißt in Weicks Worten: verschiedenartige Strukturen werden auf gestaltete Vorlagen mehrdeutiger Art aufgelegt, im Versuch, ihre Mehrdeutigkeit zu reduzieren (Weick 1985, S. 191). Mehrdeutigkeit und Komplexität werden im Selektionsprozeß bewältigt, reduziert, vereinfacht. Rohmatierialen werden gesichert, geordnet, ausgewählt, strukturiert. Kurz: im Zuge von Selektion passiert Selbst-Beobachtung/Selbstreferenz. Selektion setzt Neuberger (1988b, S. 58) in selbstreferentiellen Systemen mit Selbstreferenz (Neuberger 1988b, S. 60) gleich. Selektion ist – in sozialen komplexen Systemen – zu differenzieren in Reflexion und Reflexivität. Da Reflexivität und Reflexion an die Sprache gebunden sind, handelt es sich somit immer um Selbstbeschreibungen.

Selektion bestimmt, was sozusagen in den (auch semantischen) Speicher der Organisation kommt. Selektion ist das Sinn-Machen, das Ordnen des Tuns. Ein solches Ordnen des Tuns ist notwendig, weil Fakten nie für sich sprechen. Einerseits lesen somit Selektionsprozesse Interpretationsschemata und spezifische Interpretationen so aus, daß einige davon als hilfreich gespeichert werden. Andererseits speist sich der Selektionsprozeß aus früheren Selektionsprozessen (aus der Retention).

Der Selektionsprozeß ist damit zunächst nichts anderes als das Schreiben von plausiblen Rechenschaftsberichten, das Schreiben von Geschichten und damit auch ein Großteil der organisatorischen Sinngebung. Dies enthält auch noch einen ganz besonderen Aspekt, den Weick bereits hypostasiert hat, wenn er sagt: „Die Leute, die die Zeit haben, über die Geschehnisse nachzudenken und sie zu interpretieren, kontrollieren die Etiketten und Definitionen, welche diejenigen auferlegen, die keine Zeit haben“ (Weick 1985, S. 291). Dieser Satz sollte wohl insbesondere Managern zu denken geben.

Retention

Retention ist die relativ direkte Speicherung der Produkte erfolgreicher Sinngebung, Produkte, die Weick (1985, S. 192) gestaltete Umwelten nennt. Weick lehrt, daß Organisationen etwas aufbewahren, und etwas vergessen. Retention sind geronnene Spuren der Erfahrung, der Fundus an Wissen und Programmen, die sich zu Strukturen verdichtet haben. Solche Beschreibungen (Retention) umfassen Erklärungen, Geschichten, Anekdoten, Mythen, u. ä. die das Oganisationsgeschehen betreffen, aber auch Rezepte, wie Umweltereignisse gedeutet und behandelt werden kön-

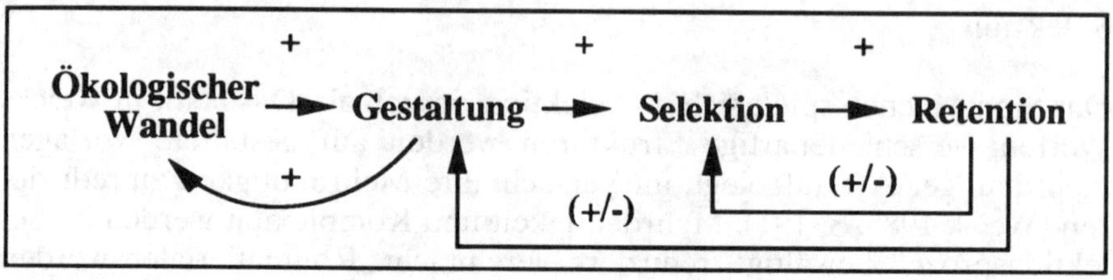

Abb. 1: Das Arrangement von Prozessen des Organisierens (Weick 1985)

nen bzw. sollen. Wichtig in diesem Zusammenhang ist: Retention, gespeicherte Inhalte können einander widersprechen, es gibt eine interne Organisation der Gespeicherten.

Bei Weick ist Retention somit umfassend und impliziert nicht nur semantische Artefakte: Retention ist immer gestaltete Umwelt (verfestigte Auswirkungen) plus gespeicherte Handlungsmodelle (Ursachenkarten) plus etablierte, verschränkte Handlungszyklen. Retention enthält bei Weick auch Montageregeln, also die Software, die allem Gestalten zugrundeliegt. Die gespeicherte Information ist den meisten Organisationen heilig (Weick 1985, S. 327), jede soziale Einheit ist teilweise durch die Geschichte definiert, durch das, was sie getan und zum wiederholten Mal entschieden hat (Weick 1985, S. 250).

Die Zusammenhänge zwischen ökologischem Wandel, Gestaltung, Selektion und Retention sind nach Weick (1985) wie folgt zu skizzieren (Abb. 1):

Der zentrale Sinngebungsprozeß ist der Selektionsprozeß. Hier werden Bedeutungen/Interpretationen ausgewählt, hier findet Sinngebung statt. Das Ergebnis des Selektionsprozesses sind gestaltete Umwelten, um eine einigermaßen stabile Interpretation dessen, womit die Person in jüngster Zeit zu tun hatte (Weick 1985, S. 250). Der Input für den Selektionsprozeß kommt entweder vom Gestaltungs- oder vom Retentionsprozeß.

Abschließend gilt es bezüglich Weick noch klarzustellen: Weick ist kein Systemtheoretiker im ‚strengeren Sinne'. Es gibt – im Gegenteil – genug Indizien, ihn als Handlungstheoretiker einzuordnen. Dennoch aber weist er m. E. in einigen wichtigen Punkten starke systemtheoretische Züge auf. Handlungstheoretiker ist er beispielsweise, indem er sich primär mit Problemen der Informationsverarbeitung befaßt. Er führt zwar das Unorganisierte (spontane Prozesse der Selbstorganisation) an, doch klammert er sie m. E. im Kern seiner Analyse dann wieder aus.[16] Typisch der Handlungstheorie verhaftet ist ferner die Annahme Weicks, es genüge schon die

Kenntnis dessen, was sich zwischen neun Personen abspiele, um es auch auf Organisationen von mehr als 1000 Menschen übertragen zu können. Eine systemtheoretische Auffassung vertritt Weick hingegen dann, wenn er nicht auf einzelne Variablen und deren Inhalte abstellt, sondern auf die Muster und Beziehungen zwischen den Variablen, denn das seien die Realitäten, mit denen es man zu tun habe (Weick 1985, S. 116). Weick betrachtet organisierende Prozesse als zusammenhängende Handlungsketten zwischen Handelnden. Durch diese Verknüpfung verschiedener Handlungsfolgen entstehen kollektive Handlungsstrukturen. Sie sind entscheidendes Ordnungselement in sozialen Systemen. Und hier zieht Dyllick (1982, S. 334) eine Parallele zu Luhmann, soziale Systeme als Sinnsysteme zu begreifen. Es geht letztlich bei beiden um sinnhaft identifizierte Handlungen.

Gerade durch sein Anknüpfen an ineinandergreifenden Handlungsstrukturen steht Weick m. E. im Prinzip den Grundannahmen der neueren Sytemtheorie näher als etwa handlungstheoretisch orientierten Ansätzen. Er knüpft an doppelten Interakten an und überträgt Zusammenhänge im kleinen auf große, ohne Abstriche zu machen. Für Weick ist aber ebenso wie für Luhmann klar, daß es zum Verständnis von Abläufen in einem sozialen System nicht nötig ist, das Individuum in seiner inneren Unendlichkeit auszuleuchten. Um ineinandergreifende Verhaltenszyklen zu erreichen, ist es nicht nötig, über Ziele übereinzustimmen oder gar Visionen, Sehnsüchte bzw. Absichten zu teilen (Weick 1985, S. 133). Koordination kann selbst dann auftreten, wenn zwischen Individuen kaum eine Bindung da ist. Es kommt vielmehr auf instrumentelle Handlungen, auf Mittel an. Nicht gemeinsame Glaubensvorstellungen sind wichtig, um ineinandergreifende Verhaltensweisen zu erhalten (Weick 1985, S. 143). Damit ist eine wichtige Übereinstimmung zwischen Weick, Luhmann und Habermas hervorgehoben.

16 Das hängt wohl mit einem weiteren Kritikpunkt zusammen: Obwohl von Weick nicht a priori darauf angelegt, sind seine Thesen doch wohl sehr häufig auf Manager-Aktivitäten konzentriert. In diesem Sinne wurde er auch überwiegend rezipiert. Dadurch entsteht der Eindruck, Weick verstehe unter Organisieren ausschließlich Aktivitäten des Managements.

4 Entwicklung des Modells „Handhabung selbstorganisierender Prozesse in formal organisierten Sozialsystemen“

Nimmt man die systemtheoretische Sichtweise ein, kann wohl nicht von Entscheidungen/Handlungen als zentralem Angelpunkt für Neuerungen ausgegangen werden. Denn Entscheidungen werden als temporäre Ereignisse aufgefaßt, die sofort wieder verschwinden. Ansatzpunkte für Neuerungen in sozialen Systemen sind vielmehr Erwartungsstrukturen: ein soziales System lernt nur auf der Ebene der Erwartungen und nicht auf der Ebene der Handlungen. Systeme werden über Strukturen identifiziert, und diese Erwartungsstrukturen können sich ändern. „Daher ist es berechtigt zu sagen, das System ändert sich, wenn seine Strukturen sich ändern“ (Luhmann 1984, S. 472). Das Begriffsverständnis „Struktur“ beschränkt sich nicht nur auf formale Strukturen, sondern umfaßt alles, was der Selektion im System dient. Es kommt – global formuliert – darauf an, wie die Erwartungsstrukturen eines sozialen Systems mit Neuerungen umgehen (= sie ermöglichen, fördern, verhindern ...). In komplexen sozialen Systemen gibt es drei Möglichkeiten, wie sich Erwartungsstrukturen ändern, und zwar durch

1. Selbstorganisation,
2. Selbstanpassung,
3. Umweltanpassung.

Als fundamentale Prozesse für die Änderung von Erwartungsstrukturen sind Selbstorganisationsprozesse anzusehen. Auf dieser Ebene passieren laufend Strukturänderungen, ohne als solche angekündigt, gewollt oder verantwortet zu sein. Die weiteren zwei Änderungsmöglichkeiten von Strukturen (Umwelt- und Selbstanpassung) sind hingegen Ereignisse und somit punktbezogene Eingriffe. Anpassungen sind Strukturänderungen, die auffallen, denn sie betreffen Normen und Kognitionen. Als Ursachen liegen den Anpassungen aber selbstorganisierende Prozesse zugrunde, die daher im vorliegenden Kontext vorrangig behandelt werden.

4.1 Selbstorganisationsprozesse

Bestehende Erwartungsstrukturen werden durch einen morphogenetisch ablaufenden Prozeß umgebaut und verändert: die neuen Erwartungsstrukturen bauen auf den alten auf. Selbstorganisierende Prozesse haben kein Ziel und kein Ende. Sie verlaufen evolutionär. Der Prozeß nimmt kaum einen harmonischen Verlauf und weist deshalb nicht eo ipso Fortschrittscharakter auf.

Analytisch ist der Prozeß der Selbstorganisation folgendermaßen zerlegbar: Es ereignen sich (passieren) Handlungen, die im System beobachtet werden. Wird diese Beobachtung im System operativ wirksam, d. h. wird auf die Beobachtung reagiert, so entsteht Selbstorganisation (Selbstbeobachtung) des Systems: Handeln und Beobachten greifen ineinander über. Als Selektionsprinzip fungiert in komplexen sozialen Systemen die Funktionsorientierung. Maßstab ist demnach das, was sich in diesem System in der Vergangenheit sicht- und wahrnehmbar bewährt hat. So gesehen könnte man Selbstorganisation auch als Retention, als Gedächtnis eines sozialen Systems auf der Ebene konkret ablaufender Strukturbildung bezeichnen.

Charakteristisch für selbstorganisierende Abläufe und Änderungen ist, daß dazu keine Artikulation von Änderungswünschen, kein Herbeireden von Neuerungen nötig ist: es genügt, wenn die Erwartungsänderungen im System beobachtet und wahrgenommen werden, d. h. „systemtheoretisch gesprochen", wenn Beobachtungen beobachtet werden, wenn auf Beobachtungen im System reagiert wird. Unabhängig davon gilt, daß sich Selbstbeschreibungsprozesse des Systems auch auf die Selbstbeobachtung auswirken, sie sogar sehr stark prägen können, aber nicht müssen. Mögliche Reaktionen sind Wahrnehmen, Sehen und Spüren. Beobachten (Selbstbeobachten) läßt zweifellos viel mehr Spielraum für Mißverständnisse und Falschbeobachtungen als die Beschreibung, die ihrerseits aber ebenfalls solche Spielräume eröffnet.

Selbstorganisation ist nicht als ein Prozeß des „alle ziehen an einem Strick" zu interpretieren. Da dieser Prozeß unmöglich von einer einzelnen Person von einem Punkt aus („von oben") dirigiert werden kann und zu seiner Erzeugung bzw. Fortsetzung nicht unbedingt Worte notwendig sind, könnte man ihn als eine Art systeminternen Abstimmungs-, Koordinations- bzw. Entwicklungsprozeß ansehen, wobei Abstimmung und Koordination nicht mit widerspruchs- und konfliktfreier Harmonisierung gleichgesetzt werden darf.

Diese Art des prozessualen Strukturumbaus wurde in der betriebswirtschaftlichen Innovationsforschung (Gaitanides/Wicher 1986; Galbraith 1982; Gussmann 1988; Tushman/Moore 1982) bislang vernachlässigt. Wohl auch deshalb, weil Prozesse der Selbstorganisation in der Organisationstheorie, aber auch in der Soziologie in den letzten Jahren weitgehend unbeachtet blieben.

Innerhalb dieser selbstorganisierend ablaufenden Strukturänderungsprozesse sind Elemente zu unterscheiden, die stärker als andere gegen Änderungen geschützt sind. Es sind dies beispielsweise Riten, Ritualisierungen und alltägliche Selbstverständlichkeiten, die man mit dem Begriff

„kulturell geprägte Abläufe" (Verfahrensweisen) bündeln und etikettieren kann. Der Schutz dieser kulturell geprägten Abläufe vor Änderungen zeigt sich darin, daß ihre Versprachlichung (Thematisierung, Reflexivwerden) verhindert wird. Thematisierungsversuche können z. B. durch Witze, bildliche und sprachliche Metaphorismen abgeblockt werden: Witze und Metaphorismen dokumentieren nämlich, daß ein Hinterfragen, eine sprachliche Erörterung sinnlos ist. Damit ist nun nicht gesagt, daß diese Teile nicht doch noch zur Sprache gebracht und aufgehoben werden könnten. Doch dazu ist ein höheres Abstraktionsniveau vonnöten.

Selbstorganisierende Prozesse führen – wie erwähnt – entweder zu einem Umbau alter Erwartungsstrukturen oder machen ad hoc Anpassungen notwendig.Wann kommt es zu diesen ad hoc Anpassungen? Mit großer Wahrscheinlichkeit kommt es zu Anpassungen (punktuellen Eingriffen), wenn die selbstorganisierenden Prozesse zu Widerspruchslagen führen. Der Motor für Änderungshandeln sind demnach Widerspruchslagen.

Was sind nun aber – systemtheoretisch gesprochen – Widerspruchslagen bzw. Widersprüche? Widerspruchslagen entstehen, wenn sich zwei Erwartungen widersprechen (Luhmann 1984, S. 495). Werden solche Widerspruchslagen kommuniziert, entstehen Widersprüche. Widersprüche entstehen immer erst durch die konkrete Kommunikation von Ablehnung (Luhmann 1984, S. 497). Widersprüche sind somit semantische Erscheinungen. Konkret sind darunter Widersprechen, ironische Kommunikation (= der Inhalt der Kommunikation wird durch ihre Form widerrufen), deutliche Übertreibungen, betonte Höflichkeit und die Kommunikation von Absichten zu verstehen (Luhmann 1984, S. 499). Insbesondere in der Kommunikation von Absichten stecken viele solcher Widersprüche. „Je ausdrücklicher man die Intention einer Kommunikation mitkommuniziert, desto mehr sind Zweifel angebracht". Luhmann (1984, S. 499) nennt das „durch Widersprüche versalzene Kommunikation".

Das System reagiert auf Widersprüche mit Anschlußhandeln. Es reagiert, aber es reagiert anders, nämlich mit Änderungshandeln (Gestalten): die Reproduktion des Systems wird auf andere Bahnen gelenkt. Damit sorgen Widersprüche dafür, daß die Autopoiesis – bei Ausschaltung der Selbstbeobachtung – des Systems fortgesetzt wird.[17]

Widersprüche haben somit eine ganz verschiedene Funktion, je nachdem ob es sich um autopoietische Operation oder um Beobachtungen han-

---

17 Systemtheoretisch gesprochen sind Widersprüche spezifische Formen der Selbstreferenz. Ihre Funktion besteht darin, die Formeinheit eines Sinnzusammenhanges zu wahren (= Autopoiesis fortzusetzen) und dabei aber die Erwartungssicherheit aufzulösen (= Beobachtung zu stoppen). Widerspruch ist eine semantische Form, die zwischen Autopoiesis und Beobachtung vermittelt (vgl. Luhmann 1984, S. 492).

delt (Luhmann 1984, S. 530 f.): Widersprüche wählen einerseits Anschlußoperationen aus (= autopoietische Operation) und stoppen andererseits die Beobachtung (= auch Selbstbeobachtung), denn für den Beobachter bedeuten widersprüchliche Erwartungen Unentscheidbarkeit. Dementsprechend gibt es in allen selbstreferentiellen Systemen eine Doppelfunktion von Widersprüchen: ein Blockieren/Stoppen der Beobachtung und ein Auslösen von genau darauf bezogenen Anschlußoperationen (Luhmann 1984, S. 492).

Mit anderen Worten: Die Form des Widerspruchs dient dazu, die erreichte Sinnbestimmtheit wieder in Frage zu stellen. Jeder Sinn schließt ja immer auch die eigene Negation als Möglichkeit ein, in jedem Sinnerleben ist Widersprüchliches latent vorhanden (Luhmann 1984, S. 492 f.). Jeder Sinn ist daher grundsätzlich widerspruchsfähig.

Widersprüche, die Strukturen sprengen und sich selbst für einen Moment an ihre Stelle setzen, erhalten somit die autopoietische Reproduktion (im engeren Sinn). Widersprüche ermöglichen Anschlußhandeln (Gestalten), obwohl unsicher ist, welche Erwartungen gelten (Luhmann 1984, S. 503). Widersprüche kanalisieren das Anschlußverhalten. Das Anschlußverhalten kann

- eine Entscheidung sein, die durch ihre Begründung der Strukturentwicklung dient, oder
- ein Konflikt sein, der über Umwege dieselbe Funktion erfüllt.[18]

Widersprüche sind nicht etwas Schlechtes im Vergleich zum Guten. „Sie dienen als Alarmsignale" (Luhmann 1984, S. 506). Widerspruch erfüllt diese alarmierende Funktion wie folgt: Er zerstört für einen Augenblick die Gesamtprätention des Systems, geordnete, reduzierte Komplexität zu sein. Für einen Augenblick ist dann unbestimmte Komplexität wiederhergestellt. Aber zugleich hat Widerspruch genug Form, um die Anschlußfähigkeit des kommunikativen Prozessierens von Sinn doch noch zu garantieren (Luhmann 1984, S. 508). „Sinnformen erscheinen als inkonsistent, und das alarmiert" (Luhmann 1984, S. 508). Widersprüche zeigen einen konkreten Änderungsbedarf an, sind also im Zusammenhang mit Innovationen von größter Relevanz, auf die noch einzugehen ist.

Die Beziehungen zwischen Widerspruch und Strukturänderung sind aber bei weitem noch nicht ausreichend geklärt und nach Vermutungen Luhmanns (1984, S. 519) viel komplizierter als bisher angenommen.

Wenn es im Verlauf selbstorganisierender Prozesse zu Widerspruchslagen kommt und diese im System zu Widersprüchen formuliert werden,

---

18 Nach Luhmann (1984) liegt ein Konflikt dann vor, „wenn Erwartungen kommuniziert werden und das Nichtakzeptieren der Kommunikation zurückkommuniziert wird".

ergibt sich – wie gezeigt – die Chance zu ad hoc Anpassungen (= Änderungshandeln). Es kommt zu Änderungshandeln (Gestalten), das im nachhinein begründet (selektiert) wird und somit zur Strukturentwicklung beitragen kann.[19] Bei diesen ad hoc gesetzten Änderungshandlungen kann es sich entweder um Selbst- oder um Umweltanpassungen handeln. Aus dieser Situation – durch das Änderungshandeln im Gefolge von Widersprüchen – erfolgt die autopoietische Reproduktion innovativ und abweichend, sofern dieses Änderungshandeln kommunizierbar, sinnhaft-verständlich und anschlußfähig ist (Luhmann 1984, S. 474).

4.2 Anpassungen

Es kommt somit zu abweichendem Änderungshandeln, d. h. entweder zu Selbst- oder Umweltanpassungen. Im System wird etwas gemacht, was Wandel hervorruft bzw. was das Ergreifen von Änderungschancen ermöglicht: Es wird etwas Neues getan, gesagt. Es handelt sich im Verständnis von Weick dabei um „Gestalten“. In Differenzierung zu Weick und in Anlehnung an Luhmann sind jedoch Umwelt- und Selbstanpassung auseinanderzuhalten.

Der Weick'sche Begriff des Gestaltens wird im folgenden in zweifacher Hinsicht ausgedehnt:

- Erstens ist davon auszugehen, daß „Gestalten“ im Sinne von „Verändern“ auf allen Ebenen eines sozialen Systems laufend vorkommt und grundsätzlich nicht allein der Managementebene vorbehalten bleibt (Luhmann 1984, S. 519). Zweifellos ist jedoch hierarchisch Höherstehenden in diesem Zusammenhang ein „Mehr“ an Verantwortung bzw. Entscheidungslast zu konzedieren.
- Zweitens ist „Gestalten“ auch auf Selbstanpassung auszudehnen und

19 Es kann aber auch sein, daß dieses Änderungshandeln zu sozialen Konflikten führt. Von einem Konflikt ist dann zu sprechen, wenn nicht nur ein Widerspruch formuliert wird, sondern zwei widersprechende Kommunikationen vorliegen. Durch die Konfliktaustragung kann ebenfalls Strukturbildung geschehen. Soziale Konflikte sind „die operative Verselbständigung eines Widerspruchs durch Kommunikation“, wenn einer widersprüchlichen Kommunikation widersprochen wird. Der Konflikt übernimmt für eine Weile die Autopoiesis, die Weiterführung der Kommunikation (Luhmann 1984, S.530). Konflikte sind nicht bloß vermutete, beobachtbare Gegensätze, sondern sie sind laut Luhmann (1984, S. 530) durch „Benutzung des Nein“ gekennzeichnet. Durch die Steigerung der Kommunikationsmöglichkeiten werden auch Konfliktwahrscheinlichkeiten gesteigert (Möglichkeit: Lüge, Täuschung, irreführender Symbolgebrauch) (vgl. Luhmann 1984, S. 513).

nicht nur wie bei Weick auf Umweltanpassung (das System/Umweltverhältnis) zu beschränken.[20]

Zur Selbstanpassung: Gestalten ist hier mit „Verändern" gleichzusetzen. Man tut etwas, man kommuniziert, und setzt damit zunächst die Autopoiesis (im engeren Sinne) fort. „Gestalten" im Zusammenhang mit Selbstanpassung heißt: es wird etwas gemacht, das Wandel hervorruft. Es handelt sich um ein Ausweichen auf semantisch bis dato nicht besetzte Erwartungen, auf einen semantisch noch nicht oder nur kaum besetzten Strukturbereich.

Zur Umweltanpassung: „Gestalten" im Zusammenhang mit Umweltanpassung bedeutet, daß es angesichts der sich aus selbstorganisierenden Prozessen ergebenden Anpassungsnotwendigkeiten möglich wird, ökologische Wandlungen (also solche, die sich aus der System-Umwelt-Perspektive in der Umwelt wahrnehmen lassen) für eine nähere Betrachtung auszusondern bzw. einzuklammern und damit ebenfalls Änderungschancen zu ergreifen.

„Gestalten" bedeutet in beiden Fällen Kommunikation (Handeln), die nachträglich mit Sinn, Interpretationen, Begründungen versehen werden muß. Das geschieht mit Hilfe von Selbstbeschreibungen durch Selektionsprozesse. Erst diese nachträgliche Selektionsarbeit kann zum Aufbau weiterer und neuer Erwartungserwartungen und – bei situativer Bewährung – letztlich zur Strukturentwicklung beitragen.

Der wesentliche Unterschied ist: Bei diesen Selektionsprozessen spielen nun – im Gegensatz zur Selbstorganisation (Selbstbeobachtung) – Sprache bzw. die Semantiken eine entscheidende Rolle. Es genügen nicht mehr Wahrnehmungen, sondern es kommt auf die Sprache an.

Am Beispiel des Zuspätkommens bedeutet dies: Es kann sein, daß sich im Laufe selbstorganisierender Prozesse widersprüchliche Erwartungsstrukturen herausbilden: Einmal wird das Zuspätkommen sanktioniert, dann wieder nicht. Die Organisationsmitglieder sind verunsichert und wissen nicht, was gilt. Die Unpünktlichen spotten über die Pünktlichen, d. h. diese Widerspruchslage wird im System in der semantischen Form des Widerspruchs zusammengezogen. Ein Organisationsmitglied glaubt, die Situation ausnützen zu können, kommt gleich eine Stunde zu spät und verlangt – bisherigen Usancen zum Trotz – die Bezahlung von Überstunden. Dies ist den anderen zuviel und sie beschweren sich beim Chef.

---

20 Weick hatte ja prinzipiell lediglich das Verhältnis System/Umwelt gesehen. Er konnte daher „Gestalten" folgerichtig immer nur als Umweltanpassung und nicht als Selbstanpassung (im Sinne Luhmanns) sehen. Eine Beschränkung auf die Umweltanpassung erscheint m. E. der Komplexität der Problematik nicht adäquat.

Es kommt nun zu einer Aussprache (oder zu einer heftigen Diskussion) darüber, was zu gelten hat.

Systemtheoretisch gesprochen heißt dies: es passiert Änderungshandeln/Gestalten (Zuschlagsforderung bei enormer Verspätung) und dieses Änderungshandeln führt (durch Aussprache, Diskussion) zu Selbstbeschreibungen des sozialen Systems. An die Stelle reiner Selbstbeobachtungen treten nun Selbstbeschreibungen.

4.3 Selektionsprozesse

Im Anschluß an Änderungshandeln erfolgen Sinngebungsprozesse bzw. Selbstbeschreibung. Dieser Sinngebungsprozeß wird hier als Selektion bezeichnet. Der Selektionsprozeß verläuft unterschiedlich, je nachdem, ob es sich um Selbst- oder Umweltanpassung handelt. Bei Selbstanpassung heißt dieser Selektionsprozeß „Reflexivität", bei Umweltanpassung hingegen „Reflexion". Schon Neuberger (1988b, S. 58) hat Weicks Selektion in selbstreferentiellen Systemen mit Selbstreferenz gleichgesetzt, dabei jedoch die von Luhmann getroffene Unterscheidung von Selbstreferenz in Reflexivität und Reflexion vernachlässigt.

Damit ist gegenüber Weick und mit Hilfe von Luhmann neuerlich eine Erweiterung formuliert. Weick ging – wie erinnerlich – von einem einzigen Selektionsprozeß aus, im Laufe dessen Mehrdeutigkeit und Komplexität verringert und Sinn geschaffen wird. Weick hatte dabei aber immer nur das System/Umwelt-Verhältnis im Auge, beschränkte sich daher – in Luhmanns Worten – auf Reflexion. Luhmann bietet mit „Reflexivität" und „Reflexion" ein ausgefeilteres begriffliches Instrumentarium, Selektionsprozesse je nachdem zu differenzieren, ob sie sich auf wirtschaftssystembezogene Operationen beziehen oder ob sie – über das streng Wirtschaftssystemische hinausgehend – gesellschaftsbezogene Operationen betreffen. Diese mit Hilfe von Luhmann getroffene Differenzierung bringt den Vorteil mit sich, zwischen der streng wirtschaftssystembezogenen Sprache (Zahlungen, Kosten, Preise) und anderen Semantiken unterscheiden zu können. Der Stellenwert wirtschaftssystemspezifischer Semantiken ist bei der Betrachtung von Wirtschaftsorganisationen in hohem Maße hervorzuheben. Es ist schließlich kaum von der Hand zu weisen, daß sich Firmen gerade in diesem Punkt von anderen sozialen Gebilden (beispielsweise von Schulen) entscheidend abheben: Firmen müssen im Wirtschaftssystem reüssieren, spezifischen Semantiken und damit verbunden auch entsprechend wirtschaftsspezifischen Denkweisen, Überlegungen, Kriterien und Plausibilitäten folgen bzw. wenigstens zu folgen vorgeben. Diese Besonderheit wird selbst in der einschlägigen Literatur häufig übersehen.

Zur Selbstanpassung: Reflexivität als Selektionsprozeß bedient sich der Leitdifferenz Vorher/Nachher. Reflexive Prozesse können als strukturändernde Prozesse eingesetzt werden. Kurzum: Reflexivität ermöglicht Steuerungsleistung des Prozesses durch sich selbst. Reflexive Erwartungen sind verhaltenssteuernd, korrigierbar und symbolisch verkürzt. Die Reflexivität von Erwartungen macht Korrekturen auf der Ebene des Erwartens möglich. Reflexivität kommt meist dann zustande, wenn der im Kommunikationsprozeß mitlaufende Verstehenstest negativ ausfällt, d. h. wenn Unklarheiten, Widersprüche usw. auftauchen. Allerdings schließen Rituale und Ritualisierungen Reflexivität aus. Bei der Selbstanpassung bleibt die Sprache auf jene des Wirtschaftssystems festgelegt: auf Preise, Kosten, Vorher/Nachher-Vergleiche, Berechnungen, Budgetansätze usf.

Zur Umweltanpassung: Reflexion als Selektionsprozeß bei der Umweltanpassung bedient sich der Leitdifferenz System/Umwelt. Die Sprache bleibt dabei aber nicht an Preisen und Kosten kleben, sondern es werden – darüber hinausgehend – gesellschaftliche (rechtliche, politische, gefühlsbezogene etc.) Semantiken erfaßt.

Beide Arten der Selektion (Reflexion und Reflexivität) sind – weil auf Sprache angewiesen – letztlich Selbstbeschreibungen. Selektion bedeutet immer das Schreiben von Geschichten, das Abfassen von Erklärungen, das Vorbringen von Rechtfertigungen bzw. Berechnungen, das Darstellen, Beschreiben und Erklären von Ereignissen. Ereignisse/Handlungen werden dabei mit Sinn, mit Bedeutungen, Interpretationen versehen.

Selektion ist somit ein Prozeß der Selbstbeschreibung eines sozialen Systems: Diese Interpretations- und Beschreibungsarbeit wird über das soziale System verteilt geleistet. Selektion/Selbstbeschreibung ist nicht ein „glatter" Prozeß, sondern vielmehr ein Aushandlungs- bzw. Machtprozeß, in dessen Verlauf durchaus auch soziale Konflikte entstehen und genährt werden können.

Die Ergebnisse des Selektionsprozesses – die Erklärungen, Geschichten usf. – können in den semantischen Speicher (= semantische Retention) einer Organisation gelagert werden und in selbstorganisierende Prozesse einfließen. Einmal gespeicherte Produkte des Sinngebungsprozesses wirken sich somit auf die weitere Handlungsorientierung des Systems aus.

Der Selektionsprozeß soll nun anhand eines an Weick angelehnten Schemas analytisch gegliedert werden.

4.4 Gliederung des Selektionsprozesses

Selbstbeschreibungen (Selektion) halten Differenzen fest und diese Differenzen fließen – sofern sie gespeichert werden – in weitere Operationen

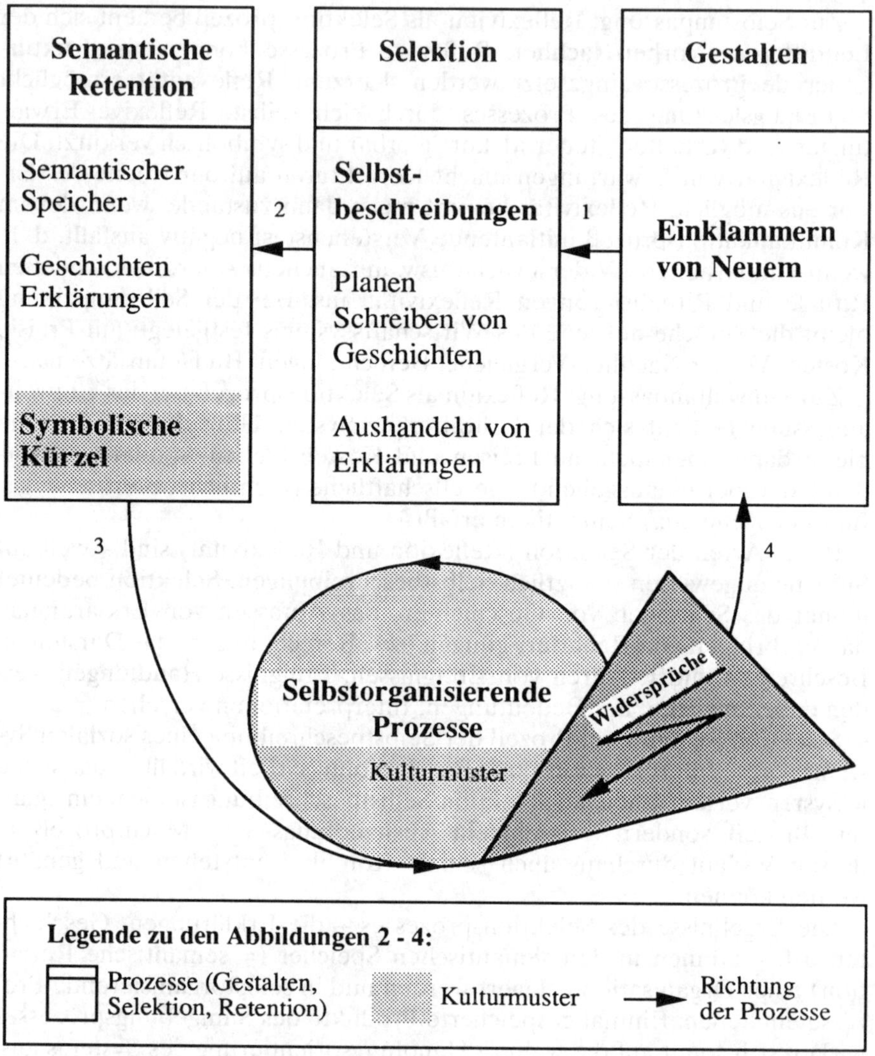

Abb. 2: Grundsätzliche Gliederung des Selektionsprozesses

der Selbstbeobachtung (d. h. in die Selbstorganisation) und damit in konkrete Operationen (Handlungen) ein.

Die Zusammenhänge aus Abb. 2 lassen sich im Detail daher wie folgt darlegen: Über Gestalten/Änderungen (4) wird gesprochen: Es wird interpretiert, erklärt, gestritten, diskutiert, ohne daß man dabei auf eine Einigung kommen muß (1). Die in diesem Selektionsprozeß gewonnenen „Produkte“ (= die gefundenen Erklärungen, Interpretationen, aber auch halbfertigen Überzeugungen) können losgelöst vom Anlaßfall in den semantischen Speicher des sozialen Systems kommen und somit generalisiert werden (2). Als abgespeichert können diese „Produkte“ nur dann gelten, wenn sich das System in künftigen Situationen ihrer „erinnert“, wenn ein soziales System in künftigen Selbstorganisations- bzw. Selektionsprozessen auf diese gepeicherten Produkte rekurriert, bzw. dies sollte oder könnte oder sogar müßte (3). Ist dies der Fall, fließen letztlich diese gespeicherten Inhalte in selbstorganisierende Prozesse ein und gewinnen damit konkreten Strukturwert.

Mit anderen Worten: Ob das ursprüngliche Änderungshandeln im Endeffekt Strukturwert gewinnt, d. h. ob es sich eignet, Erwartungen zu formen, stellt sich immer erst im nachhinein heraus. Ausschlaggebend dafür sind die Situation und die Überzeugungsmittel. Eines der wichtigsten Überzeugungsmittel (aber nicht das einzige) ist die Semantik.

Zurück zum semantischen Speicher: ähnlich wie bei selbstorganisierenden Prozessen gibt es auch im semantischen Speicher graduelle Unterschiede. Auch hier existieren – diesmal auf sprachlicher Ebene – Elemente, die besonders stark der Vergangenheit verhaftet und vor Änderungen geschützt sind. Es gibt somit auch im semantischen Speicher kulturelle Elemente. Genauer gesagt, sind es die sogenannten symbolischen Kürzel, beispielsweise Hinweise auf Gewohnheiten, Hinweise auf Normen, Hinweise auf Interpretationen kollektiver Wahrnehmungs- und Deutungsmuster. (Sie sind in der Abb. 2 durch eine schraffierte Fläche gesondert ausgewiesen).

Unabhängig davon gilt: Was einmal in den semantischen Speicher Eingang gefunden hat, ist (semantische) Struktur und gehört zum Gedächtnis eines sozialen Systems. Damit wird nicht etwa die Behauptung aufgestellt, daß die Inhalte des Speichers in sich logisch konsistent sein müßten. Ganz im Gegenteil spricht vieles dafür, daß der semantische Speicher voller Widersprüchlichkeiten, Unklarheiten, Ambivalenzen und Halbheiten ist.

Auf gespeicherte Interpretationen kann sich ein System bei Handlungen berufen. So kann sich ein System in selbstorganisierenden Prozessen – ohne explizite Versprachlichung – des Gespeicherten entsinnen. Es genügt die Vermutung, daß man sich auf diese gespeicherten Interpretationen im Bedarfsfall beziehen kann bzw. sogar muß. Auf diese Weise fließt Selbstbeschreibung über den Umweg des semantischen Speichers (2) in die Selbstorganisation (3) eines Systems ein. Selbstorganisierende Prozesse können zu Änderungshandeln führen (4), so daß der Kreislauf von vorne beginnt.

Zusammenfassend kann festgehalten werden: Durch Selektionsprozesse werden selbstorganisierende Prozesse (über den semantischen Speicher) zwar mitbeeinflußt, nicht aber völlig bestimmt. Denn die semantischen Strukturen – die Erinnerung an artikulierte, niedergeschriebene, formulierte Erwartungen – müssen sich erst in selbstorganisierend zustandekommende Erwartungsstrukturen niederschlagen, d. h. in diese eingehen. Semantische Strukturen und konkrete Erwartungsstrukturen müssen keinesfalls und schon gar nicht zwangsläufig miteinander im Einklang stehen: Das, was gesagt wurde/werden wird, kann durchaus völlig mit dem kontrastieren, was getan wird (Handeln). Denn in selbstorganisierende Prozesse geht nicht nur das Gehörte, Gelesene (das Sprachliche) ein, sondern auch das Wahrgenommene (das Gesehene, Gespürte). Mit anderen Worten: In die selbstorganisierend zustandegekommenen Erwartungen fließen neben den semantischen Aspekten auch noch situative und soziale ein: nur situativ überzeugende Strukturen können sich auf Dauer festigen. Allerdings ist für formal organisierte Sozialsysteme ein gewisser Ausnahmestatus anzunehmen: Da jedes Verhalten letztlich als Entscheiden interpretiert werden kann, ist anzunehmen, daß gerade in formal organisierten Systemen die gespeicherte Semantik – etwa in Form von Stellenbeschreibungen bzw. offiziell formulierten Aufgabenstellungen – eine größere Rolle spielt als in anderen sozialen Systemen. Die Erwartungsbildung wird sicherlich stark von dem Umstand beeinflußt, daß man sich notfalls (im Falle eines Streits) auf die formale Hierarchie (z.B. Zuständigkeiten) berufen kann.

Nochmals sei auf das Beispiel des Zuspätkommens zurückgeblendet: Man handelt im Selektionsprozeß aus, daß man nur in Ausnahmen zu spät kommen und keinesfalls Zuschläge kassieren darf. Wenn im System nun später (z. B. in selbstorganisierenden Prozessen, oder in späteren Selektionsprozessen) auf diese Abmachung rekurriert wird, heißt dies, daß sie sich im semantischen Speicher befindet. Um die Semantik als gespeichert anzusehen, genügt es, daß man sich theoretisch auf sie berufen könnte. Es genügt das Wissen, daß man auf sie in späteren Selektionsprozessen bzw. in selbstorganisierenden Prozessen zurückgreifen könnte. Auf konkreter Verhaltensebene gewinnen diese semantischen Produkte Strukturwert, indem sie in selbstorganisierende Prozesse eingehen. In selbstorganisierenden Prozessen wird man sich ihrer dann besinnen, wenn sie situativ überzeugen, sie sich in der Vergangenheit bzw. in Konfliktsituationen bewährt haben. Damit wird klar, daß Selektionsprozesse über den semantischen Speicher auch Selbstorganisationsprozesse beeinflussen, nicht jedoch determinieren können.

5 Neuerungen in formal organisierten Sozialsystemen

5.1 Neuerungen durch Selektionsprozesse

In Zusammenhang mit Neuerungsprozessen sind zwei verschiedene Abläufe denkmöglich, die in den Abb. 3 und Abb. 4 graphisch dargestellt werden. Im Selektionsprozeß kann sich ein soziales System entweder des semantischen Speichers bedienen (der gespeicherten Geschichten, Erklärungen, bewährten Attribuierungen, Deutungsmuster, symbolischen Kürzel) und mithin der eigenen semantischen Retention trauen (Abb. 3) oder es kann diesem Speicher mißtrauen (Abb. 4). Mit anderen Worten: Im Selektionsprozeß kann sich ein System entweder auf seinen semantischen Speicher verlassen (Abb. 3) oder es kann – ihm mißtrauend – neue Semantiken (Abb. 4) einführen.

Im ersten Fall (Abb. 3) wird das Änderungshandeln mit der alten, bewährten Semantik bearbeitet, d. h. unter herkömmlicher Perspektive betrachtet. Nun lassen auch solche Interpretationen immer Spielräume offen, d. h. mit großer Plausibilität kann davon ausgegangen werden, daß alte Semantiken einen gewissen Platz auch für neuere Handlungen bieten. Im Klartext: Schmalspurhafte Innovationen könnte es geben. Das Abrufen bewährter Erklärungs- und Deutungsmuster ist nicht als Übernahme des Gespeicherten „im Maßstab eins zu eins" vorzustellen. Gespeicherte Semantiken lassen sich nicht wie Gegenstände einfach (über)nehmen. Vielmehr ist davon auszugehen, daß das Gespeicherte im Zuge von macht- bzw. politikdurchdrungenen Selektionsprozessen jedenfalls situative Retouchen erfährt. Das Ergebnis von Selektionsprozessen ist – wie erwähnt – immer im Kontext situativer und sozialer Faktoren zu sehen, d. h. mit ein Ergebnis von Machtprozessen bzw. situativen Überzeugungsmitteln, zu denen auch die Sprache gehört. Selbst wenn ein System im Selektionsprozeß auf seine Retention vertraut (auf das, was als bewährt bereits gespeichert ist), kommt es im Zuge des Selektionsprozesses zu situativen Präzisierungen. Im Selektionsprozeß der Retention trauen, heißt dennoch konkret, daß die neue Handlung mit Hilfe der alten Semantik bearbeitet und damit der Neuerungsgehalt relativiert wird bzw. auch völlig wieder zugedeckt wird. Kurzum: das System belegt dann neue Ereignisse (= Gestaltungen) mit „alten" Semantiken /Deutungen. Der semantische Speicher bleibt vom Änderungshandeln unberührt. Neuerungen haben damit keine Chance, institutionalisiert zu werden.

Meines Erachtens ist dies der klassische Fall einer „Eintagsfliege"-Innovation, einer sofort wieder untergetauchten Innovation mit Ereignischa-

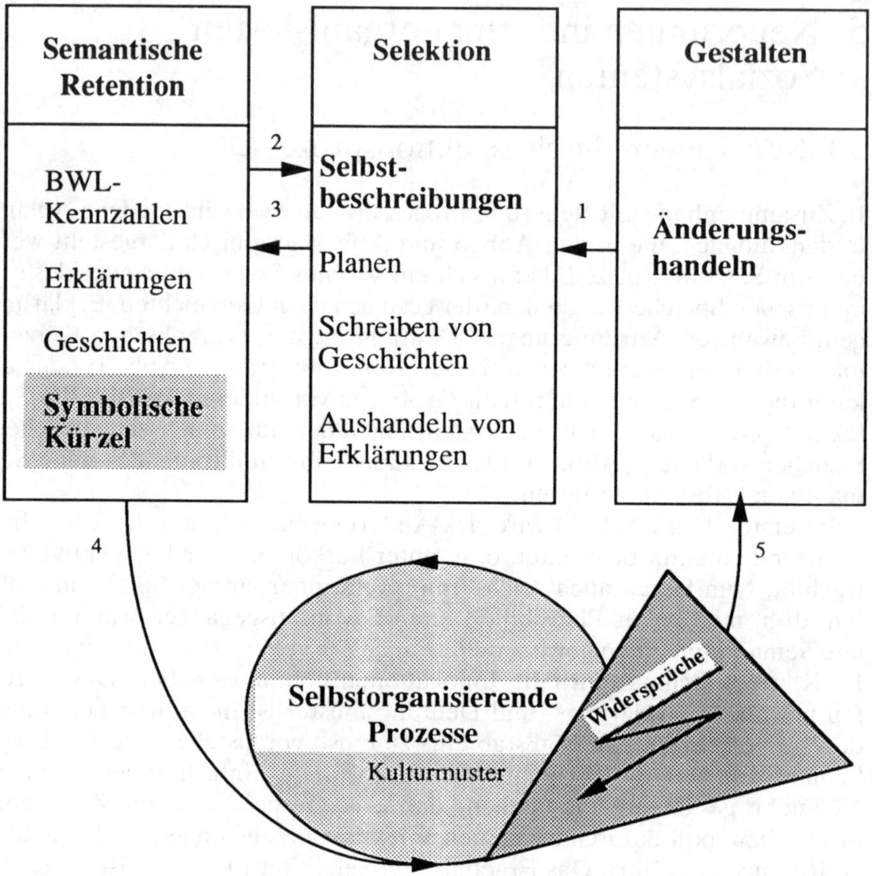

Abb. 3: Selektionsprozeß vertraut der semantischen Retention

rakter: sie bleibt einzigartig, ohne Wiederholung, denn sie wurde in die „alte" Semantik eingepaßt bzw. mit ihr wieder zugedeckt. Die Änderungshandlung änderte nichts am Inhalt des semantischen Speichers, fließt daher auch kaum in selbstorganisierende Prozesse ein. Eine solche Änderungshandlung bleibt damit ohne nachhaltige Strukturfolgen.

Die allerwenigsten situativen Einschränkungen werden die kulturellen Teile des semantischen Speichers (die schraffierten Teile in Abb. 3) erfahren. Das wären bspw. symbolische Kürzel. Bei ihnen kürzt sich der Selektionsprozeß rapid ab. Sie werden im Zuge des Selektionsprozesses weniger stark abgeändert als andere Elemente des semantischen Speichers. Aber in völligem Einklang mit dem hier unterlegten Kulturbegriff von Habermas (1981b, 1985b; siehe auch Kirsch 1989, S. 379 ff.) ist daran festzuhalten, daß auch diese kulturellen Elemente sozial und situativ bedingten Prägungen unterliegen. Semantischer Speicher und Selektion gehören damit gemeinsam zur derivativen Lebenswelt von Organisationen. Man könnte beide unter diesem Aspekt zusammenfassen. Zusammenfassend heißt dies, daß selbst bei Abruf kulturell fundierter Deutungs- und Erklärungsmuster das Ergebnis des Selektionsprozesses nie völlig identisch sein kann mit dem, was zuvor aus dem semantischen Speicher geholt worden war. Höchst unwahrscheinliche Voraussetzungen dazu wären eine völlige Eindeutigkeit, Widerspruchslosigkeit und Klarheit im semantischen Speicher. Der semantische Speicher einer Organisation wird aber ganz im Gegenteil ununterbrochen, auf vielen Ebenen und häufig in ambivalent-widersprüchlicher Weise, geladen.

Abb. 4 stellt den Fall graphisch dar, daß das System im Zuge des Selektionsprozesses neue Semantiken entwickelt und die Neuerungshandlung mit neuen Semantiken und somit aus einer neuen Perspektive betrachtet. Es ist zunächst tatsächlich die Chance gegeben, daß Neuerungen auch mit neuem (systemspezifischen) Sinn belegt werden. Allerdings kommt es nun darauf an, daß sich das System in seinen späteren Handlungen und Selektionsprozessen immer wieder dieser neuen Semantiken bedient, daß die neue Semantik also im System gespeichert wird.

Mit anderen Worten: Das System mißtraut im Selektionsprozeß der eigenen Vergangenheit (dem eigenen, semantischen Speicher) und versucht, in diesem Prozeß eine neue Sichtweise zu entwickeln. Dies kann nur mit Hilfe neuer Semantiken geschehen. Diese wiederum können nur in der System/Umwelt-Differenz entwickelt werden und letztlich von außen kommend im System aufgenommen werden.

Sowohl im Selektionsprozeß als auch beim Gestalten wird in diesem Fall (Abb. 4) der Retention mißtraut. Neue Handlungen (5) werden mit neuen Sichtweisen (2) (Semantiken, Interpretationen) belegt. Dies wäre also ein Fall von „echter“ Neuerung. Allerdings muß es erst gelingen, die neu gewonnene Sichtweise/Interpretationen in den semantischen Speicher hineinzubekommen (3). D. h. es müssen Vorkehrungen dafür getroffen werden, daß auf die neu entwickelte Semantik auch in Zukunft – unabhängig von der konkret eingetretenen Änderung – zurückgegriffen wird. Erst durch ein Generalisieren bekommt sie die Chance, im Zuge von Selbstorganisationsprozessen auch auf Verhaltensebene Strukturwert zu erlangen (4). Das wird nur der Fall sein können, wenn es der neuen Semantik gelingt, auch situativ zu überzeugen.

Abgesehen von den beiden in Abb. 3 und Abb. 4 dargestellten Fällen,

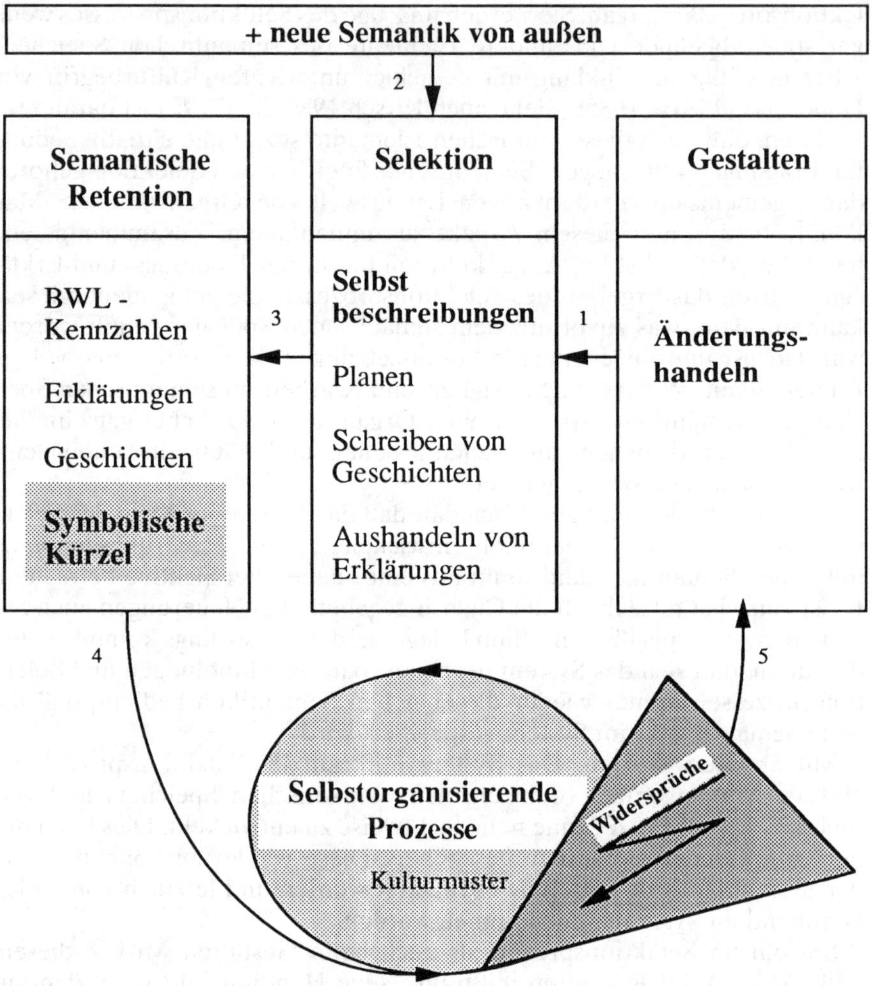

Abb. 4: Selektionsprozeß mißtraut der semantischen Retention

wäre noch ein weiterer Fall, der das Phänomen des konformen Abweichens betrifft, möglich. Grundsätzlich ist nämlich auch der Fall denkbar, durch neue Semantiken von außen über Selbstbeschreibungen z. B. über Vorstellungen, Pläne, Sollaussagen Änderungshandlungen hervorrufen zu wollen, ohne selbstorganisierende Prozesse oder die sich daraus ergebenden Widersprüche zu berücksichtigen. Das wäre dann in der Diktion Luhmanns ein sogenanntes konformes Abweichen, eine erlaubte Innovation, eine Art Gesetzesänderung. Diese neue Selbstbeschreibung bleibt solange nur ein einmaliges Ereignis, solange sie nicht in den semantischen Speicher des sozialen Systems gelangt (3) und damit letztlich auch Erwartungs- bzw. Strukturbildung ermöglicht (4). Man kann eine Änderung zwar befehlen und anschaffen. Wenn sich das System aber bei einer nächsten Gelegenheit nicht mehr darauf besinnt (bzw. besinnen will), war dies eben eine einmalige neue Handlung.

Zusammenfassende Erläuterungen: Grundsätzlich sind drei Fälle von Innovationen denkbar:

(1) Sich aus selbstorganisierenden Prozessen ergebende Änderungshandlungen (Gestaltungen) werden mit „alten" Semantiken überzogen (Abb. 3). Wenn es zu Neuerungen kommt, das Neue aber mit alten Semantiken und Interpretationen versehen wird, wirkt sich dies auf die Handlungsorientierung bzw. auf künftige Erwartungen nicht aus. Die „alte" Semantik bleibt erhalten. Indem eine passierte Neuerung in der nachträglichen Interpretationsarbeit „nachjustiert", eingepaßt bzw. rückgängig gemacht wird, wird deren Neuerungscharakter untergraben bzw. schmalspurhaft reduziert. Die Neuerung war nur eine Eintagsfliege, ein einmaliger Ausrutscher, ein plötzliches Aufflackern, das ohne Folgen wieder verschwindet. Dies wäre (auch) der Fall einer im Keim erstickten Neuerung bzw. einer solchen, die sich innerhalb erlaubter Bandbreiten bewegt. In bezug auf Innovationen ist somit festzuhalten: es kommt auf die nachträgliche Behandlung von innovativen Ereignissen an. Das Nachher entscheidet, ob der Effekt von Neuerungen weiterwirken kann.

(2) Sich aus selbstorganisierenden Prozessen ergebende Änderungshandlungen (Gestaltungen) werden mit „neuen" Semantiken bedacht (Abb. 4). In diesem Falle wird eine Neuerung nicht mit alten Augen angesehen, sondern mittels neuer Semantiken aufbereitet. Diese neuen Semantiken können im Zuge des Selektionsprozesses plausiblerweise nur von außen (Umwelt/Mensch) ins System hineingetragen werden. Die Chancen für eine nachhaltige, echte Neuerung bestehen, wobei es auch hier wieder darauf ankommt, daß sich das System auch später noch an sie erinnert.

(3) Ausgehend von neuen Selbstbeschreibungen sollen Änderungshandlungen bewirkt werden. In diesem Falle wird versucht, Änderungshandlungen herbeizureden, ohne zunächst auf selbstorganisierende Prozesse Rücksicht zu nehmen. Es wird versucht, Neuerungen einzuführen, die anderswo schon erfolgreich realisiert wurden bzw. werden Äußerungen über Wunsch- und Sollvorstellungen hinsichtlich innovativen Handelns in das System hereingetragen. Die umfangreiche betriebswirtschaft-

liche Innovationsliteratur hat sich bislang mehr oder weniger lediglich auf diese Art von Innovationen konzentriert. Das Erkenntnisinteresse beschränkt(e) sich auf Fragen, wie denn Mitarbeiter zu Innovationen zu motivieren seien, und/oder ihnen die Notwendigkeit des innovativen Verhaltens (und Handelns) effektiv einzureden sei, ohne allerdings darauf Rücksicht zu nehmen, was das (semantische bzw. verhaltensbestimmende) Gedächtnis dieses Systems (Retention) alles parat hält. Man operiert(e) in diesem Zusammenhang nur auf der semantischen Ebene.

In allen Fällen kommt es darauf an, daß das Ergebnis des Selektionsprozesses in den semantischen Speicher gestellt werden kann. D. h., es muß die Erwartung mitkommuniziert sein, daß man sich an das Gespeicherte auch später noch zu erinnern habe. Es genügt dabei auch schon die Möglichkeit, sich grundsätzlich auf solche Semantiken berufen zu können und zu müssen (bspw. auf schubladierte Organigramme, auf die man aber – z. B. im Streitfall – zurückkommen kann/muß). Eine Neuerung hat sich m. E. erst dann durchgesetzt, wenn sie im semantischen Speicher landet und damit Chancen hat, in späteren selbstorganisierenden Prozessen bzw. in Selektionsprozessen als Orientierung herangezogen zu werden.

Schon aus den bisherigen Überlegungen sollte die zentrale Rolle der Semantik/Selektion zu erkennen sein: Über Selbstbeschreibung werden Selbstbeobachtungen strukturiert und Steuerungsleistungen gefiltert. Doch das Gesagte kann im Zuge selbstorganisierender Prozesse immer abgeändert werden. Semantik allein ist nicht alles: Im folgenden gilt es nun, die bisherigen Darlegungen zu differenzieren, wobei auf den Unterschied zwischen Selbstanpassung und Umweltanpassung zurückzukommen ist. Wie betont, ist zwischen den Selektionsprozessen Reflexivität (bei Selbstanpassung) und Reflexion (bei Umweltanpassung) zu unterscheiden.

5.2 Neuerungen durch Selbstanpassung

Das Grundmuster folgt jenem der Abb. 2. Der einzige Unterschied: Der Selektionsprozeß heißt hier Reflexivität. Reflexivität ist auf die Sprache des Wirtschaftssystems fixiert. Es sind damit jene Überlegungen, Interpretationen, Sichtweisen, Rentabilitätsrechnungen u. ä. m. gemeint, die in Wirtschaftsorganisationen ihren Platz haben. Zumindest wird mit ihnen argumentiert und operiert. Die Sprache des Selektionsprozesses der Reflexivität bleibt an die Sprache der Preise und Kosten gebunden. Die Unterschiede zwischen Zahlen, Vorher/Nachher-Vergleichen werden in der Logik und Sprache von Wirtschaftlichkeitsüberlegungen besprochen, diskutiert und behandelt. Ein Beispiel für Selbstbeschreibungen im Zuge der

Reflexivität wäre Planung (Luhmann 1984, S. 637). Man plant Umsatzziffern, Ertragsziffern, Kostenstellen usf.

Es ist anzunehmen, daß sich ein Arsenal von wirtschaftssystembezogenen Semantiken im Laufe der Zeit im semantischen Speicher angesammelt hat. Auch hier gibt es somit Gewohnheiten, eingerasterte Wirtschaftlichkeitsauffassungen. Doch ist zu vermuten, daß gerade in diesem wirtschaftssystemspezifischen Bereich kaum kulturelle (normative) Elemente da sind, sondern daß es sich hier eher um Kognitionen handelt, die geändert werden, wenn die Fakten eine andere Sprache sprechen. Wie erwähnt, lautet die Leitdifferenz auf Vorher/Nachher-Vergleiche (von Kostenrechnungen, Buchhaltung, Bilanzen), die im Selektionsprozeß erzeugt und dann im semantischen Speicher abgestellt werden.

Wiederum gilt es, zwei Fälle zu unterscheiden: Solche, wo die nachträgliche Überzeugungs- und Rechtfertigungsarbeit nur mit Semantiken aus dem Speicher bearbeitet werden kann, und solche, wo dank neuerer Semantiken (z. B. neuerer betriebswirtschaftlicher Kenntnisse) tendenziell bessere Innovationschancen bestehen.

Zusammenfassung: Es kommt immer darauf an, ob die semantische Aufbereitung im semantischen Speicher landen und auf die selbstorganisierenden Prozesse einwirken kann oder nicht. Zweifellos fällt der Semantik eine Schlüsselrolle zu, wenngleich nochmals zu betonen ist, daß sie die über das ganze System gestreuten Selbstorganisationsprozesse nur beeinflussen, nicht aber bestimmen kann.

5.3 Neuerungen durch Umweltanpassung

Der Selektionsprozeß heißt in diesem Fall Reflexion. Der entscheidende Unterschied zum Selektionsprozeß der Reflexivität (Selbstanpassung) besteht in der Sprache. Während die Sprache der Reflexivität an die Semantik des Wirtschaftssystems (z. B. Preise, Kosten) gebunden war, können mit Reflexion – grob gesprochen – all jene Semantiken einfließen, die außerhalb des Wirtschaftssystems angesiedelt sind (z. B. politische, rechtliche, soziale Semantiken). In diesem Zusammenhang spielt die derivative Lebenswelt eines sozialen Systems herein. Als Leit-Differenz gelten nicht mehr Vorher/Nachher-Vergleiche, sondern die Leitdifferenz heißt nunmehr System/Umwelt.

Was im Selektionsprozeß der Reflexion angefertigt wird, sind unscharfe Bilder über die eigene Wirklichkeit, Bilder, wie sich das System im Unterschied zur Umwelt sieht. Zu nennen sind das Abfassen von Erklärungen, das Erzählen und Schreiben von Geschichten, die immer die Differenz System/Umwelt im Blickwinkel haben. Es werden Organisationsideologien[21] angefertigt, die über ein Repertoire an Ursachen und Ursachenzuschreibung (Attributionen) zur Bezeichnung und Erklärung der eigenen Zustände verfügen. Diese Ursachenzuschreibungen spielen eine äußerst wichtige Rolle. Auf sie soll noch gesondert zurückgekommen werden.

Wie schon zuvor angeführt, ist die Bedeutung dieser systemspezifischen Selbstbeschreibungen hervorzuheben. Einmal gespeichert, schränken sie das weitere Sehen (= Selbstbeobachtung, Selbstorganisation) ein, bzw. dirigieren die weitere Erkundung von Objekten.

Wieder wird eine Fülle von Semantiken, Schemata, kognitiven Karten, Deutungsmustern in dem semantischen Speicher abgelegt. In diesen Speicher gehören in einem organisierten Sozialsystem auch alle formal festgelegten Stellen. Formale Stellen sind somit zunächst einmal nichts anderes als Beschreibungen, auf die man sich aber gegebenenfalls berufen kann. Formale Stellenbeschreibungen, und seien sie in einem noch so verstaubten Organisationshandbuch enthalten, gehören in diesen semantischen Speicher ebenso wie mündlich fixierte Zuständigkeiten und Programme. Formale Stellenbeschreibungen können so zum Beispiel nur Teil der Semantik/Selbstbeschreibung sein. Sie müssen sich nicht konkret in Verhaltensweisen/Kommunikationen niederschlagen. Doch kann man sich – und das ist ihr Vorteil – aller Voraussicht nach im Zuge von Selektionsprozessen auf sie berufen, d. h. sie können gerade in Streitfällen plötzlich Bedeutung bekommen.

Wie schon erwähnt, gibt es graduell verschieden stark in der Vergangenheit fundierte Elemente des semantischen Speichers. Beispielsweise gibt es kulturelle Deutungsmuster, die in der Vergangenheit entwickelt wurden und die gegen Veränderungen relativ stark immun sind. Gerade in diesem Bereich der umweltbezogenen Anpassung und im Verlauf der Reflexion ist viel eher als bei der Selbstanpassung mit solchen Kulturnormen zu rechnen, die selbst dann schwer änderbar sind, wenn sie durch Fakten widerlegt werden.

Kultur spielt sich auf zwei Ebenen ab, und zwar auf der Ebene konkreter Verhaltensweisen (= Selbstorganisationsprozesse) und auf der semantischen Ebene (Retention). Damit wird der in der Kulturforschung sehr häufig anzutreffenden Zweiteilung in kulturelle Sprachteile und kulturelle Verhaltensweisen entsprochen. Hinzu kommt noch eine wesentliche Einschränkung: die kulturellen Muster auf Verhaltens- und Sprachebene müssen nicht zwangsläufig konform gehen. Es ist m. E. durchaus möglich, daß auf diesen beiden Ebenen jeweils andere kulturelle Normen und Werte

---

21 „Organisational Ideologies" beschreiben u. a. unter Zuhilfenahme der System/Umwelt-Differenz, wie Vorgänge, Dinge, Gründe auf Umwelt und System zu verteilen sind. Diese organisationalen Ideologien sind Selbstbeschreibungen und insofern Teil der Retention.

zum Ausdruck kommen, wodurch einfache Zurechnungen und Rückschlüsse erschwert, wenn nicht gar unmöglich gemacht werden.

Zurück zum Prozeß der Reflexion: Wie schon zuvor sind zwei Fälle zu unterscheiden: jene wo die Selektionsarbeit nur mit Hilfe der aus dem Speicher geholten Semantiken bewältigt wird (die Reflexion der semantischen Retention traut) und jene, wo dank neuerer Beschreibungsmodi dieser Retention mißtraut wird. Egal, ob nun der Retention vertraut wird oder nicht: Das Ergebnis des Selektionsprozesses kann in weitere Handlungsabläufe und Entscheidungsprozesse eingehen, indem es das System zunächst im semantischen Speicher ablagert.

Ein Beispiel dazu: In jedem System gibt es die in der Vergangenheit entstandenen Vorstellungen darüber, was Ursache und Wirkung ist (Brunsson 1985, S. 28 f.). Solche Attributionsmomente können in der Organisationsideologie fixiert, im semantischen Speicher sozusagen abgelegt sein. Demnach kann ein System Ursachen sich selbst attribuieren oder seiner Umwelt. Schreibt die Organisation Ursachen vor allem der systeminternen Umwelt – ihren Mitgliedern – zu, wird man sich in der Regel stärker mit Motivations- und Festlegungsfragen (= commitment) auseinandersetzen. Werden Ursachen dagegen vorwiegend der systemexternen Umwelt zugerechnet, wird eher versucht werden, Voraussagen über das Eintreffen von Umweltereignissen zu perfektionieren, um vor drohenden Überraschungen geschützt zu sein.

Seiner Retention vertrauen heißt, auch die neue Handlung (Gestalten) im Lichte alter Interpretationen bzw. Erklärungen zu sehen und sie damit zu einem vorübergehenden und nur einmaligen Ereignis zu machen. D. h., sich innerhalb der gegebenen Bandbreiten zu bewegen und an den herkömmlichen Erwartungsstrukturen nicht zu rütteln. Dieser Spielraum, den Erwartungsstrukturen immer offen lassen, ist – bezogen auf die kulturellen Teile der semantischen Retention – wiederum stärker eingeengt als bei anderen.

Seiner Retention mißtrauen heißt in diesem Falle, die neue Handlung mit neuen Semantiken, Beschreibungen zu versehen. Das kann aller Wahrscheinlichkeit nach nur mit Hilfe neuer, von außen kommender Semantiken geleistet werden bzw. dadurch, daß neue System/Umwelt-Differenzen in das System einfließen. Hier sind echte Innovationen möglich, sofern ein Ablagern in den semantischen Speicher gelingt. Ebenfalls denkbar ist das versuchte Herbeireden von Neuerungen auf Basis neuer Semantiken.

In allen Fällen kommt es jedenfalls darauf an, ob sich diese sprachlichen Aufbereitungen durchsetzen und über den semantischen Speicher auch auf selbstorganisierende Prozesse auswirken können.

Zusammenfassend und bezogen auf die Innovationsproblematik sind folgende Fälle zu unterscheiden:

1. Neuerungen im Laufe der Selbstorganisation (Umbau alter Strukturen),
2. Gewollte Neuerungen mit nachhaltiger (Struktur)Wirkung,
3. Vorübergehende Neuerungen mit Ereignischarakter.

Im folgenden werden einige Konsequenzen für die Handhabung des Neuen erläutert, wobei Neuerungen durch selbstorganisierende Prozesse im Mittelpunkt der Betrachtung stehen.

6 Konsequenzen für Neuerungen aus dem Modell „Handhabung von selbstorganisierenden Prozessen in formal organisierten Sozialsystemen"

6.1 Es kommt auf die Strukturänderungen an

„Die Veränderung von Systemen setzt die Änderung von Strukturen voraus" (Exner et al. 1987, S. 270) ... und „Eine Organisation ändert sich, wenn die handlungsleitenden Strukturen neu formiert werden" (Exner et al. 1987, S. 274). Es geht nicht um Programmänderungen, sondern um Strukturänderungen (Luhmann 1981, S. 374). Damit ist nun nicht gemeint, daß Ereignisse, Entscheidungen oder Änderungshandlungen in sozialen Systemen für den Neuerungsprozeß nicht wichtig wären. Strukturänderungen müssen immer erst situativ überzeugen: Man muß weiterhandeln und dann erst einmal sehen, ob das Handeln Strukturwert gewinnt, also ob es sich eignet, Erwartungen zu formen. Entscheidend sind dabei Situation und Überzeugungsmittel. Es kommt aber darauf an, was nachher mit ihnen passiert, was aus ihnen wird. Wesentlich ist somit, inwiefern es Neuerungen gelingt, in Erwartungsstrukturen – letztlich in selbstorganisierende Prozesse – einzugehen und sich das System auch in Zukunft auf diese geänderten Erwartungserwartungen besinnt. Ein wichtiges – aber nicht das einzige – Mittel, dies zu erreichen, ist die Sprache bzw. der semantische Speicher eines sozialen Systems.

6.2 Es geht bei Neuerungen um Kommunikationsbeziehungen

„In Diagnosen und Eingriffen stehen vielmehr immer „Handlungen und ihre Voraussetzungen bzw. Folgen" (Exner et al. 1987, S. 267) im Mittelpunkt der (systemischen) Betrachtung. Analog dazu sind die Arbeitsfelder der systemischen Beratung „nicht Persönlichkeiten, sondern Interaktionen und deren Wechselwirkung mit den unternehmensspezifischen strukturellen Bedingungen" (Titscher 1987b, S. 373). Es wird „mittels Kommunikation und Handlungen auf Kommunikation und Handlungen (und nicht auf Bewußtsein!) ‚eingewirkt'" (Schmitz 1988b, S. 249).

6.3 Erhöhung von Informationsverarbeitungskapazität ist anzustreben

Auf der kognitiven Ebene ist es wichtig, die Informationsverarbeitungskapazität und damit die Lernfähigkeit eines sozialen Systems zu erhöhen (Exner et al.1987, S. 269) und nicht nur die quantitative Erweiterung von Informationsaufnahmekapazitäten. Anzustreben ist ein höherer Wirkungsgrad bei der Verarbeitung von Informationen. Die Verarbeitungskapazität kann grundsätzlich in zweierlei Hinsichten gesteigert werden:

1. Durch Ausweitung bzw. Verbreiterung im System schon vorhandener Wissensbestände und
2. durch den Aufbau neuer Wissenskapazitäten (Erfahrungsverarbeitung) (Luhmann 1981, S. 375), was das Bereitstellen der nötigen Ressourcen voraussetzt.

Aus systemtheoretischer Sicht ist der Aufbau von Informationsverarbeitungskapazität nicht auf die (hierarchische) Spitze zu konzentrieren, denn es haben ja nicht nur jene Umweltereignisse, die den Wahrnehmungsfilter der Spitze passieren, eine Chance, systemintern entscheidungsrelevant zu werden. „Kein einzelner Entscheidungsträger kann seine spezifische Rationalität und seine Sicht der Wirklichkeit verallgemeinern und gleichsam für alle verbindlich erklären. Wenn dies trotzdem geschieht, dann immer auf Kosten der Problemlösungskapazität des Ganzen" (Wimmer 1989, S. 145). Nichtsdestoweniger sind hierarchische Gegebenheiten, Machtverteilungen in Organisationen und mögliche mikropolitische Prozesse unbedingt zu berücksichtigen. Einsichtig ist, daß es wohl kaum einem Individuum – und sei es noch so mächtig und mikropolitisch geschickt bzw. erfolgreich – gelingen kann, ein soziales System total zu beherrschen.

6.4 Zur Bedeutung der nachträglichen (Be-)Wertung

Aus selbstorganisierenden Prozessen heraus kann es somit zu Änderungshandeln kommen. Wie beschrieben, kommt es auf die nachträgliche Behandlung (und Begründung) dieses Änderungshandelns im Zuge von Selektionsprozessen (= Sinngebungsprozessen) an. Selektionsprozesse sind nicht als „gesittet" ablaufende Diskurse vorzustellen. Vielmehr spielen dabei mikropolitische Aktivitäten ebenso eine Rolle wie kulturell vorherrschende Muster, so daß diese Sinngebungsprozesse in der Regel durchaus konfliktär und widersprüchlich verlaufen bzw. mit ambivalenten Ergebnissen enden können. Als Laviermaxime läßt sich ableiten: Prozesse und Abläufe sind stärker als bisher retrospektiv zu analysieren. Das was bereits passiert ist, gilt es, intensiver zu bearbeiten. Das gilt generell für alle organisationalen Prozesse (vgl. Weick 1985, S. 243). Ansatzpunkte sind die Alltäglichkeiten, die sich in organisierten Sozialsystemen abspielen. Unter anderem wären etwa jene Prozesse prinzipiell stärker zu beachten, die in sozialen Systemen ablaufen, nachdem eine Neuerung von außen bzw. „von oben" (als Wunsch, als Soll-Beschreibung) herbeigeredet worden war. Dies gilt für alle geplanten, angekündigten, gewollten, befohlenen Innovationswünsche bzw. wohl generell auch für alle sogenannten Innovationsdurchsetzungen. Die Innovationsdurchsetzung betrifft immer die Frage des Verhältnisses des semantischen Speichers zu den selbstorganisierenden Prozessen.

Dazu ein Beispiel: Nicht nur die Entscheidung über die Einführung eines Computers sollte beobachtet, kontrolliert, betrachtet und vorbereitet werden, sondern zusätzlich auch das, was sich danach abspielt: Wie man in der betreffenden Organisation danach mit der Anlage umgeht, ob er überhaupt benutzt wird oder ob seine faktische Verwendung desavouiert wird.

Dieser Aspekt der nachträglichen Bearbeitung von innovativem Handeln und selbstorganisierenden Prozessen ist bisher in der einschlägigen Literatur kaum beachtet worden.

6.5 Das selbstangefertigte Umweltbild zählt

Großes Augenmerk ist darauf zu legen, wie sich eine Organisation jeweils ihre Umwelt schafft (Weick 1985, S. 243). Die dabei gebrauchten Maßstäbe und Konstruktionsprinzipien stehen ebenso zur Debatte wie (bezogen auf die Umwelt) Fragen der Angemessenheit. Organisationen können häufig mit Dilemmata konfrontiert sein. Umgekehrt besteht bei eindeutiger

Gestaltung der Umwelt die Gefahr von stereotypen Abläufen und Routinehaftigkeit (Weick 1985, S. 253).

In diesen Bereich fallen etwa auch Fragen der Attribuierung: ob Mißerfolge bzw. Erfolge dem sozialen System selbst oder der Umwelt (z. B. Mitarbeitern) zugeschrieben werden. Es geht somit darum, wie Ereignisse und Anlässe in der Umwelt vom sozialen System wahrgenommen werden: wie Probleme, Marktchancen, Ideen von Mitarbeitern oder die Intervention von Beratern vom System rezipiert (vgl. Schmitz 1988b, S. 253) werden. Dabei ist das System aber immer auf seine eigene Logik (= Logik des beobachtenden Systems) angewiesen und nicht auf die Logik des beobachteten Systems (Umwelt in diesem Fall) (vgl. Willke 1987a, S. 94 f).

6.6 Zur Steuerungsproblematik des Neuen

Selbstreferentielle Systeme sind weder durch zentrale Steuerung (durch Organisation, Plan) noch durch Selbststeuerung unterschiedlicher Formen spontaner Ordnungsbildung (Markt, Konsens) „steuerbar". Steuerung im herkömmlichen Sinne würde in die systemtheoretische Diktion übersetzt heißen: ein psychisches System (= Manager) müßte in einem sozialen System (= Organisation), und damit in einem grundsätzlich nicht beherrschbaren Feld eine kalkulierbare Wirkung erzielen (Willke 1987b, S. 351). Gerade dies ist aber nicht möglich, denn die Interventionslogik des intervenierenden und die Prozeßlogik des intervenierten Systems klaffen infolge der selbstrefentiellen Organisation beider Systeme auseinander. Es geht somit darum, eine „zielgerichtete Kommunikation zwischen psychischen und/oder sozialen Systemen ... zu erzielen, welche die Autonomie des intervenierten Systems respektiert" (Willke 1987b, S. 354). Zielgerichtet heißt, es soll eine bestimmte Wirkung beim Kommunikationspartner in das Kalkül der Kommunikation einbezogen werden. Die Schwierigkeit zielgerichteter Kommunikation besteht nun darin, daß sie in ihrer Wirkung von einem autonomen Prozeß des Verstehens seitens des intervenierten Systems abhängig gemacht werden muß. Das intervenierte System gibt die Kriterien vor, unter denen es bereit ist, sich beeindrucken zu lassen. Das intervenierende System kann nicht wirklich wissen, was diese Kriterien sind.

Führung in nichttrivialen Systemen – wie dies komplexe soziale Systeme nach systemtheoretischer Sichtweise im Unterschied zu trivialen Systemen sind – muß nach Wimmer (1989, S. 145 f.) vielmehr akzeptieren, daß autopoietische Systeme

- prinzipiell strukturdeterminiert operieren,
- geschichtsabhängig sind,

- ihre inneren Zustände verändern können und damit
- in ihren Verarbeitungsprozessen prinzipiell unvorhersagbar sind.

„Das heißt, sie sind weder von außen noch für einzelne Teile im Inneren vollständig berechenbar“ (Wimmer 1989, S. 146). „Tagtäglich sind Manager mit Ungewolltem, Unvorhergesehenem, mit Ungeplantem konfrontiert“ (Probst 1987, S. 30). Damit ist das Grundproblem des Führens nichttrivialer Systeme deutlich herausgearbeitet.

Führen (Managen) ist in seinem Wirken abhängig von „einem autonomen (d. h. nicht erzwingbaren) Prozeß des Verstehens seitens der Geführten“ (Wimmer 1989, S. 147). Führungsmaßnahmen können aus systemtheoretischer Sicht immer „nur innerhalb des Operationsmodus und der generativen Mechanismen des intervenierten Systems wirksam werden“ (Willke 1987 b, S. 351).

Führung ist in jedem Fall Teil des (von ihr) beeinflußten Systems. Führung gehört damit zur Selbststeuerung eines sozialen selbstreferentiellen Systems. Die Steuerung eines sozialen selbstreferentiellen Systems ist immer Selbststeuerung. Es ist nach der Einheit zu fragen, die sich selbst steuert. Diese Einheit ist nicht eine Handlung, sondern immer ein System (Luhmann 1988a, S. 338).

Angesichts dieser Abhängigkeit des Führens wird vorgeschlagen, nicht mehr von „Steuerbarkeit“, sondern – mit angemessener Bescheidenheit – lediglich von „Handhabung“ zu sprechen. Gemeint ist damit der Aufbau einer systeminternen Problemlösungskapazität, „die ein Unternehmen in die Lage versetzt, auch unter turbulenten Bedingungen erfolgreich handeln zu können“ (Wimmer 1989, S. 138). Im Zentrum steht „die Steigerung der Selbststeuerungskapazitäten“ (Wimmer 1989, S. 136) und erst in zweiter Linie der komplizierte wechselseitige Beeinflussungsprozeß über Systemgrenzen hinweg. Die Vorstellung einer einseitigen Kontrolle des Ganzen wird damit obsolet.

Die Prioritäten sollten klar sein: Es gilt primär, die Selbststeuerungskapazität eines Systems zu steigern und damit die Problembewältigungsmöglichkeit des sozialen Systems zu erhalten. Letztere hängt zusehends davon ab, inwieweit es einem sozialen System rechtzeitig gelingt, die Veränderungen in seiner relevanten Umwelt und die Rückwirkungen derselben auf sich selbst zeitgerecht zu reflektieren.

Systeme müssen ihr Reflexionspotential aktivieren lernen mit dem Ziel, Realitäten ins Blickfeld zu bekommen, die noch nicht Realitäten des Systems sind, aber sein könnten (Willke 1987b, S. 356). Der Aufbau von Reflexionskapazitäten ist somit vonnöten. Diese Kapazitäten müssen – und das ist besonders wichtig – im sozialen System aufgebaut werden. Zweifellos sind ko-evolutiv dazu Reflexionskapazitäten auch auf seiten der psychischen Systeme – insbesondere (aber nicht nur!) der Kerngruppe der Manager – von Relevanz. Erst auf Basis von beiderseitigen Reflexionsmöglichkeiten (Willke 1987b, S. 356) – beim Management und dem sozialen System – ist das möglich, was zwischen einseitiger vollständiger Kontrolle und völliger Selbstorganisation liegt: „Verstehen". Verstehen ist der Punkt, der zwischen einer (unmöglichen) vollständigen Kontrolle selbstreferentieller sozialer Systeme und der vollkommenen Preisgabe an die Selbstorganisation liegt. Von besonderer Relevanz sind dabei jedoch die quer über das soziale System gestreuten Reflexionskapazitäten. Es kommt nicht auf die ausschließliche Kumulation von Reflexion bzw. Wissen beim jeweiligen personalen System der Manager an. Deshalb greift eine „Verwissenschaftlichung des Managements" allein viel zu kurz. Bestenfalls wird dann lediglich „eine Seite der Medaille" beleuchtet. Vielmehr muß das soziale System über Reflexionsmöglichkeiten verfügen können.

Verstehen bedeutet die Rekonstruktion der Selbstbeschreibung eines Systems (Willke 1987b, S. 343). Ein Berater/Manager kann das soziale System verstehen, indem er dessen Selbstbeschreibung zu rekonstruieren versucht. Verstehen macht die Wirkungen der Intervention zwar immer noch nicht beherrschbar, aber immerhin kalkulierbar: Der Übergang von Sicherheit auf Risiko verringert das Risiko der Sicherheit.

Mit anderen Worten: Soziale Systeme müssen lernen, sich selbst zu verstehen, um sich in ihren Erwartungsstrukturen gezielter und selbstkontrollierter als bisher verändern und entwickeln zu können. Denkbar wäre es, Verzögerungsmechanismen im Systemdenken einzubauen, die den ständigen internen Handlungs- und Entscheidungsdruck zumindest vorübergehend abfedern könnten (Wimmer 1989, S. 149). Mit anderen Worten: Es soll „bei laufendem Motor" neues Reflexionspotential im System geschaffen werden (Wimmer 1989, S. 149). Dafür zu sorgen ist Aufgabe des Managements. Das Management hat handlungsentlastete Interaktionszusammenhänge zu etablieren und damit den Boden für neue Ideen aufzubereiten (Kirsch 1990, S. 537 u. S. 541). Führung muß Situationen schaffen, die die Übernahme von Eigenverantwortung des Systems fördern (Wimmer 1989, S. 150).

Was bedeutet es nun konkret, Reflexionsmöglichkeiten im sozialen System aufzubauen? Es geht dabei vor allem um Aktivitäten der Informationsverarbeitung (Probst 1987, S. 39). Die Übermittlung bzw. Verarbeitung von Informationen ist sicherlich eine zentrale Funktion von Managern, die auf mehreren Ebenen läuft. Sie kann sprachlich (mündlich oder schriftlich), nonverbal, direkt oder indirekt (z. B. durch Unterlassung, Anspielungen) erfolgen, als Selbstkommunikation ablaufen und/oder zwischen Personen bzw. Personen und Apparaten stattfinden (Titscher 1987a, Sp. 1206). Führung geschieht aber in der Regel ganz wesentlich über direkte mündliche Kontakte, speziell in Interaktionen und unter Einschluß von

Mikropolitik. Im Zweifelsfall ist gerade hier davon auszugehen, daß den nonverbalen Signalen mehr Bedeutung zukommt als sprachlich artikulierten Inhalten (Titscher 1987a, Sp. 1206).

6.6.1 Die Handhabung von Neuerungen

Gerade in Zusammenhang mit Neuerungen von Strukturen (Erwartungsänderungen) erscheint die Behauptung zulässig, daß Organisationen immer nur selbst ‚lernen' können. Manager, die den Aufbau von Reflexionspotentialen im System anstreben, müssen sich notwendigerweise selbst mit dem nötigen Rüstzeug ausstatten. Geht man von einem ko-evolutiven Selbstentwicklungsprozeß zwischen personalen und sozialen Systemen aus, so ist es unumgänglich, auch beim personalen System (= Manager) Reflexionspotential aufzubauen. Für Wimmer (1989, S. 148) ist es ein „iteratives Vorgehen nach dem Prinzip von Versuch und Irrtum" … „Für den Führenden bedeutet dies, daß er ständig überprüfen muß, ob die von ihm verwendeten Differenzschemata zur Produktion einer angemessenen Problemsicht und Situationseinschätzung geeignet sind oder ob er hier selbst zur Verzerrung beiträgt." Die Steigerung der eigenen, personalen Kommunikationskompetenz ist auf jeden Fall sinnvoll, aber nicht ausreichend. Wissenschaftliches Management allein ist eine notwendige, wenngleich auch keine hinreichende Voraussetzung für systemisches Lernen.

Das „Sinn-machen" ist aus der Sichtweise der neueren Systemtheorie nicht so ohne weiteres möglich, denn die vom Manager gesetzten Symbole sind zunächst nichts anderes als eine Störung, ein Rauschen, das von einem sozialen System aufgenommen werden kann oder auch nicht. Es kommt ja auf die Operationsweise dieser aufnehmenden Systeme an, wie die vom symbolisch Handelnden gesendete Botschaft ankommt. Ein einseitiges „Sinn-machen" von seiten des Managements ist nicht möglich.

Es wird somit hier die von Luhmann gewählte analytische Trennung zwischen Beobachtung und Handeln zur Basis genomen, weil sie als zielführend beurteilt wird. Unter anderem deshalb, weil sie es ermöglicht, selbstorganisierende Prozesse und organisierende Eingriffe in Zusammenhang zu bringen. In der Tat scheint der entscheidende Vorteil des entwikkelten Modells darin zu liegen, daß organisierende Eingriffe (gewollte, versuchte Ordnungsbildung) eingebettet in selbstorganisierende Prozesse analysiert werden können und damit gleichzeitig Macht und Ohnmacht solcher Eingriffe erkennbar werden. Es erscheint analytisch ergiebig, darauf abzustellen, daß auf kommunikative Handlungen (egal ob sie auf Symbolisches oder Materielles abstellen) in sozialen Systemen in irgendeiner Form (verbal, körpersprachlich, gestikulierend, sichtbar) reagiert wird

(Handeln/Beobachten) bzw. daß es ein interpretationsloses Handeln in sozialen Systemen gar nicht geben kann.

In Zusammenhang mit Neuerungsprozessen wird es beim Aufbau systemischer Reflexionskompetenz immer – wie in der Attribuierungsproblematik bereits angesprochen – um die zentrale Frage der Art „möglicher Umweltkontakte" gehen. Die Art von möglichen Umweltkontakten hängt aus systemtheoretischer Sichtweise „von den systemintern aufgebauten Potenzen für solche Kontakte" (Wimmer 1989, S. 139) ab. Es gilt, aus dem Innenhorizont heraus „die aktuellen Möglichkeiten und Grenzen von System/Umweltbeziehungen zu verstehen" (Wimmer 1989, S. 139). Die zentrale Frage ist, ob Organisationen so gebaut sind, daß sie die für ihr eigenes Überleben wichtigen Umweltveränderungen systemintern in entscheidungsrelevante Informationen umwandeln können, nämlich: Verfügen Unternehmen über ausreichende ‚Sensoren', um bedeutsame Ereignisse und Entwicklungen in der Umwelt rechtzeitig zu registrieren und dem internen Informationsverarbeitungsprozeß zuzuleiten (Wimmer 1989, S. 140)?

Primäre Zielsetzung auf der Grundlage des hier entwickelten Modells organisierter Sozialsysteme ist der Auf- und Ausbau von Selbstreflexion bzw. die Sicherstellung von Reflexionsfähigkeit im sozialen System. Es gilt, die Wissensbasis zu verbreitern, wobei nicht nur kognitives und in Worten vermittelbares Wissen gemeint ist, sondern auch all das, was in sozialen Systemen wahrnehmbar – etwa auch durch Körpersprache (nichtsprachliches Handeln) – kommuniziert wird. Mit anderen Worten: es geht darum, in einem sozialen System Vorkehrungen für ein „systemisches Lernen" zu treffen (vgl. dazu Kasper 1990, S. 403 ff.).

6.6.2 Zum Reflexionsaufbau in sozialen Systemen

Der ins Zentrum gestellte Aufbau von Reflexionsfähigkeit in sozialen Systemen kann auf unterschiedliche Weise bewerkstelligt werden, wobei hier exemplarisch lediglich eine von mehreren Möglichkeiten, die Installierung systeminterner ständiger Beobachtungsstellen, knapp thematisiert werden kann (vgl. zu weiteren Kasper 1990, S. 408 ff.).

Ziel ist es, die Selbstreflexionsfähigkeit im System selbst und diese möglichst nachhaltig aufzubauen. Ausgangsbasis im Zusammenhang mit Prozessen des Neuen ist dabei folgende Erkenntnis: Eine Steigerung der internen (selbstorganisierenden) Ordnungsbildung ins Neue, Innovative (= Unwahrscheinliche) ist möglich, indem die Differenz von Handeln und Beobachten stärker differenziert wird, wobei jedoch Selbstbeobachtung gewährleistet bleiben muß (Luhmann 1984, S. 408). Eine Möglichkeit, dieses erstrebenswerte Auseinanderziehen zu bewerkstelligen, ist, systemintern gesonderte Rollen für Beobachter (= eine Art externe Beobachter) zu installieren. Ziel dabei ist es, daß das System dazu angehalten wird, sich selbst laufend gezielter und vor allem kontinuierlich zu beobachten, was wohl nur auf eine bessere Selbstbeschreibung hinauslaufen kann. Selbstbeobachtung erfolgt ohnehin im Sinne selbstorganisierender Prozesse auf allen Ebenen. Selbstbeschreibung kann jedoch im Gegensatz zu Selbstorganisation eine spezifische Form von Selbstkontrolle – über die Sprache – zumindest in die Wege leiten. Mit anderen Worten: es werden innerhalb des Systems eine oder mehrere Instanzen markiert, die die Reflexion im System für das System betreiben, dabei aber selbst wieder beobachtet werden (vgl. dazu Schmitz 1988a, S. 119). Damit ist eine Art von Selbsttherapie nach dem Motto gemeint: sich selbst verstehen, ist Grundlage jeder therapeutischen Veränderung (Willke 1987b, S. 345).

Sich selbst des öfteren zu beobachten/beschreiben, stellt auf eine Erhöhung der Reflexionsleistung des Systems bzw. der Subsysteme ab (Willke 1987a, S. 162). Nicht jedes Subsystem sollte wildwüchsig darauf los produzieren, sondern Integration ist nur möglich, wenn die Subsysteme sich selbst beschränken, „ihre Optionsvielfalt reduzieren, indem sie schon mit Rücksicht auf die Möglichkeit der anderen Teile und des Ganzen formulieren“ (Willke 1987a, S. 155).

Hervorzuheben ist in diesem Zusammenhang vor allem die spezifische Rolle der Personalabteilungen, denen nur auf einen ersten oberflächlichen Blick solche Beobachter/Beschreibungsaufgaben zukommen könnten. Die Personalabteilungen gelten oft als Dritte (Titscher 1985, S. 110). Sie müßten vielfach als interessenneutrale Vermittler auftreten und Konflikte „zwischen Professionellen und Organisation im Interesse des sie beschäftigenden Unternehmens bewältigen“ (Titscher, 1987b, S. 373). Wie Titscher zu Recht feststellt, können Personalabteilungen diese Rolle aber nicht ausüben, weil ihnen eine wichtige Voraussetzung dazu fehlt: als Vermittler (Schiedsrichter oder lachende Dritte) müßten sie einen hohen Status sowie Unparteilichkeit aufweisen (Titscher 1987b, S. 374). Weil sie selbst Interessen haben, selbst oft steuernd einzugreifen haben und dabei eine eminent politische Rolle innehaben, fehlt ihnen gerade diese – im Rahmen des systemischen Ansatzes – geforderte Distanz. Die vielfach empfohlene Vermittlerrolle ist Personalabteilungen daher in dieser allgemeinen Form nicht zumutbar (Titscher 1985, S. 114). Personalabteilungen könnten nur dann diese beschriebene Rolle als interne Berater übernehmen, wenn es ihnen – ähnlich wie externen Beratern – gelingt, sich aus allem herauszuhalten und sich nicht operativ einzumischen. Dieses Selbstverständnis müßte allerdings von der Geschäftsleitung geteilt werden.

7 Zusammenfassung und Forschungsausblick

Die umfassende Weiterentwicklung von Weicks Modell des Organisierens zu einem eigenen Modell – vor allem durch Erkenntnisse der neueren Systemtheorie (insbesondere durch das Theorieangebot von Luhmanns „Soziale Systeme“) – zeigt, daß selbstorganisierende Prozesse nicht als unbeeinflußbar, schicksalhaft, undurchdringlich und daher als unveränderbar angenommen werden müssen. Vielmehr werden selbstorganisierende Prozesse als Zusammenspiel zwischen mehreren möglichen eigendynamischen Mechanismen skizziert, deren grundlegendes Ablaufschema Möglichkeiten aufzeigt, Selbstorganisation nicht als blinden evolutionären Prozeß zu begreifen, sondern gerade dem zu entziehen und durch Reflexion bzw. Reflexivität besprechbar zu machen. Ob ein bestimmtes Handeln Strukturwert gewinnt (= sich eignet, auch späteres Handeln zu formen), ob es – mit anderen Worten – ins Gedächtnis eines sozialen Systems eingehen kann oder nicht, hängt von der Situation und den Überzeugungsmitteln ab. Ein wichtiges – aber nicht das einzige – Überzeugungsmittel ist die Sprache. Eine Möglichkeit ist die Schaffung von permanenten, sich abwechselnden Beobachtungsstellen, die heterarchisch im gesamten System verteilt sind. Es geht darum, die Voraussetzung dafür zu schaffen, daß es in der Organisation selbst zu einer permanenten Selbstreflexion und damit zu einer Selbstkontrolle kommen kann. Es ist evident, daß eine solche, systemumspannende Selbstkontrolle (besser wäre es, von selbstkontrollierenden Prozessen zu sprechen) nicht einheitlich und nicht gleichgerichtet ablaufen kann. Es sind Prozesse, die widersprüchlich und unterschiedlich verlaufen, demnach aber Kontrollprozesse in Gang zu setzen vermögen.

Als eine zukünftige Forschungsperspektive gilt es, (empirisch) zu untersuchen, mit welchen systemspezifischen Vorkehrungen sichergestellt werden kann, daß sich Semantiken in das Gedächtnis sozialer Systeme einprägen und in der Folge auf Selbstbeobachtungs- bzw. Selbstorganisationsprozesse einwirken können. Kurzum: Welche Auswirkungen haben semantische Speicherinhalte auf selbstorganisierende Prozesse? Vieles spricht dafür, daß die Möglichkeit zum Diskurs und damit die Verwendung von Sprache vor allem beim Wandel von Organisationen aktiviert werden kann. Gesondert ist die Frage des Ablaufs und der Akzeptanz von Diskursen zu stellen, wobei angenommen wird, daß Diskurse sowohl durch Macht als auch durch kulturelle Semantiken geprägt sind. Hinsichtlich der empirischen Analyse einzelner und vor allem des Zusammenspiels mehrerer eigendynamischer Prozesse liegt noch viel Neuland brach. Was mit einiger Wahrscheinlichkeit platzgreifen muß, sind empirische Forschungsarbeiten in Betrieben mit Methoden, ähnlich wie sie seinerzeit die Aktionsforschung propagierte. Dabei sollten die Forscher aus den Fehlern der Aktionsforschung lernen, und sich – im Sinne der systemischen Beratung – persönlich herauszuhalten versuchen, um dadurch einer Parteinahme zu entgehen.

Literaturverzeichnis

Allport, F.H. (1969): Institutional Behavior – Essays Toward a Re-Interpreting of Contemporary Social Organization. New York.

Baecker, D. (1988): Information und Risiko in der Marktwirtschaft. Frankfurt a.M.

Baecker, D./Markowitz, J./Stichweh, R./Tyrell, H./Willke, H. (Hrsg.)(1987): Theorie als Passion: Niklas Luhmann zum 60. Geburtstag. Frankfurt a.M.

Bendixen, P. (1980): Der theoretische und pragmatische Anspruch der Organisationsentwicklung. In: Die Betriebswirtschaft 40, S. 187-203.

Broicher, M. (1982): Zu den Begriffen „sozialer Prozeß" und „Eigendynamik". In: Nedelmann, B., unter Mitarbeit von Broicher, M./Korn, K.-H. (Hrsg.): Eigendynamische soziale Prozesse. Eine Textsammlung (unveröffentlicht), Köln.

Brunsson, N. (1985): The Irrational Organization. Chichester.

Cohen, M.D./March, J.G./Olsen, J.P. (1972): A Garbage Can Model of Organizational Choice. In: Administrative Science Quaterly 1, S. 1-25.

Crozier, M./Friedberg, E. (1979): Macht und Organisation. Königstein.

Dülfer, E. (Hrsg.)(1991): Organisationskultur, Phänomen – Philosophie – Technologie. 2. Aufl. Stuttgart.

Dyllick, T. (1982): Gesellschaftliche Instabilität und Unternehmungsführung. Bern und Stuttgart.

Exner, A./Königswieser, R./Titscher, S. (1987): Unternehmensberatung – systemisch. Theoretische Annahmen und Interventionen im Vergleich zu anderen Ansätzen. In: Die Betriebswirtschaft 47, S. 265-284.

Foerster, H. v. (1985): Sicht und Einsicht: Versuche zu einer operativen Erkenntnistheorie. Braunschweig.

Gaitanides, M./Wicher, H. (1986): Strategien und Strukturen innovationsfähiger Organisationen. In: Zeitschrift für Betriebswirtschaft 56, S. 385-403.

Galbraith, J.R. (1982): Designing the Innovating Organization. In: Organizational Dynamics 11, S. 5-25.

Greipel, P. (1988): Strategie und Kultur. Bern und Stuttgart.

Gussmann, B. (1988): Innovationsfördernde Unternehmenskultur. Berlin.

Gutenberg, E. (1951): Grundlagen der Betriebswirtschaftslehre. 1. Bd.: Die Produktion. Berlin und Heidelberg.

Habermas, J. (1976): Zur Rekonstruktion des Historischen Materialismus. Frankfurt a.M.

Habermas, J. (1981a): Theorie des kommunikativen Handelns. Band 1: Handlungsrationalität und gesellschaftliche Rationalisierung. Frankfurt a.M.

Habermas, J. (1981b): Theorie des kommunikativen Handelns. Band 2: Zur Kritik der funktionalistischen Vernunft. Frankfurt a.M.
Habermas, J. (1983): Moralbewußtsein und kommunikatives Handeln. Frankfurt a.M.
Habermas, J. (1984): Replik auf Einwände. In: Habermas, J.: Vorstudien und Ergänzungen zur Theorie des kommunikativen Handelns. Frankfurt a.M., S. 475-570.
Habermas, J. (1985a): Vernunftkritische Entlarvung der Humanwissenschaften: Foucault. In: Habermas J.: Der philosophische Diskurs der Moderne. Zwölf Vorlesungen. Frankfurt a.M., S. 279-312.
Habermas, J. (1985b): Der normative Gehalt der Moderne. In: Habermas J.: Der philosophische Diskurs der Moderne. Zwölf Vorlesungen. Frankfurt a.M., S. 390-425.
Habermas, J. (1985c): Exkurs zu Luhmanns systemtheoretischer Aneignung der subjektphilosophischen Erbmasse. In: Habermas J.: Der philosophische Diskurs der Moderne. Zwölf Vorlesungen. Frankfurt a.M., S. 426-445.
Habermas, J. (1985d): Der philosophische Diskurs der Moderne. Zwölf Vorlesungen. Frankfurt a.M.
Habermas, J. (1985e): Klarstellungen. In: Habermas, J.: Die Neue Unübersichtlichkeit. Frankfurt a.M., S. 165-212.
Habermas, J. (1985f): Die Neue Unübersichtlichkeit. Frankfurt a.M.
Habermas, J. (1985g): Ein anderer Ausweg aus der Subjektphilosophie: Kommunikative vs. subjektzentrierte Vernunft. In: Habermas J.: Der philosophische Diskurs der Moderne. Zwölf Vorlesungen. Frankfurt a.M., S. 344-389.
Habermas, J. (1986): Entgegnung. In: Honneth, A./Joas, H. (Hrsg.): Kommunikatives Handeln. Beiträge zu Jürgen Habermas' „Theorie des kommunikativen Handelns". Frankfurt a.M., S. 327-405.
Habermas, J./Luhmann, N. (1971): Theorie der Gesellschaft oder Sozialtechnologie. Frankfurt a.M.
Haferkamp, H./Schmid, M. (Hrsg.)(1987): Sinn, Kommunikation und soziale Differenzierung. Beiträge zu Luhmanns Theorie sozialer Systeme. Frankfurt a.M.
Hedberg, B./Nystrom, P./Starbuck, W.H. (1976): Camping on Seesaws: Prescriptions for a Self-Designing Organization. In: Administrative Science Quarterly 21, S. 41-65.
Hermann, U. (1984): Die Implementierung betrieblicher Rationalisierungshandlungen und der personelle Widerstand. Göttingen.
Kahn, R.L./Wolfe, D. (1975): Rollenkonflikte in Organisationen. In: Türk, K. (Hrsg.): Organisationstheorie. Hamburg, S. 252-260.
Kasper, H. (1986): Widersprüche und Konflikte beim Innovationsmanagement. In: Zeitschrift Führung + Organisation 55 (2), S. 115-123.
Kasper, H. (1987): Organisationskultur. Über den Stand der Forschung. Wien.
Kasper, H. (1988): Die Prozeßorientierung in der Organisationstheorie. In: Hofmann, M./Rosenstiel, L. v. (Hrsg.): Funktionale Managementlehre. Berlin und New York, S. 353-382.
Kasper, H. (1990): Die Handhabung des Neuen in organisierten Sozialsystemen. Heidelberg/Berlin/New York/Sydney/Tokyo.

Katz, D./Kahn, R.L. (1966): The Social Psychology of Organization. New York/ London/Sydney.
Kirsch, W. (1984): Wissenschaftliche Unternehmensführung oder Freiheit vor der Wissenschaft? Studien zu den Grundlagen der Führungslehre. 2 Bände. München.
Kirsch, W. (1986a): Lernfähigkeit der Organisation und Rationalisierung der derivativen Lebenswelt. 1. Fassung. Arbeitspapier München.
Kirsch, W. (1986b): Aktor und Lebenswelt. Arbeitspapier München.
Kirsch, W. (1987): Unternehmenspolitik und Fortschritt. Kapitel zur Neuauflage der „Unternehmenspolitik“. Arbeitspapier München.
Kirsch, W. (1988): Die Handhabung von Entscheidungsproblemen. Einführung in die Theorie der Entscheidungsprozesse. 3., völlig überarbeitete und erweiterte Auflage. München.
Kirsch, W. (1989): Kommunikatives Handeln, Autopoiese, Rationalität. Unveröffentlichtes Manuskript. München.
Kirsch, W. (1990): Unternehmenspolitik und strategische Unternehmensführung. München.
Knyphausen, D. z. (1988): Unternehmungen als evolutionsfähige Systeme. Überlegungen zu einem evolutionären Konzept für die Organisationstheorie. München.
Kolb, D. (1988): Die Veränderung von Unternehmenskulturen durch verfremdende Beratung. München.
Kosiol, E. (1962): Organisation der Unternehmung. 2.Aufl. Wiesbaden.
Luhmann, N. (1970): Funktionale Methode und Systemtheorie. In: Luhmann, N.: Soziologische Aufklärung – Aufsätze zur Theorie sozialer Systeme. Köln und Opladen, S. 31-53.
Luhmann, N. (1975): Allgemeine Theorie organisierter Sozialsysteme. In: Luhmann, N.: Soziologische Aufklärung 2. Opladen, S. 39-50.
Luhmann, N. (1981): Organisation und Entscheidung. In: Luhmann, N.: Soziologische Aufklärung 3. Opladen, S. 335-389.
Luhmann, N. (1984): Soziale Systeme. Grundriß einer allgemeinen Theorie. Frankfurt a.M.
Luhmann, N. (1985): Die Autopoiesis des Bewußtseins. In: Soziale Welt 36, S. 402-446
Luhmann, N. (1988a): Die Wirtschaft der Gesellschaft. Frankfurt a.M.
Luhmann, N. (1988b): Organisation. In: Küpper, W./Ortmann, G. (Hrsg.): Mikropolitik. Rationalität, Macht und Spiele in Organisationen. Opladen , S. 165-185.
March, J.G./Olsen, J.P. (1979): Ambiguity and Choice in Organizations. 2. Aufl. (1. Aufl. 1976), Bergen.
Maturana, H.R. (1981): Autopoiesis. In: Zeleny, M. (Hrsg.): Autopoiesis: A Theory of Living Organization. New York.
Mintzberg, H. (1980): Structure in Fives: A Synthesis of the Research on Organization Design. In: Management Science 26, S. 322-339.
Mintzberg, H. (1983): Structure in fives: Designing effective organizations. Englewood Cliffs (N.J.).
Nedelmann, B., unter Mitarbeit von Broicher, M./Korn, K.-H. (Hrsg.)(1982): Eigendynamische soziale Prozesse. Eine Textsammlung. Köln.
Neuberger, O. (1988a): Betriebswirtschaftslehre: Management-Wissenschaft?

Management der Wissenschaften vom Management? (Wirtschafts-) Wissenschaft fürs Management! In: Wunderer, R. (Hrsg.): Betriebswirtschaftslehre als Management- und Führungslehre. 2. ergänzte Aufl. Stuttgart, S. 51-64.

Neuberger, O. (1988b): Führung (ist) symbolisiert. Plädoyer für eine sinnvolle Führungsforschung. In: Augsburger Beiträge zu Organisationspsychologie und Personalwesen, Heft 2, S. 1-38.

Parsons, T. (1961): An Outline of Social System. In: Parsons, T./Shils, E./Naegele, K./Pitts, J.R. (Hrsg.): Theories of Society, Bd. 1. Glencoe.

Perrow, C. (1987): Normale Katastrophen. Die unvermeidbaren Risiken der Großtechnik. Frankfurt a.M./New York (Originalausgabe: Normal Accidents. Living with High-Risk Technologies. New York 1984).

Probst, G.J.B. (1987): Selbstorganisation. Ordnungsprozesse in sozialen Systemen aus ganzheitlicher Sicht. Berlin und Hamburg.

Schmitz, C. (1988a): Beobachtung der Organisation. Die Relevanz der Referenz – Versuch, einen Unterschied zu machen. Prozeß – Theorie – Wechselwirkungen der Analyse organisierter Sozialsysteme. Dissertation. Wirtschaftsuniversität Wien.

Schmitz, C. (1988b): Beobachtung der Organisation/Organisation der Beobachtung. In: Zeitschrift für systemische Therapie 6, S. 247-254.

Schreyögg, G. (1984): Unternehmensstrategie. Grundfragen einer Theorie strategischer Unternehmensführung. Berlin und New York.

Selvini Palazzoli, M./Anolli, L./Di Blasio, P./Giossi, L./Ricci, C./Sacci, M./Ugazio, V. (1984): Hinter den Kulissen der Organisation. Stuttgart (Originalausgabe: Sul fronte dell'organizzazione, Milano 1981).

Teubner, G. (1987a): Hyperzyklus in Recht und Organisation: Zum Verhältnis von Selbstbeobachtung, Selbstkonstitution und Autopoiese. In: Haferkamp, H./Schmid, M. (Hrsg.): Sinn, Kommunikation und soziale Differenzierung. Beiträge zu Luhmanns Theorie sozialer Systeme. Frankfurt a.M., S. 89-128.

Teubner, G. (1987b): Episodenverknüpfung. Zur Steigerung von Selbstreferenz im Recht. In: Baecker, D./Markowitz, J./Stichweh, R./Tyrell, H./Willke, H. (Hrsg.): Theorie als Passion: Niklas Luhmann zum 60. Geburtstag. Frankfurt a.M., S. 423-446.

Titscher, S. (1985): Zur möglichen Zukunft betrieblicher Personalarbeit. In: Weber, W. (Hrsg.): Personalmanagement. Beiträge zum Personal-Management. Kongreß 1984 an der Wirtschaftsuniversität Wien. Wien, S. 107-117.

Titscher, S. (1987a): Kommunikation als Führungsinstrument. In: Kieser, A./ Reber, G./ Wunderer, R. (Hrsg.): Handwörterbuch der Führung. Stuttgart, Sp. 1205-1210.

Titscher, S. (1987b): Professionalisierung im Personalbereich: Ein Lösungsweg – für wessen Probleme ? In: Die Betriebswirtschaft 47, S. 372-374.

Titscher, S./Königswieser, R./mit Beiträgen von Böhnisch, W./Bernardis, L. (1985): Entscheidungen in Unternehmen. Zur Theorie und Praxis des Umganges mit Krisen wechselseitiger Abhängigkeit. Wien.

Türk, K. (1976): Grundlagen einer Pathologie der Organisation. Stuttgart.

Turner, B.A. (1976): The Organizational and Interorganizational Development of Disasters. In: Administrative Science Quarterly 21, S. 378-397.

Tushman, M.L./Moore, W.L. (Hrsg.)(1982): Readings in the Management of Innovation. Cambridge, Mass.

Varela, F. (1979): Principles of Biological Autonomy. New York.

Weick, K. (1976): Educational Organizations as Loosely Coupled Systems. In: Administrative Science Quarterly 21, S. 1-19.

Weick, K. (1985): Der Prozeß des Organisierens. Frankfurt a.M. (Originalausgabe: The Social Psychology of Organizing. Reading, Mass., 1. Aufl. 1969, 2. Aufl. 1979).

Willke, H. (1976): Funktionen und Konstitutionsbedingungen des normativen Systems der Gruppe. In: Kölner Zeitschrift für Soziologie und Sozialpsychologie 28, S. 426-450.

Willke, H. (1978): Zum Problem der Integration komplexer Sozialsysteme: Ein theoretisches Konzept. In: Kölner Zeitschrift für Soziologie und Sozialpsychologie 30, S. 228-252.

Willke, H. (1987a): Systemtheorie: Eine Einführung in die Grundprobleme. Stuttgart und New York.

Willke, H. (1987b): Differenzierung und Integration in Luhmanns Theorie sozialer Systeme. In: Haferkamp, H./Schmid, H. (Hrsg.): Sinn, Kommunikation und soziale Differenzierung. Beiträge zu Luhmanns Theorie sozialer Systeme. Frankfurt a.M., S. 247-274.

Willke, H. (1987c): Strategien der Intervention in autonome Systeme. In: Baecker, D./Markowitz, J./Stichweh, R./Willke, H. (Hrsg.): Theorie als Passion: Niklas Luhmann zum 60. Geburtstag. Frankfurt a.M., S. 333-361.

Wimmer, R. (1989): Die Steuerung komplexer Organisationen. In: Sandner, K. (Hrsg.): Politische Prozesse in Unternehmen. Frankfurt a.M. und New York, S. 131-156.

Prof. Dr. Helmut Kasper
Wirtschaftsuniversität Wien
Augasse 2-6
A-1090 Wien

Werner Kirsch · Dodo zu Knyphausen

Unternehmungen als „autopoietische" Systeme?

Autopoietische Systeme; Organisationstheorie; Radikaler Konstruktivismus; Selbstbeobachtung/-beschreibung; Systemtheorie

Zusammenfassung

In der biologischen Systemtheorie wird seit geraumer Zeit eine Konzeption sich selbst reproduzierender, „autopoietischer" Systeme diskutiert. Diese Konzeption ist bislang für die Managementforschung noch nicht ausreichend fruchtbar gemacht worden. Der Beitrag stellt deshalb die Grundlinien der Theorie autopoietischer Systeme vor und zeigt die Optionen auf, die für eine Anwendung auch auf betriebswirtschaftliche Organisationen entstehen. Die These ist dann freilich, daß man nicht so sehr aus der Perspektive eines wissenschaftlichen Beobachters fragen sollte, ob Unternehmungen autopoietische Systeme „sind" oder nicht „sind". Fruchtbarer erscheint es, sich in eine Binnenperspektive der Organisation zu begeben und zu überlegen, inwieweit die in der Organisation vorkommenden Selbstbeobachtungen und -beschreibungen sich mit der Autopoiese-Theorie in Verbindung bringen lassen. Das Resultat ist ein „gradualistisches" Konzept, das sich auch an die von uns vertretene Theorie evolutionsfähiger Systeme anschließen läßt.

Managementforschung 1 (1991), hrsg. von W.H. Staehle u. J. Sydow,
Walter de Gruyter · Berlin · New York, S. 75-101

Inhaltsübersicht

1 Einleitung

Die Systemtheorie erfreut sich bekanntlich in der betriebswirtschaftlichen Organisationstheorie einiger Beliebtheit (vgl. etwa Ulrich 1968; Fuchs 1973; Malik 1984 sowie Kirsch 1972). Unternehmungen lassen sich, so die These, nicht einfach als Resultat intendierter menschlicher Handlungen begreifen; dazu sind sie zu komplex. Fruchtbarer ist ein kybernetisches Modell sich selbst regulierender Systeme, mit dessen Hilfe die Integration nicht-intendierter Handlungsfolgen zu einem stabilen Handlungszusammenhang erklärt werden kann.

Das hier angesprochene kybernetisch-funktionalistische, auf der Differenz von System und Umwelt aufbauende Grundmodell ist heute in der Systemtheorie selber freilich nicht mehr in gleichem Maße paradigmenprägend, wie das in den sechziger und siebziger Jahren noch der Fall gewesen sein mag (vgl. Luhmann 1984a, S. 15 ff.; auch Probst 1987, S. 53 ff.). Systemtheorie wird nunmehr vielfach als eine Theorie selbstreferentieller, „autopoietischer" Systeme begriffen, die zwar immer noch umweltoffen sind, dies aber nur sein können, weil sie gleichzeitig in einem spezifischen Sinne „selbstreferentiell geschlossen" sind. Diese Theorie erhebt mehr denn je den Anspruch, ein umfassendes Angebot für die theoretische Analyse bereitzustellen: Nicht zuletzt daraus mag sich auch die breite Resonanz dieser Theorie insbesondere in den verschiedenen Teildisziplinen der Sozialwissenschaften erklären (vgl. dazu etwa den von Teubner [1989] herausgegebenen Sammelband). Demgegenüber sind die Versuche, *diese* Art der Systemtheorie für betriebswirtschaftliche bzw. organisationstheoretische Fragestellungen fruchtbar zu machen, bisher eher rar geblieben (vgl. in fast wohl schon abschließender Aufzählung Hejl 1983; Morgan 1986, S. 233 ff.; Probst 1987; Broekstra 1986; auch Gerken 1986, S. 103 ff.). Es liegt deshalb nahe, vertiefende Überlegungen in diese Richtung anzustellen (vgl. dazu auch Kirsch 1991 sowie die Beiträge von Kasper und Klimekki et al. in diesem Band).

Wir wollen diese Überlegungen damit beginnen, das geheimnisvolle Konzept der „Autopoiese" erst einmal etwas ausführlicher zu erläutern; dabei bietet es sich an, den Blick dorthin zu richten, woher das Konzept eigentlich kommt: in die Kognitionsbiologie (Abschnitt 2). Danach werden zwei Strategien einer Übertragung dieses Konzepts in die Sozialwissenschaften und insbesondere in die Organisationstheorie diskutiert. Dabei geht es letztlich um die Frage, ob Organisationen bzw. Unternehmungen autopoietische Systeme *sind* oder nicht (Abschnitt 3). Diese gleichsam „ontologische" Frage ist nun allerdings dann nicht besonders interessant, wenn man an die sich derzeit unter dem Titel eines *Radikalen Konstruktivismus* formierende Erkenntnistheorie (vgl. zum Überblick Schmidt 1987a) anschließt und davon ausgeht, daß es allein die spezifischen Konstruktionen des beobachtenden Theoretikers sind, die hier eine Entscheidung herbeiführen. Es ist damit eigentlich von vornherein klar, daß man das Konzept in der einen oder anderen Weise anwenden *kann*. Unseres Erachtens interessanter ist es aber zu fragen, in welcher Weise eine Anwendung erfolgen *soll* und welche Gründe für die gewählte Option sprechen mögen. Die Antwort, die wir hier vorschlagen, nimmt als Ausgangspunkt eine Betrachtung der Beobachtungen und Beschreibungen, die in der Organisation selbst vorkommen: Es soll überlegt werden, inwieweit das System selbst sich als „autopoietisches" System begreifen mag. Die Konsequenz ist dann freilich, daß es gar nicht mehr so sehr um die Binärentscheidung „Autopoiese ja oder nein" geht, sondern um die Entwicklung eines *gradualistischen* Autopoiese-Konzepts (Abschnitt 4). Warum wir gerade dies für eine fruchtbare Anwendung des Konzeptes halten, hängt nicht zuletzt mit der betriebswirtschaftlichen Theorietradition, ebenso aber auch mit theoriekonstruktiven Wertentscheidungen der Autoren dieses Beitrages zusammen (Abschnitt 5).

2 Grundbegriffe einer Theorie autopoietischer Systeme

Die Theorie autopoietischer Systeme ist eng mit den Namen der beiden chilenischen Kognitionsbiologen H. Maturana und F. Varela verbunden, die seit Anfang der siebziger Jahre diese Theorie als den Inbegriff einer „Theorie der lebendigen Organisation“ vorstellen, die gleichzeitig nichts anderes ist als eine „Biologie der Kognition“ (vgl. insb. die Beiträge in Maturana 1982). Diese Theorie ist zweifellos viel mehr als nur ein weiterer Beitrag innerhalb einer kleinen wissenschaftlichen Fachdisziplin; G. Roth zumindest behauptet von dem Maturana-Aufsatz „Biologie der Kognition“ (1982a; zuerst 1970) nicht weniger, als daß hier „ein genialer Welt- und Seinsentwurf [vorliege], vergleichbar nur noch mit dem Wittgensteinschen ‚Tractatus logico-philosophicus‘, wenn auch in eine völlig andere Richtung weisend“ (1987a, S. 257). Wir wollen zunächst einige Grundbegriffe einführen (2.1) und dann in der gebotenen Kürze den Zusammenhang zwischen der „Theorie des Lebendigen“ und der „Theorie der Kognition“ diskutieren, der in dieser Theorie eine so große Rolle spielt (2.2).

2.1 Die biologische Theorie autopoietischer Systeme

Die Theorie der Autopoiese (griech. autos = selbst; poiein = machen) ist, wie gesagt, zunächst einmal eine Theorie der lebendigen Organisation (vgl. zum folgenden zu Knyphausen 1988, S. 224 ff.). Lebewesen sollen gerade nicht als von außen gemachte und in Gang gehaltene Maschinen, sondern als Einheiten verstanden werden, die sich gleichsam „von innen heraus“ produzieren und reproduzieren. Mit einem etwas längeren Zitat:

> „Die autopoietische Organisation wird als eine Einheit definiert durch ein Netzwerk der Produktion von Bestandteilen, die 1. rekursiv an demselben Netzwerk der Produktion von Bestandteilen mitwirken, das auch diese Bestandteile produziert, und die 2. das Netzwerk der Produktion als eine Einheit in dem Raum verwirklichen, in dem die Bestandteile sich befinden. Man betrachte z. B. den Fall einer Zelle: Eine Zelle ist ein Netzwerk chemischer Reaktionen, die Moleküle derart erzeugen, daß sie 1. durch ihre Interaktionen genau das Netzwerk an Reaktionen erzeugen bzw. an ihm rekursiv mitwirken, welches sie selbst erzeugte, und die 2. die Zelle als eine materielle Einheit verwirklichen. Die Zelle bleibt daher als natürliche Einheit, die topographisch und operational von ihrer Umgebung abtrennbar ist, nur so lange erhalten, als diese ihre Organisation durch fortwährenden Umsatz von Materie beständig verwirklicht wird, unabhängig von den Veränderungen ihrer Form oder der Spezifität der sie konstituierenden chemischen Reaktionen“ (Maturana et al. 1982, S. 158).

Die Komponenten eines lebendigen Systems sind also, das zeigt dieses Zitat, zirkulär miteinander verknüpft; es gibt keinen Anfang und kein Ende; solange der Kreis geschlossen bleibt, geht das Leben auch weiter. Nicht umsonst spricht insbesondere Varela (z. B. 1987, S. 120 ff.) auch von einer *organisationellen Geschlossenheit*, die autopoietische Systeme immer schon charakterisiert. Das bedeutet freilich keineswegs einen Rückfall in jene „Kybernetik der 1. Ordnung" (vgl. Bühl 1982, S. 417 ff.; Taschdjian 1976), die doch durch das „Open Systems Paradigma" endgültig überwunden werden sollte; vielmehr geht es um organisationelle Geschlossenheit bei *gleichzeitiger* materiell-energetischer Offenheit (vgl. etwa Schmidt 1987b, S. 22). Das System bleibt abhängig von der Umwelt, aber es wird durch diese Umwelt nicht *definiert*. Autopoiese bedeutet mithin eine Art von Autonomie: Das System wird nicht von außen determiniert, sondern determiniert zunächst einmal sich selbst (vgl. wieder Varela 1987).

Die Herausstellung der *Organisation* bzw. der organisationellen Geschlossenheit als ein definierendes Merkmal eines autopoietischen Systems bedeutet, daß auch die *Arbeitsweise* des Systems zu einem konstitutiven Merkmal für die Systembildung überhaupt wird. Organisationelle Geschlossenheit ist dann gegeben, wenn zwischen den Systemelementen tatsächlich operationale Beziehungen bestehen, wenn also die einzelnen Elemente in zirkulärer Weise zur Generierung von anderen Elementen und damit letztlich auch von sich selbst in konstitutiver Weise beitragen. Die Einheit eines Systems kann nur aufrecht erhalten werden, sofern es in diesem Sinne „arbeitet" (vgl. Varela 1987, S. 122). Damit ist aber ein autopoietisches System von vornherein auch schon ein System mit einer internen Dynamik, oder eben: ein *lebendes* System. Die *Struktur* eines Systems beschreibt demgegenüber einen statischen Aspekt, einen Zustand; sie ist eine Momentaufnahme zu einem bestimmten Zeit*punkt*. Dabei ist klar, daß der jeweils erreichte Zustand die Möglichkeiten bestimmt, die das System für die danach folgenden Operationen besitzt; in diesem Sinne kann man dann auch von einer *Strukturdeterminiertheit* des Systems sprechen (vgl. Roth 1987a, S. 259). Insbesondere hängt von diesen Zuständen natürlich ab, wie das System mit Einflüssen seiner Umwelt umgeht. Die Umwelt stellt für das System erst einmal ein „Rauschen" dar, aus dem Ordnung in je spezifischer Weise noch hergestellt werden muß (vgl. von Foerster 1985). Für einen Außenbeobachter ist es entsprechend nicht möglich, die Interaktionen zwischen System und Umwelt nach einem Input/Output-Modell zu beschreiben; das System zeigt vielmehr eine Art „Eigenbehavior", das ohne genaue Kenntnis der jeweils aktuellen Zustandskonstellationen nicht verläßlich prognostiziert werden kann (vgl. Varela 1984, S. 25 f.).

Mit der Annahme eines „Eigenbehavior" ist die Vorstellung verbunden, daß ein System für einen Beobachter nicht nur ein sehr unterschiedliches Verhalten aufweisen, sondern als Ganzes auch eine sehr unterschiedliche „Gestalt" besitzen kann. Mit anderen Worten: die Struktur ist für den Beobachter in hohem Maße kontingent. Darüber hinaus ist sie Veränderungen ausgesetzt, ohne daß dies für die Identität des Systems irgendwelche Auswirkungen hätte. Die Organisation folgt demgegenüber einem starreren Muster: „The organization of a system (...) specifies the class identity of the system, and must remain invariant if the class identity of the system is to remain invariant: if the organization of the system changes, then its identity changes and becomes a unity of another kind" (Maturana 1981, S. 24). Wichtig ist dabei in jedem Fall, daß die organisationelle Geschlossenheit, die „basale Zirkularität" der Organisation erhalten bleibt: Verändern darf sich nur die *Art* der Zirkularität, wenn denn das System als *lebendiges* System erhalten bleiben soll (vgl. Maturana 1982a, S. 38).

2.2 Autopoiese und Kognition

Das Autopoiese-Konzept ist nicht nur der Kern einer Theorie der Organisation des Lebendigen, sondern auch einer Theorie der Kognition: „Lebende Systeme sind kognitive Systeme, und Leben als Prozeß ist ein Prozeß der Kognition" (Maturana 1982a, S. 39). Warum das so ist, ist nicht ganz einfach zu verstehen; der Grundgedanke scheint uns aber darin zu liegen, daß ein System, sofern es überhaupt als System (genauer: als System *in einer* [davon unterscheidbaren] *Umwelt*) beobachtet werden kann, mit seiner Umwelt in Interaktionsbeziehungen stehen und daher seinerseits eben diese Umwelt beobachten, das heißt: in bezug auf diese Umwelt Unterscheidungen treffen muß. Die Umwelt ist nämlich nicht in ihrer Gesamtheit relevant; sie muß vielmehr unter spezifischen Gesichtspunkten abgesucht werden, die durch das System selbst bzw. durch die gerade aktualisierte Systemstruktur (im oben angegebenen Sinne) definiert werden. Das System operiert als kognitives System, insofern es mit der Umwelt interagiert und von diesen Interaktionen spezifische Konstrukte oder, wie Maturana (1982a, S. 34) sagt, *Beschreibungen* anfertigt, die dann ihrerseits die weiteren Beobachtungen und Beschreibungen prägen (vgl. Schmidt 1987b, S. 18). „Beschreiben heißt, die tatsächlichen und möglichen Interaktionen und Relationen eines Gegenstandes auf[zu]zählen"; entsprechend ist „[e]in kognitives System .. ein System, dessen Organisation einen Interaktionsbereich definiert, in dem es zum Zwecke der Selbsterhaltung handeln kann. Der Prozeß der Kognition ist das tatsächliche (induktive) Handeln oder Verhalten in diesem Bereich" (Maturana 1982a, S. 34 bzw. 39). Die Umwelt ist nicht a priori gegeben, sondern muß, um auch die Sprechweise

H. von Foersters aufzunehmen, erst *erfunden* werden; erst dann sind die Interaktionen möglich, die für die Aufrechterhaltung der Autopoiese – für das *Überleben* also – unerläßlich sind.[1]

Wenn alle lebenden Systeme in der hier skizzierten Weise kognitive Systeme sind, dann ist klar, daß Kognition nicht von vornherein an die Existenz eines Nervensystems gebunden sein kann. Auch einfache Makromoleküle können „erkennen", das heißt: einen Interaktionsbereich definieren und dann unterscheiden, ob etwas in den Interaktionsbereich fällt oder nicht (vgl. Rensing 1978). Trotzdem ist natürlich das Auftauchen eines Nervensystems eine evolutionär folgenreiche Innovation; es erweitert nämlich „den kognitiven Bereich des lebendigen Systems, indem es Interaktionen mit ‚reinen Relationen' ermöglicht" (Maturana 1982a, S. 39; im Orig. kursiv). Das bedeutet, daß nun Beobachtungen zum Ausgangspunkt einer Kette weiterer Beobachtungen werden. Im Anschluß an G. Bateson (1985, S. 488) könnte man sagen, daß sie in dem Maße zu *Informationen* werden, in dem die wahrgenommenen Unterschiede weitere Unterschiede im System ausmachen. Je mehr dies der Fall ist, desto mehr kann sich so etwas wie „abstraktes Denken" entwickeln, kann das System ein Selbstbewußtsein bzw. eine Identität ausbilden, können schließlich auch Kommunikationen stattfinden, Interaktionen also, die über die nur physikalischen Interaktionen „einfacher" Systeme weit hinausgehen.

Auch und gerade im Falle von Systemen, die ein Nervensystem (ein Gehirn) besitzen, kann man natürlich sagen, daß lebende Systeme immer auch kognitive Systeme sind. Dieser Zusammenhang sollte dann freilich nicht in dem Sinne verstanden werden, daß man Leben bzw. Autopoiese mit Kognition gleichsetzt, oder anders gesagt: daß man das Nervensystem als ein autopoietisches System zu erklären versucht. Gegen Maturana hat G. Roth (1987a, 1987b) gezeigt, daß die spezifischen Leistungen des Nervensystems überhaupt nur angemessen verstanden werden können, wenn man dessen Funktionsweise gerade *nicht* auf die restriktiven Bedingungen der Autopoiese zurückführt.[2] Die Produktion und Reproduktion der Kom-

1 Die hier gewählten Formulierungen stellen vor allem auf die Umweltbeobachtung und -beschreibung ab. Wenigstens andeutungsweise sollte aber auch schon klargeworden sein, daß es ebenso immer auch Selbstbeobachtungen und Selbstbeschreibungen des Systems gibt. Unter organisationstheoretischen Aspekten werden wir darauf in Abschnitt 4 noch ausführlich zurückkommen.

2 Das schließt Roth zufolge keineswegs aus, daß man Nervensysteme als selbstreferentielle Systeme versteht, als Systeme also, deren Beobachtungen sich auf Beobachtungen desselben Systems beziehen; es ist gerade das besondere Kennzeichen des von Roth (und einigen anderen Autoren) vorgeschlagenen Bezugsrahmens, daß „Autopoiese" und „Selbstreferenz" nicht in jener Weise gleichgesetzt wird, wie das beispielsweise bei Luhmann bisweilen der Fall zu sein scheint (vgl. ähnlich Teubner 1987a, S. 95 ff.).

ponenten autopoietischer Systeme muß nach einem genau vorbestimmten Muster erfolgen, um die Geschlossenheit der zirkulären Organisation nicht zu gefährden. Demgegenüber können die Nervenzellen sehr viele unterschiedliche Erregungszustände annehmen, und sie sind hinsichtlich dieser Erregungszustände keineswegs durch ein ähnlich „geschlossenes" Netz miteinander verbunden wie die Komponenten eines autopoietischen Systems.

Diese relative Unverbundenheit ist der Grund für die Leistungen, die insbesondere das menschliche Nervensystem offensichtlich zu erbringen in der Lage ist. Voraussetzung dafür ist allerdings die weitgehende „Emanzipation" des Nervensystems von den Anforderungen, für das bloße Überleben unmittelbar relevante Beiträge leisten zu müssen. Menschliche Kognition kann beispielsweise dafür eingesetzt werden, „Handlungs-*Planung* zu betreiben, d. h. etwas zu tun, was *noch* keinen Nutzen für den Organismus hat" (Roth 1987a, S. 270), aber das ist nur möglich, wenn die spezifische Tätigkeit des Nervensystems nicht darin besteht, die einzelnen Zellen in einem chemisch-physikalischen Sinne immer wieder (das heißt so lange das Leben eben währt) zu reproduzieren. Roth (1987a, S. 275) spricht an dieser Stelle denn auch von einem *ontologischen Sprung*, der mit der Existenz eines Nervensystems (eines Gehirns) verbunden ist: von einer (kognitiv unzugänglichen) materiellen *Realität* zu einer durch Selbstbeschreibung und Selbstexplikation geschaffenen kognitiven *Wirklichkeit*, die für den jeweiligen Organismus die einzig existierende Wirklichkeit ist.

3 Vorgehensweisen bei der „Anwendung" in der Organisationstheorie

Wenn man daran interessiert ist, die Theorie autopoietischer Systeme auch für eine Theorie sozialer Systeme und insbesondere Organisationen fruchtbar zu machen, dann scheinen zunächst zwei Forschungsstrategien offenzustehen (vgl. Hejl 1986, S. 59; ähnlich Lipp 1987, S. 453 f.). Man kann entweder die Theorie autopoietischer Systeme in der Biologie belassen und dann danach fragen, wie auf einer solchen Grundlage die Phänomene konstruiert werden können, die den Sozialwissenschaftler (den Organisationstheoretiker) interessieren. In diesem Fall werden die Individuen, die ihrerseits als autopoietische Systeme begriffen werden, als Komponenten sozialer Systeme aufgefaßt, die in spezifischer Weise interagieren und dabei den Bereich des Sozialen konstituieren. Oder man konzipiert die Theorie autopoietischer Systeme von vornherein auf der Ebene einer allgemeinen Systemtheorie, die dann als Spezialfälle eine Theorie des Organismus ebenso enthält wie beispielsweise eine Theorie sozialer Systeme, die sich dann ihrerseits etwa auf Interaktionen, Organisationen und Gesellschaften bezieht (vgl. Luhmann 1984a, S. 15 f.). Im ersten Fall bleibt es eine offene Frage, ob soziale Systeme auch als autopoietische Systeme begriffen werden können; im zweiten Fall ist dies aufgrund der Konstruktion des Bezugsrahmens ex definitione der Fall.

Beide der hier angesprochenen Wege sind in der Diskussion der letzten Jahre beschritten worden. Wir wollen diese Diskussion im folgenden referieren. Dabei beginnen wir mit jener Variante, die unmittelbar an eine Theorieexposition à la Maturana und Varela und damit auch an unsere Darstellungen im vorhergehenden Abschnitt anknüpft.

3.1 Die „biologistische" Anwendungsstrategie

Wenn man in unmittelbarem Anschluß an Maturana und Varela prüfen will, ob auch soziale Systeme oder gar Organisationen autopoietische Systeme sind, bekommt man zunächst einmal einige Skepsis mit auf den Weg gegeben. Varela (1987, S. 120) scheint zwar durchaus bereit zu sein, soziale Systeme als *autonome* Systeme zu begreifen, nicht aber als autopoietische Systeme: das bedeute eine letztlich unzulässige Ausweitung des (nur auf physikalisch-chemische Prozesse anzuwendenden) Produktionsbegriffs. Maturana kann sich die Verschachtelung lebender Systeme zu einem sozialen System nur in der Weise vorstellen, daß Zellen als autopoietische Systeme erster Ordnung notwendig zu Elementen von Organismen als autopoietische Systeme zweiter Ordnung und diese wiederum notwendig zu Elementen von sozialen Systemen als autopoietische Systeme dritter Ordnung werden (vgl. Maturana/Varela 1982, S. 211 ff.; noch eine Stufe differenzierter Bühl 1987, S. 225 f.) – aber gerade das soll dann zu einer *irreführenden* Charakterisierung sozialer Systeme führen, weil ein soziales System „als Netzwerk der menschlichen Koordination von Handlungen, und nicht als ein Netzwerk der Produktion von Menschen konstituiert ist" (vgl. Maturana in: Krüll et al. 1987, S. 11 f.; Zitat S. 11). Vor diesem Hintergrund wirken freilich andere Formulierungen etwas irritierend, etwa wenn behauptet wird, „daß die Erhaltung des Lebens der Mitglieder eines sozialen Systems eine konstitutive Bedingung für das Funktionieren des Systems ist" (Maturana 1987, S. 293). Für eine weitergehende Klärung wird man jedenfalls durchaus dankbar sein.

Intensiver mit den Konsequenzen des Autopoiese-Konzepts für eine Theorie sozialer Systeme hat sich P. Hejl (1982a, 1982b, 1984, 1986, 1987) auseinandergesetzt – und er hat auch einen unmittelbaren Versuch unternommen, das Konzept auf *Unternehmungen* anzuwenden (1983), mit negativem Resultat freilich: Unternehmungen, so Hejl, „produzieren" nicht ihre Komponenten, d. h. die (autopoietisch organisierten) Individuen, die in ihnen arbeiten; ihnen ist vielmehr von den Eigentümern ein externer Zweck vorgegeben, nämlich die Produktion von Gütern und/oder Dienstleistungen zu Kosten, die niedriger als die Erlöse sind. Insofern geht es zwar um die Sicherung der Autopoiese des *Eigentümers*, aber das rechtfertigt eben noch nicht, Unternehmungen insgesamt als autopoietische Systeme zu begreifen: Unternehmungen sind und bleiben *allo*poietische, fremdgemachte Systeme.

Ganz unproblematisch ist auch diese Interpretation sicherlich nicht; im gleichen Sinne wie bei Maturana scheint es auch hier zumindest etwas schwer verständlich, in welchem Sinne eine Betriebswirtschaft zur Sicherung der Autopoiese des Eigentümers beitragen kann, wenn man zugleich den mit „Autopoiese" implizierten Produktionsbegriff in jener engeren Weise faßt, die oben angedeutet worden ist. Immerhin kann man bei Hejl aber eine ausführliche Begründung dafür finden, warum bei einer auf der „biologischen Linie" liegenden Theoriestrategie es wenig Sinn macht, (ganz allgemein:) soziale Systeme als selbstreferentielle, geschweige denn als autopoietische Systeme zu begreifen (vgl. insb. 1984, S. 70 ff.; 1987, S. 322 ff.): Man müßte zu allzu waghalsigen Analogiekonstruktionen greifen, zu Analogiekonstruktionen, die wissenschaftlich nicht fruchtbar gemacht werden können.

Wenn man soziale Systeme als *selbstreferentielle* Systeme (im Sinne der Charakterisierung von Nervensystemen; vgl. oben Abschnitt 2.2) begreifen will, dann muß man, so Hejl, im Parallelgang zu lebenden Systemen letztlich die Existenz eines überindividuellen „Supergehirns" annehmen, das der Topologie des Gehirns eines lebenden Systems entspricht; das aber führt in einen Biologismus, der bloß metaphorisch bleiben muß (man betrachtet dann eben auch Organisationen „als Gehirne" oder, etablierter, „als Organismen"; vgl. etwa Morgan 1986, S. 77 ff. und S. 39 ff., sowie Gharajedaghi/Ackoff 1984, S. 292 f.) und dessen ideologische Konsequenzen doch offenbar wenig akzeptabel sind. Demgegenüber kann man natürlich davon sprechen, daß es eine Vielzahl von individuellen Gehirnen gibt. Deren Zustände stehen aber – sofern die Individuen Mitglieder verschiedener sozialer Systeme sein können, was doch offensichtlich der Fall ist – nicht in einer eindeutigen Beziehung mit dem jeweils fokalen System: ein entscheidender Unterschied zu dem, was man bei einem lebenden System beobachten kann.

Was die Frage nach dem *autopoietischen* Charakter eines sozialen Systems angeht, so ist das Hauptargument eben die problematische, in jedem Fall nur metaphorisch bleibende Verwendung des Produktionsbegriffs. Eine solch metaphorische Verwendung von Begriffen mag zwar, gerade von einem konstruktivistischen Point of View, prinzipiell *möglich* sein; sie eignet sich aber, nach allen Erfahrungen, die wir bislang (beispielsweise mit einer Theorie à la Luhmann; vgl. gleich Abschnitt 3.2) gemacht haben, nur für eine *Beschreibung*, nicht aber für eine *Erklärung* in jenem strengen Sinne, den Maturana damit verbindet.[3] Wissenschaftlich fruchtbarer ist es daher, so Hejl, soziale Systeme weder als selbstreferentielle noch als autopoietische, sondern als *synreferentielle* Systeme zu bezeichnen und damit anzudeuten, daß die Bildung von sozialen Systemen nur dadurch erklärt werden kann, daß lebende Systeme (die Menschen) im Prozeß der Interaktion auf parallelisierte Zustände ihrer Gehirne bezugnehmen. Wir werden darauf in Abschnitt 4.1 noch kurz zurückkommen.

3.2 Die Anwendungsstrategie der allgemeinen Systemtheorie

Der bekannteste Vertreter einer Theoriestrategie, nach der das Autopoiese-Konzept aus der Biologie herausgeholt und zu einer allgemeinen Theorie (zumindest:) sozialer Systeme erweitert wird, ist N. Luhmann (vgl. zum folgenden ausführlich zu Knyphausen 1988, S. 230 ff.). Ihm ist die Idee, à la Maturana oder Hejl eine Theorie zu entwickeln, in der Individuen als Elemente sozialer Systeme begriffen werden, von Anfang an fremd; die Elemente sind nämlich, so Luhmann, nicht schon vorgängig vorhanden, sondern werden im autopoietischen Prozeß erst *konstituiert*: Das ist der Kern dessen, was man seit Parsons die Emergenzthese der Systemtheorie nennen kann und für Luhmann den „Take Off“ jeder Theoriebildung absteckt (vgl. Luhmann 1981b, S. 52 f.). Eine Theorie, die demgegenüber an den Elementen gleichsam „vorbeigreift“ und sich nur für das „Gesamtsystem“ (was immer das dann noch sein mag) interessiert, muß deshalb von vornherein zu kurz angelegt sein:

> „Man muß sehr viel allgemeiner und sehr viel radikaler fragen, wie ein Element, das nicht dauern kann, überhaupt seine Anschlußfähigkeit sichert. Aus sich heraus? Dank irgendeiner Art von Energeia? Dank einer Spezialvorsorge in der Schöpfung? Es ist dies das Problem, auf das die Theorie autopoietischer Systeme eine Antwort zu geben hat. Ein System produziert die Elemente, aus denen es besteht, mit Hilfe der Elemente, aus denen es besteht. Dies Erfordernis selbstreferentieller Reproduktion ist der Gesichtspunkt, unter dem Elemente als Einheit synthetisiert und verwendet werden. Einheit als Garant für Verwendbarkeit, für

---

3 Eine wissenschaftliche Erklärung erfordert nach Maturana (1982b, S. 236 f.) die Konstruktion eines deterministischen Systems, mit dessen Hilfe ein Phänomen, das einem beobachteten Phänomen isomorph ist, erzeugt werden kann und sich spezifische Zustände generieren lassen, deren Beobachtung die Verifikation oder Falsifikation eines prognostizierten Phänomens erlauben.

Reproduktion, für Anschlußfähigkeit – das kann nur eine Einheit sein, die *ihrerseits selbstreferentiell* gebildet ist. Wir wollen im Blick auf dieses Erfordernis von *basaler Selbstreferenz* sprechen, im Unterschied vor allem von Reflexion, womit die Selbstthematisierung eines Systems, die Einführung der Identität des Systems in das System gemeint sein soll" (Luhmann 1982, S. 369).

Die Elemente, die im Zuge der Autopoiesis sozialer Systeme konstituiert werden, sind, allgemein gesprochen, *Kommunikationen* (vgl. vor allem Luhmann 1984a, S. 191 ff.). Im Hinblick auf Organisationen bedarf das freilich noch einer Spezifizierung, die man in dem knappen Satz zusammenfassen kann, daß „organisierte Sozialsysteme begriffen werden [können] als Systeme, die aus Entscheidungen bestehen und die Entscheidungen, aus denen sie bestehen, selbst anfertigen" (Luhmann 1986, S. 166). Das entspricht, was den Grundbegriff der *Entscheidung* angeht, durchaus einer betriebswirtschaftlich etablierten Sichtweise (vgl. dazu vor allem Heinen 1982 sowie Kirsch 1970/71). Trotzdem ergeben sich hier zunächst offenbar wenig Anhaltspunkte, um die autopoietische Grundstruktur von Organisation und Entscheidung plausibel zu machen. Das gelingt erst, wenn man sich klar macht, daß Entscheidungen wie alle Kommunikationen zeitpunktgebundene Ereignisse sind, die in dem Moment, in dem sie entstehen, auch schon wieder verschwinden (vgl. z. B. Luhmann 1981c, S. 339 ff.; 1984b, S. 593). Nur unter dieser Voraussetzung können sie als Elemente fungieren, die immer schon mit anderen Elementen in einem wechselseitigen Verweisungszusammenhang stehen; es gibt, weil es sie gibt, immer auch ein Vorher und ein Nachher; und im Jetzt leisten sie eine „Transformation von Kontingenz": „*Vor der Entscheidung* gibt es mehrere mögliche Entscheidungen, also einen begrenzten Raum von offenen Möglichkeiten. *Nach der Entscheidung* gibt es dieselbe Kontingenz in fixierter Form: die Entscheidung wäre anders möglich gewesen, sie ist jetzt selbst kontingent" (1986, S. 170). Gerade deshalb können dann weitere Entscheidungen anschließen; es ist, wenn man so will, wieder Kontingenz vorhanden, die auf Transformation geradezu „wartet". Daß das nicht nur metaphorisch gemeint ist, zeigt sich daran, daß Luhmann Entscheidungen mit Bezug auf *Erwartungen* definiert. Mit seinen Worten:

„Der Vorschlag lautet: *eine Handlung immer dann als Entscheidung anzusehen, wenn sie auf eine an sie gerichtete Erwartung reagiert.* Wir könnten auch sagen: immer dann, wenn sie darauf reagiert, daß sie mit Hilfe von Erwartungen beobachtet wird. Erst die Prognose des Verhaltens macht das Verhalten zur Entscheidung; denn erst die Prognose des Verhaltens macht es möglich, *ihr nicht zu folgen.* Dabei kann es sich um Fremderwartungen oder um Eigenerwartungen des Handelnden selbst handeln, und die Erwartungen können gut eingeführt oder auch neuartig sein. Vorausgesetzt ist nur, daß sie ernstgenommen werden und dazu beitragen, das Ereignis einer Entscheidung als beobachtbar zu fixieren. Zu entscheiden ist dann, ob die Handlung der Erwartung folgen will oder nicht" (1984b, S. 594).

Vor dem Hintergrund dieses Vorschlages sieht es also aus der Perspektive einer jeder Entscheidung gesehen so aus, als wenn das System nur aus Entscheidungen bestünde, und das genügt für die Konstitution einer Ebene, auf der sich das System als ein autopoietischer, organisationell-geschlossener Entscheidungszusammenhang darstellt (vgl. Luhmann 1981c, S. 353). Schon der Zugang zum System muß dann als eine Entscheidung gedeutet werden: als eine *Teilnahme*- bzw. *Aufnahme*entscheidung (vgl. March/Simon 1958, S. 52 ff.; zur Interpretation im Sinne einer Theorie autopoietischer Systeme Teubner 1987a, S. 113 ff.). Was sich nicht in die Form einer Entscheidung bringen läßt, gehört auch nicht zur Organisation – jedenfalls nicht in jenem konstitutiven Sinne, in dem man mit dem Autopoiese-Konzept die Einheit der Organisation bestimmen kann (vgl. zu dieser Einschränkung Bühl 1987, S. 226 f.).

3.3 Zwischenfazit

Es bedarf kaum einer besonderen Erwähnung, daß die vorstehenden Skizzen den jeweiligen, auf hoher Abstraktionslage argumentierenden Ansätzen nicht hinreichend gerecht werden können. Trotzdem mögen die Grundpositionen wenigstens in Umrissen erkenntlich geworden sein: Wenn man eine Theoriestrategie verfolgt, die unmittelbar an die von Maturana und Varela vorgestellte Autopoiese-Konzeption anschließt, dann muß man letztlich wohl die Frage verneinen, ob Organisationen autopoietische oder wenigstens selbstreferentielle Systeme sind.[4] Für Luhmann, *den* Vertreter einer alternativen Theoriestrategie, nach der man das Autopoiese-Konzept aus dem engeren Anwendungsgebiet der Biologie herauszuholen und auf der Ebene einer allgemeinen Systemtheorie (oder zumindest einer allgemeinen Theorie sozialer Systeme) erneut zu entfalten versucht, ist die von uns gestellte Frage dagegen gar nicht erst eine echte Frage: Organisationen sind ex definitione selbstreferentielle, autopoietische Systeme; die Frage ist dann erst, *wie* sich diese Vorstellung im einzelnen explizieren läßt. Und die Antwort lautet dann eben: die Organisation als ein System, das aus Entscheidungen und nichts als Entscheidungen besteht.

---

4 Was letzteres angeht, gibt es allerdings auch unter den Befürwortern dieser Theoriestrategie unterschiedliche Sichtweisen; Roth (1987a, S. 283) scheint jedenfalls durchaus bereit zu sein, auch sozialen Systemen einen selbstreferentiellen Charakter zuzusprechen.

Letztlich muß man sich nur die unterschiedlichen Ausgangspunkte der beiden hier vorgestellten Positionen vor Augen führen, um zu sehen, daß es wohl wenig Sinn macht, sie gegeneinander auszuspielen. Hejl (1986) versucht zwar, den Luhmannschen Ansatz an seinen Grundpfeilern zu treffen, aber es wird dann doch sehr schnell klar, daß er sich die Meßlatte so zurechtlegt, daß ein alternativer Ansatz daran scheitern *muß*. Man kann vermuten, daß sich beide Positionen, wenn man nur genügend konstruktive Theoriearbeit investiert, explizieren lassen. Aus der Perspektive einer betriebswirtschaftlichen Organisationstheorie wird man freilich auch mit beiden Positionen ein Unwohlsein verbinden – sei es, weil man die erklärenden Ansprüche, die Hejl in die Theorie hineinbaut, in sozialwissenschaftlichen Anwendungen für prinzipiell überzogen hält (vgl. Kirsch 1984, S. 751 ff.), oder sei es, weil man die allein entscheidungsorientierte Sichtweise von Organisation am Ende doch für etwas „dünn" befindet (vgl. – mit Blick auf Heinens „entscheidungsorientierte Betriebswirtschaftslehre" – Wild 1974, S. 148 ff.).

Daraus kann man einerseits den Schluß ziehen, daß sich beide Ansätze *ergänzen*, oder strenger noch: daß sie sich *in komplementärer Weise* ergänzen (vgl. zu Knyphausen 1988, S. 130 ff.; für kritische Bemerkungen aber auch Kirsch 1991, Kap. 2.5). Andererseits kann man aber auch die Zweckmäßigkeit der Ausgangsfragestellung in Zweifel ziehen: Vielleicht macht es ja gar keinen Sinn, Organisationen bzw. Unternehmungen als autopoietische *oder* als allopoietische Systeme zu begreifen; vielleicht gibt es auch Zwischenlösungen. Eine Frau mag, um das Bonmot von Luhmann (1985, S. 2) aufzugreifen, nur schwanger oder nicht schwanger, nicht aber ein bißchen schwanger sein können; aber deshalb muß nicht auch die Frage nach der Autopoiese von Organisationen in „unbiegsamer Härte", das heißt: im Sinne eines Alles-oder-Nichts gestellt werden. Die These, die im folgenden eruiert werden soll, lautet jedenfalls, daß eine „gradualistische" Interpretation des Autopoiese-Konzeptes eine fruchtbarere Anwendungsweise der neueren Systemtheorien ist und sich die Organisationstheorie (auch) in diese Richtung orientieren sollte.

4 Auf dem Weg zu einer „gradualistischen" Interpretation des Autopoiese-Konzepts

Die Anwendbarkeit des Autopoiese-Konzepts auf Organisationen ist bisher allein im Sinne einer begrifflichen Abstraktion diskutiert worden, wie sie ein wissenschaftlicher Beobachter vornimmt, wenn er seinen Gegenstandsbereich kennzeichnen will. Man kann aber überlegen, was passiert, wenn man neben der begrifflichen Abstraktion des wissenschaftlichen Beobachters auch noch die Selbstabstraktionen des Gegenstandes, des fokalen sozialen Systems (der Organisation) also, beobachtet und beides miteinander in Beziehung setzt (vgl. Luhmann 1984a, S. 16 f.). Die Vermutung ist, daß Autopoiese sich dann in der Tat als eine Art Fluchtpunkt interpretieren läßt, der nur unter bestimmten Bedingungen erreicht wird. Das soll erläutert werden, indem wir zunächst das Konzept der Selbstabstraktion bzw. der Selbstbeobachtung und Selbstbeschreibung einführen (4.1), dann im Anschluß an Teubner die Idee eines gradualistischen Autopoiese-Konzepts entwickeln (4.2) und diese beiden Ausgangspunkte schließlich zusammenführen (4.3).

4.1 Selbstbeobachtung und Selbstbeschreibung

Selbstbeobachtung und Selbstbeschreibung, das sind Begriffe, zu denen es eine Menge zu sagen gibt. Wir müssen uns hier auf das Notwendigste beschränken. Als Ausgangspunkt mag sich die schon einmal knapp angerissene Vorstellung von P. Hejl eignen, daß soziale Systeme *synreferentielle* Systeme sind; damit soll zum Ausdruck gebracht werden, daß man hier mit einer Erklärung nur weiterkommen kann, wenn man auf mehr oder weniger parallelisierte Zustände rekurriert, die die Gehirne der beteiligten Individuen im Zuge ihrer Sozialisation angenommen haben, und wenn man die Interaktionen beobachtet, in die die Individuen in bezug auf diese Zustände eingebunden sind. An dieser Vorstellung kann man sich nämlich klar machen, daß soziale Systeme schon von Anfang an (das heißt bei Hejl: schon vom Begriff her) auf Selbstbeobachtung angewiesen sind: Die Individuen müssen, wie bewußt oder unbewußt das auch sein mag, immer schon aus der Vielfalt ihrer Beobachtungen diejenigen Beobachtungen diskriminieren, die sie mit anderen Individuen insoweit teilen, daß die darauf abgestellten Interaktionen „von Erfolg gekrönt“ sein können; sie müssen, mit anderen Worten, ihre eigenen Beobachtungen beobachten. In seiner Urform kann man dies als eine „mitlaufende Selbstbeobachtung“ (Luhmann 1984a, S. 229) bezeichnen; sie schließt ein, daß die Aktoren sich selbst (aber natürlich auch andere) *als Aktoren* beobachten, denen man (soziales) Handeln zurechnen kann. Ohne diese Art der Selbstbeobachtung kein Handeln, und entsprechend auch: kein soziales System.

Diese Formulierungen sind schon mit Blick auf N. Luhmann gewählt, durch dessen Theorie sich Begriffe wie „Selbstbeobachtung“ und „Selbstbeschreibung“ wie ein roter Faden ziehen. Dabei ist natürlich die Grundposition eine andere. Im Anschluß an Hejl muß man darauf bestehen, daß Selbstbeobachtungen und Selbstbeschreibungen schon gleichsam vorgängig von Individuen produziert werden und die Rede von einer „Selbstbeobachtung (-beschreibung) des (sozialen) Systems" nur eine abkürzende Redeweise ist, die nur unter Sonderbedingungen gerechtfertigt werden kann (vgl. dazu ausführlich Kirsch 1991, Kap. 2.6). Von einem Luhmannschen Point of View kann demgegenüber in einem präzisen Sinne davon gesprochen werden, daß „soziale Systeme sich selbst beobachten/beschreiben": Das Individuum gehört im Prinzip ja zur Umwelt des Systems, und es ist erst die spezifische *Art* der Selbstbeobachtung/-beschreibung, die das Individuum dann doch noch „in das System hineinholt" und diesem Handlungen zurechnet. In der Luhmannschen Theorie scheint unter diesem Gesichtspunkt also noch eine zusätzliche Reflexionsstufe eingebaut zu sein. Allerdings ist es dann mindestens irritierend, wenn es auch für Luhmann (1984a, S. 245) naheliegt, „von einer wissenschaftlichen Theorie zu fordern, ihr eigenes Beobachtungsschema mit dem zur Dekkung zu bringen, das im System selbst gehandhabt wird, also das System in Übereinstimmung mit ihm selbst zu identifizieren": Eine Theoriekonzeption à la Hejl, die von einem methodologischen Individualismus ausgeht, scheint doch gerade dieser Forderung besonders nahe zu kommen.

Wir können wohl auch an dieser Stelle keine eindeutige Entscheidung in die eine oder andere Richtung fällen.[5] Klar scheint immerhin zu sein, daß gerade für die Erklärung von sozialen Systemen Selbstbeobachtungen und Selbstbeschreibungen eine besondere Rolle spielen: Jede Operation in einem sozialen System ist immer schon eng mit Selbstbeobachtung und Selbstbeschreibung verwoben. Auf dieser Basis lassen sich dann aber weitere Überlegungen anstellen. Selbstbeobachtungen und -beschreibungen müssen nicht immer nur mitlaufen, sie können auch gleichsam explizit gemacht werden und sich dann verselbständigen. Das kann man einerseits an Begriffen, allgemeiner vielleicht: an *Semantiken* ablesen, die sich im Laufe der Systemgeschichte, das heißt im Zuge der Interaktionen zwischen den Individuen herausbilden und auf die man sich immer wieder beziehen kann. Andererseits mag es gerade in einer Organisation eine Vielzahl von „Erzählungen" geben, die in irgendeiner Weise beschreiben, was die Organisation „ist" oder wie sie sein sollte. Sowohl das eine als auch das andere hat eine Bedeutung für das, was dann noch möglich ist bzw. was tatsächlich getan wird. Man muß den Anschluß an eingespielte (oder sogar vorgeschriebene; man denke etwa an die berühmten „Planungshandbücher", die man in vielen Unternehmen heute finden kann) Semantiken suchen,

---

5 In Kirsch (1991) finden sich Überlegungen, die die Luhmannsche Systemtheorie im Sinne eines (freilich modifizierten) methodologischen Individualismus interpretieren und insofern die im Text angerissenen Streitfrage aufzulösen versuchen. Wir müssen im vorliegenden Zusammenhang freilich darauf verzichten, dies im einzelnen auszuführen.

um mit hinreichender Wahrscheinlichkeit verstanden zu werden; oder man versucht, die eigenen Handlungen auf das selbstkonstruierte Bild der Organisation einzustimmen. In beiden Fällen kann man davon sprechen, daß die Selbstbeobachtungen und Selbstbeschreibungen im System *operativ verwendet* werden; sie besitzen eine Art „Eigenleben" und erklären gerade deshalb einen Großteil der Varianz der im System stattfindenden Operationen.

Eine weitere Steigerung der Selbstbeobachtung und Selbstbeschreibung kann man dann feststellen, wenn es systematische Bemühungen gibt, die Semantiken ebenso wie die individuell konstruierten Bilder der Organisation zu verdichten und dabei eine interne Konsistenz (um nicht zu sagen: Geschlossenheit) herzustellen. Wenn man davon ausgeht, daß es hier nicht nur um Beschreibungen dessen geht, was ist, sondern auch um Aussagen, wie es sein sollte, dann kann man hier in einem ersten Zugriff von spezifischen *Sinnmodellen* der Organisation sprechen (vgl. hierzu und zum folgenden Kirsch 1990, S. 471 ff.). Solche Sinnmodelle können durch den Wissenschaftler rekonstruiert und möglicherweise in eine gewisse Ordnung gebracht werden; ihre (Re-)Konstruktion und (Re-)Formulierung kann aber auch Gegenstand organisationsinterner Bemühungen sein. In diesem Sinne können etwa die allenthalben zu verortenden Versuche interpretiert werden, *Leitbilder* zu entwickeln oder *Unternehmensgrundsätze* zusammenzustellen, an denen sich die Mitglieder der Organisation orientieren sollen (für einen Überblick vgl. etwa Brantl 1985, S. 46 ff.; für empirische Bestandsaufnahmen Gabele/Kretschmer 1986 sowie Hoffmann 1989). Dabei ist klar, daß hier in noch stärkerem Maße, als es für die sonst generierten und operativ verwendeten Selbstbeobachtungen und Selbstbeschreibungen typisch ist, mit Vereinfachungen gearbeitet werden muß; es müssen, um mit G. Miller (1956) zu sprechen, geradezu „Chunks" gebildet werden, damit wenigstens eine gewisse Apriori-Wahrscheinlichkeit besteht, daß die Aktoren sich tatsächlich daran orientieren (vgl. Kirsch/zu Knyphausen 1988, S. 492). Nicht umsonst sind die system- bzw. organisationsintern erzeugten Selbstbeobachtungen und -beschreibungen oben ja im Anschluß an Luhmann auch als Selbst*abstraktionen* bezeichnet worden.

4.2 Ein gradualistisches Autopoiese-Konzept

G. Teubner (1987a, 1987b) hat einen Vorschlag entwickelt, wie man unter Verwendung des Konzepts der Selbstbeobachtung bzw. Selbstbeschreibung einen gradualistischen Begriff der Autopoiese oder, genauer, der Autonomie gewinnen kann. Es geht dann nicht mehr à la Luhmann (vgl.

oben Abschnitt 3.2) nur um die Konstitution von Systemelementen im engeren Sinne, sondern um die Verknüpfung unterschiedlicher System*komponenten*, zu denen die Elemente, aber eben auch Strukturen, Prozesse, Grenzen, Umwelten, Funktionen sowie das System als Ganzes gehören. Die Grundthesen lesen sich dann wie folgt:

„(1) Gesellschaftliche Teilsysteme gewinnen an Autonomie in dem Ausmaß, wie es ihnen gelingt, die Anzahl ihrer Systemkomponenten in selbstreferentiellen Zyklen zu konstituieren.
(2) Autopoietische Autonomie erreichen sie erst dann, wenn ihre zyklisch konstituierten Systemkomponenten miteinander zu einem Hyperzyklus verkettet werden" (Teubner 1987a, S. 91; im Orig. kursiv).

Nach Teubner gibt es gleichsam drei Eskalationsstufen der Autonomie gesellschaftlicher Teilsysteme, die sich durch die Begriffsreihe „Selbstbeobachtung", „Selbstkonstitution" und „Autopoiese" beschreiben lassen. Das paradigmatische Beispiel ist dabei für Teubner die Entstehung des Rechtssystems; aber er bemüht sich auch, die „Geburt" der Organisation auf diese Weise zu rekonstruieren (vgl. 1987a, S. 113 ff.). Ausgangspunkt ist die normale Interaktion: die Kommunikation unter Anwesenden (vgl. ausführlich Luhmann 1984a, S. 560 ff.). Interaktionen können erste Tendenzen in Richtung Autonomie entwickeln, wenn in den Kommunikationen Selbstbeobachtungen auftauchen, man sich also beispielsweise auf Beiträge bezieht, die bei einer vormaligen Zusammenkunft kommuniziert worden sind. Folgenreicher wird die Autonomisierung aber, wenn die Anwesenheit sich nicht mehr gleichsam naturwüchsig ergibt, sondern durch das System selber definiert und reproduziert wird. In diesem Fall verdichten sich nämlich die Selbstbeobachtungen zu Selbstbeschreibungen, die insofern operativ verwendet werden, als sie festlegen, wer dazugehört und wer nicht: Es ist eine *Gruppe* entstanden, das heißt ein System, das seine Grenzen *selbst konstituiert*. Diese Gruppenbildung kann sich verstärken, es können sich andere Komponenten herausbilden, beispielsweise ein spezifisches „Wir-Gefühl", das den Zusammenhalt der Mitglieder weiter verstärkt. Die Grenze zur *Organisation* wird aber erst überschritten, wenn die verschiedenen Komponenten miteinander „hyperzyklisch verknüpft" werden, wenn also etwa die Bedingungen einer Mitgliedschaft durch systemspezifische Normen (insbesondere natürlich die Verfassung) geregelt werden, während umgekehrt die Strukturen nur durch Mitglieder verändert werden können. Wenn *alle* Komponenten (um es noch einmal zu sagen: Element, Struktur, Prozeß, Identität, Grenze, Umwelt, Leistung, Funktion) in dieser Weise miteinander verknüpft sind, dann kann man, so Teubner, von *Autopoiese* sprechen, die die Autonomie des Systems von seinen Umwelten gleichsam vollkommen macht.

Diese knappe Skizze zeigt, daß Teubner in der Tat ein gradualistisches

Konzept entwickelt, das Autopoiese nicht zu jenem Alles-oder-Nichts-Phänomen macht, das wir beispielsweise bei Maturana und Varela kennengelernt haben. Trotzdem ist dieses Konzept für uns etwas unbefriedigend, denn auch hier werden *Organisationen* ja ex definitione mit Autopoiese in Zusammenhang gebracht; wir sind hier am Ende doch nicht weiter, als wir im vorhergehenden Abschnitt schon waren. Interessanter ist es, das Autopoiese-Konzept vom Begriff der Organisation gänzlich zu lösen und stattdessen etwa von einer Art „Minimaldefinition" auszugehen, nach der die Institutionalisierung des Mediums „Amtsmacht" das konstitutive Merkmal von „Organisation" ist; dann kann man nämlich das von Teubner vorgeschlagene Sprachspiel dazu verwenden, die „Anreicherungen" einer solchen Minimaldefinition systematisch zu entfalten und dabei auch wieder den Anschluß an die in den Sozialwissenschaften so verbreitete „Lebenswelt"-Diskussion zu finden.[6] Die erste Eskalationsstufe läßt sich dann so beschreiben, daß sich sekundäre Lebens- und Sprachformen ausdifferenzieren, in deren Kontext über die primäre (alltägliche) Lebensform kommuniziert wird. Die zweite Eskalationsstufe äußert sich darin, daß sich unter dem Einfluß der sekundären Tradition derivative Lebens- und Sprachformen herausbilden, in deren Kontext „operativ wirksam" argumentiert und gehandelt wird. Die Kontexte der originären Lebenswelt bleiben freilich auf dieser Stufe noch wirksam. Eine vollständige Autonomie liegt schließlich vor, wenn die derivative Lebenswelt gegenüber originären Lebens- und Sprachformen abgeschottet bleibt und sich durch kontextspezifische Kommunikationen ausschließlich selbst reproduziert. Man kann dann auch von einer „totalitären" derivativen Lebenswelt sprechen.

Die Formulierungen deuten an, daß eine „autonome" Organisation in diesem Sprachspiel weniger den Normal- als einen Grenzfall darstellt, der sich in der folgenden Weise kennzeichnen läßt:

(1) Der Kontext ist in sich völlig homogen und mit anderen Kontexten

---

6 Näher entfaltet und für die Organisationstheorie fruchtbar gemacht wird diese Diskussion in Kirsch (1991). Dabei wird von einem differenzierten Lebenswelt-Begriff ausgegangen. Die *originäre* Lebenswelt bezeichnet die Lebens- und Sprachformen, in denen wir uns in unserer Privatsphäre immer schon bewegen. Die *derivative* Lebenswelt bezeichnet demgegenüber Lebens- und Sprachformen, wie sie heute für Organisationen (und insb. natürlich Unternehmungen) typisch sind. Originäre und derivative, *primäre* Lebenswelten können Gegenstand von Forschungstraditionen sein, die zu den *sekundären* Lebens- und Sprachformen zu zählen sind, die freilich ihrerseits wieder in höherstufigen, *tertiären* Lebens- und Sprachformen (man denke etwa an die Wissenschaftstheorie, aber auch an Kunstkritik etc.) thematisiert werden können. Vgl. dazu nun auch oben im Text.

inkommensurabel. Ein Wechsel des Kontextes ist mit einem echten „Gestalt-Switch" verbunden.

(2) Dieser Kontext läßt sich zusätzlich in einer Weise kennzeichnen, wie in der neueren Wissenschaftstheorie paradigmatische Forschungstraditionen im Gegensatz zu quasi- bzw. vorparadigmatischen Traditionen charakterisiert werden (Sneed 1971). Paradigmatische Forschungstraditionen besitzen einen Strukturkern, der allen einer Tradition zurechenbaren Arbeiten zugrunde liegt; dieser Strukturkern aber kann seinerseits als ein System wohl-definierter grammatischer Regeln charakterisiert werden, die die weitgehende Homogenität der Forschungsarbeiten sicherstellen. Man könnte dann auch sagen, daß die entsprechende Kontextgemeinschaft eine (wohl-definierte) „Identität" besitzt.

(3) Die Mitglieder der Kontextgemeinschaft verhalten sich als strikte Kontextpartisanen.

In reifen Wissenschaften findet man unter Umständen solche Kontextgemeinschaften. Sie sind also in der sozialen Sphäre grundsätzlich möglich. Alltägliche Kontextgemeinschaften sind jedoch weit davon entfernt, eine solche „Operational Closure" aufzuweisen, und auch die derivative Lebenswelt einer Organisation dürfte diese Merkmale kaum aufweisen. Natürlich kann man sich auch hier einen Grenzfall vorstellen; man denke etwa an eine Sekte als eine Organisation, die ihre Mitglieder vollständig kaserniert und von anderen Interaktionen isoliert. Es entwickelt sich dann eine Art totalitäre Lebenswelt, die nahezu operational geschlossen und nicht mehr auf eine „Alimentierung" durch die originäre Lebenswelt angewiesen ist (vgl. Hinder 1986, S. 362). Eine solche Lebenswelt sieht für alle auftauchenden Fälle und Probleme Regeln und Kategorien vor (einschließlich jener Fälle und Problemzusammenhänge, in denen die Regeln und Kategorien einer Veränderung bedürfen). Die Teilnehmer totalitärer Lebens- und Sprachformen sind sich nicht mehr der Existenz alternativer Lebensformen bewußt. Im (Grenz-) Fall einer Sekte, die gleichzeitig ökonomische Dienstleistungen vertreibt, mag eine solche totalitäre Lebensform auch damit verbunden sein, daß ihre Teilnehmer aus ihrer originären Lebenswelt total herausgelöst werden.

4.3 Selbstbeobachtungen/-beschreibungen und gradualistisches Autopoiese-Konzept

Es ist an der Zeit, die Überlegungen der beiden vorhergehenden Abschnitte zusammenzuführen. Zwar ist in das gradualistische Konzept der Autopoiese von vornherein die Vorstellung von Selbstbeobachtung und Selbstbeschreibung eingegangen, und es haben sich darüber hinaus dort Parallelen ergeben, wo der Versuch unternommen worden ist, hier wie dort unterschiedliche Steigerungsformen voneinander abzugrenzen. Damit scheint das theoriekonstruktive Potential aber noch nicht erschöpft zu sein – ein Potential, das man anzapfen kann, wenn man die doch offenbar naheliegende Frage stellt, ob Organisationen gleichsam „naturwüchsig" auf den Fluchtpunkt der Autopoiese und damit zu einer vollständigen Autonomie hintendieren. Es ergeben sich dann nämlich zwei Thesen.

Die erste These liegt auf der Hand: Je mehr Versuche es in einer Organisation gibt, die normalerweise unverbunden flottierenden Selbstbeschreibungen der Organisationsmitglieder zu kanalisieren und explizit zu machen, desto eher werden sich diese Selbstbeschreibungen aneinander angleichen, werden sich Übersetzungen ergeben, mit denen verschiedene Systemmitglieder „leben können". Es wird sich mehr und mehr ein organisationsspezifisches Sprachspiel herauskristallisieren, das gleichsam „neben" die originären Sprachspiele der Organisationsmitglieder tritt und sich von diesen möglicherweise recht weitgehend unterscheidet. In diesem Sinne kann man also durchaus annehmen, daß die Entwicklung beispielsweise von Unternehmensleitbildern, sofern diese tatsächlich operativ wirksam werden, einer Tendenz in Richtung Autonomie förderlich ist: Eine „totalitäre" Lebens- und Sprachform mag wenigstens ein Stück weit wahrscheinlicher werden.

Die zweite These ist dazu geeignet, die erste gleich wieder zu relativieren: Sofern es in der Organisation Prozesse der (nicht nur mitlaufenden) Selbstbeobachtung bzw. Selbstbeschreibung gibt und von diesen eine operative Wirksamkeit ausgeht, können sie die Tendenz zur Autonomie unterstützen, aber auch konterkarieren; es hängt nämlich auch von den *inhaltlichen Festlegungen* ab, die von den Organisationsmitgliedern generiert und für die Organisation als mehr oder weniger „verbindlich" festgelegt werden, ob die Tendenz in die eine oder in die andere Richtung geht. Man kann sich hier mindestens drei Varianten vorstellen. In einer ersten (durchaus klassischen) Variante mag das Sinnmodell oder auch das Leitbild der Organisation darauf hinauslaufen, die Organisation als ein *allo*poietisches System zu beschreiben, als ein System also, das vollständig in den Händen beispielsweise der Anteilseigner liegt und von diesen als ein Instrument gesehen wird, um bestimmte Ziele zu erreichen (vgl. in diesem Sinne etwa Schmidt 1967). Die zweite, gegenläufige Variante beschreibt die Organisation dagegen als ein *auto*poietisches System in dem von uns skizzierten Sinne: Die Organisation soll sich durchaus von den Bedürfnissen etwa der heutigen und zukünftigen Kunden „perturbieren" lassen, aber genau das soll dann eben nur dazu dienen, das System mit all seinen Komponenten zu reproduzieren. Die dritte Variante schließlich mag so etwas wie einen „Kompromiß" darstellen: Es wird der Versuch unternommen, das Verhältnis von Offenheit und Geschlossenheit in einer durchaus differenzierten Weise zu bestimmen, oder es werden prozessuale Regeln festgeschrieben, nach denen dieses Verhältnis im Ongoing Process des Systems immer wieder neu definiert werden muß.

Die sich im Anschluß an diese Abgrenzungen ergebende Folgerung, daß ein Sinnmodell, das die Organisation als ein autopoietisches System beschreibt, die Autonomisierung des Systems vorantreibt, während bei einer gegenteiligen oder zumindest differenzierteren Selbstbeschreibung dieser Prozeß eher blockiert wird, ist sicherlich nicht unproblematisch. Man wird etwa bezweifeln können, daß die Selbstbeschreibungen in bzw. von Organisationen sich in der hier unterstellten Weise den begrifflichen Abstraktionen der Systemtheorie angleichen, auch wenn natürlich die Möglichkeit eines Einwanderns wissenschaftlicher Sprachspiele in die organisationale Praxis niemals auszuschließen ist und es darüber hinaus durchaus zu den Prinzipien einer „wissenschaftlichen Unternehmensführung" gehören kann, sich für diese Sprachspiele zu öffnen. Zudem wird man darauf verweisen, daß zwischen den Selbstbeschreibungen des fokalen Systems und den Fremdbeschreibungen durch einen wissenschaftlichen Beobachter sich auseinanderlaufende, vielleicht sogar paradoxe Verhältnisse einstellen können: Je mehr auch eine allopoietisch ausgerichtete Selbstbeschreibung operative Verwendung findet, desto mehr muß man möglicherweise von außen eine zunehmende Autonomisierung des Systems konstatieren, und je mehr sich umgekehrt ein autopoietisches Sinnmodell festsetzt, desto weniger mag die Umwelt mitspielen, die dann die Organisation mit Forderungen konfrontiert, die deren Autonomie eher wieder behindern.

Wie dem im einzelnen aber auch sei: Man muß wohl die Möglichkeit einkalkulieren, daß der Zusammenhang zwischen der konkreten Formulierung der organisationalen Selbstbeschreibung und der wie immer dann ausfallenden Fremdbeschreibung durch den wissenschaftlichen Beobachter komplexer ist, als unsere doch recht plausibel wirkende (zweite) These das zunächst suggeriert haben mag. Das bestätigt im Grunde aber nur unsere Skepsis, die unsere am Anfang dieses Abschnittes gestellte Frage von vornherein schon begleitet hat: Wir halten es insgesamt für nicht zweckmäßig anzunehmen, daß Organisationen sich in dem zuletzt unterstellten Sinne gleichsam „naturwüchsig" in Richtung auf Autopoiese und Autonomie hinbewegen; wir sehen hierin eher einen Grenzfall, der in besonderer Weise ein erklärungsbedürftiges Phänomen darstellt. Innerhalb eines gradualistischen (Autopoiese-)Konzepts ist das freilich ein wenig überraschendes Ergebnis: Dort bewegt man sich ja schon vom Ansatz her eher zwischen den Polen als auf ihnen.

5 Zusammenfassung und Ausblick

Die Überlegungen dieses Beitrags sollten deutlich gemacht haben, daß die zunächst aus der Biologie stammende Theorie autopoietischer Systeme auch fruchtbar gemacht werden kann, wenn man den Gegenstandsbereich (das „Was" der Theoriebildung) wechselt und sich im Schwerpunkt statt mit lebenden Systemen mit Organisationen bzw. Unternehmungen beschäftigt. Die Art und Weise, *wie* dieses geschieht, ist dabei freilich nicht von vornherein festgelegt; es lassen sich, je nach Kreativität der jeweiligen Theoriekonstrukteure, eine Vielzahl von Alternativen denken. Wir haben hier zunächst die Ansätze von P. Hejl und N. Luhmann vorgestellt, dann aber eine gewisse Sympathie für einen Vorschlag von G. Teubner gezeigt. Demnach ist es zweckmäßig, die Alles-oder-nichts-Frage nach dem autopoietischen Charakter von Organisationen bzw. Unternehmungen aufzulösen und ein gradualistisches Autopoiese-Konzept zu entwickeln, das – so jedenfalls unsere Interpretation – in einem engen Zusammenhang steht mit den spezifischen Selbstbeobachtungen und Selbstbeschreibungen, die in einer fokalen Organisation eine Rolle spielen.

Dieser Vorschlag ist, das sei noch einmal hervorgehoben, nur *eine* Alternative, wie man das Autopoiese-Konzept für die Organisationstheorie fruchtbar machen kann. Vor dem Hintergrund einer Erkenntnistheorie, die sich als „Radikaler Konstruktivismus" kennzeichnen läßt, kann es nicht darum gehen, die Möglichkeit auch anderer Theoriestrategien zu bestreiten. Schon in der Einleitung wurde aber darauf hingewiesen, daß es weniger eine Frage ist, welche Theoriestrategie verfolgt werden *kann*, sondern eher, welche Theoriestrategie verfolgt werden *soll*. Diese Frage läßt sich letztlich immer nur mit Bezug auf spezifische Wertungen im Konstruktionsbereich einer Theorie[7] beantworten, die ihrerseits in einen disziplinären und/oder biographischen Bedingungszusammenhang eingelassen sind: Einmal getroffene Konstruktionsentscheidungen sollen im Zuge der Weiterentwicklung der Theorie normalerweise bestätigt oder fortentwickelt, selten aber in radikaler Weise revidiert werden; die *Anschlußfähigkeit* des Neuen an das Alte muß gewahrt bleiben.[8]

---

7 Mit dem Hinweis auf diese Wertungen ist die These verbunden, daß die klassische Dreiteilung zwischen Werturteilen im Basisbereich, Werturteilen im Objektbereich und Werturteilen im Aussagenzusammenhang (vgl. Albert 1972) nicht hinreichend ist, um das Problem der „Wertfreiheit" zu diskutieren. Berücksichtigt werden müssen darüber hinaus die spezifischen Festlegungen oder „Stipulations" (Israel 1972), die die „Gestalt" von theoretischen Bezugsrahmen von Anfang an mitprägen (vgl. Kirsch et al. 1979, S. 135 f.).

8 Gerade die Biographie von N. Luhmann gibt für diese Behauptung gute Anhaltspunkte; sie zeigt die Entwicklung einer Systemtheorie, die in ihren zentra-

Es ist vor diesem Hintergrund wohl wenig überraschend, daß wir den Grund, *warum* die Theorie autopoietischer Systeme im Sinne eines gradualistischen, auf der semantischen Ebene der Selbstbeobachtungen und Selbstbeschreibungen ansetzenden Konzeptes fruchtbar gemacht werden soll, in den Ausprägungen jenes Theorieprogramms sehen, an dem wir seit einer Reihe von Jahren arbeiten (vgl. etwa Kirsch et al. 1979, S. 128 ff., 1984, S. 961 ff., 1990, S. 471 ff.; zu Knyphausen 1988). Organisationen bzw. Unternehmungen sollten unserem Vorschlag zufolge als evolutionsfähige Systeme begriffen werden, die sich unter anderem durch eine Abfolge von Sinnmodellen charakterisieren lassen, die ihrerseits als ein Kondensat der organisationsspezifischen Selbstbeobachtungen und Selbstbeschreibungen angesehen werden müssen. Die in Abschnitt 4 eruierte Anwendung des Autopoiese-Konzepts kann an diese Vorstellung offenbar relativ umstandslos angeschlossen werden. Darüber hinaus kann auf die Bedeutung der Idee einer Selbstorganisation im Rahmen dieses Theorieprogrammes verwiesen werden, einer Idee, die auch anderen, an einer „angewandten Führungslehre" (Wunderer 1988) orientierten Betriebswirten plausibel sein mag, wenn sie die heute sich überall aufdrängende Erfahrung reflektieren, daß Führung nicht das erreicht, was sie erreichen will, und Unternehmungen „aus dem Ruder laufen", obwohl man doch die besten Absichten besitzt, dies zu verhindern. Diese Idee steht nämlich mit den Theorien selbstreferentieller, autopoietischer Systeme (und mit einigen familienähnlichen Ansätzen; vgl. Krohn et al. 1987) in einem engen Zusammenhang (vgl. zu Knyphausen 1991). Auch unter diesem Aspekt ist die Hoffnung also, daß sich durch die Anwendung des Autopoiese-Konzepts das von uns anvisierte Theorieprogramm weiter ausarbeiten und präzisieren läßt. Der Leser mag entscheiden, ob das auch vor dem Hintergrund seiner „Konstruktion der Wirklichkeit", seiner Werthaltungen Attraktivität besitzt.

Literaturverzeichnis

Albert, H. (1972): Wertfreiheit als methodisches Prinzip. In: Topitsch, E. (Hrsg.): Logik der Sozialwissenschaften. 8. Aufl. Köln, S. 181-210.

Baecker, D./Markowitz, J./Stichweh, R./Tyrell, H./Willke, H. (Hrsg.)(1987): Theorie als Passion. Frankfurt a.M.

---

len Grundannahmen stark von T. Parsons beeinflußt ist. In den neueren Veröffentlichungen ist dieser Einfluß nicht immer mehr explizit gemacht; es ist aber klar, daß neuere Theorieangebote immer in einer Weise verarbeitet werden, die diesen Grundannahmen zumindest nicht völlig widerspricht.

Bateson, G. (1985): Eine Überprüfung von „Batesons Regel". In: ders., Ökologie des Geistes. Frankfurt a.M., S. 486-509.
Brantl, S. (1985): Management und Ethik. München.
Broekstra, G. (1986): Organizational Humanity and Architecture: Duality and Complementarity of Papa-Logic and Mama-Logic in Managerial Conceptualizations of Change. In: Cybernetics and Systems 17, S. 13-41.
Bühl, W.L. (1982): Struktur und Dynamik des menschlichen Sozialverhaltens. Tübingen.
Bühl, W.L. (1987): Grenzen der Autopoiesis. In: Kölner Zeitschrift für Soziologie und Sozialpsychologie 39, S. 225-254.
Foerster, H. von (1985): Über das Konstruieren von Wirklichkeiten. In: Foerster, H. von (Hrsg.): Sicht und Einsicht. Braunschweig/Wiesbaden, S. 25-41.
Fuchs, H. (1973): Systemtheorie und Organisation. Wiesbaden.
Gabele, E./Kretschmer, H. (1986): Unternehmensgrundsätze. Zürich.
Gerken, G. (1986): Der neue Manager. Freiburg i. Brsg.
Gharajedaghi, J./Ackoff, R. (1984): Mechanisms, Organisms and Social Systems. In: Strategic Management Journal 5, S. 289-300.
Heinen, E. (1982): Einführung in die Betriebswirtschaftslehre. 8., durchgesehene Aufl. Wiesbaden.
Hejl, P. (1982a): Sozialwissenschaft als Theorie selbstreferentieller Systeme. Frankfurt a.M./New York.
Hejl, P. (1982b): Die Theorie autopoietischer Systeme: Perspektiven für die soziologische Systemtheorie. In: Rechtstheorie 13, S. 45-88.
Hejl, P. (1983): Kybernetik 2. Ordnung, Selbstorganisation und Biologismusverdacht. In: Die Unternehmung 37, S. 41-62.
Hejl, P. (1984): Towards a Theory of Social Systems: Self-Organization and Self-Maitenance, Self-Reference and Syn-Reference. In: Ulrich und Probst (1984), S. 60-78.
Hejl, P. (1986): Soziale Systeme: Körper ohne Gehirne oder Gehirne ohne Körper? In: Delfin 6, S. 56-67.
Hejl, P. (1987): Konstruktion der sozialen Konstruktion: Grundlinien einer konstruktivistischen Sozialtheorie. In: Schmidt (1987a), S. 303-339.
Hinder, W. (1986): Strategische Unternehmensführung in der Stagnation. München.
Hoffmann, F. (1989): Unternehmungs- und Führungsgrundsätze. In: Zeitschrift für betriebswirtschaftliche Forschung 41, S. 167-185.
Israel, J. (1972): Stipulation and Construction in the Social Sciences. In: Israel, J./Taijfel, H. (Hrsg.): The Context of Social Psychology – A Critical Assessment. London, S. 123-211.
Kirsch, W. (1970/71): Entscheidungsprozesse, 3 Bände. Wiesbaden.
Kirsch, W. (1972): Entscheidungs- und systemorientierte Betriebswirtschaftslehre. In: Dlugos, G./Eberlein, G./Steinmann, H. (Hrsg.): Wissenschaftstheorie und Betriebswirtschaftslehre. Düsseldorf, S. 153-184 (wieder abgedruckt in: Kirsch 1984, S. 29-89).
Kirsch, W. (1984): Wissenschaftliche Unternehmensführung oder Freiheit vor der Wissenschaft? 2 Halbbände. München.

Kirsch, W. (1990): Unternehmenspolitik und Strategische Unternehmensführung. München.
Kirsch, W. (1991): Kommunikatives Handeln, Autopoiese, Rationalität. München (i. V.).
Kirsch, W./Esser, W.-M./Gabele, E. (1979): Das Management des geplanten Wandels von Organisationen. Stuttgart.
Kirsch, W./Knyphausen, D. zu (1988): Unternehmen und Gesellschaft. In: Die Betriebswirtschaft 48, S. 489-507.
Knyphausen, D. zu (1988): Unternehmungen als evolutionsfähige Systeme. München.
Knyphausen, D. zu (1991): Selbstorganisation und Führung: Systemtheoretische Beiträge zu einer evolutionären Führungskonzeption. In: Die Unternehmung 45 (1), S. 47-64.
Krohn, W./Küppers, G./Paslack, R. (1987): Selbstorganisation – Zur Genese und Entwicklung einer wissenschaftlichen Revolution. In: Schmidt (1987a), S. 441-465.
Krüll, M./Luhmann, N./Maturana, H. (1987): Grundkonzepte der Theorie autopoietischer Systeme. Neun Fragen an Niklas Luhmann und Humberto Maturana und ihre Antworten. In: Zeitschrift für systemische Therapie 5, S. 4-25.
Lipp, W. (1987): Autopoiesis biologisch, Autopoiesis soziologisch. In: Kölner Zeitschrift für Soziologie und Sozialpsychologie 39, S. 452-470.
Luhmann, N. (1981a): Soziologische Aufklärung 3. Opladen.
Luhmann, N. (1981b): Handlungstheorie und Systemtheorie. In: Luhmann (1981a), S. 50-66.
Luhmann, N. (1981c): Organisation und Entscheidung. In: Luhmann (1981a), S. 335-389.
Luhmann, N. (1982): Autopoiesis, Handlung und kommunikative Verständigung. In: Zeitschrift für Soziologie 11, S. 366-379.
Luhmann, N. (1984a): Soziale Systeme. Frankfurt a.M.
Luhmann, N. (1984b): Soziologische Aspekte des Entscheidungsverhaltens. In: Die Betriebswirtschaft 44, S. 591-603.
Luhmann, N. (1985): Einige Probleme mit „reflexivem Recht". In: Zeitschrift für Rechtssoziologie 6, S. 1-18.
Luhmann, N. (1986): Organisation. In: Küpper, W./Ortmann, G. (Hrsg.): Mikropolitik: Rationalität, Macht und Spiele in Organisationen. Opladen, S. 165-185.
Malik, F. (1984): Strategie des Managements komplexer Systeme. Bern/Stuttgart.
March, J./Simon, H. (1958): Organizations. New York/London.
Maturana, H. (1981): Autopoiesis. In: Zeleny, M. (Hrsg.): Autopoiesis: A Theory of Living Organization. New York, S. 21-33.
Maturana, H. (1982): Erkennen: Die Organisation und Verkörperung von Wirklichkeit. Braunschweig/Wiesbaden.
Maturana, H. (1982a): Biologie der Kognition. In: Maturana (1982), S. 32-80.
Maturana, H. (1982b): Biologie der Sprache: die Epistemologie der Realität. In: Maturana (1982), S. 236-271.
Maturana, H. (1987): Biologie der Sozialität. In: Schmidt (1987a), S. 287-302.
Maturana, H./Varela, F. (1982): Autopoietische Systeme: Eine Bestimmung der lebendigen Organisation. In: Maturana (1982), S. 170-235.

Maturana, H./Varela, F./Uribe, R. (1982): Autopoiese: die Organisation lebender Systeme, ihre nähere Bestimmung und ein Modell. In: Maturana (1982), S. 157-169.

Miller, G.A. (1956): The Magical Number Seven Seven, Plus or Minus Two: Some Limits on Our Capacity for Processing Information. In: Psychological Review 63, S. 81-97.

Morgan, G. (1986): Images of Organizations. Beverly Hills.

Probst, G. (1987): Selbstorganisation. Berlin/Hamburg.

Rensing, L. (1978): „Erkennen“ durch Makromoleküle: Evolutiv entstandene Spezifität von Wechselwirkung. In: Hejl, P./Köck, W./Roth, G. (Hrsg.): Wahrnehmung und Kommunikation. Frankfurt a.M./Bern/Las Vegas, S. 129-140.

Roth, G. (1987a): Autopoiese und Kognition: Die Theorie H. R. Maturanas und die Notwendigkeit ihrer Weiterentwicklung. In: Schmidt (1987a), S. 256-286.

Roth, G. (1987b): Die Entwicklung kognitiver Selbstreferentialität im menschlichen Gehirn. In: Baecker et al. (1987), S. 394-422.

Schmidt, R.-B. (1967): Die Instrumentalfunktion der Unternehmung – Methodische Perspektiven zur betriebswirtschaftlichen Forschung. In: Zeitschrift für betriebswirtschaftliche Forschung 19, S. 233-245.

Schmidt, S. (Hrsg.)(1987a): Der Diskurs des Radikalen Konstruktivismus. Frankfurt a.M.

Schmidt, S. (1987b): Der Radikale Konstruktivismus: Ein neues Paradigma im interdisziplinären Diskurs. In: Schmidt (1987a), S. 11-88.

Sneed, J. (1971): The Logical Structure of Mathematical Physics. Dordrecht.

Taschdjian, E. (1976): The Third Cybernetics. In: Cybernetica 19, S. 91-104.

Teubner, G. (1987a): Hyperzyklus in Recht und Organisation. In: Haferkamp, H./Schmid, M. (Hrsg.): Sinn, Kommunikation und soziale Differenzierung. Beiträge zu Luhmanns Theorie sozialer Systeme. Frankfurt a.M., S. 89-128.

Teubner, G. (1987b): Episodenverknüpfung. Zur Steigerung von Selbstreferenz im Recht. In: Baecker et al. (1987), S. 423-446.

Teubner, G. (Hrsg.)(1989): State, Law and Economy as Autopoietic Systems. Berlin.

Ulrich, H. (1968): Die Unternehmung als produktives soziales System. Bern/Stuttgart.

Ulrich, H./Probst, G. (Hrsg.)(1984): Self-Organization and Management of Social Systems. Berlin/Heidelberg/New York/Tokio.

Varela, F. (1984): Two Principles of Self-Organization. In: Ulrich und Probst, (1984), S. 25-32.

Varela, F. (1987): Autonomie und Autopoiese. In: Schmidt (1987a), S. 119-132.

Wild, J. (1974): Betriebswirtschaftliche Führungslehre und Führungsmodelle. In: Wild, J. (Hrsg.): Unternehmensführung. Berlin, S. 141-179.

Wunderer, R. (Hrsg.)(1988): Betriebswirtschaftslehre als Management- und Führungslehre. 2., ergänzte Auflage. Stuttgart.

Prof. Dr. Werner Kirsch und Dr. Dodo zu Knyphausen
beide Universität München, Institut für Organisation
Seminar für Strategische Unternehmensführung

Ludwigstr. 28 RG
D-8000 München 22

Rüdiger Klimecki · Gilbert Probst · Peter Eberl

Systementwicklung als Managementproblem

Flexibilisierung; Institutionelles Lernen; Konstruktivismus; Kultur; Veränderungsprozesse; Selbstorganisation

Zusammenfassung

Dieser Beitrag beschäftigt sich mit der Frage, wie Veränderungen in der Umwelt durch Managementleistungen in Entwicklungsprozesse transformiert werden können, die zu einer erhöhten Problemlösungsfähigkeit von sozialen Systemen führen. Dazu sind drei Problembereiche zu lösen: Erkennen (Selektieren) und Interpretieren systemrelevanter Veränderungen; Förderung des institutionellen Lernens; Steigerung von Selbstorganisationsfähigkeiten. Dazu werden drei Basiskonzepte aufgezeigt (Konstruktion von Wirklichkeiten, Institutionelles Lernen und Selbst-Organisation), aus denen Gestaltungsperspektiven für ein entwicklungsorientiertes Management abgeleitet werden (Identitätsvermittlung durch sinnbezogenes Handeln, Öffnen von Interaktionsspielräumen durch fluktuierende Hierarchien, Flexibilisierung durch Auflösen starrer Kopplungsmuster). Konsequenzen dieses Ansatzes für die Managementforschung und -praxis werden abschließend beispielhaft diskutiert.

Managementforschung 1 (1991), hrsg. von W.H. Staehle u. J. Sydow,
Walter de Gruyter · Berlin · New York, S. 103-162

Inhaltsübersicht

1 Überblick

Mit dem vorliegenden Beitrag werden folgende Ziele verfolgt:

a) Es soll eine neue Perspektive entwickelt werden, wie sich soziale Systeme bewußt und „proaktiv" mit Veränderungsprozessen auseinandersetzen und welche Ziele mit solchen Gestaltungsmaßnahmen verfolgt werden können. Wir wählen hierfür den Begriff der Entwicklung, um die Qualität der Veränderung sowie deren Sinnhaftigkeit zu betonen.

b) Es geht uns um die Frage, mit welchem Managementverständnis und mit welchen Managementkonzepten an Veränderungsprobleme heranzugehen ist, wenn man soziale Systeme problemlösungsfähig halten und den Menschen, die in diesen Systemen leben und arbeiten, die Möglichkeit zur persönlichen Entwicklung einräumen will. Welche Konsequenzen für das Management ergeben sich also aus dieser entwicklungsorientierten Perspektive?

Eine entwicklungsbezogene Gestaltung von Veränderungsprozessen benötigt in vielfacher Hinsicht ein neues Managementverständnis; neu nicht unbedingt in Hinblick auf die einzelnen Elemente, sondern vielmehr mit Blick auf die grundlegende Orientierung, d.h. auf das Verständnis, das wir von Management haben.

Vor dem Hintergrund dieser beiden Zielsetzungen werden die Basiselemente dargestellt und damit jene Konzepte diskutiert, die theoretische Leitperspektiven für ein solches Managementverständnis darstellen können. Sie stellen zugleich spezielle Sichtweisen dar, von denen ein entwicklungsbezogenes Management ausgehen kann. Die Basiselemente sind: Konstruieren von Wirklichkeiten, Selbstorganisation und Lernen:

- Mit dem Konstruieren von Wirklichkeiten wenden wir uns dem Problem der „Deutungsspielräume" zu, die entscheidend sind für die Wahrnehmung einer Ausgangsproblematik und die Einschätzung eigener Handlungsmöglichkeiten/-chancen in Veränderungsprozessen. Definition und Nutzung solcher Deutungsspielräume entstehen aus Wirklichkeitskonstruktionen der am Entwicklungsprozeß beteiligten Individuen und Gruppen.
- Mit dem Konzept der Selbst-Organisation soll die „Ganzheitlichkeit" der Systementwicklung betont werden. Gleichzeitig gilt es dabei aufzuzeigen, welche Bedingungen und Anforderungen aus der Selbstorganisationsperspektive mit dem Management verbunden sind.
- Lernen erscheint als das wesentliche Grundelement solcher Entwicklungsprozesse. Allerdings nur, wenn es gelingt, individuelle Lernpotentiale und -erfolge in institutionelles Lernen umzusetzen.

Aus diesen Basiselementen lassen sich Konsequenzen für Gestaltungsperspektiven ableiten, die von einem entwicklungsbezogenen Management zu verfolgen sind:

- Die erste von uns hier genannte Gestaltungsperspektive umfaßt die Systemidentität und den Sinnbezug des Handelns. Dabei gehen wir davon aus, daß Managementprozesse zur Förderung der Entwicklungsfähigkeit prinzipiell einen gemeinsamen und gemeinsam akzeptierten Sinnbezug benötigen, um wirksam werden zu können. Gerade die Kultur eines sozialen Systems leistet einen wesentlichen Beitrag, um solche Sinnbezüge herzustellen, so daß der „sensible" und reflektierte Umgang mit Kultur zur wesentlichen Managementaufgabe wird.
- Um Entwicklungspotentiale freisetzen zu können, müssen soziale Systeme heterarchisch gestaltet sein. Stärker als bisher üblich, wollen wir den Begriff Management auf die Prozesse richten, aus denen Gestaltungsleistungen entstehen. Die Träger solcher Prozesse sind nicht nur jene Personen, die aufgrund ihrer Stellenbeschreibung dafür verantwortlich sind,

sondern vielmehr prinzipiell alle Systemmitglieder und damit das System als „Ganzes". Deshalb ist es nützlich, Management als eine „Eigenschaft des Systems" anzusehen. Managementleistungen sind weder an einem bestimmten Ort im System lokalisierbar, noch sind sie auf eine bestimmte Person oder Gruppe von Personen reduzierbar, sondern sie sind diffus über das gesamte System verteilt. Ein solches Managementverständnis geht einher mit einer verstärkt interaktiven Ausrichtung des Handelns, d.h. wir betonen den Handlungsprozeß und zwar in einer proaktiven, prosozialen und partizipativen Dimension.

- Entwicklungsbezogenes Management ist auf flexible Denkmuster sowie Arbeitsstrukturen angewiesen. Flexibilisierung wird damit zu einem zentralen Gestaltungsproblem. Dies wird umso deutlicher, je mehr Flexibilisierung auch auf die kognitiven Strukturen eines sozialen Systems bezogen wird. Ein grundlegender Aspekt ist hierbei die Entkopplung oder lose Kopplung, d.h. die in einem sozialen System vorhandenen verfahrens-, ziel- und sinnbezogenen Kopplungsmuster müssen hinreichend flexibel sein, um für ein ausreichendes Maß an Verhaltensvarietät im System zu sorgen. Dieses Problem betrifft vor allem die formalen Steuerungskonzepte, die im Rahmen des Managements zur Problemlösung eingesetzt werden. Konkret angesprochen ist hier etwa eine Auflösung verfahrensbezogener Kopplungsmuster zugunsten von ziel- und sinnbezogenen Kopplungsmustern.

Die Basiskonzepte und Gestaltungsperspektiven eines entwicklungsorientierten Managements sind in Abb. 1 zusammengefaßt.

Abschließend wollen wir aufzeigen, welches Gestaltungsleitbild hinter Managementinstrumenten stehen muß, damit entwicklungsförderliche Gestaltungsleistungen erbracht werden können. Dabei geht es uns nicht darum, neue Instrumente zu erarbeiten oder gar Patentlösungen zu liefern. Wir gehen vielmehr davon aus, daß zunächst Leitideen notwendig sind, die gleichsam ein Beurteilungskriterium für bisher eingesetzte Instrumente bzw. für neue Instrumente darstellen.

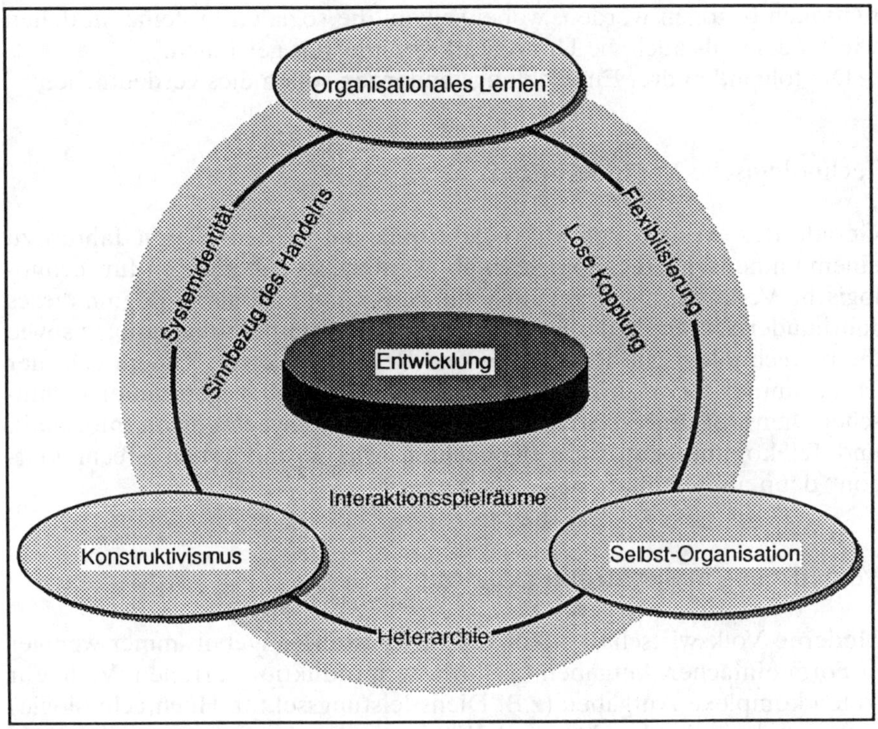

Abb. 1: Basiskonzepte und Gestaltungsperspektiven eines entwicklungsorientierten Managements

2 Veränderungsprozesse aus entwicklungsbezogener Sicht

2.1 Veränderungsprozesse: Entwicklungschancen für soziale Systeme

Veränderungsprozesse stellen fast alle sozialen Systeme gegenwärtig vor tiefgreifende und neuartige Probleme. Diese Probleme lassen sich im wesentlichen als Probleme der Komplexitätsbewältigung beschreiben. Managementhandeln muß heute und in Zukunft immer mehr auf komplexe Situationen bezogen werden, wobei sowohl die sozialen Systeme, in denen wir handeln, als auch die Umwelt an Komplexität gewinnen.[1]

Die folgenden drei Entwicklungstendenzen sollen dies verdeutlichen:

Technologische Veränderungen

Gerade der Ausbau der Mikroelektronik hat in den letzten Jahren zu einem immensen „Technologieschub" geführt, so daß die Zeit für technologische Veränderungen um ein Vielfaches kürzer ist, als zu Beginn dieses Jahrhunderts. Gerade die Entwicklung in der Computertechnologie sowie die biotechnologische Revolution sind Beispiele hierfür. Zudem geht der Trend immer mehr zu einer Integration ursprünglich getrennter technischer Dienstleistungen. So ist etwa ein Zusammenwachsen von Informatik und Telekommunikation zu beobachten, was im modernen „Technikjargon" dann als Telematik bezeichnet wird.

Veränderung in der Struktur der Aufgaben

Moderne Volkswirtschaften können ihr Leistungsangebot immer weniger in Form einfacher Aufgaben (z.B. Massenproduktion) erfüllen. Vielmehr treten komplexe Aufgaben (z.B. Dienstleistungssektor, Hochtechnologie) immer mehr in den Vordergrund. Während einfache Aufgaben sich in vorhersehbarer Weise zerlegen und zusammenführen lassen, sind komplexe Aufgaben hingegen unbestimmt, in ihrem Lösungsverlauf nicht völlig vorhersehbar und sie verändern sich, während man an ihnen arbeitet. Lösungsverfahren sind damit nicht „deterministisch" planbar. Es entstehen kurzfristige und unvorhersehbare Anpassungszwänge, die ein umfangreiches und spontan aktivierbares Verhaltenspotential erfordern (vgl. Klimekki 1987, S. 345). Verkürzte Produktlebenszyklen, neue politische Rahmenbedingungen, verändertes Konsumentenverhalten und der Ausbau des Dienstleistungssektors sind Kennzeichen für eine beschleunigte Entwicklung hin zu solchen komplexeren Aufgabenstellungen. Dabei ist immer weniger technisches (wie produziere ich etwas), sondern soziales Knowhow (wie bekomme ich lernfähige und motivierte Mitarbeiter) gefragt. Das kreative und innovative Potential von Mitarbeitern rückt damit immer mehr in den Mittelpunkt, denn komplexe Aufgaben können nur schwer von einem mechanistischen System bearbeitet werden.

---

1 Vgl. zur Unterscheidung von einfachen, komplizierten und komplexen Situationen Ulrich/Probst (1988) sowie Probst/Gomez (1989).

Veränderung in den Werthaltungen

Der Trend zu komplexen Aufgaben wird begleitet von einer veränderten Einstellung zur Arbeit. Mitarbeiter fordern verstärkt eine anspruchsvolle, geschätzte und sinnvolle Arbeit ein. Materielle Anreize werden zunehmend überlagert, ja sogar ersetzt durch postmaterialistische Werte (Selbstverwirklichung, Entfaltungsmöglichkeiten, Selbstbestimmung). Einige Beispiele sollen dies verdeutlichen (vgl. Klimecki 1987, S. 346 sowie zur Veränderung der Werthaltungen Dyllick/Probst 1983, S. 32 ff.):

- Arbeit verliert ihre Stellung als dominierender Bestandteil des individuellen Lebensplans.
- Der Wunsch nach einer besseren Integration der Arbeit in das gesamte Lebenskonzept wird zunehmend stärker artikuliert.
- Die Forderung nach partizipativen Formen der Arbeitsgestaltung wird immer häufiger erhoben, autoritäre Konzepte geraten mehr und mehr in „Begründungsnotstand".
- Die Frage nach dem Sinn von Aufgabenzielen und Arbeitsbedingungen wird häufiger gestellt und verweist auf „Begründungsdefizite" von und in sozialen Systemen.
- Allgemein zeigt sich eine Ablösung der industriellen Werthaltungen seit zwei Jahrzehnten. Sie schreitet langsam aber sicher fort und wird in allen Gesellschaftsteilen immer differenzierter aufgenommen (vgl. dazu auch Abb. 3 bei Dyllick/Probst 1983, S. 43f.).

An den drei hier grob skizzierten Entwicklungstendenzen läßt sich erkennen, daß eine aktivere Auseinandersetzung mit Komplexität erforderlich ist und eine „Verflüssigung" von Sinnzusammenhängen in bezug auf die Arbeit stattfindet, die mehr denn je Fragen nach Sinn und Zweck des eigenen Handelns bzw. des sozialen Systems aufkommen lassen.

Als Konsequenz muß sich „das Management" neuen Anforderungen stellen und einen adäquaten Umgang mit solchen Veränderungsprozessen erreichen. Dies erfordert ein ganzheitliches, *vernetztes Denken*, das nicht mehr versucht, Einzelmechanismen und Einzelstrukturen exakt zu analysieren, sondern Wechselwirkungen und Zusammenhänge zwischen den Teilen, die eine Ganzheit bilden, zu erkennen.[2] Denn komplexe Situationen können nicht mehr kausalanalytisch berechnet werden und sind damit auch nicht beherrschbar. So ist es unmöglich, sich alle notwendigen Informationen zu beschaffen, um etwa sichere Entscheidungen zu fällen, deren Auswirkungen auf die Situation genau kalkulierbar sind. Zudem sind

---

2 Gerade die vielen Beispiele von Dörner et al. (1983), Dörner (1989), Vester (1983), Gomez/Probst (1987) aber auch Perrow (1987) haben gezeigt, welche Fehler wir im Umgang mit komplexen Problemen machen.

im Zeitablauf immer neue Faktoren und neue Verknüpfungen zu berücksichtigen, wobei sich die Funktionen der Teile in den Interaktionen ständig verändern (vgl. Ulrich/Probst 1988; Probst/Gomez 1989; Dörner et al. 1983; Dörner 1989). Diese Dynamik der Umwelt setzt soziale Systeme unter einen gewissen (Zeit-) Druck, d.h. soziale Systeme müssen sich schnell mit veränderten Umwelten auseinandersetzen. Es reicht nicht mehr aus, eine gegebene Umweltsituation und ihre Vergangenheit zu analysieren, sondern es gilt, die zukünftigen Entwicklungsmöglichkeiten der Umwelt durch Mustervoraussagen zu antizipieren.[3] Eine exakte Einschätzung der Umweltentwicklung hingegen ist unmöglich, da sich die Umwelt keineswegs linear entwickelt, sondern durch Instabilitäten und Diskontinuitäten[4] geprägt ist.

Soziale Systeme müssen von daher die Fähigkeit besitzen, neue Verhaltensweisen zu generieren bzw. für zukünftig unvorhersehbare Umweltentwicklung „unbestimmte" (momentan noch nicht verwertbare) Verhaltenspotentiale bereitzuhalten bzw. aufzubauen.

2.2 Zum Problem der Veränderung in der Managementlehre

Im folgenden soll betrachtet werden, wie ausgewählte Managementansätze sich mit dem Problem der Veränderung auseinandersetzen. Dabei wollen wir uns auf zwei Grundkonzeptionen (Paradigmen) der bisherigen Managementlehre beschränken.

Das „klassische" Konzept

Die klassische Managementlehre geht weitgehend von einer mechanistischen Systemkonzeption aus.[5] Dieser Ansatz ist von der Annahme ge-

---

3 Bei Mustervoraussagen geht es nicht um die Analyse einzelner Teile im Detail, sondern um das Erkennen der Beziehungen zwischen den Teilen. Für eine Mustererkennung ist damit nicht eine genaue Kenntnis der Teile notwendig, diese können getrost „unscharf" sein, sondern wichtig ist, wie die Teile zusammenhängen und eine Ganzheit bilden (vgl. dazu Vester 1983, S. 35 sowie Gomez/Probst 1987, S. 11).

4 Hier sei auf die Bifurkationstheorie von Prigogine (1985, insbes. S. 117 ff.) sowie die Erkenntnisses der Chaosforschung (vgl. etwa Stewart 1990 sowie die kritische Auseinandersetzung von Mayntz 1988 und 1990) verwiesen.

5 Die mechanistische Systemkonzeption findet sich etwa in den Ansätzen von Taylor, Fayol und Weber aber auch in der klassischen Betriebswirtschaftslehre

prägt, Organisationen seien wie Maschinen zu betrachten, die analytisch berechenbar und von außen exakt gestaltbar sind. Das Verhalten des Systems als Ganzes wird aus dem Verhalten der Einzelteile erklärt, das sich im wesentlichen aus den kausalen Naturgesetzen ableiten läßt (vgl. Gharajedaghi/Ackoff 1985, S. 281).

Die Effizienz von Organisationen wird in dieser Perspektive vornehmlich eine Frage der (situationsunabhängigen) optimalen Gestaltung der Organisationsstruktur und der Arbeitstechniken. Es wird von einer technischen Rationalität ausgegangen, die Organisationen als Instrumente, als Mittel begreift, mit denen spezifische Ziele erreicht werden sollen (vgl. Scott 1986, S. 92ff.). So wird auch der Mensch als Instrument, als „Humanmaschine" betrachtet, die vor allem funktionieren muß.

Veränderung stellt für eine mechanistische Systemkonzeption kein eigentliches Managementproblem dar, denn Veränderungsprozesse werden vom Manager als „außenstehendem Ingenieur" durch ein ausgeklügeltes Regelwerk gezielt beeinflußt und unterliegen seiner vollständigen Kontrolle. Es hängt also an der Person des Managers, ob er eine Veränderung für notwendig hält. Eigendynamische Veränderungen innerhalb des Systems werden ausgeschlossen bzw. müssen geradezu verhindert werden. Es geht mehr um eine Optimierung des Systems in Richtung höherer Effizienz als um echte Veränderung. Die Managementhandlungen müssen weitestgehend darauf abzielen, das System „stabil" zu halten, d.h. das Funktionieren der Teile zu gewährleisten. Veränderungen in der Systemumwelt werden entweder ignoriert, oder es müssen vorprogrammierte Verhaltensweisen vorhanden sein, um reaktiv die Störungen der Umwelt absorbieren zu können (vgl. Morgan 1986, S. 34f. sowie Rüegg 1989, S. 214). Die Umwelt wird als „Lieferant" von Ressourcen betrachtet, die so effizient wie möglich in einen vorher festgelegten Output umgewandelt werden müssen.

Mechanistisch konzipierte Systeme sind geschlossene Systeme, die unflexibel sind und nur innerhalb einer stabilen Umwelt funktionieren können. Sie sind von daher nicht in der Lage, innerhalb einer komplexen Umwelt auf Veränderungen zu reagieren oder Wechselwirkungen zwischen System und Umwelt überhaupt zu thematisieren (vgl. Gharajedaghi/Ackoff 1985, S. 284).

(z.B. dem faktortheoretischen Ansatz von Gutenberg). Vgl. dazu vor allem Morgan (1986), S. 19 ff. Zur Unterscheidung zwischen mechanistischen, biologistischen und sozialen Systemkonzepten vgl. auch Probst (1987c) sowie Probst/Dyllick (1987).

Evolutionskonzepte der Managementlehre

Als Gegenkonzept zu diesen mechanistischen Ansätzen haben sich organismische Systemkonzeptionen profiliert. Diese versuchen, Eigenschaften von biologischen Systemen auf soziale Systeme zu übertragen. Analog zu Organismen, die sich in beschränktem Maße auf sich ändernde Umweltbedingungen einstellen können, werden Organisationen als offene soziale Systeme hinsichtlich ihrer Interdependenzen und Austauschbeziehungen mit ihrer Umwelt untersucht. Um die Ordnungsbildung und Veränderung innerhalb des Systems zu erklären, bedient man sich gängiger Metaphern aus der Biologie. Konzeptionell aufgegriffen werden Phänomene wie Selbstorganisation, Autopoiesis und Selbstreferenz.

Schon diese Begriffe zeigen, daß Veränderungsprozesse in sozialen Systemen als etwas betrachtet werden, das nicht von außen gemacht werden kann und damit auch nicht mehr beherrschbar ist. Veränderung kommt dabei allerdings nicht aus einer relativ autonomen und aktiven Systemdynamik, sondern eher durch einen reaktiven Anpassungsprozeß an eine komplexe Umwelt zustande.[6] Veränderung in sozialen Systemen wird in Analogie zur Veränderung biologischer Systeme als Evolution konzipiert.[7] Überleben ist das oberste Kriterium, an dem sich alle Managementhandlungen ausrichten müssen. Wachstum spielt dabei eine entscheidende Rolle, denn jedes Schrumpfen wird als Verschlechterung der Überlebenschancen, als mangelndes Angepaßtsein interpretiert (vgl. Gharajedaghi/Ackoff 1985, S. 285).

Das soziale System wird in dieser Perspektive mehr oder weniger von seiner Umwelt determiniert, d.h. die Umwelt selektiert nach bestimmten Kriterien gewisse soziale Systeme oder ganze Populationen von sozialen Systemen aus, die sich bewährt haben. Soziale Systeme sind somit unausweichlich zu einer Anpassung an die spezifischen Bedingungen ihrer Umwelt gezwungen, wobei die Umweltbedingungen als Selektionsfaktoren wirken, denen das soziale System durch sein Systemverhalten genügen muß (vgl. Segler 1985, S. 119).

---

6 So wird auch das Selbstorganisationskonzept eher als reaktiver Ansatz verwendet. Eine Ausnahme bilden hierbei Maturana/Varela (1987).

7 Hier sei vor allem auf die Konzepte der evolutionären Managementlehre (also etwa Malik 1979, 1983; Sprüngli 1981; Bigelow 1978) sowie den population ecology Ansatz (Hannan/Freeman 1977; McKelvey 1982; McKelvey/Aldrich 1983) hingewiesen. Vgl. dazu den Überblick bei Semmel (1984), S. 140 f. Das dort ebenfalls angeführte Konzept von Weick, das den Evolutionsgedanken auf die aktive Rolle einzelner oder mehrer Individuen bei der kognitiven Konstruktion der Umwelt eines sozialen Systems bezieht, soll an dieser Stelle ausgeklammert werden. Vgl. dazu aber den Beitrag von Kasper in diesem Band.

Die zentrale These dieses Ansatzes lautet deshalb: Komplexitätsprobleme werden durch Anpassung bewältigt. Sind soziale Systeme dazu nicht in der Lage, werden sie ausselektiert. Der Prozeß der Veränderung, der dieses Angepaßtsein bewerkstelligt, orientiert sich am formalen, wertneutralen Mechanismus von Variation, Selektion und Retention,[8] der aus der Evolutionsbiologie oder der sozio-kulturellen Evolutionstheorie (meist unter Bezugnahme auf Campbell 1969) übernommen wurde. Durch den Evolutionsprozeß soll es zu einer immer besseren Anpassung an die Umweltbedingungen kommen, womit die Lebensfähigkeit erhöht wird.

Das Prinzip, dem soziale Systeme aus der biologistischen Perspektive unterliegen, ist das der passiven Anpassung an die Zwänge einer objektiv gegebenen komplexen Umwelt.

Veränderungsprozesse gestalten, heißt aus dieser Perspektive, Wachstum und Evolution zu forcieren. Qualitative Aspekte der Veränderung sowie deren Sinnhaftigkeit spielen keine Rolle.

Diese Konzepte des „Machens" und des „Anpassens" klammern die Frage nach dem selbst-bewußten Gestalten solcher Veränderungsprozesse aus. Sie zeigen deshalb auch keinen Weg, wie sich soziale Systeme mit den zuvor aufgezeigten Entwicklungstendenzen aktiv auseinandersetzen können. Die Konzeptualisierung von Veränderungsprozessen sowie das daraus resultierende Managementverständnis greifen zu kurz, da Veränderung lediglich als quantitative Größe verstanden wird und Fragen nach dem Inhalt, der Verantwortbarkeit und der Sinnhaftigkeit solcher Veränderungsprozesse nicht gestellt werden. Typische Systemeigenschaften von Humansystemen, wie Kultur, Sinn aber auch menschliche Kommunikation, Reflexion und Selbstthematisierung werden damit, wenn überhaupt, nur unzureichend erfaßt. Soziale Systeme sind nicht nur einfach als Maschinen oder Organismen zu betrachten, sie sind vielmehr auch als politische und kulturell definierte Institutionen zu begreifen.[9]

Soziale Systeme sind zweckorientierte Systeme, d.h. das System kann

---

8 Als Variation wird der Prozeß der Generierung von neuen Strukturen, Strategien, Verhaltensweisen usw. in sozialen Systemen verstanden. Die Auswahl verträglicher und effizienter Variationen wird als Selektion umschrieben, denn nur ein bestimmter Teil der verschiedenen Variationen erweist sich als lebensfähig bzw. ist mit den Umwelt-"constraints" verträglich. Die effizienten Formen, die sich bewährt haben, werden erhalten, können sich ausbreiten und verstärken. Dieser Prozeß wird dann als Retention bezeichnet.

9 Eine Auswahl von Bildern bzw. Metaphern, wie ein soziales System betrachtet werden kann, ist von Morgan 1986 zusammengestellt worden. So diskutiert er „organizations as machines, brains, cultures, political systems, psychic prisons, flux and transformation and as instruments of domination". Alle diese Bilder haben einen gewissen heuristischen Erklärungswert und beschreiben bestimmte Aspekte von sozialen Systemen.

sowohl das gleiche Ergebnis auf verschiedene Arten in der gleichen Umwelt erreichen als auch verschiedene Ergebnisse in derselben und in verschiedenen Umwelten anvisieren. Die Akteure in sozialen Systemen sind auch unter konstanten Umweltbedingungen frei, Ziele und Zwecke selbst zu bestimmen. Soziale Systeme können sich nicht nur anpassen, sondern der Systemzweck kann auch jederzeit neu definiert werden (vgl. Gharajedaghi/Ackoff 1985, S. 291f.).

Soziale Systeme sind nicht dazu da, sich „nur selbst zu erhalten". Ihr Bestand ist vielmehr nur legitim, wenn und solange sie „nützlich" sind. Und nützlich sind Systeme dann, wenn sie einen Sinn „produzieren", der auch „nachgefragt" wird. Soziale Systeme benötigen deshalb die Fähigkeit, aktiv zu sein, autonom und selbstbestimmt zu handeln. Autonomie betont dabei die grundsätzliche Wahlfreiheit von sozialen Systemen hinsichtlich ihrer Ziele und Zwecke. Denn soziale Systeme sind von Menschen geschaffene künstliche Gebilde, die nicht um jeden Preis überleben müssen, sondern die auch jederzeit wieder „aufgelöst" bzw. völlig neu gestaltet werden können, wenn sie für die Menschen keine Sinnzusammenhänge mehr herzustellen vermögen.

Nachfolgend sollen Veränderungsprozesse auf Basis theoretischer Leitperspektiven betrachtet werden, mit denen diese aktive und selbstbestimmende Rolle bei der Auseinandersetzung mit Veränderungsprozessen betont werden kann. Für diese Form der „gestalteten" Veränderung wählen wir den (positiv belegten) Begriff der Entwicklung.

2.3 Entwicklung als „gestaltete" Veränderung

Veränderungsprozesse sind bisher vor allem in der Organisationsentwicklung (OE) thematisiert worden, also in prozeßorientierten Ansätzen, deren normative Basis vornehmlich in der humanistischen Psychologie und in der Human-Relations-Bewegung zu suchen ist. Dieser Theoriehintergrund kommt auch in Teilaspekten eines entwicklungsorientierten Managements zum Ausdruck. So spielen vor allem die Erkenntnisse der Gruppendynamik (in der OE zur Ausgestaltung partizipativer und prosozialer Entwicklungstechniken verwendet) auch in einer entwicklungsorientiert ausgerichteten Managementlehre eine wichtige Rolle bei der interaktiven Ausrichtung des Handelns. Die Stärke von OE-Ansätzen liegt darin, einen reichhaltigen und in der Praxis bewährten „Werkzeugkasten" von Interventionstechniken bereitzustellen. Ein Verständnis von Veränderung und Entwicklung wird in diesen OE-Ansätzen allerdings nicht erarbeitet. Ihr Ziel ist es vielmehr, Veränderungsprozesse sozio-professionell und human zu gestalten. Das Erkenntnisinteresse dieser Ansätze besteht darin, eine Theorie des Veränderns und nicht eine „entwicklungsorientierte Theorie“ der Veränderung aufzustellen (vgl. Pieper 1988, S. 78f. sowie Kubicek et al. 1979). Deutlich wird dies vor allem darin, daß OE-Konzepte in der Regel den von ihnen zugrunde gelegten Entwicklungsbegriff nicht thematisieren, sondern im Schwerpunkt Wirkungen verschiedener Interventionstechniken unter den zwei folgenden Prämissen analysieren: Steigerung der Leistungsfähigkeit bzw. Effektivität der Organisation und Humanisierung der Arbeit (vgl. etwa Gebert 1974 oder Becker/Langosch 1986).

Das Erkenntnisinteresse eines entwicklungsorientierten Ansatzes liegt auf einer anderen Ebene: Herausarbeiten eines grundlegenden, ganzheitlichen Verständnisses von Management, das eine aktive Auseinandersetzung von sozialen Systemen mit komplexen Umwelten ermöglicht. Somit geht es um die Art und Qualität von Veränderung, um das Beschreiben systemischer Potentiale und um das Gewinnen eines Standpunktes, wie diese Potentiale zu den Veränderungen sinnvoll in Beziehung gesetzt werden können. Generelles Ziel von Veränderungsprozessen in sozialen Systemen ist die Systementwicklung. Im folgenden wollen wir unser Verständnis von Systementwicklung verdeutlichen.

Kennzeichen von „Entwicklung“

Entwicklung bedeutet eine Erhöhung des Problemlösungspotentials und der Handlungsmöglichkeiten von sozialen Systemen durch einen Prozeß des institutionalen Lernens. Entwicklung betont die Qualität der Veränderung und die Auswahlmöglichkeit zwischen unterschiedlichen Handlungsalternativen.

Die Fähigkeit eines sozialen Systems, sich zu entwickeln, zu lernen, zu reflektieren und zu wählen, erlangt aus dieser Perspektive heraus zentrale Bedeutung. Die Veränderung sozialer Systeme wird damit nicht als evolutionärer Versuchs-Irrtums-Prozeß, der eine passiv-reaktive Anpassung an eine objektiv gegebene Umwelt erreichen will, oder als bloßer Wandel oder quantitatives Wachstum eines sozialen Systems begriffen, sondern als aktiver Entwicklungsprozeß, der aus der inneren Dynamik des Systems entsteht.

Wachstum ist für/mit Entwicklung weder identisch, hinreichend noch notwendig. Entwicklung in und von sozialen Systemen bedeutet wertfundierte Wahlakte und die Kreation neuer Eigenschaften, Fähigkeiten und Beziehungen. Auch das Erreichen von Zielen bedeutet nicht zwangsläufig Entwicklung, wenn diese Ziele für ihre Umwelt unerwünschte oder zerstörerische (Neben-)Wirkungen hervorrufen. Entwicklung in sozialen Systemen bedeutet, neue Problempotentiale und Handlungsmöglichkeiten zu lernen und diese verantwortungsbewußt zu nutzen. Die aktive Gestaltung und Lenkung ist dabei ein wesentlicher Teil.

In einem vorausschauenden und konstruktivistischen Sinne aktiv zu sein, heißt in erster Linie Verantwortung übernehmen. Mechanische und biologische Konzepte, die eine deterministische, nicht selbstbestimmte Anpassung durch das Überlebensziel des Systems rechtfertigen, überwälzen damit zugleich diese Verantwortung auf eine – objektiv gegebene – Umweltsituation. Dieser „Sachzwang-Ethik" können wir nicht zustimmen. Sinnvolle Entwicklung, d.h. also bewußt und aktiv gestaltete Verbesserung des Problemlösungspotentials bedeutet vielmehr immer auch, Verantwortung für die Nutzung eben dieses Potentials zu übernehmen.

Entwicklung hat also nicht nur mir einer qualitativen Verbesserung des Problemlösungspotentials zu tun, sondern auch mit der Verständnisgewinnung, der Sinnhaftigkeit und ethischen Verantwortbarkeit eben dieser Verbesserung.

Wenn wir also von Entwicklung reden, so meinen wir damit nicht etwas, was abgehoben von den Menschen in einem sozialen System vonstatten geht, vielmehr *ist Entwicklung immer „Selbst"-Entwicklung*, d.h. sowohl individuelle als auch institutionelle Entwicklung kann nicht durch andere, sondern nur „selbst" vollzogen werden. Dabei ist die Entwicklung des Systems als Ganzes nicht die Summe der individuellen Entwicklungsprozesse im System. Systementwicklung ensteht aus den Interaktionen. Sie besitzt eine eigene Qualität und Identität und entsteht aus einem aktiven, selbstorganisierenden Prozeß. Sie kann nicht „gemacht" bzw. angeordnet werden. Sie ist zwar umweltabhängig aber nicht kausal determiniert.

Soziale Systeme verändern sich „grundsätzlich". Sie besitzen eine relativ autonome Eigendynamik, d.h. sie können sich selbst so verändern, daß sie ausgewählte Funktionen und Werte erfüllen. Entwicklung ist damit mehr als eine Auswahl von Verhaltensmöglichkeiten aus einem bestehenden Verhaltensrepertoire. Sie umfaßt vielmehr ein bewußtes oder unbewußtes Erweitern des Verhaltenspotentials und eine Neugestaltung oder Wahl von Zielen und Zwecken (Probst 1987b, S. 250).

Entwicklung ist eine spezifisch humane Fähigkeit. Während technische Systeme sich zwar an Störungen anpassen können, wenn die entsprechenden Verhaltensweisen vorprogrammiert sind und biologische Systeme zwar ihre Umwelt in beschränktem Maße auswählen (z.B. durch das Suchen einer Nische) und so eventuell leichter überleben können, so besitzen beide Systeme dennoch nicht die Fähigkeit, ihre Verhaltensmöglichkeiten im Hinblick auf sinnvolle, wünschenswerte Komponenten zu erweitern oder zu erhöhen (Probst 1987b, S. 251). Dies hängt wohl in erster Linie mit der spezifisch menschlichen Fähigkeit der Reflexion zusammen. *Reflexion* ist nach Maturana/Varela „ein Prozeß, in dem wir erkennen, wie wir erkennen, das heißt eine Handlung, bei der wir auf uns selbst zurückgreifen. Sie ist die einzige Gelegenheit, bei der es uns möglich ist, unsere Blindheiten zu entdecken und anzuerkennen, daß die Gewißheiten und die Erkenntnisse der anderen ebenso überwältigend und ebenso unsicher sind wie unsere eigenen" (1987, S. 29). Reflexion ist somit die kritische Auseinandersetzung mit uns selbst und unseren eigenen Handlungen. Aufgrund unseres Bewußtseins und unserer menschlichen Sprache können wir uns selbstabstrahieren und selbstbeobachten. Entwicklung ist deshalb kein evolutionärer Versuchs- und Irrtumsprozeß, sondern sie ist gerichtet, reflektierend und von ihren Gestaltern zu verantworten, indem diese sich mit ihren eigenen Handlungen, ihren Werten, Zielen und Zwecken auseinandersetzen (vgl. dazu auch Rüegg 1989, S. 210).

Systementwicklung und organisationales Lernen

Wir verwenden einen normativen Entwicklungsbegriff, für uns bedeutet Entwicklung „Höherentwicklung". In diesem Prozeß entstehen bisher noch nicht dagewesene Eigenschaften, Fähigkeiten und Beziehungen, für die wie oben geschildert Verantwortung zu übernehmen ist.

Die Entwicklung eines sozialen Systems läßt sich an verschiedenen Stufen festmachen, wobei sich eine höhere Stufe durch ein verbessertes Problemlösungspotential und eine „höherwertige" Ethik auszeichnet. Lernen, in diesem Fall organisationales Lernen, beschreibt dann den Übergangsprozeß von einer Stufe auf die nächsthöhere. Lernen ist damit eine notwendige Bedingung, daß Entwicklung in sozialen Systemen stattfinden kann. Lernen und Entwicklung sind allerdings nicht immer gleichzusetzen, denn es können auch Lernprozesse stattfinden, die keine Entwicklung bedeuten.

In Abb. 2 werden drei verschiedene Entwicklungsstufen unterschieden (P1, P2, P3), die über die kollektiven Lernprozesse L1 und L2 erreicht werden. Lernprozesse (L·), die innerhalb der gleichen Stufe bleiben, also etwa der Ausbau bzw. die effizientere Gestaltung bereits bestehender Problemlösungstechniken oder Arbeitsweisen (z.B. verbesserte Produktionstechniken, Vertriebsnetze oder Produktqualitäten) bedeuten für uns keine Entwicklung. Denn wir sprechen nur dann von Entwicklung, wenn ein System von einem Zustand P1 zu einem „höheren" Zustand P2 gelangt. P2 unterscheidet sich dabei von P1 durch ein erhöhtes Verhaltenspotential und durch eine verbesserte Lern- und Wahrnehmungsfähigkeit, wobei damit gleichzeitig ein Mehr an Verantwortung einhergehen muß. Dabei ist zu beachten, daß P1-3 systemische Potentiale bezeichnen, so daß damit noch nichts über die individuellen Potentiale in einem sozialen Sy-

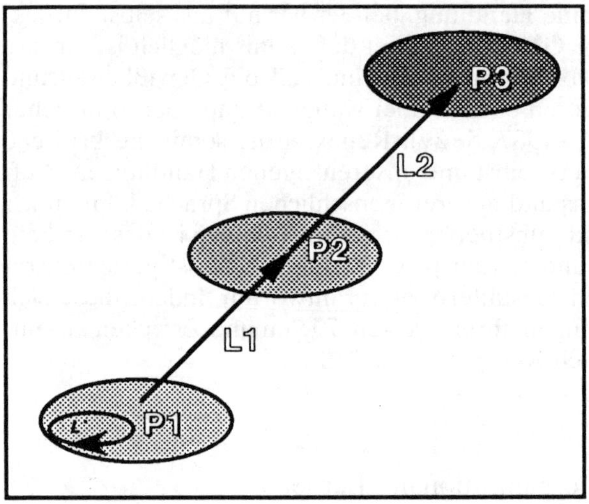

Abb. 2: Entwicklungsstufen und Lernprozesse

stem gesagt ist. Diese können durchaus größer als die systemischen Potentiale sein, wenn z.B. die individuelle Qualifikation der Mitarbeiter sehr hoch ist, diese allerdings vom System nicht „nachgefragt" wird.

Dies bedeutet zum einen für das System ein gewisses Risiko (z.B. kann die Unzufriedenheit steigen und dadurch die Fluktuationsrate zunehmen), zum anderen liegen in einem solchen „Überschußlernen" aber auch große Chancen für ein soziales System. Dieser „slack"[10] ist sogar notwendig,

10 Der Begriff des „organizational slack" ist von (Cyert/March 1963, S. 6 ff.) im Rahmen ihrer Anreiz/Beitragstheorie geprägt worden. „Organizational Slack" entsteht dabei aus einem Ungleichgewicht zwischen den zur Verfügung stehenden Ressourcen einer Organisation und den erforderlichen materiellen Anreizen, um die „Koalition" zwischen den Ansprüchen der Mitarbeiter und den Erfordernissen der Organisation aufrechtzuerhalten. Das heißt, sind die materiellen Anreize für die Mitarbeiter höher als für den weiteren Bestand der Organisation erforderlich, so entsteht nach Cyert/March ein „organizational slack". Wir fassen den Begriff des „organizational slack" etwas weiter und verstehen darunter alle Aktivitäten und Fähigkeiten innerhalb eines sozialen Systems, die nicht auf den eigentlichen Arbeitszweck gerichtet sind und im Moment vom System nicht nachgefragt werden aber für zukünftige Anforderungen eine wesentliche Ressource darstellen.

wenn das System entwicklungsfähig bleiben will (vgl. auch den Beitrag von Staehle in diesem Band). Um auf eine höhere Entwicklungsstufe zu gelangen, müssen Systeme vielmehr Lernressourcen[11] freihalten. Ein völliges „Ausreizen" des Systems, wobei alle Ressourcen zur Reproduktion des Systems verbraucht werden, gefährdet letztlich den weiteren Bestand des Systems, da keine Mittel eingesetzt werden können, um Entwicklungsprozesse einzuleiten.

Soziale Systeme müssen flexibel gestaltet sein, damit diese Lernressourcen genutzt werden können. Nur Flexibilität gestattet neue Sichtweisen und damit das Entstehen neuer Verhaltenspotentiale. Starre Strukturen verhindern die Generierung alternativer Handlungsmöglichkeiten und blockieren Entwicklung damit bereits im Ansatz. Entwicklung benötigt ein „veränderungsfreundliches" Umfeld, benötigt Flexibilität. Veränderungen und neue Verhaltensweisen allein bewirken allerdings noch keine Entwicklung. Denn der Erwerb neuer Problemlösungspotentiale geht zugleich mit einer Veränderung der kognitiven Strukturen eines Systems einher. Entwicklung bedeutet immer eine „fundamentale" Veränderung. Es kommt zu neuen intersubjektiv geteilten Wirklichkeitskonstruktionen und damit zu einem erfahrbaren Sinnzusammenhang dieser neuen Verhaltensmöglichkeiten. Fehlt der Sinnzusammenhang, so ist ein reicheres Problemlösungspotential im wahrsten Sinne des Wortes „sinnlos", die „Nützlichkeit" der Veränderung ist für die Menschen in System und Umwelt nicht nachvollziehbar. In diesem Fall sprechen wir nicht von Entwicklung.

Zusammenfassend läßt sich unser Verständnis von Entwicklung wie folgt kennzeichnen:

- Entwicklungsprozesse können im System aktiv und in Auseinandersetzung mit der Umwelt gestaltet werden. Systeme oder ihre Mitglieder sind deshalb keine „Opfer" von Umwelteinflüssen.
- Im Rahmen solcher Entwicklungsprozesse besteht die Notwendigkeit aber auch die Möglichkeit, Entwicklungsziele zu vereinbaren, die von den Menschen in System und Umwelt als „nützlich" anerkannt werden. Der Ausbau von „schädlichen" Problemlösungsfähigkeiten wird deshalb nicht als Entwicklung bezeichnet.
- Nach unserem Verständnis lassen sich Entwicklungsprobleme durch quantitative Größen allein nicht bewältigen. So garantiert z.B. quantitatives Wachstum und damit eine Erhöhung der einem System zur Verfügung stehenden Ressourcen noch nicht die Entwicklung qualitativ höherwertiger Problemlösungsfähigkeiten.

---

11 Lernressourcen sind für uns auf der Ebene des Individuums als individuelle Lernenergie, auf der Ebene der Gruppe als Synergieeffekte und auf der Ebene des Systems als „organizational slack" vorhanden.

– Damit Entwicklung in sozialen Systemen stattfinden kann, ist ein selbstorganisierender, institutionaler Lernprozeß erforderlich, der eine intersubjektive Konstruktion von Wirklichkeit und damit für den einzelnen eine erfahrbare Sinnhaftigkeit zum Inhalt hat.

3 Basiskonzepte eines entwicklungsorientierten Managements

Im folgenden Kapitel zeigen wir auf, welche theoretischen Grundpositionen für ein entwicklungsbezogenes Management von Bedeutung sind. Diese stellen die „Eckpfeiler" dar, auf denen ein solches Managementverständnis aufbaut. Die Basiskonzepte helfen uns, die Frage zu beantworten, welche theoretischen Quellen „nützlich" sind, um Erklärungsmuster für die „Entwicklung" zu gewinnen.

Die einzelnen Basiskonzepte sind bekannt. Sie spielen in der gegenwärtigen Managementdiskussion zwar eine wachsende, aber noch untergeordnete Rolle. Unser Ziel ist es, die Bedeutung dieser Konzepte für das Management stärker herauszuarbeiten, sie aufeinander zu beziehen sowie ihre Wechselwirkung darzustellen (vgl. hierzu insbesondere Kapitel 3). Außerdem werden sie teilweise reinterpretiert.

3.1 Konstruieren von Wirklichkeiten

Ob neue Handlungsmöglichkeiten wahr- und angenommen werden, hängt davon ab, wie wir unsere Wirklichkeiten konstruieren. Diese Konstruktionen bestimmen, wie Managementmaßnahmen interpretiert und Chancen, Möglichkeiten, Risiken und Grenzen des eigenen Handelns bewertet werden. Entwicklung läßt sich somit nicht an „oberflächlichen" Verhaltensänderungen festmachen, sondern verändert auch die kognitiven Strukturen eines sozialen Systems und führt zu neuen, intersubjektiv geteilten Interpretationen von Wirklichkeiten. Aus konstruktivistischer Sicht ist Wirklichkeit deshalb nicht objektiv „ontologisch" gegeben, sondern sozial konstruiert: „(....) jede Wirklichkeit (ist) im unmittelbarsten Sinne die Konstruktion derer (....), die diese Wirklichkeit zu entdecken und erforschen glauben. Anders ausgedrückt: Das vermeintlich Gefundene ist ein Erfundenes, dessen Erfinder sich des Aktes seiner Erfindung nicht bewußt ist, sondern sie als etwas von ihm Unabhängiges zu entdecken vermeint und zur Grundlage seines „Wissens" und daher auch seines Handelns macht" (Watzlawick 1988, S. 9 f.).

Alle Modelle, die wir entwerfen, um soziale Systeme und deren Veränderung zu erklären, sind somit auch Konstruktionen von Wirklichkeit. Unsere Konstruktion eines entwicklungsorientierten Managements hängt von unserer Problemwahrnehmung und -deutung ab und ist eine Wirklichkeitskonstruktion unter vielen anderen. Dabei geht es nicht darum, Wirklichkeitskonstruktionen zu liefern, die richtig, wahr oder falsch sind, sondern die Konstruktionen zu entwerfen, die „Sinn" machen, zum entsprechenden Problem „passen". Damit sind andere Konstruktionen, die alternative Sichtweisen des Problems entwerfen, jedoch nicht ausgeschlossen. Sie sind vielmehr erwünscht, da sie zu anderen, bisher vielleicht vernachlässigten Problemstellungen führen können.

Geteilte Wirklichkeitskonstruktionen als Fundament von sozialen Systemen

Alle Managementhandlungen auf substantieller und symbolischer Ebene sind der Interpretation zugänglich und selbst Resultat von Wirklichkeitsinterpretationen. Solche Wirklichkeitskonstruktionen werden meist unbewußt und implizit interpretiert. Da soziale Systeme gewachsen sind und Kulturen entwickelt haben, verfügen sie über intersubjektiv geteilte Wirklichkeitskonstruktionen, mit deren Hilfe neue Erfahrungen gedeutet und mit Sinn versehen werden. Jede menschliche Gemeinschaft braucht solche Sinnkonstrukte, braucht einen Grundkonsens über das, was für wirklich gehalten wird, um ein Zusammenleben zu ermöglichen. Wie sonst wäre es dem Menschen als soziales Wesen möglich, seine Erfahrungen und Interpretationen mit anderen zu teilen und sich in die Gemeinschaft einzubringen.

Ein gemeinsames Fundament von Wirklichkeitsinterpretationen erlaubt dem einzelnen, einen Sinnbezug zu seinen und anderen Handlungen im System herzustellen. Im folgenden sei der Entstehungsprozeß intersubjektiv geteilter Wirklichkeitskonstruktionen in Anlehnung an Berger/Luckmann (1987) beschrieben.

In der Gründungsphase einer sozialen Institution wird die Institution selbst als sozial konstruierte und intersubjektiv geteilte Wirklichkeit verstanden. Dies entsteht durch einen Prozeß der Externalisierung, der Entäußerung eines subjektiv gemeinten Sinns (vgl. Berger/Luckmann 1987, S. 53). Die Gründergeneration bringt ihre subjektiven Erfahrungen und Wirklichkeitskonstruktionen in die Institution ein, und so entsteht ein Basiskonsens über Zwecke und Ziele der Institution (vgl. Greipel 1988,

S. 143). Als Folge bilden sich Verhaltensweisen und Handlungen heraus, die aufgrund positiver Erfahrungen häufig wiederholt und unter Einsparung von Kraft reproduziert werden können (Habitualisierung). Habitualisierung ermöglicht es dem Individuum, sich nicht ständig neu entscheiden zu müssen und sorgt somit für psychologische Entlastung (vgl. Berger/ Luckmann 1987, S. 56f.). Die Habitualisierung systemtypischer Handlungen führt zu einer systemspezifischen Institutionalisierung. Damit entsteht ein institutioneller kognitiver Bezugsrahmen. Diese Typisierungen werden damit zum Allgemeingut und sind für alle Mitglieder der Institution erreichbar (vgl. Berger/Luckmann 1987, S. 58). Institutionen stellen Verhaltensmuster auf, und ihr Vorhandensein führt zu einer sozialen Kontrolle, die durch Sanktionsmechanismen unterstützt werden kann. Solange die entstehende Institution nur durch die Interaktionen der Gründungsmitglieder aufrechterhalten wird, bleibt der institutionsspezifische kognitive Bezugsrahmen instabil und veränderbar. Dies ändert sich jedoch mit der Weitergabe an eine neue Generation. Die Wirklichkeitskonstruktionen werden quasi „objektiviert" und damit zu einer „gegebenen" Wirklichkeit, die dem Individuum vorangeht und es überdauert. Die institutionale Welt wird als objektive Wirklichkeit erlebt. Dieser Vorgang der Vergegenständlichung konstruierter Wirklichkeiten wird als Objektivation bezeichnet. Die Wirklichkeitskonstruktionen von Individuen produzieren deshalb eine Welt, die dann als „objektive", d.h. vom Individuum unabhängige „Tatsache" erlebt wird. Um die konstruierte Wirklichkeit als objektive zu erklären, bedarf es der Objektivation im Zuge einer Legitimation von überlieferten institutionellen Wirklichkeiten, die auf eine neue Generation eher als Tradition denn als eigene Erinnerung zukommt (vgl. Berger/Luckmann 1987, S. 62 ff.). „Die objektivierte Sinnhaftigkeit institutionalen Handelns wird als „Wissen" angesehen und als solches weitergereicht" (Berger/Luckmann 1987, S. 75).

Dieser dialektische Prozeß der Konstruktion von Wirklichkeit besteht aus drei Komponenten: Externalisierung, Objektivation und Internalisierung. Während die Mitglieder einer Institution durch Externalisierung und Objektivation ihre Wirklichkeitskonstruktionen objektivieren, internalisieren sie gleichzeitig die institutionsspezifische Wirklichkeit und machen sie damit zu ihrer eigenen sinnhaften Welt (vgl. Greipel 1988, S. 154 sowie Abb.3). Das Konstruieren einer institutionsspezifischen Wirklichkeit ist ein ständiger Prozeß, denn aufgrund neuer Erfahrungen werden neue Interpretationsmuster hinzugefügt und alte, „unpassende" ersetzt.

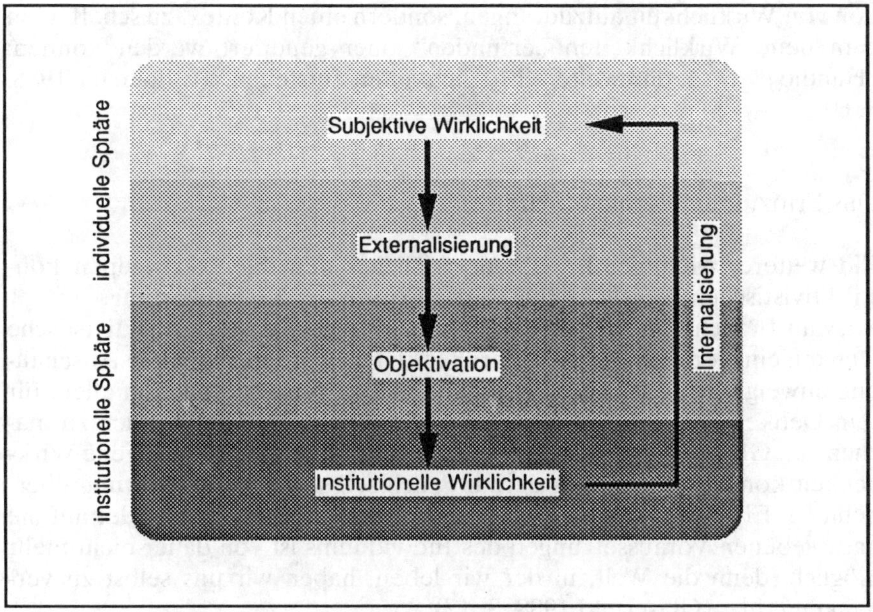

Abb. 3: Der Prozeß der sozialen Wirklichkeitskonstruktion

Das Prinzip der Toleranz

Wenn Wirklichkeiten (subjektiv) konstruiert sind, gilt es zu tolerieren, daß neben den eigenen Wirklichkeitsvorstellungen, gleichberechtigt, noch andere bestehen. Denn die Welt, die jedermann sieht, ist nicht *die* Welt, sondern *eine* Welt, die wir mit anderen hervorbringen (vgl. Maturana/Varela 1987, S. 263 f.).

Diese Toleranz ist für die Entwicklung eines sozialen Systems dringend notwendig. Verschiedene, immer wieder neue Betrachtungsweisen derselben Situation müssen zugelassen, ja herausgefordert werden, um entwicklungsfähig zu sein und eine eindimensionale Erfassung komplexer Probleme zu verhindern.

Problemlösungen können dabei nicht nur in der Erinnerung gesucht werden, sondern müssen sich an der Bewältigung von Zukunftsproblemen orientieren. Dabei geht es nicht darum, anderen eine bestimmte Konstruktion von Wirklichkeit aufzudrängen, sondern einen Kontext zu schaffen, in dem neue Wirklichkeiten „erfunden" oder generiert werden können: „Handle stets so, daß weitere Möglichkeiten entstehen" (v. Foerster 1988, S. 60).

Das Prinzip der Verantwortung

Ein weiterer wichtiger Impuls, der sich aus dem hier vertretenen konstruktivistischen Ansatz ergibt, ist das Prinzip der Verantwortung.

„Man braucht in der Tat gar nicht sehr tief in das konstruktivistische Denken einzudringen, um sich darüber klar zu werden, daß diese Anschauung unweigerlich dazu führt, den denkenden Menschen und ihn allein für sein Denken, Wissen und somit auch für sein Tun verantwortlich zu machen" (v. Glaserfeld 1988, S. 16f.). Da jedes Individuum seine eigene Wirklichkeit konstruiert, muß es deshalb auch selbst die Verantwortung übernehmen. Ein Abschieben der Verantwortung auf die Umwelt oder auf die naturgebenen Voraussetzungen des Individuums ist von daher nicht mehr möglich, denn die Welt, in der wir leben, haben wir uns selbst zu verdanken (vgl. v. Glaserfeld 1988, S. 17).

Bisher haben wir von individueller Verantwortung gesprochen, gibt es aber auch eine Verantwortung des sozialen Systems? Nach den vorhergehenden Ausführungen wohl kaum; denn eine Systemverantwortung, die abgehoben von den Individuen (die ein soziales System konstituieren) existiert, würde sich selbst auflösen und zu einer „immunisierten" Sachzwang-Ideologie führen, die alles möglich macht, aber niemanden zur Rechenschaft zieht. Deshalb bedeutet das Prinzip der Verantwortung, daß jedes Individuum als Teil eines sozialen Systems für „das Verhalten des Systems" verantwortlich ist und zwar unabhängig von den formal festgelegten Verantwortungsbereichen und gesetzlichen Bestimmungen. Zusammenfassend lassen sich folgende Thesen formulieren (vgl. Probst 1986, S. 63f.):

- Die von uns wahrgenommenen Wirklichkeiten sind „erfundene", und wir sind für diese „Erfindungen" und ihre Konsequenzen verantwortlich.
- Soziale Systeme brauchen ein gemeinsames Fundament an intersubjektiv geteilten Wirklichkeitskonstruktionen. Diese ermöglichen es, Sinn und Identität des Systems zu erkennen und zur Bezugsgröße von Handlungen zu machen.
- Unsere Handlungen müssen darauf gerichtet sein, daß weitere Wirklichkeiten geschaffen werden können.

– Wer erfaßt, daß seine Welt seine eigene Erfindung ist, toleriert die Welten anderer.

3.2 Selbst-Organisation

Entwicklung ist das Resultat eines selbstorganisierenden Prozesses. Sie entsteht aus Interaktionen, doch ist die Entwicklung der „Ganzheit" nicht gleichzusetzen mit der Entwicklung einzelner Elemente eines sozialen Systems. Im Zuge der Entwicklung entstehen neue Ordnungsmuster (substantielle und geistig-sinnhafte), die durch einen autonomen, interaktiven, rekursiven und eigendynamischen Prozeß erworben werden. Diese Ordnungsmuster entstehen nicht nur aus bewußten Gestaltungsaktivitäten, sondern synthetisch aus den Interaktionen aller Beteiligten (vgl. Probst 1987b, S. 242 und S. 245).

Ordnung in sozialen Systemen kann nicht (wie bei Maschinen) entworfen, geplant und konstruiert werden und läßt sich deshalb auch nicht auf ein absichtsgeleitetes menschliches Handeln, auf ein Individuum (den Organisator, Planer, Manager) reduzieren. Viele der heutigen Ordnungen im gesellschaftlichen, politischen, ökonomischen oder ökologischen Bereich entsprechen keineswegs den ursprünglichen Absichten der Organisatoren oder der Planer einer solchen Ordnung (Boudon 1979). Die Absurdität dieses Gedankens liegt gerade darin, daß die Organisatoren oder Planer nicht eruiert werden können, da die Gestaltung und Lenkung in unseren komplexen sozialen Systemen nicht an einem zentralen Ort oder bei einzelnen Personen lokalisiert werden kann, sondern diffus über das ganze System verteilt ist (vgl. Probst 1987b, S. 244 sowie Probst/Schwager 1990, S. 221).

Das Organisieren durch die Systemmitglieder ist dabei durchaus wesentlicher Bestandteil der Ordnungsentstehung. Jedoch können wir Ordnung nur aus einer ganzheitlichen, selbstorganisierenden Perspektive verstehen und konzipieren (vgl. Probst 1987b, S. 242). Wenn wir von Selbstorganisation reden, so meinen wir nicht einen reaktiven, anpassenden Prozeß (wie dies bei biologischen Konzepten der Fall ist), sondern einen innovativen, kreativen und aktiven Vorgang (vgl. zu den verschiedenen Konzepten der Selbstorganisation Probst 1987a, S. 16 ff.). Selbstorganisation sozialer Systeme bedeutet die Fähigkeit, die eigenen Zwecke, Ziele, Werte und Verhaltensnormen zu thematisieren und zu verändern. Eine reaktive Anpassungsperspektive würde die Entwicklungschancen vermindern und eine aktive Auseinandersetzung mit Veränderungen als überflüssig, weil „sinn"-los erscheinen lassen.

Humansysteme besitzen die Fähigkeit zur Selbstreflexion. Sie können den Sinn ihres Handelns immer wieder neu festlegen bzw. aushandeln. Vor diesem Hintergrund wollen wir die vier Charakteristika von selbstorganisierenden Systemen darstellen (vgl. dazu ausführlicher Probst 1987a, S. 78 ff.; Probst/Schwager 1990, S. 222f.).

Komplexität

Soziale Systeme sind komplex, da sich die Anzahl sowie die Beziehungen zwischen ihren Elementen laufend verändern. Deshalb sind weder die Auswirkungen eines Eingriffs in das System noch das Verhalten des Systems vorhersagbar. Das System ist nicht analytisch bestimmbar, da das Verhalten des Systems weder aus den systeminternen Zuständen noch aus den Inputs abgeleitet werden kann. Ein Beobachter hat nur beschränkte Information. Er kann lediglich „Mustervoraussagen" über das Verhalten des Systems treffen.

Bei der Systementwicklung kann es deshalb nicht um eine exakte Festlegung des Entwicklungszieles gehen, sondern um das Aufzeigen von Entwicklungspfaden bzw. Entwicklungsmustern und das Bereitstellen von Prozeßhilfen, die an mehreren Orten im Netzwerk ansetzen.

Selbstreferenz

Selbstreferenz bezeichnet die operationelle Geschlossenheit eines sozialen Systems. Jedes Verhalten des Systems wirkt auf sich selbst zurück und wird zum Ausgangspunkt für weiteres Verhalten. Es entsteht eine innere, auf sich selbst bezogene Dynamik. Die „Ursachen" des Verhaltens liegen im System und nicht in der Umwelt. Es sind die inneren Kohäsionskräfte, die für Struktur und Organisation verantwortlich sind und Selbstbestimmung, Selbstreflexion und Lernen ermöglichen.

Entwicklung entsteht aus dem interaktiven Zusammenspiel der Teile im System. Es gilt von daher, die Entwicklungsprozesse der Teile aufeinander abzustimmen, „Brücken" zwischen individueller Entwicklung und Systementwicklung zu bauen und einen gemeinsamen Sinnbezug zu allen Entwicklungsmaßnahmen herzustellen.

Redundanz

In selbstorganisierenden Systemen gibt es keine Trennung zwischen dem Gestalter und dem Gestalteten. Das Gestaltungspotential verteilt sich über das ganze System (heterarchisches Prinzip). Es ist davon auszugehen, daß Systeme einen „Potentialüberschuß" aufweisen und nicht alle Entwicklungskräfte gleichzeitig aktivieren. Diese Redundanz entsteht aus den nicht ausgeschöpften und nicht ausgerichteten Leistungsreserven seiner Mitglieder. Mehrere Mitglieder verfügen unabhängig von ihrer Position über die Fähigkeit dasselbe zu tun. Diese Redundanz stellt ein Reservoir von Entwicklungschancen dar, das Spielraum für die Bewältigung diskontinuierlicher und damit unvorhersehbarer Veränderungen läßt und lassen muß.

Autonomie

Ein System ist dann autonom, wenn die Beziehungen und Interaktionen, die das System als Einheit definieren, nur das System selbst involvieren. Autonomie bedeutet jedoch keine Unabhängigkeit von der Umwelt, sondern die relative Wahlfreiheit, wie man sich mit den Umwelteinflüssen auseinandersetzen will. Warum das System gerade das tut, was es tut, ist deshalb nur durch systeminterne Beziehungen zu erklären.

Daraus folgt, daß soziale Systeme grundsätzlich frei sind, ihre Ziele und Zwecke zu bestimmen. Entwicklungsprozesse werden nicht durch die Umwelt determiniert, sondern sind vom System „autonom" gestaltbar.

Aus der Selbstorganisations-Perspektive lassen sich zusammenfassend folgende Thesen ableiten:

- Neue Ordnungsmuster lassen sich nicht auf absichtsgeleitetes Gestalten, sondern auf das interaktive Wechselspiel aller Systemteile zurückführen.
- Ein soziales System ist grundsätzlich autonom, seine Ziele und Zwecke zu wählen.
- Soziale Systeme sind aktiv, sie können jederzeit neue Handlungsmöglichkeiten generieren, die nicht nur auf eine Veränderung in der Umwelt zurückzuführen sind.

3.3 Organisationales Lernen

Damit Entwicklung innerhalb eines selbstorganisierenden Systems stattfinden kann, ist ein institutioneller Lernprozeß erforderlich. Lernen von sozialen Systemen ist mit der Summe individueller Lernprozesse nicht gleichzusetzen. Allerdings sind individuelle Lernprozesse notwendig, um institutionelles Lernen zu ermöglichen. Deshalb ist es sinnvoll, zunächst auf individuelles Lernen einzugehen.

Individuelles Lernen

„Klassische" Lerntheorien definieren Lernen als „Veränderung im Verhalten oder im Verhaltenspotential (...) hinsichtlich einer bestimmten Situation, die auf wiederholte Erfahrungen (...) in dieser Situation zurückgeht, vorausgesetzt, daß diese Verhaltensänderung nicht auf angeborene Reaktionstendenzen, Reifung oder vorübergehende Zustände (wie etwa Müdigkeit, Trunkenheit, Triebzustände usw.) zurückgeführt werden kann" (Bower/Hilgard 1983, S. 31).

Lernen zielt demnach auf eine Veränderung des beobachteten Verhaltens ab. Dieser Lernbegriff, der vor allem von der behavioristischen Lerntheorie[12] aufgenommen wurde, greift allerdings zu kurz, da die internen Vorgänge im lernenden Subjekt ausgeklammert werden. Kognitive Lerntheorien[13] sind u.E. „erkärungsmächtiger", da sie den Menschen nicht als „black-box" betrachten, sondern die kognitiven Vorgänge im Individuum in den Mittelpunkt des Interesses rücken. Innerhalb dieses Ansatzes kommt selbstorganisierenden Prozessen eine vorrangige Bedeutung zu (vgl. Bandura 1979, S. 22). Der Mensch steht in einem reflexiven Austausch mit seiner Umwelt. Er wählt aufgrund individuell reflektierter Erfahrungen, Erwartungen und Überzeugungen Verhaltensweisen aus und schafft somit seine eigene Umwelt. Lernen ist der individuelle Prozeß der Auseinandersetzung mit der Umwelt auf der Grundlage bereits erworbener kognitiver Strukturen, die zugleich Möglichkeitsstrukturen weiteren Lernens sind (vgl. Zimmer 1987, S. 52f.).

Damit werden zum einen die Handlungsmöglichkeiten des Individuums und zum anderen die Veränderung tieferliegender kognitiver Strukturen berücksichtigt.

Kognitive Lerntheorien sind deshalb besser in der Lage, die Entstehung des Neuen zu erklären, da es nicht nur um die Erklärung von Auftrittswahrscheinlichkeiten bestimmter Verhaltensweisen innerhalb einer Stimulussituation geht, sondern um eine grundsätzliche Veränderung des Verhaltenspotentials (vgl. dazu auch Pautzke 1989, S. 96).

---

12 Wesentliche Erkenntnisse der behavioristischen Theorie wurden aus Tierversuchen gewonnen, so etwa Pawlows klassische Konditionierungslehre oder Skinners operante Konditionierung (vgl. dazu den Überblick bei Bower/Hilgard 1983).

13 Der Hauptvertreter kognitiver Lerntheorien ist Piaget. Vgl. zu einer ausführlichen Darstellung seiner Lernpsychologie Montada (1970).

Institutionelles Lernen

Individuelle Lerntheorien sind deutlich weiterentwickelt als institutionelle Lerntheorien. Dabei besteht jedoch bereits ein breiter Konsens darüber, daß institutionelle Lernprozesse eine eigenständige, soziale Qualität besitzen. Institutionen entwickeln Lernsysteme, die im Laufe ihrer Geschichte entstehen und sich in den Geschichten, Symbolen, Leitlinien, Werten und Normen der Institution widerspiegeln. Sie sind somit grundsätzlich unabhängig von den jeweiligen Mitgliedern (vgl. Fiol/Lyles 1985, S. 804)[14].

„Organizations do not have brains, but they have cognitive systems and memories. As individuals develop their personalities, personal habits, and beliefs over time, organizations develop world views and ideologies. Members come and go, and leadership changes, but organizations' memories preserve certain behaviors, mental maps, norms and values over time" (Hedberg 1981, S. 6).

Die Frage, was unter dem Begriff des institutionellen Lernen zu verstehen ist und wie dieses zustande kommt, wird allerdings unterschiedlich beantwortet. In Anlehnug an Shrivastava (1983) lassen sich drei Hauptströmungen[15] herauskristallisieren (vgl. Shrivastava 1983, S. 9 ff; Daft/Huber 1987, S. 3f.).

(1) Institutionelles Lernen als „adaptive learning"
Institutionen passen sich Veränderungen in der Umwelt durch eine Neugestaltung ihrer Ziele, Aufmerksamkeitsregeln und Problemlösungsverfahren an. Lernen beschreibt den inkrementalen Prozeß, der zu Verhaltensveränderung der Institution aufgrund von Erfahrungen mit der Umwelt führt. Vertreter dieses Ansatzes, wie etwa Cyert/March (1963) oder March/Olsen (1976), lehnen sich eher an eine behavioristisch anmutende Lerntheorie an.

---

14 Der in 2.1 beschriebene Prozeß, wie es zu geteilten Wirklichkeitsinterpretationen in einem sozialen System kommt, kann auch als institutioneller Lernprozeß verstanden werden, da mit der Herausbildung geteilter Wirklichkeitskonstruktionen Werte, Normen, Leitbilder und Führungsgrundsätze durch den Prozeß der traditionellen Verankerung in den kognitiven Strukturen eines sozialen Systems abgebildet werden.

15 Shrivastava (1983) unterscheidet vier unterschiedliche Ansätze. Er nimmt als vierten Ansatz noch institutionelles Lernen als „institutionalized experience" hinzu. Da diesem Ansatz allerdings in der Literatur wenig Bedeutung zukommt, haben wir unsere Darstellung auf die ersten drei Ansätze beschränkt.

(2) Institutionelles Lernen als „assumption sharing"
Die Organisationsmitglieder reagieren auf Veränderungen der internen oder externen Umwelt durch eine Veränderung der kollektiv geteilten Handlungstheorien (theories-in-use), die aus den „kultivierten" Grundüberzeugungen und Werten entstanden sind. Lernen bedeutet damit eine Veränderung dieser Handlungstheorien. Die wichtigsten Vertreter dieses Ansatzes sind Argyris/Schön (1978).

(3) Institutionelles Lernen als „development of knowledge base"
Lernen wird als ein Prozeß beschrieben, der das institutionelle Wissen über die Beziehungen zwischen Organisationshandeln und den daraus resultierenden Ergebnissen erweitert. Diese Richtung wird vor allem von Duncan/Weiss (1978) und in der neueren deutschen Literatur (vgl. z.B. Pautzke 1989) vertreten.

Mit Fiol/Lyles lassen sich Theorien des institutionellen Lernens danach unterscheiden, ob sie sich eher an einer kognitiven oder behavioristischen Veränderung orientieren oder eine Mischung aus beiden bevorzugen. Darauf aufbauend schlagen Fiol/Lyles eine Unterscheidung zwischen Lernen und Anpassung vor. Anpassung beschreibt die Fähigkeit, das Verhalten einer Organisation entsprechend den Veränderungen der Umwelt zu variieren. Lernen bedeutet die Entwicklung von Einsichten, Wissen und Assoziationen zwischen vergangenen Handlungen hinsichtlich deren Effektivität und zukünftigen Handlungen (vgl. Fiol/Lyles 1985, S. 811). Die Analyse von Fiol/Lyles geht in die gleiche Richtung, wie wir sie bereits bei den individuellen Lerntheorien ausgeführt haben. Ein institutioneller Lernbegriff, der sich wie beim „adaptive learning" vornehmlich an beobachteten neuen Verhaltensweisen orientiert und Lernen als Anpassungsprozeß beschreibt, greift zu kurz und konzeptualisiert nach Fiol/Lyles eher Anpassung als Lernen. Die beiden anderen Ansätze in der Typologie von Shrivastava („learning as assumption sharing"; „learning as developement of knowledge base") setzen dagegen bei den kognitiven Strukturen eines sozialen Systems an. Das wohl bekannteste Konzept des organisationalen Lernens ist der Ansatz von Argyris/Schön. Er ermöglicht, einen direkten Bezug zwischen der Veränderung kognitiver Strukturen und dem daraus folgenden Handeln bzw. Verhalten herzustellen.

Argyris/Schön gehen von der Grundannahme aus, daß die bewußten Handlungen des Menschen seine kognitive Struktur reflektieren. Hinter bewußten Handlungen stehen somit immer allgemeine Werte, Normen und Überzeugungen. Jeder Mensch konstruiert, testet und restrukturiert Wissen. Er entwirft damit seine alltagsweltlichen Handlungstheorien (theories of action). Dies gilt auch für Institutionen, die ihre Handlungen nach einer von den Mitgliedern geteilten Handlungstheorie ausrichten (vgl. Argyris/Schön 1978, S. 10 f.).

Dabei ist zwischen „espoused theories“ und „theories-in-use“ zu unterscheiden: „Espoused theories“ sind „offiziell vereinbarte“ Handlungsmuster, die etwa in den Leitlinien, Führungsgrundsätzen und Stellenbeschreibungen der Institution formal verankert sind. „Theories-in-use“ stellen hingegen die tatsächlich praktizierten Handlungskonzepte dar.

Beide stimmen selten überein. Theories-in-use „blühen“ meist im Verborgenen der Institution. Das hat primär folgende Gründe: Zum einen dürfen sie nicht öffentlich diskutiert werden (man müßte ja eingestehen, sich nicht an die institutionsinternen Leitideen usw. zu halten), zum anderen sind die eigenen „theories-in-use“ den Mitgliedern einer Institution oft nicht bewußt (vgl. Argyris/Schön 1978, S. 15). Diese inoffiziellen „Hinterkopf-Theorien“ institutionalisieren sich aufgrund kollektiv geteilter Erwartungen über Funktionszusammenhänge von Zielen, Situationen, Techniken und einzusetzenden Handlungen sowie den damit verbundenen Normen als „theories-in-use“ und bilden kollektive Handlungsmuster. Diese dienen auch der Wahrnehmung von Umwelt und „erklären“ den Zusammenhang von Aktion und Handlungsergebnis (vgl. dazu auch Türk 1989, S. 106). Um eine „theory-in-use“ zu erkennen, ist es notwendig, ihre Anwendung, also das Verhalten der Mitgleider einer Institution, zu beobachten. Institutionelles Lernen findet dann statt, wenn die kollektiv geteilten Vorstellungen über die Handlungserwartungen nicht mit den Handlungsergebnissen übereinstimmen und eine Korrektur der Erwartungen und damit der „theory-in-use“ vorgenommen wird.

„When there is a mismatch of outcome to expectation (error), members may respond by modifying their images, maps and activities so as to bring expectations and outcomes back into line. They detect an error in organizational theory-in-use, and they correct it. This fundamental learning loop is one in which individuals act from organizational theory-in-use, which leads to match or mismatch of expectations with outcome, and hence to confirmation or disconfirmation of organizational theory-in-use“ (Argyris/Schön 1978, S. 18).

Lernniveaus

Aufbauend auf solchen institutionellen Handlungsmustern und deren Veränderungsmöglichkeiten durch Selbsterfahrung unterscheiden Argyris/Schön drei Lernniveaus (single-loop-, double-loop- und deutero-learning). Dabei lehnen sie sich an die von Bateson (1988, Orig. 1972) ausgearbeitete Differenzierung von Lernstufen an und übertragen sie auf Organisationen.

Single-loop learning bezeichnet den Vorgang, mit dem eine Institution

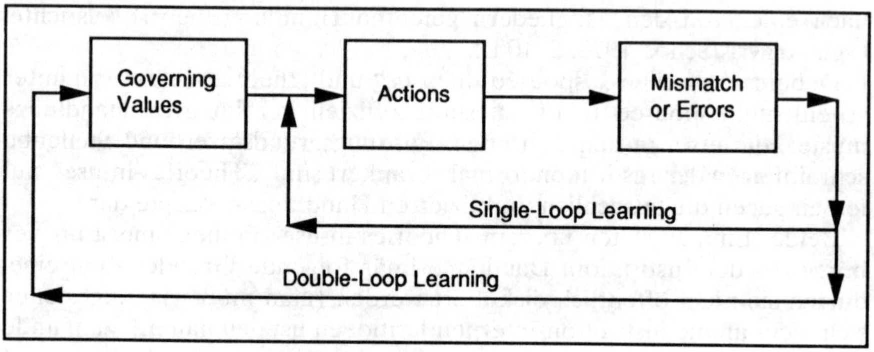

Abb. 4: Single-Loop und Double-Loop Learning (Argyris 1990, S. 94)

auf unvorhergesehene Veränderungen durch Verhaltensanpassung reagiert (z.B. durch Verbesserung der Marktstrategie, effizientere Arbeitsgestaltung usw.), ohne ihre „theory-in-use" zu ändern (vgl. Argyris/Schön 1978, S. 18f.).

Beim double-loop learning hingegen werden die grundsätzlichen institutionellen Normen und damit die grundlegenden Wertvorstellungen einer Institution hinterfragt. Es geht also um eine grundsätzliche Auseinandersetzung mit der institutionellen „theory-in-use" (vgl. Argyris/Schön 1978, S. 22). Von einem „Metastandpunkt" aus werden alternative „theories-in-use" verglichen, um zu einem modifizierten kognitiven bzw. normativen Bezugsrahmen zu kommen (vgl. Türk 1989, S. 105). Die Chancen für double-loop learning steigen, wenn die einzelnen Handlungsstrategien trotz „Verbesserung" immer noch zu Erwartungsenttäuschungen führen. Daraus resultiert in der Regel ein Konflikt zwischen den Mitgliedern einer Institution, die alte und neue Gebrauchstheorien vertreten, da die Anforderungen innerhalb der bestehenden „theory-in-use" nicht mehr zu erfüllen sind. Welche Gebrauchstheorie sich durchsetzt, ist auch eine Machtfrage. Double-loop learning ist also nicht zwangsläufig. Kommt es aber zu double-loop learning, so steigt damit die Lernkapazität der Institution (vgl. Argyris/Schön 1978, S. 22 ff.). Die Abb. 4 verdeutlicht den Unterschied zwischen single- und double-loop learning.

Neben single-loop und double-loop learning wird Batesons deutero learning als drittes Lernniveau eingeführt.[16] Hier wird das Lernen zum

16 Bateson (1988, S. 229 f.) unterscheidet zwischen Proto- und Deutero-Lernen. Proto-Lernen (Lernen 1. Ordnung) ist das Maß für die Steigung an jedem belie-

Objekt des Lernens, um Lernen zu lernen und um die institutionellen Fähigkeiten für single-loop und double-loop Lernprozesse zu verbessern. Im Zentrum steht die Reflexion des Lernkontextes und das Entdecken von Lernhindernissen und Lernerleichterungen (vgl. Argyris/Schön 1978, S. 26f.). Beim single-loop learning bedeutet dies, entsprechende Kontexte zu schaffen, damit Fähigkeiten ausgebildet werden können, um effizientere Strategien und Techniken besser und schneller zu erkennen und zu implementieren. Beim double-loop learning geht es darum, das Reflexionsvermögen über das kognitive und normative Bezugssystem zu verbessern, um geeignetere, kollektiv geteilte „theories-in-use" zu erarbeiten.

Mit dem Lernen neuer Fähigkeiten muß gleichzeitig ein Prozeß des Verlernens alter, unbrauchbarer Fähigkeiten und Verhaltensweisen einhergehen. Damit wir lernen können, müssen wir zunächst einmal verlernen (vgl. Nystrom/Starbuck 1984). Somit müssen eingefahrene Routinen, die Lernen verhindern, zunächst einmal abgebaut werden, um Lernpotentiale freisetzen zu können. Argyris (1985, 1987, 1990) hat auf sogenannte „defensive routines" hingewiesen, die einen konstruktiven Verlauf solcher Lernprozesse verhindern können.

Setzen wir die hier beschriebenen unterschiedlichen Lernniveaus in Beziehung zum Entwicklungsbegriff, so bleibt ein single-loop Lernprozeß auf der gleichen Erkenntnisstufe (vgl. Abb. 2). Entwicklungsbezogenes Lernen findet deshalb nur durch double-loop- und deutero-learning statt. Eine ähnliche Argumentation verfolgt die Literatur zu „transition" und „transformation" von Institutionen (vgl. Levy/Merry 1986; Kimberly/Quinn 1984; Kilmann et al. 1989). So unterscheiden etwa Levy/Merry zwischen „first-order" und „second-order change":

> „(...) *first-order change* is those minor improvements and adjustments that do not change the system's core, and occurs as the system naturally grows and develops." „*Second-order change* (organizational transformation) is a multidimensional, multi-level, qualitative, discontinuous, radical change involving a paradigmatic shift" (1986, S. 5, Hervorh. d. Verf.)

Unser Verständnis von Entwicklung entspricht dem „organizational transformation" und stellt keinen einfachen Reifungsprozeß dar (first-order change), sondern eine fundamentale Veränderung des kognitiven Bezugsrahmens des institutionellen Paradigmas (second-order change), der die Chance bietet, qualitativ höherwertige Problemlösungsfähigkeiten zu erwerben.

---

bigen Punkt einer einfachen Lernkurve (z.B. eine Kurve des mechanischen Lernens). Deutero-Lernen (Lernen 2. Ordnung) ist das Maß für eine Verbesserung des Proto-Lernen).

Aus dem Basiselement Lernen lassen sich für entwicklungsbezogene Gestaltungsperspektiven folgende zusammenfassende Thesen ableiten:

- Lernen beschreibt einen Prozeß der Veränderung kognitiver Strukturen, der sich in Verhaltensmodifikationen ausdrückt.
- Institutionelle Lernprozesse entstehen aus der konstruktiven und reflexiven Auseinandersetzung (zwischen allen Gruppen und Mitgliedern eines sozialen Systems), die zu einer Veränderung (transformation) von kollektiven „Gebrauchstheorien" führt.
- Es lassen sich verschiedene Lernniveaus unterscheiden, wobei nur „fundamentale" Lernprozesse, die sich aus einer Veränderung der „theories-in-use" und einer verbesserten Lernfähigkeit (deutero-learning) ergeben, zu einer Erhöhung des Problemlösungspotentials von sozialen Systemen führen.
- Um die Lernfähigkeit eines sozialen Systems zu verbessern, müssen Kontexte geschaffen werden, die Lernhindernisse abbauen und das Reflexionsvermögen der Systemmitglieder verbessern.

4 Entwicklungsbezogene Gestaltungsperspektiven

Managementleistungen sind alle entwicklungsorientierten Gestaltungs- und Lenkungsmaßnahmen in einem sozialen System (in Anlehnung an Ulrich/Probst 1988). *Gestaltungs*maßnahmen beziehen sich darauf, eine Institution zu schaffen und als zweckgerichtete Ganzheit aufrechtzuerhalten, während *Lenkungs*maßnahmen auf die „Feinsteuerung" des Systems ausgerichtet sind. Die Aufgabe des Gestaltens besteht darin, bestimmte Menschen und „Dinge" aus der Umwelt auszuwählen und sie in einem sozialen System zusammenzuführen. Gestalten erstreckt sich allerdings nicht nur auf den Akt der Gründung eines sozialen Systems, sondern findet permanent statt. Die Komponenten des sozialen Systems müssen immer wieder neu geschaffen und umgestaltet werden, so daß die Ganzheit erhalten bleibt (vgl. Ulrich/Probst 1988, S. 260).

Entwicklungsprozesse müssen durch Gestaltungs- und Lenkungsmaßnahmen eines sozialen Systems nachhaltig unterstützt bzw. überhaupt erst ermöglicht werden. Entwicklung beschreibt damit eine Qualität von Gestaltungsaufgaben im Sinne einer übergeordneten Kategorie, an der sich alle Gestaltungsaktivitäten ausrichten müssen. Entwicklungsfähigkeit ist aus dieser Sicht das entscheidende Beurteilungskriterium für alle Managementleistungen. Nur jene sozialen Systeme, die ständig und aktiv ihre

Nützlichkeit beweisen, können langfristig den komplexen Anforderungen ihrer Umwelt gerecht werden.

Träger solcher Gestaltungs- und Lenkungsmaßnahmen sind alle an einem sozialen System beteiligten Individuen. Aus dieser Sicht kann Management dann als eine „Eigenschaft des Systems“ verstanden werden.

Ein entwicklungsorientiertes Managementverständnis löst sich von der mechanistischen Vorstellung, daß soziale Systeme „machbar“ sind, wenn sie nur die richtigen „Macher“ bzw. Manager haben. Die Renaissance eines eigenschaftsorientierten Führungsverständnisses, das sich vor allem in der Kulturdiskussion widerspiegelt (etwa bei Deal/Kennedy 1982 aber auch bei Bennis/Nanus 1985) verdeutlicht, daß diese Macherperspektive auch in moderneren Ansätzen noch lange nicht überwunden ist, sondern im Gegenteil noch ausgeweitet wird: Der Manager als „omnipotenter“ Problemlösungs- und Sinn-“Macher“. Dabei wird zuwenig beachtet, daß der „Sinnstifter“ sozialer Systeme im Gegensatz zum technischen Konstrukteur mit Menschen arbeitet, die selbst entwicklungsfähig und mit hoher Verhaltensvarietät ausgestattet sind und überdies einen Selbstwert besitzen, der es nicht zuläßt, daß ihre Selbstbestimmung reduziert wird (vgl. Ulrich/Probst 1988, S. 260). Das Ziel, die Entwicklungs- und Lernfähigkeit des Systems aufrechtzuerhalten und zu verbessern, kann deshalb nur durch das Setzen geeigneter Rahmenbedingungen, also durch die Schaffung eines Kontextes bewerkstelligt werden, welcher die Freiheitsgrade und Wahlmöglichkeiten erhöht und das Potential für die Selbstentwicklung aller Beteiligten vergrößert. Wenn Freiräume geschaffen werden, so bedeutet dies gleichzeitig aber auch stärkere Verantwortung des einzelnen als Teil des Ganzen (vgl. Probst 1987a, S. 112).

Die folgenden Gestaltungsperspektiven, die wir aus den beschriebenen Basiskonzepten entwickelt haben, sollen die grundsätzliche Richtung für entwicklungsorientierte Gestaltungsmaßnahmen aufzeigen. Diese Perspektiven sind dabei nicht isoliert zu betrachten, sondern verweisen ständig aufeinander.

4.1 Systemidentität: Sinnbezug des Handelns

Soziale Systeme sind sinnkonstituierende und sinnkonstituierte Gebilde. Sie erzeugen kontinuierlich systemspezifischen Sinn und entstehen selbst durch die Ausbildung bestimmter abgrenzbarer Sinnstrukturen (vgl. Luhmann 1971, S. 30f.; Dyllick 1984, S. 173). Soziale Systeme brauchen diese Sinnstrukturen, um eine eigene Identität zu entwickeln. Sinn ist eine subjektive Kategorie, da sie vom handelnden Menschen her bestimmt wird. Durch die Gestaltung des eigenen Lebens muß der Mensch die Sinnhaftigkeit der eigenen Existenz, der eigenen Position in der Welt erwerben und erhalten. Da sich diese Aufgabe immer wieder neu stellt, ist der Mensch ein Wesen auf der Suche nach Sinn (vgl. Frankl 1979; Dyllick 1984; Hartfelder 1989; Scheuss 1985). Die „Wirklichkeit der Alltagswelt" ist intersubjektiv, da in ihr die subjektiven Wirklichkeiten eines Individuums mit den anderen geteilt werden (vgl. Berger/Luckmann 1987). Der Prozeß der subjektiven Sinn-Suche wird ein intersubjektiver, der eine gemeinsam geteilte Wirklichkeitskonstruktion erlaubt. Die Sinnhaftigkeit des eigenen Handelns in bezug auf das soziale System ermöglicht intersubjektive Wirklichkeitskonstruktionen und die Herausbildung einer Identität der „Ganzheit" (des Systems).

„Jedes Individuum definiert Aspekte seines Selbst in Beziehung zur Organisation (zum sozialen System), in der es tätig ist. Diese Vorstellungen konstituieren eine Organisationsidentität oder ein Organisationsbewußtsein, welches wiederum auf die Wahrnehmungen, Vorstellungen, Konzepte und Einstellungen der Mitglieder einwirkt" (Scheuss 1985, S. 49; Klammeranm. d. Verf.).

Die Identität eines sozialen Systems ist allerdings nur solange gewährleistet, wie der Sinnzusammenhang aller Handlungen im System nachvollziehbar ist. Diesen Sinnzusammenhang herzustellen und damit eine Systemidentität zu konstituieren, die das „Wir-Gefühl" der Systemmitglieder stützt, ist wohl die zentrale Leistung einer Systemkultur (vgl. Ulrich, P. 1984, S. 312). Denn Kultur vermittelt wie kein anderes Phänomen Informationen über den Sinn als systemkonstituierendes Merkmal. Kultur ermöglicht, Sinn für den einzelnen transparent und im Alltag erfahrbar zu machen und gewährt somit Bezugsgrössen für das Handeln der Systemmitglieder (vgl. Klimecki/Probst 1990, S. 52).

Unter Kultur verstehen wir das erworbene Wissens- und Erkenntnisprogramm eines sozialen Systems zur Interpretation der Erfahrungen und zur Generierung von Handlungen. Es ist ein Netz von Werten, Glaubensvorstellungen, kognitiver und normativer Orientierungsmuster, die das System auf geistiger Ebene zusammenhalten. Sie drückt sich in mehrheitlich geteilten Wahrnehmungen und entsprechenden Handlungsweisen aus (vgl. Klimecki/Probst 1990, S. 42 f.; Probst 1987a; Schein 1984a, b und 1985; Ulrich, P. 1984). Kultur, das sind geistig-sinnhafte Muster, die materielle oder substantielle Muster überlagern und ergänzen. Diese geistig-sinnhaften Muster sind implizit, teilweise unbewußt und nicht direkt sichtbar. Sie sind selbstverständlich und quasi undiskutierbar (vgl. Klimecki/Probst 1990, S. 42).

Kultur wird aktiv in Form von Selbstorganisationsprozessen erworben und kann nicht von außen aufgesetzt oder von innen durch isolierbare Gruppen oder Individuen verordnet werden. Kultur ensteht aus internen oder externen Interaktionsbeziehungen im Zuge eines reflexiven Entwicklungsprozesses und ist somit Resultat der Dynamik im Netzwerk. Kultur ist historisch gewachsen und hat sich aus der Tradition heraus durch einen institutionellen Lernprozeß entwickelt (vgl. Klimecki/Probst 1990, S. 42 ff.).[17]

Vor diesem Hintergrund wird deutlich, daß Kultur und damit auch Sinn nicht einfach gemacht oder „gemanagt" werden kann und sich einer instrumentellen Beherrschung entzieht. Kultur läßt sich auch nicht wie ein Gegenstand aus der Objektwelt sezierend analysieren, sondern nur interpretativ rekonstruieren und aus Sicht der Handelnden selbst erschließen (vgl. Greipel 1988, S. 99). Die gegenwärtige Kulturdiskussion erweckt allerdings den Eindruck, Kultur könne mit positivistischen Methoden analysiert, zielgerichtet beeinflußt und wie eine Steuerungs-"Mechanik" eingesetzt werden (vgl. dazu ausführlicher Klimecki/Probst 1990, S. 45 f.).

Sinn läßt sich jedoch nicht „administrativ" erzeugen. Versuche dieser Art wirken vielmehr spätestens dann sogar kontraproduktiv, wenn der Modus dieser Vermittlung durchschaut wird (vgl. Habermas 1979, S. 99 sowie Hartfelder 1989, S. 148).

Aus einer entwicklungsorientierten Perspektive wird Kultur – im Gegensatz zu dieser mechanistischen Auffassung – als Fundament von Managementprozessen begriffen. Der Managementprozeß selbst wird als kultureller Lern- und Entwicklungsprozeß aufgefaßt. Alle Managementaktivitäten und -konzepte sind deshalb kultur-"imprägniert": Für die Anwender dieser Konzepte ergibt sich daraus die selbstkritische Aufgabe, die eigenen Wirklichkeitsinterpretationen und Hintergrundüberzeugungen zu reflektieren (vgl. Ulrich, P. 1984, S. 318). Wenn Kultur interaktiv aus dem System selbst heraus entsteht, so muß sie auch im System selbst hinterfragt werden können und änderungsoffen sein. Kultur geht also alle an! Eine bewußte Auseinandersetzung mit diesem Phänomen kann deshalb sinnvoll nur partizipativ erfolgen (vgl. Klimecki/Probst 1990, S. 61), sie muß alle Beteiligten argumentativ in diesen Prozeß miteinbeziehen (vgl. auch 3.2). Kulturgestaltung ist damit das Bereitstellen von Rahmen- und Prozeßbedingungen für die Wahrnehmung bzw. Interpretation von Kultur. Modelle zur Kulturgestaltung sollten deshalb Prozeß- und nicht Inhaltskonzepte sein, die Wege der kulturellen Bewußtseinswerdung für ein besseres Verständnis des Umgangs mit Kultur „moderieren". Hierbei sind Lernprozesse zu fördern, Experimente zu erlauben und Hindernisse für die Interpretation, das Verlernen und den Lerntransfer abzubauen (vgl. Klimecki/Probst 1990, S. 61).

Kulturbewußtes Management muß das spezifische Sinnstiftungspoten-

---

17 Somit läßt sich der in 2.1 beschriebene Prozeß der Entstehung intersubjektiv geteilter Wirklichkeitskonstruktionen gleichsam als Entstehungsprozeß einer Kultur beschreiben.

tial einer gemeinsam getragenen und gelebten Kultur angemessen und behutsam erschließen. Dies bedeutet zum einen Traditionspflege, also den reflektierten und zurückhaltenden Umgang mit dem traditionalen Fundament einer kulturellen Sinngemeinschaft, zum anderen die ständige konsensorientierte Aushandlung neuer Sinngehalte (vgl. Ulrich, P. 1984, S. 319 sowie Greipel 1988, S. 272 f.).

Kulturbewußtes Management ist immer auch verantwortlich für die vermittelten Sinngehalte. Diese müssen für den einzelnen aber auch für andere Systeme „verträglich" sein. Es geht also um einen reflektierten, ethisch fundierten Umgang mit Kultur, wobei der Prozeß der Kulturentwicklung kein Ende kennt und immer mit Gefahren und Risiken verbunden ist (vgl. Klimecki/Probst 1990, S. 62).

4.2 Heterarchie: Interaktionsspielräume der Handelnden

Die Selbstorganisationsperspektive verdeutlicht, daß Entwicklung nur von innen heraus, durch die eigene Dynamik des Systems erfolgen kann und sich aus einem interaktiven Wechselspiel der Teile ergibt. Damit geht ein neues Managementverständnis einher: Management ist „Eigenschaft des Systems", jeder Beteiligte ist (potentieller) Gestalter. Managementleistungen sind über das ganze System verteilt und nicht nur das Privileg professioneller Gestalter (Manager). Management findet permanent im gesamten System statt. Daraus folgt, daß entwicklungsfähige Systeme heterarchisch ausgestaltet sein müssen, um alle Entwicklungspotentiale eines sozialen Systems ausschöpfen zu können.

Hierarchische Strukturen suggerieren hingegen eine Beherrschbarkeit und Kontrollierbarkeit von sozialen Systemen, die es in komplexen Systemen nicht gibt. Dieser Irrtum fällt bei einfachen Problemstellungen allerdings am wenigsten auf. Im Umgang mit komplexen Umwelten und Problemen erweist er sich jedoch schnell als als fatal – weil kontraproduktiv; denn flexibles Agieren, eigenverantwortliches Handeln und das Herausbilden unterschiedlicher Sichtweisen werden blockiert. Vor allem mit Blick auf solche neuartigen und komplexen Aufgabenstellungen wird deutlich, daß Hierarchien sich funktional zu den jeweiligen Problemstellungen verändern lassen müssen. Diese „fluktuierenden Hierarchien" bezeichnen wir als Heterarchie.

„Heterarchien sind aus mehreren, voneinander relativ unabhängigen „Akteuren", „Entscheidungsträgern" oder „Potentialen" zusammengesetzte Handlungs- oder Verhaltenssysteme, in denen es keine zentrale Kontrolle gibt, sondern die Führung des Systems in Konkurrenz und Konflikt, in Kooperation und Dominanz, in Sukzession und Substitution sozusagen immer wieder neu ausgehandelt wird oder von

Subsystem zu Subsystem bzw. von Potential zu Potential wandert" (Bühl 1987, S. 242 in Anlehnung an Taschdjian 1981).

Dabei soll nicht verkannt werden, daß einer solchen Fluktuation auch Grenzen gesetzt sind. Formale und stabile Hierarchien sind z.B. für die Repräsentation des Systems unverzichtbar, und außerdem verlangen Gesetzesvorschriften nach einer eindeutigen und auch personell zurechenbaren Klärung der Verantwortlichkeiten.

Dies steht jedoch nicht im Widerspruch zur Idee der „fluktuierenden" Hierarchie. Denn die formale Hierarchie ist ja funktional in bezug auf die zuvor angesprochenen Probleme, und ebenfalls ist es funktional, diese Hierarchie dauerhaft zu konstruieren, da diese Konstanz z.B. aus rechtlicher Sicht erforderlich ist. Die Fluktuation sollte deshalb dort einsetzen, wo die Problemlage eine andere Hierarchie erfordert.

Zu erkennen, wann und wo dies der Fall ist und welche alternativen Hierarchien eingesetzt werden können, ist deshalb ein zentrales Gestaltungsproblem. Dies läßt sich umso besser lösen, je mehr Managementpotentiale freigesetzt werden, d.h. je mehr Management als eine Systemeigenschaft anerkannt wird.

Heterarchie bedeutet also nicht „Anarchie", sondern vielmehr, daß Verantwortungs- und Kompetenzbereiche sowie Kontrollinstanzen nur virtuell gegeben sind und sich je nach Gegebenheit der Umwelt oder Interaktionssituation verschieben (vgl. Bühl 1987, S. 242). Dies ist möglich, wenn soziale Systeme über ein hinreichendes Maß an Redundanz verfügen, so daß viele das gleiche tun können. Heterarchische Organisationen können auf ein „Berichtsystem" verzichten, das sich über mehrere Ebenen (z.B. Linienorganisation) erstreckt. Sie benötigen nur zwei Ebenen: die Ebene der Arbeitsteams und die der Koordination. Die Koordinationsebene stimmt die Ziele der einzelnen Arbeitsgruppen im Hinblick auf den Zweck des sozialen Systems ab und koordiniert unüberschaubare Interaktions- und Austauschprozesse.

Eine solche heterarchische Organisationsform ist auf die Prozesse (Interaktionen) ausgerichtet, die zwischen den einzelnen Systemteilen ablaufen. Aus entwicklungsorientierter Sicht gilt es deshalb, die Beziehungen zwischen den Teilen durch eine interaktive Ausrichtung des Handelns zu verbessern.

Diese interaktive Ausrichtung des Handelns umfaßt die Dimensionen: proaktiv, prosozial und partizipativ.

Proaktivität

Die proaktive Dimension betont die aktive vorausschauende Rolle, die Management bei der Gestaltung von Entwicklungsprozessen spielen muß. Pro-aktiv bedeutet zum einen, aktives und damit verantwortliches Handeln in und von sozialen Systemen zu unterstützen und zum anderen (in Anlehnung an die amerikanische Literatur) Umwelterwartungen an das eigene Handeln vorwegzunehmen und damit wieder auf die Erwartungen zurückzuwirken. Um proaktiv zu handeln, ist vernetztes Denken gefordert und ein hohes Problemlösungspotential notwendig, um auch bei unvorhergesehenen veränderten Bedingungen handlungsfähig zu sein. Proaktives Management betrifft dabei sowohl die substantielle, materielle als auch die geistig-sinnhafte, symbolische Dimension. Neben der Gestaltung von Strukturen, die eine hohe Varietät im Verhalten erlauben, müssen deshalb auch proaktive Orientierungsmuster (Sinnbezüge) geschaffen werden.

In diese Richtung argumentiert auch Morgan (1988), wenn er pro-aktives Management als den Vorgang beschreibt, Denkweisen in einem sozialen System in Richtung Aktivität zu entwickeln. Viele Organisationen begegnen der Zukunft mit an der Vergangenheit orientierten Methoden. Sie versuchen, sich einer Situation anzupassen, die sie selbst statisch definieren, und übersehen dabei, daß sich die Situation ständig weiterverändert und somit ihre reaktive Anpassung bereits wieder überholt ist (vgl. Morgan 1988, S. 28 sowie Ackoff 1981, S. 62). Somit gilt es zunächst, diese reaktive Einstellung zu verändern, z.B durch Antizipation und Frühwarnsysteme Indikatoren der Veränderung aufzugreifen und durch den Aufbau „unbestimmter" Verhaltenpotentiale aktiv am Veränderungsprozeß teilzuhaben. Pro-aktive Denkweisen sind deshalb auf Chancen und Möglichkeiten und nicht auf Risiken gerichtet. Veränderte Umweltsituationen werden als Lern- und Entwicklungschancen aufgefaßt, die dem System die Möglichkeit bieten, sich zu seiner Umwelt neu zu positionieren (vgl. Morgan 1988, S. 27 ff.).

Es wird deutlich, daß sich die interaktive Ausrichtung des Handelns nicht nur auf Interaktionen im System bezieht, sondern auch die Beziehungen zur Umwelt berücksichtigt. Entscheidend ist, daß keine einfachen Ursache-Wirkungsketten unterstellt werden können, sondern von Beziehungs-„Netzen" mit komplexen Feed-back- Schleifen auszugehen ist. Um die Beziehungen zur Umwelt aktiv gestalten zu können, müssen soziale Systeme sich immer wieder mit ihrer eigenen Zweckbestimmung und Identität aber auch mit den Erwartungen, Interessen und Wertvorstellungen ihrer Umwelt auseinandersetzen. In ähnlicher Weise spricht Morgan von einem „managing from the outside in", d.h. soziale Systeme benützen die Sichtweisen und Bedürfnisse ihrer „stakeholders" als Spiegel für ihre eigenen Stärken und Schwächen, um ihre eigene Position in der Umwelt immer wieder neu zu überdenken bzw. neu zu definieren. Eine „outside-in"- Perspektive veranlaßt soziale Systeme, grundlegende Fragen über Sinn und Zweck des Systems zu stellen, um sich selbst als Ganzheit besser zu begreifen (vgl. Morgan 1988, S. 33 ff.). Dabei ist allerdings zu beachten, daß aus der Tradition heraus gewachsene Sinnzusammenhänge oder bewährte Handlungsstrategien nicht einfach aufgelöst werden können, vielmehr ist ein „Balanceakt" zwischen aktiver Veränderung und dem „Konservieren" von Bewährtem erforderlich (vgl. Klimecki/Probst 1990).

Prosozialität

Sinn kann nicht von einzelnen Führungskräften stellvertretend für das ganze System entwickelt, sondern nur von allen Mitgliedern eines Systems immer wieder neu „ausgehandelt" werden. Dies erfordert eine prosoziale Gestaltung der Interaktionsprozesse. Erst wenn der einzelne sich in das Ganze integrieren kann, wenn ihn das „System" mit seinen Wünschen, Ängsten und Gefühlen als mündiges Subjekt akzeptiert, vermag er einen Sinnbezug zu seinem Handeln im System herstellen. Der Begriff Prosozialität wird von uns im Sinne der aus der angelsächsischen Literatur bekannten psychologischen Konzepte zum prosozialen bzw. hilfreichen Verhalten verwendet (vgl. Staub 1981; Lück 1975; Bierhoff 1980). Er bezeichnet alle positiven Formen des Sozialverhaltens (zwischenmenschlichen Verhaltens) (vgl. Lück 1975, S. 19).[18] Prosozialität betont die Qualität der interpersonalen Beziehung. Prosoziale Interaktionsprozesse sind von wechselseitiger fachlicher und personeller Akzeptanz, gegenseitigem Vertrauen und dem Willen zur Zusammenarbeit geprägt (Wunderer/Grunwald 1980, S. 105). Diese Toleranz gegenüber alternativen Sichtweisen und Auffassungen muß in der kollektiven Wirklichkeitskonstruktion enthalten sein, um institutionell wirksam werden zu können. Prosozialität erstreckt sich vor allem auf die konsensfähige Gestaltung der Arbeits- und Sozialbeziehungen. Sie ist einer kommunikativen Ethik verpflichtet.[19] Um dies zu erreichen, sind offene Kommunikationswege, partizipative Strukturen, hel-

---

18 Sozial bzw. social kann zum einen umgangssprachlich im Sinne von „karitativ" verstanden werden, zum anderen bedeutet sozial in den Sozialwissenschaften meist nichts anderes als „zwischenmenschlich". Um auf die letztere Bedeutung abzuheben, hat sich im Zusammenhang mit hilfreichem Verhalten in der englischen Literatur der Ausdruck „prosocial behavior" durchgesetzt, der entsprechend in den deutschen Sprachraum übernommen wurde.

19 Vgl. dazu auch die von P. Ulrich (1983, 1984 und 1986) entwickelte Idee eines konsensorientierten Managements sowie die Ausführungen in 3.1.

fendes solidarisches Verhalten, konstruktive Konfliktlösung, soziale Kompetenz usw. gefordert. Prosozialität vermittelt damit Offenheit und Vertrauen, so daß neue Sichtweisen akzeptiert und kommuniziert werden.

Partizipation

Prosozialität verweist zugleich auf die Partizipation als dritte Dimension einer interaktiven Ausrichtung des Handelns; denn prosoziale Arbeits- und Sozialbeziehungen können erst durch den Einbezug aller Beteiligten entstehen. Dabei kann es allerdings nicht um pseudo-partizipatorische Maßnahmen gehen, die die Mitarbeiter in einen weitgehend vorherbestimmten Entscheidungsprozeß einbinden und damit eine latente Instrumentalisierung partizipativer Prozesse zur „reibungsloseren" Durchsetzung bereits vorbestimmter Ziele vornehmen (vgl. Greipel 1988, S. 296 f.). Partizipation heißt vielmehr die von einer Entscheidung Betroffenen zu echten Beteiligten am Entscheidungsprozeß zu machen. Partizipation muß somit für den Einzelnen authentisch erfahrbar sein, d.h. er muß seine Bedürfnisse und Interessen artikulieren, Widerspruch erheben, die Entscheidungsregeln beeinflussen und zwischen verschiedenen Handlungsoptionen und Gestaltungsmustern wählen können (vgl. Kappler 1987, Sp. 1639 f. sowie Pieper 1988, S. 235). Zu fordern ist deshalb ein Kommunikationsprozeß, der eine symmetrische Verteilung der Chancen für alle Beteiligten erlaubt.[20] Da eine Chancengleichheit aller Beteiligten in der Regel nicht gegeben ist, müssen die immer wieder neu entstehenden Machtstrukturen zum Inhalt neuer Partizipationsbemühungen werden. Partizipation ist deshalb ein permanenter Prozeß (vgl. Kappler 1987, Sp. 1640 ff.). Dieses Verständnis von Partizipation macht deutlich, daß eine authentische Beteiligung aller Mitglieder eines sozialen Systems kein Ergebnis praktischer Realisierung darstellen kann, sondern vielmehr als regulative Idee aufgefaßt werden muß, die allen Gestaltungsinstrumenten Richtung weist.

---

20 Vgl. dazu etwa die von Habermas (1971, S. 136 ff.) aufgestellten Regeln zur Bestimmung einer „idealen Sprechsituation". Dabei ist natürlich klar, daß eine ideale Sprechsituation in der Praxis nicht gegeben ist und von daher nur als Regulativ für die „praktische" Ausgestaltung von Kommunikationsprozessen gelten kann.

4.3 Flexibilisierung: Auflösen starrer Kopplungsbeziehungen

Flexibilisierung ist die „Funktions"-Voraussetzung, um die Entwicklungsfähigkeit sozialer Systeme zu verbessern. Denn um das Verhaltensrepertoire und damit die Entwicklungschancen eines sozialen Systems zu erhöhen, bedarf es der Auflösung starrer Kopplungsbeziehungen. Starre Strukturen zeigen sich dabei nicht nur in detaillierten Stellenbeschreibungen, exakt definierten Verhaltensvorschriften und Arbeitszeiten oder „verkrusteten" Grundsätzen, sondern auch in den „Hinterkopftheorien" und impliziten Leitbildern. Flexibilisierung bedeutet deshalb auch die Suche nach neuen „theories-in-use" und nicht das „Verschlimmbessern" externer Steuerungs- und Kontrollmechanismen. Dies wiederum bedeutet eine Schaffung von Freiräumen, die alternative Sichtweisen und Handlungsmöglichkeiten nicht nur erlauben sondern auch herausfordern.

Somit fassen wir Flexibilisierung weiter als bisher in der Literatur üblich und beziehen auch die kognitive Ebene von sozialen Systemen ein. Flexibles Denken und Handeln erfordert das Reflektieren unterschiedlicher Wirklichkeitswahrnehmungen, um für unterschiedliche Sichtweisen offen sein zu können.

Insbesondere auf der kognitiven Ebene ist Flexibilität deshalb eine entscheidende Voraussetzung für organisationales Lernen. Denn die (in Punkt 2.3) unterschiedenen Lernniveaus erfordern auch unterschiedliche Niveaus an Flexibilität. „Single-loop learning" erfordert flexible Handlungsmuster, die es erlauben, alternative Lösungsmöglichkeiten für ein gegebenes Problem zu suchen und zu entwickeln. Mit Blick auf organisationales Lernen geht es um eine Verfeinerung der „theories-in-use", also um ein „Ausreizen" des vorliegenden Entwicklungsstandes. Flexibilität wird hierbei benötigt, um verschiedene Realisierungsstrategien einer „Gebrauchstheorie" erkennen und nutzen zu können. Auf der Ebene des double-loop learning geht es um die Entwicklung alternativer „theories-in-use" und damit um das Flexibilitätspotential, diese auch erzeugen zu können. Deutero-learning benötigt flexible Denk- und Steuerungsmuster, um Reflexionen über Lernprozesse initiieren und unterstützen zu können.[21]

---

21 Die hier aufgezeigten Formen der Flexibilität lassen sich, ähnlich wie bei Batesons Unterscheidung zwischen proto- und deutero-learning, als Flexibilität erster und zweiter Ordnung bezeichnen. Flexibilität erster Ordnung bezieht sich auf die Fähigkeit, alternative Problemlösungen bereitzustellen. Flexibilität zweiter Ordnung beschreibt den Prozeß der reflexiven Auseinandersetzung mit den eigenen „Flexibilisierungsfähigkeiten" (vgl. Klimecki 1987).

Das der Flexibilisierung zugrundeliegende Gestaltungsprinzip besteht in der Auflösung starrer (deterministischer) Kopplungsmuster.

Diese Auflösung kann sich dabei auf verschiedene Ebenen beziehen:

- Makroebene (z.B. Tarifverträge, die von materiellen Regelungen weitestgehend absehen und stattdessen die Normen bzw. Bedingungen für die Aushandlungsprozesse zwischen Arbeitnehmer und -geber bzw. deren Vertretern definieren)
- Mesoebene (z.B. dezentrale Organisationsformen, wie Profit-Center oder strategische Geschäftseinheiten, mit denen zentralistische Kopplungsmuster zugunsten einer „losen Kopplung" ersetzt werden)
- Mikroebene (z.B. Kopplung von Arbeits- und Betriebszeiten)

Flexibilisierung ist jedoch noch nicht erreicht, wenn „Ent"-kopplungsinstrumente bereitstehen. Vielmehr entsteht sie aus dem Umgang mit diesen Instrumenten, d.h. aus deren Anwendung und damit aus den (Wert-)Vorstellungen, aus denen heraus Instrumente entwickelt und eingesetzt werden. Flexibilisierung bedeutet deshalb die Wahrnehmung und Modellierung von Gestaltungsformen, die auf das Schaffen von Handlungsspielräumen, das Gewähren von Optionsmöglichkeiten, das Erkennen und Annehmen alternativer Handlungsmöglichkeiten gerichtet sind. Zudem wirken die hier aufgezeigten Kopplungsebenen wechselseitig aufeinander ein. Deshalb müssen die eingesetzten „Ent"-kopplungsmuster und -instrumente sowohl zur jeweiligen Gestaltungsebene passen als auch aufeinander abgestimmt sein.

Kopplungsambivalenzen

Mechanistische Konzepte gehen davon aus, daß sich eine optimale Ausrichtung aller Aktivitäten auf den Systemzweck nur durch enge (deterministische) Kopplung erreichen läßt. Wie bisher gezeigt wurde, ist diese Vorstellung immer weniger geeignet, relevante Systemprobleme zu lösen, da sie den Aufbau von Verhaltenspotentialen (und damit die Entwicklung) nachhaltig verhindert. Damit wäre ein völlig entkoppeltes System zugleich auch das entwicklungsfähigste, allerdings um den Preis seiner Identität. Denn völlig entkoppelte Systeme verlieren zwangsläufig auch jeglichen Handlungsbezug. Die interaktive Ausrichtung von Handeln und die Aufrechterhaltung eines gemeinsam geteilten Sinnbezugs erzeugen vielmehr immer auch Kopplungsmuster. Entkopplung ist für uns deshalb ein relativer Begriff, d.h. es müssen in einem sozialen System immer Kopplungsbeziehungen bestehen, nur müssen diese flexibel und grundsätzlich veränderbar sein. Wir verstehen unter Entkopplung deshalb „lose Kopplung“ (in Anlehnung an Weick 1982) und das Herausbilden alternativer Kopplungsbeziehungen, zwischen denen problemabhängig und durch die jeweils betroffenen Subsysteme/Arbeitsgruppen selbst optiert werden kann. Es geht also um „Kopplungsambivalenzen“, d.h. um das gleichzeitige Auflösen und Eingehen von Kopplungsbeziehungen. So lockert z.B. ein Profit-Center seine Kopplung an das Unternehmen und verstärkt die Kopplung an den Markt. Dies ist ein Prozeß, der, wenn überhaupt, nur mit hohen (ökonomischen und sozialen) Kosten rückgängig zu machen ist und der zugleich angepaßte neue (lose) Kopplungsmuster auf anderen Systemebenen nach sich ziehen muß.

Wir wollen im folgenden drei Arten von Kopplungsbeziehungen unterscheiden:

(1) Verfahrensbezogene Kopplungsmuster, die durch formale Verfahrensregeln bzw. Steuerungs- und Organisationsstrukturen gegeben sind.
(2) Zielbezogene Kopplungsmuster, die durch eine Festlegung von Zielen entstehen.
(3) Sinnbezogene Kopplungsmuster, die sich auf eine ideelle Ebene beziehen und durch geteilte unternehmenskulturelle Werte und Normen die Identität des Systems gewährleisten.

Die Auflösung von starren Kopplungsbeziehungen bedeutet, daß alle drei Arten von Kopplungsmustern hinreichend flexibel gestaltet sind, wobei je nach Problemsituation eine andere Zuordnung von Kopplungsformen möglich sein muß. In entwickelten Gesellschaften sind jedoch wohl nicht mehr alle Kopplungsebenen gleichwertig. So ist es wohl unzweifelhaft, daß die Bedeutung der Verfahrenskopplung grundsätzlich zurückgeht, da bei komplexen Problemsituationen nur ziel- und sinnbezogene Kopplungsmuster ein hinreichendes Maß an Verhaltensvarietät ermöglichen. Um in komplexen Situationen flexibel agieren zu können, ist es weder sinnvoll noch möglich, bei jeder sich neu stellenden Aufgabe immer wieder das Kopplungsmuster des gesamten Systems zu hinterfragen. Vielmehr müssen die zwischen den einzelnen Subsystemen/Arbeitsgruppen bestehenden Verknüpfungen ständig änderbar sein und es den Systemeinheiten ermöglichen, in den Arbeitsverfahren selbstbestimmend zu agieren (vgl. Orton/Weick 1990, S. 204).[22] Dies zeigen auch die Überlegungen und Ergebnisse von Perrow (1987), mit denen sich deutlich aufzeigen läßt, daß lose gekoppelte Systeme wesentlich besser in der Lage sind, Störungen im Betriebsablauf zu vermeiden oder mit „Unfällen“ umzugehen.

22 Wotschack (1985, 1987) spricht von kontrollierter Autonomie, d.h. erweiterte Dispositions- und Handlungsspielräume hinsichtlich der Arbeitsverfahren gehen in der Praxis einher mit veränderten betrieblichen Kontrollmechanismen, also etwa mit engeren ziel- und sinnbezogenen Kopplungsmustern.

Während verfahrensbezogene Kopplungsmuster für die Lösung komplexer Probleme weitgehend aufgelöst werden können, sind sinnbezogene Kopplungsmuster konstituierende Bestandteile eines sozialen Systems, so daß diese Kopplungsmuster für den Fortbestand des Systems notwendig sind und somit auch nicht unbeschränkt flexibilisiert werden können. Allerdings muß etwa eine „Sinn"-Kopplung so offen bleiben, daß jedes nachgeordnete System noch in der Lage ist, einen eigenständigen Sinn, d. h. eine eigene Identität zu entwickeln. Das heißt auf der System-Umwelt Ebene, daß ein System nur dann überleben kann, wenn es „sinnvoll" für seine Umwelt ist; zugleich muß es aber zu einer authentischen, d.h. nur für sich selbst gültigen Sinnkonstruktion fähig sein. Wenn als Beispiel die „Sinnvorgabe einer Gesellschaft" darin besteht, von allen Elementen einen positiven Beitrag zur gesellschaftlichen Entwicklung zu fordern, so muß es den Elementen (also z. B. den sozialen Systemen) möglich sein, autonom einen solchen sinnvollen Beitrag zu entwerfen und die eigenen Leistungen vor dem Hintergrund dieser gesellschaftlichen Sinnvorgaben zu reflektieren. Und auch innerhalb eines sozialen Systems ist es zwar einerseits notwendig, auf eine gemeinsame Kultur zurückzugreifen, andererseits zugleich aber genauso unerläßlich, daß einzelne Unternehmensbereiche eine eigenständige Kultur entwerfen können. Deshalb muß es akzeptiert werden, wenn etwa die Finanzabteilung eine andere Wirklichkeitskonstruktion des Systems entwickelt als die Marketingabteilung oder der Forschungs- und Entwicklungsbereich. Diesem Aspekt wird in der Managementdiskussion nur wenig Bedeutung beigemessen. Stärker diskutiert aber noch wenig realisiert wird dieses Problem für die Mikroebene. Hier zeigt sich, etwa am Beispiel der Diskussion um flexible Arbeitszeiten, daß die hierfür sinnvollen Organisationsformen stark von den individuellen Lebenskonzepten der Betroffenenen mitgeprägt werden müssen. Daraus läßt sich die Forderung nach differentiellen und optionalen Organisationsformen ableiten, die einerseits das Kulturelement „Leistung" betonen, es aber andererseits den arbeitenden Menschen auch ermöglichen, darin einen individuell unterschiedlichen Sinn zu sehen.

Entwicklungsbezogenes Management läßt diese Kopplungsambivalenzen *bewußt* werden und muß die Frage lösen, was, in welcher Weise, zu welchem Zweck, mit welcher Intensität miteinander zu „verkoppeln" bzw. zu „entkoppeln" ist. Die Leitidee ist dabei der Aufbau von flexiblen, d.h. losen und optionalen Kopplungsbeziehungen, die Wahlmöglichkeiten hinsichtlich der Selektion von Umwelteinflüssen und der Variation von Problemlösungsstrategien eröffnen. Dies bedeutet für ein Unternehmen z.B., daß es keine allgemeingültigen Regeln dafür gibt, ob es dem Umweltimpuls nach verbesserten Produkten auf alten Märkten oder etwa neuen Produkten auf neuen Märkten folgt oder vielleicht sogar die Geschäftstätigkeit ganz einstellt. Auch ist wohl kaum davon auszugehen, daß, wenn eine

Entscheidung für eine der drei vorgenannten Alternativen erfolgt ist, eine eindeutige Handlungsstrategie vorgegeben werden kann. Wie sich ein Unternehmen in einer solchen Situation verhält, hängt wohl vielmehr von den „Deutungsmustern" ab, mit denen Anreize wahrgenommen und Problemlösungen zugeordnet werden. Ist die Vielfalt dieser Deutungsmuster begrenzt, liegt also eine starke Kopplung vor, begrenzen sich auch die Entwicklungspotentiale, da ein System dann schnell an den „einen besten Weg" glaubt oder gar keine Handlungsalternativen mehr sieht. Managementkonzepte, die auf solchen Denkmustern beruhen, sind deshalb kritisch zu betrachten, da sie, gewollt oder ungewollt, wieder zum Denken in „deterministischen" Zusammenhängen zurückführen und damit den Blick für Alternativen verstellen können.[23]

Das Auflösen starrer Kopplungsbeziehungen (und damit Flexibilisierung) kann allerdings nicht um jeden Preis vorangetrieben werden. Flexibilisierung ist nicht Selbstzweck, sondern ein Mittel, um die Rahmenbedingungen für Entwicklung zu verbessern. So dürfte es zu einer Vielzahl von praktischen Problemen führen, wenn Entkopplung ohne Rücksicht auf den Reifegrad, den Entwicklungsstand eines Systems, vorangetrieben wird. Dazu abschließend zwei Beispiele:

- Aus systemischer Sicht: Der erfahrene und allseits anerkannte Krisenmanager, der zwar ein System radikal verändern („neu konstruieren") kann, aber beim Management von Entwicklungsprozessen versagt, weil er „das System überfordert".
- Aus individueller Sicht: Mit hohem Druck eingeführte Flexibilisierungsinstrumente (z.B. Arbeitsmodelle), die die Mitarbeiter überfordern, weil sie nicht zu deren Lebenskonzept, Motivation und Fähigkeit passen.

5 Zum Gestaltungsleitbild entwicklungsorientierter Management-Instrumente

Mit den zuvor dargestellten Gestaltungsperspektiven gewinnt auch die Fra-

23 Viele der neueren, auch populärwissenschaftlichen Managementkonzepte müssen sich diesen Vorwurf gefallen lassen, z.B. die Kulturkoordinaten von Deal/Kennedy (1982) oder die Systematik der Erfolgsfaktoren von Peters/Waterman (1982). Beide suggerieren, mit neuer Technik aber altem Denken, das Vorhandensein von solchen Determinismen; z.B. zwischen der Beschaffenheit der Umwelt und einer erfolgreichen Unternehmenskultur oder einer definierten Konstellation von Unternehmensstärken und dem Erfolg – dies alles vor dem Hintergrund einer äußerst fragwürdigen „empirischen Absicherung".

ge an Bedeutung, welche Anforderungen aus entwicklungsorientierter Sicht an Managementinstrumente zu stellen und welche Konsequenzen für deren Inhalte, Entwicklungs- und Anwendungsformen zu erwarten sind.

Mit den nachfolgenden Ausführungen soll ein Gestaltungsleitbild für entwicklungsbezogene Instrumente aufgezeigt werden. Wir verwenden den Begriff Instrumente in einem weitläufigen Sinne und bezeichnen damit Hilfsmittel, die im Rahmen von Managementprozessen eingesetzt werden können. Er umfaßt alle Interventionsformen, die sich für die Realisierung entwicklungsbezogener Gestaltungsziele „instrumentalisieren" lassen, also z.B. Leitbilder (Unternehmens-/Führungsgrundsätze), Organisationsmodelle, Methoden des Personalmanagements, Führungstechniken, Methoden der Organisationsentwicklung usw.

Mit Blick auf diese Beispiele scheint sich ein Widerspruch zu unseren bisherigen Ausführungen anzudeuten; denn mit den genannten Instrumenten wird vielfach, nicht zu Unrecht, „Machbarkeit" und „Machertum" assoziiert. Wir beabsichtigen jedoch nicht, an dieser Stelle ein Managementverständnis aufzugreifen, das wir bisher kritisierten.

Vielmehr scheint uns der „Sinn" einer Managementlehre auch und vor allem in ihrer Praxisverbundenheit zu liegen. Dies bedeutet, daß jede Managementlehre sich hinsichtlich ihres Praxisbezugs selbst reflektieren, d.h. auf sich selbst anwenden muß. Für ein entwicklungsorientiertes Managementverständnis folgt daraus, sich mit seinen Umsetzungs- und Anwendungsproblemen „interaktiv, sinnvermittelnd und ohne starre Kopplungsvorschriften" auseinanderzusetzen, um aufzuzeigen, wie es sich seine Realisierung vorstellen könnte.

Aus diesem Praxisbezug heraus ist die Auseinandersetzung mit Managementinstrumenten aus entwicklungsorientierter Sicht deshalb zwangsläufig, unvermeidbar und unerläßlich. Dabei kann es allerdings nicht darum gehen, einen fertigen „Instrumentenkasten" zu liefern, sondern es gilt vielmehr, ein „entwicklungsorientiertes Bewußtsein" dafür zu schärfen, welche Instrumente wir und „wie" wir diese einsetzen. Angestrebt wird also der reflektierte und kritische Umgang mit Instrumenten und nicht allgemein gültige Erfolgsrezepte oder Patentlösungen.[24]

Aussagen zum Entwicklungsbezug von Managementinstrumenten müßten zu folgenden Fragen Stellung nehmen:

---

24 Und wer, so Ulrich (1983, S. 82), solche Rezepte fordert, ist „im technokratischen Denken verfangen geblieben". Ein an solchen Lösungen orientiertes technokratisches Denken ist nicht nur ein Problem der Praxis, sondern gerade auch in der Managementlehre tief verwurzelt.

- Welche Anforderungen müssen Managementinstrumente erfüllen, um als „entwicklungsfreundlich" gelten zu können?
- Welche Regeln lassen sich für die Selektion solcher Instrumente aufstellen?
- Welche Instrumente sollten „verlernt" werden (z.B. aufgrund ihres technokratischen Theorie-Ursprungs oder einer langjährigen bürokratisch geprägten „Sozialisations-Praxis")?
- Worin besteht die Entwicklungsleistung der jeweils betrachteten Instrumente?
- Welche Regeln lassen sich für einen „entwicklungsfreundlichen" Anwendungprozess von Instrumenten aufstellen?

Wir wollen hier nur auf die erste Frage dieses Katalogs näher eingehen und die Grundzüge eines Gestaltungsleitbildes entwerfen, in dem sich die wichtigsten Elemente eines entwicklungsorientierten Managementverständnisses widerspiegeln lassen.

Dieses Leitbild plädiert primär für offene und dynamische Instrumente, die in einer gegebenen Problemlage flexibel einsetzbar sind und damit entwicklungsfähig bleiben. Damit unterscheiden wir uns grundsätzlich von der „klassischen" Leitidee, die technisch perfekt ausdifferenzierte und bürokratisch „feinversponnene", d.h. an umfassende Anwendungsregeln gebundene Instrumente präferiert. Auf diese Weise wird (vergeblich) versucht, das Risiko des „menschlichen Faktors" auszuschließen. Zugleich wird damit aber auch Entwicklung verhindert.

Ein entwicklungsorientiertes Gestaltungsleitbild geht im Gegensatz zu dieser klassischen Auffassung davon aus, daß Instrumente

1. einen Kontext schaffen müssen, in dem Selbstentwicklung nicht nur möglich ist, sondern gefördert und vielleicht sogar initiiert werden kann
2. nicht isoliert sondern gesamthaft, d.h. „aufeinander bezogen" ausgestaltet werden müssen
3. Handlungsspielräume gewähren müssen, die es ihren Anwendern erlauben, sie interaktiv weiterzuentwickeln und auszudifferenzieren.

ad 1) Förderung der Selbstentwicklung

Wie aufgezeigt, gehen wir davon aus, daß Entwicklung ausschließlich selbstinitiativ erfolgen kann. Dies gilt sowohl für die Persönlichkeits- als auch für die Systementwicklung. Entwicklungsbezogene Instrumente haben deshalb ausschließlich Förderungscharakter. Sie können keine Verantwortung dafür übernehmen, ob Entwicklung stattfindet oder nicht. Diesen Förderungsauftrag erfüllen sie primär durch:

- Schaffen von Rahmenbedingungen, in denen Entwicklungsprozesse begünstigt werden. Dies kommt z.B. in einem Verzicht auf überzogene Fremdkontrolle und Verfahrensvorgaben oder durch das Bereitstellen institutionalisierter Freiräume für Kommunikationsprozesse zum Ausdruck.
- Definition von Entwicklungsgrenzen, Aufzeigen von Entwicklungs-"Pfaden" und frühzeitiges Ausgrenzen negativer Begleit- oder Folgeerscheinungen der Entwicklung. Dies kann z.B. über die Definition von Zielen, die Ausarbeitung von Ausnahmeregeln oder eine themenzentrierte Ausrichtung von Instrumenten (etwa zielgruppen- oder problemorientierte Personalentwicklung) angestrebt werden.
- Hilfestellungen bei der Analyse von Entwicklungssituationen und Freisetzen von Entwicklungsimpulsen. Hier ist z.B. an „Coaching-Konzepte" zu denken, mit denen eine gemeinsame Situationsanalyse sowie eine konsensuelle Erarbeitung von Entwicklungsschritten im Rahmen von Führungsprozessen unterstützt werden kann.
- „Sanften" Außendruck zur Initialisierung von Entwicklungsprozessen. Dieser Aspekt dürfte sich in der Managementpraxis als ein diffiziles Balanceproblem erweisen. Eine solche Gratwanderung kann beispielhaft im Zusammenhang mit kulturbezogenem Management aufgezeigt werden: Leitbilder erfüllen hier die wichtige Funktion, grundlegende Normen als Verhaltensregulative herauszuarbeiten. Und je stärker deren Verbindlichkeit (z.B. durch entsprechende Personalbeurteilungssysteme) unterstützt wird, desto mehr üben sie auch einen Außendruck aus. Das heißt jedoch nicht, daß sie eine „Zwangsjacke für kulturgeknechtete Helden" darstellen müssen, wie es manche populärwissenschaftliche Managementbücher nahezulegen scheinen.

ad 2) Integration zu „Instrumenten-Netzwerken"

Ein weiteres Element des Leitbildes bezieht sich auf ihre „aufeinanderbezogene", integrative Ausgestaltung. Aus dieser Vernetzungsidee lassen sich verschiedene Anforderungen ableiten. Insgesamt geht es um eine aktive Berücksichtigung und bewußte Gestaltung von Wechselwirkungen zwischen Instrumenten mit dem Ziel, ein „Gesamtpaket" zu schnüren, das Entwicklungsprozesse bestmöglichst unterstützt.

Dazu kann im einzelnen auf die folgenden Integrationsnotwendigkeiten verwiesen werden.

Die ziel-/problembezogene Vernetzung
Entwicklungsfördernde „Instrumentenpakete“ sollten sich auf abgrenzbare Ziel- und Problemfelder beziehen. Nehmen wir als Beispiel die Auswahl und Förderung von Führungsnachwuchskräften. In der Praxis geschieht dies, zumindest in größeren Unternehmen, immer häufiger auf Basis interner Assessment-Center. Ohne Zweifel besitzt dieses Instrument, „richtig“ angewandt, eine vergleichsweise große Validität. In der Praxis besteht jedoch die Gefahr, daß die verfolgten Auswahl- und Förderungsziele aufgrund mangelnder Vor-/Nachbereitung sowie Vernetzung mit anderen konfigurierenden Instrumenten nicht erreicht werden. Folgende Gründe sind hierfür denkbar:

- Die Beurteilungsinstrumente, die zur Vorselektion von Assessment-Center-Teilnehmern eingesetzt werden, geben keine zuverlässige Auskunft über die Leistungspotentiale.
- Die Entwicklungsinstrumente, mit denen die Ergebnisse von Assessment-Centern aufgearbeitet werden könnten, liegen nicht vor oder sind nicht angepaßt.
- Für die mit Hilfe eines Assessment-Centers ermittelten „Stars“ stehen keine adäquaten Anreizinstrumente zur Verfügung.

Diese Probleme verschärfen sich zusätzlich, wenn Assessment-Center „von der Stange“ gekauft werden und damit zu wenig am Reifegrad und den Zukunftsanforderungen des jeweiligen Anwenders angepaßt sind. Dies dürfte u.a. auch die Wahrscheinlichkeit erhöhen, daß Selektionsentscheidungen getroffen werden, die mit den Ergebnissen solcher Assessment-Center nicht in Einklang stehen. Hier wäre etwa die „Vernetzung“ mit Methoden der Organisationsentwicklung sinnvoll: In einem Selbstentwicklungsverfahren könnten dazu sowohl die Akzeptanz von Assessment-Center als auch das „organisationale Lernen“ im Umgang mit diesem Instrument verbessert werden.

Organisational zu lernen wäre dann z.B. auch, soziale Rangfolgen mit Stigmatisierungseffekten für die Verlierer zu vermeiden, von denen vielfältige kontraproduktive Effekte für die Selbstentwicklung auf der Individual- und Systemebene ausgehen dürften. Diese lassen das Instrument insgesamt als fragwürdig erscheinen.

Ziel-/problembezogene Vernetzung erfordert deshalb, das jeweils vorliegende Problem möglichst „gesamthaft“ abzugrenzen und alle zur zielgerechten Problemlösung notwendigen Instrumente aufeinander abzustimmen.

Vernetzung von Gestaltungsebenen
Dieser Vernetzungsschritt bezieht sich auf die vertikale Integration von Instrumenten. Ziel ist eine *gleichartige Ausrichtung* z.B. organisations-, personal- und führungsbezogener Instrumente. Dieses Thema wird in der Managementlehre bereits seit langem bearbeitet. Beispiele hierfür bilden etwa Führungskonzepte wie das Management by Objectives, in denen eine Integration der vorgenannten Instrumente gefordert wird. Aus entwicklungsbezogener Sicht sind solche Integrationsforderungen jedoch zweischneidig. Zum einen gehen sie häufig von technokratischen Steuerungsvorstellungen aus, und zum anderen können sie schon allein deshalb kontraproduktiv wirken, weil und wenn sie viele Fremdentwicklungsimpulse enthalten. Unsere Empfehlung richtet sich deshalb nicht auf eine formale Integration, etwa im Rahmen von „Management by..." Konzepten, sondern auf eine Angleichung von Gestaltungsleitbildern auf den verschiedenen Gestaltungsebenen. Daß diese „Harmonisierung" ein praktisches Problem darstellen kann, läßt sich am Beispiel des Instruments „Führungsgrundsätze" illustrieren.

So wird in der Präambel der Führungsgrundsätze etwa Partizipation, Flexibilität und Orientierung an Mitarbeiterinteressen gefordert. Diese Forderungen werden dann z.B. durch Rechte und Pflichten von Vorgesetzten und Mitarbeitern beim Einsatz der Führungsinstrumente Zielvereinbarung, Delegation, Personalförderung konkretisiert. Vergleicht man diese Regelungen jedoch mit den vorgenannten Grundwerten, läßt sich häufig feststellen, daß die grundgesetzähnlichen Forderungen nach Partizipation und Prosozialität in diesen konkreten Regeln nicht mehr wiederzufinden sind. Zusätzlich liefern interne Führungshandbücher vielleicht auch noch umfangreiche Ausführungsbestimmungen, so daß eine flexible Anwendung von Grundsätzen und Regeln kaum Realisierungschancen besitzt (vgl. hierzu Wunderer/Klimecki 1990).

Wie das Beispiel zeigt, passen auch innerhalb eines geschlossenen Instrumentenpakets die Steuerungsphilosophien der einzelnen Bestandteile nicht zwangsläufig zueinander. Ähnliche Beispiele lassen sich auch für andere Managementinstrumente aufzeigen. Verwiesen sei hier etwa auf modernere Konzepte der dezentralen Organisation (etwa strategische Geschäftsfeldeinheiten). Innerhalb der dezentralen Einheiten kann es z.B. zu einer Rückkehr zu autoritären Führungsformen und damit zu einer „Umkehr" der eigentlichen Gestaltungsidee kommen, da die Einheiten aufgrund ihrer geringen Größe und relativen Autonomie „personenzentrierte" Führungsformen erleichtern, wie sie etwa aus Klein- und Mittelunternehmen bekannt sind.

Aufbau „instrumenteller Redundanz"
Die beiden zuvor skizzierten „Netzwerke" sollten durch ein drittes ergänzt werden. Dieses muß sicherstellen, daß jedes einzelne Instrument auf möglichst viele Merkmale der in Kapitel 3 ausgeführten Gestaltungsperspektiven ausgerichtet wird. Es geht also um instrumentelle Redundanz. Im Idealfalle wäre demnach zu fordern, daß jedes Instrument interaktives Handeln fördert, Sinnbezüge vermittelt und Heterarchien begünstigt. Dies wird in der Praxis und im konkreten Einzelfall nicht möglich sein, kann aber trotzdem als Prüfstein für die Entwicklung und den Einsatz von Instrumenten angesehen werden. Dazu das folgende Beispiel: Mit dem Einsatz von Qualitätszirkeln wird insbesondere versucht, interaktives Handeln zu realisieren. Dies kann allerdings nur dann gelingen, wenn gleichzeitig das umfassendere arbeitsorganisatorische Umfeld darauf abgestimmt ist. So müssen etwa die Arbeitsgruppen über ein hinreichendes Maß an Autonomie verfügen und heterarchisch ausgestaltet sein. Als Fazit ist demnach festzustellen, daß die Gestaltungsimpulse von Instrumenten in bezug auf die jeweils verfolgte Gestaltungsperspektive aufeinander abzustimmen sind, d.h. redundante Gestaltungsimpulse beinhalten.

ad 3) Interaktive Ausgestaltung von Instrumenten

Wir haben aufgezeigt, daß Instrumente Entwicklungsprozesse fördern oder hemmen können, aber selbst keine Entwicklungsleistung erbringen. Diese wird vielmehr durch einen adäquaten Einsatz der „richtigen" Instrumente motiviert, laufend unterstützt und „in Form" gebracht. Die Frage ist jedoch, was sind die richtigen Instrumente und wie werden sie adäquat eingesetzt?

Auf diesen Problemzusammenhang bezieht sich das dritte hier zu diskutierende Element des Gestaltungsleitbildes entwicklungsbezogener Instrumente.

Interaktive Ausgestaltung der Instrumente bedeutet, das Konzept der Selbstentwicklung in die Instrumente hineinzutragen. Denn wir gehen davon aus, daß dieses Ziel insbesondere durch interaktives Handeln bei der Entwicklung, Einführung und dynamischen Veränderung von Instrumenten erfüllt werden kann.

Anders ausgedrückt: Die zuvor dargestellten beiden Vernetzungsleistungen können nur dann erbracht werden, wenn die Bedingungen der Selbstentwicklung auch auf die Instrumente selbst angewandt werden. Wie dies geschehen kann, wird etwa von Konzepten der Organisationsentwicklung aufgezeigt. Die hier üblicherweise eingesetzten Interventionstechniken und Entwicklungsprozeduren sind bekannt und sollen nicht näher erläutert werden. Einige Grundanforderungen sind jedoch aufzuführen:

- Die Instrumente sollten lediglich in Form von Rahmenvergaben ausgestaltet sein, damit eine differenziertere Ausgestaltung problemorientiert und vor Ort durch die Anwender selbst erfolgen kann. „Verfahrensregeln" sollten sich auf Definitionen von Anwendungsgrenzen und Ausnahmeregelungen für „unerwünschte" Fälle beschränken.
- Die Instrumente haben keine endgültige Form, sondern befinden sich in einem veränderbaren Fließgleichgewicht. Sie lassen sich damit von ihren Anwendern auf ein bestimmtes Problem oder die jeweils aktuellen Rahmenbedingungen „feinabstimmen". So kann eine „dynamische Delegation" z.B. flexibel auf den Reifegrad von Mitarbeitern, auf Arbeitsgruppen oder Einzelstellen, auf das Ziel „Arbeitsbereicherung" oder „training on the job" ausgerichtet werden.
- Auch die Zusammenstellung eines Instrumentenbündels wird problemspezifisch in der Anwendungssituation selbst geschehen müssen. Dazu sind differentielle Lösungen mit Optionsspielräumen notwendig; es darf also nicht vorgeschrieben werden, daß bestimmte Probleme nur mit bestimmten Instrumenten zu lösen sind. Vielmehr müssen Arbeitsgruppen die Möglichkeit haben, selbst bei gleichartigen Problemen durchaus unterschiedliche Instrumente einsetzen und auch wieder abwählen zu können.[25]
- Aus entwicklungsorientierter Perspektive kommt auch dem Gestaltungsleitbild selbst eine besondere Bedeutung zu. Damit die zuvor genannten Schritte realisiert werden können, ist es deshalb notwendig, dieses Leitbild ebenfalls interaktiv zu erarbeiten und anwendungsspezifisch zu präzisieren. Hier dürfte auf die Führungskräfte eine wichtige und auch neuartige Aufgabe zukommen, bei der es nicht mehr darum geht, den vordefinierten Einsatz eines Instrumentes (z.B. mit Hilfe einer Checkliste) zu überprüfen. Vielmehr ist es das Ziel, gemeinsam mit allen Anwendern ein „nützliches" Instrument auszuwählen, dies anwendergerecht, aber in Übereinstimmung mit dem Gestaltungsleitbild auszugestalten und für dessen ständige Weiterentwicklung zu sorgen. Damit ist immer auch das Problem des Lernens angesprochen, und zwar in der Variante des „Verlernens" (z.B. des Harzburger Modells), des Lernens (d.h. der interaktiven Ausgestaltung des Erarbeitungsprozesses) sowie auch des „Lernen lernens" (d.h. der Reflexion dieses Erarbeitungsprozesses und der Eva-

---

25 Diese Forderung wird in Arbeitspsychologie und Managementlehre bereits erhoben mit Konzepten der differentiellen Arbeitsgestaltung (Ulich 1985) oder individuellen Organisation (Schanz 1985) (allerdings in einem anderen Problemzusammenhang).

luation von Nützlichkeit und Anwendungsfreundlichkeit eines Instruments).

Abschließend soll noch einmal hervorgehoben werden, daß Management-Instrumente aus entwicklungsorientierter Sicht keine „Technokratisierung" von Entwicklungsprozessen anstreben. Sie sollen „nur" günstige Voraussetzungen schaffen. Entwicklung ist hingegen vielmehr von ständiger „geistiger" Bereitschaft und Flexibilität aller Beteiligten abhängig, Lernprozesse aktiv zu gestalten.

6 Anmerkungen zum „Entwicklungsstand" einer entwicklungsbezogenen Managementlehre

Mit den folgenden Anmerkungen werden zwei Absichten verfolgt:

- Wir wollen die wesentlichen Argumentationslinien dieses Beitrags nochmals kurz nachzeichnen. Dabei sollen, über eine Zusammenfassung hinausgehend, einige weiterführende Schlußfolgerungen und Interpretationen zur Entwicklungsfunktion der Managementlehre aufgezeigt werden.
- Außerdem sollen im zweiten Schritt ausgewählte Konsequenzen dieses Ansatzes für die Managementforschung skizziert werden.

Ziel dieses Beitrages ist es aufzuzeigen, wie Wandel und Veränderung durch Managementleistungen in Entwicklungsprozesse transformiert werden können. Dazu haben wir Basiskonzepte identifiziert, mit deren Hilfe ein entwicklungsorientiertes Verständnis der Managementlehre herausgearbeitet werden kann:

- Die Konstruktion von „Entwicklungsmöglichkeiten" übernimmt hierbei die Funktion, aus der Vielfalt von Wandlungsprozessen und diskontinuierlich erscheinenden Veränderungen eine Auswahl zu treffen, sie hinsichtlich ihrer Bedeutung für das System zu interpretieren und ihnen somit Sinn zu verleihen. Erst durch diese „Konstruktion" wird es möglich, in der Veränderung die Entwicklung zu erkennen. Bei der Konstruktion von Wirklichkeiten geht es deshalb darum, einen Standpunkt zu gewinnen, zu „konstruieren", der Entwicklung in der Veränderung erlaubt. Da Entwicklung immer nur in Form von Selbstentwicklung möglich ist, können solche Prozesse nur „selbstorganisierend" erarbeitet werden. Dabei ist die Lernfähigkeit (single-, double- und deutero-learning) Voraussetzung, „Einsicht in das Selbst" zu nehmen, dieses „Selbst" in Frage zu stellen und weiterzuentwickeln.
- Die Gestaltungsperspektiven des entwicklungsbezogenen Managements

sind dann darauf ausgerichtet, in und mit solchen Entwicklungsprozessen eine Identität des Ganzen aufrechtzuerhalten oder neu zu schaffen, d.h. Möglichkeiten zu finden, den Handlungen in einem System Sinn zu geben, sie zu „binden". Dies scheint uns nur möglich, wenn im Zuge veränderlicher, fluktuierender Hierarchien (immer wieder) Interaktionsspielräume eröffnet werden, in denen Handlungen aufeinander bezogen werden können. Dieses Öffnen und „ständige Offenhalten" von Interaktionsspielräumen erfordert Flexibilität – allerdings nicht im Sinne der völligen Entkopplung, denn damit würde sich ein System auch von seiner Identität, von seinem Sinn abkoppeln und damit auflösen. Vielmehr geht es darum, durch veränderliche Kopplungsmuster Interaktionsspielräume auszuweiten und auch neue Sinnbezüge des Handelns zu ermöglichen.

– Damit ändert sich nicht zuletzt auch das Gestaltungsleitbild für die Hilfsmittel oder Instrumente, mit denen Managementaktivitäten „verwirklicht" werden.

Wenn wir diesen Beitrag mit Anmerkungen zu einigen Konsequenzen dieser entwicklungsorientierten Managementvorstellungen abschließen, dann deshalb, weil die sich mit diesem Konzept verbindenden Forschungs- (und „Praxis"-)Lücken unübersehbar sind.

Am Beispiel von drei (nach subjektiver Wichtigkeitseinschätzung) ausgewählten Problembereichen wollen wir solche Lücken verdeutlichen und damit nicht zuletzt auch Perspektiven für weitere Forschungsaktivitäten aufzeigen.

Konzeptionelle Grundlagen einer entwicklungsorientierten Managementlehre

Die zuvor vorgestellten Basiskonzepte sind weitgehend außerhalb der Managementlehre entwickelt worden. Überlegungen, wie man die Ergebnisse dieser Forschung für das entwicklungsorientierte Gestalten und Lenken von Systemen nutzbar machen kann, stehen noch am Anfang. Die Managementlehre erarbeitet sich diese Konzepte häufig assoziativ und greift auf Analogien aus dem naturwissenschaftlichen Bereich zurück. Die „Tragfähigkeit" solcher Analogien wird – mit Blick auf den gegenwärtigen Stand der sozialwissenschaftlichen Diskussion sicher nicht zu unrecht – gelegentlich scharf kritisiert (vgl. Mayntz 1990). Dies gilt z.B. auch für das Basiskonzept des Konstruktivismus sowie für die Theorie selbstorganisierender Systeme. Mit dem dritten von uns herangezogenen Basiskonzept, dem „Lernen", beschäftigt sich die Managementlehre zwar bereits seit längerer Zeit, dennoch sind auch hier einige grundsätzliche Probleme nach wie vor ungelöst. Die Fragen, wodurch sich institutionelles von individuellem Lernen unterscheidet, welche Einflußgrößen auf der individuellen und kollektiven Ebene jeweils wirksam sind und wie man diese erfassen und bewerten kann, sind nach wie vor aktuell.

Empirisch-methodische Probleme

Gerade das Problem des kollektiven Lernens deutet auch auf forschungsmethodische Lücken hin. Die Fragen, was lernt ein System, wie lernt ein System, wie lassen sich kollektive Wissensbestände messen und bewerten, sind mit den in der Managementlehre üblichen empirisch-methodischen Instrumentarien nur schwer zu erfassen. Adäquate Forschungsmethoden wie soziale Netzwerkanalyse, cognitive mapping, narrative Interviews finden in der Managementlehre bislang nur wenig Verwendung und sind auch noch wenig entwickelt.

Das Theorie-Praxis Problem

Die entwicklungsorientierte Managementlehre ist eine Konstruktion unter mehreren. Sie unterscheidet sich u.a. auch von den Konstruktionen einer entwicklungsorientierten Managementpraxis. Dies ist unvermeidlich und notwendig. Unvermeidlich deshalb, weil „Wissenschaft" und „Praxis" unterschiedliche Systeme mit verschiedenartigen Sinnreferenzen sind und auch nur sein können. Notwendig deshalb, weil beide Systeme offensichtlich in einer Art „Sinn-Symbiose" leben und somit füreinander (unverzichtbar) nützlich sind. Diese Nützlichkeit kann allerdings nur dann „spielen", wenn man beiden Systemen läßt, was ihre Identität ausmacht. „Sinnvoll" ist deshalb weder eine „Praxeologisierung" der Wissenschaft noch eine „Verwissenschaftlichung" der Praxis, sondern vielmehr ein Zusammenfließen unter gegenseitiger Beachtung und Achtung der Grenzen.

Wenden wir dabei, wie an anderer Stelle bereits angedeutet, die entwicklungsorientierte Managementlehre auf sich selbst an, so bedeutet dies wohl u.a., die interaktive Ausrichtung des Theorie-Praxis-Austausches zu intensivieren und qualitativ zu überdenken. Dabei kann man vielleicht wenigstens in einem Punkt eine gemeinsame Ausgangsbasis erkennen: Managementwissenschaftler werden in ihrem eigenen Arbeitszusammenhang immer mehr auch zu Managementpraktikern[26], und Managementpraktiker erleben sich in einer zunehmend kommunikationsoffeneren Zeit vielleicht

26 Was nicht selten beklagt wird. Doch warum eigentlich? Denn schließlich haben wir ja nur die Praxis, die wir haben.

auch immer mehr als „Theoretiker“, etwa indem ihre Hinterkopftheorien verstärkt hinterfragt und „ans Tageslicht“ befördert werden und in ihrer Sinnhaftigkeit zur Disposition stehen.

Vielleicht ist es für ein verbessertes wechselseitiges Verständnis auch förderlich, wenn wir davon ausgehen, daß Manager wie Wissenschaftler auch „konstruktivistisch“ arbeiten – vielfach wohl ohne sich dessen bewußt zu sein oder sein zu wollen. Vielmehr glauben sie oder geben sie vor, anhand objektiver Kriterien rational zu handeln. Gleichzeitig verfolgen sie jedoch mit Charisma, überzeugtem und überzeugendem Engagement und großer Energie die Verwirklichung ihrer Konstruktionen. Anders ausgedrückt, sie versuchen, andere von ihren Wirklichkeitskonstruktionen zu überzeugen, sei es nun im Sinne der „herrschenden Praxis“ oder der „herrschenden Lehre“.

Welche Konsequenzen, so kann abschließend gefragt werden, können sich daraus für ein „interorganisationales Lernen“ zwischen Theorie und Praxis ergeben?

Literaturverzeichnis

Ackoff, R.L. (1981): Creating the Corporate Future. New York.

Argyris, C. (1985): Strategy, Change and Defensive Routines. London.

Argyris, C. (1987): Wenn Manager nicht offen miteinander reden. In: Harvard Manager (2), S. 7-10.

Argyris, C. (1990): Overcoming Organizational Defenses. Boston.

Argyris, C./Schön, D. (1978): Organizational Learning: A Theory of Action Perspective. Reading (Mass.).

Bandura, A. (1979): Sozial-kognitive Lerntheorie. Stuttgart.

Bateson, G. (1988): Ökologie des Geistes. 2. Aufl. Frankfurt a.M.

Becker, H./Langosch, I. (1986): Produktivität und Menschlichkeit. 2. Aufl. Stuttgart.

Bennis, W./Nanus, B. (1985): Leaders. The Strategies for Taking Charge. New York.

Berger, P./Luckmann, T. (1987): Die gesellschaftliche Konstruktion der Wirklichkeit. Neue Aufl. Frankfurt a.M.

Bierhoff, H. (1980): Hilfreiches Verhalten. Darmstadt.

Bigelow, J.D. (1978): Evolution in Organizations. Case Western Reserve University. Cleveland, Ohio.

Boudon, R. (1979): Widersprüche sozialen Handelns. Darmstadt.

Bower, G.H./Hilgard, E.R. (1983): Theorie des Lernens I. 5.Aufl. Stuttgart.

Bühl, W.L. (1987): Grenzen der Autopoiesis. In: Kölner Zeitschrift für Soziologie und Sozialpsychologie 39, S. 225-254.

Campbell, D.T. (1969): Variation and Selective Retention in Socio-Cultural Evolution. In: General Systems (14), S. 69-85.
Cyert, R./March, J. (1963): A Behavioral Theory of the Firm. Englewood Cliffs, New Jersey.
Daft, R./Huber, G. (1987): How Organizations Learn: A Communication Framework. In: Dittomaso, N./Bacharach, S. (Hrsg.): Research in the Sociology of Organizations 5. London, S. 1-36.
Deal, T./Kennedy, A. (1982): Corporate Cultures. Reading (Mass.).
Dörner, D./Kreuzig, H.W./Reither, F./Ständel, T. (Hrsg.)(1983): Lohhausen: Vom Umgang mit Unbestimmtheit und Komplexität. Bern/Stuttgart/Wien.
Dörner, D. (1989): Die Logik des Mißlingens. Reinbeck bei Hamburg.
Duncan, R./Weiss, A. (1979): Organizational Learning: Implications for Organizational Design. In: Staw, B. (Hrsg.): Research in Organizational Behavior. Greenwich, Connecticut.
Dyllick, T. (1984): Zum Begriff des Sinns. In: Ulrich, H./Malik, F./Probst, G./Semmel, M./Dyllick, T./Dachler, P./Walter-Busch, E. (Hrsg.): Grundlegung einer allgemeinen Theorie der Gestaltung, Lenkung und Enwicklung zweckorientierter sozialer Systeme. Diskussionsbeiträge des Instituts für Betriebswirtschaft (4). St. Gallen, S. 163-175.
Dyllick, T./Probst, G. (1983): Lebensgrundlagen und Werthaltungen im Wandel. In: Siegwart, H./Probst, G. (Hrsg.): Mitarbeiterführung und gesellschaftlicher Wandel. Bern.
Fiol, C.M./Lyles, M.A. (1985): Organizational Learning. In: Academy of Management Review 10, S. 803-813.
Foerster, H. von (1988): Das Konstruieren einer Wirklichkeit. In: Watzlawick, P. (Hrsg.): Die erfundene Wirklichkeit. 5.Aufl. München, S. 39-60.
Frankl, V. (1979): Der Mensch vor der Frage nach dem Sinn. München.
Gebert, D. (1974): Organisationsentwicklung. Stuttgart.
Gharajedaghi, J./Ackoff, R. (1985): Mechanistische, organismische und soziale Systeme. In: Probst, G./Siegwart, H. (Hrsg.): Integriertes Management. Bern, S. 281-298.
Glaserfeld, E. von (1988): Einführung in den radikalen Konstruktivismus. In: Watzlawick, P. (Hrsg.): Die erfundene Wirklichkeit. 5.Aufl. München, S. 16-38.
Gomez, P./Probst, G. (1987): Vernetztes Denken im Management. In: Die Orientierung (89). Bern.
Greipel, P. (1988): Strategie und Kultur. Bern.
Habermas, J. (1971): Vorbereitende Bemerkungen zu einer Theorie der kommunikativen Kompetenz. In: Habermas, J./Luhmann, N. (Hrsg.): Theorie der Gesellschaft oder Sozialtechnologie. Frankfurt a.M., S. 101-141.
Habermas, J. (1979): Legitimationsprobleme im Spätkapitalismus. 5. Aufl. Frankfurt a.M.
Hannan, M.T./Freeman, J. (1977): The Population Ecology of Organizations. In: American Journal of Sociology 82, S. 929-964.
Hartfelder, D. (1989): Unternehmen und Management vor der Sinnfrage. Diss. St. Gallen.
Hedberg, B. (1981): How Organizations Learn and Unlearn. In: Nystrom, P./Starbuck, W. (Hrsg.): Handbook of Organizational Design 1. Oxford, S. 3-27.

Kappler, E. (1987): Partizipation und Führung. In: Kieser, A./Reber, G./Wunderer R. (Hrsg.): Handwörterbuch der Führung. Stuttgart, Sp. 1631-1647.
Kilmann, R./Covin, T. (1989): Corporate Transformation. 2.Aufl. San Francisco.
Kimberly, J./Quinn, R. (Hrsg.)(1984): New Futures. Homewood, Illinois.
Klimecki, R. (1985): Laterale Kooperation. Bern.
Klimecki, R. (1987): Management flexibler Arbeitssysteme. In: Die Unternehmung 41, S. 341-352.
Klimecki, R./Probst, G. (1990): Entstehung und Entwicklung der Unternehmungskultur. In: Lattmann, C. (Hrsg.): Die Unternehmenskultur. Heidelberg, S. 41-65.
Kubicek H./Lenck, H.G./Wächter, H. (1979): Organisationsentwicklung. In: Gruppendynamik 10, S. 297-318.
Levy, A./Merry, U. (1986): Organizational Transformation. New York.
Lück, H. (1975): Prosoziales Verhalten. Gießen.
Luhmann, N. (1971): Sinn als Grundbegriff der Soziologie. In: Habermas, J./Luhmann, N. (Hrsg.): Theorie der Gesellschaft oder Sozialtechnologie. Frankfurt a.M., S. 25-100.
Malik, F. (1979): Die Managementlehre im Lichte der modernen Evolutionstheorie. In: Die Unternehmung 33, S. 303-316.
Malik, F. (1983): Zwei Arten von Managementtheorien: Konstruktion und Evolution. In: Siegwart, H./Probst, G. (Hrsg.): Mitarbeiterführung und gesellschaftlicher Wandel. Bern, S. 153-184.
March, J./Olsen, J. (1976): Organizational Learning and the Ambiguity of the Past. In: March, J./Olsen, J. (Hrsg.): Ambiguity and Choice in Organizations. Bergen, S. 54-67.
Maturana, H./Varela, F. (1987): Der Baum der Erkenntnis. 2.Aufl. Bern.
Mayntz, R. (1988): Soziale Diskontinuitäten. In: Hierholzer, K./Wittmann H.-G. (Hrsg.): Phasensprünge und Stetigkeit in der natürlichen und kulturellen Welt. Stuttgart, S. 15-37.
Mayntz, R. (1990): The Influence of Natural Science Theories on Contemporary Social Science. Discussion Paper. Max-Planck-Institut für Gesellschaftsforschung. Köln.
McKelvey, B. (1982): Organizational Systematics. Los Angeles.
McKelvey, B./Aldrich, H. (1983): Populations, Natural Selection, and Applied Organizational Science. In: Administrative Science Quaterly 28, S. 101-128.
Montada, L. (1970): Die Lernpsychologie Jean Piagets. Stuttgart.
Morgan, G. (1986): Images of Organizations. Beverly Hills.
Morgan, G. (1988): Riding the Waves of Change. San Francisco.
Nystrom, P./Starbuck, W. (1984): To Avoid Organizational Crisis – Unlearn. In: Organizational Dynamics 13, S. 53-65.
Orton, J./Weick, K. (1990): Loosely Coupled Systems: A Reconceptualization. In: Academy of Management Review 15, S. 203-223.
Pautzke, G. (1989): Die Evolution der organisatorischen Wissensbasis. München.
Perrow, C. (1987): Normale Katastrophen. Frankfurt a.M.
Peters, T./Waterman, R. (1982): In Search of Excellence. New York.
Pieper, R. (1988): Diskursive Organisationsentwicklung. Berlin.
Prigogine, I. (1985): Vom Sein zum Werden. 4. Aufl. München.

Probst, G. (1986): Management als Konstruktion von Wirklichkeiten – die Konsequenz „Verantwortung". In: Delfin 7, S. 60-64.
Probst, G. (1987a): Selbst-Organisation. Hamburg.
Probst, G. (1987b): Selbstorganisation und Entwicklung. In: Die Unternehmung 41, S. 242-255.
Probst, G. (1987c): Führungstheorien – Biokybernetik und Führung. In: Kieser, A./Reber, G./Wunderer, R. (Hrsg.): Handwörterbuch der Führung. Stuttgart, Sp. 727-735.
Probst, G./Dyllick, Th. (1987): Kybernetische Führungstheorien. In: Kieser, A./ Reber, G./Wunderer, R. (Hrsg.): Handwörterbuch der Führung. Stuttgart, Sp.823-831.
Probst, G./Gomez, P. (Hrsg.)(1989): Vernetztes Denken. München.
Probst, G./Schwager, F. (1990): Das Bleibende im Wandel. In: Bleicher, K./Gomez, P. (Hrsg.): Zukunftsperspektiven der Organisation. Bern, S. 211-238.
Rüegg, J. (1989): Unternehmensentwicklung im Spannungsfeld von Komplexität und Ethik. Diss. St.Gallen.
Schanz, G. (1985): Wertwandel als personalpolitisches und organisatorisches Problem. In: Wirtschaftswissenschaftliches Studium, S. 559-596.
Schein, E. (1984a): Coming to a New Awareness of Organizational Culture. In: Sloan Management Review 25, S. 3-16.
Schein, E. (1984b): Soll und kann man eine Organisationskultur verändern. In: GDI-Impuls (2), S. 31-43.
Schein, E. (1985): Organizational Culture and Leadership. San Francisco.
Scheuss, R. (1985): Strategische Anpassung der Unternehmung. Diss. St. Gallen.
Scott, R. (1986): Grundlagen der Organisationstheorie. Frankfurt a.M.
Segler, T. (1985): Die Evolution von Organisationen. Frankfurt a.M.
Semmel, M. (1984): Die Unternehmung aus evolutionstheoretischer Sicht. Bern.
Shrivastava, P. (1983): A Typology of Organizational Learning systems. In: Journal of Management Studies 20 (1), S. 7-20.
Sprüngli, R. (1981): Evolution und Management. Diss. St.Gallen.
Staub, E. (1981): Entwicklung prosozialen Verhaltens. München.
Stewart, I. (1990): Spielt Gott Roulette? Chaos in der Mathematik. Basel.
Taschdjian, E. (1981): The Role of Ambivalence in Heterarchic Social Systems. In: Lasker, G. (Hrsg.): Human Systems, Sociocybernetics, Management and Organizations. New York, S. 1010-1023.
Türk, K. (1989): Neuere Entwicklungen in der Organisationsforschung. Stuttgart.
Ulich, E. (1985): Arbeitspsychologische Konzepte und neue Technologien. In: Zink, K. (Hrsg.): Personalwirtschaftliche Aspekte neuer Technologien. Berlin, S. 135-159.
Ulrich, H./Probst, G. (1988): Anleitung zum ganzheitlichen Denken und Handeln. Stuttgart.
Ulrich, P. (1983): Konsensus-Management. In: Betriebswirtschaftliche Forschung und Praxis 35 (1), S. 70-84.
Ulrich, P. (1984): Systemsteuerung und Kulturentwicklung. In: Die Unternehmung 38, S. 303-325.
Ulrich, P. (1986): Transformation der ökonomischen Vernunft. Bern.
Vester, F. (1983): Neuland des Denkens. 3. Aufl. Stuttgart.

Watzlawick, P. (Hrsg.)(1988): Die erfundene Wirklichkeit. Wie wissen wir, was wir zu wissen glauben? 5.Aufl. München.
Weick, K. (1982): Management of Organizational Change among Loosely Coupled Systems. In: Goodman, P. & Ass. (Hrsg.): Change in Organizations. San Francisco, S. 375-408.
Weick, K. (1985): Der Prozeß des Organisierens. Frankfurt a.M.
Wotschack, W. (1985): Neue Konzepte der Arbeitsgestaltung – Dispositionsspielräume und Arbeitsbelastung. In: Naschold, F. (Hrsg.): Arbeit und Politik. Frankfurt a.M., S. 241-337.
Wotschack, W. (1987): Vom Taylorismus zur kontrollierten Autonomie. Veröffentlichungsreihe des Internationalen Instituts für vergleichende Gesellschaftsforschung/Arbeitspolitik. Wissenschaftszentrum. Berlin.
Wunderer, R./Grunwald, W. (1980): Führungslehre, Bd.2. Kooperative Führung. Berlin.
Wunderer, R./Klimecki, R. (1990): Führungsleitbilder. Stuttgart.
Zimmer, G. (1987): Selbstorganisation des Lernens. Frankfurt a.M.

Prof. Dr. Rüdiger Klimecki
Universität Konstanz
Lehrstuhl für Management
Postfach 5560
D-7750 Konstanz

Prof. Dr. Gilbert Probst
Universität Genf
Lehrstuhl für Unternehmens-organisation und Management
2 rue de Candolle
CH-1211 Genf

Dipl.-Verw. Wiss. Peter Eberl
Universität Genf/Konstanz
wissenschaftlicher Mitarbeiter

Helmut Krcmar

Annäherungen an Informationsmanagement – Managementdisziplin und/oder Technologiedisziplin?

Informationsmanagement; Management; Aufgaben des Informationsmanagements; Interpretation und Information

Zusammenfassung

Anhand der Frage, ob das Informationsmanagement sich als Management- und/oder als Technologiedisziplin verstehen sollte, werden drei Schwerpunkte untersucht. Erstens wird diskutiert, was unter „Informationsmanagement" verstanden wird und was darunter verstanden werden könnte. Ausgehend von einem Verständnis von Information als Modell und „information resides on a physical marker" werden Konzepte des Informationsmanagements kritisch beleuchtet. Zweitens wird zur Lösung der gezeigten Probleme das Informationsmanagement als Interpretationssystem untersucht. Die Auswirkungen dieser Sicht werden aufgezeigt. Drittens und zum Abschluß skizziert der Beitrag Forschungskonsequenzen, die sich aus der Verbindung von Interpretationsmanagement und Informationsmanagement ergeben.

Managementforschung 1 (1991), hrsg. von W.H. Staehle u. J. Sydow,
Walter de Gruyter · Berlin · New York, S. 163-203

Inhaltsübersicht

1 Einführung

Zum „Informationsmanagement" finden sich viele Veröffentlichungen, und dennoch bleibt für mich ein Unbehagen. Dies entsteht, weil zwar zahlreiche Definitionsversuche unternommen werden, sich aber das Objekt der Analyse zu entziehen scheint. Trotz der Bedeutung, die dem Informationsmanagement vieler Orts zugewiesen wird, stellen Zahn und Rüttler (1990) fest, daß sich das Informationsmanagement noch in einem vorparadigmatischen Zustand befindet.

Dieser Widerspruch von Bedeutung und Zustand ist auch Ausgangspunkt dieses Beitrags. Anhand der Frage, ob das Informationsmanagement sich als Management- und/oder als Technologiedisziplin verstehen sollte, werden drei Schwerpunkte untersucht:

(1) Es wird herausgearbeitet, was unter „Informationsmanagement" verstanden wird und was darunter verstanden werden könnte. Dazu wird zuerst der Begriff der Information und dann der des Informationsmanagements näher untersucht.
(2) Die Ergebnisse werden aus der Sicht der Organisation als Interpretationssystem (Daft/Weick 1984) in Frage gestellt. Es wird untersucht,

inwieweit eine Abwendung von einer ausschließlichen informations- und kommunikationstechnologischen Betrachtungsweise des Informationsmanagements das Verständnis erleichtert oder gar erst ermöglicht.

(3) Ausgewählte Konsequenzen für die Forschung im Informationsmanagement werden skizziert. Dabei soll auf die nunmehr erforderliche zusätzliche, aus der Interpretationssicht stammende Dimension des Informationsmanagements hingewiesen werden.

2 Information und Informationsmanagement – Annäherungen an zwei Begriffe

„Informationsmanagement" ist ein Kunstwort, im englischen Sprachraum in zwei getrennten Worten geschrieben. Die Schreibweise deutet darauf hin, daß unter „Informationsmanagement" das Management von Informationen verstanden wird. Daher sind sowohl die Begriffe „Management" und „Information" als auch deren Zusammenhang zu klären.

In der relevanten Literatur wird seit längerem versucht, dem Begriff des Informationsmanagements einen bestimmten Inhalt zu geben. Dennoch werden immer wieder neue Definitionsansätze vorgelegt. Wollnik (1988) klagt, daß der bisher gebrauchte Begriff des Informationsmanagements nicht zu hinreichend präzisen und konkreten Vorstellungen geführt hat. Auch der von Zahn und Rüttler (1990) beschriebene vorparadigmatische Zustand ist Anlaß für die folgende Begriffsanalyse. Es wird sich zeigen, daß insbesondere die Antwort auf die Frage „Was ist Information?" zu Problemen führt. Die Frage wird nicht in allen Definitionen klar beantwortet, und daraus ergeben sich Mehrdeutigkeiten und Redefinitionsnotwendigkeiten.

Darüber hinaus ist zu untersuchen, inwieweit Informationsmanagement als ein ernsthafter Gegenstand der Betriebswirtschaftslehre und der Managementlehre verstanden werden kann. Schüler (1989) hat gezeigt, daß die Beschäftigung mit Information zu den Kerngegenständen der Betriebswirtschaftslehre gehört. Sie ist zu betrachten als eine Metalehre zur Beschäftigung mit der physischen Realität. Dieser Standpunkt wird auch durch die kommenden Diskussionen untermauert. Zu untersuchen ist allerdings, warum diese zentrale betriebswirtschaftliche Aufgabe bislang oft als ausschließlich technische Aufgabe betrachtet wurde – und wie Scheer (1990) feststellt – erst heute wieder die betriebswirtschaftliche Ausrichtung der Informationsmanagementfunktion erwogen wird. Diese Fragen sind insbesondere an die Wirtschaftsinformatik zu richten.

Im folgenden wird zunächst der Begriff „Management“ skizziert. An die ausführlichere Untersuchung des Verständnisses von „Information“ schließt sich die Analyse des Informationsmanagementbegriffs an. Dazu wird die Literatur betrachtet, und ausgewählte empirische Untersuchungen zum Inhalt werden aufgeführt. Die Kritik der bisherigen Ansätze und die Darlegung der eigenen Position schließen diesen Abschnitt ab.

2.1 Management

Der Begriff „Management“ wird in der Literatur in vielen Bedeutungsvarianten verwendet. An dieser Stelle sollen diese Varianten weder beschrieben noch bewertet werden (vgl. Staehle 1987, S.40ff), sondern es soll ein Verständnis für die folgenden Erläuterungen des Begriffes „Informationsmanagement“ vorbereitet werden. Der Schwerpunkt des Beitrages liegt beim Informationsbegriff.

Wie Staehle (1987/1990) dokumentiert, bestehen Differenzen zwischen den Auffassungen der allgemeinen Betriebswirtschaftslehre, der Managementlehre und der Führungslehre. Auch innerhalb der Managementlehre lassen sich unterschiedliche Auffassungen finden. Staehle (1987) unterscheidet Management als Unternehmungsführung im funktionalen und institutionellen Sinne. Während funktionale Ansätze den Prozeß und die Aufgaben beschreiben, konzentrieren sich institutionelle Ansätze auf die Personen und Personengruppen, die die genannten Aufgaben wahrnehmen. „Die Organisation als sozio-technisches System bietet den Rahmen, innerhalb dessen das Management (als Institution) seine Aufgaben (Management als Funktion) durchführen kann“ (Staehle 1987, S. 43).

Den *funktionalen* Ansätzen ist gemeinsam, daß sie von der Notwendigkeit der arbeitsteiligen Aufgabenerfüllung in soziotechnischen Systemen ausgehen, die Kombination von Ressourcen zur Zielerreichung annehmen und die damit im Zusammenhang stehenden Aktivitäten als Management bezeichnen.

Im Rahmen der *institutionellen* Sichtweise werden die Personen oder Personengruppen untersucht, die Management durchführen. Die Personengruppe, die das Recht besitzt, anderen Weisungen zu geben, stellt dann die Institution „Management“ dar. Die institutionelle Sichtweise ist sowohl personenbezogen als auch stellenbezogen ausgeprägt. Im Rahmen der personenbezogenen Sichtweise können dann auch Aspekte der Menschenführung betrachtet werden. Die stellenbezogene Betrachtung weist vor allem auf die Bedeutung der Koordination arbeitsteiliger Stellen hin.

Unbeschadet weiterer Abgrenzungen soll im folgenden mit den Begriffen Führung, Planung und Organisation das Wesen des Managements als

Prozeß beschrieben werden. Eine erweiterte Einteilung unterscheidet Planning, Organizing, Staffing, Directing, Coordination, Reporting, Budgeting (Gulick/Urwick 1937). Diese Liste ähnelt der von Pack, der die sieben Führungstätigkeiten (1) lohnende Ziele erkennen und durchsetzen, (2) Entscheidungen treffen, (3) Informieren, (4) Delegieren und Koordinieren, (5) Motivieren , (6) Kontrollieren und (7) Repräsentieren aufführt (Pack 1976) und sie schließlich auf die Grundfunktionen Führung, Planung und Organisation zurückführt.

Diesem Verständnis des Managements entsprechen die folgenden Ausführungen. Es wird weniger darum gehen, die Strukturkomponenten des Managements nachzuzeichnen, sondern den Prozeß der Führung, Planung und Organisation bezüglich Informationen aufzuzeigen.

Die Tatsache, daß Menschen andere Menschen managen, weist auf die Bedeutung der verhaltenswissenschaftlichen Sichtweise im Managementbereich hin.

Die Feststellung, daß sich die Funktion Management im sozio-technischen System Organisation abspielt, weist zunächst auf Probleme der Beziehung Management-Organisation hin, die sich nicht als System-Umsystem-Beziehung verstehen. Die Aufgaben (1) und (7) der Pack'schen Liste verdeutlichen, daß zu den Aufgaben des Managements auch der Kontakt der Organisation nach außen gehört. Diese Beschäftigung des Managers mit dem Umfeld der Organisation steht auch im Mittelpunkt des Ansatzes des Interpretationsmanagements (Daft/Weick 1984) (siehe unten näher), der dem Management die Aufgabe des „sense making" für die Organisation zuweist.

Darüber hinaus wird diskutiert, ob die Trennung von Planung und Ausführung und damit von managen und nicht-managen angesichts neuer Ergebnisse aus dem Bereich Arbeitsmotivation und Humanisierung der Arbeit noch aufrecht zu erhalten ist. Das Schlagwort „every employee a manager" (Myers 1970) umschreibt diesen Ansatz, der den Handlungszyklus Planung, Ausführung, Kontrolle nicht arbeitsteilig erledigt sehen will.

Daneben ist zu fragen, mit welchen Ressourcen eigentlich gemanagt wird. Der Entscheidungsbezug der Betriebswirtschaftslehre hat auf die Bedeutung der Information für den Prozeß des Managements hingewiesen. Wenn Management der Nicht-Ausführungsteil einer Handlung ist, dann geschieht diese Trennung nur durch die Möglichkeit, Informationen über den Ausführungsteil zu haben und mit diesen zu agieren. Daher soll zunächst der Begriff Information definiert werden.

2.2 Information

Die Fülle dessen, was zu „Was ist Information?" bereits geschrieben wurde (z.B. Ulrich 1987; Wacker 1971), macht es scheinbar nicht mehr notwendig, dem Begriff nochmals nachzugehen. Allerdings bleibt gerade wegen mangelnder Präzision bei der Verwendung des Begriffes „Information" auch der Begriff „Informationsmanagement" oft unklar. Die Beschäftigung mit dem Informationsbegriff ist essentiell für ein besseres Verständnis der Aufgaben und Probleme des Informationsmanagements.

Im folgenden werden daher unterschiedliche Sichten von „Information" skizziert:

(1) Die allgemeinsprachliche Verwendung von Information
(2) Die Sicht der Nachrichtentheorie
(3) Die Sicht der Semiotik
(4) Die Sicht der Information als zweckbezogenes Wissen
(5) Die Sicht der Information gemäß der DIN 44300
(6) Die Sicht der Information als Produktionsfaktor
(7) Die Sicht der Information als Modell
(8) Die Sicht der Information im Sinne von Miller's Living Systems Theory.

ad (1)
Jeder wird täglich mit Informationen aller Art konfrontiert. Dies gilt für das Aufschlagen einer Zeitung ebenso wie für den Prozeß des „Sich-Informierens", wenn man in einer fremden Stadt ankommt und sich bei der „Information" erkundigt. In diesem umgangsprachlichen Gebrauch läßt sich Information als etwas definieren, „was uns als Einzelperson oder als Gesellschaft unmittelbar angeht" (Capurro 1987, S. 108). Ähnlich definiert Seiffert (1971, S. 24): „Information ist eine .... gegenwarts- und praxisbezogene Mitteilung über Dinge, die uns im Augenblick zu wissen wichtig sind".

Die etymologische Bedeutung von „Information" läßt sich aus dem lateinischen „informatio" ableiten. „Informare" setzt sich aus den Bestandteilen „in" und „forma" zusammen. Dies bedeutet also – wörtlich übersetzt – „eine Gestalt geben". Nach einem lateinischen Wörterbuch (o.V. 1979) bedeutet „informare":

1. bilden, gestalten, wohl organisieren
2. im Geiste bilden, im Geiste sich a priori vorstellen, als Idee vorhanden sein, sich a posteriori vorstellen, sich denken
3. darstellen, schildern
4. heranbilden, unterrichten, unterweisen.

Im Laufe der Zeit reduzierte sich der Begriff auf die Dimension der Darlegung und damit auf deren Mitteilbarkeit und Weiterreichbarkeit.

ad (2)
Eine solche Reduktion auf Mitteilung und Nachricht steht im Mittelpunkt des nachrichtentechnischen Informationsbegriffs der Informationstheorie (Shannon/Weaver 1976). Information wird nach C. Shannon und N. Wiener verstanden als „diejenige Unsicherheit, die durch das Erscheinen des betreffenden Zeichens beseitigt wird" (Gitt 1989, S. 4). Der nachrichtentechnische Informationsbegriff versucht, den Informationsgehalt eines Zeichens zu ermitteln und mißt diesen Informationsgehalt durch die Wahrscheinlichkeit des Auftretens eines Zeichens im Rahmen einer Nachricht. Mit abnehmender Auftretenswahrscheinlichkeit nimmt die Überraschung durch das Erscheinen eines Zeichens zu, also auch sein Informationsgehalt. Indem sich die Informationstheorie mit der Auftretenswahrscheinlichkeit von Zeichen befaßt, wird der Informationsbegriff auf eine statistische Dimension reduziert. Dies erlaubt, und darin liegt der Vorteil dieser Begriffsbildung, quantitative Aussagen über den Informationsgehalt von Zeichen, so daß die Übertragung durch Nachrichtenübertragungskanäle besser untersucht werden kann. Diese Art der Analyse versteht Information als eine Auswahl und Aneinanderreihung von Zeichen. Der informationstheoretische Begriff zeigt nicht, inwieweit beispielsweise ein Satz oder Wort verständlich, richtig, falsch oder ohne Bedeutung ist.

ad (3)
Die Erweiterung des statistischen Informationsbegriffs erfolgt im Rahmen der Semiotik. Die Semiotik als eine allgemeine Lehre von Zeichen und Zeichenreihen vereint primär die Aspekte Syntaktik, Semantik und Pragmatik. Die *Syntaktik* befaßt sich mit der Beziehung zwischen den Zeichen eines Sprachsystems, also den durch Konvention festgelegten Regeln einer Sprache, nach denen einzelne Zeichen zu gültigen Ausdrücken und Sätzen kombiniert werden können. Der informationstheoretische Begriff umfaßt den syntaktischen Aspekt von Zeichen und Zeichenreihen, da er aus den Syntaxregeln Auftretenswahrscheinlichkeiten ableitet. Die *Semantik* befaßt sich mit der möglichen inhaltlichen Bedeutung von Zeichen und Zeichensystemen. Sie untersucht damit die Beziehung zwischen dem Zeichen und seiner Bedeutung, aber auch die Beziehung zwischen dem Zeichen und dem bezeichneten Objekt. Letzteres wird in Anlehnung an Klaus (1969, 2. Bd. S. 565) auch als der sigmatische Aspekt der Information bezeichnet. Die *Pragmatik* schließlich bezieht sich auf die Relation

zwischen dem Zeichen und seinem Verwender. Unter Pragmatik kann eine Zeichenverwendungslehre verstanden werden, die sich umfassend mit den Funktionen der Sprache als Weitergabe von Nachrichten beschäftigt. Die semiotische Analyse der Information, die in Anlehnung an Klaus die Aspekte Semantik, Sigmatik, Pragmatik und Syntaktik untersucht, vermag die Beziehungen zwischen Objekt und Informationsbegriff genauer zu definieren. Im Sinne der Sigmatik handelt es sich hierbei um eine Abbildung eines bezeichneten Objektes. Regeln, nach denen diese Abbildung erfolgen kann, werden durch die Syntaktik gebildet. Semantik nimmt an, daß Information und ihre Bedeutung separat und voneinander trennbar sind. Der Verwendungszusammenhang wird als Pragmatik bezeichnet.

ad (4)
Dieser Verwendungszusammenhang steht im Mittelpunkt des betriebswirtschaftlichen Interesses an Informationen. Die vielzitierte Definition „Information ist zweckbezogenes Wissen … „ (Wittmann 1959, S. 14) bezieht sich darauf. Sie wirft jedoch zwei weitere Probleme auf: zum einen „Was ist Wissen ?“ und zum anderen „Was bedeutet zweckbezogen ?“. Es ist aus meiner Sicht zwar sprachlich möglich, aber nicht besonders zweckmäßig, den Begriff „Information“ durch den auch erst zu definierenden Begriff „Wissen“ zu umschreiben. Wissen heißt „Erfahrungen und Einsichten zu besitzen, die subjektiv und objektiv gewiß sind und aus denen Urteile und Schlüsse gebildet werden können, die ebenfalls sicher genug erscheinen, um als Wissen gelten zu können“ (o.V. 1982, S. 756). Hier wird Wissen als gewißheitserhöhte oder unsicherheitsreduzierte Aussagenwelt begriffen. Zweckorientierung bedeutet, daß nur solches Wissen als Information bezeichnet wird, das dem Zweck dient, Handeln vorzubereiten (Wittmann 1959, S. 14). Diese der Vorbereitung von Handeln oder Entscheiden dienende Zweckorientierung definiert Information aus der Entscheidungsorientierung heraus. Informationen sind dann nicht Wissen schlechthin, sondern Wissen, das hilft, Entscheidungen und in der Folge Handlungen vorzubereiten. Information selbst ist demnach nicht zweckorientiert, sondern kann lediglich im Rahmen einer pragmatischen Sichtweise eine zweckorientierte Verwendung finden. Demnach umfaßt Information Abbildungen der Realität zur Aufgabenerfüllung (Ulrich 1987, S. 22).

ad (5)
Bisher wurden die Begriffe Nachricht und Information verwendet, um sich gegenseitig zu erklären. Die DIN 44300 (FNI 1972) führt weitere Begriffe ein. Als Grundlage für das Verständnis von „Information“ werden die

Begriffe „Zeichen“ und „Signal“ verwendet. Ein Zeichen ist ein Element aus einer zur Darstellung von Informationen vereinbarten Menge verschiedener Elemente. Diese Menge wird Zeichenvorrat genannt. Signale sind physikalisch wahrnehmbare Tatbestände, die Träger eines Zeichens sind. Signale sind die Voraussetzung für die Übermittlung und Speicherung von Zeichen. Unter Nachricht werden Zeichen verstanden, die zum Zweck der Weitergabe Information aufgrund bekannter oder unterstellter Abmachungen darstellen. Nachrichten übertragen die durch Zeichen abgebildeten und in Signale geformten Sachverhalte; sie verbinden Nachrichtenempfänger und Nachrichtensender. Daten dagegen sind Zeichen, die Information aufgrund bekannter oder unterstellter Abmachungen zum Zweck der Verarbeitung darstellen. Zwischen Nachricht und Daten wird anhand der Verwendung differenziert. Die Übertragung führt zu Nachrichten, die Verarbeitung zu Daten. Interessant ist, daß der Begriff Information gar nicht eingeführt wird und damit die Abgrenzung von Daten und Informationen nur über die bisherigen Ausführungen der Semiotik zu erreichen sind. Im Sinne der DIN-Norm ist die Zusammensetzung von Nachrichten und Daten aus dem Zeichenvorrat durch die Syntaktik geregelt.

ad (6)

Im Rahmen der Betriebswirtschaftslehre ist zu untersuchen, ob Information als Elementarfaktor des betrieblichen Leistungserstellungsprozesses verstanden werden kann. In volkswirtschaftlichen Produktionsfaktorsystemen werden die Produktionsfaktoren Arbeit, Boden bzw. Natur und Sachkapital unterschieden. Innerhalb der Betriebswirtschaftslehre greift man zunächst auf die Faktorsystematik nach Gutenberg (1979) zurück, der die Elementarfaktoren objektbezogene Arbeitsleistung, Betriebsmittel und Werkstoffe sowie dispositive Faktoren (Betriebs- und Geschäftsleitung, Organisation und Planung) unterscheidet. Gutenberg verwendet diese Klassifikation als Grundlage seiner produktions- und kostentheoretischen Überlegungen. Die von ihm vorgelegte Systematik wurde von anderen Autoren modifiziert (z.B. Martiny/Klotz 1989; Kern/Falloschinski 1978). In diesen modifizierten Faktorsystemen wird die separate Betrachtung von Information vollzogen. Witte beschreibt beispielsweise Information als eine „immaterielle aber keineswegs kostenlose Ressource“ (Witte 1972, S. 64). Zimmermann (1972) spricht explizit vom Produktionsfaktor Information. Auch Mag (1984) weist auf den Gutscharakter von Informationen hin, in dem er sie als für den betrieblichen Produktionsprozeß relevante Einsatzgüter betrachtet und damit auf gemeinsame Eigenschaften mit den Elementarfaktoren hinweist. Vor allem in den USA wird seit der Entstehung des Begriffs „Information Resource Management“

(Horton 1981) auf den Ressourcencharakter von Informationen hingewiesen. Produktionsfaktorsysteme sollen in der Lage sein, als gedankliche Grundlage für einen bestimmten Zweck, wie zum Beispiel für produktions- und kostentheoretische Erörterungen zu dienen (Kern/Falloschinski 1978, S. 582). Daher ist die Betrachtung der Information als Produktionsfaktor für die Zwecke der Untersuchung des Informationsmanagements zweckmäßig. Auch wenn lediglich pragmatische Aspekte betrachtet werden, so existieren mit der Knappheit von Information und der Notwendigkeit des Gutscharakters hinreichende Begründungen, um Managementprozesse anzuknüpfen (Krcmar 1984). An die Eigenschaft der Information als Ressource knüpft sich dann die Fragestellung an, inwieweit sich Information von anderen Elementarfaktoren unterscheidet. Auch wenn dieser Frage hier im Detail nicht nachgegangen werden soll, sind umfassende Unterschiede zu den klassischen Elementarfaktoren zu konstatieren.[1] Die-

---

1 Mag (1984) weist darauf hin, daß Informationen knapp sind, Geld kosten und dem Elementarfaktorsuchenden (Informationssuchenden) Nutzen stiften. Folgende Eigenschaften von Information als Produktionsfaktor werden erwähnt (Eschenröder 1985, S. 91 f.; Martiny/Klotz 1989, S. 14; Strassmann 1982, S. 75 f.; Picot/Franck 1988; Picot 1988):
- Informationen sind immaterielle Güter, die auch bei mehrfacher Nutzung nicht verbraucht werden.
- Informationen stiften dem Informationsbenutzer Nutzen, beispielsweise wenn er oder sie dies in Handeln umsetzt.
- Informationen sind keine freien Güter, sie können daher einen kostenadäquaten Wert haben.
- Der Wert der Information hängt von der kontextspezifischen und von der zeitlichen Verwendung ab.
- Der Wert der Information kann durch das Hinzufügen, Selektieren, Konkretisieren und Weglassen verändert werden.
- Es gibt unterschiedliche Qualitäten von Informationen, wie z.B. Genauigkeit, Vollständigkeit, Zeitgenauigkeit, Zuverlässigkeit.

Nach Martiny/Klotz (1989) und Strassmann (1982) lassen sich Informationen kennzeichnen durch
- niedrige Vervielfältigungskosten,
- fast gegen Null gehende Grenzkosten,
- einen Wertgewinn durch Gebrauch,
- die Möglichkeit des vielfachen Besitzes,
- den Wertgewinn durch Teilung,
- eine einfache Verbreitung,
- die Probleme des Datenschutzes und der Datensicherheit,
- nur subjektive Bestimmbarkeit von Preis und Wert,
- oftmals schwierige Identifikation der Kosten,
- weitgehend unbekannte Preisbildungsmechanismen,
- problematische Bestandsbewertung und

se Unterschiede rechtfertigen eine gesonderte Behandlung der Ressource Information und die Existenz einer gesonderten Disziplin Informationsmanagement.

Die bisherigen Ausführungen haben sich aus verschiedenen Sichten dem Begriff „Information“ angenähert. Auch wenn jede dieser Sichten in sich geschlossen ist, erweisen sie sich als unzureichend für die Definition des Informationsmanagements, da sie die Komplexität des Informationsmanagements, wie weiter unten gezeigt, nur ungenügend abbilden.

Zwei weitere Sichtweisen, die die notwendige Komplexität aufweisen, werden im folgenden aufgegriffen.

ad (7)

In Anlehnung an die Semiotik stellt Steinmüller (1981, S. 74) fest: „Information ist Modell“. Er schlägt vor, daß der Begriff „Information“ ersetzt werden kann durch: „ein immaterielles Modell eines Originals für Zwecke eines Subjekts“ (Steinmüller 1981, S. 73). Demnach sind Information, Informationssystem und Informationsprozeß als Modell eines Objekts zu verstehen, das über die semiotischen Relationen abgebildet wird. Dies dient den Verwendungszwecken eines Subjekts, das wiederum eine Verhaltensrelation zum Original hat. Ein Modell kann verstanden werden als ein Abbild „von, für wen, wozu“. Das Modell kann auch verstanden werden als Ergebnis eines Interpretationsaktes bezüglich eines Objektes.[2]

Die Beschreibung von Information als Modell einer Objektrealität zeigt die Bedeutung der Sigmatik, die die Beziehung der Information zu dem von ihr bezeichneten Objekt oder modelltheoretisch dem Original expliziert. Diese Abbildungsrelation wird in der Vorstellung von Steinmüller durch die Zweckrelation zwischen dem Modell und dem Subjekt und schließlich durch die Handlungsrelation zwischen dem Subjekt und dem Objekt ergänzt. Damit wird es möglich, Information in ihrer Zweckorientierung in die Beziehung zwischen Objekt und Subjekt einzuordnen und die in der Zweckorientierung geforderte Handlungsausrichtung von Informationen auch in die semiotische Definition einzuführen. Gleichzeitig werden durch die Verwendung des Modellbegriffs die Aufgaben der Abstraktion und Subjektrelativität verdeutlicht. Wie weiter unten noch zu zeigen ist, läßt sich die Modellierung der Objektrealität auch als Interpretation durch das Subjekt verstehen; Information ist dann Ergebnis und An-

---

– wissenschaftliches Theorie- und Modelldefizit.

2 Dann trifft der Satz „Wissen ist Macht“ nicht zu. „Information ist nicht Macht, sondern ermöglicht Machtausübung.“ (Steinmüller 1981, S. 73 f.).

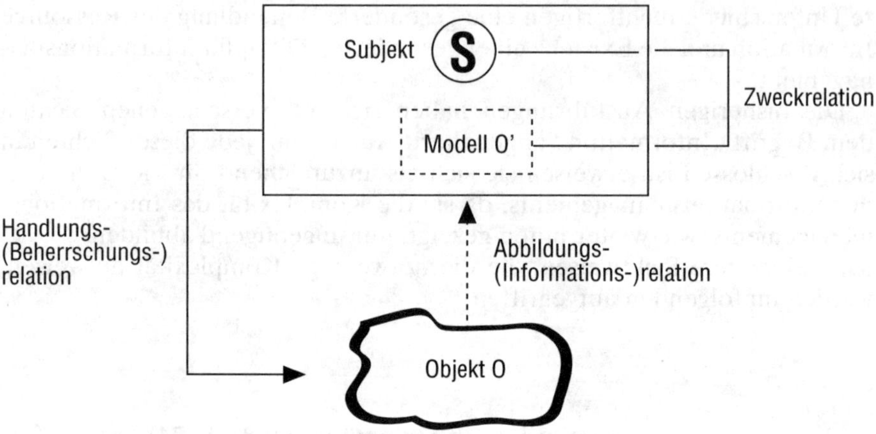

Abb. 1: Information ist Modell (Steinmüller 1981, S. 74)

laß einer solchen Interpretation, sie kann aber auch selbst wiederum Objekt und damit Interpretations- und Modellierungsgegenstand sein.

ad (8)

Ein zweiter für das Verständnis der Schwierigkeiten bei der Behandlung von Information erforderlicher Aspekt läßt sich aus Miller's General Living Systems Theory ableiten. Miller (1978, S. 15) stellt fest: „Matter-energy and information always flow together, information is always borne on a marker". Jede Übertragung hat sowohl einen physischen als auch einen informatorischen Aspekt. Wenn auf der Verwendungsseite der Verwender hauptsächlich auf die physischen Aspekte reagiert, dann wird dies eine Materie-Energie-Transmission genannt. Bezieht sich der Empfänger auf die Information, wird dies eine Informationstransmission genannt. Folgendes Beispiel möge dies am Verhältnis von Information zu Materie und Energie erläutern (Miller 1978):

Die von einem Affen verspeiste Banane ist ein nicht zufälliges Arrangement spezifischer Moleküle und besitzt dadurch einen informatorischen Aspekt. Da der Affe die Banane aber hauptsächlich zur Ernährung benutzt, handelt es sich um eine Materie-Energie-Transmission. Wenn dagegen ein Licht einem Affen mitteilt, daß ein Knopf zu drücken ist, um die Banane zu erhalten, so steht bei diesem Licht der energetische Charakter nicht im Vordergrund. Obwohl auch dieses Licht ein nicht zufälliges, systematisches Arrangement von Molekülen darstellt, handelt es sich diesmal um eine Informationstransmission.

Die zwangsweise enge Bindung physischer und informatorischer Aspekte ist ein zentrales Problem des Informationsmanagements. Beispielsweise kann aus der Sicht des Verwenders entweder ein physikalischer Aspekt (Produktion von Listen im DV-Bereich) oder ein informatorischer Aspekt (Verwendung des auf den Listen Dargestellten) vorliegen.

Für die nun folgende Diskussion muß die „übliche" Definition von Information über ihre Zweckbezogenheit nicht zurückgewiesen werden. Da sie „lediglich" die Zweckrelation im Rahmen eines umfassenden modellhaften Verständnisses betont, ist sie allerdings für die folgende Diskussion nicht ausschließlich verwendbar.

Die obigen Ausführungen machen deutlich, daß für Informationen *gleichzeitig* gilt: „Information ist Modell" und „information resides on a physical marker". Die Umschreibung dieses Sachverhalts durch die Definition von Signal als physisches Äquivalent und Zeichen als Dargestelltem zeigt, daß dic im Sinne der Sigmatik geforderte Trennung zwischen Objekt und Zeichen gedanklich, nicht aber physisch eingehalten werden kann. Die in der Semiotik so klar herausgearbeitete gedankliche Trennung stößt sich an der Tatsache, daß im Zusammenhang mit Information immer auch physische Prozeße zu beobachten sind. Diese Gleichzeitigkeit und Unvereinbarkeit macht die Wahl einer geeigneten Perspektive zum Problem.

2.3 Information und Informationsmanagement

Die Eigenschaft von Information als Modell weist auch darauf hin, daß die Debatte über das Management von Informationen auf einer Meta-Meta-Ebene liegt, im Vergleich zur Realität des physischen Produktionsprozesses. Dadurch, daß Informationen in sich selbst schon Abbildungen eines Objektes darstellen, sind Informationen über Informationen auch wieder Abbildungen und Modelle eines Modells. Die Einführung einer Meta-Meta-Ebene erweist sich für die Diskussion des Informationsmanagements als notwendig und unvermeidlich. Dies und die Tatsache, daß Informationen, wenn sie weitergegeben oder gespeichert werden, immer an ein physikalisch wahrnehmbares Signal gebunden sind und daher, obwohl sie Modelle einer physischen Realität darstellen doch auch physische Realität selbst sind, erschweren die Diskussion. Denn Informationen selbst können wiederum Ausgangspunkt für einen separaten Zweig auf der Meta-Meta Ebene sein. Dies liegt im Rahmen der Interpretation durch ein Subjekt. In Abb. 2 wird versucht, diesen Zusammenhang zu verdeutlichen. Macht man nämlich das Modell O' selbst zum Gegenstand einer Abbil-

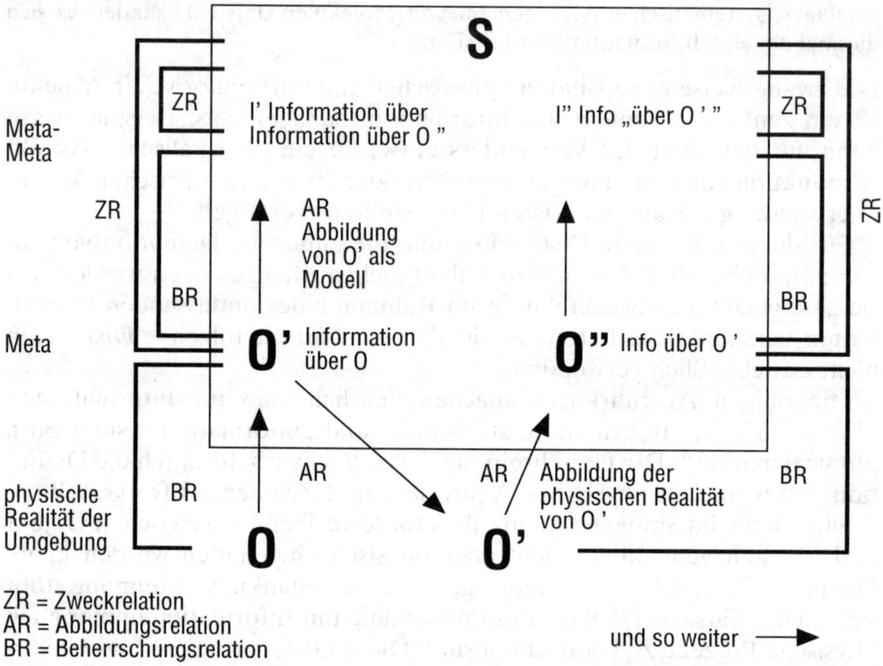

Abb. 2: Zum Beginn des Meta-Meta-Problems

dung, dann entstehen zum einen Informationen über „Informationen über O", die nunmehr I' genannt werden. Aufgrund der physischen Eigenschaften von O' besteht nunmehr auch die Möglichkeit, O' als physische Realität zu begreifen. Dann können O" und I" erzeugt werden, und so weiter.

Da nun jede Abbildung zum Zwecke der Beherrschung diese Beherrschung auch ermöglicht, macht Abb. 2 deutlich, daß auch die Sicht der Informationen selbst wieder der Interpretation bedarf. Die Forderung nach einer klaren Trennung im Rahmen der abstrakten Meta-Meta-Diskussion soll zu einer Kennzeichnung dessen führen, was Gegenstand der Sprache und des Handelns ist und wie der Diskurs darüber gehandhabt wird. Während Gegenstand der Betriebswirtschaftslehre wohl O' ist und im Sinne der Selbsthinterfragung auch I', wird sich das Informationsmanagement mit I', O" und I" beschäftigen.

Die Ausführungen verdeutlichen die Probleme mit dem Informationsbegriff, die (vermutlich) das Verständnis von Informationsmanagement erschweren. Der folgende Abschnitt zeigt, wie die Literatur mit dem Begriff des Informationsmanagements zurecht kam.

2.4 Informationsmanagement im Spiegel der Literatur

Die Kenntnis von der strategischen Bedeutung der Informationsverarbeitung für die Wettbewerbsfähigkeit von Unternehmen (Lucas/Turner 1982; Mertens/Plattfaut 1986; Krcmar, 1987), und die Betrachtung des Managements als Schlüsselfaktor betrieblichen Erfolgs (Scott Morton 1988) weisen auf die zunehmende Bedeutung der Informationsmanagementaufgabe im Unternehmen hin. Empirische Untersuchungen (Krcmar 1990a; Federmann 1990) verdeutlichen zugleich die Komplexität dieser Aufgabe. Seibt (1990a) bezeichnet das Informationsmanagement der Unternehmung als eine von drei wesentlichen Forschungsschwerpunkten der Wirtschaftsinformatik.

Die Aufgaben des Informationsmanagements werden im folgenden zum einen aus einer Literaturanalyse und zum anderen aus empirischen Untersuchungen abgeleitet.

2.4.1 Konzepte des Informationsmanagements

Konzepte des Informationsmanagements werden in Hülle und Fülle angeboten. Viele gehen im wesentlichen auf das Information Resource Management (Synnott/Gruber 1981; Horton 1981) zurück. Es entstanden unterschiedliche Begriffe, wie Informationsmanagement (so z.B. Szyperski 1982; Szyperski/Eschenröder 1983; Heinrich/Burgholzer 1987) Information Resource Management, Informatikmanagement (Österle 1987a) bis zum Management der Informationsversorgung (Horváth 1986). Die verschiedenen Begriffsbildungen werden zur Verdeutlichung chronologisch aufgeführt.[3]

Unter Information Resource Management versteht Horton (1981) sowohl den Informationsinhalt als auch die Informationswerkzeuge. Ein Informationsmanager ist demnach verantwortlich für die effiziente, effektive und ökonomische Behandlung aller Informationen und Informationswerkzeuge der Organisation. Horton (1981, S. 1 ff.) warnt vor der Konzentra-

---

3 Dabei wird hier vor allem auf deutschsprachige Werke eingegangen. Eine Betrachtung beispielsweise von Cash et al. (1988), McNurlin/Sprague (1989) oder Earl (1989) führte zu ähnlichen Ergebnissen.

tion auf nur einen der beiden Aspekte, Inhalt oder Werkzeug. Ähnlich argumentieren auch andere Autoren (z.B. Synnott/Gruber 1981; Szyperski/Eschenröder 1985).

Eine andere Aufgabenbeschreibung führt Krcmar (1984) aus: „Eine der wesentlichen Aufgaben des Informationsmanagements ist es, die erforderlichen Informationen zur richtigen Zeit und im richtigen Format zum Entscheider zu bringen. Informationsmanagement muß dabei auch die nötige Informationsinfrastruktur bereitstellen".

In ähnlicher Weise definieren Benson und Parker (1985, S. 2) „Enterprise-wide information management is planning, organization, implementation, and control of information resources to meet current and future strategic goals".

Heinrich und Burgholzer (1987) greifen als erste in umfassender Lehrbuchform das Informationsmanagement auf. Das Konstrukt „Informationsmanagement" meint das Leitungshandeln in einer Organisation im Bezug auf Information und Kommunikation (Heinrich/Burgholzer 1987, S. 5). „Das generelle Sachthema des Informationsmanagements ist es, das Leistungspotential der Informationsfunktion für die Erreichung der strategischen Ziele der Organisation zu bestimmen und dieses durch die Bereitstellung einer geeigneten Informationsinfrastruktur zu nutzen" (Heinrich/Burgholzer 1987, S. 21). Interessanterweise ordnen Heinrich und Burgholzer den Aufgabenschwerpunkt des Informationsmanagements nicht dem Management, sondern der Informationsfunktion zu. Sie schließen damit eine Zuordnung in die Managementlehre und damit in die Betriebswirtschaftslehre aus und begreifen das Gebiet des Informationsmanagements als Teilgebiet der Wirtschaftsinformatik[4]. Auf der Basis der gegebenen Zielsetzungen wird eine Strukturierung der Aufgaben des Informationsmanagements in strategische, administrative und operative Aufgaben eingeführt. Die *strategischen Aufgaben* umfassen

- die Bestimmung der strategischen Rolle der Informationsfunktion,
- die Festlegung der strategischen Ziele der Informationsinfrastruktur,
- die Entwicklung von Strategien zur Planung der Informationsinfrastruktur,
- das strategische Planen der Informationsinfrastruktur,
- das strategische Technologiemanagement und
- das Controlling der Informationsinfrastruktur.

Die *administrativen Aufgaben* des Informationsmanagements strukturie-

4 Diese Einordnung als Abgrenzung zum Management ist zu undifferenziert. Je nach Sichtweise auf „Information" können Aufgaben aus dem Informationsmanagement meines Erachtens dem Management, der Wirtschaftsinformatik oder einer Technologiedisziplin zugeordnet werden.

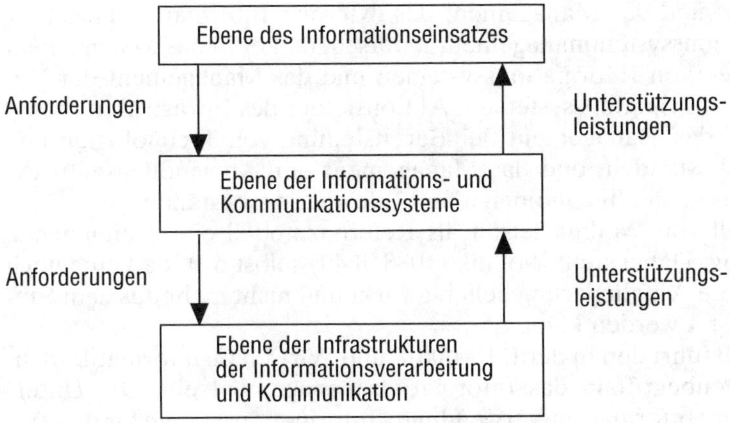

Abb. 3: Mehrebenenzusammenhang der technikgestützten Informationshandhabung (Wollnik 1988, S. 38)

ren Heinrich und Burgholzer nach den Objekten Personal, Projekt, Daten, Anwendungssysteme sowie Sicherheit und Katastrophen. Ebenso gliedern sie die operativen Aufgaben des Informationsmanagements nach den Objekten in das Produktions- und das Problemmanagement.

Wollnik (1988) beschreibt die Aufgaben des Informationsmanagements auf der Grundlage eines aus drei Ebenen bestehenden Referenzmodells der technikgestützten Informationshandhabung. Dieser Mehrebenenzusammenhang ist in Abb. 3 dargestellt.

Dieses Schichtenmodell unterscheidet die Ebene des Informationseinsatzes, die Ebene der Informations- und Kommunikationssysteme und die Ebene der Infrastrukturen der Informationsverarbeitung und Kommunikation. Wollniks folgerichtige Analyse führt zu den drei Orientierungsschwerpunkten

- „Management des Informationseinsatzes",
- „Management der Informationssysteme" und
- „Management der Infrastrukturen für Informationsverarbeitung und Kommunikation".

Diese Orientierungsschwerpunkte des Informationsmanagements unterteilt Wollnik jeweils in mehrere Aktionsfelder. Aktionsfelder des Informationseinsatzmanagements sind das Management des internen Informationseinsatzes und das Management des externen Informationseinsatzes. Das Informationssystemmanagement unterscheidet er in das Management der Strukturen von Informationssystemen und das Management der Gestaltung von Informationssystemen. Aktionsfelder des Infrastrukturmanagements sind das Management der Bereitstellung von Technologien und Informationsbeständen, und das Management der Anwendungsentwicklung zum Einsatz der Technologien und Informationsbestände.

Das Modell von Wollnik leistet als Referenzmodell eine weitgehende Aufgliederung. Dabei stellt Wollnik (1988, S.40) selbst fest, daß eine noch differenziertere Aufgliederung beliebig wirkt und nicht mehr aus dem Einzelfall abgeleitet werden kann.

Das Modell führt den in der Informatik und Wirtschaftsinformatik wichtigen Schichtenbegriff in das Informationsmanagement ein. Die Unterscheidung von Informationsverwendung, Informationssystem und Infrastruktur ist eine Abschichtung entlang der Dimension „Nähe zu Technologie". Der Beitrag von Wollnik führt nicht aus, welche komplexen Fragen bei der Verbindung dieser unterschiedlichen Schichten zu beachten wären. Immerhin erlaubt die Trennung in unterschiedliche Aktionsfelder die Darstellung der unterschiedlichen Sichten dessen, was gerade als „heißes" Thema im Informationsmanagement gilt.

Vor allem aber ergibt diese Trennung eine Annäherung an die in der Meta-Meta-Diskussion geforderte begriffliche Präzision. Während die Frage der Informationsverwendung sich im Rahmen der Zweckrelation und Beherrschungsrelation mit der Dimension I', die der Informationstechnologieinfrastruktur sich mit der Frage O' als physische Realität beschäftigt, verbleibt das Objekt des Informationssystemmanagements eher im Unklaren. Es ließe sich argumentieren, dies sei O'' und I''.

Eine etwas andere Systematik von Zielen und Aufgaben des Informationsmanagements schlägt Griese (1990) vor, der sich an einer klassisch betriebswirtschaftlichen Betrachtung orientiert. Neben den Aufgaben des Managements der Produktionsfaktoren „Mitarbeiter", „Informations- und Kommunikationstechnik" und „Kapital" und den Phasen „Entwicklung", „Wartung" und „Betrieb" im Produktionsprozeß führt er die originären Führungsaufgaben „Planung", „Kontrolle", „Organisation", „Risikohandhabung" und „Innovation" auf. Auf der Basis dieser Aufteilung und einer Unterteilung in strategische und operative Aufgaben erhält Griese ein Raster von 18 unterschiedlichen Aufgaben des Informationsmanagements. Diese Liste kann jedoch den Zweck nicht erfüllen, den Zusammenhang der unterschiedlichen Aufgaben des Informationsmanagements zu verdeutlichen. Mehr noch als bei der Darstellung von Wollnik wird hier durch die Zerlegung in kleine Teile zwar die Handhabbarkeit der Einzelfragen, nicht aber eine Darstellung des Zusammenhangs im Informationsmanagement erreicht.

An der Aufgabe der Hervorhebung eines Zusammenhangs scheitert auch Österle (1987a,b), der, ausgehend vom St. Galler Management Modell, ein Teilmodell für die Integration der Informatik in die Unternehmensführung entwickelt. Beim Herausarbeiten der Bedeutung des Informationssystems, das neben der Berücksichtigung von Führungskonzept und Funktionen steht, ergibt sich die Forderung nach dem Management des Erfolgsfaktors Informationstechnik. Österle unterscheidet, ähnlich wie Wollnik,

- die informatikorientierte Unternehmungsführung,
- das Management des Informationssystems und
- das Management der Informatik.

Auch hier gibt es eine Liste von Einzelaufgaben (Österle 1987a, S. 29), jedoch mit eher skizzenhafter Darstellung. Ebenfalls fehlt der ausgearbeitete Zusammenhang zwischen den vielen, teilweise widersprüchlichen Thesen.

In diese Tradition langer Listen von Funktionen lassen sich schließlich auch die Beiträge von Seibt (1990b) und Schwarze (1990) einordnen. In einer Darstellung des Tätigkeitsspektrums des Informationsmanagements unterscheidet Seibt (1990b, S. 16) die Bereiche Informatikmanagement und Management der betrieblichen Informations- und Wissensversorgung. Diesem unterlegt sind drei Aufgabenbereiche mit unterschiedlichen Gegenständen (vgl. Abb.4).

Der Gegenstand des Managements der Hard- und Softwaresysteme sind technische Ressourcen. Gegenstand des Managements des Systemlebenszyklus sind Informationssysteme als Mensch-Maschine-Systeme. Gegenstand des Managements der Informationsanalyse sind Beschaffung, Verteilung und Einsatz von Informationen/Wissen zum Zweck der Leistungssteigerung und Erfolgsverbesserung des Unternehmens. Auch hier findet sich die Schichtung in unterschiedliche Ebenen und daneben eine andere Standarddarstellung des Managements des Systemlebenszyklus.

Schwarze (1990) gibt eine an Heinrich/Burgholzer angelehnte, im Vergleich dazu aber kürzere Liste der Aufgaben an. Interessanter ist die Abgrenzung der Informationsmanagementaufgaben. Nach Schwarze umfaßt das Informationsmanagement alle Managementaufgaben (Führen, Planen, Kontrollieren), die die Beschaffung, Verarbeitung, Übertragung und Speicherung von Informationen betreffen. Er stellt fest, „daß Informationsmanagement mehr ist als das Management von Informationen. Informationsmanagement ist umfassender. Es ist das ganzheitliche Management des gesamten betrieblichen Informationssystems und seine einzelnen Komponenten" (Schwarze 1990, S. 106). Leider wird dann nicht detailliert gezeigt, wo die Kennzeichen eines so definierten Informationsmanage-

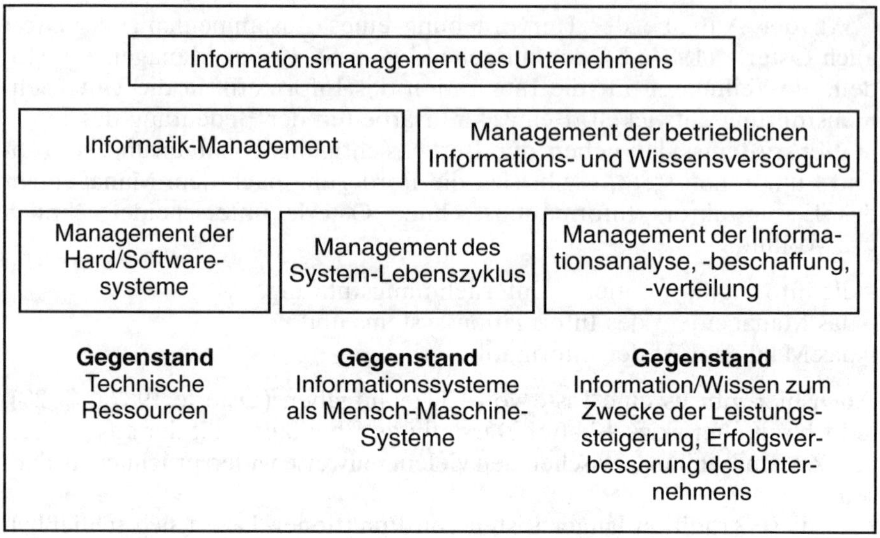

Abb. 4: Tätigkeitsspektrum des Informationsmanagements (Seibt 1990b, S. 16)

ments liegen. Auch den aus dieser Sicht resultierenden Abgrenzungsschwierigkeiten geht er in seinem Beitrag weitgehend aus dem Weg.

Das Stichwort des „ganzheitlichen Informationsmanagements" ist auch im Titel des Buches von Biethahn et al. (1990) zu finden. Leider ist die Ganzheitlichkeit im wesentlichen auf eine Abbildung reduziert, in der das Informationsmanagement als Schnittstelle zwischen Informationstechnik, Organisation und Informationsbeziehungen dargestellt wird (Biethahn et al. 1990, S. 2). Das Ziel eines so verstandenen ganzheitlichen Informationsmanagements „soll eine Integration der Bereiche der Organisation, der Informationstechnik, der Informationsverarbeitung und der Kommunikation sein, um so zu einer allen Informationsbedürfnissen gerecht werdenden Informationsverarbeitung zu gelangen" (Biethahn et al. 1990 S.1). An dieser Stelle wäre dann wohl besser von einem integrierten Informationsmanagement zu reden, da es lediglich die Berücksichtigung aller Bereiche fordert.

Ergiebiger für das Thema „Ganzheitlichkeit" sind die Ausführungen von Zahn und Rüttler (1989, 1990). Während in der fast gleichlautenden Veröffentlichung von 1989 das Wort „ganzheitlich" kaum erscheint, wird dieses zum zentralen Argumentationspunkt in der Veröffentlichung von 1990. Dabei wird das Informationsmanagement in den Zusammenhang eines Managementstils der Zukunft, des ganzheitlichen Managements gestellt. Insbesondere wird überprüft, unter welchen Bedingungen Informationsmanagement als anerkannte Forschungsrichtung integriert werden kann. Dabei definieren Zahn und Rüttler ganzheitliches Informationsmanagement als eine unternehmerische Antwort auf interne und externe Herausforderungen und definieren als Wesen eines ganzheitlichen Informationsmanagements die system- und informationsflußorientierte Betrachtung und Gestaltung des Unternehmens (Zahn/Rüttler 1990, S. 8). Damit umfaßt Informationsmanagement die systematische Planung, Gestaltung, Koordination und Kontrolle aller Informationsaktivitäten eines Unternehmens mit dem Ziel, den Unternehmungserfolg nachhaltig zu steigern (Zahn/Rüttler 1990, S. 9). Diese ganzheitliche Orientierung erreichen sie durch den kombinierten Einsatz verschiedener Instrumente und Methoden innerhalb der Dimensionen Informationspotential, Informationsfähigkeit und Informationsbereitschaft eines ganzheitlichen Informationsmanagements. Auch hier werden die Aufgaben nach einem strategischen und operativen Schwerpunkt gegliedert. Die strategischen Aufgaben umfassen die Erarbeitung und Weitergabe einer Informationsstrategie, das Management der unternehmensorganisatorischen und kulturellen Entwicklung, das strategische Management der betrieblichen Humanressourcen und das Technologiemanagement. Dem operativen Informationsmanagement obliegen die beiden Aufgabenschwerpunkte Informationssystemmanagement und Endbenutzermanagement. Es läßt sich durchaus kritisch fragen, inwieweit dieser neuerliche Aufteilung zu einer Verbesserung der Ganzheitlichkeit führt. Es werden lediglich zusätzliche Dimensionen an die Informationsebene des Informationsmanagements angeknüpft.

Ein weiteres Schlagwort ist das des „kulturbewußten Informationsmanagements" (Schneider 1990). Auch hier steht Informationsmanagement im Schnittpunkt; diesmal von Personal, Organisation und Technik. Eine Definition findet sich im Vorwort. Das Buch befaßt sich damit, wie innerhalb von Organisationen mit Informationen umgegangen wird. Kulturbewußtes Informationsmanagement nimmt zur Kenntnis, daß dies in einer Organisation erfolgt, die eine eigene Geschichte hat und daß Informationsmanagement auf Basisannahmen aufbaut, die sich im Verhalten der Organisationsmitglieder niederschlagen. Informationsmanagement muß daher sensibel auf die diesem Verhalten zugrunde liegenden Motive und die genannten Kausalverbindungen eingehen, die ein ganz bestimmtes Weltverständnis formen (Schneider 1990, Seite XI). Leider läßt sich danach keine klare Linie finden, die den Unterschied zum ganzheitlichen, strategieorientierten oder „sonst wie"- orientierten Informationsmanagement verdeutlichen würde.

Mit dem Blick auf die vorgestellten Konzepte kann die Frage von Schüler (1989) nicht erstaunen: „Informationsmanagement – ist das nicht eines jener kurzlebigen Schlag- und Modewörter, die vor allem der Journalismus braucht, um in einer ständig steigenden Flut von an die Zielgruppe der Manager gerichteten Publikationen noch Aufmerksamkeit zu erregen? Kann derlei Gegenstand ernsthafter betriebswirtschaftlicher Überlegungen, geschweige denn unternehmerischer Praxis sein?" (Schüler 1989, S. 181). Nach einer Untersuchung von Informationen als Produktionsfaktor bestimmt er den Gegenstand des Informationsmanagements als „die verantwortliche Gestaltung der betrieblichen Informationswirtschaft im weitesten Sinne – von ihrer Konzeption im Sinn einer Unterstützung der strategischen Unternehmensziele bis zur Realisation unter den üblichen Effizienzgesichtspunkten, wie sie für alle betrieblichen Funktionen gelten" (Schüler 1989, S. 184).

Mit dem Aufgreifen des Stichworts der betrieblichen Informationswirtschaft kehrt der Informationsmanagementbegriff schließlich zurück zu den unterschiedlichen Ansätzen der Informationswirtschaft, wie sie sich seit vielen Jahren in der deutschen betriebswirtschaftlichen Literatur auffinden lassen (Wacker 1971, insb. S. 67; Schulz 1970; Erichson/Hamann 1983; Erichson/Hamann 1989; Heinen/Sabathil 1978; Heinen/Dietel 1985; Hoffmann 1976, Wild 1970; Link 1982). In Anlehnung an Eschenröder (1985, S.28 f.) können diese informationswirtschaftlichen Ansätze mit folgenden Merkmalen beschrieben werden:

(1) Die Informationswirtschaft ist grundsätzlich zielgerichtet.
(2) Die Informationswirtschaft ist eine Querschnittsfunktion des Unternehmens.
(3) Zentrale Aufgabe der Informationswirtschaft ist es, ein informationswirtschaftliches Gleichgewicht herzustellen, d. h. den Informationsbedarf, die geäußerte Informationsnachfrage und das Informationsangebot in Einklang zu bringen.
(4) Ein charakteristisches Merkmal ist der Einsatz von Informations- und Kommunikationstechniken zur Unterstützung der informationswirtschaftlichen Aufgabenerfüllung.

Eschenröder (1985) weist auf acht Probleme hin, denen sich eine Informationswirtschaft widmen muß: das Quantitätsproblem, das Qualitätsproblem, das Zeitproblem, das Kosten- und Nutzenproblem, das Problem der adäquaten Informationstechnikunterstützung, das Personalproblem, das Kommunikationsproblem und das Integrationsproblem. Auch aus diesen Problemen ließe sich nun eine Aufgabenliste für das Informationsmanagement herleiten.

Dieser Streifzug durch unterschiedliche Konzepte des Informationsmanagements zeigt die Vielfalt der Vorschläge, die den vorparadigmatischen Zustand bestätigt. Leider verdeutlichen die mehr oder weniger praxisnahen Konzepte nicht, auf welchen Theorien sie aufbauen; sie bleiben daher ohne theoretische Begründung.

2.4.2 Informationsmanagement – Empirische Ableitungen

Mehrfach wird versucht, Klarheit in die vielen Konzeptionen des Informationsmanagements zu bringen, indem man empirisch analysiert, was verschiedene Gruppen darunter verstehen. Ergebnisse von Vogel (1986a, b) zeigen, daß man bei der Befragung der Praxis wohl auf ähnlich große Verwirrung bezüglich des Begriffes stößt, wie sie Wissenschaftler durch ihre Veröffentlichungen erzeugen und auch weiter perpetuieren.

Dazu werden im folgenden drei Untersuchungen exemplarisch vorgestellt, auch um die Verbreitung des Begriffs an sich und seine Ausdeutung zu zeigen.

Eine inhaltsanalytische Untersuchung von Vogel zum Begriff des „Informationsmanagers" differenziert zwischen dem Berufsbild des Informationsvermittlers und dem des Informationsmanagers. Der Informationsvermittler hat Aufgaben vom Typ „Beschaffung und Aufbereitung von Informationen". Er beschafft aus verschiedensten Informationssystemen das für konkrete Bedarfssituationen benötigte Wissen und übergibt es dem Benutzer. Der Informationsmanager übernimmt Aufgaben des Typs „Analyse und Koordination von Informationsflüssen und Beständen" sowie, weniger ausgeprägt, vom Typ „Aufbau von Informationssystemen". Er koordiniert organisationsweit das potentiell benötigte Wissen und die Systeme, die es bereit stellen. Gegenüber dieser umfassenden a priori Abstimmung der Wissensbestände mit dem Bedarf treten die Aufgaben der Betreuung der technologischen Infrastruktur zurück.

Durch Befragung von Mitgliedern der Geschäftsleitung identifizieren Howard und Wienroth (1986) acht Probleme der Geschäftsleitung mit dem Informationsmanagement:

(1) Inkompatibilität
(2) Schlechte Daten über den Wettbewerb
(3) Geringe Informationsglaubwürdigkeit
(4) Unzureichende Hardwareversorgung
(5) Schlechte Unterstützung durch das Rechenzentrum
(6) Überflutung der Nutzer mit Daten
(7) Schlechtes Verständnis zwischen Geschäftsführung und Rechenzentrumsmanagement
(8) Generelle Naivität gegenüber der Computernutzung.

In anderen Studien werden die Probleme aus der Sicht der Manager der Datenverarbeitungsabteilungen erfaßt (Brancheau/Wetherbe 1987; Dickson/Leitheiser u.a. 1984; Federmann 1990; Hartog/Herbert 1985; Herbert/Hartog 1986; Heidrick & Struggles 1989; Krcmar/Federmann 1990; Krcmar 1990a; Selig 1986; Pfeifer 1990). Diese Untersuchungen versuchen unter anderem, die Wichtigkeit einzelner Problembereiche des Informationsmanagements zu ermitteln. In der Studie von Krcmar (1990a) wurde auf der Basis von in den USA durchgeführten Untersuchungen eine Liste von 36 Teilproblemen formuliert. Daß nur relativ wenige unwichtige Teilprobleme darin enthalten sind, erkennt man daran, daß bei den Befragten der niedrigste Wichtigkeitswert bei 4,8 liegt. Dabei stehen für die Aussage „nicht wichtig" eine 2, für „wenig wichtig" eine 4, für „ziemlich wichtig" eine 6 und für „sehr wichtig" eine 8. Der Durchschnitt dieser Wichtigkeitsbewertung lag bei 6,44, bei einer Standardabweichung von 1,48. Erst ab Rangplatz 22 ergibt sich eine unterdurchschnittliche Wichtigkeit. Daß dieser Rangplatz vom Teilproblem „Wirtschaftlichkeit" belegt wird, ist paradox.

Auf der Basis dieser Untersuchung, läßt sich provokant die These formulieren, daß derzeit die Aufgabe des Informationsmanagements als die gleichzeitige Bewältigung vieler wichtiger Teilprobleme wahrgenommen wird. Die für das Management jedoch wichtige Aufgabe der Priorisierung von Teilbereichen und damit der Fokussierung der Aktivitäten konnte von den Befragten nicht geleistet werden. Auf genauere Darstellung der Ergebnisse dieser Untersuchung soll hier nicht eingegangen werden (Krcmar 1990a; Federmann 1990; Krcmar/Federmann 1990).

2.4.3 Kritische Auseinandersetzung mit Ansätzen des Informationsmanagements

Die Darstellung der Verständnisse von Management, Information und insbesondere des Informationsmangements zeigen Schwächen und Unvollkommenheiten. Im folgenden beleuchte ich die in Abschnitt 2.4.1 vorgelegten Vorschläge kritisch, unterbreite einen ersten Lösungsvorschlag und führe in Vorbereitung zum 3. Abschnitt meine Sichtweise des Interpretationsmanagements ein.

Die oben vorgestellten Ansätze zum Informationsmanagement lassen sich aus mehreren Perspektiven kritisch beleuchten. Die einzelnen Kritikpunkte können stichwortartig so umschrieben werden:

(1) Informationsmangement als Liste von Aufgaben
(2) unreflektierte Übernahme der Schichtenansätze aus der Informatik
(3) undifferenzierte Übernahme der zeitlichen Horizonte aus der betriebswirtschaftlichen Planung
(4) Nichteingehen auf das Zeitparadoxon der Nutzung von Informations- und Kommunikationstechnik

(5) Nichtberücksichtigung des Zuordungsproblems der Informationsmanagementaufgaben
(6) statische Sicht des Informationsmanagements
(7) simplifizierte Sicht, zu einfache Definition des Informationsmanagements.

ad (1)
Eine Kritik, der sich auch der Autor mit früheren Veröffentlichungen stellen muß, betrifft die Vorgabe von Aufgabenlisten als Definitionsversuch für das Informationsmanagement. Es könnte dafür der Satz von Lorenz gelten (Lorenz 1968) „.... die böse Folge ist, daß manche Forschungsrichtungen, die kompliziert strukturierte Objekte zum Gegenstand haben, dem Irrglauben huldigen, ohne Einsicht in die Struktur zum Verständnis der Funktionen kommen zu können".

Daher ist auch die stets neue Vorlage von unterschiedlich gegliederten Aufgabenlisten für ein Verständnis des Informationsmanagements heute nicht sehr hilfreich. Diese Aufgabenlisten gehen an den Grundproblemen von Information, beispielsweise der Gleichzeitigkeit der Abschichtung zur Technik und „information always resides on a physical marker" oder dem Problem der Integration von technikbezogener und betriebswirtschaftlicher Sicht weitgehend vorbei.

ad (2)
Detaillierte Informationsmanagementaufgaben werden auch durch Übernahme der in der Informatik üblichen Abschichtung bezüglich der Techniknähe (z.B. Wollnik 1988) deduziert. Diese Unterscheidung von Information, Informationssystem und Informations- und Kommunikationstechnik als Gegenstand resultiert wegen der Modellierung dreier unterschiedlicher Objekte in Informationen über Information, Informationssystem und Informationstechnologie. Obwohl zunächst einsichtig, wird im Sprachgebrauch diese Trennung wohl nicht durchgehalten. Denn zum einen ist heute die Unabhängigkeit der drei Schichten aufgrund technologischer Bedingungen nicht gegeben und zum anderen ist die Trennung, gemäß Miller's „Information always resides on a physical marker", auch mehr eine gedankliche Trennung als unmittelbar physisch offensichtlich. Die unreflektierte Übernahme dieses Konzeptes führt demnach nur zu vermeintlicher begrifflicher Klarheit: die Sprache wird differenzierter als es das Objekt (Information, Informationssystem, Informationstechnologie) erlaubt.

ad (3)
Auch die Gliederungen der Aufgabenlisten bezüglich des Zeithorizontes der Objekte in operative, administrative und strategische Aufgaben wird selten begründet. Ohne weitere Diskussion wird die aus der Planungslehre stammende Unterscheidung in kurz- und langfristige Planung übernommen, ohne daß typische Zeitverhältnisse im Bereich der Datenverarbeitung untersucht würden. Die typischen Zeitverhältnisse im DV-Bereich weisen lange Bindungsfristen an Software (5-7 Jahre), an Daten (deren Lebensdauer), an Datenstrukturen (10 Jahre und länger) und an Hardware (2-5 Jahre) auf. Langfristig wirkende Entscheidungen beispielsweise bei der Einführung von Standardsoftware werden dem administrativen Bereich zugeschlagen, obwohl sie im Sinne der DV als organisatorische Technologie längeren Bindungscharakter haben als Entscheidungen über die strategische Bedeutung der DV, die sich je nach Strategieausrichtung eines Geschäftsbereichs schneller verändern kann. Es wäre erforderlich, für das Informationsmanagement die Aufgaben nach dem Bindungscharakter der betroffenen Objekte hinsichtlich der Zeithorizonte neu einzuteilen, statt die alten Ausdrücke einfach zu übernehmen.

ad (4)
Die Ansätze sind entsprechend des fehlenden Verständnisses der zeitlichen Strukturen im Informationsmanagement kaum geeignet, das „Zeitparadoxon der Nutzung von Informations- und Kommunikationstechnik" zu behandeln. Als solches bezeichne ich das Problem, daß die Entwicklung der Technologie schneller voran geht als ihre Implementierung und Nutzung. Dies bedeutet, daß die Vorschläge zur Nutzung einer bestimmten Informations- und Kommunikationstechnologie zum Zeitpunkt ihrer Umsetzung oftmals schon veraltet sind. Veraltet bedeutet, daß neue und verbesserte technologische Lösungen existieren, nicht jedoch notwendigerweise, daß sich das organisatorische Problem nicht tatsächlich durch den veralteten Vorschlag lösen ließe. Wenn dann die neuere Technologie verwendet wird, dann oft mit den Nutzungsvorhersagen der vorherigen Technologie, d.h. – wie nur im Nachhinein feststellbar – mit geringerem als möglichem Innovationsgrad.

ad (5)
Auch das „Zuordnungsproblem der Informationsmanagementaufgabe" wird – mit einer Ausnahme (Zahn/Rüttler 1990) – unzureichend beleuchtet. Als Zuordnungsproblem verstehe ich das Problem, daß in der Zeit, bis die Bedeutung des Informationsmanagements erkannt wird und diese Er-

kenntnis sich im Unternehmen durchsetzt, die Kerngedanken bis hin zur Unkenntlichkeit diffundieren. Wenn Informationsmanagement (präziser: Management der Information) Führungsaufgabe ist und Informationen den Kern jeder Planung und Handlung darstellen, dann findet Informationsmanagement überall statt. Da die Differenzierung hinsichtlich der Objektebene auch gedanklich nicht erfolgt, kann die Diffusion erfolgreicher Informationsmanagementkonzepte (im Sinne des Managements von Information) und die gleichzeitige Existenz der Informationsmanagement-Abteilung (mit der Aufgabe des Managements der Informations- und Kommunikationstechnologie- Infrastruktur) ebenso wenig erklärt werden wie die Dualität von „professioneller Anwendungsentwicklung" und „individueller Datenverarbeitung" im Bereich des Managements der Informationssysteme.

ad (6)
Zurückhaltend sind Konzepte des Informationsmanagements auch hinsichtlich der Bedeutung des Informationsmanagements als Management des geplanten Wandels. Es erscheint so, als sei es die Aufgabe des Informationsmanagements, nur die richtigen Kombinationen von Technologien zu finden und umzusetzen. Daß dies ein Prozeß der Erarbeitung von organisatorischen Lösungen ist und dieser Prozeß auch häufig die Veränderungsprozesse bei den Mitarbeitern zur Voraussetzung hat, wird kaum angesprochen. Damit wird das Informationsmanagement lediglich in einer instrumentellen Sicht gesehen; wesentliche Probleme der Nutzung von Informations- und Kommunikationstechnologien bleiben unerwähnt.

ad (7)
Daher zeichnen sich aus meiner Sicht viele Erörterungen durch ein Verständnisparadoxon aus. Gerade weil die Begriffsbildung „Informationsmanagement" scheinbar so einfach ist, werden die besonderen Probleme der Behandlung von Information als Objekt nicht gesehen. Weder die Notwendigkeit der präzisen Beschreibung des Objektes noch das Problem des Sprechens über ein Objekt „Information" (das Meta-Meta-Problem) werden artikuliert.

Die in ähnlicher Weise vorgetragene Kritik an bisherigen Konzepten durch das ganzheitliche Informationsmanagement (Zahn/Rüttler 1990) bleibt dort aber unscharf. Sie ist stumpf, da zu technikorientiert. Indem sie die Technik als ausschließlichen Treiber und als Motivation ansieht, geht sie am Kern vorbei.

Dennoch enthalten einige der vorgetragenen Kritikpunkte Lösungshinweise.

Zwar täuscht die Verwendung des aus dem Bereich der Informatik und der Informations- und Kommunikationstechnologien bekannten Schichtenmodells zunächst darüber hinweg, daß nur eine ganzheitliche Betrachtung von Informationsmedium und Informationsnutzung dem tatsächlichen Objekt angemessen ist. Dennoch macht die Gliederung der Managementobjekte in die Verwendung von Informationen (incl. Interpretation und Schlußfolgerungen), Produktion von Informationen sowie Erstellung und Sicherstellung der Infrastruktur Sinn. Die empirische Untersuchung von Howard und Weinroth (1986) zeigt, daß die Nutzer vor allem nichttechnische Probleme aufführen. Die Untersuchung der Aufgaben von Informationsmanagern (Krcmar 1990a; Federmann 1990) zeigt eine Kombination von Aufgaben der Beherrschung der Infrastruktur, der Erstellung neuer Informationssysteme und der Besorgnis über die Verwendung der Informationen selbst.

Wenn man sich der aufgeführten Schwierigkeiten bewußt ist, macht die schichtenmäßige Trennung Sinn. Sie erlaubt eine Aufgabenzuordnung, die das Management von Informationen vom Management der Informationsverarbeitung und vom Management der Informations- und Kommunikationstechnologie trennt.

Diese Zuordnung kann wie folgt aussehen. Die informationswirtschaftlichen Fragestellungen der Betriebswirtschaftslehre, die Fragen der inhaltlichen Interpretation sowie das Change Management und Ansätze des informationsorientierten Unternehmens (z.B. Drucker 1988) lassen sich mit der Ebene des Managements der Informationen verbinden. Das Management der Informationsverarbeitung dient als Schnittstelle zwischen dem Management von Informationen und der darunterliegenden Infrastruktur. Krcmar (1990a) argumentiert im Rahmen von Überlegungen zur Informationsarchitektur, daß das Management der Informationsverarbeitung als Management von Daten, Funktionen und logischer Kommunikation einen Puffer zwischen den Überlegungen auf dem Gebiet des Managements der Informationen und der Infrastruktur darstellen kann. Das Infrastrukturmanagement im Bereich der Informations- und Kommunikationstechnologien wird beherrscht von der Fragestellung der Verwendung einzelner Techniken für verschiedenste Aufgaben. Es wird deutlich, daß sich die drei Teile zwar gedanklich trennen lassen, sie aber, da die Nutzung der Technologie im Vordergrund steht, immer nur als Ganzes zu betrachten sind.

Die aus der Living Systems Theory stammenden Aussagen bestätigen dies. Das Management von Informationen ist Element jedes lebenden Systems. Das Management der Informationen ist aber nicht gleich dem Management der Informations- und Kommunikationstechnologie. Dieses Informations- und Kommunikationstechnologiemanagement ist das Management der physikalischen Medien, auf denen Information gehalten wird.

Diese Residualmedien werden von Spezialisten verwaltet. Da sich jedoch jede Information auf einem solchen Medium befindet („every information is borne on a marker“), ist sie mit diesem Objekt sehr eng verbunden und dabei in vielen Fällen nicht mehr offensichtlich trennbar.

Die Living Systems Theory weist in ihrer Übersicht über die Kernfunktionen jedes Systems auch auf die Bedeutung der „Boundary-Funktion“ hin. Deren Aufgabe ist nicht nur die Aufrechterhaltung physischer Grenzen, sondern kann auch die Aufrechterhaltung von „Sinngrenzen“ sein. Die Nähe zur Umgebung um das System macht die inhaltliche Interpretation möglich; diese Interpretation kann von der des Umsystems abweichen. Damit erfolgt innerhalb der Boundary-Funktion eine ständige Remodellierung und im Sinne der Meta-Meta-Sichtweise eine Reinterpretation.

Wenn Informationsmanagement als Teil jedes Living Systems eine Querschnittsfunktion ist, dann hat diese Funktion sowohl interne Aufgaben als auch die Aufgabe, Einflüsse aus der Umgebung aufzunehmen. Wichtig ist dann die Frage, wie das Informationsmanagement mit Umwelteinflüssen umgeht. Dabei wird Informationsmanagement als Interpretationssystem eines Living Systems verstanden. Dieses Verständnis erlaubt zum einen die Sichtweise des Informationsmanagements mit den physischen Prozessen der Informationsaufnahme, -verarbeitung, -speicherung und -abgabe als Gegenstand, zum anderen die Sichtweise des Informationsmanagements als inhaltliches Interpretationssystem des Living System. Dann sind Gegenstand des Informationsmanagements auch Interpretation, Sinngebung und Management des Wechsels. Gerade diese Aufgaben können für eine Theorie des Informationsmanagements konstitutiv sein.

3 Das Informationsmanagement als Interpretationsmanagement – Interpretation als Gegenstand des Informationsmanagements

Betrachtet man mit Daft und Weick (1984), wie sich Organisationen mit ihrer Umwelt durch Interpretation auseinandersetzen, so wird deutlich, daß die Probleme des Managements und des Informationsmanagements auch Interpretationsprobleme sind.

Die Benutzung von Informationen an sich ist bereits Interpretation. Eine Organisation muß die Bedeutung, die Informations- und Kommunikationstechnologie für sie haben, interpretieren. Die Organisation muß die eigenen strategischen Informationssysteme reflektieren und sie zurückübersetzen in ihre Strategien. Dieser, sich bei allen Aspekten des Informationsmanagements abspielende Prozeß der Interpretation und des „sense making" regt an zu untersuchen, inwieweit sich die von Daft und Weick für ganze Organisationen entwickelten Gedanken auf das Informationsmanagement in Organisationen übertragen lassen.

Dieser Ansatz scheint geeignet, weil

- Informationen immer interpretiert werden müssen, bevor sie genutzt werden können,
- die Informations- und Kommunikationstechnologieumgebung des Unternehmens turbulent ist und daher der Interpretation bedarf, um Handlungsanweisungen zu ihrer Nutzung zu geben,
- sich die Informations- und Kommunikationstechnologienutzung verstehen läßt als die Implementierung der Interpretation von den Nutzungsmöglichkeiten einer neuen Technologie.

3.1 Organisationen als Interpretationssysteme

In ihrem Aufsatz „Toward a Model of Organizations as Interpretation Systems" beschäftigen sich Daft und Weick (1984) mit den Eigenschaften innovativer Organisationen. Die Überlegung, daß die Grenzen von Organisationen durch den Betrachter innerhalb und außerhalb der Organisation und nicht durch die Organisationseigenschaften selbst festgelegt werden, führt zu einer veränderten Analyse von Organisationen.

Indem Daft und Weick Organisationen als Interpretationssysteme auffassen und annehmen, daß die Schnittstelle Organisation-Umwelt nicht objektiv festliegt und Quellen von Innovation im Management dieser Schnittstelle liegen, verstehen sie die Unterscheidung zwischen Umwelt und Unternehmen anders als die klassische Organisationstheorie. Die Beziehung Organisation-Umwelt wird redefiniert.

Daft und Weick halten fest, daß Organisationen und die Menschen in ihnen Interpretationen durchführen. Aus der Sicht eines Lernprozesses unterscheiden sie die drei Phasen Scanning (data collection), Interpretation (data given meaning) und Learning (action taken). Nach einer Datensammelphase werden die erhaltenen Daten interpretiert. Dies kann als die Integration neuer Fakten in die bestehenden Verständniswelten beschrieben werden. Organisatorische Interpretation ist der Prozeß der Übersetzung von Ereignissen und die Entwicklung gemeinsamen Verständnisses und konzeptueller Schemata durch das Management (Daft/Weick 1984, S. 286). Nach Daft und Weick unterscheidet sich die Lernphase von der

		Eindringen in die Umgebung	
		passiv	aktiv
Auffassung von der Umgebung	analysierbar	conditioned viewing "benevolent environment"	discovery "correct answer"
	nicht analysierbar	undirected viewing "soft information only"	enacting "construct the environment"

Abb. 5: Organisationstypen (Daft/Weick 1984, S. 291)

Interpretationsphase durch den Handlungsfokus, der erst in der Lernphase hinzutritt. Im folgenden wird vor allem der Interpretationsprozeß betrachtet.

Daft und Weick unterscheiden das Verhältnis der Organisation zur Umwelt entlang zweier Dimensionen, um Unterschiede im Interpretationsverhalten von Organisationen zu erklären. Die eine Dimension ist die Auffassung des Unternehmens von der Analysierbarkeit oder Nicht-Analysierbarkeit der Umgebung. Die andere Dimension ist die aktive oder passive Beschäftigung (Eindringen) des Unternehmens mit der Umgebung. Dabei ergeben sich vier Typen von Organisationen (vgl. Abb. 5). Die vier Typen werden als „undirected viewing“, „conditioned viewing“, „discovering“ und „enacting“ bezeichnet.

Die „conditioned viewing“-Organisation geht von einer analysierbaren Umwelt aus und dringt nicht in diese ein. Daher werden möglicherweise umfangreiche und als objektiv bezeichnete Daten über die Umwelt anhand einmal entwickelter Verfahren gesammelt und wie bisher ausgewertet. Die Datensammelmechanismen sind über die Zeit entstanden; historisch hat sich zu einem bestimmten Zeitpunkt eine Sicht der Dinge ergeben, die auch später die Interpretationsmechanismen der Organisation prägt.

Die „undirected viewing“-Organisation verhält sich in ähnlicher Weise passiv gegenüber ihrer Umwelt. Allerdings lebt sie nicht mit der Annahme, die Umwelt sei analysierbar. Vielmehr werden „weiche“ Daten, und diese in begrenztem Umfang, zur Wahrnehmung der Umwelt genutzt. Persönliche Interaktion, zufällige Zusammentreffen und subjektive Hinweise gelten als angemessene Sammelmechanismen für Daten aus der Umwelt.

Die „discovering"-Organisation geht von einer strukturierten Umgebung aus und nimmt an, daß es auf die außen zu entdeckenden Bedingungen korrekte Antworten und Reaktionen gibt. Diese, wegen ihrer Suche nach korrekten Reaktionen und darauf folgenden Handlungen oft als innovativ bezeichneten Organisationen, reagieren meist mit großer Effizienz auf Umweltveränderungen, die sie mit Hilfe umfassender, auch formaler Messungen erfassen. Die Wirkungen erkannter und erwarteter Umweltveränderungen werden bewertet und leiten Reaktionen ein, die in der Umwelt als Innovationen aufgefaßt werden.

Die „enacting" Organisation handelt proaktiv und interpretativ. Die Organisation reagiert nicht nur auf Umweltveränderungen, sie erzeugt auch die Bedingungen, auf deren Veränderungen sie reagieren muß. Daft und Weick (1984, S. 288) beschreiben diese Organisationen so: „These organizations construct their own environments. They gather information by trying new behaviors and seeing what happens. They experiment, test, and simulate, and they ignore precedent, rules, and traditional expectations."

Diese Organisationen reagieren somit auf die von ihnen selbst gestaltete Umwelt: sie sind Teil ihrer Umwelt und sie gestalten sie selbst.

Anhand dieser Organisationstypen haben Daft und Weick typische Verhaltensweisen in den Bereichen (1) Eigenschaften der Daten und der Datensuche, (2) Interpretationsprozesse innerhalb der Organisation sowie (3) Strategie und Entscheidungsprozesse vorgeschlagen. Ohne hier auf die Bedeutung des Ansatzes für die Organisationsforschung, insbesondere die Untersuchung des Verhältnisses von Organisationsumwelt und Strategiewahl einzugehen, ergeben sich wesentliche Folgerungen für das Informationsmanagement. Zum einen ist es demnach Aufgabe der Manager zu interpretieren, Sinn zu stiften und nicht allein technische Aspekte der Arbeit zu vollziehen. Dazu sollten Manager sich und die Organisation als Interpretationssysteme betrachten. Zum anderen schlägt das Modell ein Kontingenzmodell des Interpretationsverhaltens vor und erlaubt, die Angemessenheit des eigenen Verhaltens besser zu beurteilen.

Analog zu den Vorschlägen von Daft und Weick, die sich auf ganze Organisationen oder ihr Topmanagement beziehen, lassen sich auch typische Verhaltensweisen von Informationsmanagern und DV- Abteilungen formulieren und beobachten. Zur Verdeutlichung soll das folgende Beispiel dienen.

Eine „conditioned viewing"-Organisation liegt vor, wenn ein IBM-Anwender von seinem Lieferanten als „gutmütiger Umwelt" ausgeht, die immer für ihn sorgen wird – und er sich von dieser Haltung durch nichts abbringen läßt. Ein Anwender, der aktiv alle Unix-Systeme untersucht, läßt sich als „discovering"-Organisation beschreiben. Diejenigen DV-Anwender, die überzeugt sind, es mache aufgrund ihrer schwachen Marktposition, ihres schlechten Kenntnisstandes und der rapiden Technologieentwicklung keinen Sinn, genauere Untersuchungen anzustellen und stattdessen auf andere Informationen zurückgreifen („Ich frage meinen besten Freund"), finden sich ebenso in den Interpretationstypen nach Daft und Weick wieder, wie diejenigen, die die technologische Entwicklung im Detail zu kennen und zu verstehen glauben und sie dann in eine ihnen angenehme Richtung lenken möchten.

Die Analogie zeigt, daß der Ansatz von Daft und Weick auch auf funktionale Organisationseinheiten der Querschnittsfunktion Informationsmanagement übertragen werden kann. Zu fragen ist dann:

- Wie sollte die Auffassung von der Organisation als Interpretationssystem auf das Informationsmanagement übertragen werden?
- Muß diese Auffassung zur Lösung der immanenten Probleme auf das Informationsmanagement übertragen werden?
- Welche Folgen hat dies für das Selbstverständnis des Informationsmanagements?

3.2 Informationsmanagement als Interpretation

Dieser Abschnitt untersucht, wie sich die Sicht des Informationsmanagements als Interpretation auf das Management von Informationen, das Management von Informationssystemen und das Management der Informations- und Kommunikationstechnologie übertragen läßt. Daß im Informationsmanagement im weiten Sinne alle drei Schichten vorhanden sind und miteinander vermengt werden, erklärt die in der Empirie feststellbare Komplexität der Informationsmanagementaufgabe und die Schwierigkeiten der Informationsmanager, ihr gerecht zu werden.

Zur Lösung kann vorgeschlagen werden, innerhalb des Informationsmanagements sinnvolle Interpretationsverhaltensweisen zu bündeln. Daraus könnten sich detailliertere Vorstellungen ergeben, was die Organisation des Informationsmanagements betrifft. Die Vorstellung, den Ebenen des Informationsmanagements seien bestimmte Verhaltensweisen zuzuweisen, beispielsweise dem Management der Information das „enacting", dem Management der Informationssysteme das „discovering" und dem Management der Informations- und Kommunikationstechnologien das „conditioned viewing", greift allerdings zu kurz, wie die folgenden Beispiele zeigen.

- Beim *Management von Informationen* läßt sich die Interpretation von Informationen als ein „enacting" verstehen. Da die angebotenen

Werkzeuge zur Informationshandhabung erst zu nutzbaren Dingen gemacht werden müssen, ist die Konstruktion einer dafür geeigneten (technischen und mental-konzeptuellen) Umgebung eine zentrale Aufgabe für das Informationsmanagement. Es geht weniger um die Gestaltung der physischen Umgebung, sondern mehr um die Schaffung einer Wahrnehmung neuer Technologien, die beispielsweise das Ausprobieren neuer Technologien fördert. Darin spiegelt sich die Auffassung wider, daß die Nutzungs- aber auch Mißbrauchs*möglichkeiten* sich im Detail und vollständig erst in der Nutzungsphase erschließen.

- Beim *Management der Informations- und Kommunikationstechnologien* führt der Versuch des Findens der einzigen korrekten Antwort zu Fehlschlägen. Die Vielfalt technologischer Pfade und die Einflüsse, die erst in der Nutzungsphase entstehen, machen gerade die den „Technologen“ oft naheliegenden Versuche unmöglich, die *eine* korrekte Antwort zu finden. Aufgrund der Interpretationsnotwendigkeit während der Nutzung, kann eine ex ante korrekte Antwort kaum gegeben werden. Empfehlenswert für Organisationen sind daher Vorgehensweisen, die aktiv an der Technologieentwicklung partizipieren oder, wenn dies nicht möglich ist, die Organisation frühzeitig in die Lage versetzen, für sich aus den Möglichkeiten der Technologie Sinn zu machen.

  Dennoch kann die „korrekte Antwort“ als Ziel für schwache Marktpartner gelten. Bei starken Marktpartnern liegt dagegen ein „enacting“ vor: Die Vertreter der Großabnehmer von Produkten der Informations- und Kommunikationstechnologie dringen aktiv in ihre Umgebung vor, so z.B. auf Rundreisen durch die Forschungslabors der Anbieter und beeinflussen mit ihren Wünschen das künftige Produktangebot stark. Das vor allem nachträgliche Sinnmachen ist als Verhaltensweise anzutreffen, wenn keine Informationssystemrahmenplanung vorliegt, die das Einordnen technologischer Neuigkeiten erlauben würde.
- Auch beim *Management der Informationssysteme* findet man oftmals den Versuch einer korrekten Antwort. Diese kann zwar auf der Ebene globaler technologischer Trends gegeben werden (proprietäre Betriebssysteme versus offene Betriebssysteme), zumindest sagen die entsprechenden Protagonisten dies. Auf der Ebene einzelner in Entwicklung befindlicher Informationssysteme findet aber ein starkes „enacting“ statt. Informationssysteme sind nur so gut wie ihre Verwendung: Die DV-Abteilung muß darauf dringen, daß die Fachbereiche die Welt der Informations- und Kommunikationstechnologie und ihre Nutzungsmöglichkeiten in gleicher Weise wie sie selbst sehen. Sie wird daher aktiv vorgehen.

Die Beispiele zeigen Schwerpunkte, nämlich die der großen Bedeutung der aktiven Beschäftigung mit der Umwelt im Bereich der Informations- und Kommunikationstechnologien und der des Vorherrschens der Analyse der Umwelt. Dennoch sieht sich das Informationsmanagement im Unternehmen Anforderungen aus allen vier Typen von Organisationen nach Daft und Weick ausgesetzt. Diese schlagen jedoch vor, je nach Typ unterschiedliche Verhaltensweisen und Planungstypen anzuwenden. Dies bedeutet, daß Informationsmanager nicht nur drei Ebenen des Informationsmanagements beherrschen sollen, sondern auch mit jeweils unterschiedlichen Interpretationsverhaltensweisen agieren müssen.

Die Betrachtung des Informationsmanagements als Interpretationsmanagement verdeutlicht die zentrale Stellung der Beschäftigung mit der Technologie. Es geht jedoch nicht darum, wie die Technologie funktioniert, sondern wie auf die vorliegenden Umweltbedingungen der Technologie durch das Unternehmen bestmöglich eingegangen werden kann.

Die Theorie von Daft und Weick läßt sich auf das Informationsmanagement übertragen. Gleichzeitig lassen sich damit die Anforderungen an das Management des Wandels deutlicher begründen.

4 Forschungskonsequenzen

Ausgangspunkt war die Frage, wie Informationsmanagement aus organisatorischer Perspektive verstanden werden kann.

- Mit der Diskussion der Ressource Information wurden vor allem begriffliche Schwierigkeiten deutlich, das Objekt „Information" genau zu bezeichnen. Diese Schwierigkeiten resultieren aus der Gleichzeitigkeit von „Information ist Modell" und „information always resides on a physical marker". Während der erste Satz zur Fragestellung der Informationswirtschaft deutet, führt der zweite Satz zur Konzentration auf das Technologiemanagement.
- Die Diskussion bisheriger Konzepte des Informationsmanagements führte zu einer Schichtung von Aufgaben nach Techniknähe. Die Berücksichtigung der Eigenschaften von Information verdeutlicht den gedanklichen Charakter dieser Sicht.
- Informationen bedürfen zu ihrer Nutzung der Interpretation und sind wegen ihrer Modelleigenschaft bereits Interpretation. Deshalb wurde untersucht, inwieweit es die Diskussion weiterführt, wenn man das Management der Information, das Management der Informationssysteme und das Management der Informations- und Kommunikationstechnologie als Interpretationssystem betrachtet. Die Betrachtung des Informations-

managements als Interpretationsmanagement erlaubt ein besseres, über die Technik hinausgehendes, auf die Unternehmensumwelt eingehendes und differenzierteres Verständnis der Probleme des Informationsmanagements.

Einige, selektive Konsequenzen für die weitere Forschung lassen sich ableiten.

- Die Nutzung der Möglichkeiten der Informations- und Kommunikationstechnologie im Unternehmen setzt die Wahrnehmung dieser Möglichkeiten voraus. Innovationen vollziehen sich danach im Rahmen der gemeinschaftlichen, der Organisation eigenen Interpretation der Wirkungen der Technologie. Dieser Zusammenhang, auch als „Informations- und Kommunikationstechnologie-Nutzungs-Kultur" zu bezeichnen, führt zur Kernaufgabe des Informationsmanagements, dem Management des „sense making through joint learning of interpretations". Das Management des Wandels durchzieht alle Elemente des Informationsmanagements.
- Wenn der Wahrnehmung der Veränderungsmöglichkeiten durch Nutzung der Informations- und Kommunikationstechnologien eine derartig große Bedeutung zukommt, dann ist die heute festzustellende Lücke bei der Erforschung der Wahrnehmung und Wahrnehmungsdifferenzen zu beklagen (vgl. aber Wollnik 1986). Ohne eine individuelle, organisatorische und kulturelle Betrachtung dieser Variable als „mediating factor" in der Adaptionsforschung von Informations- und Kommunikationstechnologien wird die Erklärung der unterschiedlichen Adaptionsverhaltensweisen sich der Realität nur unangemessen nähern.
- Wenn dem Sinnmachen und „enacting" auf allen Ebenen des Informationsmanagements die beschriebene Bedeutung zukommt, dann sind das generelle Management und die Technologieentwicklung selbst Schlüsselfaktoren für die Nutzung der Informations- und Kommunikationstechnologie. Darüberhinaus sind dann nicht nur die Informationsmanager im engen Sinne für die Implementierung von Informationssystemen zuständig; Informationsmanagementaufgaben fallen allen Mitgliedern der Organisation zu. In gleicher Weise wird der Ausbildungsbedarf des Topmanagements verdeutlicht: es kann nicht um detaillierte technische Kenntnisse, sondern vor allem um die Kenntnisse der Wirkungs- und Nutzungszusammenhänge in der eigenen Organisation gehen.
- Der Charakter der Informationsmanagementaufgabe führt sowohl wegen der verschiedenen inhaltlichen Ebenen als auch wegen der erforderlichen Interpretation zu ihrer Verteilung über alle Ebenen und Lokationen des Unternehmens. Im Sinne dieser Aufgabenverteilung ist zu untersuchen, inwieweit eine Aufteilung der Informationsmanagementaufgaben in drei Ebenen *und* in die vier Daft und Weick'schen Interpretations-

typen nicht zu verbesserter Aufgabenbewältigung führen könnte. Diese Aufteilung in zwölf Aufgabenblöcke erfordert jedoch auch die Untersuchung der Zusammenführung der Einzelaufgaben. Pragmatisch ist unter anderem zu untersuchen, mit welchem Interpretationsverständnis und -verhalten Abteilungen zur Technologiebewertung agieren, die sich in manchen großen Organisationen finden lassen. Diese Zuordnung von Interpretationsverhalten zu den Instanzen des Informationsmanagements wird zum einen vom Primat des Verständnisse der Wirkungs- und Nutzungsaspekte von Informations- und Kommunikationstechnologien und zum anderen von der Dualität des Informationsmanagements geprägt sein. Diese Dualität resultiert zur effizienten Nutzung der Informations- und Kommunikationstechnologien im Verhalten des „conditioned viewing" und im Rahmen der Reinterpretation zur Möglichkeitsanalyse im „enacting". Offen bleibt, ob Personen oder Organisationseinheiten zwischen diesen Modi kurzfristig und leicht wechseln können.

- Das Zeitparadoxon (Die Entwicklung der Technologie geht schneller voran als die Implementierung der Technologie selbst) ist zu untersuchen als Verbindung zwischen technologischer Entwicklung und ihrer Interpretation, sowohl was die Ebene der Technologie betrifft als auch, ob veränderte inhaltliche Interpretationen auf der Ebene der Information möglich sind.
- Das Identifikationsparadoxon (Seit der Identifikation der Bedeutung des Informationsmanagements diffundiert dieses bis zur Unkenntlichkeit in das Unternehmen hinein) ist als „natürliche" Folge zu betrachten. Es läßt sich differenzierter als Spezialisierung der Aufgabe des Informations- und Kommunikationstechnologiemanagements untersuchen, mit der Frage, inwieweit auch das Management der Informationssysteme einer Spezialisierung bedarf.
- Schließlich kann das Verständnisparadoxon (Weil die Begriffsbildung „Informationsmanagement" so scheinbar einfach ist, werden die besonderen Probleme der Behandlung von Information als Objekt [das Meta-Meta-Problem] nicht gesehen) für mich deutlicher erklärt werden.

Insgesamt führt die Kombination von Informationsmanagement und Interpretationsmanagement zu einer stärker sozialwissenschaftlich ausgerichteten Analyse des Zusammenspiels von Organisation und Informations- und Kommunikationstechnologie. Sie verdeutlicht die soziale Dimension der Nutzung von Informations- und Kommunikationstechnologien.

Um die im Titel gestellte Frage zu beantworten, sei auf die Dualität der Information zurückgegriffen: Informationsmanagement als Technologiedisziplin verkommt zu einer Beschreibung von Hardware, Informationsmanagement als Managementdisziplin betreibt Interpretation ohne Einfluß auf die Umwelt. Das Ergebnis ist daher ein eindeutiges „und".

Literaturverzeichnis

Benson, R./Parker, M. (1985): Enterprise-wide Information Management – An Introduction to the Concepts, IBM Scientific Center Report G 320-2768. Los Angeles (Calif.).

Biethahn, J./Mucksch, H./Ruf, W. (1990): Ganzheitliches Informationsmanagement. Band 1. München.

Brancheau, J.C./Wetherbe, J.C. (1987): Key Issues in Information Systems Management. In: MIS Quarterly 12, S. 23-36.

Capurro, R. (1987): Was ist Information? In: Handbuch der modernen Datenverarbeitung 24 (133), S. 107-114.

Cash, J.I./McFarlan, F.W./McKenney, J.L/Vitale. M.R. (1988): Corporate Information Systems Management. 2. Aufl. Homewood (Ill.).

Daft, R./Weick, K. (1984): Toward a Model of Organizations as Interpretation Systems. In: Academy of Management Review 9 (2), S. 284-295.

Dickson, G.W./Leitheiser, R.L./Nechis, M./Wetherbe, J.C. (1984): Key Information System Issues for the 1980's. In: MIS Quarterly 9, S. 135-148.

Drucker, B. (1988): The Coming of the New Organization. In: Harvard Business Review 66 (1), S. 45-53.

Earl, M.J. (1989): Management strategies for information technology. New York/London/Sydney/Tokyo.

Erichson, B./Hammann, P. (1983): Grundlagen der Informationswirtschaft. In: Bea, F.X./Dichtl, H./Schweitzer, M. (Hrsg.): Allgemeine Betriebswirtschaftslehre. Band 2: Die Führung. Stuttgart. S. 151-184.

Erichson, B./Hammann, P. (1989): Grundlagen der Informationsbeschaffung und -aufbereitung. In: Bea, F.X./Dichtl, H./Schweitzer, M. (Hrsg.): Allgemeine Betriebswirtschaftslehre. Band 2: Die Führung. Stuttgart, S. 153-188.

Eschenröder, G. (1985): Planungsaspekte einer ressourcenorientierten Informationswirtschaft. Bergisch Gladbach.

Federmann, C. (1990): Informationsmanagement in der Zukunft – Zum Problembewußtsein der Manager in deutschen Unternehmen. Diplomarbeit am Lehrstuhl für Wirtschaftsinformatik, Universität Hohenheim. Stuttgart.

FNI (1972): DIN 44 300 Informationsverarbeitung -Begriffe-. Hrsg.: Fachnormenausschuß Informationsverarbeitung (FNI) im deutschen Normenausschuß (DNA).

Gitt, W. (1989): Information – die dritte Grundgröße neben Materie und Energie. In: Siemens-Zeitschrift (4), S. 4-9.

Griese, J. (1990): Ziele und Aufgaben des Informationsmanagements. In: Kurbel, K./Strunz, H. (Hrsg.): Handbuch der Wirtschaftsinformatik. Stuttgart, S. 643-657.

Gulick, L./Urwick, L. (Hrsg.)(1937): Papers on the science of administration. New York.

Gutenberg, E. (1979): Grundlagen der Betriebswirtschaftslehre. 1. Bd.: Die Produktion. 24. Aufl. Berlin u.a.

Hartog, C./Herbert, M. (1985): Opinion Survey of MIS Managers: Key Issues. In: MIS Quarterly 10, S. 351-361.

Heidrick & Struggles (1989): Der IS-Manager in Deutschland 1989. O.O.
Heinen, E./Sabathil, P. (1978): Informationswirtschaft. In: Heinen, E. (Hrsg.): Industriebetriebslehre. 6. Aufl. Wiesbaden, S. 767-926.
Heinen, E./Dietel, B. (1985): Informationswirtschaft. In: Heinen, E. (Hrsg.): Industriebetriebslehre. 8. Aufl. Wiesbaden, S. 889-1069.
Heinrich, L.J./Burgholzer, P. (1987): Informationsmanagement. München/Wien.
Herbert, M./Hartog, C. (1986): MIS Rates the Issues. In: Datamation 32 (22), S. 79-86.
Hoffmann, M.J.A. (1976): Betriebliche Informationswirtschaft und Datenverarbeitungsorganisation. Analyse und Konzeption von Organisationssystemen. Berlin.
Horton, F.W. jr. (1981): The Information Management Workbook IRM made simple. Washington, DC.
Horváth, P. (1986): Controlling. München.
Howard, G.S./Weinroth, G.J. (1986): Manager's Perspectives on Information Management Problems in Organizations. In: DSI-86, S. 589-592.
Kern, W./Falloschinski, K. (1978): Betriebswirtschaftliche Produktionsfaktoren. In: WISU 7, S. 580-584.
Klaus, G. (1969): Wörterbuch der Kybernetik. 2 Bände. Frankfurt a.M.
Krcmar, H. (1984): Enterprise-wide information management: Expert Systems for Information Management, Report No. G320-2767, IBM Scientific Center. Los Angeles.
Krcmar, H. (1987): Innovationen durch strategische Informationssysteme. In: Dichtl,E./Gerke,W./Kieser,A. (Hrsg.): Innovation und Wettbewerbsfähigkeit. Wiesbaden, S. 227- 246.
Krcmar, H. (1990a): Informationsmanagement – Zum Problembewußtsein deutscher DV-Leiter. In: Wirtschaftsinformatik 32 (2), S. 127-135..
Krcmar, H. (1990b): Bedeutung und Ziele von Informationssystem- Architekturen. In: Wirtschaftsinformatik 32, S. 395-402.
Krcmar, H./Federmann, C. (1990): Informationsmanagement in der Bundesrepublik Deutschland – Zum Problembewußtsein von DV-Leitern in Großunternehmen. In: Information Management 5 (4), S. 6-18.
Link, J. (1982): Die methodologischen, informationswirtschaftlichen und führungspolitischen Aspekte des Controlling. In: ZfB 52 (3), S.261-280.
Lorenz, K. (1968): Gestaltwahrnehmung als Quelle wissenschaftlicher Erkenntnis. In: Vom Weltbild des Verhaltensforschers, zitiert nach: Rösner, W. (1983): Das Datenmodell und seine Konsequenzen für den Entwurf informationsverarbeitender Systeme mit großen Datenbasen. Dissertation, Universität Kaiserslautern.
Lucas, H./Turner, J. (1982): A Corporate Strategy for the Control of Information Processing. In: Sloan Management Review 23, S. 25-36.
Mag, W. (1984): Informationsbeschaffung. In: Grochla, E./Wittman, W. (Hrsg.): Handwörterbuch der Betriebswirtschaft. 4. Aufl., Band 1. Stuttgart, Sp. 1882-1894.
Martiny, L./Klotz, M. (1989): Strategisches Informationsmanagement – Bedeutung und organisatorische Umsetzung. München/Wien.
McNurlin, B.C./Sprague, R.H. (1989): Information Systems Management in Practice. Englewood Cliffs (N.J.).

Mertens, P./Plattfaut, E. (1986): Informationstechnik als strategische Waffe. Arbeitspapiere der Forschungsgruppe VII, Universität Erlangen.
Myers, M.S. (1970): Every Employee a Manager – more meaningful work through job enrichment. New York u.a.
Miller, J.G. (1978): Living Systems. New York u.a.
Österle, H. (1987a): Erfolgsfaktor Informatik. In: Information Management 2, S. 24-31.
Österle, H. (1987b): Die Rolle des Managements in der Informatik. In: WiSt 16 (5), S. 235-241.
o.V. (1979): informo. In: Menge, H. (Hrsg.): Langenscheidts Taschenwörterbuch Lateinisch. 26. Aufl. Langenscheidt, Berlin, S. 277.
o.V. (1982): Stichwort „Wissen". In: Philosophisches Wörterbuch, begründet von Schmidt, H., neu bearb. von Schischkoff, G. 21. Aufl. Stuttgart, S. 756.
Pack, U. (1976): Lehre von der Unternehmensführung (Management). In: Grochla, E./Wittmann, W. (Hrsg.): Handwörterbuch der Betriebswirtschaft, Band I/3. 4. Aufl. Stuttgart, Sp. 4079-4093.
Pfeiffer, P. (1990): Technologische Grundlage, Strategie und Organisation des Informationsmanagements. Berlin/New York.
Picot, A./Franck, E. (1988): Die Planung der Unternehmensressource „Information". In: WISU 17 (10), S. 544-549 und (11), S. 608-614.
Picot, A. (1988): Strategisches Informationsmanagement. In: Siemens Magazin, COM 25 (3), S. 11-15.
Scheer, A.-W. (1990): Editorial. In: Information Management 5 (3).
Schneider, U. (1990): Kulturbewußtes Informationsmanagement. München/Wien.
Schüler, W. (1989): Informationsmanagement: Gegenstand und organisatorische Konsequenzen. In: Spremann, K./Zur, E. (Hrsg): Informationstechnologie und strategische Führung. Wiesbaden, S. 181-187.
Schulz, A. (1970): Gedanken zu einer Informationsbetriebslehre. In: ZfB 40 (2), S. 91-104.
Schwarze, J. (1990): Betriebswirtschaftliche Aufgaben und Bedeutung des Informationsmanagements. In: Wirtschaftsinformatik 32 (2), S. 103-116.
Scott Morton, S. (1988): Information technology and its impact on business policies and corporate strategies in the 1990's. In: 2. Internationales Management-Symposium „Erfolgsfaktor Information". Frankfurt a.M.
Seibt, D. (1990a): Ausgewählte Probleme und Aufgaben der Wirtschaftsinformatik. In: Wirtschaftsinformatik 32 (1), S. 7-19.
Seibt, D. (1990b): Informationsmanagement und Controlling. In: Wirtschaftsinformatik 32 (2), S. 116-126.
Seiffert, H. (1971): Information über die Information. 3. Aufl. München.
Selig, J. (1986): EDV-Management – Eine empirische Untersuchung der Entwicklung von Anwendungssystemen in deutschen Unternehmen. Berlin/Heidelberg/New York/Tokyo.
Shannon, C.E./Weaver, W. (1976): Mathematische Grundlagen der Informationstheorie. München.
Staehle, W.H. (1987): Management. 3. Aufl. (5.Aufl. 1990) München.
Steinmüller, W. (1981): Eine sozialwissenschaftliche Konzeption der Informations-

wissenschaft (Informationstechnologie und Informationsrecht I). In: Nachr. f. Dokum. 32 (2), S. 69-80.

Strassmann, P. (1982): Overview of strategic Aspects of Information Management. In: Office: Technology and People 1 (1), S. 71-89.

Synnott, W./Gruber, W. (1981): Information Ressource Management, Opportunities and Strategies for the 1980s. New York u.a.

Szyperski, N. (1982): Strategisches Informationsmanagement im technologischen Wandel. In: IKD'82, S. 679-685.

Szyperski, N./Eschenröder, G. (1983): Information – Resource – Management. In: Kay, R. (Hrsg.): Management betrieblicher Informationsverarbeitung. Wien, S. 11-37.

Ulrich, R. (1987): Informationsmanagement im Versicherungsunternehmen. Schriftenreihe des Instituts für Versicherungswissenschaft an der Universität zu Köln, Heft 41.

Vogel, E. (1986a): Informationsmanagement und informationswissenschaftliche Ausbildung, Teil 1. In: Nachr. f. Dokum. 37.(2), S. 79-92.

Vogel, E. (1986b): Informationsmanagement und informationswissenschaftliche Ausbildung, Teil 2. In: Nachr. f. Dokum. 37 (3), S. 151-162.

Wacker, W.H. (1971): Betriebswirtschaftliche Informationstheorie. Grundlagen des Informationssystems. Opladen.

Wild, J. (1970): Input-, Output- und Prozeßanalyse von Informationssystemen. In: ZfbF 40, S. 50-72.

Witte, E. (1972): Das Informationsverhalten in Entscheidungsprozessen. In: Witte, E. (Hrsg.): Das Informationsverhalten in Entscheidungsprozessen. Tübingen, S. 1-88.

Wittmann, W. (1959): Unternehmung und unvollkommene Information. Köln und Opladen.

Wollnik, M. (1986): Implementierung computergestützter Informationssysteme. Berlin und New York.

Wollnik, M. (1988): Ein Referenzmodell des Informationsmanagements. In: Information Management 3 (3), S. 34-43.

Zahn, E./Rüttler, M. (1989): Informationsmanagement. In: Controlling 1 (1), S. 34-44.

Zahn, E./Rüttler, M. (1990): Ganzheitliches Informationsmanagement – Informationsbereitschaft, Informationspotential, Informationsfähigkeit. In: Heilmann, H./Gassert, H./Horváth, P. (Hrsg.): Informationsmanagement. Stuttgart, S. 1-28.

Zimmermann, D. (1972): Produktionsfaktor Information. Neuwied und Berlin.

Prof. Dr. Helmut Krcmar
Universität Hohenheim
Lehrstuhl für Wirtschaftsinformatik
Postfach 700562
D-7000 Stuttgart 70

Frank Schirmer

Aktivitäten von Managern: Ein kritischer Review über 40 Jahre „Work Activity"-Forschung

Arbeit; Lernen; subjektive Theorien; Managementfunktionen; Rollen von Managern; sozialer Konstruktivismus

Zusammenfassung

Der Beitrag stellt eine kritische Analyse empirisch gestützer Beschreibungen des Arbeitsalltags von Managern und der damit verknüpften Aktivitäten dar. Ein behaviorales Verhaltenskonzept und tayloristisch inspirierte Analysen des Arbeitsalltags von Managern werden als zentrale Schwachstellen vieler Aktivitätsstudien gesehen. Es wird argumentiert, daß so angelegte Studien vieles von dem, was Manager „wirklich" tun, ausblenden. Dazu zählen vor allem mentale Leistungen von Managern. Es wird dafür plädiert, das Erkenntnisleitbild vom „Manager als Theoretiker" für eine weiterführende Analyse des Arbeitsverhaltens von Managern fruchtbar zu machen, und damit das Augenmerk verstärkt auf die theoretische und empirische Erfassung alltäglicher, erfahrungsorientierter Lernprozesse zu lenken.

Ein kritischer Überblick über Befunde von Aktivitätsstudien bildet den ersten Hauptteil der Arbeit. Darauf aufbauend werden im zweiten Hauptteil die theoretischen und metatheoretischen Grundlagen der „Work Activity"-Forschung rekonstruiert. Abschließend werden Grundzüge einer theoretischen (Re-)Orientierung der „Work Activity"-Forschung angeboten, um die aufgezeigten Schwachstellen zu überwinden.

Managementforschung 1 (1991), hrsg. von W.H. Staehle u. J. Sydow,
Walter de Gruyter · Berlin · New York, S. 205-253

Inhaltsübersicht

1 Anlaß der Fragestellung

In der Managementforschung hat sich – vor allem im angloamerikanischen Sprachraum – eine Tradition empirisch fundierter, aktivitätsbezogener Beschreibung von Managementprozessen etabliert (bekannt als „Work Activity“- Forschung), zu der die Arbeit von Carlson (1951) vor nunmehr 40 Jahren den Anstoß geliefert hat.[1] Anlaß dieser Studien war die von Aktivitätsforschern geäußerte Unzufriedenheit über den empirischen Gehalt analytisch-funktionaler Beschreibungen des Managementprozesses, die auf die Systematisierung von Administrationsfunktionen durch Fayol (1929) zurückgehen.[2] Von Aktivitätsforschern wird diesen

1 Von Koontz/Weihrich (1988, S. 45) wird dieser Forschungszweig unter Anspielung auf die Studie von Mintzberg (1973) als „managerial roles approach“ bezeichnet (so auch Hellriegel/Slocum 1986, S. 12).

2 Fayol (1929) unterscheidet die Managementfunktionen Vorschau und Planung, Organisation, Leitung, Koordination, Kontrolle.

Beschreibungen oftmals „mythischer" Charakter zugewiesen, fernab von der Realität des Manageralltags (dem Tenor nach z.B. Carlson 1951; explizit Mintzberg 1973; zuletzt Luthans et al. 1988).

Die Aktivitätsforschung ist als ein grundlegender Ansatz der Managementforschung anzusehen (vgl. etwa Hellriegel/Slocum 1986, S. 12; Koontz/Weihrich 1988, S. 37 ff.; Staehle 1990, S. 74), der das Wissen über Phänomene des Managements in und von Organisationen bereichert hat. Unbeschadet des Wissenszuwachses erscheint es heute, daß *die Akribie der empirischen Erfassung* oftmals zu Lasten einer verhaltenswissenschaftlich-*konzeptionell fundierten Deutung* der Befunde geht. Die mangelnde theoretische Fundierung vieler „Work Activity"-Studien hat vor allem eine Inflation deskriptiver Studien zur Folge gehabt, die z.B. immer wieder die Bedeutung verbaler Kommunikation unterstreichen, ohne daß auf den ersten Blick ein Erkenntnisfortschritt erkennbar ist.

Hier setzt auch die Kritik von Wissenschaftlern an der „Work Activity"-Forschung ein:

Exemplarisch ist die Einschätzung von Beckurts/Reichwald (1984) zu notieren, daß es z.B. für eine wissenschaftlich fundierte Beurteilung des Unterstützungsbedarfs von Managern mit neuen Informations- und Kommunikationstechniken mehr bedürfe als empirisch gestützter Aufzählungen von Aktivitäten oder Rollen (vgl. Beckurts/Reichwald 1984, S. 85 ff.). Häufig fällt die Kritik noch wesentlich schärfer aus: es wird von unzusammenhängenden und kaum überschaubaren empirischen Befunden gesprochen, von denen die Mehrzahl – bis auf einige Pionierstudien – zu einem vertieften Verständnis über das Arbeitsverhalten von Managern vergleichsweise wenig beigetragen hätten (vgl. z.B. Hales, 1986; Carroll/Gillen 1987; Stewart 1988; Whitley 1989; Mintzberg 1990).

Zudem wird – auch von Forschern, die in der Tradition der „Work Activity"-Forschung selbst stehen – beklagt, daß es diesem Forschungszweig an einer soliden und zukunftsweisenden theoretischen Orientierung fehlt (z.B. Stewart 1982, S. 93 ff.; 1988; Mintzberg 1990; auch Hales 1986; Carroll/Gillen 1987; Whitley 1989).

In Anbetracht dieser Forschungssituation soll im folgenden eine kritische Sichtung der „Work Activity"-Forschung und ihrer Ergebnisse vorgenommen werden. Hier kommt es besonders darauf an, die oftmals impliziten theoretischen, methodologischen und erkenntnistheoretischen Annahmen zu beleuchten. Damit sollen das Bewußtsein für zentrale Konstruktions- und Selektionsprinzipien einer aktivitätsorientierten Sicht auf „die Wirklichkeit" des Arbeitsalltags von Managern geschärft und zugleich Grundlagen für eine erforderliche theoretische (Re-)Orientierung dieses Forschungszweiges geschaffen werden (zu Problemen der Theorieentwicklung vgl. jüngst das Sonderheft des Academy of Management Review, 1989).

Aus methodologischer Sicht handelt es sich dabei um „Bezugsrahmenforschung". Theoretische (synonym: gedankliche, konzeptionelle) Bezugsrahmen haben nicht den Status einer wohl formulierten, den strengen Maßstäben eines erfahrungswissenschaftlichen Theoriekonzeptes genügenden Theorie (vgl. Kubicek 1977; Kirsch 1981), sondern können als *Erklärungsskizzen* aufgefaßt werden, die aber in Anbetracht der „chronischen Unreife" sozialwissenschaftlicher Forschung im allgemeinen und der Managementforschung im speziellen (vgl. Kirsch 1981, S. 188 ff.; Whitley 1984; Staehle 1990) in der wissenschaftlichen Diskussion eine außerordentlich wichtige Rolle spielen.

2 „Work Activity"-Forschung: Begrifflichkeiten, Zielsetzungen und methodische Grundlagen

2.1 Handeln, Verhalten und Aktivität

Für ein Verständnis der Aktivitätsstudien sind die Begriffe „Verhalten", „Arbeitsverhalten von Managern" und „Handeln" näher zu bestimmen. Insbesondere eine Abgrenzung der Begriffe Verhalten und Handeln ist von zentraler Bedeutung. Unterschiede zwischen diesen beiden Begriffen lassen sich besonders gut wissenschaftshistorisch veranschaulichen (vgl. vor allem Graumann 1980).

Watson erklärt im Jahre 1913 die Psychologie programmatisch zur „Wissenschaft vom Verhalten". *Verhalten* (behavior) wird als *beobachtbare* Äußerungsform des menschlichen (und tierischen) Organismus definiert und wird prinzipiell als Ausschnitt von Reiz-Reaktions-Verbindungen aufgefaßt. Verhalten ist identisch mit Response-Bewegungen des Organismus. Das theoretische Ziel einer solchen Wissenschaft (des Behaviorismus) ist Vorhersage und Kontrolle von Verhalten. Methodologisch ist diesem Vorhaben das kausale Erklärungsmodell von Ursache und Wirkung zugeordnet, methodisch naturwissenschaftliche Verfahren wie z.B. Beobachtung und Experiment (vgl. zusammenfassend Graumann 1980, S. 18ff.; Zimbardo 1983). Die Erforschung der (subjektiven) Gründe des Verhaltens ist für diese Verhaltenskonzeption weder möglich noch nötig.

Für das Verständnis menschlichen *Handelns* hingegen ist die Deutung – das Verstehen – der Gründe und Absichten registrierbaren Verhaltens elementar. Das Begriffsverständnis Max Webers ist bis heute prägend: er bezeichnet Handeln als „... ein menschliches Verhalten (einerlei ob äußerliches oder innerliches Tun, Unterlassen oder Dulden)..., wenn und insofern als der oder die Handelnden mit ihm einen subjektiven *Sinn* verbinden" (Weber 1972, S. 1). Der Begriff des Handelns wird zur zentralen Kategorie einer verstehenden Soziologie erhoben, methodologisch rückt die Deutung der Handlungsgründe in deren Mittelpunkt (teleologisches Erklärungsmuster), methodisch werden interpretative Verfahren der Sozialforschung erforderlich (vgl. exemplarisch Hopf/Weingarten 1979). Letztlich unterscheidet die *Intentionalität* menschlichen Tuns Handeln von Verhalten (im Sinne einer Response-Bewegung)(vgl. Weber 1972, S. 1 ff.; Graumann 1980, S. 23; Lantermann 1980, S. 117). Von „Handeln" soll im folgenden immer dann gesprochen werden, wenn menschliches Verhalten als intentional, und das heißt als *zielgerichtet* und *absichtlich* erkannt (gedeutet) werden kann (vgl. Graumann 1980, S. 21 ff.; Lantermann 1980, S. 117). Zielgerichtetheit bedeutet, daß Verhalten auf das Herstellen eines Endzustandes bezogen ist; Absichtlichkeit, daß dieses Verhalten *bewußt* in Hinblick auf die Zielerreichung gewählt wird.

Handeln ist also nicht allein äußerlich beobachtbar, sondern ist *gedeutetes menschliches Verhalten*, ein theoretisches Konstrukt. Die Beschreibung menschlichen (managerialen) Verhaltens als „reflektiert", „zögerlich", „zielstrebig", „geplant" usw., geht auf empirische Sachverhalte zurück und ist zugleich eine Deutung äußerlich beobachtbaren Verhaltens. Die theoretische Differenz zwischen Handeln und Verhalten (im behavioralen Sinn) wird auch daran besonders deutlich, daß „Unterlassen" oder „Dulden" als menschliches Handeln interpretierbar ist (vgl. Weber 1921, S. 1).

Mit dem Einbezug organismischer Variablen (theoretischer Konstrukte) in das S-R-Paradigma der Verhaltensbeschreibung und Erklärung (Wandel zum S-O-R-Paradigma) wird der enge, mit beobachtbaren Response-Bewegungen gleichzusetzende behaviorale Verhaltensbegriff aufgeweicht, das mechanistische Erklärungsmodell in den meisten Fällen aber nicht systematisch abgelöst, insbesondere dann, wenn kognitive Prozesse von Menschen in Analogie zur Funktionsweise von Computern auf „Informationsverarbeitungsprozesse" reduziert werden (vgl. kritisch z.B. Reber 1976; Neisser 1979; Scheele 1985; Holzkamp 1987).

In der einschlägigen Literatur dominiert heute allerdings eine weite Begriffsauffassung von Verhalten, die Response-Bewegungen ebenso umfaßt wie z.B. bewußtseinsmäßige Prozesse des Planens (vgl. Graumann 1980). So kann dann Handeln als eine spezielle Form von Verhalten begriffen werden, dem die Attribute „zielgerichet" und „absichtlich" zugeordnet sind (vgl. exemplarisch Lantermann 1980, S. 117). Dieser weiten, nichtbehavioralen Begriffsverwendung von Verhalten und der engeren, am Intentionalitätsattribut verankerten Bestimmung des Begriffs Handeln wird hier gefolgt.

Ebenso wie Handeln kann „Aktivität" als Teilbereich menschlichen (managerialen) Verhaltens aufgefaßt werden. Dieser Begriff wird in Aktivitätsstudien, bis auf einige Ausnahmen, im Sinne des behavioristischen Verhaltenskonzeptes als äußerlich beobachtbares Verhalten (Bewegungen) verwendet. Eine „Aktivität" ist dann eine sinnvoll abgegrenzte, kleinste beobachtbare Verhaltenseinheit (zum Problem der Aktivitätsabgrenzung siehe Abschnitt 2.2).

Der Begriff „Arbeitsverhalten von Managern" wird hier als gemeinsames Dach zur Beschreibung und Erklärung von Verhaltenssequenzen/-strömen und typischen Mustern von Verhaltenssequenzen im alltäglichen Aufgabenvollzug von Managern eingeführt. Davon ist die ausschnitthafte Analyse spezifischer, eng umgrenzter Verhaltensakte (wie etwa Wahlhandlungen in Entscheidungsprozessen oder die Weitergabe von Informationen) ebenso abzugrenzen wie die Analyse von Verhalten in Laborsituationen.

Methodologisch wird „Arbeitsverhalten von Managern" als „summarisches Konstrukt" behandelt. Unter dem gemeinsamen Dach dieses Konstruktes werden sehr verschiedene Inhaltsbereiche des Untersuchungsgegenstandes zusammengeführt, deren konzeptionelle Rekonstruktionen hinsichtlich disziplinärer Einordnung, Abstraktionsniveau der Begriffsbildung sowie Art und Ausmaß der Verwendung theoretischer Konstrukte variieren; dies erschwert allerdings die Anschlußfähigkeit der Beschreibungen untereinander.

2.2 Ziele und Methoden von Aktivitätsstudien

Programmatisches Ziel von Aktivitätsstudien ist es, 1951 bereits vorliegenden analytisch-funktionalen Beschreibungen des Managementprozesses, die als normativ, vage und empirisch wenig gehaltvoll kritisiert werden (vgl. Carlson 1951, S. 31 ff.; Mintzberg 1973, S. 21 ff.; zuletzt Luthans et al. 1988, S. 7 ff.), eine möglichst *operationale Beschreibung* dessen gegenüberzustellen, was Manager alltäglich tun. Deshalb sollen äußerlich beobachtbare Verhaltensweisen von Managern (Aktivitäten) in Alltagssituationen erfaßt und systematisiert werden.

Dabei gilt das Interesse der möglichst genauen und umfassenden Dokumentation des *Verhaltensstromes* im alltäglichen Arbeitsvollzug. Dahinter steht die Überzeugung, daß eine *fortlaufende Dokumentation* von Verhaltenssequenzen und deren Mustern über eine Vielzahl von Situationen hinweg eine wesentliche Grundlage fruchtbarer Theoriebildung darstellt (vgl. grundlegend dazu Barker 1963, 1978). Die oftmals behaviorale Beschreibung und Deutung solcher Verhaltenssequenzen wird von vielen Forschern selbst als gewollte Gegenbewegung zu analytisch-funktionalen, als empirisch wenig gehaltvoll eingeschätzten Beschreibungen des Managementprozesses eingestuft.

Beobachtungsverfahren sind in Aktivitätsstudien die herausragenden Methoden der Datensammlung. Zwei Arten der Beobachtung sind vorherrschend: die Selbstbeobachtung („Tagebuchmethode") der Manager und die fortlaufende unmittelbare Fremdbeobachtung.

Bei der *Selbstbeobachtung* werden Manager gebeten, alle täglich auftretenden Aktivitäten anhand standardisierter Protokollbögen (Tagebuchblätter) festzuhalten. Für jede Aktivität ist ein Tagebuchblatt auszufüllen. Ein Aktivitätswechsel – eine Abgrenzung von Aktivitäten – ist durch einen Wechsel in *einer* der Aktivitätskriterien angezeigt, wie z.B.: Ort der Aktivität, Teilnehmer einer Aktivität, verwendete Hilfsmittel (insbesondere Art der Kommunikationsmedien), Zweck der Aktivität. Die Kriterien belassen in der Regel einen Interpretationsspielraum bei der Kategorisierung von Aktivitäten. Dies bedeutet aber, daß die Befunde verschiedener Studien nur bedingt miteinander vergleichbar sind (vgl. z.B. Burns 1954, 1957; Stewart 1967, S. 20 ff.; 1979, S. 34 ff.).

Bei fortlaufender unmittelbarer Fremdbeobachtung wird ein Manager während des gesamten Arbeitstages von einem Beobachter begleitet, der alle Aktivitäten, die er wahrnimmt, strukturiert (nach vorgefertigten Kategorien) und/oder unstrukturiert aufzeichnet (vgl. z.B. Mintzberg 1973, S. 231 ff.; Luthans et al. 1988). Auch hier bleibt bei der Kategorisierung ein Interpretationsspielraum (vgl. informativ und selbstkritisch wiederum Mintzberg 1973, S. 268).

Eine stichprobenartige unmittelbare Beobachtung stellt bei „Work Activity"-Studien die Ausnahme dar (vgl. z.B. Kelly 1964).

Tagebuchmethode und fortlaufende unmittelbare Fremdbeobachtung haben spezifische Stärken und Schwächen bei der Erfassung von Manageraktivitäten bewiesen. Die Tagebuchmethode hat sich insgesamt für eine zuverlässige Kodierung von Verhaltenszwecken (-inhalten, etwa nach Sachfunktionen) als vergleichsweise ungeeignet erwiesen (vgl. besonders Burns 1954, 1957; Stewart 1965, S. 230, 1967, S. 9 ff., 1979). Zudem gehen Manager bei den Tagebucheintragungen sehr selektiv vor. Vorrangig werden zwei Fehlerquellen genannt (Stewart 1967, S. 20 ff., 1979; Marples 1967):

(1) Zwei oder mehrere als verschieden zu klassifizierende Aktivitäten werden von Managern zu einer zusammengefaßt;
(2) sehr kurze Aktivitäten (1 bis 5 Minuten) werden vergessen zu dokumentieren.[3]

---

3 Marples (1967) demonstriert potentielle Methodeneffekte an einem Vergleich von Selbstbeobachtung (Tagebuch) und Fremdbeobachtung: Während drei

Unter forschungsökonomischen und methodischen Gesichtspunkten ist, insbesondere im Vergleich zur (strukturierten) fortlaufenden Fremdbeobachtung, die Tagebuchmethode besonders geeignet, Daten über die *Form* des Arbeitsverhaltens

- einer großen Zahl von Managern
- fortlaufend und
- über einen langen Zeitraum (4 Wochen und mehr) zu erfassen.

Reliabilität und Validität der Daten werden, auch im Vergleich zu Fragebogenerhebungen, als gleichwertig und für den Zweck der Erhebung (Form des Arbeitsverhaltens von Managern) als angemessen eingeschätzt (Horne/Lupton 1965; Stewart 1967; Ramme 1990).

Die fortlaufende unmittelbare Fremdbeobachtung ist im Vergleich zur Tagebuchmethode besonders zeit- und kostenintensiv. Sie ist für großzahlige und längerfristige Erhebungen daher wenig empfehlenswert. Zudem kann die Anwesenheit eines Beobachters von Managern als störend empfunden werden (z.B. bei vertraulichen Gesprächen). Bei der Kodierung von Aktivitätszwecken kann es einem Außenstehenden schwerfallen, den Sinn der Aktivitäten zu erkennen und richtig zu notieren (Stewart 1967, S. 10 ff.; Snyder /Wheelen, 1981; Mintzberg 1973, S. 227 ff. kommt allerdings zur gegensätzlichen Einschätzung). Hier bietet es sich an, Beobachtung und Interview zu kombinieren, um Reliabilität und Validität der Daten zu erhöhen (so z.B. auch Mintzberg 1973; Snyder/Wheelen 1981; Luthans et al. 1988; zu Vorteilen der Methodenkombination – Triangulation – vgl. grundlegend Jick 1979; Evered/Louis 1981).

Zu den Vorzügen der fortlaufenden unmittelbaren Fremdbeobachtung ist zu rechnen, daß der Beobachter seine Aufmerksamkeit uneingeschränkt der Beobachtungstätigkeit widmen kann; damit wird eine detaillierte und umfassende Beschreibung von Aktivitäten erleichtert. Sozial erwünschte Urteilsverzerrungen durch die Manager selbst können vermieden werden.[4] Außerdem kann im Gegensatz zu Tagebuchstudien das Beobachtungsschema den Besonderheiten einer Beobachtungssituation gegebenenfalls angepaßt werden (vgl. zusammenfassend Stewart 1967, S. 10 ff., 1979; Mintzberg 1973, S. 221 ff.; Ramme 1990).

Angeregt durch die Arbeit von Mintzberg wurde die fortlaufende strukturierte Fremdbeobachtung in Kombination mit Interviews vor allem zur Erfassung von Aktivitätszwecken eingesetzt (zuletzt Luthans et al. 1988).

Manager 13, 18 bzw. 24 Aktivitäten dokumentierten, notierten Fremdbeobachter zur gleichen Zeit 52, 108 und 63 Aktivitäten.

4 So wird z.B. von Nealey/Fiedler (1968, S. 318) berichtet, daß Manager dazu neigen, ein Selbstbild zu kommunizieren, das dem Bild von höher gestellten Managern entspricht.

Es fällt auch auf, daß der anfängliche Einsatz nur einer Erhebungsmethode (zu Beginn dominierten Tagebuchstudien) später dem kombinierten Methodeneinsatz weicht. Damit wird eine deutlich facettenreichere Beschreibung des Arbeitsverhaltens von Managern möglich.

Die Datenauswertung erfolgt mit quantitativ-deskriptiven und qualitativen Verfahren (vgl. den folgenden Abschnitt).

3 Befunde der „Work Activity"-Forschung

Eine Durchsicht vorliegender Aktivitätsstudien in Hinblick auf Untersuchungs- und Ergebnisschwerpunkte läßt eine starke Tendenz erkennen, Arbeitsverhalten von Managern in *statischer* Sicht, als *Addition einzelner Elemente* zu erfassen. Es entstehen gleichsam „Standbilder" bzw. Schnappschüsse von Aktivitäten. Eine *prozessual-integrative* Betrachtungsweise des Aktivitätsstromes bildet erkennbar die Ausnahme. Hier dürfte der Einfluß der Erhebungsmethoden auf die konzeptionelle Rekonstruktion des Untersuchungsbereichs besonders spürbar sein (ähnlich Hales 1986, S. 93).

Bei statisch-analytisch ausgerichteten Studien lassen sich grob zwei, nicht immer voneinander unabhängige, Untersuchungsschwerpunkte erkennen:

1. Wie und mit wem arbeiten Manager? Es werden formale Merkmale von Aktivitäten, etwa deren Art, Anzahl und Dauer, Fragmentierungsgrad, Art und Anzahl von Arbeitskontakten und präferierte Kommunikationsmedien erfaßt; letzteres stellt einen Schwerpunkt von Tagebuchstudien dar.
2. Zu welchem Zweck arbeiten Manager? Erfassung von Aktivitätselementen unter finalen Gesichtspunkten (Schwerpunkt von strukturierten Beobachtungsstudien).

3.1 Befunde statisch-analytischer Studien

3.1.1 Wie und mit wem arbeiten Manager?

In diesem Fragezusammenhang sind zunächst Befunde über das Ausmaß der zeitlichen Kontinuität des Arbeitsverhaltens von Managern zu nennen. Im allgemeinen wird als Kriterium für das Ausmaß der Kontinuität des Arbeitsverhaltens die Zahl äußerlich beobachtbarer Aktivitäten eines

Managers je Zeiteinheit (z.B. Tag) verwendet (vgl. für viele: Stewart 1967; Mintzbergs 1973). Als Kontinuitätsmaße werden verwendet:

- Länge der Aktivitäten (vgl. exemplarisch Stewart 1967, 1976; Mintzberg 1973; Snyder/Glueck; 1980 Kurke/Aldrich 1983)
- Länge und Häufigkeit „ungestörter" (Allein-)Arbeitsphasen (vgl. exemplarisch Carlson 1951; Stewart 1967, 1976; Snyder/Glueck 1980).

Im folgenden werden die wichtigsten Forschungsergebnisse zusammenfassend dargestellt.

Das tägliche Aktivitätsmuster der Manager ist typischerweise durch ein *hohes Ausmaß an Fragmentierung, Vielfalt und Kürze der Aktivitäten* gekennzeichnet:

- Stewart (1967) z.B. dokumentiert auf der Basis einer großzahligen Untersuchung durchschnittlich 13 Tagebucheintragungen je Tag (weniger als 7/mehr als 19 [5]); hinzu kommen 12 Kontakte unter fünf Minuten täglich (3/23), durchschnittlich also 25 unterschiedliche Aktivitäten. Länger als eine halbe Stunde ununterbrochene Tätigkeit ist in zwei Tagen durchschnittlich einmal zu verzeichnen (Stewart 1967, S. 71 ff.).
- Mintzberg (1973) berichtet durchschnittlich 22 Aktivitäten je Tag (17/32), durchschnittlich 49 % der Aktivitäten dauern weniger als 9 Minuten (40 %/56 %), durchschnittlich 10 % länger als eine Stunde (5 %/13 %).
- Brewer/Tomlinson (1964), Horne/Lupton (1965), Snyder/Glueck (1980), Kurke/Aldrich (1983) kommen gleichfalls zu dem Ergebnis, daß das Arbeitsmuster von Managern insgesamt als fragmentarisch zu bezeichnen ist.

Eine Übersicht über diese Studien und Befunde liefert Tab. 1.

Die Befunde belegen *bemerkenswerte Ähnlichkeiten* in den Aktivitätsmustern von Managern höchst unterschiedlicher Populationen (vgl. Tab. 1). Allerdings liegen auch Daten über *Variationen* in den Aktivitätsmustern von Managern vor. Zu den wichtigsten Abweichungen vom zuvor beschriebenen „typischen" Aktivitätsmuster sind folgende Befunde zu rechnen:

Auf untersten Managementebenen im Produktionsbereich wird eine deutlich höhere Fragmentierung beobachtet (Guest 1956: durchschnittlich 583 Ereignisse je Tag; Ponder 1957: durchschnittlich 200 Arbeitsakte je Tag).

Stewart (1967) gelangt clusteranalytisch zu einer Typologie mit fünf „job-profiles", die sich hinsichtlich Zeitverwendung, Art und Anzahl der Kontakte und Form der Arbeit unterscheiden (Stewart 1967, S. 100 ff.):

5 Die Zahlen in Klammern geben niedrigste bzw. höchste Werte an.

Tab. 1: Befunde über Art, Dauer und Fragmentierungsgrad von Manageraktivitäten

Autoren	Population	a) Erhebung b) Auswertung	Ergebnisschwerpunkte
Carlson 1951	10 Top Manager	a) Tagebuch, 4 Wochen b) Arbeitsverteilung auf Aktivitäten	Wenig Zeit für Reflektionen, häufige Unterbrechungen der Tätigkeiten
Burns 1954	3 Linienmanager und ihre Vorgesetzten	a) Tagebuch, je 25 Tage b) Wie Carlson '51	Fragmentierung: durchschnittlich 34 Episoden je Tag (min. 25, max 40); durchschnittl. 80% der Arbeitszeit sind kommunikative Tätigkeiten
Guest 1956	56 Meister	a) Strukturierte Beobachtung, je 1 Tag b) Wie Carlson '51	Extrem fragmentierter Arbeitstag: 237-1043 Aktivitäten
Jasinski 1956	Wie Guest '56	Wie Guest '56	Bestätigt Guest '56
Burns 1957	76 obere Manager versch. Funktionsbereiche, mittelgroße Unternehmung	a) Tagebuch, 3-5 Wochen b) Wie Carlson '51	Hohe Kontaktdichte; ca. 60% der Arbeitszeit sind kommunikative Tätigkeiten
Ponder 1957	24 Meister	a) Strukturierte Beobachtung, je 8x2 Stunden b) Wie Carlson '51	Hoch fragmentierter Arbeitstag: durchschnittlich 200 bis 270 Aktivitäten
Brewer / Tomlinson 1964	6 Top Manager, verschiedener Funktionsbereiche	a) Tagebuch, 2,5-4,5 Wochen b) Wie Carlson '51	„Trouble Shooting" herausragendes Merkmal des Arbeitsablaufs
Horne / Lupton 1965	66 mittlere Manager versch. Funktionsbereiche / Branchen	a) Tagebuch, 1 Woche b) Wie Carlson '51	Herausragendes Ergebnis: wenig Zeit für kontemplative Phasen
Stewart 1967	160 obere und mittlere Manager versch. Funktionsbereiche / Branchen	a) Tagebuch, 4 Wochen b) Wie Carlson '51 plus Clusteranalysen	Fragmentierter Arbeitsablauf je nach Job-Typ; Identifikation von 5 solcher Job-Typen

Autoren	Population	a) Erhebung b) Auswertung	Ergebnisschwerpunkte
Beishon / Palmer 1972	5 Manager versch. Ebenen u. Funktionsbereiche	a) Tonbandaufzeichnung, strukturierte Beobachtung (2-10 Tage) b) Wie Carlson '51	Die meisten Aktivitäten dauern weniger als 3 Minuten
Mintzberg 1973	5 Top Manager versch. Funktionsbereiche u. Branchen	a) Strukturierte Beobachtung b) Wie Carlson '51	Fragmentierter, abwechslungsreicher, durch kurze Aktivitäten gekennzeichneter Arbeitsablauf; nur 10% davon dauern länger als eine Stunde
Stewart 1976	274 Manager verschiedener Funktionsbereiche, Ebenen, Branchen	a) Fragebogen, Interviews, Tagebuch, Beobachtung b) Clusteranalyse, qualitative Auswertungen	Form der Arbeit kann 4 „work pattern" zugeordnet werden; Fragmentierung variiert mit den „work pattern"
Snyder / Glueck 1980	2 Manager	a) strukturierte Beobachtung b) wie Carlson '51	Bestätigen die Befunde von Mintzberg 1973
Kotter 1982	15 General Manager	a) Interviews, Beobachtung, Fragebogen, Tagebuch b) wie Carlson '51	Fragmentarischer Arbeitsablauf, viele ungeplante Tätigkeiten
Kurke / Aldrich 1983	4 Top Manager verschiedener Branchen	a) wie Mintzberg 1973 b) wie Mintzberg 1973	Bestätigen die Befunde von Mintzberg 1973
Ramme 1989	707 Top Manager der deutschen Wirtschaft	a) Fragebogen b) wie Carlson '51	Bei 57% der Befragten überwiegen kommunikative Aktivitäten, bei 23% Schreibtischaktivitäten, bei 20% Reiseaktivitäten

(1) „Emissaries" verbringen durchschnittlich 22 % der Arbeitszeit außerhalb der Organisation (Reisen, Kontakte mit Externen; 45 Manager).
(2) „Writers" verbringen mit Lesen, Schreiben und Einzelarbeit durchschnittlich 58 % der Arbeitszeit (33 Manager).
(3) „Discussers" verbringen durchschnittlich 58 % der Arbeitszeit mit Gesprächen, „... to get other people within their own company to do things" (Stewart 1967, S. 101; 35 Manager).
(4) „Trouble shooters" sind mit der Aufrechterhaltung des Arbeitsablaufes und der Verhinderung von Krisen beschäftigt. Sie verbringen durchschnittlich 36 % der Arbeitszeit mit Untergebenen, und insgesamt durchschnittlich 58 % der Arbeitszeit in Gesprächen (33 Manager).
(5) „Committee men" verbringen durchschnittlich 58 % der Arbeitszeit in Gesprächen, davon 20 % in Kommissionen (14 Manager).

In Abhängigkeit vom „job-profile" variiert das Ausmaß an Fragmentierung. Der „trouble shooter" erzielt auf allen drei Fragmentierungsvariablen die höchsten Werte, „writers" sind hingegen mehr als doppelt so häufig wie die übrigen Gruppen eine halbe Stunde und länger allein. Eine Übersicht über die wichtigsten Befunde gibt Abb. 1 („fleeting contacts" sind verbale Kontakte, die weniger als fünf Minuten dauern).

Ganz ähnlich werden in einer deutschen Studie (Ramme 1989, 1990, S. 182) Aktivitätsmuster von 707 Top Managern clusteranalytisch nach *überwiegend* ausgeübten Aktivitäten differenziert. Danach sind 57% (403 Manager) überwiegend mit Kommunikation, 23% (164 Manager) überwiegend mit Schreibtischarbeiten und 20% (140 Manager) überwiegend mit Reiseaktivitäten befaßt.

In einer zweiten Untersuchung identifiziert Stewart (1976) vier Typen von Arbeitsmustern (work patterns), die allerdings eine *Kombination* von Aktivitätsformen und -zwecken repräsentieren.[6] Im einzelnen sind dies (Stewart 1976, S. 43 ff.):

---

6 Diese Typen sind in folgendem siebendimensionalen Merkmalsraum verankert (Stewart 1976, S. 38 ff.):
(1) Dauer von Aktivitäten (Anzahl und Gleichmäßigkeit/Unterbrechungsfreiheit)
(2) Zeitliche Erstreckung (Zeithorizont der Tätigkeiten, bis zu einem Jahr zum Beispiel)
(3) Wiederholungscharakter von Tätigkeiten (täglich/wöchentlich/monatlich/jährlich wiederkehrende Tätigkeiten)
(4) Ausmaß an unerwarteten, nicht antizipierbaren Tätigkeiten
(5) Krisenmanagement/-tätigkeiten
(6) Ausmaß an zeitlichen Vorgaben
(7) Eigen- oder fremdinduzierte Tätigkeiten.

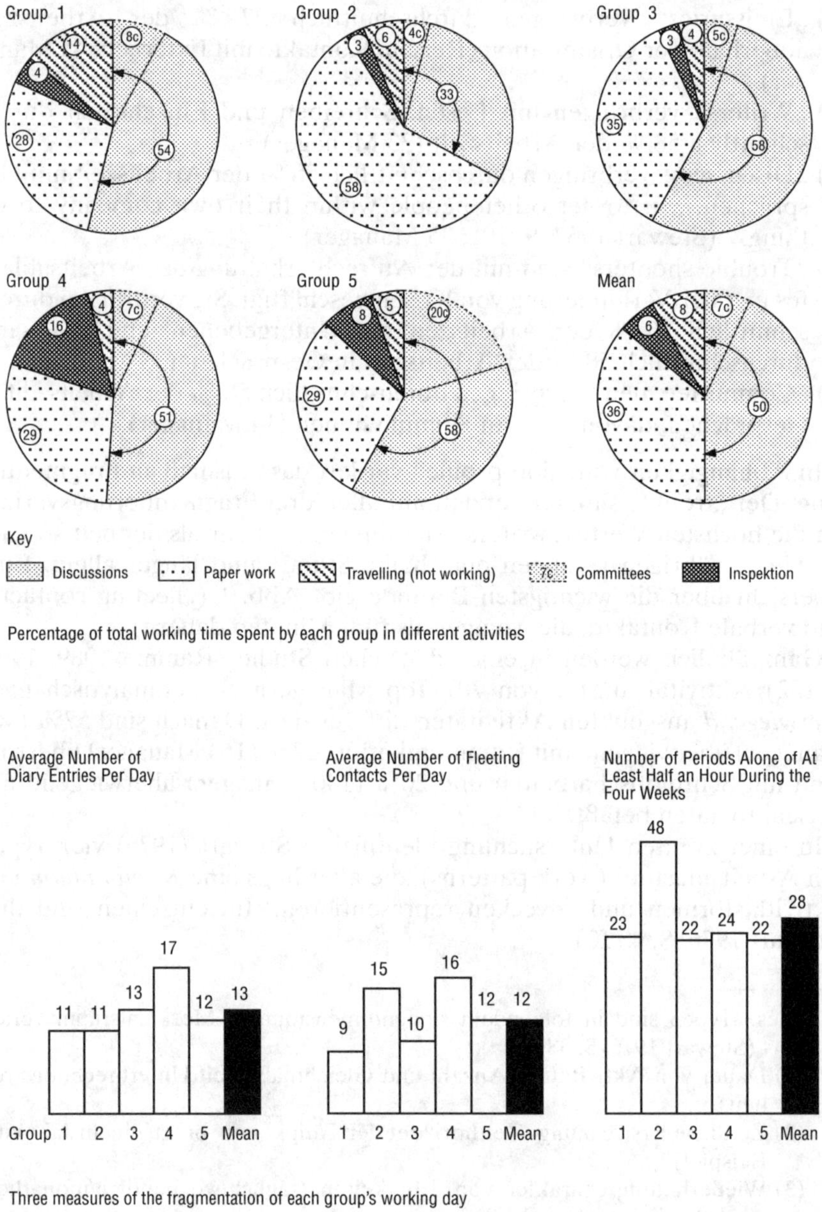

Abb. 1: Fünf Aktivitätsprofile von Managern (Stewart 1967, S. 132 f. [N = 160; vier Wochen Tagebucheintragungen]).

(1) „Systems maintenance“
Merkmale: Wiederkehrende Tätigkeiten, fragmentiert, reaktiv, „trouble shooting“-Tätigkeiten. Wesentliche Aufgabe ist die Handhabung von Störungen zur Aufrechterhaltung des (operativen) Arbeitsablaufes. Der Arbeitstag zeichnet sich durch ein hohes Ausmaß an Fragmentierung aus und ist gekennzeichnet durch Unterbrechungen, die dem „trouble-shooting“ dienen (Beispiel: Produktionsmanager)

(2) „Systems administration“
Merkmale: Wiederkehrende Tätigkeiten und zeitliche Vorgaben. Die Tätigkeiten dienen der Verwaltung und Steuerung formalisierter organisatorischer Systeme (z.B. Berichtssysteme) durch genaue und fristgerechte Aufbereitung von Informationen. Art, Zeitpunkt und Abfolge von Tätigkeiten sind entweder antizipierbar, oder es ist nur die Art der Tätigkeiten bekannt. Im ersten Fall ist das Ausmaß an Fragmentierung geringer (Beispiel: Manager im Rechnungswesen).

(3) „Projects“
Merkmale: Nicht wiederkehrende Tätigkeiten, langfristiger zeitlicher Horizont, beständige Aufmerksamkeit erforderlich, eigeninduzierte Tätigkeiten. Die Aufgaben zeichnen sich durch Einmaligkeit/Innovativität und weitgehend selbstbestimmten Arbeitsrhythmus aus (Beispiel: F+E Manager).

(4) „Mixed“
Merkmale: Keine dominanten Merkmale. Das vorherrschende Arbeitsmuster ist Ergebnis der Wahl- und Gestaltungsprozesse des Positionsinhabers (Beispiel: Top Manager).

Diese Ergebnisse einer typisierenden Analyse von Aktivitätsmustern stützen einerseits die Vermutung, daß sich hinter dem Durchschnittsprofil von Aktivitäten einer Managerpopulation beachtenswerte Variationen verbergen können; andererseits wird hier bereits ersichtlich, daß verbale Kommunikation eine herausgehobene Rolle in den Aktivitätsmustern nahezu aller Manager spielt (vgl. die folgenden Ausführungen).

Über den Einfluß von potentiellen *Kontextfaktoren* auf die Art von Aktivitätsmustern lassen sich anhand der Befundlage nur wenig Aussagen machen. Die Daten von Stewart (1967) könnten so interpretiert werden, daß die Zugehörigkeit zu einem *Funktionsbereich* - also die inhaltliche Ausrichtung der Tätigkeiten von Managern – die Form der Aktivitäten beeinflussen. Die Gruppe der „emissaries“ zum Beispiel setzt sich zu zwei Dritteln aus Verkaufsmanagern zusammen. Fachleute des Rechnungswesens gehören den Gruppen „writers“ und „discussers“ an. Jedoch gehören nicht alle Manager des gleichen Funktionsbereichs auch zu der gleichen Gruppe (Jobtyp), so daß Stewart schlußfolgert: „....a purely functional classification would be inadequate“ (Stewart 1967, S. 137). Möglichkeiten einer *ebenenspezifischen* Differenzierung beurteilt Stewart ebenso zurückhaltend (Stewart 1967, S. 138).

In diesem Zusammenhang ist auch eine dritte Studie von Stewart (1982) von Interesse. Es wird festgestellt, daß Manager aller Ebenen und Funktionsbereiche dieser Untersuchungspopulation begrenzte Freiräume sowohl für die Gestaltung der *Formen* von Aktivitäten (z.B. Wahl von Kommunikationsmedien und Kontaktpersonen) als auch deren *Zwecksetzung* haben.

Ramme (1990, S. 215) kommt zu dem (statistisch signifikanten) Ergebnis, daß die Aktivitätsprofile deutscher Top Manager *situationsunabhängig* sind. Folgende potentielle Einflußfaktoren wurden bei der Auswertung berücksichtigt: personale Merkmale (Alter, Ausbildung), betriebliche Merkmale (Branche, Größe) und Aufgabenmerkmale (ausgeübte Sach- und Managementfunktionen). Denkbar wäre allerdings, daß mit dem Einbezug anderer Variablen, etwa von Persönlichkeitskonstrukten wie „Handlungs-" und „Lageorientierung" (vgl. Kuhl 1983), andere Ergebnisse erzielt werden. Begreift man Handlungsorientierung als personale Disposition, die durch eine Selbstaufforderung gekennzeichnet ist, daß „alles getan wird, um aktiv zu werden", erscheint dies plausibel (vgl. Kuhl 1983, S. 255 ff.). Davon wäre die Lageorientierung abzugrenzen, in der diese Selbstaufforderung nicht existiert und dadurch die Ausführung von Handlungen verzögert oder verhindert wird.

Zu den wichtigsten Befunden der Untersuchung formaler Merkmale von Manageraktivitäten ist auch zu rechnen, „...that managers spend between two-thirds and three-fourths of their time communicating with others. Therefore, it is clear that the modern manager's world is a verbal – specifically, oral – one. Much time is spend in persuading, justifying, and legitimizing past, present and future courses of action" (Davis/Luthans 1980, S. 65; auch Luthans/Larsen 1986, S. 174).

Kommunikation von Managern als eine Dimension des Arbeitsverhaltens von Managern wird sowohl in angloamerikanischen als auch in den wenigen deutschen Aktivitätsstudien – hier überwiegend als anwendernahe Bürokommunikationsstudien konzipiert – bevorzugt aus *kommunikationsstruktureller Sicht* rekonstruiert. Eine quantitativ-klassifikatorische Behandlung der Kommunikation von Managern dominiert. Als Elemente der Kommunikationssysteme/-netzwerke zwischen Managern werden die beteiligten Personen, Inhalte und Zwecke der Kommunikation erfaßt. In technisch orientierten Bürokommunikationsstudien hat die konzeptionelle und empirische Erfassung der Merkmale von Kommunikationskanälen und deren technischer Unterstützung herausragende Bedeutung (vgl. zusammenfassend Beckurts/Reichwald 1984; Müller-Böling/Ramme 1990). Neben diesen Elementen werden Häufigkeit und Richtung des Kommunikationsflusses erfaßt.

In einer Vielzahl von Studien werden über einen langen Zeitraum hinweg (mehr als 30 Jahre) an sehr unterschiedlichen Populationen bemerkenswert ähnliche Ergebnisse erzielt. Einen Eindruck davon vermittelt Tab. 2.

Tab. 2: Anteil verbaler Kommunikation in % der Arbeitszeit (Durchschnittswerte)

Autoren	Population		Anteil verbaler Kommunikation
Carlson 1951	10	Top Manager	> 65 %
Guest 1956	56	Meister	46 %
Burns 1957	76	obere Manager	59 %
Dubin/Spray 1964	8	obere Manager	54 %
Horne/Lupton 1965	66	mittlere Manager	63 %
Stewart 1967	160	obere/mittlere Manager	56 %
Pross/Boettlicher 1971	145	Vorstandsmitglieder	56 %
Mintzberg 1973	5	Top Manager	78 %
Kevenhörster/ Schönbohm 1974	191	Manager der deutschen Wirtschaft	49 %
Lau/Newman/ Broedling 1980	220	Manager verschiedener Ebenen	77 %
Snyder/Glueck 1980	2	obere Manager	64 %
Kotter 1982a	15	General Manager	> 70 %
Kurke/Aldrich 1983	4	Top Manager	70 %
Luthans/Larsen 1986	120	Manager verschiedener Ebenen	> 75 %
Müller-Böling/Ramme 1988	12	Manager, oberste 2 Ebenen	ca. 50 %

Im Durchschnitt wird von Managern der untersuchten Populationen zwischen 50% und über 80% der Arbeitszeit für die Aufnahme und Weitergabe von Informationen benutzt. Dabei wird verbale Kommunikation eindeutig bevorzugt. Kategorisiert man die Richtung des Kommunikationsflusses nach „Vorgesetzte", „Gleichgestellte", „Untergebene" und „Außenstehende", so wird durchschnittlich immer *mehr* Arbeitszeit für die Kommunikation mit Untergebenen als mit Vorgesetzten verwendet (vgl. exemplarisch Dubin/Spray 1964; Stewart 1967; Mintzberg 1973).

Es bleibt festzuhalten: Kennzeichnendes Merkmal der meisten Studien ist die überwiegend klassifikatorisch-formale Erfassung von Dimensionen der Kommunikation im Arbeitsverhalten von Managern. Die Beschreibung von Strukturmerkmalen der Managerkommunikation steht – von Ausnahmen abgesehen (Dalton 1959; Sayles 1964; Kotter 1982a; darauf wird zurückzukommen sein) – im Vordergrund der Forschungsbemühungen. *Warum* Manager so häufig verbal kommunizieren, ob und in welchem Ausmaß das ein notwendiger Bestandteil der Tätigkeiten von Mangern ist, welche Wirkungen damit erzielt werden, und ob die erzielten Wirkungen auch durch andere – nach betriebswirtschaftlichen Kalkülen kostengünstigere – Medien erzielt werden könnten: Zur Bearbeitung dieser Fragestellungen bedürfte es bestimmter *Annahmegefüge über das Arbeitsverhalten von Managern*, die über reine Aufzählungen von Aktivitäten hinausgehen.

Vielleicht dämpft diese Einschätzung technische Gestaltungseuphorien über die Möglichkeiten mikroelektronisch basierter Unterstützung von Manageraktivitäten (vgl. jüngst Müller-Böling/Ramme 1990). Aber nach wie vor ist die Warnung nicht unberechtigt, daß durch undifferenzierte Erwartungen „… der Einsatz neuer Büro(kommunikations-)systeme zu Enttäuschungen führt. Auch heute noch verfügen wir nur über *sehr lückenhaftes Wissen*, was die Arbeitssituation und den wirklichen Unterstützungsbedarf des Managers betrifft“ (Beckurts/Reichwald 1984, S. 86; Herv. d. Verf.). Allein die vielfache Beobachtung, daß Manager durchschnittlich mehr als 50% ihrer Arbeitszeit mit Kommunikation verbringen, reicht für Gestaltungsempfehlungen in Hinblick auf technische Unterstützung *nicht* aus (Beckurts/Reichwald 1984, S. 89).

3.1.2 Beschreibungen von Aktivitätszwecken

Eine Studie von Mintzberg (1973) wird oft als Wegmarke der empirischen Erforschung des Arbeitsverhaltens von Managern eingestuft (vgl. z.B. Weick 1974; Willmott 1984, 1987; Martinko/Gardner 1985; Hales 1986; Frese 1987). Carroll/Gillen (1987) stellen zum Beispiel fest, daß 11 von 21 zwischen 1983 und 1986 erschienenen, ausgewählten amerikanischen Managementlehrbüchern das Rollenkonzept Mintzbergs rezipieren. In neueren Standardwerken der deutschsprachigen Management- und Führungsforschung ist die Situation ähnlich (vgl. z.B. Kieser/Reber/Wunderer 1987; Frese 1987; Staehle 1990). In Anbetracht dieser breiten Aufnahme in der Literatur soll und muß der Studie von Mintzberg auch hier besondere Aufmerksamkeit geschenkt werden.

Das Untersuchungsinteresse dieser Studie gilt zwar auch prozessual-formalen („work characteristics“), vorwiegend aber inhaltlichen, zweckbezogenen Aspekten („work content“) des Arbeitsverhaltens von Managern. Die Daten über Aktivitäten von Managern werden verdichtet zu einem Rollenkonzept, mit dem die sogenannte „Arbeit der Manager“ (managerial work) erschöpfend beschreibbar sein soll (Mintzberg 1973, S. 4 ff.). „Rolle" wird definiert als „organized set of behaviors belonging to an office or position ... " (Mintzberg 1973, S. 74, in Anlehnung an Sarbin und Allen 1968). Rollen sind personenunabhängige Verhaltenserwartungen und stellen ein überdauerndes Merkmal sozialer Gebilde dar, auch wenn die Ausübung der Rollen an Personen gebunden ist (vgl. ausführlich Katz/Kahn 1966).

Mintzberg beschreibt drei bedeutende Merkmale, die das Rollenkonzept in seinem Verständnis erfüllt:

(1) Jede Rolle ist *beobachtbar* und kann auf direkt beobachtbare Aktivitäten der Manager zurückgeführt werden.
(2) Keine der beobachteten Aktivitäten wurde als „nicht-managerial" klassifiziert.
(3) Das gesamte Rollenset bildet eine „Gestalt" – eine isolierte Betrachtung und Beschreibung der Rollen hat lediglich analytische Bedeutung (Mintzberg 1973, S. 57 f.).

Datenbasis der Studie ist eine je einwöchige, strukturierte Beobachtung von fünf „Chief Executive Officers". Zur Anwendung gelangen drei Erhebungsinstrumente:

- Chronologische Aufzeichnung: Erfaßt anhand von 26 Aktivitäts-Items den Tagesablauf
- Posteingangs-/Postausgangsaufzeichnung (32/25 Items)
- Kontaktaufzeichnung: Codierung verbaler Kontakte (39 Items).

Insgesamt werden 547 Aktivitäten codiert, 659 eingehende und 231 ausgehende Poststücke sowie 368 verbale Kontakte erfaßt. Postverkehr und verbale Kontakte wurden in der Regel unmittelbar während der Beobachtung nach „basic purposes" kategorisiert. Aus *dieser Kategorisierung*, und unterstützt durch Sekundärmaterial, leitet Mintzberg eine Klassifikation von zehn Rollen ab, mit denen die Inhalte des Arbeitsverhaltens von Managern beschrieben werden sollen (Mintzberg 1973, S. 54 ff.). Einen Überblick gibt folgende Übersicht 1 (vgl. auch Frese 1987, S. 90 ff.; Strehl 1987).

„... These ten roles are *common* to the work of *all* managers" (Mintzberg 1973, S. 55; Hervorhebungen des Verf.). Je nach Konstellation personaler, organisationaler und weiterer *Kontextfaktoren* vermutet Mintzberg aber Variationen im Ausmaß der Rollenausübung, die sich in 8 „job-types" mit unterschiedlicher Rollengewichtung widerspiegeln (Mintzberg 1973, S. 127; siehe Übersicht 2).

Diese Job-Typen haben nach Mintzbergs eigener Einschätzung spekulativen, idealtypischen Charakter; ihre empirische Prüfung ist *nicht* Gegenstand der Studie. Weiterhin differenziert Mintzberg die relative Wich-

Übersicht 1: Beschreibung von zehn Managerrollen (in Anlehnung an Mintzberg 1973, S. 92 f.)

1. **Interpersonelle Rollen**
a) Repräsentant (Figurehead)
Der Manager fungiert nach innen und außen als symbolischer Kopf einer Organisation oder Abteilung und erfüllt Repräsentationsroutinen gesetzlicher oder sozialer Art (z.B. Jubiläumsreden).
b) Führer (Leader)
Im Mittelpunkt dieser Rolle stehen Aufgaben der Motivation und Anleitung von Mitarbeitern, der Stellenbesetzung und Personalentwicklung.
c) Koordinator (Liaison)
Aufbau und Pflege interner und externer Kontakte auf formellen und informellen Wegen stehen im Zentrum dieser Rolle.

2. **Informationelle Rollen**
a) Informationssammler (Monitor)
Als Informationssammler sucht und empfängt der Manager sehr unterschiedliche Informationen, die sein Verständnis über das Funktionieren der Organisation und ihrer Umwelt fördern.
b) Informationsverteiler (Disseminator)
Diese Rolle beschreibt die Weitergabe externer und interner Informationen - sowohl Fakten als auch Spekulationen - an Organisationsmitglieder.
c) Sprecher (Spokesperson)
Als Sprecher gibt der Manager Informationen über Pläne, Maßnahmen oder erzielte Ergebnisse der Unternehmung an Externe Interessenten weiter.

3. **Entscheidungsrollen**
a) Unternehmer (Entrepreneur)
Als Unternehmer sucht der Manager in der Organisation und ihrer Umwelt nach Chancen zu Innovation und Wandel und leitet gegebenenfalls Innovationsprojekte (ein).
b) Krisenmanager (Disturbance Handler)
Mit dieser Rolle werden Aufgaben der (durch Sachzwänge induzierten) Handhabung unerwarteter und wichtiger Störungen des betrieblichen Leistungsprozesses erfaßt.
c) Ressourcenzuteiler (Resource Allocator)
Kern dieser Rolle sind Entscheidungen über Vergabe von Ressourcen aller Art an Personen oder Abteilungen; durch den Entscheidungsvorbehalt behält der Manager die Kontrolle über Zusammenhänge zwischen verschiedenen Einzelentscheidungen.
d) Verhandlungsführer (Negotiator)
In dieser Rolle tritt der Manager als Verhandlungsführer gegenüber Externen auf und verpflichtet die Organisation für künftige Aktivitäten.

Übersicht 2: Acht Jobtypen und charakteristische Rollen (Mintzberg 1973, S. 127)

Jobtyp	**Schlüsselrollen**
Kontaktmann	Koordinator, Repräsentant
Politischer Manager	Sprecher, Verhandlungsführer
Unternehmer	Unternehmer, Verhandlungsführer
Insider	Ressourcenzuteiler
Echtzeit-Manager	Krisenmanager
Team-Manager	Führer
Experten-Manager	Informationssammler, Sprecher
Neuer Manager	Koordinator, Informationssammler

tigkeit der Rollen in Abhängigkeit von Ebenen und Funktionsbereichen. Untere Managementebenen, so Mintzberg, sind mehr mit der Aufrechterhaltung des täglichen Arbeitsablaufs befaßt als obere Managementebenen; für untere Ebenen hat deshalb die Beseitigung von Störungen (disturbance handler) eine größere Bedeutung, ebenso Aktivitäten des Verhandelns (negotiater) (Mintzberg, 1973, S. 109 ff.). Mintzberg bezeichnet diese Aspekte der Managerarbeit als „real-time" Charakteristika. Höhere Managementebenen richten demgegenüber ihr Augenmerk mehr auf die Ausübung extern ausgerichteter Rollen (z.B. liaison, figure head, spokes person; vgl. Mintzberg 1973, S. 109 ff.). Empirische Studien zur Prüfung dieser Annahmen kommen allerdings zu recht widersprüchlichen Ergebnissen, die keinen einheitlichen Trend erkennen lassen (vgl. z.B. Paolillo 1981). Über den Zusammenhang zwischen Funktionsbereich und relativer Bedeutung einzelner Managerrollen stellt Mintzberg folgende Vermutungen auf: Im Produktionsbereich sind die Rollen des Störungsreglers und Verhandlers besonders wichtig, im Verkaufsmanagement die interpersonellen Rollen, im administrativen (Stabs-)Bereich die informationellen Rollen. In einigen empirischen Studien werden diese Vermutungen geprüft. Bei den Befunden zeigt sich kein einheitlicher Trend, sie können allerdings nicht als Bestätigung der Annahmen von Mintzberg (1973) gedeutet werden (vgl. z.B. Alexander 1979; Pavett/Lau 1983).

Zunächst bleibt festzuhalten, daß die zehn Managerrollen sensu Mintzberg (1973) eine *Interpetation* der Aktivitäten von Managern darstellen, die *weit über rein Beobachtbares hinausgehen*. Sie repräsentieren insofern mehr zu erfüllende Anforderungsbündel denn Beschreibungen dessen, was Manager „wirklich tun" (so z.B. auch Steinmann/Schreyögg, 1990, S. 18). Mit dieser inhaltlichen Ausgestaltung des Rollengefüges verläßt Mintzberg die selbstgesteckten Grenzen beobachtungssprachlicher Beschreibung von Manageraktivitäten. In der Folge haften dem Rollenkonzept aus methodischer Sicht denn auch einige Mängel an, die Mintzberg an funktionalen Beschreibungsansätzen als besonders kritikwürdig einstuft: Dazu zählt vor allem die mangelnde Operationalisierung und die geringe Trennschärfe des Rollenkonzeptes (vgl. kritisch auch Weick 1974; Snyder/Glueck 1980; Snyder/Wheelen 1981; Martinko/Gardner 1985). So berichten Snyder/Wheelen (1981, S. 251), die eine Replikationsstudie durchgeführt haben, daß die Zuordnung von Aktivitäten zu Rollen nicht immer eindeutig vorgenommen werden kann, weil sich die Rollenoperationalisierungen zum Teil überschneiden bzw. nicht ausreichend diskriminieren. Als Beispiel wird die „leader role" angeführt; sie umfaßt nach Mintzberg (1973, S. 92) „virtually all managerial activities involving subordinates." Die Beschreibung der Rolleninhalte und der damit verknüpften Verhaltensweisen von Managern ist illustrativ, aber wenig operational und wird insofern dem eigenen Anspruch nur teilweise gerecht.

Schließlich sei daran erinnert, daß alle empirischen Befunde der Studie mit Hilfe einer sehr schmalen Untersuchungspopulation (fünf Top-Manager) gewonnen wurden. Schlußfolgerungen über *das* Arbeitsverhalten aller Manager können daher nicht gezogen werden. Entsprechend widersprüchlich fallen auch die empirischen Befunde größerzahliger Replikationsstudien aus.

Ein aktuelles Beispiel für eine zweckorientierte, empirisch fundierte Klassifikation der Aktivitäten von Managern in der Tradition der „Work Activity"-Forschung sind die Arbeiten der Forschergruppe um Luthans (Luthans/Lockwood 1984; Luthans et al. 1985; Luthans/Rosenkrantz 1987; Luthans et al. 1988). Es wird ein „Führungsbeobachtungssystem" (LOS: Leader Observation System) zur Beschreibung von Führungsverhalten entwickelt, wobei zwischen „Führungsverhalten" und „Manageraktivitäten" konzeptionell *nicht* differenziert wird. Die Beobachtungskategorien des LOS werden aus insgesamt 440 Stunden unstrukturierter Beobachtung des Arbeitsverhaltens von 44 Managern gewonnen und an einem Sample von 120 Managern empirisch validiert (Luthans/Lockwood 1984).

Das LOS hat insgesamt 12 Beobachtungsdimensionen mit 66 Items. Übersicht 3 zeigt die Dimensionen (Kategorien) und deren Zusammenfassung zu Hauptkategorien.

Luthans et al. (1985) wenden das Führungsbeobachtungssystem an einer Untersuchungspopulation von 52 Managern verschiedener Ebenen und Funktionsbereiche aus drei Organisationen (zwei öffentliche, eine erwerbswirtschaftliche) an. Von geschulten Beobachtern werden die Verhaltenshäufigkeiten gemäß LOS-Kategorien codiert. Ziel ist es, *Verhaltensdifferenzen* zwischen *erfolgreichen* und *nicht erfolgreichen Managern* zu erfassen. Erfolg wird gemessen durch einen „Manager Success Index" (MSI), der den erreichten Aufstieg eines Managers in einer Organisation repräsentiert (Luthans et al. 1985, S. 260 ff.). Die Auswertung der Beobach-

Übersicht 3: Kategorien und Hauptkategorien des (LOS) (Luthans/Rosenkranz 1987, S. 897 f.)

Beobachtungskategorien des LOS	**Zusammengefaßte Hauptkategorie**
Informationsaustausch Schreibarbeit	Routinekommunikation
Planung/Koordination Entscheidung/Problemlösung Kontrolle	traditionelle Managementfunktionen
Interaktion mit Externen Soziale Kontakte pflegen/ Mikropolitik	Beziehungspflege
Motivation/Verstärkung Disziplinierung/Bestrafung Konfliktmanagement Personalallokation Personalentwicklung	Human Resource Management

tungsdaten mit Hilfe einer Regressionsanalyse erbringt zwei statistisch signifikante ($p = 0.05$) Einflußgrößen auf den Erfolg: „Interacting with outsiders" (r^2: 0.147) und „socializing/politicking" (r^2: keine Angaben), unabhängig von Organisationstyp und Hierarchieebene (Luthans et al. 1985, S. 260 ff.).

Ein Häufigkeitsvergleich von beobachteten Aktivitäten der erfolgreichsten und am wenigsten erfolgreichen Manager zeigt, daß die erfolgreichsten Manager „Konflikt-Management"-Aktivitäten im Ausmaß von 160 % im Vergleich zu den am wenigsten erfolgreichen Managern ausüben, 140 % „socializing/politicking" und 130 % „interacting with outsiders". Interessant erscheint, daß erfolgreiche Manager deutlich weniger Aktivitäten bezüglich der Motivation und Verstärkung von Mitarbeitern (62 %) und Personalbeschaffung (35 %) im Vergleich zu den am wenigsten erfolgreichen Managern zeigen.

Eine nach *Ebenen* differenzierte Häufigkeitsverteilung von Verhaltensmustern zeigt, daß Top-Manager in Relation zu mittleren/unteren Managern deutlich mehr Aktivitäten in den Verhaltensbereichen „managing conflict", „decision making" und „planning/coordination" zeigen. Eine Differenzierung nach *Organisationstyp* zeigt auffällig, daß erfolgreiche Manager in den öffentlichen Organisationen *weniger* in Konfliktmanagementaktivitäten engagiert sind, als nicht erfolgreiche Manager.

Diesen Befunden zufolge könnte individueller Erfolg von Managern zu Lasten der Pflege des Humanpotentials von Organisationen gesichert werden. Dies wirft die Frage auf, ob es Unterschiede in den Aktivitäten *erfolgreicher* und *effektiver* Manager gibt. Die Datenbasis von 1985 nutzen Luthans et al. (1988) zu einer zweiten, auf die Beantwortung dieser Frage zielenden Auswertung. Erfolg wird gemessen mit Hilfe des MSI. Effektivität ist ein kombiniertes Maß aus:

(1) Quantitativen und qualitativen Erfolgskriterien einer organisatorischen Einheit,
(2) Zufriedenheit der Untergebenen,
(3) Commitment der Untergebenen, zu dessen Erhebung standardisierte Fragebogen von den Untergebenen der zu beurteilenden Manager ausgefüllt werden.

Auf der Basis korrelationsstatistischer Berechnungen (vgl. ausführlich Luthans et al. 1988, S. 64 f.) kommen die Autoren zu folgenden Ergebnissen:

Die Tätigkeitsmuster von erfolgreichen Managern sind *nicht* mit denen von effektiven Managern identisch. *Effektive* Manager sind mehr mit dem Austausch von Informationen („routine communication") und Human Resource Management („motivating/reinforcing, staffing, training, developing, managing conflict") beschäftigt. *Erfolgreiche* Manager sind häufiger mit mikropolitischen Aktivitäten („networking": interacting with outsiders, socializing/politicking) beschäftigt.

Anhand einer weiteren Untersuchungspopulation von 178 Managern beantworten Luthans et al. (1988, S. 160 ff.) auch die Frage danach, was erfolgreiche *und* effektive Manager tun. Die Autoren kommen zu dem Schluß, daß sich die Aktivitäten von erfolgreichen *und* effektiven Managern deutlich von den Verhaltensmustern entweder erfolgreicher oder effektiver Manager unterscheiden.

Die Befunde für die beschriebenen Stichproben zeigt zusammenfassend Tabelle 3:

Aus methodischer Sicht ist über prinzipielle Probleme strukturierter Beobachtungsverfahren hinaus (s.o.) eine besondere Schwierigkeit der Studien von Luthans et al., daß die Verhaltensdeskriptoren nicht als überschneidungsfrei einzustufen sind. So ist z. B. die Ausübung „klassischer Managementfunktionen" in der Regel *mit Routinekommunikation verknüpft* (vgl. z.B. Ramme 1990), so daß eine getrennt-additive Klassifikation ein falsches Bild des Arbeitsverhaltens von Managern vermittelt. Manager verbringen vermutlich nicht zwischen 28% und 44% ihrer Arbeitszeit mit gleichsam zweckloser, weil funktionsloser Schreibtischarbeit bzw. zweckfreiem Informationsaustausch.

Als nicht sehr fruchtbar – insbesondere im Vergleich zur Begriffsabgrenzung von Kotter (1982a) – ist auch die inhaltliche Definition der Kate-

Tab. 3: Relative Verhaltenshäufigkeiten von erfolgreichen und effektiven Managern (Luthans et al. 1988, S. 161)

	Alle Manager	Erfolgreiche Manager	Effektive Manager	Erfolgreiche und effektive Manager
Routinekommunikation	29	28	44	31
trad. Managementfkt.	32	13	19	34
Beziehungspflege	19	48	11	20
Human Resource Management	20	11	26	15
Summe	100	100	100	100

gorie „networking" einzustufen, deren Verhaltensdeskriptoren im wesentlichen mit „intrigenhaftem Verhalten" assoziiert sind (vgl. z.B. Luthans et al. 1988, S. 10/11). Es überrascht dann auch nicht, daß die so abgegrenzten Verhaltensmuster zum persönlichen Erfolg von Managern am meisten, zur Effektivität der Organisation allerdings am wenigsten beitragen. Diese einseitige Bestimmung des Begriffsfeldes „networking" verdeckt die in anderen Aktivitätsstudien als produktiv beschriebenen Funktionen des Aufbaus und der Pflege eines weitverzweigten Kontaktnetzes, das über formale Kontakte oder Routinekommunikation hinausgeht (vgl. z.B. Sayles 1964; Kotter 1982a; zusammenfassend Stewart 1983; Hales 1986). Luthans et al. scheinen hier zu übersehen, daß viele der übrigen Verhaltensmuster (Ausübung klassischer Funktionen, Management der Human-Ressourcen) mit „networking"-Aktivitäten überlagert sein dürften.

Für ein Beschreibungskonzept, das sich programmatisch der sozialkognitiven Lerntheorie des Verhaltens verpflichtet fühlt (vgl. Luthans et al. 1985), fehlt es zudem an einem systematischen Zugang zu *kognitiven* Dimensionen des Arbeitsverhaltens von Managern, die z.B. in Form von Erwartungsstrukturen oder subjektiven Situationsdefinitionen reflexive Bezugspunkte des Aktivitätsstromes aus Sicht des Managers darstellen. Die empirische Erfassung des Arbeitsverhaltens von Managern mit Hilfe des LOS wird den programmatischen Anforderungen nicht gerecht. „Meeting this objective would seem to demand more than a frequency count of the leaders behavior along twelve categories" (Forsblad 1984, S. 203).

3.2 Befunde integrativ-prozeßorientierter Studien

Eine integrativ-prozeßorientierte, nicht statisch-additive Beschreibung des Arbeitsverhaltens von Managern stellt in der Tradition der „Work Activity"-Forschung die Ausnahme dar. Beachtenswert sind hier die beiden älteren Studien von Dalton (1959) und Sayles (1964), die auf langjähriger teilnehmender Beobachtung basieren, sowie die Studie von Kotter (1982a), in der neben Fremdbeobachtung und Tagebuch auch offene Interviews als Erhebungstechnik zum Einsatz kamen.

Dalton (1959) beschreibt Aspekte informeller Netzwerke von Managern auf der Grundlage zehnjähriger teilnehmender Beobachtung in vier US-amerikanischen Unternehmungen. Er kommt zu dem Schluß, daß informelle Aktivitäten wie z.B. „nicht offizielle" Interpretation, Entwicklung und Umsetzung der Unternehmungspolitik auf unteren (!) Ebenen ein *notwendiger* Prozeß der Tätigkeiten von Managern ist (Dalton 1959, S. 241 ff.). Diese Tätigkeiten vorwiegend kommunikativer Art sind ebenso wie die Herausbildung von Cliquen und informellen Kommunikations- und Einflußbeziehungen für eine sich entwickelnde, dynamische Unternehmung nicht nur nicht vermeidbar, sondern systemnotwendig (Dalton 1959, S. 241 ff.). „Organisationstechnische" Steuerungs- und Kontrollinstrumente (z.B. Regeln und Programme, hierarchische Koordinationsinstrumente, vgl. Türk 1981, S. 24 ff.) reichen für die Steuerung dieses Prozesses nicht aus. „Informelle" Netzwerke und Einflußprozesse sind in dieser Sicht keine defizitären, „irrationalen" und den erwerbswirtschaftlichen Erfolg mindernde Merkmale von Organisationen, sondern notwendige Phänomene organisationaler Steuerungsprozesse.

Sayles (1964) dokumentiert die Ergebnisse mehrjähriger (nicht ununterbrochener) Beobachtungen und unstrukturierter Interviews von 75 unteren und mittleren Managern einer großen US-amerikanischen Unternehmung.

Manager werden als Teil eines *offenen* Systems gesehen, das durch anhaltende interne und externe „Störungen" des Arbeitsablaufes zu stetigen Anpassungsleistungen an veränderte Rand- und Rahmenbedingungen gezwungen ist. Primäre Aufgabe von Managern ist es, ein Gleichgewicht von Stabilität und Wandel (Fließgleichgewicht) in Leistungsprozessen von Unternehmungen – und damit deren Bestand – zu sichern. Zur Handhabung dieser Störungen bedarf es eines weitverzweigten Kommunikationsnetzes, um die notwendigen Steuerungsleistungen realisieren zu können (Sayles 1964, S. 128 ff.; S. 157 ff.; S. 256 ff.). Bargainingprozesse spielen dabei eine herausgehobene Rolle: „Many, if not most, of the subjects dealt with have no fixed, objective answer even in a technical environment. Interpolation and judgement mean differences of opinion, and the manager must expect to engage in extended bargaining. ... Sophisticated managers place great stress on negotiation as a way of life" (Sayles 1964, S. 131/2).

Im Gegensatz zu vielen der bisher vorgestellten Aktivitätsstudien zeichnet sich die Untersuchung von Kotter (1982a) durch eine explizit theoriegeleitete Vorgehensweise aus, die auch *Erklärungsansätze* für Aspekte des Arbeitsverhaltens von Managern bereit hält. Die empirische Basis stellen Intensivfallstudien über 15 General Manager dar, die in Unternehmungen verschiedener Branchen (Produktion und Dienstleistungsbereich) tätig sind. „General Manager" werden definiert als „...individuals who hold positions with some multifunctional responsibility for a business (or businesses)" (Kotter 1982a, S. 2).

Sechs Basisherausforderungen sind an General Management-Positionen geknüpft und beeinflussen das Arbeitsverhalten der Manager:

- Vorgabe von Zielen, Politiken und Strategien unter Bedingungen großer Unsicherheit
- Allokation knapper Ressourcen
- Überblick bewahren und frühzeitig Probleme erkennen
- Gewinnung von Informationen, Kooperation und Unterstützung
- Gewinnung von Mitarbeitern und von wichtigen internen und externen Gruppen (z.B. Stabsabteilungen, Gewerkschaften, Kunden)
- Motivation, Kontrolle, Konfliktlösung (vgl. Kotter 1982a, S. 122).

Zu den konstitutiven *Randbedingungen* des Arbeitsverhaltens werden zwei „Managementdilemmata" gerechnet:

(1) die Notwendigkeit, Aktionsfelder festzulegen, obwohl sie sachlich als auch zeitlich in ihrem Wirkgefüge nicht vollständig überschaubar sind und Informationsüberflutung herrscht
(2) die Notwendigkeit, Pläne in Handlungen umzusetzen mit Hilfe von Personen, obwohl diese Personen nur sehr schwach direkt vom Manager kontrolliert und beeinflußt werden können (vgl. Kotter 1982a, S. 76).

Arbeitsverhalten wird als dreiphasiger, iterativer Prozeß aus „agenda setting", „network building" und „execution: getting networks to implement agendas" konzipiert (Kotter 1982a, S. 59 ff.).

Eine „agenda" ist ein handlungsleitendes und Orientierung stiftendes kognitives Schema eines Managers, das durch folgende Strukturen und Inhalte gekennzeichnet ist:

- lose verknüpfte Aktionsziele und -pläne, begründet auf impliziten oder expliziten Geschäftsstrategien
- mit kurz-, mittel- und langfristigem Zeithorizont,
- bezogen auf eine große Spannweite von Geschäftsproblemen (alle funk-

tionsbereichsbezogenen Kernprobleme der Geschäftseinheit/Unternehmung zum Beispiel)
- mit teils sehr unspezifischen, teils sehr spezifischen Zielen und Plänen, sowohl für die Organisation und deren Mitglieder als auch für sich selbst
- weitgehend nicht schriftlich dokumentiert
- aber bezogen auf, jedoch nicht identisch mit schriftlich fixierten Plänen (Kotter 1982a, S. 66).

Zur Genese einer „agenda" tragen u.a. aggressive, anhaltende, nicht auf formale/geplante Sitzungen beschränkte und auf vorhandenes Wissen gestützte Informationssammlung besonders bei. Gestaltung und Entwicklung einer „agenda" wird als *inkrementaler, prinzipiell unabgeschlossener* Prozeß beschrieben.

„Network building" ist der Aufbau und die Pflege von Kontakten, die zum Erwerb und zur Realisierung einer „agenda" nötig sind. Die Kontakte sind zwar konsistent, nicht aber identisch mit formalen Organisationsstrukturen. Ein entwickeltes Netzwerk umfaßt weit mehr als 100 Kontakte (Kotter 1982a, S. 72).

Netzwerke werden aufgebaut durch überwiegend „mikropolitische" Verhaltensweisen (vgl. zum Begriff der Mikropolitik z.B. Küpper/Ortmann 1986, 1988). Zu diesen Verhaltensweisen zählen u.a.:

- andere Organisationsmitglieder in Abhängigkeitspositionen bringen
- gegenseitige Verpflichtungsstrukturen aufbauen
- das Ausmaß der wahrgenommenen Reputation erhöhen
- Verhaltensbeeinflussung der Kommunikationspartner durch gezielte Umweltkontrolle, z.B. durch Kontrolle organisationaler Ressourcen oder Beeinflussung handlungsleitender Werte und Normen (Kotter 1982a, S. 71 ff.).[7]

„Execution" beschreibt den Prozeß der Realisierung von Handlungsplänen der Manager durch den Gebrauch der im Netzwerk repräsentierten Human-Ressourcen und dem damit verknüpften Zugriff auf materielle Ressourcen der Organisation. Dieser Prozeß besteht aus zwei miteinander verknüpften Verhaltenselementen:

---

7 In diesen empirisch gestützten Verhaltensbeschreibungen spiegeln sich Verhaltensmuster wider, wie sie auch aus Sicht aktueller organisationstheoretischer Konzepte als charakteristisch für Manager – allerdings in unterschiedlichem Ausmaß – geltend gemacht werden: 1. Die Rolle des „mikropolitischen Akteurs" (vgl. zusammenfassend Küpper/Ortmann 1988), 2. Die Rolle des Kulturgestalters bzw. kulturbewußten Managers (vgl. zusammenfassend Heinen 1987; Dülfer 1991). In der Beschreibung von Kotter (1982a) sind beide Aspekte, Interessendurchsetzung und Kulturgestaltung, miteinander verwoben.

a) Bestimmung organisationaler Tätigkeitsfelder (key issues)
- Bestimmung von Items aus der „agenda", die dem Manager vernachlässigt erscheinen
- Identifikation handlungsunterstützender Personen
- Wahl von Instrumenten zur Beeinflussung dieser Personen
- Bestimmung von Realisationsmaßnahmen, die möglichst wenig relevante Kontakte zerstören

b) Beeinflussung potentieller „Unterstützer":
- durch direktes Ansprechen
- durch indirekte Einflußnahme (Umweltkontrolle).

Kotter kommt zu dem Schluß, daß *effektive Manager* folgende Verhaltensmuster häufiger zeigen als weniger effektive Manager:[8]

- aggressiveres Informationsverhalten
- die „agenda" ist differenzierter, sowohl in Hinblick auf lang- als auch kurzfristige Items
- die „agenda" ist wettbewerbsorientierter (im Sinne strategischer Optionen)
- aggressiveres Kontaktverhalten
- die Methoden der Planrealisierung („execution") sind vielfältiger und indirekter (vgl. Kotter 1982a, S. 117 ff.).

Ein Vergleich der Person- und Situationsbedingungen effektiver und weniger effektiver Manager veranlaßt Kotter zu der Feststellung, daß auch der „fit" zwischen Stärken und Schwächen des Managers (personnel assets) und den Anforderungen der Position (job demands) als differentielle Einflußgröße auf die Effektivität des Managerverhaltens zu beurteilen ist. In diesem Zusammenhang vertritt Kotter die Überzeugung, daß Stärken bzw. Schwächen von Personen nicht beliebig entwickelbar bzw. veränderbar sind. Die Empfehlung lautet daher, auf der obersten Führungsebene von Unternehmungen der Gestaltung „ad personam" den Vorzug vor einer Gestaltung „ad rem" zu geben (Kotter 1982a, S. 138 f.; vgl. auch schon Fiedler 1969; neuerdings z.B. Bleicher 1990).

Das Arbeitsverhalten effektiver Manager wird zusammenfassend wie folgt beschrieben: „... they relied on more continuous, more informal and more subtle methods to cope with their large and complex job demands. The most important products of their approach were agendas and networks, not formal plans and organizational charts" (Kotter 1982a, S. 127).

Es bleibt festzuhalten: der *mikropolitische Charakter* interpersoneller

---

8 „Effektivität" ist ein kombiniertes Maß aus quantitativen und qualitativen Kriterien (Umsatz einer Geschäftseinheit/Gewinn; summarische Einschätzung der Effektivität durch Untergebene, Vorgesetzte, Kollegen).

Beziehungen von (General) Managern wird im Vergleich zu anderen Aktivitätsstudien (mit Ausnahme von Dalton 1959 und Sayles 1964) besonders hervorgehoben. Prozesse des Erwerbs, Gebrauchs und der Entwicklung einer *subjektiven, handlungsleitenden Wissensbasis* der Manager haben elementaren Stellenwert, ein Aspekt, der von anderen Aktivitätsstudien ebenfalls vernachlässigt wird. Subjektive „Agendas" sind als zentrales Instrument zu deuten, das die angemessene Handhabung des Managementdilemmas ermöglicht und reflexiver Bezugspunkt einer flexiblen, sozialen Ordnung ist (vgl. Kotter 1982b, S. 164 ff.), die der Dynamik wirtschaftlichen Handelns gerecht wird. Beachtenswert ist auch, daß eine nicht aufzuhebende *Ungewißheit* i.S.d. Nicht-Wissen-Könnens von Bedingungen und Folgen des Arbeitsverhaltens als konstitutives Merkmal der Arbeitssituation von Managern angenommen wird. Die Dialektik zwischen Handlungszwang einerseits und prinzipiellem Nicht-Wissen-Können andererseits („Managementdilemma") wird damit zu einem zentralen Aspekt bei der Rekonstruktion des Arbeitsverhaltens von Managern (zum Konzept der Ungewißheit vgl. z. B. Schneider 1985, S. 229 ff.).

4 Theoretische, methodologische und erkenntnistheoretische Grundlagen der „Work Activity"-Forschung

4.1 Neo-Taylorismus

Konzeptionell und methodisch haben statisch-analytisch ausgerichtete Aktivitätsstudien bemerkenswerte Ähnlichkeiten mit Prinzipien tayloristischer Zeit- und Bewegungsstudien. Diese Aktivitätsstudien erfassen den Aktivitätsstrom von Managern als Summe von kleinsten, zeitlich und inhaltlich *isoliert* nebeneinander (be)stehenden Aktivitätseinheiten, die additiv zu einer Gesamtbeschreibung zusammengefaßt (summiert) werden.

Exemplarisch für eine tayloristische Orientierung ist die Arbeit von Mintzberg (1973). Ähnlich wie für Taylor hat für Mintzberg (1973, S. 133 f.) die präzise Erfassung der Aktivitäten von Managern, deren systematische Rekonstruktion und Re-Programmierung – und schließlich deren Automatisierung – Priorität, wenn eine *wissenschaftlich* fundierte Unterstützung des Arbeitsverhaltens von Managern erreicht werden soll. Die isolierte Erfassung direkt beobachtbarer Manageraktivitäten von relativ kurzer Dauer und deren Systematisierung in Kategorien des Forschers („objektive Arbeitsanalyse") ist die methodische Grundlage dafür. Sie wird von Mintzberg selbst angewendet und ausführlich dokumentiert (vgl. Mintzberg 1973, S. 230 ff.).

Die Auflistung von zehn Rollen mit dem Hinweis, daß interpersonelle Rollen als logische Vorbedingung für informationelle Rollen, diese wiederum als logische Voraussetzung von Entscheidungsrollen angesehen werden (vgl. Mintzberg 1973, S. 96), mehr aber noch die Auflistung von 66 Aktivitätselementen, wie es von Luthans et al. 1988 geleistet wird, oder eine quantitativ-klassifikatorische Analyse des Kommunikationsverhaltens blenden potentielle inhaltliche und zeitliche *Verschachtelungen* (z.B. Zweck-Mittel-Beziehungen), *Überlagerungen* oder *Abfolgen* von Aktivitäten aus. Ein weiterer Nachteil vorliegender Aktivitäts- oder Rollenlisten ist ihr *geringer Kontextbezug* (vgl. auch Trujillo 1983; Sharifi 1988). Sie sagen kaum etwas darüber aus, wie Manager eine *Vermittlung* zwischen (wechselnden) Situationsanforderungen und der Vielzahl ausgeübter Aktivitäten herstellen, ob und welche individuellen Kontrollstrategien bei den häufigen Aktivitätswechseln eine Rolle spielen, und welche Wirkungen Aktivitäten selbst auf den Aktivitätskontext haben.

Eine an Zeit- und Bewegungsstudien orientierte Erfassung der Aktivitäten von Managern fördert also nicht nur eine statische, prozeßreduktionistische Sicht des Aktivitätsstromes, sie verleitet auch dazu, *mentale Lei-*

stungen von Managern auszublenden. Dies hängt damit zusammen, daß bei einem solchen Vorgehen – implizit – das Verhalten in und von Organisationen in Analogie zum Vorbild der Maschine rekonstruiert wird. Dabei wird (stillschweigend) vorausgesetzt, daß zu erzielende Arbeitsergebnisse und Art und Menge der dazu notwendigen Arbeitsvollzüge regelhaft bestimmt werden könnten – etwa so, wie in vergleichsweise standardisierten Produktionsvollzügen. Die Anwendung dieses Erkenntnisleitbildes schließt letztlich die Erfassung solcher Prozesse in Organisationen aus, die nicht den deterministischen Funktionsbedingungen von Maschinen genügen (vgl. z.B. Bammé et al. 1983; Morgan 1986). Dazu gehören die wichtigen Prozesse der Vermittlung zwischen Situationsanforderungen und angemessenem Verhalten, wie z.B. die erfahrungsgestützte Definition von Situationen, die Herausbildung von subjektiven und organisationalen Handlungstheorien (theories of action, vgl. grundlegend Argyris/Schön 1978) oder organisationalen Referenzrahmen und Interpretationssystemen (vgl. exemplarisch Daft/Weick 1984), um nur einige Beispiele zu nennen. Diese Prozesse dürften für die Existenz von Unternehmungen besonders relevant und Manager in besonderem Maße darin einbezogen sein (vgl. exemplarisch Daft/Weick 1984).

Solche Dimensionen von Manageraktivitäten werden dann erkennbar und zu einer zentralen Untersuchungskategorie, wenn der *organisationale Kontext* dieser Aktivitäten als komplexes, organisiertes Sozialsystem aufgefaßt wird, das *nicht vollständig determiniert* und daher prinzipiell interpretationsbedürftig ist und von den Organisationsmitgliedern – mit variierendem Interpretationsspielraum – in konkrete Handlungen überführt werden muß (vgl. aus systemtheoretisch geprägter Sicht bereits Sayles 1964, S. 256 ff.; Türk 1981, S. 24 ff.; Steinmann/Schreyögg 1990, S. 101 ff.; aus soziologischer Sicht grundlegend z.B. Berger/Luckmann 1969; Giddens 1988). Je uneindeutiger und konfliktärer die Verhaltensnormen in diesen Situationen sind, desto weniger bruchlos setzen sich Verhaltenserwartungen oder bestehende Verhaltensroutinen in zielführendes Verhalten um. Zur Aufrechterhaltung betrieblicher Leistungsprozesse reicht es dann nicht aus, wenn Organisationsmitglieder – analog dem Modell des homo soziologicus (vgl. kritisch bereits Dahrendorf 1959; zusammenfassend Franz 1986) – vollständig in existierenden Rollenerwartungen aufgehen. Es wird erforderlich, vorgegebene Ordnungsmuster zu vervollständigen und gegebenenfalls zu transzendieren, um wechselnde interne und externe Herausforderungen bewältigen zu können (Sayles 1964 deutet diese Balance von Stabilität und Wandel als Aufrechterhaltung eines „Fließgleichgewichts" von Struktur und Verhalten in und von Organisationen). Dies sind Prozesse einer aktiven (nicht allein rezeptiven) Umweltorientierung, -aneignung und -gestaltung, die konzeptionell z.B. als individuelle und organisationale *erfahrungsorientierte Lernprozesse* gefaßt werden könnten (vgl. Argyris/Schön 1978; Hedberg 1981; Argyris 1982; Kolb 1984; Fiol/Lyles 1985).

Für die „Work Activity"-Forschung könnten von solchen Ansätzen fruchtbare Anstöße zur weiteren konzeptionellen Vertiefung und empirisch fundierten Erfassung des Arbeitsverhaltens von Managern ausgehen (vgl. ausführlich Schirmer 1991). Methodisch wird es hierfür aber nicht ausreichen, Prinzipien des „scientific management" zu folgen und beobachtbare Aktivitäten nach Zwecken oder Teilnehmern zu klassifizieren und aufzulisten oder Länge und Häufigkeiten dieser Aktivitäten zu messen (vgl. jüngst Luthans et al. 1988).

4.2 (Neo-)behavioristisches Menschenbild

Die eigentümliche Vernachlässigung reflexiver Aspekte des Arbeitsverhaltens von Managern in den (überwiegend angloamerikanischen) empirischen Studien könnte zudem auf die lang anhaltende Dominanz des (neo) behavioristischen Menschen- und Erkenntnisleitbildes in verhaltenswissenschaftlichen Bezugsdisziplinen der Managementforschung (besonders Psychologie, Sozialpsychologie) zurückzuführen sein. Kognitive Prozesse werden darin als metaphysische Phänomene eingestuft und vernachlässigt, bzw. lediglich als „intervenierende Variablen" einbezogen (vgl. kritisch Groeben/Scheele 1977; Bandura 1979, 1986; Holzkamp 1987; Wood/Bandura 1989).

Die weitreichende Kritik an behavioristischen und neo-behavioristischen Konzeptionen muß hier nicht wiederholt werden (vgl. zusammenfassend Groeben/Scheele 1977; Holzkamp 1987). Als herausragender Kritikpunkt ist vor allem zu benennen, daß mit der passiv-rezeptiven Konzeption des Menschen dessen Fähigkeit zu eigeninitiiertem, intentionalem, insgesamt als *reflexiv* zu bezeichnendem Verhalten systematisch ausgeblendet wird. Ein konkurrierendes Erkenntnismodell des reflexiven menschlichen Wesens („epistemologisches Subjektmodell", vgl. zusammenfassend Groeben/Scheele 1977; Bannister/Fransella 1981) akzentuiert vor allem diese vernachlässigten Aspekte als Konstitutiva menschlichen Verhaltens.

Die empirische Erfassung des Arbeitsverhaltens von Managern ist – programmatisch bedingt – im Kern bei fast allen hier aufgearbeiteten Aktivitätsstudien durch eine Orientierung an behavioralen Verhaltenskonzepten geprägt. Ausnahmen sind hier z.B. die Arbeiten von Sayles (1964) und Kotter (1982a). Letzterer macht darauf aufmerksam, daß äußerlich fragmentiert erscheinende Aktivitätsmuster von Managern, die einem externen Beobachter als ineffizient oder zusammenhanglos erscheinen mögen, *aus Sicht des Managers* bewußt gewählte, flexible Verhaltensmuster sein können, die den schnell wechselnden Anforderungen des Tagesgeschäfts gerecht werden, ohne daß dabei der Bezug zu längerfristigen, übergeordneten Handlungszielen verloren geht (vgl. Kotter 1982b, S. 164 ff.; aus denkpsychologischer Sicht Isenberg 1986; aus motivationstheoretischer Sicht Conrad 1990, S. 265). Sind Einzelaktivitäten in dieser Weise übergeordneten Handlungsplänen von Managern zugeordnet, kann hinter der *äußerlichen Fragmentiertheit* von Aktivitäten eine *Kontinuität der Zielerreichung* erkannt werden, die zugleich einen zeitlichen und inhaltlichen Zusammenhang zwischen rasch wechselnden Einzelaktivitäten sichtbar werden läßt. Hier wird beispielhaft deutlich, wie äußerlich gleiches Verhalten in Abhängigkeit vom theoretischen Vorverständnis zu unterschiedlichen, sich auch widersprechenden Deutungen über „die Wirklichkeit" des Arbeitsalltags von Managern führen kann.

Bei einer weiterführenden Analyse des Arbeitsverhaltens von Managern sollte die „subjektive Situation" von Managern eine zentrale Untersuchungskategorie sein, um in Zusammenhang damit Aktivitäten von Managern als Teil von Handlungen deuten zu können, denen ein „subjektiver Sinn" (vgl. Weber 1972) zu eigen ist. In der Tradition der „Work Activity"-Forschung selbst machen besonders die Befunde von Kotter (1982a) über die Funktionen des „agenda setting" und von Stewart (1982) über inhalts- und prozeßbezogene Wahlmöglichkeiten im Aktivitätshaushalt von Managern auf die Bedeutung dieser Dimension aufmerksam. Eine wesentliche Voraussetzung dazu wäre ein explizit nicht-(neo)behaviorales Menschenbild.

4.3 Ähnlichkeiten mit analytisch-funktionalen Beschreibungsansätzen

Mit Blick auf Befunde von Aktivitätsstudien über Verhaltens*zwecke* kann nicht von beachtenswerten Verschiebungen des Wirklichkeitsbildes gegenüber funktionsorientierten Beschreibungsansätzen gesprochen werden (vgl. dazu auch den Beitrag von Schreyögg in diesem Band). Dies läßt sich exemplarisch an den hierfür besonders einschlägigen Studien von Mintzberg (1973) und Luthans et al. (1988) verdeutlichen.

Obwohl Mintzberg analytisch-funktionale Beschreibungsansätze des Arbeitsverhaltens von Managern kritisiert, weil sie allenfalls vage Beschreibungen dessen sind, was Manager tun *sollten*, ähneln die Zwecksetzungen, die mit dem Rollenkonzept dem Arbeitsverhalten von Managern zugeschrieben werden, sehr stark funktionalen Kategorisierungen.

So kann beispielsweise die Gruppe der „interpersonal roles" als Beschreibung von Führungsfunktionen gedeutet werden, „entrepreneurial role“ und „resource allocator role“ als Beschreibung von Planungs- und Organisationsfunktionen und die „disturbance handler role“ wäre – je nach Klassifikationsmuster – unter Leitungsfunktionen bzw. Führungsfunktionen zu fassen. Auch Repräsentations- und Verhandlungsrollen, im Konzept von Fayol (1929) noch nicht erfaßt, finden in späteren empirisch gestützen Funktionsklassifikationen Berücksichtigung. Auch in zahlreichen Folgestudien mit sehr verschiedenen Populationen werden keine grundlegend anderen Ergebnisse erzielt.

Zudem ist auch das Rollenbündel keine reine Beschreibung der Aktivitäten von Managern, sondern kann selbst als *normatives* Konzept gedeutet werden (vgl. z.B. Steinmann/Schreyögg 1990, S. 18; Schirmer 1991).

Die inhaltliche Ähnlichkeit der im Rollengefüge sensu Mintzberg (1973) zum Ausdruck kommenden Verhaltenszwecke mit funktionalen Beschreibungsansätzen ist ebenso bemerkenswert wie diejenige in den Kategorien des „Leader Observation System“ (Luthans et al. 1988). Wren (1990, S. 141) vergleicht exemplarisch die Deskriptoren des letzteren Kategoriensystems, von dem Luthans et al. (1988) behaupten, es erfasse (im Gegensatz zur Kategorisierung von Fayol) Verhaltenszwecke „wirklicher Manager“, mit Beschreibungen funktionsbezogenen Verhaltens, wie es schon bei Fayol (1929) zu finden ist. Er kommt zu dem Ergebnis, daß 77% der Aktivitäten einer Stichprobe „wirklicher Manager“ sensu Luthans et al. (1988) sinngemäß, z.T. mit den gleichen Begriffen, bereits von Fayol beschrieben wurden. Den Vergleich zeigt Tabelle 4 auf S. 240 (Informationsaustausch und Schreibarbeiten werden bei Fayol als Ausübung der Funktionen Leitung und Koordination gedeutet).

4.4 Zusammenfassende Würdigung

Um den Nutzen der Befunde angemessen zu würdigen, sollte nicht vergessen werden, daß die umfassende Beobachtung von Manageraktivitäten zu Beginn der 50er Jahre vor allem methodisch eine Neuorientierung in der Erforschung des Phänomens „Management“ darstellte.

Analytisch-funktionale Beschreibungsansätze des Managements in und von Organisationen konnten und können in erster Linie als Beschreibungen dessen gelten, was Manager tun *sollten* (vgl. z.B. Mintzberg 1973, S. 10 f.; Steinmann/Schreyögg 1990, S. 18). Unabhängig davon, daß auch empirische Befunde z.B. die Fruchtbarkeit der Kategorisierung von Fayol stützen, hinterlassen diese (auch die empirisch fundierten) Beschreibungen insgesamt den Eindruck, daß sie auf relativ hohem Abstraktionsniveau verbleiben und „verhaltensbezogen steril“ sind (vgl. Campbell et al.

Tab. 4: Vergleich von Verhaltenszwecken „wirklicher Manager" (RM) und der Beschreibung von Verhaltenszwecken bei Fayol (1929) (Wren 1990, S. 141)

Real Managers and Henri Fayol Compared by Activity Descriptors (in %)

RM Categories		Described in Fayol			Scant mention by Fayol		Omitted by Fayol	
Traditional Management	32 %	Planning Decision Making Controlling	15 % 11 % 6 %	32 %				
Human Resource Management	20 %	Motivating Staffing Training/ Developing	5 % 5 % 6 %	16 %	Managing Conflict	4 %		
Routine Communication	29 %	Exchanging Information Paperwork	15 % 14 %	29 %				
Networking	19 %				Interacting with Outsiders	10 %	Sozializing/ Politicking	9 %
	100 %			77 %		14 %		9 %

1970; Miner 1978, 1982; ausführlich Schirmer 1991). Carlson (1951) oder Mintzberg (1973) kritisieren treffend, daß darin wenig Informationen enthalten sind, *wie* Manager den postulierten Zwecken gerecht werden.

Zur detaillierteren Bestandsaufnahme und Beschreibung des Aktivitätshaushaltes von Managern haben die „Work Activity"-Studien zweifellos beigetragen. Funktionale Beschreibungsansätze des Arbeitsverhaltens von Managern verleite(te)n offenbar zu *überzogen zweckrationalistischen Ordnungsvorstellungen* der Wirklichkeit des Manageralltags (gegen die Mintzberg 1975 mit dem Begriff „Folklore" polemisiert). Dem halten die Befunde von Aktivitätsstudien eine andere Teilansicht dessen entgegen, was Manager „wirklich" tun. Der Manager wird in einem Strudel von Aktivitäten gezeigt, die schnell wechseln und oft von außen angestoßen sind.

Eine Kernaussage dieser Befunde ist darin zu sehen, daß Manager *immer* mit *unvorhergesehenen* Ereignissen rechnen müssen, auf die – möglicherweise schnell – zu reagieren ist. Zur Bewältigung solcher Situationen werden denn auch besonders aktuelle Informationen den besonders ge-

Übersicht 4: Zwei Bilder des Arbeitsverhaltens von Managern (in Anlehnung an Stewart 1983, S. 96)

Von funktionalen Studien beeinflußtes Bild des Arbeitsverhaltens von Managern	**Von aktivitätsnahen Studien beeinflußtes Bild des Arbeitsverhaltens von Managern**
geordnet	fragmentiert, abwechslungsreich und kurz
geplant	tendenziell reaktiv, adhoc, unüberschaubar
Zusammenarbeit mit Vorgesetzten und Untergebenen	Bedeutung lateraler und externer Kontakte
feste Kontakte, formelle Informationswege	Entwicklung und Pflege reziproker Beziehungen; informalle Wege
Gebrauch offizieller Informationen	Gebrauch informeller, spekulativer Informationen
nicht-politisch tendenziell konfliktfrei	politisch konfliktbeladen

sicherten, formal aufbereiteten Informationen vorgezogen, verspricht ein weit verzweigtes, auch informelles Kommunikationsnetz besonderen Nutzen. Bilder vom Manager als „Surfer", der auf einer Woge von Ereignissen reitet, ohne signifikant Einfluß nehmen zu können (vgl. Westerlund/Sjöstrand 1981, S. 162 ff.), oder vom Manager als „Sponti-Tuwas" (Neuberger 1990, S. 172) bringen in pointierter Form den Kern dieser Beschreibung zum Vorschein. Auch wenn es Ausnahmen gibt – etwa die Kategorie der „writers" in der Studie von Stewart (1967) – repräsentieren diese Befunde ein zeitlich stabiles, populationsunspezifisches Konstitutivum des Arbeitsverhaltens von Managern.

Darüber hinaus machen die Befunde nachdrücklich auf den politischen, verhandlungsmäßigen Charakter vieler Aktivitäten von Managern aufmerksam, auch wenn eine Rückbindung an strukturell verankerte Interessengegensätze in Unternehmungen häufig fehlt (vgl. auch Willmott 1984, 1987; Sharifi 1988).

Die wichtigsten Einsichten von Aktivitätsstudien faßt Übersicht 4 zusammen.

Die Gegenüberstellung ist nicht als Dichotomie zu deuten, sondern weist auf die unterschiedlichen Akzentsetzungen der verschiedenen Ansätze hin. Damit wird zum Ausdruck gebracht, daß sich Managen im *Spannungs*feld von geplanten und spontanen Verhaltensmustern, formeller und informeller, vertikaler und horizontaler Kommunikation sowie gemeinsamen und divergierenden Interessen *zugleich* bewegt.

Die Stringenz, mit der in Aktivitätsstudien über mehrere Jahrzehnte hinweg direkt beobachtbare Aktivitäten von Managern erfaßt wurden, hinterläßt zwangsläufig systematisch bedingte Lücken im empirisch fundierten Verständnis des Arbeitsverhaltens von Managern. Die kritische Analyse der metatheoretischen, theoretischen und methodischen Grundlagen hat deutlich gemacht, daß vor allem Vermittlungsprozesse zwischen Situationsanforderungen und beobachtbaren Aktivitäten von Managern – mentale Prozesse – weitestgehend ausgeblendet blieben. Es fehlt auch an Konzepten zur Beschreibung und Erfassung des dynamischen, prozessualen Charakters von Aktivitäten und deren inhaltlicher und zeitlicher Kontinuität jenseits oberflächlicher Fragmentierung des Aktivitätsstromes.

Mit der detaillierten, strikt empirisch fundierten und möglichst operational gehaltenen Beschreibung des Aktivitätshaushaltes von Managern, als Abgrenzung zu analytisch-funktionalen Ansätzen vorangetrieben, scheint die Aktivitätsforschung ihre Aufgabe erfüllt zu haben. Konzeptionelle Anregungen sind aus dieser Forschungsrichtung nicht zu erwarten. Für eine Neuorientierung hat das Konzept von Kotter (1982a) einen wichtigen Anstoß gegeben. Insgesamt steckt die Aktivitätsforschung aber in einer Phase theoretischer Orientierungslosigkeit (vgl. selbstkritisch z.B. Stewart 1982, 1988; Mintzberg 1990; auch Hales 1986; Sharifi 1988; Whitley 1989). Darüber kann auch die Entwicklung anspruchsvollerer Beobachtungssysteme wie z.B. des „Leader Observation System" (Luthans et al. 1988) nicht hinwegtäuschen und hinweghelfen.

5 Über Aktivitätsbeschreibungen hinaus: Der Manager als Theoretiker

Folgt man wesentlichen Einsichten der „Work Activity"-Forschung als auch der hier vorgetragenen Kritik an ihr, hätte eine theoretisch erforderliche (Re-)Orientierung im wesentlichen auf zwei Strängen aufzubauen:

(1) auf explizit formulierten *Annahmen über die „Wirklichkeit" von Organisationen*. Der Manageralltag ist nicht kontextfrei, es ist ein Alltag in (und von) Organisationen. Viele Probleme bei der Erfassung des dynamischen Charakters von Manageraktivitäten, der Art der Vermittlung zwi-

schen Aktivitäten und (organisationaler) Situation, sind darauf zurückzuführen, daß Annahmen über den Charakter von Organisationen in Aktivitätsstudien meist gar nicht expliziert werden, oder implizit sehr häufig auf nur *ein* Leitbild von Organisationen – das der Maschine – Bezug genommen wird. Damit bleibt die Wahrnehmung vieler anderer, gleichfalls existenter Wirklichkeiten in und von Organisationen ausgeklammert (zu den ontologischen und epistemologischen Grundlagen organisationstheoretischer Annahmen vgl. ausführlich Burrell/Morgan 1979; Morgan 1986; grundlegend auch Boulding 1956). Hier wird vorgeschlagen, eine Reorientierung auf Annahmen über Organisationen als „sozial konstruierte Wirklichkeiten" aufzubauen.

(2) auf *Annahmen über individuelles Verhalten,* die eine möglichst umfassende Berücksichtigung *mentaler* Leistungen von Managern ermöglichen. Um gleichzeitig den dynamischen Charakter des Arbeitsverhaltens von Managern zu erfassen, bietet es sich an, Prozesse erfahrungsorientierten, alltäglichen Lernens und Reflektierens als zentrale Kategorie eines Annahmegefüges über individuelles Verhalten aufzufassen. Dazu wird vorgeschlagen, das Bild vom *„Manager als Theoretiker"* betrieblicher Praxis aufzunehmen und als Instrument der Beschreibung und Erklärung des Arbeitsverhaltens von Managern fruchtbar zu machen (vgl. z.B. Miles 1975; Kappler 1983; Biedermann 1989; Staehle/Sydow 1991; Schirmer 1991).

Der Zusammenhang dieser beiden Sichtweisen und die Anwendung dieser Perspektiven auf die Beschreibung und Erklärung des Arbeitsverhaltens von Managern soll abschließend kurz skizziert werden.

Wenn Organisationen, speziell Unternehmungen, als *sozial konstruierte Wirklichkeiten* begriffen werden, dann wird „Organisation" in erster Linie rekonstruiert als ein ideelles (kognitives) Phänomen, das in den Köpfen der Organisationsmitglieder steckt und typischerweise regelhafte, sinntragende Verhaltensmuster bezeichnet, die sich durch Interaktion der Beteiligten aktualisieren bzw. manifestieren. „Organisation" ist in diesem Sinne physisch nicht greifbar (vgl. Weick 1985), organisationale Routinen z.B. können gleichsam als „abstrakte Maschinerie" gedeutet werden (Bammé et al. 1983). Organisiertes Handeln wird über *kognitiv repräsentierte Konzepte* gesteuert. Aus kognitiver Perspektive lassen sich Organisationen daher auch als „kognitive Landkarten" rekonstruieren.

Organisationen treten dem Einzelnen zugleich auch als überdauernde, vergegenständlichte soziale Wirklichkeit *gegenüber* (vgl. zusammenfassend Berger/Luckmann 1969). Diese sozialen Objektivationen sind beispielsweise repräsentiert in sozialtechnologischen Mechanismen der Stellenbildung, Rollenbildung und Positionsbildung, die eine *personunabhängige Vorab-Konstitution organisationaler Wirklichkeiten* darstellen (vgl. Türk 1981, S. 25 ff.; Staehle 1989, S. 16 ff.). Gleichwohl bleiben diese sozialen Objektivationen nur durch die immer wiederkehrende Interaktion der Organisationsmitglieder und -teilnehmer erhalten. Die tägliche (Re-) Produktion der Organisation eröffnet auch in variierendem Ausmaß die Möglichkeit, die vorgegebene Organisation nicht nur zu *re*produzieren, sondern neu zu *schaffen*, zu konstituieren. Diese Chance ist um so größer, je geringer der Organisationsgrad, d.h. die Restriktivität der Situation ist (vgl. zusammenfassend Katz/Kahn 1966; Türk 1981; aus wissenssoziologischer Sicht Berger/Luckmann 1969). Dies geschieht über nicht-vorab-konstituierte, interaktive Steuerungshandlungen. Die *prinzipielle Dynamik wirtschaftlichen Handelns* (vgl. zusammenfassend Picot 1990), prinzipiell nicht zu vermeidende und nach Art, Ausmaß und Zeitpunkt nicht zu antizipierende Störungen organisationaler Routinen machen nichtorganisierte, interaktive Steuerungshandlungen *unabdingbar*.[9] Manager sind in diesem Zusammenhang mehr als andere Organisationsmitglieder wichtige Konstituenten, d.h. *Schöpfer* organisationaler Wirklichkeiten (vgl. Schumpeter 1950), die von der Mehrzahl der übrigen Organisationsmitglieder in der Regel als *vorgegebene* Wirklichkeiten erlebt werden. Managen kann aus dieser Sicht zusammenfassend interpretiert werden als interaktive, über Entwicklung und Aktualisierung kognitiv repräsentierter, handlungsleitender Konzepte („theories-in-use“, vgl. Argyris/Schön 1978) vermittelte Steuerung und Konstitution betrieblicher Leistungsprozesse.

Das Arbeitsverhalten von Managern wird vorwiegend als konzeptionelle, reflexive Steuerungstätigkeit interpretiert (der unmittelbar ausführende, operative Anteil ist also sehr gering). Manager können in diesem Sinne als Theoretiker betrieblicher Praxis angesehen werden, allerdings mit außerordentlich hohen Ansprüchen an die praktisch-instrumentelle Verwertbarkeit ihrer subjektiven Managementtheorien. Hinzuzufügen ist, daß Manager die Rolle als Theoretiker auch ausüben können, ohne sich ihr vollständig bewußt zu sein (implizite Theoretiker; vgl. z.B. Brief/Downey 1983); in Anbetracht der oftmals ausgrenzenden Gegenüberstellung von Managementtheorie (-theoretikern) und Managementpraxis (-praktikern) dürfte dies vermutlich der Regelfall sein.

Als „subjektive Theorien“ von Managern werden zunächst im weitesten Sinne subjektive Wissensbestände von Managern über das Management in und von Organisationen bezeichnet, deren Umfang, Präzisions- und Bewußtheitsgrad variieren kann, und die sich zum Beispiel in der Gestaltung von Produktionssystemen oder Organisationsstrukturen manifestieren.

---

9 Katz/Kahn (1966, S. 304 ff.) schlagen vor, die Quellen solcher Störungen in vier Faktoren zu verorten:
(1) Prinzipielle Unreife organisationaler Gestaltung
(2) Dynamik der Umwelt
(3) Dynamik organisationsinterner Entwicklungen
(4) Eigensinn von Organisationsmitgliedern.

Diese Schwerpunktsetzung ist zugleich Ausdruck eines voluntaristischen Menschenbildes. Der Mensch wird als Wesen gekennzeichnet, das auf der Basis von Wissen und Erkenntnisprozessen seine Umgebung kontrollieren und gestalten kann (Groeben/Scheele 1977, S. 22 ff.). Das Subjekt setzt sich aktiv, durch Anwendung und Veränderung subjektiver Theoriesysteme, mit der Welt in Beziehung, „konstruiert" also in diesem Sinne kognitive und darüber vermittelte objektive Wirklichkeit. Zwischen Umgebungsreizen und Verhalten tritt ein *Urteilsprozeß*, der *selbstbestimmtes*, intentionales Handeln ermöglicht. Diese symbolisch, im wesentlichen sprachlich vermittelten Reflektionsprozesse führen nicht nur zur Orientierung über und aktiven Durchstrukturierung von Umgebungseindrücken (die sich im Ergebnis zu einer „subjektiven (Arbeits)Situation" verdichten; vgl. Staehle 1977; Lantermann 1980; Hoff 1985), sondern sind auch die Quelle individuellen oder organisationalen reflektiert-schöpferischen Verhaltens, das vorgegebene (betriebliche) Ordnungsmuster *transzendieren* und neue Ordnungsmuster konstituieren kann (Groeben/Scheele 1977, S. 22 ff.). „Theorien sind Ausdruck des Denkens von Menschen, die inmitten durcheinanderwirbelnder Ereignisse Freiheit suchen. Die Theorien umfassen vorherige Annahmen zu bestimmten Bereichen dieser Ereignisse. Bis zu dem Grad, in dem die Ereignisse, von diesen früheren Annahmen ausgehend, konstruiert, vorausgesagt und in ihrem relativen Verlauf geplant werden können, kann der Mensch Kontrolle ausüben und dabei in diesem Prozeß Freiheit für sich selbst erlangen" (Kelly 1955, S. 22, in der Übersetzung von Bannister/Fransella 1981, S. 4).[10] Eine zentrale zu erschließende Subjektvariable sind dann die subjektiven Theorien von Managern, denen erfahrungsorganisierende und handlungsleitende Funktionen zukommen (vgl. Staehle/Sydow 1991; empirische Befunde am Beispiel subjektiver Führungstheorien liefern z.B. Müller 1988; Biedermann 1989). Dem Konzept der subjektiven Theorien und Annahmen über Prozesse des Theoretisierens von Managern (prozessuale Sicht) kommt in dieser Sicht eine bedeutende Rolle bei der zu vertiefenden Erklärung von Vermittlungsprozessen zwischen Aktivitäten von Managern (an dessen Dokumentation die Work Activity Forschung ansetzt) und wechselnden Situationsanforderungen zu. Zur konzeptionellen Vertiefung kann es erfolgver-

10 Das Leitbild des „Managers als Alltagstheoretikers" ist vor allem beeinflußt von grundlegenden psychologischen Studien Kellys (1955) zur „Theorie persönlicher Konstrukte" und Heiders (1958) Ansatz der „naiven Verhaltenstheorie". Im deutschen Sprachraum sind u.a. die Arbeiten von Laucken (1974) zur naiven Verhaltenstheorie und von Groeben/Scheele (1977) zur Präzisierung eines „epistemologischen Subjektmodells" grundlegend. Das kann an dieser Stelle jedoch nicht vertieft werden.

sprechend sein, diese Prozesse als *erfahrungsorientierte Lernprozesse* aufzufassen (vgl. Kolb 1984; Schirmer 1991).

Ein vertieftes theoretisches und – darauf aufbauend – empirisch gestütztes Verständnis dieser Prozesse schließt nicht nur wissenschaftliche Erkenntnislücken. Vieles spricht dafür, daß der Wandel technisch-ökonomischer und gesellschaftlicher Rand- und Rahmenbedingungen wirtschaftlichen Handelns (Verkürzung von Produktlebenszyklen, Differenzierung der Absatzmärkte, Veränderungen im Nachfrageverhalten, Sättigung der Märkte, um nur einige wenige Beispiele zu nennen) substantielle Veränderungen im Binnengefüge von Unternehmungen und in deren Umweltbeziehungen erforderlich macht. Die zunehmende Beschäftigung mit Fragen interorganisationaler Kooperationen (vgl. dazu den Beitrag von Siebert in diesem Band), die Auseinandersetzung um den Nutzen hierarchischer („Palastorganisationen") und nicht-hierarchischer Organisationsformen („Zeltorganisationen") sowie selbstorganisierenden Sozialsystemen sind Indikatoren dafür (vgl. etwa Drucker 1988; Bleicher 1989, 1990; Kanter 1989a, b; Jacques 1990). Es ist absehbar, daß sich die Anforderungen an die Wahrnehmungs-, Reflektions- und Lernfähigkeit von Managern im Gefolge dieser Veränderungen in den kommenden Jahren verschärfen werden (vgl. zusammenfassend Kanter 1989a). Ein theoretisch verbessertes Verständnis für diese Prozesse kann in der betrieblichen Praxis als Strukturierungshilfe bei der Gestaltung dieser Prozesse genutzt werden (zur Verwendung theoretischer Erkenntnisse in der Praxis vgl. z.B. Gutenberg 1953; Kirsch 1981; Lawler 1985; Beck/Bonß 1989; Frese 1991).

Aus theoretischer Sicht wäre zu erwarten, daß es zu einem besseren Verständnis der Essenz des Managens kommt, wie Sayles (1964, S. 259) sie versteht:

„Der Manager strebt danach, Regelmäßigkeiten in einer Welt zu schaffen, die es ihm niemals erlauben wird, dieses Ideal zu erreichen. Das ist die immanente Herausforderung, die Essenz von Managementpositionen. Der Manager trachtet nicht primär danach, ein Problem ein für allemal zu lösen oder ein einziges Ziel zu erreichen. Vielmehr strebt er nach Kompensation und Improvisation, nach permanenter schrittweiser Neuorientierung eigenen Verhaltens im Einklang mit den dauernden Veränderungen in seiner Umgebung. Während er nach Stabilität sucht und Abweichungen minimieren will, kann er sich diesem Ideal doch nur durch dauernden Wandel annähern".

Literaturverzeichnis

Alexander, L.D. (1979): The effect level in the hierarchy and functional area have on the extent Mintzbergs roles are required by managerial jobs. In: Academy of Management - Proceedings, 39, S. 186-189.

Argyris, C. (1982): Reasoning, Learning, and Action. San Francisco.

Argyris, C./Schön, D. (1978): Organizational learning. Reading (Mass.) u.a.

Bammé, A./Feuerstein, G./Holling, E./Kahle, R./Kempin, P. (1983): Die Maschine, das sind wir selbst: Zur Grundlegung einer Sozialpsychologie der Technik. In: Psychosozial 18, S. 30-50.

Bandura, A. (1979): Sozial-kognitive Lerntheorie. Stuttgart (Original: Social learning theory. Englewood Cliffs, N.J. 1977).

Bandura, A. (1986): Social foundations of thought and action. Englewood Cliffs, N.J.

Bannister, D./Fransella, F. (1981): Der Mensch als Forscher (Inquiring Man) - Die Psychologie der persönlichen Konstrukte. Münster.

Barker, R.G. (1963): The stream of behavior as an empirical problem. In: Barker, R.G. (Hrsg.): The stream of behavior. New York.

Barker, R.G. (1978): Stream of individual behavior. In: Barker, R.G. & Ass. (Hrsg.): Habitats, environments and human behavior - studies in ecological psychology. San Francisco, S. 3-16.

Beck, U./Bonß, W. (1989): Zum Strukturwandel von Sozialwissenschaften und Praxis - Ergebnisse und Perspektiven der Verwendungsforschung. In: SW 40 (1-2), S. 196-214.

Beckurts, K.H./Reichwald, R. (1984): Kooperation im Management mit integrierter Bürotechnik-Anwendererfahrungen. München.

Beishon, R.J./Palmer, A.W. (1972): Studying managerial behavior. In: International Studies of Management and Organization 2, S. 38-64.

Berger, P./Luckmann, T. (1969): Die gesellschaftliche Konstruktion der Wirklichkeit. (5. Aufl. 1977). Frankfurt a.M.

Biedermann, C. (1989): Subjektive Führungstheorien: Die Bedeutung guter Führung für Schweizer Führungskräfte. Bern und Stuttgart.

Bleicher, K. (1989): Chancen für Europas Zukunft - Führung als internationaler Wettbewerbsfaktor. Wiesbaden.

Bleicher, K. (1990): Zukunftsperspektiven organisatorischer Entwicklung: Von strukturellen zu human-zentrierten Ansätzen,.In: ZfO 3, S. 152-162.

Boulding, K. (1956): General systems theory - the skeleton of science. In: Management Science 2, S. 197-207.

Brewer, E./Tomlinson, J. (1964): The manager's working day. In: The Journal of Industrial Economics 12, S. 191-197.

Brief, A.P./Downey, H.K. (1983): Cognitive and organizational structures: A conceptual analysis of implicit organizing theories. In: HR 36, S. 1065-1090.

Burns, T. (1954): The directions of activity and communications in a departmental executive group. In: HR (7), S. 73-97.

Burns, T. (1957): Management in action. In: Operational Research Quarterly, 8 (2), S. 45-60.

Burrell, G./Morgan, G. (1979): Sociological paradigms and organizational analysis. London.

Campbell, J.P./Dunnette, M.D./Lawler, E.E./Weick, K.E. (1970): Managerial behavior, performance and effectiveness. New York.

Carlson, S. (1951): Executive behavior: A study in the work load and the working methods of managing directors. Stockholm.

Carroll, St./Gillen, D.J. (1987): Are the classical management functions useful in describing managerial work? In: AMR 12, S. 38-51.

Copeman, G.H./Luijk, H./Hanika, F.P. (1963): How the executive spends his time. London.

Conrad, P. (1990): Motivation – herkömmliche Aspekte und neuere Konzeptionen. In: Pieper, R. (Hrsg.): Personalmanagement – Von der Plan- zur Marktwirtschaft. Wiesbaden, S. 241-269.

Daft, R.L./Weick, K.E. (1984): Toward a model of organizations as interpretation systems. In: AMR 9, S. 284-295.

Dahrendorf, R. (1959): Homo Soziologicus: Ein Versuch zur Geschichte, Bedeutung und Kritik der Kategorie der sozialen Rolle. Köln und Opladen.

Dalton, M. (1959): Men who manage. New York.

Davis, T.R.V./Luthans, F. (1980): Managers in action: A new look at their behavior and operating modes. In: Organizational Dynamics 9, S. 64-80.

Drucker, P. (1988): The coming of the new organization. In: HBR 66 (1), S. 45-53.

Dubin, R./Spray, S.L. (1964): Executive behavior and interaction. In: IR 3, S. 99-108.

Dülfer, E. (Hrsg.)(1991): Organisationskultur. 2. Aufl. Stuttgart.

Evered, R./Louis, M.R. (1981): Alternative perspectives in the organizational sciences: „Inquiry from the Inside" and „Inquiry from the outside". In: AMR 6, S. 385-395.

Fayol, H. (1929): Allgemeine und industrielle Verwaltung. München und Berlin (Original: Administration industrielle et générale, Paris 1916).

Fiedler, F.E. (1969): Engineer the job to fit the manager. In: Cummings, L.L./Scott, W.E. (Hrsg.): Readings in organizational behavior and human performance. Homewood, Ill., S. 643-651.

Fiol, C.M./Lyles, M.A. (1985): Organizational learning. In: AMR 10, S. 803-813.

Forsblad, P. (1984): Observation for what? In: Hunt, J.G./Hosking, D.M./Schriesheim, C.A./Stewart, R. (Hrsg.): Leaders and managers. New York u.a., S. 200-203.

Franz, P. (1986): Der „Constrained Choice"-Ansatz als gemeinsamer Nenner individualistischer Ansätze in der Soziologie. In: Kölnzer Zeitschrift für Soziologie und Sozialpsychologie (KZfSS) 38, S. 32-54.

Frese, E. (1987): Unternehmungsführung. Landsberg.

Frese, E. (1991): Organisationstheorie. Wiesbaden.

Giddens, A. (1988): Die Konstitution der Gesellschaft. Frankfurt a.M. und New York.

Graumann, C.F. (1980): Verhalten und Handeln – Probleme einer Unterscheidung. In: Schluchter, W. (Hrsg.): Verhalten, Handeln und System. Frankfurt a.M., S.16-31.

Groeben, N./Scheele, B. (1977): Argumente für eine Psychologie des reflexiven Subjekts. Darmstadt.
Guest, R.H. (1956): Of time and the foreman. In Personnel 32, S. 478-486.
Gulick, L.H. (1937): Notes on the theory of organization. In: Gulick, L.H./Urwick, L.F. (Hrsg.): Papers on the science of administration. New York.
Gutenberg, E. (1983): Zum Methodenstreit. In: Zeitschrift für Handelswissenschaftliche Forschung N.F. 5, S. 327-355.
Hales, C.P. (1986): What do managers do? A critical review of the evidence. In: JMS 23 (1), S. 89-113.
Hedberg, B. (1981): How organizations learn and unlearn. In: Nystrom, P.C./Starbuck, W.H. (Hrsg.): Handbook of organizational design, Bd. 1. Oxford, S. 3-27.
Hedberg, B./Nystrom, P.C./Starbuck, W.H. (1976): Camping on Seesaws: Prescriptions for a self-designing organization. In: ASQ 21, S. 41-65.
Heider, F. (1958): The psychology of interpersonal relations. New York.
Heinen, E. (Hrsg.)(1987): Unternehmenskultur – Perspektiven für Wissenschaft und Praxis. München.
Hellriegel, D./Slocum, J.W. (1986): Management. 4. Aufl. Reading (Mass.).
Hoff, E.-H. (1985): Arbeit, Freizeit und Persönlichkeit. Bern u.a.
Holzkamp, K. (1987): Handeln. In: Rexilius, G./Grubitzsch, S. (Hrsg.): Psychologie. Reinbek, S. 381-402.
Hopf, Ch./Weingarten, E. (Hrsg.)(1979): Qualitative Sozialforschung. Stuttgart.
Horne, J.H./Lupton, T. (1965): The work activities of ‚middle' managers – An exploratory study. In: JMS 2, S. 14-33.
Isenberg, D.J. (1986): The structure and process of understanding: Implications for managerial action. In: Sims, H.P./Gioia, D.A. (Hrsg.): The thinking organization. San Francisco, S. 238-262.
Jacques, E. (1990): In praise of hierarchy. In: HBR 68 (1), S. 127-134.
Jasinski, F.J. (1956): Foreman relationships outside the work group. In: Personnel 33, S.130-136.
Jick, T.D. (1979): Mixing qualitative and quantitative methods: Triangulation in action. In: ASQ 24, S. 602-611.
Kanter, R.M. (1989a): The new managerial work. In: HBR 67 (6), S. 85-92.
Kanter, R.M. (1989b): When giants learn to dance: Mastering the challenges of strategy, management and careers in the 1990's. New York.
Kappler, E. (1983): Praktische Folgen einer Rekonstruktion der Betriebswirtschaftslehre. In: Kappler, E. (Hrsg.): Rekonstruktion der Betriebswirtschaftslehre als ökonomische Theorie. Spardorf, S. 379-393.
Katz, D./Kahn, R. (1966): The social psychology of organizations. (2.Aufl. 1978) New York.
Kelly, G.A. (1955): The psychology of personal constructs, I + II. New York.
Kelly, J. (1964): The study of executive behavior by activity sampling. In: HR 17 (3), S. 277-287.
Kevenhörster, P./Schönbohm, W. (1974): Zeitökonomie im Management. Opladen.
Kieser, A./Reber, G./Wunderer, R. (Hrsg.)(1987): Handwörterbuch der Führung. Stuttgart.
Kirsch, W. (1981): Über den Sinn der empirischen Forschung in der angewandten

Betriebswirtschaftslehre. In: Witte, E. (Hrsg.): Der praktische Nutzen empirischer Forschung. Tübingen, S. 189-229.
Kolb, D.A. (1984): Experiential learning. Englewood Cliffs.
Koontz, H./Weihrich, H. (1988): Management. 9. Aufl. New York u.a.
Kotter, J.P. (1982a): The general managers. New York.
Kotter, J.P. (1982b): What effective general managers really do. In: HBR 60 (6), S. 156-167.
Kubicek, H. (1975): Empirische Organisationsforschung. Stuttgart.
Kubicek, H. (1977): Heuristische Bezugsrahmen und heuristisch angelegte Forschungsdesigns als Elemente einer Konstruktionsstrategie empirischer Forschung. In: Köhler, R. (Hrsg.): Empirische und handlungstheoretische Forschungskonzeption in der Betriebswirtschaftslehre. Stuttgart, S. 1-36.
Kuhl, J. (1983): Motivation, Konflikt und Handlungskontrolle. Berlin u.a.
Kurke, L.B./Aldrich, H.E. (1983): Mintzberg was right! A replication and extension of the „nature of managerial work“. In: MS 29 (8), S. 975-984.
Küpper, W./Ortmann, G. (1986): Mikropolitik in Organisationen. In: DBW 46, S. 590-602.
Küpper, W./Ortmann, G. (Hrsg.)(1988): Mikropolitik – Rationalität, Macht und Spiele in Organisationen. Opladen.
Lantermann, E.D. (1980): Interaktionen – Person, Situation und Handlung. München.
Lau, A.W./Newman, A./R. Broedling, L.A. (1980): The nature of managerial work in the public sector. In: Public Administration Review, 40, S. 513-520.
Lau, A.W./Pavett, L.M./Newman, A.R. (1980): The nature of managerial work: A comparison of public and private sector jobs. In: Academy of Management Proceedings 40, S. 339-343.
Laucken, U. (1974): Naive Verhaltenstheorie. Stuttgart.
Lawler, E.E. III (1985): Challenging traditional research assumptions. In: Lawler, E.E. III/Mohrman, A.M./Mohrman, J.A./Ledford, G.E./Cummings, T.C. (Hrsg.): Doing research that is useful for theory and practice. San Francisco u.a., S. 1-18.
Luthans, F./Hodgetts, R.M./Rosenkrantz, S.A. (1988): Real managers. Cambridge (Mass.).
Luthans, F./Larsen, J.K. (1986): How managers really communicate, in: HR 39 (2), S. 161-178.
Luthans, F./Lockwood, D.L. (1984): Toward an observation system for measuring leader behavior in natural settings. In: Hunt, J./Hosking, D.-M./Schriesheim, Ch./Stewart, R. (Hrsg.): Leaders and managers. New York u.a., S. 117-141.
Luthans, F./Rosenkrantz, S. (1987): Führungstheorien – Soziale Lerntheorie. In: Kieser, A./Reber, G./Wunderer, R. (Hrsg.): HWFü. Stuttgart, Sp. 982-908.
Luthans, F./Rosenkrantz, S.A./Hennessey, H.W. (1985): What do successful managers really do? In: Journal of Applied Behavioral Sciences 21, S. 255-270.
Marples, D.L. (1967): Studies of managers: A fresh start? In: JMS 4, S. 282-299.
Martinko, M.J./Gardner, W.L. (1985): Beyond structured observation: Methodological issues and new directions. In: AMR 10, S. 676-695.
Miles, R.E. (1975): Theories of management. New York u.a.

Miner, J.B. (1978): The management process: Theory, research and practice. 2. Aufl. New York und London.
Miner, J.B. (1982): Theories of organizational structure and process. Chicago u.a.
Mintzberg, H. (1973): The nature of managerial work. New York u.a.
Mintzberg, H. (1975): The manager's job: Folklore and fact. In: HBR 53 (4), S. 49-61.
Mintzberg, H. (1990): The managers job: Folklore and fact. In: HBR 68 (2), S. 163 ff.
Morgan, G. (1986): Images of organization. Beverly Hills u.a.
Müller, W.R. (1988): Führungslandschaft Schweiz. In: DU 42, S. 246-262.
Müller-Böling, D./Ramme, I. (1988): Die Arbeit von Führungskräften und ihre Akzeptanz neuer Informations- und Kommunikationstechniken, Arbeitsbericht Nr. 21, Universität Dortmund, Abteilung Wirtschafts- und Sozialwissenschaften.
Müller-Böling, D./Ramme, I. (1990): Informations- und Kommunikationstechniken für Führungskräfte, Top-Manager zwischen Technikeuphorie und Tastaturphobie. München.
Nealey, S.M./Fiedler, F. (1968): Leadership functions of middle managers. In: Psychological Bulletin 70, S. 313-329.
Neisser, U. (1979): Kognition und Wirklichkeit. Stuttgart. (Original: Cognition and reality, San Francisco 1976)
Neuberger, O. (1990): Führen und geführt werden. 3. Aufl. Stuttgart.
Paolillo, J.G.P. (1981): Role profiles for managers at different hierarchical levels. In: Academy of Management Proceedings 41, S. 91-94.
Pavett, C.M./Lau, A.W. (1983): Managerial work: The influence of hierarchical level and functional speciality. In: AMJ 26 (7), S. 170-177.
Pheysey, D.C. (1972): Activities of middle managers – A training guide. In: Journal of Management Studies 9, S. 158-171.
Picot, A. (1990): Strukturwandel und Wettbewerbsdruck. In: ZfbF 42, S. 119-134.
Ponder, Q.D. (1957): The effective manufacturing foreman. In: Young, E. (Hrsg.): Industrial relations research association, proceedings of the 10th annual meeting. Madison, S. 41-54.
Porter, L.W./Roberts, K.H. (1976): Communication in organizations. In: Dunnette, M.D. (Hrsg.): Handbook of industrial and organizational psychology. Chicago, S. 1553-1589.
Pross, H./Boetticher, K.W. (1971): Manager des Kapitalismus. Frankfurt a.M.
Putnam, L.L./Pacanowsky, M.E. (Hrsg.)(1983): Communication and organizations. An interpretive approach. Beverly Hills u.a.
Ramme, I. (1989): Die Arbeit von Führungskräften eines Forschungsinstituts – Ein Vergleich mit Topmanagern der deutschen Wirtschaft, Arbeitsbericht Nr. 22, Universität Dortmund, Abteilung Wirtschafts- und Sozialwissenschaften.
Ramme, I. (1990): Die Arbeit von Führungskräften. Köln.
Reber, G. (1976): Zur Möglichkeit dysfunktionaler Folgen des Informationsverarbeitungsansatzes. In: Wirtschaftswissenschaftliches Studium 5, S. 112-118.
Redding, W.C./Tompkins, P.K. (1988): Organizational communication – Past and present tenses. In: Goldhaber, G.M./Barnett, G.A. (Hrsg.): Handbook of organizational communication. Norwood, S. 5-33.

Sayles, L.R. (1964): Managerial behavior: Administration in complex organizations. New York.
Schirmer, F. (1991): Was tun Manager? – Möglichkeiten und Grenzen der „Work Activity"-Forschung. Wiesbaden.
Scheele, B. (1985): Kognitive Psychologie. In: Herrmann, Th./Lantermann, E.D. (Hrsg.): Persönlichkeitspsychologie, München u.a., S. 84-92.
Schneider, D. (1985): Allgemeine Betriebswirtschaftslehre. 2. Aufl. München.
Schumpeter, J.A. (1950): Kapitalismus, Sozialismus und Demokratie. 2. Aufl. Bern.
Sharifi, S. (1988): Managerial work: A diagnostic model. In: Pettigrew, A.M. (Hrsg.): Competitiveness and the management process. Oxford, S. 186-208.
Snyder, N.H./Glueck, W.F. (1980): How managers plan – The analysis of managers' activities. In: Long Range Planning 13, S. 70-76.
Snyder, N.H./Wheelen, T.L. (1981): Managerial roles: Mintzberg and the management process theorists. In: Academy of Management Proceedings 41, S. 249-253.
Staehle, W.H. (1977): Die Arbeitssituation als Ausgangspunkt von Arbeitsgestaltungsempfehlungen. In: Reber, G. (Hrsg.): Personal- und Sozialorientierung der BWL, Bd. 1. Stuttgart, S. 223-249.
Staehle, W.H. (1989): Funktionen des Managements. 2. Aufl. Bern und Stuttgart.
Staehle, W.H. (1990): Management. 5. Aufl. München.
Staehle, W.H./Sydow, J. (1991): Managementphilosophie. In: Frese, E. (Hrsg.): Handwörterbuch der Organisation. 3. Aufl. (im Druck).
Steinmann, H./Schreyögg, G. (1990): Management. Wiesbaden.
Stewart, R. (1965): The use of diaries to study managers' jobs. In: JMS 2, S. 228-235.
Stewart, R. (1967): Managers and their jobs. London.
Stewart, R. (1976): Contrasts in management. London.
Stewart, R. (1979): Diary-Keeping. In: Weinshall, Th.D. (Hrsg.): Managerial Communication. Concepts, Approaches and Techniques. London u.a., S. 33-54.
Stewart, R. (1982): Choices for the manager – A guide to managerial work and behavior. London u.a.
Stewart, R. (1983): Managerial behavior: How research has changed the traditional picture. In: Earl, M. (Hrsg.): Perspectives on management – A Multidisciplinary analysis. Oxford.
Stewart, R. (1988): Studies of managerial jobs and behavior: The ways forward. Oxford, Templeton College, Management Research Papers, 4.
Strehl, F. (1987): Arbeitsrollen der Führungskräfte (nach Mintzberg). In: Kieser, A./Reber, G./Wunderer, R. (Hrsg.): Handwörterbuch der Führung. Stuttgart, Sp. 33-46.
Trujillo, N. (1983): „Performing" Mintzberg's Roles: The nature of managerial communication. In: Putnam, L./Pacanowsky, M. (Hrsg.): Communication and organizations. Beverly Hills, S. 73-99.
Türk, K. (1981): Personalführung und soziale Kontrolle. Stuttgart.
Weber, M. (1972): Wirtschaft und Gesellschaft. 5. Aufl. (1. Aufl. 1921) Tübingen.
Weick, K.E. (1974): Henry Mintzberg: The nature of managerial work. In: ASQ 19, S. 111-118.
Weick, K.E. (1985): Der Prozeß des Organisierens. Frankfurt.
Westerlund, G./Sjöstrand, S.E. (1981): Organisationsmythen. Stuttgart.

Whitley, R. (1984): The fragmented state of management studies: Reasons and consequences. In: JMS 21, S. 331-348.
Whitley, R. (1989): On the nature of managerial tasks and skills: Their distinguishing characteristics and organization. In: JMS 26, S. 209-224.
Willmott, H.C. (1984): Images and ideals of managerial work: A critical examination of conceptual and empirical accounts. In: JMS 21 (3), S. 349-368.
Willmott, H.C. (1987): Studying managerial work: A critique and a proposal. In: JMS 24, S. 251-270.
Wiswede, G. (1981): Kommunikation. In: Beckerath, P./Sauermann, P./Wiswede, G. (Hrsg.)(1981): Handwörterbuch der Betriebspsychologie und Betriebssoziologie. Stuttgart, S. 226-231.
Wood, R./Bandura, A. (1989): Social cognitive theory of organizational management. In: AMR 14, S. 361-384.
Wren, D.A. (1990): Was Henri Fayol a *real manager*? In: Academy of Management Proceedings 50, S. 138-142.
Zimbardo, P.G. (1983): Psychologie. 4. Aufl. Berlin u.a.

Dr. Frank Schirmer
Freie Universität Berlin
Institut für Management
Garystraße 21
D-1000 Berlin 33

Georg Schreyögg

Der Managementprozeß – neu gesehen

Managementfunktionen; Komplexität; Planungsprimat; Rationalität; Systemtheorie; Unsicherheit

Zusammenfassung

Der Beitrag stellt den Managementprozeß in seiner klassischen Ausprägung dar und arbeitet die Annahmen heraus, auf denen dieses Konzept beruht. Die anschließende kritische Diskussion verdeutlicht den geringen Geltungsbereich der Annahmen sowie die daraus resultierende konzeptionelle Enge des klassischen Ansatzes. Auf der Basis grundlegender Einsichten der modernen Systemtheorie wird im zweiten Teil des Beitrages eine Neuformulierung und konzeptionelle Erweiterung des Managementprozesses vorgetragen. Im Mittelpunkt steht die Idee, den Managementprozeß als Steuerung der Grenzerhaltung komplexer Systeme zu begreifen. Dies wird abschließend beispielhaft an reformulierten Bezügen der Managementfunktionen zu verdeutlichen versucht.

Managementforschung 1 (1991), hrsg. von W.H. Staehle u. J. Sydow,
Walter de Gruyter · Berlin · New York, S. 255-289

Inhaltsübersicht

1 Die Managementfunktionen

Es gibt wohl kaum einen Aufgabenbereich, der einen ähnlichen Facettenreichtum aufzuweisen hätte, wie der des Managements. Versteht man Management im funktionalen (und nicht institutionellen) Sinne[1], so fallen darunter – global gesprochen – alle Handlungen, die der Steuerung und Sicherstellung des organisatorischen Leistungsprozesses dienen. Hierzu gehören so unterschiedliche Aufgaben wie die Beurteilung von Mitarbeitern, der Aufbau einer neuen Niederlassung, Verhandlungen mit dem Betriebsrat, die Vorbereitung einer Fusion, die Schlichtung von Konflikten, die Schaffung eines motivierenden Arbeitsklimas usw.

Angesichts dieser Aufgabenvielfalt nimmt es nicht weiter Wunder, daß man schon früh daran gegangen ist, dieses Konglomerat faktisch anfallender oder als notwendig erachteter Aufgaben im Sinne übergreifender Managementfunktionen zu ordnen. Bereits in den Anfängen der Managementlehre sind Kataloge mit dem Ziel entwickelt worden, die Vielfalt der Einzelaufgaben zu sinnfälligen Aufgabenklassen (Funktionen) zu verdichten. Managementfunktionskataloge liegen heute in großer Zahl vor – so groß, daß sie kaum mehr zu überblicken sind. Dennoch hat sich im Laufe der Zeit ein von vielen Fachvertretern akzeptierter Kanon von *Kernfunktionen* herausgebildet.

Die Anfänge für einen solchen Funktionskatalog liegen in dem Werk von Fayol (1949) und in der immer noch populären POSDCORB-Liste von Gulick (1937)[2]. Später wurden diese Listen erweitert und umgestellt, so etwa mit dem PRINCESS-Katalog von Mahoney/Jerdee/Carroll (1965).[3] Trotz der großen Unterschiedlichkeit im Detail hat sich dennoch im Laufe der Zeit ein von vielen Fachvertretern akzeptierter Kanon von Kernfunktionen herausgebildet. Als einen solchen Kanon kann man die – fast schon klassischen – fünf Managementfunktionen ansehen, wie sie von

---

* Ich danke Herrn Dipl.-Kfm. Christian Noss für seine Anregungen und Unterstützung bei der Erstellung des Manuskriptes.

1 Zu der Unterscheidung von Management als Institution und als Funktion vgl. Staehle (1989); Steinmann/Schreyögg (1991); der institutionelle Ansatz nimmt bei der organisatorischen Hierarchie typischerweise bei der Geschäftsleitung seinen Ausgangspunkt und untersucht Stellung und Bedeutung einer speziellen Gruppe von Positionsinhabern, also der höchsten Hierarchieebene; vgl. dazu Gutenberg (1962), Frese (1987).

2 POSDCORB ergibt sich aus den Anfangsbuchstaben der Managementfunktionen: Planning, Organizing, Staffing, Directing, Coordinating, Reporting, Budgeting.

3 PRINCESS ist das Akronym für Planning, Representing, Investigating, Negotiating, Coordinating, Evaluating, Supervising, Staffing.

Koontz/O'Donnell (1955) in ihrem Standard-Lehrbuch (heute: Koontz/O'Donnell/Weihrich 1984) zum Management postuliert wurden:

(1) Planung (planning)
(2) Organisation (organizing)
(3) Personaleinsatz (staffing)
(4) Führung (directing)
(5) Kontrolle (controlling).

Sehr viele, auch der jüngst erschienenen, Management-Lehrbücher strukturieren den Lehrstoff nach Maßgabe dieses oder ähnlicher Funktionskataloge (vgl. hierzu die Erhebung von Carroll/Gillen 1987).

2 Der klassische Managementprozeß

In der traditionellen Managementlehre werden die genannten Funktionen nun keineswegs lediglich als einfache Liste verschiedener Einzelaufgaben begriffen; die bezeichneten Managementfunktionen werden vielmehr in systematischer Weise zueinander in Beziehung gesetzt, und zwar derart, daß die Vorstellung eines Prozesses, eben des *Managementprozesses*, entsteht.

Die Managementfunktionen werden auf diese Weise zusätzlich *dynamisch* bestimmt, nämlich als aufeinander aufbauende *Phasen* eines Prozesses, d.h. als Teile eines in sich logischen Ablaufs. Im klassischen (heute geläufigsten) Konzept des Managementprozesses folgen die fünf Managementfunktionen dem in Abb. 1 gezeigten Phasenablauf.

2.1 Planung

Den Ausgangspunkt des Managementprozesses bildet die *Planung*, d.h. das systematische Durchdenken der Handlungsfelder, die Festlegung des gewollten Zustandes und die Auswahl der zu seiner Erreichung geeigneten Maßnahmen.

Planung entwirft auf dem Hintergrund der allgemeinen Unternehmensziele eine gewollte Ordnung für das ganze System wie auch für die einzelnen Abteilungen. Die Planung soll die Brücke schlagen zwischen dem heutigen Zustand und einer *gewünschten Zukunft*, indem vorab entschieden wird, *was* erreicht werden soll, *wie* und *wann* es erreicht werden soll und *wer* die dafür notwendigen Handlungen ergreifen soll.

Nachdem von der Planung der Sollzustand bzw. das konkrete Zielgerüst

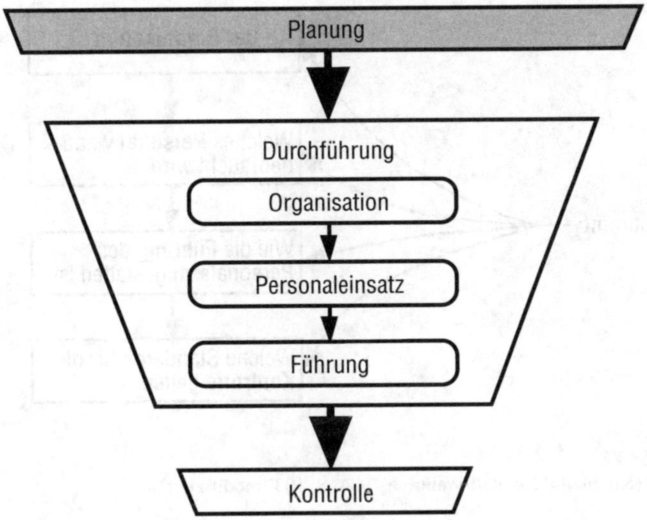

Abb. 1: Der klassische Managementprozeß

entworfen wird, fällt ihr auch das *Primat* unter den Funktionen zu („primacy of planning"). Alle anderen Managementfunktionen haben nachgeordneten Charakter und erfahren ihre Bestimmung aus der Planung (Koontz/O'Donnell/Weihrich 1984). Abb. 2 bringt diese konzeptionelle Über- und Unterordnung anschaulich zum Ausdruck.

2.2 Realisation

Der Willensbildung folgt die Willensdurchsetzung; den drei Funktionen *Organisation*, *Personaleinsatz* und *Führung* fällt im klassischen Managementprozeß dementsprechend die Aufgabe zu, das Geplante Wirklichkeit werden zu lassen.

(1) Der *Organisation* obliegt es, in diesem Sinne ein arbeitsteiliges Handlungsgefüge zu schaffen, das alle notwendigen Stellen spezifiziert und so miteinander in Verbindung setzt, daß eine Erfüllung der Pläne gewährleistet ist.

Zentral ist die Schaffung von überschaubaren plangerechten Aufgaben-

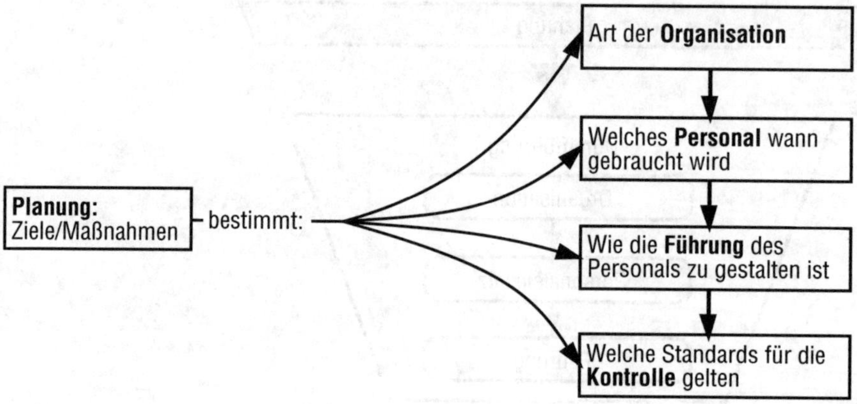

Abb. 2: Primat der Planung (Koontz/O' Donnell/Weihrich 1984, S. 103 [modifiziert])

einheiten (Stellen) mit Zuweisung von entsprechenden Kompetenzen und Weisungsbefugnissen sowie die horizontale und vertikale Verknüpfung der ausdifferenzierten Stellen und Abteilungen. Ebenso gehört dazu die Einrichtung eines Kommunikationssystems, das die eingerichteten Stellen mit den zur Aufgabenerfüllung notwendigen Informationen versorgt.

(2) Die auf diese Weise geschaffenen Stellen bedürfen sodann dauerhaft einer anforderungsgerechten Besetzung mit *Personal*, um eine plangemäße Umsetzung der organisierten Tätigkeiten zu ermöglichen. Zur Managementfunktion „Personaleinsatz" gehören neben der Personalauswahl die Aufgaben der Personalbeurteilung und der Personalentwicklung. Ferner gehört zur Gewährleistung einer qualifizierten Stellenbesetzung eine leistungsgerechte Entlohnung.

(3) Mit der Organisationsstruktur und einer entsprechenden personellen Besetzung werden die allgemeinen Voraussetzungen für den Aufgabenvollzug geschaffen. Zu diesen gesellt sich als dritte Funktion im Rahmen der Implementation die *Führung*, d.h. die tagtägliche Veranlassung der Arbeitsausführung und ihre zieladäquate Feinsteuerung bei allfälligen Abweichungen. Der Einflußprozeß und seine Formung durch den Vorgesetzten, als die Führung im engeren Sinne, stehen hier im Vordergrund.

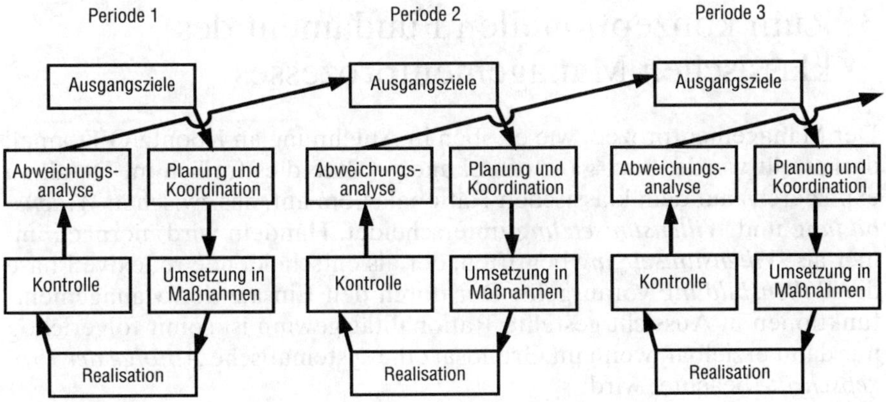

Abb. 3: Spiralförmige Entwicklung des Managementprozesses (Wild 1981, S. 47)

2.3 Kontrolle

Die letzte Phase des so konzipierten Managementprozesses ist schließlich die Kontrolle. Sie stellt insofern logisch den letzten Schritt dar, als sie die infolge der Durchführungsmaßnahmen erreichten Ergebnisse registrieren und mit den Plandaten vergleichen soll. Es ist die Aufgabe des Soll/Ist-Vergleichs zu zeigen, ob es gelungen ist, die Pläne in die Tat umzusetzen. Die Kontrolle bildet mit ihren Informationen zugleich den Ausgangspunkt für die Neuplanung und damit den neu beginnenden Managementprozeß. Abb. 3 zeigt die gemeinte spiralförmige Fortentwicklung des Managementprozesses. Nachdem Kontrolle ohne Planung nicht möglich ist, weil ihr sonst die (planmäßigen) Sollvorgaben fehlten, und andererseits jeder neue Planungszyklus nicht ohne Kontrollinformationen über die Zielerreichung beginnen kann, bezeichnet man Planung und Kontrolle auch als *Zwillingsfunktionen*.

3 Zum konzeptionellen Fundament des klassischen Managementprozesses

Der Managementprozeß, wie er oben in Anlehnung an Koontz/O'Donnell dargestellt wurde, baut ganz offenkundig (ohne dies freilich im Detail zu explizieren) auf dem klassischen Rationalaxiom auf, das zwischen *Willensbildung* und *Willensumsetzung* unterscheidet. Handeln wird hiernach immer als *Willensumsetzung* begriffen, der als entscheidende reflexive Phase die *Willensbildung* vorausgeht. Der durch den Einsatz der Managementfunktionen in Aussicht gestellte Rationalitätsgewinn ist somit folgerichtig nur dann erzielbar, wenn im Grundsatz die systematische *Abfolge der Prozeßschritte* beachtet wird.

Koontz/O'Donnell verweisen zwar – wie viele andere Autoren auch – darauf, daß sich in der Praxis die einzelnen Funktionen bisweilen überlappen und gegenseitige Abhängigkeitkeiten zwischen den Funktionen entstehen. An der *grundsätzlichen Bedeutung* der Prozeßabfolge wird jedoch kein Zweifel gelassen; dies zeigt sich mit aller Klarheit an der – oben dargelegten – konzeptionsleitenden Idee des Planungsprimats. Man könnte deshalb auch pointierend das *Primat* der Planung als das „eherne Prinzip des klassischen Managementprozesses" bezeichnen.

Der Kern des klassischen Managementprozesses liegt folgerichtig – ähnlich wie in der Theorie der rationalen Wahl (Gäfgen 1974) – in der geistigen *Vorbereitung* optimaler (Wahl-) Handlungen. Zu dem Setzen der Ziele, dem Formulieren von Handlungsalternativen, der Ermittlung der Handlungsfolgen und der zielgerechten Alternativenauswahl – als Kernstück der Rationalwahl – treten im klassischen Managementprozeß die Durchführungsphase und die Kontrolle als zusätzliche Phasen hinzu und vervollständigen den Handlungszyklus; allerdings ohne dabei auf Richtung und Ausprägung des gewollten Zustandes Einfluß zu nehmen. Die zur Planung hinzutretenden Funktionen sind ausschließlich bestimmt als Aufgaben der Umsetzung.

In der deutschen Betriebswirtschaftslehre war es Gutenberg (1983), der die Managementfunktionen – dort *„Schichten"* des „dispositiven Faktors" – und ihr Verhältnis zueinander konzeptionell in der dargestellten Weise sehr klar bestimmt hat. Der *dispositive Faktor*, der in der Gutenbergschen Lehre die Elementarfaktoren (Betriebsmittel, Werkstoffe und Arbeit) zu einem produktiven Leistungsprozeß kombinieren soll, gliedert sich in die zwei produktiven Teilfaktoren Planung und Organisation; dazu tritt das rational nicht faßbare Element der Intuition.

Im Einklang mit dem klassischen Managementprozeß wird der *Planung* die rationale Ausformulierung des betriebspolitisch Gewollten zugewiesen und der *Organisation* die Aufgabe, das Geplante in konkretes betriebliches Handeln umzusetzen und zu verwirklichen (S. 7 f.). Dementsprechend bezeichnet Gutenberg auch nur die Planung als die *„Schicht des Rationalen“*, die Organisation dagegen als *„Schicht des Gestaltend-Vollziehenden“*.

Planung wird somit also als Voraussetzung, ja als Bedingung der organisatorischen Gestaltung gedacht. „Ohne Planung“, schreibt Gutenberg (1983, S. 148), „fehlt aller organisatorischen Tätigkeit der sinnvolle Bezug“. Planung soll den betrieblichen Handlungsrahmen vorausbedenken, darin eine gewollte *Ordnung* entwerfen und den Betriebsprozeß von allen Zufälligkeiten und Unzulänglichkeiten *freihalten*.

Der *Organisation* wird dementsprechend auch nur eine dienende Rolle zugewiesen, sie soll ausschließlich Instrument der Planumsetzung sein: „Je vollkommener die Betriebsorganisation die ihr vorgegebenen Ziele und Planungen zu verwirklichen imstande ist, um so mehr erfüllt sie die Aufgabe, die ihrer dienenden und instrumentalen Natur entspricht“ (Gutenberg 1983, S. 236). Eine eigene produktive Logik im Sinne neuer Zielsetzungen oder Reaktionsweisen wird für die Organisation konsequenterweise als sachfremd abgelehnt.[4]

Nachdem von der Planung angenommen wird, daß sie das zukünftige Handlungsfeld weitgehend durchdringen, und von der Organisation, daß sie das Geplante auch tatsächlich Gestalt werden lassen kann, spielt logischerweise die dritte Phase des Managementprozesses, die *Kontrolle*, im Gutenbergschen Faktorensystem nur eine unbedeutende Rolle, nämlich nur als Vergewisserung, ob das Geplante auch tatsächlich Wirklichkeit geworden ist.

Es bleibt festzuhalten: Der traditionelle Managementprozeß ist ausgeformt auf der Grundlage der Theorie der rationalen Wahl; der Schwerpunkt liegt auf der (optimierenden) Handlungsvorbereitung, die Handlungssphäre wird nicht als eigenständiger Problembereich, sondern nur als abgeleitetes Vollzugsproblem bestimmt. Das konzeptleitende Prinzip ist das Primat der Planung, man kann den traditionellen Managementprozeß deshalb auch als Modell der *plandeterminierten Steuerung* bezeichnen.[5]

---

4 Die tiefere Wurzel dieser Auffassung findet sich in Gutenbergs Habilitationsschrift (1929); dort heißt es: „So muß denn überhaupt versucht werden, die Unternehmung als Gegenstand betriebswirtschaftlicher Theorie in eine Ebene zu projizieren, in der zwar Organisation vorhanden ist, aber nur eine solche, die der eigenen Problematik entbehrt“ (S. 25 f.).

5 Das Gutenbergsche „Prinzip der plandeterminierten Leistungserstellung“ ist davon allerdings klar zu trennen; dieses bezeichnet ja bekanntlich das systembezogene betriebliche Steuerungsprinzip in Zentralverwaltungswirtschaften. Die für den einzelnen Betrieb verbindlichen Plandaten (Produktionsvolumen, Preise, Löhne usw.) werden extern durch den Zentralplan vorgegeben (Gutenberg 1983, S. 471 ff.).

4 Schwierigkeiten mit dem klassischen Managementprozeß

In einem merkwürdigen Kontrast zu der breiten Akzeptanz, die der klassische Managementprozeß und die ihm zugrundeliegende Abfolge der Managementfunktionen gefunden haben, stehen zahlreiche Erhebungen und Praxisberichte, die mit dem Managementprozeßdenken nicht in Einklang zu bringen sind. Es sei daher der Frage nachgegangen, ob die *Managementpraxis* mit dem Prozeßkonzept angemessen *rekonstruiert* und die *Managementlehre* auf dieser Basis sinnvoll *weiterentwickelt* werden kann.

Geradezu sprichwörtlich für die praktischen Schwierigkeiten mit dem Prinzip der plandeterminierten Steuerung ist das sog. *Implementationsproblem* geworden. Dies ist ein Sammelbegriff für alle die Probleme, die *notorisch* auftreten, wenn in Organisationen Pläne realisiert werden sollen (vgl. stellvertretend für die großzahlige Literatur zu diesem Problem: Pressman/Wildavsky 1979; Götzen/Kirsch 1979; Majone/Wildavsky 1979; Ansoff 1984; Bourgeois/Brodwin 1984).

Auffällig ist weiterhin, daß viele der neu entwickelten Management-Techniken, -Konzepte und -Modelle in einem so konzipierten Managementprozeß keinen systematischen Platz finden können. Dies gilt gleichgültig, ob es sich nun um organisationsorientierte Aspekte, wie z.B. innovationsfördernde Organisationsstrukturen, selbststeuernde Gruppen, Qualitätszirkel, Unternehmenskultur oder um neue Planungskonzepte handelt, wie Frühwarnsysteme, Issue-Management usw. Meist bleibt keine andere Wahl, als diese neuen Ideen konzeptionslos an den klassischen Managementprozeß anzuhängen. Dies sei an zwei Beispielen näher erläutert.

(1) In den letzten Jahren wurde auf der Basis von einigen Studien (zusammenfassend Burgelman 1983) die These „Strategie folgt Struktur“ diskutiert, wonach die Organisationsstruktur als Determinante der Unternehmensstrategie anzusehen ist.[6] Der klassische Managementprozeß mit seinem Konzept der plandeterminierten Steuerung muß in dieser Diskussion ratlos verstummen. Wie soll die Organisationsstruktur den strategischen Plan bestimmen, wo doch der Organisation eindeutig die Funktion der Planumsetzung zugedacht ist? Wie und auf welcher Grundlage sollen eigenständige, „planlose“ Einflüsse der Organisation gedacht werden, wenn die Planung als exklusives Willenszentrum konzipiert ist? Eine theo-

---

6 Dies in Umkehrung der klassischen Struktur folgt Strategie-These von Chandler (1962), wonach im Einklang mit dem Planungsprimat die Unternehmensstrategie die Ausgestaltung der Organisationsstruktur bestimmt. Dort gezeigt am Beispiel der Divisionalisierung, die auf die Diversifikationsstrategie folgte (siehe dazu auch Kieser/Kubicek 1983; Bühner 1985).

retisch begründbare Integration der „Strategie folgt Struktur"-These in den herkömmlichen Managementprozeß ist nicht möglich. Als Reaktionsmöglichkeit verbleibt letztlich nur der (konzeptionslose) Verweis darauf, daß sich das Verhältnis von Planung und Organisation auch umkehren könne. Dieser Verweis kann aber nur im Sinne einer Störungs- oder Abweichungsdiagnose gegeben werden, alles andere würde das Basiskonzept der plandeterminierten Steuerung sprengen.

(2) Dasselbe gilt – um ein weiteres Beispiel herauszugreifen – für den Vorschlag, in Unternehmen Frühwarnsysteme einzurichten (Hahn 1979; Steinmann/Hasselberg 1988). Aufbauend auf der Erfahrung, daß Unternehmenspläne häufig schon obsolet geworden sind, bevor sie ganz oder teilweise verwirklicht werden konnten, wurde zunehmend die Installierung von Frühwarnsystemen empfohlen. Auch die Integration dieser Konzeption in den traditionellen Managementprozeß bereitet große Schwierigkeiten. Nachdem es sich bei Frühwarnsystemen um Organisations- oder auch Kontrollkonzepte handelt, stellt sich die Frage, welche Logik ihre Einrichtung und Handhabung speisen könnte. Diese Logik oder Sinngebung kann nicht wieder aus der Planung abgeleitet werden, weil es sich bei der Frühwarnung ja um die Erkennung von der Planung nicht erfaßter oder nicht erfaßbarer Sachverhalte handelt. Eine eigenständige Logik darf es aber im plandeterminierten Managementprozeß den eigenen Prämissen gemäß („Primat der Planung") für die nachgeordneten Funktionen Organisation und/oder Kontrolle nicht geben. Wieder bleibt nichts anderes übrig, als die Frühwarnsysteme *neben* den Managementprozeß zu stellen und darauf zu verweisen, daß es diese auch zu beachten gelte. Eine konzeptionelle Einbindung kann es aus strukturellen Gründen nicht geben.

In ähnlicher Weise ließe sich diese Problematik für alle weiteren oben aufgeführten Konzepte und Modelle zeigen, ihre Integration in das Konzept des *plandeterminierten Managementprozesses* ist nicht möglich. Was aber sind die *tieferen Gründe* für diese Problematik? Die Integrationsschwierigkeiten bzw. die konzeptionslose Addition vieler neuer Konzepte sind ja zunächst einmal nur Oberflächenerscheinungen und Symptome. Daß sie Ausdruck eines tieferliegenden Strukturproblems sind, soll nachfolgend gezeigt werden.

5 Kernbereiche der Kritik

Die vielfältigen und häufig auch nur implizit vorgetragenen Einwendungen gegen den traditionellen Managementprozeß lassen sich entsprechend der drei Basiselemente des ihm zugrundeliegenden – eingangs erläuterten – Rational-Axioms ordnen (Friedmann/Hudson 1974; Bourgeois/Brodwin 1984; Schreyögg/Steinmann 1985):

(1) Informationsprobleme (Willensbildungsphase),
(2) Ziele und Zielkonflikte (Entschlußphase) und
(3) Implementationsprobleme (Willensdurchsetzungsphase).

5.1 Informationsprobleme

Das erste Bündel von Einwänden verweist auf die extremen Informationsanforderungen, die der plandeterminierte Managementzyklus stellt:

Eine Ausrichtung aller Steuerungsaufgaben auf den Plan, wie im Managementprozeß vorgesehen, hat ersichtlich nur dort einen Sinn, wo davon ausgegangen werden kann, daß der Plan „richtig" ist. Es muß also angenommen werden, daß die für die Planung benötigten Informationen sowohl über die Umwelt als auch über die interne Situation des planenden Systems in einem solchen Umfang und in solcher Güte zur Verfügung stehen, daß die daraus fließenden Pläne mit vollem Recht zum Steuerungsprogramm aller weiteren Aktivitäten werden können. Um die relevanten Alternativen kennen und ihre Konsequenzen genau abschätzen zu können, müssen die Umwelt und insbesondere das fragliche Handlungsfeld in ihren Strukturen genau durchschaut und in ihrer Entwicklung exakt prognostizierbar sein.[7]

Gegen ein solches Informationstableau wird schon seit Jahren geltend gemacht, daß weder die Struktur des Planungsfeldes (Alternativen und Variablen), noch seine Entwicklung erschöpfend erfaßbar sind (Simon 1981; Kirsch 1977). Das Planungsfeld entzieht sich einer vollständigen Strukturierung, weil es prinzipiell komplex ist, d.h. es gibt unüberschaubar viele Handlungseinheiten und Handlungsanschlüsse zwischen ihnen. Pla-

---

7 Präziser gefaßt setzt das entscheidungslogische Planungsmodell die folgenden Informationen als bekannt voraus (vgl. zu dieser Fassung Fester 1970, S. 48):
(1) Die Menge der Alternativen des Akteurs.
(2) Die Menge der Umweltvariablen der Ausgangssituation, das Verhalten und die Wirkungszusammenhänge zwischen den Umweltvariablen.
(3) Die Menge der künftig möglichen Ereignisse.
(4) Die Menge der Ereignisse, die als Konsequenz jeder Handlungsalternative des Akteurs auftreten werden.
(5) Ggf. die Menge der Wahrscheinlichkeiten, mit der ein Ereignis auftreten wird, wenn eine bestimmte Alternative gewählt wird.
(6) Das Wertsystem des Akteurs in Form einer transitiven Präferenzordnung, die es erlaubt, jedem Ereignis einen bestimmten Wert zuzuordnen.

nungsfelder sind deshalb nicht „abbildbar“, sondern nur (hoch selektiv) *konstruierbar* (Bitz 1977; Bretzke 1980).

Was die Kenntnis der Wirkungsketten auch eines solchen vereinfachend konstruierten Planungsfeldes angeht, so ist auch hier schon hinreichend hartnäckig darauf aufmerksam gemacht worden, daß es weniger die Situation der Sicherheit, als vielmehr der Zustand der *Unsicherheit* ist, der für gewöhnlich die Planungssituation kennzeichnet. Stichworte wie Trendbrüche, Krisen, Durchbrüche oder Überraschungen stehen stellvertretend für die Unsicherheitssituation des Planers; die Rede von der „turbulenten Umwelt“ ist fast schon sprichwörtlich geworden (Terryberry 1968; Stubbart 1985).

Die häufig als Gegenargument vorgetragene These, die Ungewißheit sei lediglich ein temporäres Problem – nämlich solange, bis ein besseres Prognosegerüst entwickelt ist –, erweist sich als trügerisch. Die Umstände, die den Planer in den Zustand der Unsicherheit versetzen, sind *struktureller* Art, sie liegen in der Natur der Sache und lassen sich nicht durch die Suche nach besser fundierten Prognosen aus der Welt schaffen: Die Zukunft ist grundsätzlich so lange unsicher, wie sie nicht zur Gegenwart geworden ist.

Der ausschlaggebende Grund dafür liegt darin, daß die Umwelt zum wesentlichen Teil aus handelnden Personen und Organisationen besteht, die ihre Handlungsweise prinzipiell überdenken und ändern können. Die Zahl und Art ihrer potentiellen *Handlungsanschlüsse* sind unüberschaubar. Die Handlungssequenzen sind überdies tendenziell zirkulär interdependent, d.h. die Handlungen der Aktoren sind untereinander abhängig und beeinflussen sich so auf nicht genau bestimmbare Weise.[8] Aktionen und Reaktionen der „Umwelt“ können deshalb nur zu einem geringen Teil zuverlässig *„erwartet“* werden. Mit anderen Worten, die Umwelt wird immer zu einem gewissen Teil notwendigerweise opak bleiben müssen.

An diesem Faktum ändern prinzipiell auch die Ansätze nichts, die das Risiko oder die Unsicherheit in die Kalküle oder Modelle hereinziehen und gewissermaßen intern abarbeiten wollen (z.B. Wald 1950; Shackle 1959; Raiffa 1968). Diese Ansätze sind als Vorschläge zu verstehen, das Unsicherheitsproblem besser handhabbar zu machen (Kirsch 1988), auf keinen Fall aber können sie das zugrundeliegende Strukturproblem aus der Welt schaffen.

Als Ergebnis bleibt festzuhalten: Die Umwelt und ihre zukünftige Ent-

---

8 Aktor A müßte für die Bestimmung seiner Handlung wissen, wie Aktor B handeln wird, und Aktor B müßte umgekehrt die Handlung von A kennen. Die Wirkungen einer Handlung sind damit nicht genau vorhersehbar. Das Problem der zirkularen Interdependenz der Interaktionen hat Morgenstern (1935) für die volkswirtschaftliche Theoriebildung in aller Schärfe herausgearbeitet.

wicklung bleiben für das fokale Handlungssystem zu einem wesentlichen Teil unerschließbar und damit auch nicht „erwartbar". Das Wirkungsgefüge wird unüberschaubar. Dies macht sich im betrieblichen Steuerungsprozeß bemerkbar als Störung, *Zufall*, als bedrohliche Koinzidenz, als Überraschung usw.

Die Konsequenzen für die Systemplanung sind weitreichend. Für den klassischen Managementprozeß heißt dies in erster Linie, daß die für den ganzen Prozeß konstitutive *Richtigkeitsvermutung* für die erstellten Pläne ins Wanken gerät.

Im Lichte der vorgetragenen Überlegungen erweist sich die Gestaltungsidee, alle Steuerungsaktivitäten auf die Planumsetzung auszurichten, als äußerst risikoreich – als zu risikoreich, um das tragende Gerüst einer Steuerungstheorie bilden zu können.

5.2 Ziele und Zielkonflikte

Das zweite grundlegende Problem des klassischen Managementprozesses betrifft die Voraussetzung eines klaren Organisationszieles oder einer widerspruchsfreien Zielhierarchie, auf die hin der gesamte Steuerungsprozeß ausgerichtet werden kann. Die mit dieser Vorstellung einhergehende Problematik ist vielschichtig und kennt zumindest zwei Kernbereiche. Der erste Einwand bezieht sich auf den *Zielbildungsprozeß* und verweist darauf, daß Ziele nicht als Gegebenheit betrachtet werden können, sondern selbst in komplexen *organisatorischen Prozessen*, die den eigentlichen Planungsprozeß überlagern, herausgebildet werden. Der zweite Kerneinwand stellt darauf ab, daß Unternehmen ihre Steuerungsaktivitäten keineswegs nur an *einem* Ziel, sondern an einem ganzen Bündel für gewöhnlich latent widersprüchlicher Ziele ausrichten (müssen!). Zunächst zum ersten Problembereich.

Der klassische Managementprozeß geht davon aus, daß klare Ziele vorgegeben sind, die dann zur Leitschnur der Planerstellung und der Plandurchführung werden. Aus der *empirischen Zielforschung* ist nun allerdings bekannt, daß die Bildung von Zielen ein komplexer Prozeß ist, der weit in den eigentlichen Planungsprozeß hineinragt und daß Ziele im Laufe der Planung immer wieder eine Revision erfahren; Planungsprozeß und Zielfindung beeinflussen sich gegenseitig (Cyert/Dill/March 1958; Hamel 1974; Hauschildt 1977). Überdies werden nur selten so präzise Ziele formuliert, wie sie für eine Programmierung des Planungsprozesses erforderlich wären.

Die Planungsprozesse erfolgen in der Regel auf der Basis *unklarer Ziele* (Wrapp 1967; Witte 1968); dies nicht selten deshalb, weil zum Zeitpunkt der Zielbildung die Situation selbst so unüberschaubar ist, daß eine Spezifikation unmöglich oder auch unzweckmäßig erscheint (Hauschildt 1981, 1986).

Ein weiterer Grund verweist auf den Interessenbezug in der Zielformulierung. Gemeint ist die Tatsache, daß die Zielformulierung für Organisationen kein einfacher Akt der Setzung ist, sondern daß sich mit der Zielformulierung in aller Regel eine Vielzahl divergierender *Interessen* verbindet (Narayanan/Fahey 1982). Die Zielformulierung steht in einem Konfliktfeld, nicht selten bedarf es mühevoller Aushandlungsprozesse unter den Beteiligten („Koalitionsmitglieder"), um überhaupt zu einer akzeptablen Zielstellung vorzudringen. Cyert/March (1963) betonen, daß diese „Koalitionsverhandlungen" keine endgültigen Konfliktlösungen im Sinne einer gemeinsamen transitiv geordneten Zielstruktur erbringen. Statt dessen kommt es vielmehr zu offenen Zielformeln, die bei einem Wechsel der Umstände und Einflußverhältnisse zu bestimmten Teilen angepaßt werden können.

Der *zweite Kerneinwand* setzt weniger an den empirischen Prozessen und Prozeßbedingungen der Zielbildung an als den Schwierigkeiten, gewünschte Systemzustände in Form von präzisen Zielen und im Gefolge dann von konsistenten Plansystemen auszudrücken. Organisationen haben es häufig mit latent widersprüchlichen Zielen zu tun; zu erinnern ist etwa an die klassischen Zielkonflikte zwischen Rentabilität und Liquidität, zwischen Wirtschaftlichkeit und sozialer Verantwortung oder zwischen Kreativität und Effizienz. Die Schwierigkeiten, die auftreten, wenn ein gewünschter Systemzustand in ein konsistentes Zielsystem gebracht werden soll, dokumentieren sich auch in den (fehlgeschlagenen) Versuchen, den Anforderungen des *Management by Objectives* gerecht zu werden (Frese 1971; Dirsmith/Jablonsky 1979). Es zeigt sich insgesamt, je spezifischer eine Zielformulierung gerät und je mehr ein Zielsystem der Konsistenzanforderung genügt, um so weniger kann die Leitfunktion erfüllt werden, weil bedeutsame Aspekte des organisatorischen Leistungsprozesses unberücksichtigt bleiben (Luhmann 1973; Heinhold 1989, S. 698). Diese hier nur kurz angerissenen Aspekte organisationsinterner Prozesse und Bedingungen leiten über zu dem dritten der oben genannten Problembereiche.

5.3 Implementationsprobleme

Der klassische Managementprozeß geht davon aus, daß verabschiedete Pläne mehr oder weniger reibungslos realisierbar sind, sofern die dafür notwendigen Vorkehrungen getroffen wurden. Vorkehrungen sind – wie eingangs dargelegt – zu treffen in organisatorischer, personeller und führungsmäßiger Hinsicht.[9] Es wird zur Aufgabe des Managements erklärt, eine planadäquate Organisationsstruktur zu schaffen, sie mit geeignetem Personal auszustatten und das Personal in die Aufgabenerfüllung einzuweisen sowie bei Bedarf anzuleiten. Das Konzept des Managementprozesses folgt an dieser Stelle offenkundig dem *bürokratischen Modell.* Für die Realisierung der Pläne wird ein Gerüst *genereller* Regelungen geschaffen, ergänzt durch situationsbezogene *fallweise* (An-) Leitung. Dabei wird unterstellt, daß der bürokratischen Anweisung, also dem *Befehl*, der vertraglich vereinbarte *Gehorsam* geleistet wird. Die Vorstellung, daß ein Plan trotz des eingerichteten Sanktionssystems nicht durchsetzbar ist, muß deshalb auch dem Konzept des plandeterminierten Managementprozesses im Grunde fremd bleiben.

Die Idee eines monolithischen Autoritätsgefüges, in dem ein an der Spitze gebildeter Wille (Plan) reibungslos über die Managementpyramide bis zur ausführenden Stelle „heruntergebrochen" wird, steht heute nicht mehr in hohem Ansehen. Die vielfältigen Einwendungen der Bürokratiekritik müssen an dieser Stelle nicht wiederholt werden (es sei dazu verwiesen auf Thompson 1967, S. 160 ff.; Mayntz 1968; Kieser/Kubicek 1978). Längst ist bekannt, daß komplexe Organisationen nur bedingt kontrollierbar sind („Law of Diminishing Control", Downs 1967, S. 143). Einer der wesentlichen Gründe dafür ist, daß komplexe Organisationen ihre Hierarchiezüge „aufbrechen" müssen, um Flexibilität zu gewinnen. Dies hat zur Folge, daß die einzelnen Abteilungen zu semi-autonomen Teilsystemen werden und die hierarchischen Ebenen nach oben nicht mehr voll ineinander rückführbar sind. In den Teilsystemen entwickelt sich Spezialwissen und Expertentum, das zusammen genommen die Informationsverarbeitungs- und Problemlösungskapazität eines zentralistischen Anweisungsgefüges weit übersteigt (Parsons 1960; Cauwenbergh/Cool 1982). Auf die dadurch erzielbare Flexibilität kann heute kein großes System mehr verzichten. Im plandeterminierten Managementprozeß ist dieser Fortschritt indessen nicht abbildbar.

In neueren Ansätzen wird dem Implementationsproblem eine wesentlich größere Bedeutung zuerkannt, und man versucht, Maßnahmen zu seiner Lösung in den traditionellen Managementprozeß zu integrieren. Bourgeois/Brodwin (1984) sprechen dann im Unterschied zu dem vorherge-

---

9 Der Verweis auf die Bedeutung der Vorkehrungen für die erfolgreiche Planumsetzung unterscheidet den Managementprozeß-Ansatz deutlich von der neoklassischen Mikroökonomie und den meisten Ansätzen des Operations Research. Dort wird die Planumsetzung nicht zum Thema gemacht, sondern wie selbstverständlich unterstellt. Zur „Organisationslosigkeit" der Neoklassik und des Operations Research-Ansatzes vgl. Bretzke (1980), S. 133 f.

nannten „*Befehlsmodell*“ (commander model) von dem „*Wandelmodell*“ (change model). Aufgabe des Managements ist es hiernach *zusätzlich* zu den traditionellen Aufgaben nach möglichst ausgeklügelten Techniken und Verfahrensweisen zu suchen, um die gefundenen Pläne in der Unternehmung durchsetzbar zu machen. Zu diesen Techniken, die meist aus verhaltenswissenschaftlichen Forschungsergebnissen abgeleitet werden, gehören Vorschläge wie die Schaffung eines besseren Planverständnisses, eine überzeugendere Präsentation des Planes durch glaubwürdige Personen, frühzeitige Information, um Widerstände gegen die Pläne abzubauen etc. (Ewing 1969; Cohen/Cyert 1973; Ansoff/Declerck/Hayes 1976; Suffel 1981).

Manche Autoren gehen weiter und fordern in einer Art Metaplanung (Emshoff 1978), daß bereits während der gesamten Planformulierung die Umsetzungsbedingungen, also die zu erwartende soziale Dynamik und die Organisationsprozesse, mitbedacht und einbezogen werden sollten (z.B. Zahn 1978; Nadler 1981; Hinterhuber 1989). So sollen Manager z.B. nach dem Vorschlag von MacMillan (1978) frühzeitig antizipieren, welche Koalitionen sich gegen eine bestimmte Handlungsalternative formieren und wieviel Macht diese für sich mobilisieren könnten, um zu entscheiden, ob die Alternative in der konzipierten Form durchsetzbar ist oder als nicht implementierbar fallengelassen werden muß. Ähnlich ist auch der häufig unterbreitete Vorschlag einzuordnen, durch eine umfassende Partizipation der Organisationsmitglieder die Akzeptanz des Plans zu steigern und potentielle Widerstände gegen den Plan schon im Vorfeld der Planformulierung abzuarbeiten (z.B. Humphrey 1974; Dyson/Foster 1982).

Die Mehrzahl dieser Vorschläge bewegt sich indessen nicht weit von dem zentralistischen Befehlsmodell und allen seinen Problemen weg. Nach wie vor gilt es, einen zentral gebildeten Plan möglichst reibungslos – jetzt eben mit anderen Hilfsmitteln – umzusetzen (Bourgeois/Brodwin 1984, S. 247 f.).

Dort allerdings, wo die Vorschläge weitergehen, indem etwa ein umfassender Einbezug der Organisationsmitglieder in den Planungsprozeß gefordert wird, tut sich sofort ein *Grundsatzproblem* auf. Es stellt sich dann nämlich die Frage, weshalb ein solcher Planungsprozeß dann noch ein *Primat* vor allen anderen Managementfunktionen einfordern kann. Konkreter gesagt: Durch den Einbezug unterschiedlicher Wertsysteme, Abteilungsinteressen, Gruppenrivalitäten usw. wird das konzeptleitende Basisschema von Willensbildung und Willensdurchsetzung durchbrochen. Es werden konstitutive Handlungsmotive und Strukturen eingeführt (Abteilungsinteressen, Widerstand etc.), die sich nicht ihrerseits aus Plänen erklären lassen. Eine so weitgehende Berücksichtigung des Implementationsproblems muß zwangsläufig den Rahmen des traditionellen Managementprozesses sprengen. Im linearen Schema der Funktionsabfolge kann weder das „Implementationsproblem" erklärt, noch können seine Lösungsansätze darin Verankerung finden.

6 Managementprozesse im Lichte empirischer Erhebungen

Die oben in geraffter Form wiedergegebenen Einwendungen gegen die Logik des traditionellen Managementprozesses finden in spezieller Weise ihren Niederschlag in den empirischen Untersuchungen zum Aufgabenspektrum von Managern (u.a. Carlson 1951; Mintzberg 1980; Stewart 1982; Kotter 1982; Schreyögg/Hübl 1990). Die Untersuchungsergebnisse zeichnen notorisch ein gänzlich anderes Bild vom Ablauf betrieblicher Steuerungsprozesse und der Rolle der Entscheidungsträger als es in dem klassischen Managementprozeß zum Ausdruck kommt. Aus dieser Perspektive offenbart sich das Management als ein *fortwährender Problemlösungsprozeß*, der unterschiedlichste Probleme nebeneinander und stückweise löst, auftauchende Chancen durch spontane Entscheidungen nutzt; die zu lösenden Probleme müssen erst also solche definiert und diskutiert werden usw.

In Übereinstimmung mit den oben vorgetragenen Einwänden tauchen ganz andere Schwerpunkte und Bezugsebenen auf, wie z.B. das Aushandeln von Zielen und Maßnahmen, die Repräsentation der Abteilung, die Lösung abteilungsübergreifender Konflikte, die Initiierung von Innovationen, der Aufbau und die Aufrechterhaltung eines funktionstüchtigen, reziproken Kontaktnetzes innerhalb und außerhalb der Organisation („networking") oder die Vertretung der Organisation in der Öffentlichkeit. Abb. 4 zeigt als Beispiel typische Aufgabenfelder von Managern, wie sie in empirischen Erhebungen immer wieder zutage treten (vgl. auch den Beitrag von Schirmer in diesem Band).

Alle diese Aufgaben weisen auf einen Bezugsrahmen der Steuerungsaktivitäten hin, der sich nachhaltig von dem des klassischen Managementprozesses unterscheidet. Die interne Organisation mit ihrer vielfältigen eigensinnigen Dynamik, den interpersonellen Prozessen und Informationsbeziehungen tritt als entscheidender Faktor ebenso hervor wie die Handhabung der Beziehungen zur Umwelt – einer im Grunde unberechenbaren Umwelt, für die fortwährend auf den verschiedensten Ebenen ein Handlungsmodus (proaktiver oder reaktiver Art) gefunden werden muß.

Die Studien belegen deutlich, daß die Systemsteuerung keinem glatten Plan folgt, sondern sich in einem eigentümlichen Spannungsverhältnis von Analyse und Spontaneität, Aktion und Reaktion, vorgeregelter Effizienz und flexibler Offenheit bewähren muß.

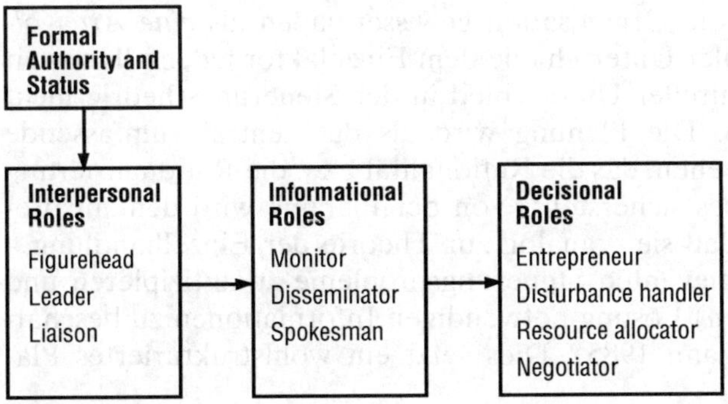

Abb. 4: Die Managementrollen nach Mintzberg (Mintzberg 1989, S. 16)

7 Zur Revisionsbedürftigkeit der konzeptionellen Grundlagen des Managementprozesses

Aus den bisherigen Erörterungen läßt sich erkennen, daß der klassische Managementprozeß auf einer fragwürdigen und nicht sehr leistungsfähigen, weil zu problemlosen, Steuerungstheorie basiert. Es ist die These nachfolgender Ausführungen, daß sich die angesprochenen Schwierigkeiten und Probleme im Kern auf zwei strukturelle Prämissen zurückführen lassen, d.h. auf Annahmen, die das Konzept des klassischen Managementprozesses treffen muß, wenn der konzeptionelle Aufbau in sich stimmig sein soll. Es handelt sich um

(1) die Annahme einer wohlstrukturierten (externen und internen) Umwelt und
(2) die Annahme der Strukturgleichheit zwischen individueller und kollektiver Handlungsrationalität.

Dies sei kurz erläutert:

Die *Rationalisierung* des Steuerungsprozesses fällt in der Konzeption des klassischen Managementprozesses in eins mit der *Analyse* von Handlungsalternativen, der Ermittlung der bestmöglichen Alternative und ihrer technisch zweckmäßigen Umsetzung. Das Steuerungsproblem ist im wesentlichen ein Problem der richtigen Willensbildung. Der Bezugspunkt ist die rationale Einzelhandlung bzw. die Theorie der rationalen Wahl. Sie wird wie selbstverständlich übertragen auf die Handlungsweise von Systemen. Man betrachtet die Organisation gewissermaßen als *eine Art Kollektivaktor*, der trotz aller Unterschiede dem Einzelaktor jedenfalls soweit gleicht, daß ein struktureller Unterschied in der Steuerungstheorie nicht gemacht werden muß. Die Planung wird als das zentrale umfassende Analyseinstrument gesehen, das die Rationalität bzw. die Rationalisierung des Steuerungsprozesses sicherstellt. Von der Planung wird dementsprechend angenommen, daß sie – analog zur Theorie der Einzelhandlung – in der Lage ist, alle relevanten Steuerungsprobleme zu antizipieren und alle zu ihrer (rationalen) Lösung notwendigen Informationen zu beschaffen (Schreyögg/Steinmann 1985). Dies setzt ein wohlstrukturiertes Planungsfeld voraus.

Die ganze Konzeption steht und fällt daher mit der Tragfähigkeit der beiden eingangs genannten Prämissen, der strukturierten Umwelt und der Gleichsetzbarkeit individueller und kollektiver Handlungsrationalität.

Auf die fragwürdige Validität und Zweckmäßigkeit beider Prämissen ist oben bereits an mehreren Stellen hingewiesen worden. Ihre Diskussion kann hier deshalb mit wenigen Worten zusammengefaßt werden.

(1) Prämisse: Strukturierte Umwelt

Die externe Umwelt wie die interne Umwelt (also das restliche System aus der Sicht eines Teilsystems) sind ihrem Charakter nach *komplex*, d.h. es gibt unüberschaubar viele Elemente und *Anschlußmöglichkeiten* zwischen diesen. Eine vollständige Erfassung des gesamten Planungsfeldes ist damit von vornherein ausgeschlossen, die Umwelt ist nur in Teilen beschreibbar und damit zwangsläufig *unberechenbar*. Ebenso ist auch die Entwicklung der Umweltelemente und ihrer Anschlüsse prinzipiell nicht voll erfaßbar, weil eben jede Prognose in der Veränderbarkeit der Welt ihre Grenze findet. Daraus ergibt sich als Konsequenz, daß Unsicherheit als konstitutives Merkmal der Situation von Entscheidungsträgern und damit auch einer Theorie der Unternehmenssteuerung angesehen werden muß (Ruefli/Sarrazin 1981).

Ein weiteres Strukturproblem tritt hinzu: Die Umwelt ist nicht – wie im plandeterminierten Steuerungskonzept unterstellt – bloßes Geschehen, das sich ereignet, gleichgültig ob das fokale System handelt oder nicht. Die Umwelt *fordert* und *reagiert* (Fester 1970). Unternehmung und Umwelt stehen – wie in neueren Organisationstheorien hinlänglich thematisiert – in einem fortwährenden *Interaktionsprozeß*, wobei auch ein potentieller Einfluß des fokalen Systems auf die Umwelt in Rechnung zu stellen ist (Pfeffer/Salancik 1978; Schreyögg 1978; Staehle 1990). Ein System braucht Handlungspotentiale, um diese direkte Interaktion mit der Umwelt meistern zu können. Dies sind nicht selten Spontaneität, rasches Reaktionsvermögen oder die Fähigkeit, schnell zu entscheiden – alles Handlungspotentiale, die sich dem Schema rationaler Willensbildung entziehen (Eisenhardt 1989).

Dies verweist auf ein weiteres Problem des plandeterminierten Steuerungsansatzes. Er bleibt in merkwürdiger Weise „zeitlos": die Analyse, die vollständige Erfassung des Steuerungsfeldes ist das Maß des Prozesses. Ein Handlungsdruck (z.B. aus der Umwelt) ist kein Thema und letztlich auch nicht thematisierbar. Auf einen speziellen Aspekt dieser Problematik ist in jüngerer Zeit mehrfach mit dem Slogan „Paralyse durch Analyse" drastisch verwiesen worden (Peters/Waterman 1984, Lenz/Lyles 1985).

(2) Prämisse: Einzelaktor-Rationalität

Mit der zweiten Prämisse, der strukturellen Gleichartigkeit von Einzelhandlung und Systemplanung, macht sich das Konzept der plandeterminierten Steuerung blind für die Institution Unternehmung und somit den komplexen *sozialen Verbund*, in dem der betriebliche Steuerungsprozeß zu bewerkstelligen ist. Das heißt insbesondere, daß alle die Phänomene, welche zu den konstitutiven Grundmerkmalen sozialer Systeme zu zählen sind, wie z.B. die innere Dynamik und Vernetztheit der organisatorischen Arbeitsteilung, die vielfach divergierenden organisatorischen Interessen der Mitglieder, die systemintern vorfindbare Bandbreite existierender Visionen, Erwartungen und Werte etc., daß also alle diese Sachverhalte ausgeblendet werden und mithin unberücksichtigt bleiben müssen. Anders ausgedrückt: Die Perspektive des Kollektivaktors, der seine Handlungen plant und sie dann realisiert, negiert den grundlegenden Sachverhalt, daß die Unternehmung eine Organisation ist.

Die Konsequenzen einer solchermaßen verengten, um soziale Prozesse bereinigten Perspektive sind weitreichend. Die Rationalisierungsprobleme, die sich einer Organisation, verstanden als soziales System, stellen, sind komplexer und z.T. auch ganz anderer Art, als sie sich strukturell bei der Einzelhandlung offenbaren.

Zugespitzt formuliert, dem klassischen Managementprozeß liegt eine betriebliche Steuerungskonzeption zugrunde, die zu *einfach* und zu *glatt* ist, um den differenzierten Problembestand eines sozialen Systems erfassen und einer Rationalisierung öffnen zu können. Das hat zur Konsequenz, daß alle organisatorischen Prozesse, die sich nicht als Planumsetzung verstehen lassen, nur als „Störung" behandelt werden können, und zwar als eine *unverstandene* Störung. An diesem Problem wird sich so lange nichts ändern, als nicht das Bezugssystem im Ganzen eine Veränderung erfährt. Eine Neukonzeptualisierung des Managementprozesses muß deshalb zuallererst den Begriff des Rationalen umdenken, und zwar von einer linearen Handlungsrationalität in eine komplexere und umfassendere *Systemrationalität* (Luhmann 1973).[10] Viele der bereits angesprochenen organisatorischen Sachverhalte setzen ein komplexeres Leitprinzip als das der Einzelhandlung voraus, um überhaupt sinnvoll Gegenstand einer theoretischen Rationalisierungsbemühung werden zu können.

8 Der Managementprozeß – systemtheoretisch reformuliert

Mit der Kritik an den Prämissen des klassischen Managementprozeßansatzes wurde zugleich der Rahmen gezogen für eine Neukonzeptionalisierung des Managementprozesses. Dabei soll es nicht um die Generierung neuer Managementtechniken und -instrumente gehen, sondern um die Schaffung eines komplexeren und problemoffeneren Bezugsrahmens, der es besser als der traditionelle Managementprozeß erlaubt, die vielen neuen, bisher noch verstreut liegenden empirischen und theoretischen Einsichten in die Bedingungen erfolgreicher betrieblicher Steuerung *systematisch* in einer Managementprozeß-Konzeption zu verankern.

Der Ausgangspunkt für ein neues Konzept wird durch die oben diskutierten Prämissen in zweifacher Hinsicht markiert:

(1) Der Steuerungsprozeß und seine Rationalisierung muß systematisch in die Interaktion von System und einer immer unsicheren Umwelt eingebettet sein.

(2) Der Begriff der Rationalität muß strukturell von der Einzelhandlung auf das System umgedacht werden, um den komplexen Problembestand sozialer Systeme aufnehmen zu können.

10 Die Diskussion des Rationalitätsbegriffes, wie er dem traditionellen Konzept des Managementprozesses zugrunde liegt, könnte natürlich weiter ausgezogen werden, als dies hier mit der Gegenüberstellung von Einzelhandlung und System geschieht. So könnte die Frage nach der formalen oder inhaltlichen Rationalität, nach einer prozeduralen oder ergebnisorientierten Rationalität oder nach der grundsätzlichen Bedeutung des Rationalitätskonzeptes in Systemen (Fassade, Ideologie etc.) aufgeworfen werden, siehe hierzu u.a. Simon (1978); March (1978); Brunsson (1985); Becker/Küpper/Ortmann (1988); Türk (1989). Für die hier interessierende Neukonzeptualisierung des Managementprozesses ist jedoch zunächst einmal die Bezugsebene (Individuum versus System) von vorrangiger Bedeutung.

Einsichten der modernen Systemtheorie, insbesondere in der von Luhmann (1973, 1984) vertretenen Form, bieten interessante Ansatzpunkte für die Entwicklung einer solchen tragfähigeren Steuerungskonzeption. Die Grundzüge seien kurz holzschnittartig umrissen (vgl. auch die Beiträge von Kasper sowie von Kirsch & Knyphausen in diesem Band).

Ausgangspunkt der Überlegungen ist die Einsicht, daß soziale Systeme nur aus ihrer *Relation zur Umwelt* angemessen thematisierbar sind; sie konstituieren und erhalten sich durch Schaffung und Bewahrung einer Differenz zur komplexen Umwelt (Luhmann 1984). Sie erzeugen diese *Differenz „selbstreferentiell"*, d.h. sie selbst sind es, die diese Grenzen reflexiv errichten. Sie setzen sich zur Umwelt in spezieller Weise in Beziehung, so daß die Innenbezüge andere werden als die Außenbezüge. Die Grenzziehung findet ihren Grund darin, daß es innerhalb des so geschaffenen Schutzraums sehr viel leichter möglich wird, Handlungsketten zu entwikkeln. Systeme schaffen sich durch die Grenzziehung krass vereinfachte Handlungswelten, in denen die komplexe Umwelt nur in sehr reduzierter Form berücksichtigt wird. Die Leistung der Systembildung ist also – dies im Unterschied zum kybernetischen „Gesetz der erforderlichen Varietät" (Ashby 1952) – nicht die interne Abbildung, sondern die Reduktion von Umweltkomplexität mit dem Ziel, Orientierung in einer komplexen Welt zu schaffen. Zwischen System und Umwelt besteht infolgedessen prinzipiell ein *Komplexitätsgefälle*, die Differenz markiert die Grenze – eine Grenze allerdings, die von dem System selbst verfügbar ist.

Differenzbildung heißt in erster Linie *Selektion*, d.h. das System schafft sich über die künstliche Vereinfachung der Situationsbeschreibung die Chance, die unüberschaubaren Umweltbezüge in bearbeitbare Probleme zu transformieren. Dies allerdings auf die Gefahr hin, daß das willentlich und unwillentlich Ausgeblendete den konstruierten Handlungsraum *„stört"* (z.B. in Form von Überraschungen, Implementationsproblemen etc.) oder unter Umständen in Form von Krisen sogar *zerstört* (Luhmann 1973). Die Reduzierung der Umweltkomplexität ist ja auch nur ein Vereinfachungsschema, das sich die Handlungsträger eines Systems *konstruieren* und das sich praktisch bewähren muß. Es ändert grundsätzlich nichts an dem Faktum der Umweltkomplexität als solchem. Die Aufrechterhaltung der Differenz bzw. die *Bestandserhaltung* des Systems ist dementsprechend auch nicht ein einmal zu lösendes, sondern ein *permanentes Problem* – jedenfalls solange, wie eine Erhaltung des Bestandes und keine Auflösung des Systems angestrebt wird.

Das Komplexitätsgefälle zwischen System und Umwelt wird im System als Unsicherheit erfahren und thematisiert. Einmal gefundene Lösungsmuster laufen *jederzeit* Gefahr, eben weil sie sich auf Selektivität gründen, obsolet zu werden. Obsolet können sie aber auch deshalb werden, weil die Umwelt auf die Grenzziehung und die sie konstituierenden Lösungsmuster *reagiert*, etwa indem andere Systeme der Umwelt das Selektionsmuster des fokalen Systems imitieren und ihm dadurch ggf. seine grenzstiftende Kraft nehmen. Denkbar ist aber auch, daß Systeme der Umwelt direkt durch Verbote oder Regulierung das gefundene Selektionsmuster zu unterminieren trachten.

Der beschriebene Selektionszwang begründet ein unvermeidliches *Risiko*, nämlich das Risiko der Ausblendung (Unsicherheit). Für das System können sich daraus jederzeit bestandskritische Situationen ergeben. Die Bestandserhaltung wird infolge davon nicht nur zu einem Dauerproblem, sondern es zeigt sich mit Bezug auf den Managementprozeß, daß der System/Umwelt-Bezug nicht allein durch *Planung* bewältigt werden kann. Aus der notwendigen Selektivität des Prozesses resultiert die gewissermaßen parallel laufende Aufgabe, das Risiko durch kompensierende Maßnahmen in Schach zu halten. Damit sind in erster Linie Maßnahmen zur Überwachung der Entwicklung sowie zur Gegensteuerung gemeint (Luhmann 1973; Schreyögg/Steinmann 1987). Damit sind die ersten zwei Grundthemen für eine Neufassung des Managementprozesses herausgestellt: *Selektion* und *Kompensation*.

Der zuletzt genannte Gesichtspunkt der Risikokompensation verweist bereits nachdrücklich darauf, daß Art und Umfang des Komplexitätsgefälles keineswegs als Konstante, sondern als Parameter zu betrachten ist. Jede realistische Theorie der Unternehmensführung muß davon ausgehen, daß einmal gefundene Lösungen altern oder plötzlich obsolet werden. Dies ist ein Verweis auf den Faktor *„Zeit"*, der im klassischen Managementprozeß – wie dargelegt – ausgespart bleibt. Die systemtheoretische Konzeption integriert den Faktor Zeit nicht nur über den *Selektionszwang* (Luhmann 1984, S. 70), sondern macht ihn über die grundsätzliche Ungesichertheit der gewählten Selektionsmuster (sie können sich jederzeit als nicht mehr funktionstüchtig erweisen) zu einem zentralen Thema, das in der Reversibilität der Grenzen seinen Ausdruck findet. Das System hat dadurch, daß die Grenzen selbstreferentiell konstituiert sind, immer die Möglichkeit, die Grenzen bzw. die u.a. problematisch gewordene System/Umwelt-Differenz zu modifizieren oder auch ganz neu zu bestimmen (wie z.B. im Falle der Diversifikation). Die Konstruktion von stabilisierungsfähigen Grenzen ist eine wiederholbare und *steigerbare* Systemleistung (Luhmann 1984, S. 54).

Bezogen auf die Konzeptionalisierung des Managementprozesses bedeutet dies: Systeme sind *lernfähig*, und zwar in einem viel komplexeren Sinne, als dies im *Feedback-Modus*, wie er im klassischen Managementprozeß vorgesehen ist, zum Ausdruck gebracht werden kann (zu den verschiedenen Formen des organisationalen Lernens vgl. Shrivastava 1983). Der Managementprozeß hat in Anbetracht einer prinzipiell unberechenbaren Umwelt nicht nur eine Maßnahmenkorrektur durch negative Rückkopplung vorzusehen, sondern muß systematisch Raum für Lernprozesse in einem sehr viel umfassenderen Sinne schaffen (vgl. auch den Beitrag von Klimecki, Probst und Eberl in diesem Band).

Die *Lernfähigkeit* des Systems, d.h. insbesondere Veränderung und Neubestimmung der Grenzen, ist daher neben der Selektion und der Risikokompensation als *drittes Grundthema* eines neukonzipierten systemtheoretisch geleiteten Managementprozesses hervorzuheben.

In den bisher dargestellten Themen des systemtheoretischen Denkrahmens ist ein wichtiger Problembereich noch nicht berücksichtigt, der bei der oben geführten Prämissendiskussion eine wichtige Rolle gespielt hat, nämlich die *interne Dynamik* von sozialen Systemen und ihre Bedeutung für eine erfolgreiche Bewältigung des Steuerungsprozesses.

Die These vom Komplexitätsgefälle darf nicht dahingehend mißverstanden werden, daß ein intern voll-strukturiertes System einer komplexen Umwelt gegenübertritt. Der Zusammenhang ist vielschichtiger. Eine effektive Reduktion von Komplexität und die gleichzeitige Aufrechterhaltung der Lernfähigkeit setzen im Binnenraum des Systems ein hinreichendes Maß an Differenziertheit voraus (Luhmann 1984). Komplexität läßt sich nicht durch Simplizität, sondern nur durch Komplexität, wenn auch notwendigerweise geringerer Ordnung, bearbeiten.

Das vorrangige Instrument der Komplexitätsreduktion ist die Differenzierung des Systems, d.h. die Bildung von Teilsystemeinheiten und die Vorauswahl zentral erscheinender *Anschlüsse* zwischen diesen. Der besondere Funktionsbeitrag der Differenzierung ist darin zu sehen, daß die entstehenden *Subsysteme* partiell eine eigene Identität ausbilden. Jedes Teilsystem übernimmt gewissermaßen einen bestimmten Ausschnitt aus der Umwelt zur Bearbeitung, es spezialisiert sich auf seine jeweilige Umweltdefinition und Abgrenzung (vgl. dazu auch Thompson 1967; Lawrence/Lorsch 1967). Diese Spezialisierung bedeutet zugleich, daß sich die Subsysteme über ihre spezifischen Entscheidungen bis zu einem gewissen Grade blind machen gegenüber den Entscheidungen anderer Subsysteme.

Die interne Differenzierung schließt an die bestehende System/Umwelt-Differenz des Systems an und wiederholt intern den Prozeß der Systembildung. Die Teilsysteme behandeln das System als (interne) Umwelt mit allerdings geringerer Komplexität und besserer Beherrschbarkeit. Die systeminterne Systembildung steht jedoch ebenfalls unter Selektionszwang, die interne Umwelt ist komplex.

Diese partiell *gegeneinander verschobenen* Zweck- und Selektionsperspektiven der Subsysteme erlauben dem Gesamtsystem ein höheres Maß an Komplexitätsverarbeitung (Luhmann 1986). Mit einer zunehmenden Differenzierung geht aber auch eine Erhöhung der *Binnenkomplexität* einher. Dies hat Widersprüche, Abstimmungsprobleme und -konflikte usw. zur Folge, und das System muß deshalb – nur auf sich selbst angewandt –

Maßnahmen zur Reduktion der Binnenkomplexität ergreifen, um die System/Umwelt-Differenz zu bewahren. Anders ausgedrückt, das System muß die *Einheit in der Differenz* sicherstellen (zu konkreten Beispielen für solche Maßnahmen vgl. Lawrence/Lorsch 1967).

Trotz dieser einheitsstiftenden Handhabungsregeln bleiben die Systeme in ihrer internen Ausprägung komplex. Das bedeutet, sie sind für sich selbst nicht vollständig verstehbar. Komplexe (selbstreferentielle) Systeme können sich zwar selbst beobachten, aber nach Voraussetzung nicht vollständig selbst beschreiben. Mit Bezug auf die Systemsteuerung und insbesondere auf die Selbstplanung des Systems heißt das, daß man nicht nur von der Umwelt, sondern auch von sich selbst ein *vereinfachendes*, hochselektives Modell als Arbeitsgrundlage konstruieren muß.

Als Besonderheit sozialer Systeme kommt hinzu, daß die Selbstplanung eines Systems ihrerseits eine Systemaktivität ist, die nicht unbeobachtet bleibt und Reaktionen und Gegenreaktionen (zirkulare Interdependenz) hervorruft (Luhmann 1984, S. 637). Die Planung der Systemsteuerung kann sich deshalb notwendigerweise nicht von dem System separieren, sondern sie muß im System erarbeitet werden und Handhabungsregeln für die zirkulare Interdependenz finden. Die Vorstellung einer Totalplanung des Systems, wie sie dem Konzept der plandeterminierten Unternehmenssteuerung vorschwebt, wird damit grundsätzlich obsolet (Malik 1986).

Die *Binnenkomplexität* als Folge der Systemdifferenzierung ist damit das vierte Grundthema, das den Rahmen für die Neukonzipierung des Managementprozesses steckt.

9 Zur Stellung der Managementfunktionen im neugefaßten Managementprozeß

(1) Versucht man, aus der eben dargelegten systemtheoretischen Perspektive die Implikationen für einen entsprechend neu zu fassenden Managementprozeß herauszuarbeiten, so gilt es zunächst, die grundlegend veränderte Folie hervorzuheben, auf der die Systemsteuerung thematisiert wird. Im Unterschied zum plandeterminierten Steuerungsmodell, das bei gegebenen Zielen seinen Fixpunkt findet, studiert die systemtheoretische Perspektive die Systemsteuerung unter dem Thema des Bestandserhalts bei komplexer und wechselhafter, nur teilweise kontrollierter Umwelt. Der Bestandserhalt wird als Aufrechterhaltung einer vom System selbst bestimmbaren und variierbaren (Komplexitäts-) Differenz von System und Umwelt thematisiert.

Die Systembildung wird dementsprechend als kollektive Selektionsleistung verstanden, die es erlaubt, trotz der unüberschaubaren Komplexität erfolgreich zu handeln. Die Reduktion der Umweltkomplexität ermöglicht zwar ein besser überschaubares Handlungsfeld, schafft aber den Tatbestand der Komplexität nicht aus der Welt. Der Selektionsprozeß bleibt damit immer hypothetisch, ist niemals gesichert. Das System muß jederzeit damit rechnen, daß sich die Selektionsleistung als Mißerfolg erweist und je nach Reichweite und Wirkung den Bestand gefährdet. Die Aufrechterhaltung und Neubestimmung der Differenz wird dadurch zu einem permanenten Problem, was eine alleinige Aufarbeitung des System/Umwelt-Bezuges durch die Planung – wie im klassischen Modell vorgesehen – ausschließt.

(2) Die Orientierung am Bestands- (Differenz-) Problem macht die *lineare* Abfolge der Managementfunktionen zu einem problematischen, tendenziell mißleitenden Orientierungsmuster. Für die Systemsteuerung stehen grundsätzlich *verschiedene* alternative Möglichkeiten offen. Die Managementfunktionen treten als Steuerungspotentiale mit eigener Logik, d.h. mit eigenen Stärken und Schwächen, *nebeneinander*. Ihr Einsatz und ihr Verhältnis zueinander läßt sich variieren nach Maßgabe der aktuellen Funktionserfordernisse. Ein breiter Einsatz der Planung konkurriert jetzt beispielsweise mit der Einrichtung flexibler Organisationsstrukturen. Diese Konkurrenz ist vor allem dort aktuell, wo die Planung infolge der Kontingenzerfahrungen (Unsicherheit) einer fortwährenden Revisionsnotwendigkeit gegenübersteht.

In der Produktionswirtschaft kann man z.B. im Moment eine starke Tendenz beobachten, Planung durch Organisation zu ersetzen. So will man z.B. mit dem Konzept der Just-In-Time -Produktion und -Zulieferung den Prognose- und Planungsbedarf senken und versucht dies mit einer organisatorischen Veränderung des betrieblichen Material- und Informationsflusses zu bewerkstelligen (Wildemann 1990). Ähnliches gilt für das dabei meist mit eingeschlossene Kanban-Prinzip, das ja auch im wesentlichen ein organisatorisches Prinzip ist und an die Stelle umfassender Vorplanung der Materialdisposition tritt (Wildemann 1989).

Die Managementfunktionen Organisation, Personaleinsatz, Führung und Kontrolle treten aus dieser Perspektive somit aus ihrer bloßen Plandurchsetzungsfunktion heraus und stehen neben der Planung als prinzipiell *eigenständige*, getrennt einsetzbare *Steuerungspotentiale* zur Verfügung. Es sei aber betont, um Mißverständnisse zu vermeiden, daß dieses neue Prinzip keineswegs *Anschlüsse* der Funktionen untereinander ausschließt. Im Ergebnis bedeutet dies, daß Funktionsabfolgen nach Art und Umfang dem Steuerungsproblem entsprechend variiert werden können.

(3) *Planung* wird nach dem skizzierten systemtheoretischen Verständnis in erster Linie als eine grenzstiftende und grenzbewahrende *Selektionsleistung* begriffen. Die Planung entwirft ein hoch verdichtetes Modell der

externen und/oder internen Umwelt und legt auf der Basis von Erwartungen ein Handlungsprogramm fest.

Planung verwendet in erster Linie den Mechanismus der *Zwecksetzung*, d.h. man versucht das amorphe Problem der Grenzziehung und -erhaltung in klar definierte erstrebenswerte Wirkungsvorstellungen zu transformieren. Dabei – und das ist hier entscheidend – muß allerdings klar erkannt werden, daß Systeme mehr Probleme lösen müssen als in einem Zweck zum Ausdruck gebracht werden kann (Luhmann 1973). Wie schon lange aus der funktionalen Systemtheorie bekannt, muß ein soziales System für seinen Bestandserhalt verschiedenen Grundfunktionen (Zielerfüllung, Anpassung, Integration usw.) gerecht werden. Diese Grundfunktionen stehen in einem mehr oder weniger widerspruchsvollen Verhältnis zueinander; das Bestandsproblem läßt sich schon deshalb – wie ja auch in der Managementliteratur hinlänglich diskutiert (z.B. Barnard 1938) – nur teilweise in einem Ziel oder einem Zielsystem abbilden.

Die Forderung des klassischen Managementprozesses, den ganzen Steuerungsprozeß auf die Pläne bzw. Ziele auszurichten, erweist sich im Lichte vorstehender Erörterungen als gefährlich falsch. Systeme müssen latent widersprüchlichen Funktionsanforderungen genügen und müssen im Steuerungsprozeß genügend Spielraum für die Entfaltung widersprüchlicher Leistungspotentiale lassen. Ein in sich konsistentes Zielsystem, wie es etwa von dem Management by Objectives (Odiorne 1965) als Steuerungsidee gefordert wird, modelliert die Funktionsbedingungen einer Unternehmung notwendigerweise fehlleitend. Es wird verkannt, daß im Unterschied zur Einzelaktor-Rationalität im systemtheoretischen Bezugsrahmen das gleichzeitige Verfolgen widersprüchlicher Zwecke möglich und unter Umständen (system-) rational ist.

An die Stelle der Idee der widerspruchsfreien *Ordnung* – wie sie dem klassischen Managementprozeß-Modell zugrunde liegt – tritt nun die Möglichkeit, die *Konsistenz* von *Plänen* und *Zielen* nach Maßgabe der Systemsteuerungsprobleme zu *variieren*.

(4) Planung muß in einem systembezogenen Steuerungskonzept grundsätzlich als eine sehr „zweifelhafte“ Vorsteuerung gedacht werden, weil ihre strenge Selektionsleistung sich im Grunde jederzeit als revisionsbedürftig erweisen kann. Die Pläne – so sie denn tatsächlich das Handeln anleiten – brauchen also kritische Begleitung, die das Selektionsrisiko zu begrenzen trachtet. Diese Risikobegrenzung kann in erster Linie als Aufgabe der *Kontrolle* verstanden werden, die im Steuerungsprozeß demzufolge eine *Kompensationsfunktion* zu erfüllen hätte (Luhmann 1973; Schreyögg/Steinmann 1985).

Um die Kompensationsaufgabe sinnvoll zu machen, muß das System darüber hinaus *Umsteuerungspotentiale* (Puffer, Slack-Ressourcen, zweckindifferente Instrumente usw.) bereithalten, um bei signalisierter Revisionsnotwendigkeit auch tatsächlich eine Kursänderung vornehmen zu können. Ein solches Flexibilitätspotential kann nur im Ausnahmefall wiederum durch (hochselektive) Pläne bereitgehalten werden (Kontingenzpläne), sondern wird für gewöhnlich in der Ausformung anderer Managementfunktionen anzulegen sein. Wachsamkeit, Anpassungsfähigkeit, Eigeninitiative, als hier vorrangig gefragte Handlungsweisen, sind – neben den technischen Voraussetzungen – letztlich nur durch Motivation und Personalentwicklung aufzubauen.

Das Primat der Planung ist also in doppelter Weise zu relativieren; es ist nicht nur zu entscheiden, ob und ggf. wo überhaupt geplant werden soll, sondern dort, wo Pläne erstellt werden, ist dies als eine *beobachtungsbedürftige Systemaktivität* zu verstehen.

(5) Ähnlich wie die Planung ist auch die *Organisation* als hochselektives Steuerungsinstrument anzusehen. Organisatorische Regelungen (verstanden als vorweggenommene Entscheidung von Entscheidungen) ordnen das Handlungsfeld und wählen aus der unübersehbaren Fülle von Handlungs- und Anschlußmöglichkeiten die gewünschten aus. Die organisatorische Regel bedarf daher ebenso wie die Planung der risikobegrenzenden *Kompensation*, die häufig von der „Lückenfüller"-Funktion *Führung*, aber auch von dem *Personaleinsatz* erbracht wird.

Die Ausgestaltung der organisatorischen Regelungen kann nicht mehr länger als bloße („problemlose") Planumsetzung konzipiert werden. Wie bei allen anderen Steuerungsinstrumenten ist auch der Einsatz der Organisation nach Maßgabe der Systemerfordernisse und in Abwägung anderer Steuerungsalternativen zu variieren. Für die Gestaltung ist die oben erörterte Dynamik der Systemdifferenzierung zu bedenken, d.h. komplexe Systeme müssen ihren Teilsystemen relativ hohe Freiräume einrichten, um in erforderlichem Maße Umweltkomplexität absorbieren zu können. Das damit einhergehende strukturelle Risiko (Gutenberg 1983) ist wiederum in erster Linie über *kompensierende* Maßnahmen, etwa im Rahmen der Funktionen Führung und Personaleinsatz, handhabbar zu machen.

Nachdem die Organisation in dem umformulierten Managementprozeß aus der reinen Planumsetzungsaufgabe heraustritt und weiterreichende, ja z.T. die Planung substituierende Aufgaben übernimmt, erhält auch die *Beziehung von Organisation und Planung* einen ganz neuen rationalisierungsbedürftigen Akzent. Die Organisation tritt nun als logische Konsequenz auch *vor* die Planung, und zwar in dem Sinne, daß die Organisation systematisch Einfluß auf die Planung gewinnt, indem sie die Informationsströme (vor-) steuert, die Ausblendungen mitbestimmt, Wahrnehmungsschwellen einbaut, den Bereich zulässiger Lösungen mitabsteckt usw. Die These „Strategie folgt Struktur" findet hier ihre systematische Verankerung.

Wie die Studien von Bower (1970) und Quinn (1980) zeigen, ist die Or-

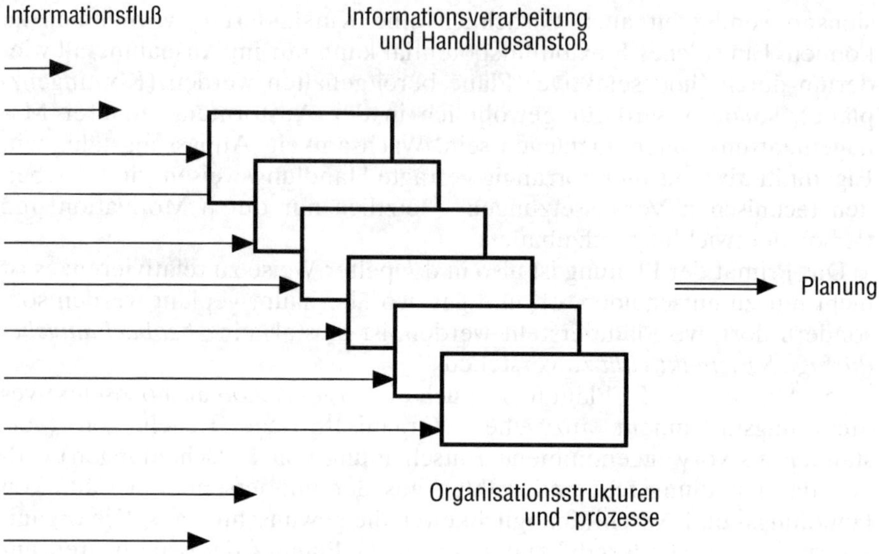

Abb. 5: „Planung folgt Organisation"

ganisationsstruktur von herausragender Bedeutung dafür, welche Pläne Unterstützung erhalten und welche Pläne formuliert werden. Abb. 5 zeigt die Logik der umgekehrten Prozeßfolge auf, wobei dies eben nur eine der vielen möglichen Wirkungsketten ist. Es widerspräche jedem Denken in Funktionsbezügen, wollte man dies als einzig möglichen Anschluß von Planung an Organisation denken. Die Zahl der Anschlußmöglichkeiten zwischen den Elementen ist in komplexen Systemen – wie oben dargelegt – unüberschaubar groß.

Von gleicher Bedeutung sind in diesem Sinne Lösungen der Führungsaufgabe (Motivation, Gruppenverhalten) sowie Lösungen von Problemen des Personaleinsatzes wie Selektion, Beurteilung usw. (vgl. Schreyögg 1987). Erst wenn die Managementfunktionen als grundsätzlich gleichgestellte Teile eines Steuerungsprozesses gedacht werden, kann dieser Einfluß auf die Willensbildung systematisch zum Thema gemacht und als rationalisierungsbedürftige Steuerungsaufgabe formuliert werden.

(6) Die Bedeutung der Managementfunktion *Personaleinsatz* für den Steuerungsprozeß variiert mit dem Einsatz und der Ausgestaltung der anderen Managementfunktionen. Besonders wichtig ist zu sehen, daß diese

Funktion nicht nur die personelle Ausstattung einer Organisation sicherzustellen, sondern sehr viel weitergehende Anpassungs- und Initiativaufgaben (mit-) zu gestalten hat. Grundsätzlich kann die Personaleinsatzfunktion auch als originäre Quelle des Wandels thematisiert werden (Gabriel 1976), eben als eigensinniges Potential der Komplexitätsverarbeitung bzw. als Instrument einer neuen Differenzbestimmung von Umwelt und System. In dem Sinne muß die Personaleinsatzfunktion nicht nur für ordentliche Aufgabenerfüllung Sorge tragen, sondern ggf. auch „Unordnung" in eine Organisation hineintragen, indem sie neue Orientierungen, Kritikpotentiale (in Form von „Widerspruchsgeistern") u.ä. einnistet und dadurch die *Systemöffnung* und organisationales Lernen befördert.

10 Ausblick

Die hier nur in Umrissen aufgezeigte neue Sichtweise des Managementprozesses hat gegenüber dem klassischen Managementprozeß einen großen Nachteil; sie ist nicht so klar und überschaubar darzustellen, die Eleganz der linearen Funktionsabfolge geht verloren. Dieser Nachteil bildet aber im Kern ihren entscheidenden Vorteil. Die Konzeption hat eine im Vergleich zum traditionellen Managementprozeß wesentlich größere Fassungskraft für die Probleme der Systemsteuerung, ohne dabei zum konzeptionslosen Sammelbecken von Praxisproblemen zu werden. Es wird sich erweisen müssen, ob die größere Fassungskraft für praktische Problemstellungen im Managementprozeß auch zu einer theoretischen Vertiefung der hier nur skizzierten Prozeßbezüge anregen kann. Vielleicht kann eine solche theoretische Weiterentwicklung auch dazu beitragen, eine Brücke zu den Problemen zu schlagen, die hier unerwähnt geblieben sind, aber gleichwohl wichtige Aspekte des Führungsprozesses darstellen. Dies gilt in erster Linie für Fragen der Unternehmensethik und der sozialen Verantwortung der Unternehmensführung, die sich nicht ohne weiteres in einem systemtheoretischen Konzept formulieren lassen. Es ist eine Herausforderung für die zukünftige Managementforschung, den konzeptionellen Rahmen auch für diese Bereiche zu öffnen.

Literaturverzeichnis

Ansoff, H.I./Declerck, R.P/Hayes, R.L. (1976): From strategic planning to strategic management. In: Ansoff, H.I./Declerck, R.P./Hayes, R.L. (Hrsg.): From strategic planning to strategic management. London u.a., S. 39-78.

Ansoff, H.I. (1984): Implanting strategic management. Englewood Cliffs (N.J.).

Ashby, W.R. (1952): Design for a brain. London.

Barnard, C.I. (1938): The functions of the executive. Cambridge (Mass.).

Becker, A./Küpper, W./Ortmann, G. (1988): Revisionen der Rationalität. In: Küpper, W./Ortmann, G. (Hrsg.): Mikropolitik. Opladen, S. 89-113.

Bitz, M. (1977): Die Strukturierung ökonomischer Entscheidungsmodelle. Wiesbaden.

Bourgeois, L.J./Brodwin, D.R. (1984): Strategic implementation: Five approaches to an elusive phenomenon. In: Strategic Management Journal 5, S. 241-264.

Bower, J.L. (1970): Managing the resource allocation process – A study of corporate planning and investment. Boston.

Bretzke, W.R. (1980): Der Problembezug von Entscheidungsmodellen. Tübingen.

Brunsson, N. (1985): The irrational organization. Chichester.

Bühner, R. (1985): Strategie und Organisation. Analyse und Planung der Unternehmensdiversifikation mit Fallbeispielen. Wiesbaden.

Burgelman, R.A. (1983): A model of the interaction of strategic behavior, corporate context, and the concept of strategy. In: Academy of Management Review 8, S. 61-70.

Carlson, S. (1951): Executive behavior: A study of the work load and the working methods of managing directors. Stockholm.

Carroll, S.J./Gillen, D.J. (1987): Are the classical management functions useful in describing managerial work? In: Academy of Management Review 12, S. 38-51.

Cauwenbergh van, A./Cool, K. (1982): Strategic management in a new framework. In: Strategic Management Journal 3, S. 245-264.

Chandler, A.D. jr. (1962): Strategy and structure: Chapters in the history of the industrial enterprise. Cambridge (Mass.).

Cohen, K.J./Cyert, R.M. (1973): Strategy: Formulation, implementation and monitoring. In: Journal of Business 46, S. 349-367.

Cyert, R.M./Dill, W.R./March, J.G. (1958): The role of expectations in business decision making. In: Administrative Science Quarterly 3, S. 307-340.

Cyert, R.M./March, J.G. (1963): A behavioral theory of the firm. Englewood Cliffs (N.J.).

Dirsmith, M.W./Jablonsky, S.F. (1979): MBO, political rationality and information inductance. In: Accounting, Organization and Society 4, S. 39-52.

Downs, G.A. (1967): Inside bureaucracy. Boston.

Dyson, R.G./Foster, M.J. (1982): The relationship of participation and effectiveness in strategic planning. In: Strategic Management Journal 3, S. 77-88.

Eisenhardt, K.M. (1989): Making fast strategic decisions in high-velocity environments. In: Academy of Management Journal 32, S. 543-576.

Emshoff, J. (1978): Planning the process of improving the planning process: A case study in meta-planning. In: Management Science 24, S. 1095-1108.

Ewing, D.W. (1969): The human side of planning. London.
Fayol, H. (1949): General and industrial management. London.
Fester, M. (1970): Vorstudien zu einer Theorie kommunikativer Planung. In: Arch+ 12, S. 43-72.
Frese, E. (1971): Ziele als Führungsinstrumente. In: Zeitschrift für Organisation 40, S. 227-238.
Frese, E. (1987): Unternehmungsführung. Landsberg am Lech.
Friedmann, J./Hudson, B. (1974): Kowledge and action: A guide to planning theory. In: Journal of the American Institute of Planners 40, S. 2-16.
Gabriel, K. (1976): Organisation und sozialer Wandel. In: Büschges, G. (Hrsg.): Organisation und Herrschaft. Reinbek b. Hamburg, S. 301-324.
Gäfgen, G. (1974): Theorie der wirtschaftlichen Entscheidung. 3. Aufl. Tübingen.
Götzen, G./Kirsch, W. (1979): Problemfelder und Entwicklungstendenzen der Planungspraxis. In: Zeitschrift für betriebswirtschaftliche Forschung 31, S. 162-194.
Gulick, L.H. (1937): Notes on the theory of organizations. In: Gulick, L.H./Urwick, L.F. (Hrsg.): Papers on the science of administration. New York.
Gutenberg, E. (1929): Die Unternehmung als Gegenstand betriebswirtschaftlicher Theorie. Berlin u.a.
Gutenberg, E. (1962): Unternehmensführung – Organisation und Entscheidung. Wiesbaden.
Gutenberg, E. (1983): Grundlagen der Betriebswirtschaftslehre, Bd. 1: Die Produktion. 24. Aufl. Berlin u.a.
Hahn, D. (1979): Frühwarnsysteme, Krisenmanagement und Unternehmensplanung. In: Albach, H./Hahn, D./Mertens, P. (Hrsg.): Frühwarnsysteme, ZfB-Ergänzungsheft 2. Wiesbaden, S. 25-46.
Hamel, W. (1974): Zieländerungen im Entscheidungsprozeß. Tübingen.
Hauschildt, J. (1977): Entscheidungsziele – Zielbildung in innovativen Entscheidungsprozessen. Tübingen.
Hauschildt, J. (1981): „Ziel-Klarheit" oder „kontrollierte Ziel-Unklarheit" in Entscheidungen. In: Witte, E. (Hrsg.): Der praktische Nutzen empirischer Forschung. Tübingen, S. 305-322.
Hauschildt, J. (1986): Goals and problem-solving in innovative decisions. In: Witte, E./Zimmermann, H.J. (Hrsg.): Empirical research on organizational decision-making. Amsterdam u.a., S. 3-19.
Heinhold, M. (1989): Simultane Unternehmensplanungsmodelle – Ein Irrweg? In: Die Betriebswirtschaft 49, S. 689-708.
Hinterhuber, H.H. (1989): Strategische Unternehmungsführung, Bd. 2. 4. Aufl. Berlin und New York.
Humphrey, A.S. (1974): Getting management commitment to planning: A new approach. In: Long Range Planning 7, S. 45-51.
Kieser, A./Kubicek, H. (1978): Organisationstheorien, Bd. 1. Stuttgart u.a.
Kieser, A./Kubicek, H. (1983): Organisation. 2. Aufl. Berlin und New York.
Kirsch, W. (1977): Entscheidungsprozesse. 2. Aufl. Wiesbaden.
Kirsch, W. (1988): Die Handhabung von Entscheidungsproblemen. 3. Aufl. München.
Koontz, H./O'Donnell, C. (1955): Principles of management. New York.
Koontz, H./O'Donnell, C./Weihrich, H. (1984): Management. 8. Aufl. New York.

Kotter, J. (1982): The general managers. New York.
Lawrence, P.R./Lorsch, J.W. (1967): Organization and environment. Managing differentiation and integration. Cambridge (Mass.).
Lenz, R.T./Lyles, M.A. (1985): Paralysis by analysis: Is your planning system becoming too rational? In: Long Range Planning 18, S. 64-72.
Luhmann, N. (1973): Zweckbegriff und Systemrationalität. Frankfurt a.M. (zuerst Tübingen 1968).
Luhmann, N. (1984): Soziale Systeme. Grundriß einer allgemeinen Theorie. Frankfurt a.M.
Luhmann, N. (1986): Ökologische Kommunikation. Opladen.
MacMillan, I. (1978): Strategy formulation: Political concepts. St. Paul u.a.
Mahoney, T.A./Jerdee, T.H./Carroll, S.J. (1965): The jobs of management. In: Industrial Relations 4, S. 97-110.
Majone, G./Wildavsky, A. (1979): Implementation as evolution. In: Pressman, J.L./ Wildavsky, A. (Hrsg.): Implementation. Berkeley u.a.
Malik, F. (1986): Strategie des Managements komplexer Systeme. 2. Aufl. Bern und Stuttgart.
March, J.G. (1978): Bounded rationality, ambiguity, and the engineering of choice. In: Bell Journal of Economics 9, S. 587-608.
Mayntz, R. (Hrsg.)(1968): Bürokratische Organisation. Köln und Berlin.
Mintzberg, H. (1980): The nature of managerial work. 2. Aufl. Englewood Cliffs (N.J.).
Mintzberg, H. (1989): Mintzberg on management. New York.
Morgenstern, O. (1935): Vollkommene Voraussicht und wirtschaftliches Gleichgewicht. In: Zeitschrift für Betriebswirtschaft 6, S. 337-357.
Nadler, G. (1981): The planning and design approach. New York.
Narayanan, V.K./Fahey, L. (1982): The micropolitics of strategy formulation. In: Academy of Management Review 7, S. 25-34.
Odiorne, G.S. (1965): Management by objectives: A system of managerial leadership. New York.
Parsons, T. (1960): Structure and process in modern societies, Glencoe/Ill.
Peters, T.J./Waterman, R.H.jr. (1982): In search of excellence, New York (Übers. a.d.Engl.: Auf der Suche nach Spitzenleistungen, Landsberg am Lech 1984)
Pfeffer, J./Salancik, G.R. (1978): The external control of organizations. New York.
Pressman, J.L./Wildavsky, A. (Hrsg.)(1979): Implementation. 2. Aufl. Berkeley u.a.
Quinn, J.B. (1980): Strategies for change. Logical incrementalism. Homewood/Ill.
Raiffa, H. (1968): Decision analysis: Introductory lectures on choices under uncertainty. Reading (Mass.).
Ruefli, T./Sarrazin, J. (1981): Strategic control of corporate development under ambiguous circumstances. In: Management Science 27, S. 1158-1170.
Schreyögg, G. (1978): Umwelt, Technologie und Organisationsstruktur. Eine Analyse des kontingenztheoretischen Ansatzes. Bern und Stuttgart.
Schreyögg, G. (1987): Verschlüsselte Botschaften. Neue Perspektiven einer strategischen Personalführung. In: Zeitschrift Führung + Organisation 56, S. 151-158.
Schreyögg, G./Hübl, G. (1990): Die Tätigkeit des Managers. Diskussionsbeitrag des Lehrgebiets für Organisation und Planung der FernUniversität Hagen.

Schreyögg, G./Steinmann, H. (1985): Strategische Kontrolle. In: Zeitschrift für betriebswirtschaftliche Forschung 37, S. 391-410.
Schreyögg, G./Steinmann, H. (1987): Strategic control: A new perspective. In: Academy of Management Review 12, S. 91-103.
Shackle, G.L.S. (1958/59): Time and thought. In: British Journal for the Philosophy of Science 9, S. 285-298.
Shrivastava, P. (1983): A typology of organizational learning systems. In: Journal of Management Studies 20, S. 7-28.
Simon, H.A. (1978): Rationality as process and as product of thought. In: American Economic Review 68, S. 1-16.
Simon, H.A. (1981): Entscheidungsverhalten in Organisationen (Übers. d. 3. amerikanischen Aufl.). München.
Staehle, W.H. (1989): Funktionen des Managements. 2. Aufl. Bern und Stuttgart.
Staehle, W.H. (1990): Management. 5. Aufl. München.
Steinmann, H./Hasselberg, F. (1988): Der strategische Managementprozeß – Vorüberlegungen für eine Neuorientierung. In: Zeitschrift für betriebswirtschaftliche Forschung 40, S. 1308-1322.
Steinmann, H./Schreyögg, G. (1991): Management: Grundlagen der Unternehmensführung. 2. Aufl. Wiesbaden.
Stewart, R. (1982): Choices for the manager. Englewood Cliffs (N.J.).
Stubbart, C. (1985): Why we need a revolution in strategic planning. In: Long Range Planning 18, S. 68-76.
Suffel, W. (1981): Widerstand von Geschäftsbereichsleitern im Entwicklungsprozeß der strategischen Planung. Frankfurt a.M.
Terryberry, S. (1968): The evolution of organizational environments. In: Administrative Science Quarterly 12, S. 590-613.
Thompson, J.P. (1967): Organizations in action. New York.
Türk, K. (1989): Neuere Entwicklungen der Organisationstheorie. Stuttgart.
Wald, A. (1950): Statistical decision functions. 2. Aufl. New York.
Wild, J. (1981): Grundlagen der Unternehmungsplanung. 3. Aufl. Opladen.
Wildemann, H. (1989): Flexible Werkstattsteuerung durch Integration japanischer KANBAN-Prinzipien. 2. Aufl. München.
Wildemann, H. (1990): Kundennahe Produktion und Zulieferung: Eine empirische Bestandsaufnahme. In: Die Betriebswirtschaft 50, S. 309-331.
Witte, E. (1968): Phasen-Theorem und Organisation komplexer Entscheidungsverläufe. In: Zeitschrift für betriebswirtschaftliche Forschung 20, S. 625-647.
Wrapp, H.E. (1967): Good managers don't make policy decisions. In: Harvard Business Review 45, S. 91-99.
Zahn, E. (1978): Strategische Planung zur Steuerung der langfristigen Unternehmensentwicklung. Berlin.

Prof. Dr. Georg Schreyögg
FernUniversität Hagen
lehrgebiet für Betriebswirtschaftslehre
insbesondere Organisation und Planung
Postfach 940
D-5800 Hagen.

Holger Siebert

Ökonomische Analyse von Unternehmensnetzwerken

Fertigungstiefe; Koordination; Markt und Hierarchie; Unternehmenskooperationen; Vertikale Integration; Zulieferer-Abnehmer-Verhältnis

Zusammenfassung

Unternehmensnetzwerke, eine Koordinationsstruktur zwischen Markt und Hierarchie, finden in der Praxis als neue Form der Zusammenarbeit zwischen Unternehmen zunehmend Anwendung. Es wird die Auffassung vertreten, daß die Entstehung von Unternehmensnetzwerken auf eine Verschärfung der wettbewerblichen Anforderungen in bezug auf Innovation, Schnelligkeit, Qualität und Kosten zurückzuführen ist. Ziel von Unternehmensnetzwerken ist es, durch eine koordinierte Strategie mehrerer formal unabhängiger Unternehmen eine kollektive Effizienzsteigerung zu erzielen und damit die individuelle Wettbewerbsposition zu verbessern.

Managementforschung 1 (1991), hrsg. von W.H. Staehle u. J. Sydow,
Walter de Gruyter · Berlin · New York, S. 291-311

Inhaltsübersicht

1 Problemstellung

Unternehmensstrukturen stellen stets das Ergebnis einer Suche nach einer effizienten Koordination wirtschaftlicher Tätigkeiten dar. Seit einiger Zeit ist in der industriellen Praxis zunehmend die Entstehung sogenannter Unternehmensnetzwerke zu verzeichnen. Unternehmensnetzwerke sind dadurch gekennzeichnet, daß formal unabhängige Unternehmen deutlich kooperativer zusammenarbeiten als dies für rein marktlich koordinierte Austauschbeziehungen charakteristisch ist.

Obwohl die Bedeutung von Unternehmensnetzwerken ständig zunimmt, befindet sich die theoretische Auseinandersetzung mit dieser neuen Koordinationsform noch in den Anfängen (Borys/Jemison 1989). Ziel dieses Beitrages soll es sein, Charakteristika von Unternehmensnetzwerken zu analysieren und eine ökonomische Begründung für die Entstehung von Unternehmensnetzwerken zu liefern. Es soll herausgearbeitet werden, warum Unternehmensnetzwerke als Koordinationsstruktur effizienter sein können als eine marktliche und eine unternehmensinterne Koordination. Weiterhin soll dargestellt werden, wie die Koordination von Netzwerken erfolgen und ein dauerhafter Bestand gesichert werden kann.

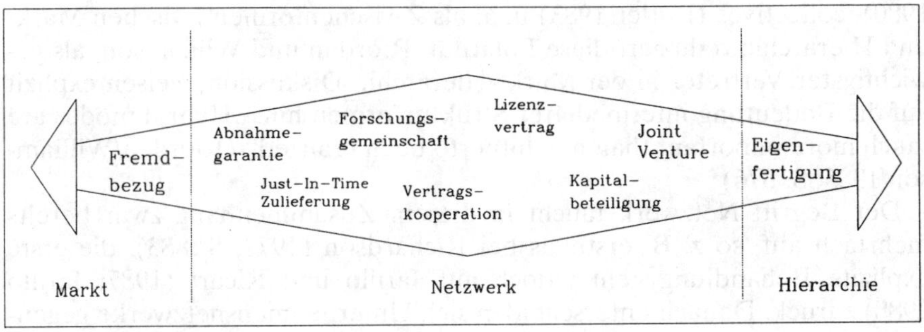

Abb. 1: Ausprägungen von Netzwerkstrukturen

2 Unternehmensnetzwerke – ein Koordinationskonzept zwischen Markt und Hierarchie

Ein Unternehmensnetzwerk beschreibt die koordinierte Zusammenarbeit zwischen mehreren rechtlich selbständigen und formal unabhängigen Unternehmen. Die Form der Zusammenarbeit kann dabei recht unterschiedlich sein. Neben den typischen Zulieferverhältnissen können Unternehmensnetzwerke etwa durch die Einrichtung von Joint Ventures oder durch gemeinsame Forschungsprojekte entstehen. Auch können innerhalb eines Netzwerkes verschiedene Formen der Zusammenarbeit gleichzeitig zum tragen kommen.

Entscheidend für die Existenz eines Unternehmensnetzwerkes ist, daß mehrere bislang autonom agierende Unternehmen ein gemeinsames Ziel verfolgen und ihre Individualziele zumindest teilweise dem Kollektivziel des Netzwerkes unterordnen. Wie Abbildung 1 zeigt, repräsentieren Netzwerke damit als organisatorische Koordinationsform zwischen Markt und Hierarchie ein breites Spektrum an Ausgestaltungsmöglichkeiten.

Bezugnehmend auf Coase (1937) wurden Markt und Hierarchie lange als einzige alternative Koordinationslösungen angesehen. Erst die Erwähnung von co-operations (Richardson 1972), relational contracting (MacNeil 1978; Williamson 1979), clans (Ouchi 1980), federations (Deams

1980), collectives (Butler 1983) u. a. als Zwischenformen zwischen Markt und Hierarchie reduziert diese Polarität. Riordan und Williamson, als gewichtigster Vertreter in der Markt-Hierarchie-Diskussion, weisen explizit auf die Bedeutung intermediärer Strukturformen hin: „Hybrid modes are much more important than had hitherto been realized" (Riordan/Williamson 1985, S. 376).

Der Begriff Netzwerk taucht in diesem Zusammenhang zwar bereits mehrfach auf, so z. B. erstmals bei Richardson (1972, S. 883), die erste explizite Behandlung geht jedoch auf Jarillo und Ricart (1987; Jarillo 1988) zurück. Danach unterscheiden sich Unternehmensnetzwerke gegenüber einer rein marktlichen Koordination durch eine Betonung kooperativer anstelle von wettbewerblichen Verhaltensweisen. Gegenüber einer rein hierarchischen Koordination, wie sie theoretisch in Einheitsunternehmen und Konzernen praktiziert werden kann, grenzen sich Unternehmensnetzwerke durch eine marktlich induzierte Flexibilität und Einsatzbereitschaft der Mitglieder aus.

So gesehen verbinden Unternehmensnetzwerke aufgrund ihres partiell marktlichen, partiell hierarchischen Charakters wettbewerbliche mit unternehmenstypischen Mechanismen. Wie Abbildung 2 zeigt, unterliegen Unternehmensnetzwerke den wettbewerblichen Charakteristika Spezialisierung und Effizienzdruck und den eher unternehmenstypischen Merkmalen Vertrauen (Verzicht auf ein gegenseitiges Ausnutzen) sowie Informationsintegration (Miles/Snow 1986; Siebert 1990).

Spezialisierung

Unternehmensnetzwerke beruhen auf einer intensiven Arbeitsteilung zwischen den beteiligten Unternehmen. Ziel ist, daß sich jedes Mitglied im Netzwerk auf diejenige Wertschöpfung beschränkt, für die es die größte unternehmensspezifische Kompetenz besitzt (Johnston/Lawrence 1988). Für vertikal integrierte Unternehmen kann der Eintritt in ein Unternehmensnetzwerk insofern eine Reduzierung der Fertigungstiefe durch die Aufgabe vor- oder nachgelagerter Tätigkeiten bedeuten. Analog kann für horizontal diversifizierte Unternehmen die Partizipation an einem Unternehmensnetzwerk eine Begrenzung ihrer Produktbereiche und eine Fokussierung auf strategische Kernprodukte implizieren.

Die reziproke Ergänzungsfunktion von Unternehmen innerhalb von Unternehmensnetzwerken legt nahe, daß gerade dort große und kleine Unternehmen gut zusammenarbeiten sollten. Diese Vermutung wird durch Arrow (1983) gestützt und durch Meyer und Roberts (1986) sowie Grabher (1989) empirisch bestätigt.

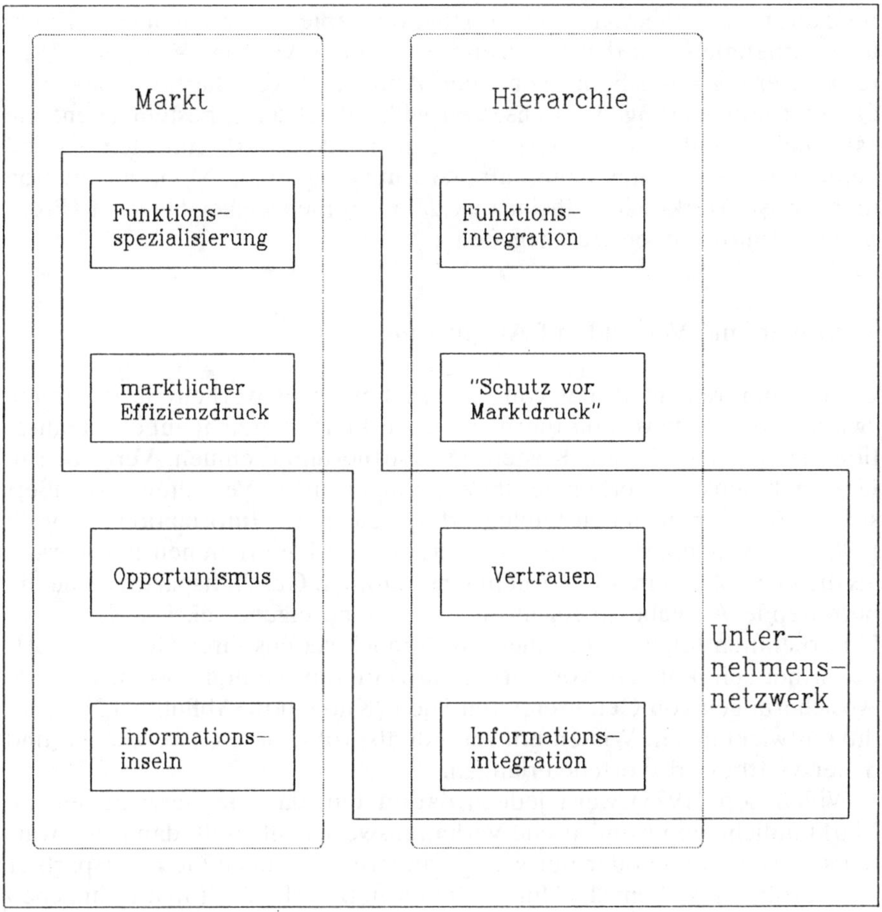

Abb. 2: Charakteristika von Unternehmensnetzwerken

Marktliche Effizienz

Im Gegensatz zu Unternehmen bieten Unternehmensnetzwerke den beteiligten Mitgliedern prinzipiell die Möglichkeit zum Austritt, wodurch ein permanentes Drohpotential gegenüber den Partnerunternehmen gewahrt bleibt (Miles/Snow 1986)[1]. MacMillan und Farmer (1979, S. 283) formulie-

1 Sicherlich bestehen in Unternehmensnetzwerken häufig auch starke unilate-

ren zutreffend: „the market test is still applicable". So können etwa Zulieferunternehmen – in den Grenzen bestehender Verträge – auf eine Weiterbelieferung verzichten, wenn der Abnehmer verschärfte Preis- oder Qualitätsanforderungen durchsetzen will. Gleichzeitig besteht latent die Möglichkeit, daß neue Unternehmen in das Netzwerk eintreten, so daß keinem Mitglied eine dauerhafte Ausnutzung einer Monopolsituation möglich ist. Marktliche Effizienz ist damit in mehrfacher Hinsicht (Preis, Service, Innovationen etc.) gegeben.

Vertrauen und Verzicht auf Ausnutzung

Erstes Hierarchiemerkmal von Unternehmensnetzwerken ist Vertrauen zwischen den Netzwerkpartnern und der erklärte Verzicht auf die Realisation eigener Vorteile auf Kosten von Partnerunternehmen. Vertrauen in Unternehmensnetzwerken beruht auf kooperativem Verhalten und äußert sich in der Zurverfügungstellung erfolgsrelevanter Information. Thorelli (1986, S. 38) definiert Vertrauen innerhalb von Unternehmensnetzwerken als die Gewißheit eines Unternehmens, daß sein Geschäftspartner eine ihn betreffende Aufgabe so regelt als ob es seine eigene sei. Da Netzwerk-Unternehmen folglich vor einem Mißbrauch seitens ihrer Geschäftspartner sicher sein können, können sie auf zeitintensive und kostentreibende Absicherungen von Gefahrenpotentialen (Know-how Abfluß bei Neuproduktentwicklungen, Wissen um Liquiditätsprobleme etc.) verzichten und daher Wettbewerbsvorteile erlangen.

Williamson (1975) weist jedoch darauf hin, daß ein Verzicht auf am Markt übliche opportunistische Verhaltensweisen allenfalls dann zu erwarten sei, wenn keine oder nur wenige andere potentielle Geschäftspartner zur Verfügung stehen[2]. In Unternehmensnetzwerken mit marktähnlichen

---

rale Abhängigkeitsverhältnisse, die einen freiwilligen Austritt eines Partners de facto verhindern.

2 Dorow und Weiermaier (1984) entgegnen diesem Argument, daß opportunistisches Verhalten auch bei einer großen Zahl potentieller Geschäftspartner praktiziert werden kann, da bei einem Partnerwechsel Abwanderungskosten anfallen. Solche Partnerwechselkosten werden üblicherweise als „switching costs" bezeichnet (Farrell/Shapiro 1988). Hill (1990) merkt demgegenüber an, daß die Unterstellung opportunistischer Verhaltensweisen im Wettbewerb stark überzogen sei. Er argumentiert, daß „gewohnheitsmäßige Opportunisten", d. h. Unternehmen, die Schwächepositionen von Geschäftspartnern wiederholt ausnutzen, in wettbewerblichen Märkten nicht überleben könnten. Daraus folgert er, daß die Begründung vertikaler Integration durch Opportunismus überbewertet sei. In bezug auf Unternehmensnetzwerke zeigt die The-

Ein- und Austrittsmöglichkeiten dürfte dies jedoch nicht der Fall sein. Folglich müßte das kooperative Verhalten innerhalb von Unternehmensnetzwerken auf überdurchschnittlich hohe Ein- und Austrittsbarrieren zurückzuführen sein.

Hohe Ein- und Austrittsbarrieren bei Unternehmensnetzwerken könnten gerade im netzwerkinhärenten Vertrauen begründet sein. Der Aufbau von Vertrauen stellt in der Regel einen sehr langwierigen Prozeß dar (Blau 1968), der als transaktionsspezifische Investition (Williamson 1985) gewertet werden kann, die bei einem Geschäftspartnerwechsel als sunk costs (Baumol et al. 1982) unwiederbringlich verloren ist. So weisen Thorelli (1986) sowie Johanson und Mattson (1987) explizit auf dem Investitionscharakter von Unternehmensnetzwerken hin, bei denen sich Vorteile erst langfristig einstellen.

Gleichzeitig betont Thorelli (1986), daß Vertrauen eng mit Macht und Einfluß zusammenhängt. So gesehen kann die Entstehung von bilateralem Vertrauen durch die Erzeugung gegenseitiger Macht und Einfluß, d. h. Abhängigkeit, gefördert werden. Alchian (1984) und Williamson (1985) mit seinem hostage-Modell weisen in diesem Zusammenhang darauf hin, daß das Eingehen gegenseitiger Verpflichtungen vor Ausbeutung schützt. Gegenseitige Abhängigkeit kann etwa durch gleichzeitige partnerspezifische Investitionen oder durch die beidseitige Preisgabe kritischer Informationen erzeugt werden. Masten (1988) hat hierzu festgestellt, daß eine faire Zusammenarbeit umso länger funktioniert, je besser es gelingt, die gegenseitigen Verpflichtungen und damit die Anreize zu opportunistischem Verhalten auf allen Seiten gleich groß zu gestalten. So gesehen ist Vertrauen in Unternehmensnetzwerken nicht vollständig selbstinduziert, sondern basiert auch auf bilateralen Sicherheiten.

Elektronische Informationsintegration

Ein zweites Hierarchiemerkmal von Unternehmensnetzwerken ist eine elektronische Daten- und Informationsverknüpfung zwischen den beteiligten Unternehmen. Sie trägt dazu bei, daß auch innerhalb von Unternehmensnetzwerken ein integrierten Unternehmen vergleichbarer Informationsstand erreicht werden kann. Insofern haben die während der letzten Jahre erzielten Fortschritte in der Informations- und Kommunikationstechnik die Leistungsbeziehungen zwischen Unternehmen und damit die Entstehung von Netzwerken erheblich beeinflußt (Child 1987, Hubmann 1989).

---

se von Hill, daß Vertrauen und die Nichtausnutzung von Überlegenheitspositionen am Markt nicht so unrealistisch sind, wie sie häufig dargestellt werden.

So ist etwa bei Just-In-Time Zulieferung nur über eine Datenintegration der Produktionsplanungen von Zuliefer- und Abnehmerunternehmen eine montagesynchrone Materialbereitstellung möglich (siehe hierzu Altmann/Sauer 1989). Dabei wird betont, daß im Gegensatz zu bisherigen zwischenbetrieblichen Rationalisierungsmaßnahmen, die sich auf eine Erhöhung der Leistungsfähigkeit von Teilprozessen bezogen, die Just-In-Time-Philosophie durch einen strategischen Fokus auf den Gesamtprozeß mit allen zwischenbetrieblichen Schnittstellen gekennzeichnet ist (Altmann et al. 1986).

Beispiel Automobilindustrie

Ein typisches Anwendungsfeld von Unternehmensnetzwerken ist die Automobilindustrie[3], wo eine Vielzahl von Unternehmen eng mit dem eigentlichen Hersteller zusammenarbeitet. Gemeinsames Ziel ist die Herstellung und Vermarktung eines wettbewerbsfähigen Kraftfahrzeuges. Die Netzwerkverbindungen bestehen hier primär in Form von mehrstufigen Zulieferverhältnissen und Gemeinschaftsentwicklungen. Eine begrenzte Anzahl von Direktlieferanten versorgt die Automobilhersteller mit kompletten Baugruppen und Modulen. Die dafür erforderlichen Komponenten werden von Komponentenherstellern zugeliefert, die ihrerseits die hierfür notwendigen Bauteile von Vorlieferanten beziehen. Abbildung 3 zeigt exemplarisch ein typisches Lieferantennetzwerk.

Eine besonders intensive Ausprägung finden Zuliefernetzwerke in japanischen Unternehmen, wo sich durch die strikte Einhaltung einer hierarchischen Belieferung pyramidenförmige Zulieferstrukturen entwickelt haben. Abbildung 4 gibt eine schematische Darstellung der Lieferanten-Pyramide von Toyota (Anasz et al. 1986)[4].

---

3 Daneben finden sich Netzwerke bereits seit längerem in der Bauindustrie (Eccles 1981; Johnston/Lawrence 1988), in der Textilindustrie in Italien (Rullani/Zanfei 1988) und Baden Württemberg (Sabel et al 1987) und in der Computerindustrie Californiens (Saxenian 1990). Ausführliche Beschreibungen verschiedener Anwendungen von Netzwerken geben Powell (1990), Antonelli (1988) sowie Judkins et al. (1985).

4 Dabei sei jedoch angemerkt, daß japanische Netzwerkstrukturen nicht ohne weiteres auf Deutschland übertragen werden können. Eine gute Analyse hierüber liefert Sydow (1991).

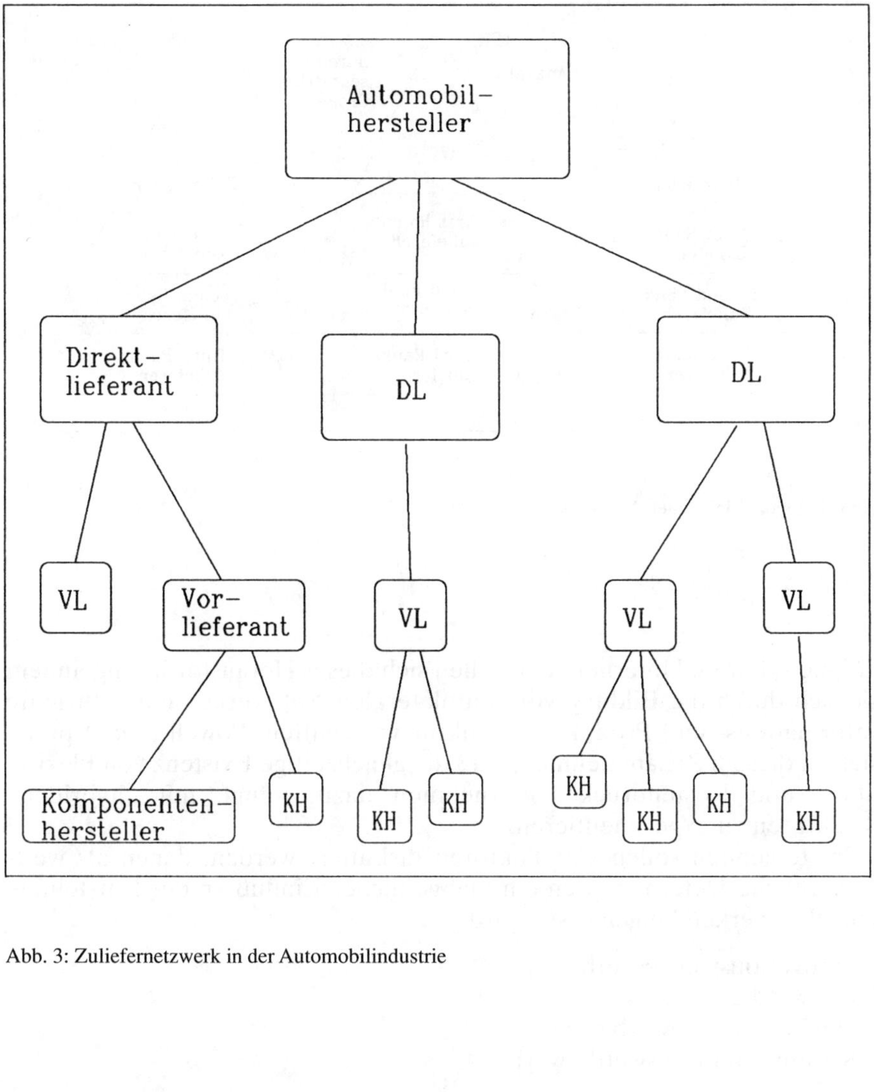

Abb. 3: Zuliefernetzwerk in der Automobilindustrie

3 Entstehungsgründe für Netzwerke

Wie alle organisatorischen Entwicklungen ist auch die Bildung von Unternehmensnetzwerkstrukturen als Anpassung an Veränderungen im ökonomischen Umfeld von Unternehmen zu verstehen (von Hayek 1945; Chandler 1962; Williamson 1975). Ausgangspunkt sind dabei technologische und gesellschaftliche Diskontinuitäten, die zu neuen wettbewerblichen Konstel-

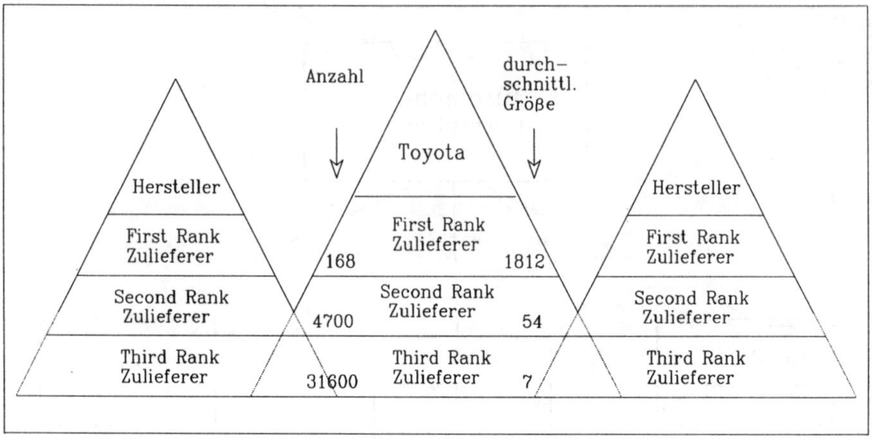

Abb. 4: Toyota Lieferanten-Netzwerk

lationen führen. Unternehmen stellen sich dieser Herausforderung, indem sie sich durch die Bildung von multilateralen Netzwerken eine effiziente Informations- und Produktionsstruktur verschaffen. Powell (1987) präzisiert in diesem Zusammenhang, daß die gleichzeitige Existenz von Flexibilitäts- und Kostendruck Unternehmen dazu drängt, mit „hybriden" Strukturen zu experimentieren.

Im folgenden sollen vier Faktoren diskutiert werden, denen als wettbewerbliche Determinanten ein maßgeblicher Einfluß an der Entstehung von Netzwerken beigemessen wird:

* Innovationswettbewerb,
* Zeitwettbewerb,
* Qualitätswettbewerb sowie
* Kosten- und Preiswettbewerb

3.1 Innovationswettbewerb

Folgt man der Auffassung von Hayeks (1968), so besteht die wichtigste Aufgabe des Wettbewerbes nicht in seiner Allokationsfunktion, die Unternehmen sagt, wieviel sie von einem Gut produzieren sollen, sondern in seiner Innovationsfunktion. Der Wettbewerb als Entdeckungsverfahren zeigt Unternehmen, was sie produzieren sollen. Eine ähnliche Position vertrat Schumpeter (1964), der feststellte, daß Preise langfristig als Wettbewerbsinstrument von geringerer Bedeutung sind als Änderungen beim Produkt oder beim Produktionsprozeß. Unternehmen sollten demnach versuchen, technische Neuerungen (Inventionen) am Markt durchzusetzen (Innovationen), um dadurch – zumindest bis die Konkurrenz durch Imitation gleichzieht – Wettbewerbsvorteile zu genießen.

Bislang war es Unternehmen weithin möglich, eine Innovationsstrategie „im Alleingang" zu verfolgen. Um neue Produkte und Prozesse zu erzielen, genügte in der Regel eine konzentrierte Forschung und Entwicklung im Bereich der eigenen Kernkompetenz. Seit einigen Jahren findet jedoch eine zunehmende Substitution uni-technologischer Innovationen durch multi-technologische Innovationen statt (Siebert 1990). Um ein neues Produkt am Markt erfolgreich zu plazieren, sind Neuerungen aus mehreren Wissensbereichen nötig. Typische Komplementärtechnologien sind die Mikroelektronik und die Werkstofftechnik, die in vielen Anwendungsbereichen bereits erhebliche Wertschöpfungsanteile gewonnen haben.

Teece (1987), der in diesem Zusammenhang von autonomen Innovationen beziehungsweise von Systeminnovationen spricht, weist darauf hin, daß Unternehmen für Innovationen neben ihren Kernkompetenzen (specialized assets) zunehmend Komplementärfähigkeiten (co-specialized assets) benötigen. Um die für zukünftige Innovationen möglicherweise notwendigen Komplementärkompetenzen vorrätig zu halten, müßten Unternehmen breit diversifiziert sein, was allerdings mit erheblichen Koordinationskosten verbunden ist (Hill/Hoskisson 1987). Auch ist es meist nicht sinnvoll, Komplementärtechnologien kurzfristig zuzukaufen, da aktuell begehrte Technologiebasen nur zu hohen Preisen zu haben sind und häufig erst aus diversifizierten Unternehmen herausgetrennt werden müssen. Für Unternehmen bietet es sich daher an, bei multi-technologischen Innovationen kooperative Unternehmensnetzwerke einzugehen, die einen schnellen und kostengünstigen Zugriff auf die fehlende Komplementärtechnologie ermöglichen (vgl. hierzu auch Grabher 1989).

Einen ähnlichen Ansatz hat bereits Richardson (1972) zur Begründung von Unternehmenskooperationen geliefert. Er analysierte verschiedene Unternehmenstätigkeiten nach den Kriterien Komplementarität (complementarity) und Verschiedenartigkeit (dissimilarity). Bei hoher Komplementarität und geringer Verschiedenartigkeit sollte ein Unternehmen beide Tätigkeiten übernehmen, bei geringer Komplementarität und hoher Verschiedenartigkeit sollte das Unternehmen die zweite notwendige Tätigkeit extern zukaufen, bei hoher Komplementarität und hoher Verschiedenartigkeit sollte das Unternehmen kooperieren.

3.2 Zeitwettbewerb

Der Zeitaspekt stellt in zweifacher Hinsicht eine entscheidende Dimension im Wettbewerb dar (Stalk/Hout 1990). Zum einen fordert der Markt eine schnelle Lieferung von Produkten und eine rasche Erfüllung von Kundenwünschen, zum anderen verlangt er kurze Entwicklungszeiten bei der Einführung von Neuprodukten. Beide Anforderungen begünstigen die Entstehung von Unternehmensnetzwerkstrukturen.

Hohe Lieferfähigkeit

Eine hohe Lieferfähigkeit und eine schnelle Erfüllung von Kundenwünschen erfordern kurze Durchlaufzeiten in Verwaltung und Produktion. Während kurze Durchlaufzeiten bislang u. a. über hohe Lagerhaltung bei Vor- und Endprodukten gewährleistet werden konnten, ist dies heute aufgrund zunehmender Produktdifferenzierung und Variantenvielfalt immer weniger möglich. Häufig müssen Teile und Komponenten einzelproduktspezifisch gefertigt werden, wodurch eine enge Zusammenarbeit zwischen Vorproduktfertigung und Endproduktfertigung notwendig wird. Die engste Form der Zusammenarbeit stellt hierbei die montagesynchrone Just-In-Time Produktion dar (Wildemann 1988). Da, wie zuvor dargestellt, Vorprodukte vielfach auf unterschiedlicher technologischer Kompetenz basieren und nicht im eigenen Unternehmen gefertigt werden können, werden Fremdfirmen für die Teileversorgung herangezogen und es entsteht eine für Netzwerkstrukturen typische Abhängigkeitssituation.

Um die eigene Fertigung mit der Fertigung des Abnehmers zu koordinieren, muß der Zulieferer abnehmerspezifische Investitionen (Williamson 1985) in eine DV-Anbindung an die Produktionsplanung des Abnehmers vornehmen. Bei einem Abbruch der Zulieferbeziehung durch den Abnehmer wären diese Investitionen als sogenannte sunk costs unwiederbringlich verloren (Baumol et al. 1982). Der Zulieferer wird diese Investition folglich nur dann tätigen, wenn er sicher sein kann, daß der Abnehmer die Situation nicht zu seinen Gunsten ausnutzt. Um dies zu dokumentieren, gewähren Abnehmer ihren Just-In-Time Zulieferern häufig als Kompensation Exklusivverträge und begeben sich durch Single Sourcing ihrerseits in eine Belieferungsabhängigkeit. Damit liegt eine typische Netzwerksituation mit bilateraler Abhängigkeit vor.

Kurze Entwicklungszeiten

Die zweite Wirkung des Zeitwettbewerbes auf die Entstehung von Unternehmensnetzwerken vollzieht sich über die anhaltende Verkürzung von Entwicklungszeiten. Die zunehmend schnellere Abfolge von Innovationen und die dadurch kürzeren Produktlebenszyklen zwingen Unternehmen dazu, immer schneller zu innovieren und mit neuen Produkten am Markt präsent zu sein. Entwicklungszeiten werden dadurch zum Engpaß und rücken zwangsläufig auch in den Mittelpunkt der Organisationsgestaltung (Bühner 1990). An die Stelle der traditionell sequentiellen Abarbeitung der einzelnen Entwicklungsphasen (Vorentwicklung, Serienentwicklung, Prozeßentwicklung etc.) tritt zunehmend eine überlappende bis hin zu einer parallelen Vorgehensweise (Takeuchi/Nonaka 1986). Eine Entwicklungszeitverkürzung durch Parallelisierung bedingt einen deutlich höheren Koordinationsaufwand zwischen den interdependenten Einzelprozessen und verlangt dadurch auch eine verstärkte und frühere Einbindung von Zulieferern in die Entwicklungsarbeit. Auf diese Weise gewinnen externe Zulieferer von Produktkomponenten und im Rahmen von Simultaneous Engineering auch die Lieferanten von Produktionsanlagen bereits in einem sehr frühen Stadium detaillierte Kenntnis über wettbewerbsrelevante Spezifikationen eines Produktes, das erst in einigen Jahren am Markt erscheinen wird. Daß es dennoch zu keinem Know-how Abfluß kommt, ist darauf zurückzuführen, daß dem Zulieferer bei loyalem Verhalten eine langfristige Zuliefertätigkeit in Aussicht steht, im Falle von Vertrauensmißbrauch jedoch mit einem dauerhaften Abbruch der Beziehung durch den Abnehmer zu rechnen ist. Hier zeigt sich deutlich die gleichzeitige Existenz von Vertrauen einerseits und latenten Marktmechanismen andererseits.

3.3 Qualitätswettbewerb

Ein erhöhtes Qualitätsbewußtsein auf seiten der Verbraucher rückt die Qualität von Produkten und Dienstleistungen zunehmend als Differenzierungsmerkmal in die Wettbewerbsstrategie von Unternehmen. Untersuchungen auf Basis der PIMS-Datenbank deuten darauf hin, daß die Produktqualität einen deutlichen Einfluß auf den Marktanteil und die Ertragssituation von Unternehmen ausübt (Buzzel/Gale 1987). Aufgrund von Koordinationsvorteilen gegenüber Markt und Hierarchie können Unternehmensnetzwerke hier dazu beitragen, eine erhöhte Qualitätssicherheit zu erreichen.

Qualität ist nach Auffassung von Crosby (1986) die Erfüllung der an ein

Produkt bzw. an eine Dienstleistung gestellten Anforderungen oder, wie Juran (1989) definiert, „Fitness for Use". Die Sicherstellung von Qualität ist nach Crosby (1986) nur durch eine gewissenhafte und fehlerfreie Produktion, nicht hingegen nur durch eine nachträgliche Prüfung und Kontrolle der fertigen Güter möglich.

Die Anwendung von Fehlervermeidung anstelle von Fehlersuche erweist sich jedoch dann als problematisch, wenn unternehmensexterne Zulieferer involviert sind. In diesem Fall entsteht eine Situation sogenannter Qualitätsunsicherheit, da qualitätsrelevante Informationen ungleich zwischen Zulieferer und Abnehmer verteilt sind (Akerlof 1970). Während der Zulieferer den Qualitätsstand seiner Produkte recht genau kennt, ist der Abnehmer darüber im unklaren. Der Abnehmer wird daher stets skeptisch sein bezüglich der Qualität der bezogenen Teile und allen Zulieferern schlechte Qualität bzw. im Verhältnis zum Qualitätsniveau überhöhte Preise unterstellen. Er wird folglich auf eine Belieferung verzichten oder einen Preisnachlaß fordern. Da dieses Mißtrauen gleichermaßen nachlässige wie qualitätsbewußte Zulieferer betrifft, werden ursprünglich qualitätsbewußte Zulieferer aus Wettbewerbsgründen dazu gezwungen, ebenfalls ihre Qualität zu reduzieren bzw. überhöhte Preise zu fordern. Als Ergebnis stellt sich eine sukzessive Abnahme des Qualitätsniveaus ein[5].

Diesem Dilemma kann von seiten des Abnehmerunternehmens nur durch kostenintensive Qualitätsprüfungen und Festlegung von Konventionalstrafen entgegengewirkt werden. Dabei bleibt für das Unternehmen stets unklar, bis zu welchem Grad es sich schützen soll, da das Ausmaß der Informationsasymmetrie nicht bekannt ist. Das Unternehmen kennt daher auch nicht den möglichen Schaden und folglich auch nicht den Wert, den die ausgleichende Information für es hat. Es liegt ein typischer Fall des Informationsparadoxons vor (Arrow 1971)[6].

---

5 Wie Informationsasymmetrie zu Marktversagen führen kann, beschreibt Akerlof (1970) am Beispiel des Gebrauchtwagenmarktes. Ein Gebrauchtwagenkäufer kann ihm zufolge den Wert eines von ihm zum Kauf beabsichtigten Fahrzeuges nie exakt einschätzen. Den Darstellungen des Verkäufers gegenüber ist er skeptisch und unterstellt stets eine zu positive Beschreibung des Fahrzeugzustandes. Da der Käufer „versuchtes Betrügen" bereits erwartet, wird er auch das Angebot eines „fairen" Verkäufers, d.h. der die Qualität seines Fahrzeuges ehrlich einstuft, nicht annehmen. Dadurch wird auch der „faire" Verkäufer gezwungen, auf qualitätserhöhende Maßnahmen - etwa eine Werkstattuntersuchung - zu verzichten und einen gemessen am Fahrzeugzustand zu hohen Preis zu fordern. Als Ergebnis resultiert daher nach Akerlof eine tendenzielle Abnahme der Produktqualität.

6 Ein Informationsparadoxon liegt dann vor, wenn ein Tausch- oder Transaktionsobjekt aus einer Information besteht, deren Wert für den potentiellen Käufer nicht bekannt ist. Wird die Information nun zum Zwecke der Werter-

Das Versagen des Marktes bei qualitätssensiblen Transaktionen könnte eine hierarchische Lösung nahelegen, bei der ein Unternehmen durch vertikale Rückwärtsintegration die betreffenden Teile selbst fertigt. Hiergegen spricht allerdings, daß gerade die Herstellung qualitativ anspruchsvoller Produkte ein hohes Maß an Kompetenz erfordert, das Unternehmen in der Regel nicht kurzfristig erwerben können. Polanyi (1958) bezeichnet dieses Wissen als „tacit knowledge“, das im Gegensatz zum leicht zu übermittelnden „codified knowledge“ nur schwer transferiert werden kann. Auf spezialisierte Zulieferer kann insofern gerade bei Qualitätswettbewerb nicht verzichtet werden.

Unternehmensnetzwerke als Institutionen zwischen Markt und Hierarchie gewährleisten sowohl die in der Hierarchie fehlende vertikale Spezialisierung als auch das im Markt fehlende Vertrauen. Mit ihrer Betonung einer „fairen“ und dauerhaften Beziehung zwischen Zulieferern und Abnehmern entsprechen sie in bezug auf Qualitätssicherung dem Qualitätskonzept des „House of Quality“ (Hauser/Closing 1988).

3.4 Kosten- und Preiswettbewerb

Obwohl Innovations-, Zeit- und Qualitätswettbewerb während der letzten Jahre erheblich an Bedeutung gewonnen haben, stellt die Preiswürdigkeit eines Produktes nach wie vor eine conditio sine qua non im Wettbewerb dar. Insbesondere die zunehmende Marktpräsenz ostasiatischer Wettbewerber mit komparativen Kostenvorteilen zwingt Unternehmen, alle Kosteneinsparungspotentiale zu nutzen. Ein bedeutendes Einsparungspotential liegt im Bereich der Koordinations- und Beschaffungsstruktur von Unternehmen. Der Eintritt in ein Unternehmensnetzwerk kann dazu beitragen, dieses Potential zu realisieren.

Gegenüber einer hierarchischen Lösung bieten Unternehmensnetzwerke Kostenvorteile durch Arbeitsteilung[7]. Aufgrund der vertikalen Spezialisierung können die betreffenden Netzwerkunternehmen mindestoptimale Unternehmensgrößen erreichen und Skalenerträge intensiv nutzen. Kostenvorteile liegen dabei nicht nur im Bereich der Produktion, sondern insbesondere auch im Bereich der Forschung und Entwicklung, wo ein

---

mittlung preisgegeben, so wird sie dem Interessenten bekannt und er erhält sie damit umsonst.

7 Erinnert sei hier an Adam Smith und sein Beispiel der Stecknadelherstellung. Für kleinere und mittlere Unternehmen ohne die Möglichkeit zu einer eigenen internationalen Produktionsverlagerung ermöglicht der Eintritt in ein internationales Unternehmensnetzwerk zudem die Nutzung „territorialer“ Arbeitsteilung und damit die Partizipation an komparativen Kostenvorteilen (Ricardo).

steigender Innovationsdruck und eine Zunahme technologischer Diskontinuitäten eine Intensivierung der F+E Anstrengungen erforderlich machen. Da F+E Tätigkeiten stets mit einem hohen Maß an Unsicherheit behaftet sind, müßten Unternehmen ihre Forschungs- und Entwicklungsansätze diversifizieren, um die Wahrscheinlichkeit eines Erfolges zu erhöhen. Mit zunehmender F+E Intensität erhöht sich für Unternehmen jedoch gleichzeitig auch das Finanzrisiko. Unternehmen müßten demnach bestrebt sein, Forschungs- und Entwicklungsrisiken für Teile und Komponenten auf Zulieferunternehmen abzuwälzen (Walker 1988).

Empirische Bestätigung erhielt diese Vermutung durch eine Untersuchung von Balakrishnan und Wernerfelt (1986). Sie konnten nachweisen, daß hohe Forschungs- und Entwicklungskosten und technologische Unsicherheit Unternehmen zu einer Reduzierung der Eigenentwicklung und Eigenfertigung und zu einer verstärkten Nutzung externer Ressourcen veranlaßten. Walker und Weber (1987) kamen in empirischen Untersuchungen zu dem gleichen Ergebnis, allerdings nur auf Märkten mit hoher Wettbewerbsintensität. Hieraus kann gefolgert werden, daß Unternehmen primär dann externe Bezugsquellen nutzen, wenn eine lebhafte Konkurrenz am Zuliefermarkt sie nicht von einzelnen Lieferanten abhängig macht. Bei geringer Wettbewerbsintensität am Zuliefermarkt bevorzugen sie nach wie vor Eigenfertigung. Fehlendes Vertrauen in den Geschäftspartner verhindert in diesem Fall die Realisation von Spezialisierungs- und Kostenvorteilen.

Unternehmensnetzwerke ermöglichen demgegenüber Spezialisierungs- und Kostenvorteile unabhängig von der Wettbewerbssituation. Aufgrund der inhärenten Vertrauenssituation zwischen den Partnerunternehmen können auch dann Leistungen extern bezogen werden, wenn dadurch eine (ausnutzbare) Abhängigkeit entsteht. Die Netzwerkmitglieder sind damit besser gestellt als netzwerkexterne Unternehmen.

4 Koordination und Bestandssicherung von Unternehmensnetzwerken

Die Koordination von Netzwerken ist aufgrund ihrer Stellung zwischen Markt und Hierarchie sowohl unterschiedlich zum Markt als auch zur Hierarchie (Johanson/Mattson 1987). Am Markt erfolgt Koordination mit dem Instrument des Preises, der alle wettbewerbsrelevanten Informationen impliziert (von Hayek 1945). Ein zentraler Koordinator existiert nicht. In der Hierarchie erfolgt Koordination über Pläne, die alle Einzeltätigkeiten fest determinieren. Die Planerstellung erfolgt durch einen zentralen Koordinator[8].

Unternehmensnetzwerke bedienen sich zu ihrer Koordination sowohl der Steuerungsinstrumente des Marktes als auch der Hierarchie. Preise finden als mittel- bis langfristige Richtwerte Anwendung. Bei kurzfristigen preislichen Diskrepanzen findet kein Geschäftspartnerwechsel statt, wenn längerfristig ein preisliches Einvernehmen besteht. Gleichzeitig werden in Unternehmensnetzwerken auch Pläne als Koordinationsinstrument genutzt, die hier allerdings im Gegensatz zum Einheitsunternehmen gemeinsam erstellt werden. Damit sind Unternehmensnetzwerke weitgehend gesteuert durch längerfristige Absprachen und im Sinne von Ouchi (1980) durch Traditionen.

Thorelli (1986) weist darauf hin, daß sich Unternehmensnetzwerke unter dem Einfluß der Heterogenität der Mitgliedsunternehmen ohne Führung auflösen könnten. In der Tat ist in der Praxis häufig festzustellen, daß sich in Netzwerken einzelne Unternehmen zu „Netzwerk-Managern" entwickeln. Hierbei kann es sich sowohl um reine Informationsbroker handeln (Miles/Snow 1986; Zelewski 1987) als auch um Unternehmen, die selbst mit einer Produktionstätigkeit im Netzwerk involviert sind. In der Regel haben sich solche Unternehmen als Koordinatoren herausentwikkelt, die selbst einen hohen Wertschöpfungsanteil aufweisen. Dies können etwa Automobilunternehmen sein, die eine Just-In-Time Zulieferung für eine Reihe von Unternehmen koordinieren oder Distributionsunternehmen, die bei marketing- und vertriebsintensiven Produkten häufig die gesamte Wertschöpfungskette steuern.

Koordination im allgemeinen und die Koordination wirtschaftlicher Einheiten im speziellen ist stets zielorientiert. Insofern ist eine Analyse der Koordination in Unternehmensnetzwerken nicht möglich ohne eine Analyse der verfolgten Ziele. Die Ziele eines Unternehmensnetzwerkes sind das Abbild der individuellen Ziele der beteiligten Unternehmen. Diese versuchen, einerseits durch die Zusammenarbeit im Netzwerk kostengünstiger zu arbeiten als im Alleingang und andererseits aus ihrer Mitgliedschaft im Netzwerk mehr Nutzen zu ziehen als im Gegenzug Kosten anfallen. Die Erfüllung dieser beiden Ziele ist gleichzeitig die Bedingung für eine Bestandssicherung des Netzwerkes. Beide Bedingungen sind dabei notwendige Bedingungen. Werden sie nicht erfüllt, so fällt das Netzwerk auseinander.

Barnard (1968) hat diese beiden Bedingungen für die Entstehung und

---

8 Sicherlich finden sich auch in Unternehmen marktliche Koordinationsmechanismen wie Verrechnungspreise oder Ergebnisvorgaben (Bühner 1991). In diesem Fall handelt es sich allerdings bereits um abgeschwächte Formen der Hierarchie (Williamson 1975).

Überlebensfähigkeit von Organsationen allgemein herausgearbeitet und als Effektivität (effectiveness) und Effizienz (efficiency) bezeichnet. Jarillo (1988) hat dieses Konzept auf Netzwerke übertragen. Die *Effektivitätsbedingung* betrifft das Unternehmensnetzwerk als Ganzes. Sie verlangt, daß ein Netzwerk seine durch Spezialisierung möglichen Kostenvorteilspotentiale auch realisiert und im Verbund kostengünstiger produziert als Einheitsunternehmen oder Unternehmen, die über „normale", marktliche Beziehungen zusammenarbeiten. Die *Effizienzbedingung* betrifft die Beziehung jedes einzelnen Mitgliedes zum Netzwerk. Ähnlich der auf Individuen bezogenen Anreiz-Beitrags-Theorie von March/Simon (1958) muß hier der Anreiz für Unternehmen, im Netzwerk mitzuwirken, größer sein als die zu leistenden Beiträge (Alchian/Demsetz 1972; MacMillan/Farmer 1979). Da dies für alle beteiligten Unternehmen gilt, kann es sich bei einem Unternehmensnetzwerk folglich nicht um ein Nullsummenspiel – wie am Markt – handeln. Insofern sind die Effektivitätsbedingung und die Effizienzbedingung nicht unabhängig voneinander. Während die Effektivitätsbedingung für Netzwerke eine höhere Leistungsfähigkeit als bei anderen Koordinationsformen verlangt, d. h. einen größeren Kuchen schafft, fordert die Effizienzbedingung eine Zufriedenstellung aller Beteiligten, d. h. eine gerechte Verteilung des zusätzlichen Kuchens.

Jede Koordination muß zwingend diesen beiden Bedingungen Rechnung tragen. Netzwerkkoordinatoren, die das Leistungspotential eines Netzwerkes nicht realisieren oder versuchen, ihre Stellung auf Kosten von Partnerunternehmen auszubauen, riskieren das Netzwerk zu zerstören.

Literaturverzeichnis

Akerlof, G A. (1970): The Market for „Lemons": Quality Uncertainty and the Market Mechanism. In: Quarterly Journal of Economics 84, S. 488-500.

Alchian, A.A./Demsetz H. (1972): Production, Information Costs, and Economic Organization. In: American Economic Review 62, S. 777-795.

Alchian, A A. (1984): Specificity, Specialization, and Coalitions: In: Zeitschrift für die gesamte Staatswissenschaft 140, S. 34-49.

Altmann, N./Deiß, M./Döhl, V./Sauer, D. (1986): Ein „neuer Rationalisierungstyp" – neue Anforderungen an die Industriesoziologie. In: Soziale Welt 37, S. 191-206.

Altmann, N./Sauer, D. (Hrsg.)(1989): Systemische Rationalisierung und Zulieferindustrie. Frankfurt/New York.

Anasz, W./Ueda, H./Kiyoshi, Y. (1986): Industrial Structures in Japan – Pyramidal Organization in the Automobil and Electrical/Electronic Industries. In: Annals of the Institute of Social Science 28. University of Tokyo, S. 31-64.

Arrow, K.J. (1971): Economic Welfare and the Allocation of Resources for Invention. In: Nelson, R.R. (Hrsg.)(1962): The Rate and Direction of Inventive Activity. Cambridge, Mass., S. 609-625, wiederabgedruckt in: Rosenberg, N. (Hrsg.)(1971): The Economics of Technological Change. Harmondsworth, S. 164-181.

Arrow, K.J.(1983): Innovation in large and small Firms. In: Ronen, Joshua (Hrsg.):Nelson, R.R. (Hrsg.): Entrepreneurship. Lexington, Mass., S. 15-28.

Balakrishnan, S./Wernerfelt, B. (1986): Technical Change, Competition and Vertical Integration. In: Strategic Management Journal 7, S. 347-359.

Barnard, C. (1968): The Functions of the Executive. Cambridge (Original 1938).

Baumol, W.J./Panzar, J./Willig, R. (1982): Contestable Markets. New York.

Blau, P.M. (1970): The Hierarchy of Authority in Organizations. In: American Journal of Sociology 73, S. 453-467.

Borys, B./Jemison, D. B. (1989): Hybrid Arrangements as Strategic Alliances: Theoretical Issues in Organizational Combinationes. In: Academy of Management Journal 14, S. 234-249.

Bühner, R. (1990): Economies of Speed. Beschleunigung der Abläufe im Unternehmen zur Erhöhung der Wettbewerbsfähigkeit. In: Bleicher, K./Gomez, P. (Hrsg.): Zukunftsperspektiven der Organisation. Bern, S. 29-43.

Bühner, R. (1991): Betriebswirtschaftliche Organisationslehre. 5. Aufl., München.

Butler, R. (1983): A Transactional Approach to Organizing Efficiency. Perspectives from Markets, Hierarchies, and Collectives. In: Administration & Society, 15, S. 323-362.

Buzzel, R.D./Gale, B.T. (1987): The PIMS Principles. Linking Strategy to Performance. New York.

Chandler, A.D. jr. (1962): Strategy and Structure. Chapters in the History of the Industrial Enterprise. Cambridge, Mass.

Child, J. (1987): Information Technology, Organization, and the Response to Strategic Challenges. In: California Management Review 29, S. 33-50.

Coase, R.H. (1937): The Nature of the Firm. In: Economica, 4, S. 386-405, wiederveröffentlicht in: Stigler, G.J./Boulding, K.E. (Hrsg.)(1964): Readings in Price Theory. London, S. 331-351.

Crosby, P.B. (1986): Qualität ist machbar. Hamburg.

Deams, H. (1980): The Rise of the Modern Industrial Enterprise. In: Chandler, A.D. Jr. /Deams, H. (Hrsg.): Managerial Hierarchies. Comparative Perspectives on the Rise of the Modern Industrial Enterprise. Cambridge, Mass., S. 203-223.

Dorow, W./Weiermair, K. (1984): Markt versus Unternehmung: Anmerkungen zu methodischen und inhaltlichen Problemen des Transaktionskostenansatzes. In: Schanz, G. (Hrsg.): Betriebswirtschaftslehre und Nationalökonomie. Wiesbaden, S. 191-223.

Farrell, J./Shapiro, C. (1988): Dynamic Competition with Switching Costs. In: Rand Journal of Economics 19, S. 123-132.

Eccles, R.G. (1981): The quasifirm in the construction industry. In: Journal of Economic Behavior and Organization 2, S. 335-357.

Grabher, G. (1989): Firm Networks and Innovation. Paper prepared for the 9th EGOS-Colloquium. Wissenschaftszentrum Berlin, 11-14 July.

Hauser, J.R./Clausing, D. (1988): The House of Quality. In: Harvard Business Review 66, S. 63-73.
Hayek, F.A. von (1945): The Use of Knowledge in Society. In: American Economic Review 35, S. 519-530.
Hayek, F.A. von (1968): Der Wettbewerb als Entdeckungsverfahren. Kiel.
Hill, Ch.W. (1990): Cooperation, Opportunism, and the Invisible Hand: Implications for Transaction Cost Theory. In: Academy of Management Review 15, S. 500-513.
Hill, Ch.W./Hoskisson, R. E. (1987): Strategy and Structure in the Multiproduct Firm. In: Academy of Management Review 12, S. 331-341.
Hubmann, H.-E. (1989): Elektronisierung von Beschaffungsmärkten und Beschaffungshierarchien. München.
Jarillo, J.C. (1988): On Strategic Networks. In: Strategic Management Journal 9, S. 31-41.
Jarillo, J.C./Ricart, J.E. (1987): Sustaining Networks. In: Interfaces, 17 (5), S. 82-91.
Johanson, J./Mattson, L.-G. (1987): Interorganizational Relations: A Network Approach Compared to the Transaction-Cost Approach. In: International Studies of Management & Organization 17 (1), S. 34-48.
Johnston, R./Lawrence, P.R. (1988): Beyond Vertical Integration – The Rise of the Value-Adding Partnership. In: Harvard Business Review 66, S. 93-103.
Judkins, P./West, D./Drew, J. (1985): Networking in Organizations. The Rank Xerox Experiment. Brookfield, Vt.
Juran, J.M. (1989): Juran on Leadership for Quality. New York.
MacMillan, K./Farmer, D. (1979): Redefining the Boundaries of the Firm. In: Journal of Industrial Economics 28, S. 277-285.
MacNeil, I.R. (1978): Contracts: Adjustment of Long-Term Economic Relations and Classical, Neoclassical, and Relational Contract Law. In: Northwestern University Law Review 72, S. 854-905.
March, J.G./Simon, H.A. (1958): Organizations. New York.
Masten, S.E. (1988): Equity, Opportunism, and the Design of Contractual Relations. In: Journal of Institutional and Theoretical Economics 144, S. 180-195.
Meyer, M.H./Roberts, E.B. (1986): New Product Strategy in Small Technology-based Firms. In: Management Science 32, S. 806-821.
Miles, R.E./Snow, Ch.C. (1986): Organizations: New Concepts for New Forms. In: California Management Review 28, S. 62-73.
Ouchi, W.G. (1980): Markets, Bureaucracies, and Clans. In: Administrative Science Quarterly 25, S. 129-141.
Polanyi, M. (1958): Personal Knowledge. Chicago.
Powell, W.W. (1987): Hybrid Organizational Arrangements: New Forms or Transitional Development. In: California Management Review 29, S. 67-87.
Powell, W.W. (1990): Neither Market nor Hierarchy: Network Forms of Organization. In: Staw, B.M./Cummings, L.L. (Hrsg.): Research in Organizational Behavior 12, Greenwich, Conn., S. 295-336.
Richardson, G.B. (1972): The Organization of Industry. In: Economic Journal 82, S. 883-896.
Riordan, M.H./Williamson, O.E. (1985): Asset Specificity and Economic Organization. In: International Journal of Industrial Organization 3, S. 365-378.

Rullani, E./Zanfei, A. (1988): Networks between Manufacturing and Demand: Cases from Textile and Clothing Industries. In: Antonelli, C. (Hrsg.): New Information Technology and Industrial Change: The Italian Case. Dordrecht, S. 57-95.

Saxenian, A. (1990): Regional Networks and the Resurgence of Silicon Valley. In: California Management Review 32, S. 89-111.

Schumpeter, J.A. (1964): Theorie der wirtschaftlichen Entwicklung. 6. Aufl. Berlin (Original 1912).

Siebert, H. (1990): Technologische Entwicklung und Vorproduktbeschaffung. Frankfurt.

Smith, A. (1976): An Inquiry to the Nature and Causes of the Wealth of Nations, Vol. 1. London (Original 1776).

Stalk, G.Jr./Hout, T.M. (1990): Competing against Time. How Time-based Competition is reshaping Global Markets. New York.

Sydow, J. (1991): Strategische Netzwerke in Japan. In: Zeitschrift für betriebswirtschaftliche Forschung 43 (3), S. 238-254.

Takeuchi, H./Nonaka, I. (1986): The new New Product Development Game. In: Harvard Business Review 64, S. 137-146.

Teece, D.J. (1987): Profiting from Technological Innovation: Implications for Integration, Collaboration, Licensing and Public Policy. In: Teece, D.J. (Hrsg.): The Competitive Challenge. Strategies for Industrial Innovation and Renewal. Cambridge, Mass., S. 185-219.

Thorelli H.B. (1986): Networks: Between Markets and Hierarchies. In: Strategic Management Journal 7, S. 37-51.

Walker, G. (1988): Strategic Sourcing, Vertical Integration, and Transaction Costs. In: Interfaces 18, S. 62-73.

Walker, G./Weber, D. (1987): Supplier Competition, Uncertainty, and Make-or-Buy Decisions. In: Academy of Management Journal 30, S. 589-596.

Wildemann, H. (1988): Das Just-in-Time Konzept. Produktion und Zulieferung auf Abruf. Frankfurt.

Williamson, O.E. (1975): Markets and Hierarchies: Analysis and Antitrust Implications. New York.

Williamson, O.E. (1979): Transaction Cost Economics. The Governance of Contractual Relations. In: Journal of Law and Economics 22, S. 233-261.

Williamson, O.E. (1985): The Economic Institution of Capitalism: Firms, Markets, Relational Contracting. New York.

Zelewski, S. (1987): Der Informationsbroker. In: Die Betriebswirtschaft 47, S. 737-748.

Dr. Holger Siebert
Unternehmensberatung Dr. Wieselhuber & Partner
München sowie Universität Passau
Lehrstuhl für Betriebswirtschaftslehre
mit Schwerpunkt Organisation und Personalwesen
Innstraße 27
D-8390 Passau

Wolfgang H. Staehle

Redundanz, Slack und lose Kopplung in Organisationen: Eine Verschwendung von Ressourcen?

Bürokratieansatz; Fehlerfreundlichkeit; Human Resource Management; Organizational Slack; Parallelorganisation; Redundanz; Selbstorganisation; Systemtheorie

Zusammenfassung

Zentrale These des Beitrags ist, daß Existenz und Aufbau von Organizational Slack, von Strukturredundanz und von loser Kopplung der Organisationseinheiten nicht – wie in Bürokratietheorien angenommen – eine Verschwendung von Ressourcen darstellen, sondern im Gegenteil Voraussetzung für dringend erforderliche Flexibilität, Innovationskraft, organisationales Lernen und Verändern sind. Darüber hinaus tragen die Konzepte dazu bei, die Fehlerfreundlichkeit von komplexen Systemen zu erhöhen.

In einem ersten Hauptteil werden die genannten Konzepte vorgestellt und vor dem Hintergrund bürokratischer Organisationstheorien auf ihre funktionalen bzw. dysfunktionalen Beiträge zur Erreichung von Organisationszielen hin analysiert. In einem zweiten Hauptteil werden die drei Konzepte in zwei Anwendungsfeldern, Parallelorganisation und Human Resource Management, auf ihren Beitrag zur Verbesserung von praktischem Handeln in Unternehmungen untersucht. Abschließend werden Bedingungen einer situativen Verwendung der Konstrukte diskutiert.

Managementforschung 1 (1991), hrsg. von W.H. Staehle u. J. Sydow,
Walter de Gruyter · Berlin · New York, S. 313-345

Inhaltsübersicht

1 Problemstellung

Manager und Organisatoren klagen in aller Regel über unnötige Doppelarbeit, organisatorischen Leerlauf, aufgeblähte Gemeinkosten, zu hohe Lagerbestände, kurz über die Verschwendung von wertvollen Ressourcen. Andererseits klagen sie aber auch über die Fehleranfälligkeit von Computersystemen und Datennetzen. Die hier angesprochenen Tatbestände werden in der organisationswissenschaftlichen Literatur unter den Begriffen Slack, Redundanz und lose Kopplung abgehandelt.

Da diese Begriffe in der Managementpraxis noch wenig bekannt sind und auch in der Literatur nicht einheitlich verwendet werden, bietet es sich an, eine erste Arbeitsdefinition zu liefern.

Redundanz bedeutet Weitschweifigkeit, Wiederholung oder Duplizierung von Informationen oder Aufgaben, um die Verständlichkeit bzw. Sicherheit einer Nachrichtenübermittlung oder Aufgabenerfüllung zu gewährleisten.

Slack meint das Vorhandensein von Überschuß an Ressourcen (wie Zeit, Geld, Mitarbeiter) in einer Organisation, und zwar über das eigentlich Notwendige hinaus.

Lose Kopplung erlaubt im Gegensatz zur engen, starren Verkettung die lediglich lockere Verknüpfung teilautonomer Gruppen, Abteilungen oder Systemen, so daß z.B. Fehler/Störungen in einem Teilsystem nicht automatisch auf das Gesamtsystem durchschlagen, sondern dezentral vor Ort behoben werden können (rasche lokale Anpassung).

Die ersten beiden Begriffe werden sowohl in der Managementpraxis als auch in der betriebswirtschaftlichen Organisationslehre und -beratung mit negativer Konnotation benutzt. Sie werden mit Verschwendung und unwirtschaftlichem Ressourcenumgang in Verbindung gebracht. Faktisch kommt es jedoch auf die *Nutzung* der sog.Überschußressourcen an: liegen sie brach, bleiben sie ungenutzt, ist dieser Slack eher negativ einzuschätzen; werden sie als Potentiale zur Bearbeitung in der Vergangenheit vernachlässigter oder zukünftiger Aufgaben begriffen und entsprechend genutzt, ist dies positiv zu beurteilen. Was heute als Ressourcenverschwendung erscheinen mag (z.B. Investition in Humanvermögen über das z.Z. notwendige quantitative und qualitative Niveau hinaus) kann sich in Zukunft als sinnvolle Ressourcennutzung erweisen. Wer sich auf neue oder veränderte Aufgaben vorbereiten will, muß zwangsläufig Slack ansparen. Von den Biologen lernen wir (Weizsäcker 1984, S.172): „Gegenwärtige Tüchtigkeit wird benutzt, um gegenwärtig überflüssiges bis gegenwärtig ziemlich Falsches am Leben zu erhalten."

Im folgenden werde ich zu zeigen versuchen, daß die überwiegend negative Einschätzung der Konzepte Redundanz und Slack auf einem probleminadäquaten, mechanistischen Bild der Organisation (vgl. etwa Morgan 1986) beruht, welches deren positiven Aspekte, wie Sicherheit, Streßfreiheit, Voraussetzung für Flexibilität, Innovation, organisationales Lernen und Verändern negiert; darüber hinaus ist zu befürchten, daß durch das, häufig beraterunterstützte, Ausmerzen ungeplant entstandener Überschußressourcen (z.B. mittels Gemeinkostenwertanalyse, Elimination von Doppelarbeit, Zentralisation) Unternehmungen in eine gefährliche Inflexibilität und Krisenanfälligkeit getrieben werden. Die vordergründig erzielten Wirtschaftlichkeitsgewinne einer schlanken, abgespeckten Organisation stehen u.U. in keiner Relation zu den nur schwer quantifizierbaren Verlusten an Flexibilität und Kreativität, an Fähigkeiten der Wahrnehmung kurzfristig auftretender Chancen, der Abwehr von krisenhaften Herausforderungen, kurz an organischem Wachstumspotential. Landau (1969) vertritt z.B. die Auffassung, daß das Management besser beraten sei, sich (langfristig) mit Slack und Redundanz gegen Mißerfolge zu schützen, als durch Ausmerzen von Überschußressourcen (kurzfristig) nach erhöhter Wirtschaftlichkeit zu streben.

Einiges deutet darauf hin, daß sich in der bislang vorherrschenden negativen Einschätzung der Konzepte durch das Management in jüngster Zeit ein Wandel abzuzeichnen beginnt. Zwei Beispiele mögen hierfür als Beleg dienen: Human Resource Management und Parallelorganisation.

Während klassischerweise das *Personal* einer Unternehmung primär als Kostenfaktor analysiert und mit Personalkostensenkungsprogrammen nach Slack im Prozeß der Leistungserbringung geforscht wurde, sehen heute viele Unternehmungen im gezielten Auf- und Ausbau von Human Ressourcen, und zwar über das aktuell erforderliche Maß hinaus, eine langfristige Investition in Wachstumspotentiale; dies sowohl in quantitativem (Ausweitung des Marktanteils) als auch qualitativem Sinn (Unternehmungsentwicklung).

Während klassischerweise die *Organisationsstruktur* einer Unternehmung danach beurteilt wurde, ob sie eine kostenoptimale Auslastung der eingesetzten Sachmittel und Mitarbeiter erlaubt, und mit Struktur- und Funktionsanalysen nach einer maximalen Auslastung der bestehenden Strukturkapazität geforscht wurde, sehen heute viele Unternehmungen im gezielten Aufbau einer zweiten (oder dritten) Organisationsstruktur neben der Primärorganisation ein für die Bewältigung von neuartigen, Nichtroutineaufgaben notwendiges zusätzliches Organisationskonzept. Ich denke hier etwa an Task Forces, Projekt-Teams, Netzwerk-Organisation oder Intrapreneuring.

Diese neue Sicht der Phänomene Redundanz und Slack deutet auf eine veränderte Managementphilosophie, ein verändertes Organisationsbild der Manager hin. Wie läßt sich der mehr oder weniger intuitive Perspektivenwandel theoretisch deuten?

2 Der theoretische Hintergrund

2.1 Funktionale und dysfunktionale Folgen bürokratischer Strukturierung

Die drei Konzepte Slack, Redundanz und lose Kopplung werden in diesem Beitrag vor dem Hintergrund bürokratischer Organisationstheorien diskutiert, wenngleich die Konzepte z.T. aus sehr unterschiedlichen Theorietraditionen stammen bzw. in verschiedenen Disziplinen (z.B. Biologie, Ingenieurwissenschaften, Kybernetik, Systemtheorie, Soziologie) zur Analyse unterschiedlicher Problemfelder fruchtbar gemacht werden. Übertragen auf die Organisations- und Managementtheorie machen die Konzepte nur Sinn vor dem Hintergrund einer bestimmten, eben mechanistisch-bürokratischen Sicht von Organisation in Zusammenhang mit einer Entscheidungstheorie, die rationale Wahl bei einem widerspruchsfrei ableitbaren Zielsystem unterstellt. Wenn Slack und Redundanz selbst zum Ziel werden, können sie keine Verschwendung mehr darstellen.

Slack erscheint in Bürokratietheorien als Gegenstück zu effizienter Ressourcennutzung, Strukturredundanz als Gegenstück zu Spezialisierung und funktionaler Arbeitsteilung und lose Kopplung als Gegenstück zu enger, linearer Verkettung. Effiziente Nutzung knapper Ressourcen, Spezialisierung und Expertentum, vertikale Kanalisierung von Informationen, Koordination über Hierarchie und Pläne sind nun aber zentrale Merkmale bzw. Funktionserfordernisse bürokratischer Organisationen (vgl. Weber 1921).

Neben diesen mit bürokratischer Strukturierung intendierten Funktionen haben sich in der Praxis eine ganze Reihe dysfunktionaler Konsequenzen gezeigt, die tendenziell zur Ineffizienz der gesamten Organisation führen können. Dabei richtet sich das Unbehagen der Manager weniger gegen Defizite in der Herrschaftssicherungs- als solche in der Leistungssicherungsfunktion bürokratischer Organisationen. Kritik wird vor allem aus unternehmenspolitischen und humanistischen Positionen heraus formuliert (vgl. Mayntz 1968; Bennis 1969; Bosetzky/Heinrich 1985). Bürokratien seien inflexibel und wenig anpassungsfähig gegenüber Veränderungen in der Umwelt und gäben dem Organisationsmitglied kaum Gelegenheit zu Persönlichkeitsentfaltung und -entwicklung. Das unreflektierte Befolgen formeller Regeln und Vorschriften sowie die Überbetonung von Disziplin führen zu Starrheit und mangelnder Anpassungsfähigkeit der Organisation.

Trotz dieser offensichtlichen Mängel beherrscht bürokratisches Denken noch zu einem hohen Maße das Handeln der Menschen vor allem in großen Organisationen. Webers Bürokratiemodell ist, nachdem es zum dominanten Erklärungsansatz für formale Organisationen avanciert ist, auch zum festen Bestandteil von Managementwissen geworden (vgl. Staehle 1990). Lediglich modifiziert durch situative Relativierungen wird heute die Auffassung vertreten, bürokratische Organisationsformen seien nach wie vor zur Bewältigung bzw. Abwicklung von Routineaufgaben geeignet, während man für den Umgang mit unvorhersehbaren Ereignissen fallweise Entscheidungen bzw. temporäre Sonderorganisationsformen vorsehen solle.

Entsprechend finden sich nach Litwak (1961) Unterschiede in den Abteilungen einer Organisation vor allem im Hinblick auf die Aufgaben, die in ihnen zu erfüllen sind. Er nimmt dabei Bezug auf die klassische Zweiteilung von Aufgaben in routinisierbare und nicht routinisierbare und bildet dementsprechend zwei Gruppen von Subsystemen. Die erste Gruppe umfaßt solche Subsysteme, die es mit gleichförmigen, eben routinisierbaren Aufgaben zu tun haben, und die zweite solche, die ungleichförmige, eben nicht routinisierbare Aufgaben zu bewältigen haben. Litwak ist der Auffassung, daß für erstere Webers Bürokratiemodell das geeignete Erklärungs- und Gestaltungsmodell darstelle.

Sehr verwandt mit der Einteilung Litwaks ist die Klassifizierung von Simon (1960) in zwei polare Entscheidungtypen, programmierbare und nicht programmierbare, und diejenige von Gore (1964) in routinemäßige Entscheidungen (Ausführungsprogramm direkt zuordenbar), adaptive (Ausführungsprogramm mit Hilfe eines Algorithmus auffindbar) und innovative Entscheidungen (weder Ausführungsprogramm noch Such-Algorithmus bekannt).

Für die theoretische Verortung der drei Konzepte, Slack, Redundanz und lose Kopplung, erscheint mir neben diesen entscheidungs- und bürokratietheoretischen Überlegungen vor allem der eng damit zusammenhängende Informationsverarbeitungsansatz von Galbraith (1974, S.28) fruchtbar. Galbraith geht davon aus, daß mit zunehmender Unsicherheit und Komplexität einer Aufgabe das Ausmaß an Informationen, das zwischen Organisationsmitgliedern im Zuge der Aufgabenerfüllung bewegt werden muß, steigt. Unter stabilen, vorhersehbaren und klar strukturierbaren (Umwelt-) Bedingungen bewähren sich die bürokratischen Koordinationsinstrumente Regeln und Programme, Planung und Hierarchie. Bei zunehmender Unsicherheit, Komplexität und Variabilität der Zustände erhöht sich der Bedarf organisatorischer Stellen an Informationen und Management by Exception.

Wie gehen nun Manager und Organisatoren mit Ausnahmefällen, Störungen und Planabweichungen um? In Anlehnung an Galbraith (1974, S.30 ff.) unterscheide ich zwei unterschiedliche Vorgehensweisen:

(1) Reduziere den Bedarf an Informationen:
  (1.1) Bilde Organizational Slack!
  (1.2) Schaffe Strukturredundanz!
(2) Verbessere die Kommunikation:
  (2.1) Formalisiere und Computerisiere!
  (2.2) Vernetze über lose Kopplung!

Teilstrategie (2.1) wird in diesem Beitrag nicht weiter verfolgt, da bei ihrer Anwendung Ausnahmefälle und Störungen so lange kleingearbeitet werden, bis sie letzlich mit bekannten bürokratischen Koordinationsinstrumenten (noch mehr Quantifizierung und Formalisierung, Investition in EDV und Datennetze anstelle von Beziehungs-Netzen) bewältigbar erscheinen und somit der Neuigkeitsgehalt im Vergleich zu den anderen Teilstrategien fehlt. Die restlichen Teilstrategien sind Gegenstand des nächsten Abschnitts.

Ähnlich wie Galbraith (1974) vertritt Scott (1987) – allerdings aus einer systemtheoretischen Perspektive – die Auffassung, daß Organisationen als offene Systeme prinzipiell zwei zentrale Strategien zur Überlebenssicherung verfolgen: Pufferstrategien und Verknüpfungsstrategien. Erstere verfolgen die Absicht, den technischen Kern gegenüber störenden Umwelteinflüssen abzuschotten, um die Sicherheit und Stabilität des Systems zu gewährleisten (dies ist die originäre Domäne von Slack und Redundanz); letztere verfolgen das Ziel, die peripheren Subsysteme in eine optimale Vernetzung mit den Umweltsystemen zu bringen, um den Ressourcenzugang sicherzustellen (dies ist die originäre Domäne von loser Kopplung).

Unter den Bedingungen effizienten Wirtschaftens müssen sich allerdings nicht-bürokratische Koordinationsinstrumente bei einem Vorteilsvergleich mit klassisch-bürokratischen nach ihren Kosten befragen lassen. Slack verursacht Kosten temporär nicht genutzter Ressourcen (z.B. Lagerhaltung, Liquidität, Lieferzeit- und Budgetüberschreitungen); Redundanz verursacht Kosten aus dem Verzicht auf Spezialisierung, Zentralisation, Economies of Scale; Computerisierung verursacht Kosten der Standardisierung und der Investition in Hard- und Software; lose Kopplung schließlich verursacht Kosten an Zeit und Personal zur Entwicklung und Aufrechterhaltung persönlicher Interaktionen in und zwischen Arbeitsgruppen.

Im folgenden wird diskutiert, ob zum einen diesen Kosten nicht Erträge in – vielleicht sogar überproportionalen – Maßen gegenüberstehen und zum andern, ob nicht mit diesen Konzepten Funktionserfordernisse offener Systeme erfüllt werden (wie etwa Innovation, Entwicklung, Flexibilität, Fehlerfreundlichkeit), die mit mechanistisch-bürokratischen Konzepten überhaupt nicht zu bewältigen sind; also gar keine funktionalen Äuquivalente existieren und somit gar keine Wahl kostenoptimaler Alternativen besteht.

2.2 Diskussion der Konzepte

2.2.1 Organizational Slack

Das als ‚organizational slack' bezeichnete Phänomen wurde erstmals 1956 von Cyert/March beschrieben und zwar in Form unerwarteter Zielbeiträge, die zu einem Mehr an Ressourcen führen als zur Zielerreichung notwendig ist. Im Rahmen der später (Cyert/March 1963) entwickelten Anreiz-Beitrags-Theorie bedeutet Slack, daß von einer Unternehmung mehr Anreize bereit gestellt werden, als zur Beschaffung der zur Zielerreichung notwendigen Beiträge erforderlich sind; also etwa höhere Löhne, Zinsen, Abgaben als für die Zurverfügungstellung der Beiträge der Mitarbeiter, Kapitalgeber, Kommune notwendig wären. Das Slack-Konzept hat seit jenen Pionierarbeiten vielfältige Modifikationen und Ergänzungen erfahren (vgl. die Überblicke bei Weidermann 1984 und Scharfenkamp 1987).

Obwohl das Fehlen von Slack oder mehr noch eine Unterversorgung mit Ressourcen, was sich auf organisationaler Ebene als organizational pressure und auf individueller Ebene als Streß manifestiert, ebenfalls mit erheblichen Kosten verbunden ist, werden diese gegenüber den Kosten einer (vermeintlichen) Überversorgung mit Ressourcen in der Organisationslehre vernachlässigt. Diese Sichtweise ist Ausfluß der Dominanz und einseitigen Interpretation des Wirtschaftlichkeitsprinzips in der betriebswirtschaftlichen Organisationslehre, wie sie etwa in folgendem Zitat zum Ausdruck kommt: „Alle strukturierenden Regelungen sind danach zu beurteilen, wieweit sie mit einem Minimum an eingesetzten Gütern (Sachgüter, Arbeits- und Dienstleistungen etc.) der Aufgabenerfüllung dienen" (Kosiol 1962, S. 25). So wird auch die Frage, ob Aufgaben zu vereinigen (zentralisieren) oder auf mehrere Stellen und/oder Abteilungen zu verteilen sind (was zunächst zu Redundanz und damit zu Slack führt) nach dem Wirtschaftlichkeitsprinzip entschieden. Aufgabenzentralisation und Spezialisierung wird vor allem dadurch erleichtert bzw. unterstützt, daß Aufgaben und Arbeitsabläufe standardisiert werden. Dies entspricht dem von Gutenberg formulierten organisatorischen Grundprinzip, dem sog. Substitutionsprinzip der Organisation: „Treffe nach Möglichkeit generelle Regelungen und vereinfache zu diesem Zweck den zu organisierenden Tatbestand dadurch, daß er gleichförmig und sich wiederholend gemacht wird. Anders ausgedrückt: Schaffe geregelte Arbeitsabläufe für wiederkehrende und wiederkehrend gemachte Vorgänge" (Gutenberg 1960, S. 177). Der Organisator wird also von der klassischen betriebswirtschaftlichen Organisationslehre angehalten und angeleitet,

- Organisationsstrukturen zu schaffen, die eine maximale Nutzung der vorhandenen Ressourcen erlauben,
- in der Organisation nach standardisierbaren und normierbaren Aufgaben und Arbeitsabläufen zu forschen (was deren Rationalisierung ermöglicht)
- dabei aber Überorganisation zu vermeiden.

Bei Vorherrschen eines solchen Organisationsbildes ist kein Platz für organizational slack. Dieser wird konsequent als Verschwendung bezeichnet. Angst vor Verschwendung (etwa vor der Zunahme fallweiser Regelungen und der Bildungen von Reserven oder Puffern) führt zu immer neuen bürokratischen Regelungen zu deren Verhinderung, was seinerseits Überorganisation und Bürokratisierung zur Folge hat. „The rhetoric of bureaucracies is antiorganizational slack" (Benveniste 1987, S. 198).

Slack wird abgesehen von Anwendungsfällen der Pufferstrategie nur dann zugelassen, wenn es um die Entwicklung und Implementation neuer Ideen (Produkt- und Verfahrensinnovationen) geht, oder wenn organisatorischer Wandel und/oder systematische Personalentwicklung – also Lernen im weitesten Sinne des Wortes – gefragt sind (vgl. z.B. Schienstock 1975; Pinchot 1985; Hage 1988). Dabei ist die Ressource ‚Zeit', die ja in slack-armen Unternehmungen als chronisch knapp gilt, die entscheidende Erfolgsvariable. Stalk/Hout (1990) sprechen von der Zeit als der heute wichtigsten Quelle für Wettbewerbsvorteile gegenüber Konkurrenten.

Eine gewisse Abkehr von der ausschließlich negativen Sichtweise von Slack zeigt sich bei Kieser (1970), obwohl auch er zur Verbesserung der Ertragslage (ganz in der Tradition von Cyert/March) eine Beseitigung des materialisierten Slack fordert: Er formuliert die Hypothese vom optimalen Streß, einem Punkt, der auf dem Nachlässigkeit(slack)-Anpassungs (pressure)-Kontinuum zu suchen ist (vgl. Kieser 1970, S. 103 sowie Schienstock 1975, S. 109 f.). Der Streß (pressure) darf nicht zu hoch sein, als daß er sich zu einer Begrenzung der zur Forschung notwendigen Ressourcen (Zeit, Geld) entwickeln könnte (Innovationsaspekt). Etwas Slack ist demnach empfehlenswert.

2.2.2 Redundanz

Eng mit dem Slack-Konzept ist das der Redundanz verbunden, obwohl es aus einer ganz anderen Wissenschaftstradition stammt, nämlich aus der Informationstheorie. Dort bezeichnet es, in Anlehnung an Shannon/Weaver (1949) ein Maß für den Ordnungsgrad endlicher Häufigkeitsschemata (etwa das Alphabet als Buchstabenschema). Ein Sender, der die einzelnen Elemente (z.B. Buchstaben) mit gleicher Wahrscheinlichkeit aussendet, ist ungeordnet, denn eine Vorhersage der Zustände (Auftreten eines Elements) innerhalb einer Nachricht ist unmöglich. Bei Gleichverteilung der Elemente (in der Sprache der Thermodynamik: höchste Entropie) besteht also höchste Unordnung, das Schema ist nicht-redundant. Der zur Redundanz komplementäre Begriff, Freiheitsgrad oder Varietät, stellt dann ein Maß für die Unordnung eines Systems dar. Das völlig ungeordnete, nicht-redundante System weist also den höchsten Freiheitsgrad auf. Mit zunehmender Redundanz, also Ordnung oder Regelmäßigkeit der Elemente, nimmt der Freiheitsgrad ab, bis bei alleinigem Auftreten eines Elementes maximale Ordnung und somit maximale Redundanz erreicht ist.

Die Verbindung dieser informationstheoretischen und nachrichtentechnischen Begrifflichkeit mit der eingangs zitierten umgangssprachlichen Verwendung der Redundanz als Weitschweifigkeit, Ballast oder Zeitvergeudung läßt sich so verdeutlichen: Bei Verwendung eines redundanten Schemas (mehr Ordnung) benötigt man mehr Zeit, eine Nachricht zu senden, als bei einem nichtredundanten Schema (weniger Ordnung) nötig wäre.

Dieser Mehraufwand ist jedoch keine Verschwendung sondern ein praktisches Erfordernis in der Nachrichtenübermittlung, die in der Realität meist gestört ist. Zur Sicherung einer (weitgehend) störungsfreien Kommunikation wird neben der Installation von Zweiweg-Kommunikation, der Sendung auf parallelen Einwegkanälen, der Nachrichtenwiederholung auf Einwegkanälen und der Nachrichtenbestätigung durch Empfänger-Feedback vor allem die Zuladung von Zeichen (Redundanz) eingesetzt. Redundante Nachrichten gehen über das für die Empfänger-Verständlichkeit absolute Minimum hinaus und erhöhen somit die Sicherheit der Nachrichtenübertragung.

Neben der hier skizzierten Verwendung findet sich der Redundanzbegriff vor allem in der Kybernetik und Systemtheorie; dort sowohl in deren natur- als auch sozialwissenschaftlichen Ausprägung (vgl. z.B. Ashby 1956). Im sozialwissenschaftlichen Bereich hat z.B. Felix von Cube (1965) den informationstheoretischen Redundanzbegriff auf Lern-, Wahrnehmungs- und Denkprozesse übertragen (Redundanztheorie des Lernens), und in der Soziologie arbeitet Luhmann (1988) mit einer ähnlichen Begrifflichkeit (Redundanz und Varietät von Entscheidungen in Systemen). Die *Redundanz* eines Systems ist hoch, wenn ein Beobachter bei Kenntnis des Entscheidungsprogramms die Entscheidung erraten bzw. das System durchschauen kann. Die *Varietät* oder Verschiedenartigkeit eines Systems ist hoch, wenn die Redundanz gering ist und eine entsprechend sichere Prognose aufgrund der Vielzahl verschiedenartiger Entscheidungsmöglichkeiten nicht existiert. Erhöhung der Redundanz führt zur Steigerung der Komplexitätsdifferenz zwischen System und Umwelt, d.h. die eigene Komplexität wird in Relation zur Umwelt abgebaut; bei Erhöhung der Varietät würde der umgekehrte Effekt erzielt. „Mit Hilfe dieser wenigen Begriffe und in der erzwungenen Abstraktionslage lassen sich einige Aussagen über Entwicklungslinien im Verhältnis von Organisationssystemen und Umwelt formulieren. Zunächst wird man davon ausgehen können, daß Entscheidungsarbeit im System dazu tendieren wird, im Nebeneffekt (oder auch absichtlich) Strukturen zu kondensieren und damit die Redundanz des Systems zu erhöhen.... Andererseits kann es sein, daß ein System auf Turbulenzen und auf strukturelle Veränderungen in seiner Umwelt durch Erhöhung seiner Varietät reagiert, also mehr verschiedenartige Entscheidungen zuläßt" (Luhmann 1988, S. 174).

Im Gegensatz zu dieser informationstheoretischen Verwendung des Redundanz-Konzepts in der systemischen Organisationstheorie Luhmanns, stützt sich die jüngere US-amerikanische Bürokratieforschung auf den Redundanz-Begriff der Ingenieurwissenschaften, speziell auf dem Feld der Entwicklung von Sicherheitssystemen (reliability/safety engineering). Mit dem Problem der Fehlerbewältigung in technischen Großsystemen befaßt sich in einer eigenen Disziplin, die technische Zuverlässigkeitstheorie (vgl.

Henley 1981). Mit dem Bezug zu den Ingenieurwissenschaften knüpft die neuere Bürokratieforschung an Organisationsforschern seit Taylor vertraute ingenieurwissenschaftliche Analogiebildungen an, nur diesmal mit der Übernahme eines Sicherheitskonzepts, das nicht Kosten senkt, sondern diese (zunächst einmal) erhöht.

Es bietet sich folglich an, zwischen *Informationsredundanz* (weiter oben behandelt) und *Strukturredundanz* (nachfolgend behandelt) zu unterscheiden (vgl. Zeep 1968, S. 84).

Benveniste (1987, S. 199 f.) sieht in der Redundanz eine Sonderform von Slack, i.S. einer parallelen Zurverfügungstellung von Ressourcen. So werden z.B. in Düsenjägern zwei zusätzliche Benzinpumpen eingebaut, die das Funktionieren des Motors auch dann sicherstellen sollen, wenn die beiden anderen ausfallen. Auch in neuen, ausfallgeschützten Rechnersystemen sind die wichtigsten Komponenten doppelt und dreifach vorhanden, und im schlimmsten Fall sorgen Backup-Rechenzentren (als Ausweichanlagen) für Funktionstüchtigkeit. Sicherheit läßt sich eben nur durch Redundanz[1] erkaufen. Dabei sind noch zwei Unterformen der Strukturredundanz zu unterscheiden, stand-by oder passive Redundanz (Beispiel Benzinpumpen) und aktive Redundanz (vgl. Bendor 1985, S. 29). Zeep (1968, S. 84) spricht analog von kalter und heißer Redundanz, je nachdem ob die Elemente kalt gelagert, lediglich als Reserve vorgehalten, oder laufend mitbenutzt werden. Strukturredundanz findet sich in Organisationen in folgenden Ausprägungen (vgl. van Beinum 1988, S. 4):

- Redundanz von Teilen (Menschen bekommen eine bestimmte Aufgabe zugeteilt und funktionieren wie Teile einer Maschine. Die Funktionssicherheit wird durch Austausch, Hinzufügung, Verdoppelung von Teilen hergestellt): Mechanistisches Organisationsbild/Fremdorganisation.
- Redundanz von Funktionen (Menschen üben eine Vielzahl von Funktionen aus – allein oder in Arbeitsgruppen. Die Funktionssicherheit des Systems wird durch Erhöhung der Funktionsredundanz in den Teilen hergestellt): Organisches Organisationsbild/Selbstorganisation.

Ergänzen könnte man diese Zweiteilung noch um eine dritte Ausprägung, nämlich

- Redundanz von Beziehungen zwischen den Teilen, was einem systemischen Organisationsbild entspricht (diese Art von Redundanz wird näher unter loser Kopplung behandelt).

Übertragen auf Unternehmungen fördert das organische Organisationsbild sowohl die Realisierung neuer Formen der Arbeitsorganisation (wie

1 Hier sind deutliche Parallelen zum Begriff der Informationsredundanz erkennbar.

etwa Job Enrichment und teilautonome Arbeitsgruppen) als auch die bewußte *parallele* Einrichtung von Stellen/Abteilungen/Teams, die gleiche oder ähnliche Aufgaben verrichten, um

- fristgerechte Aufgabenerfüllung sicherzustellen
- aufgrund von Wettbewerb zwischen Teams qualitativ höherwertige Ergebnisse (als bei Einfachbesetzung) zu erreichen
- Überlastung (organizational pressure, stress) bei Einfachbesetzung zu reduzieren
- Fehlermachen als Voraussetzung für individuelles und organisatorisches Lernen zu ermöglichen (ohne den Routineablauf zu gefährden)
- Selbstorganisation zu ermöglichen (vgl. Landau 1973; Cohen 1981; Bendor 1985).

Die hier geforderte Parallel- oder Doppelarbeit widerspricht in eklatanter Weise sowohl tayloristischen Arbeitsgestaltungsempfehlungen (Verschwendung von Ressourcen) als auch Human-Relations Vorstellungen (redundanzinduzierte Konkurrenz zwischen Gruppen ist konflikthaltig und destruktiv). Gleiches gilt für den Maschinenbau. Hier beklagt Zeep (1968, S. 100), daß abgesehen von den Gebieten Elektrotechnik, Flugzeug- und Raketenbau, Redundanz als totes Kapital und nutzlose Verschwendung angesehen wird.

Umso schwerer haben es Befürworter von Redundanz in Organisationen, gegen dieses klassisch-mechanistische Organisationsbild anzukämpfen. Bendor (1985, S. 30 ff.) argumentiert wie folgt: Gegner paralleler, also redundanter Strukturen sind konsequenterweise Verfechter eines Monopolmodells: für jede Aufgabe/Funktion nur eine Stelle/Abteilung. Monopole lehnen dieselben Kritiker aber in (fast) allen anderen Bereichen entschieden ab: so fordern sie z.B. Wettbewerb im Markt (möglichst viele Anbieter von Ressourcen und Problemlösungen), Wettbewerb zwischen Politikern und zwischen Parteien. Warum also nicht Wettbewerb in Organisationen? (Ähnlich argumentiert Chisholm 1989, S. 5 f.). Markt und Konkurrenzprinzip sind – sofern sie funktionieren – äußerst fehlerfreundliche Institutionen, denn sie fördern u.a. die Entstehung und Bewahrung von Vielfalt.

Wettbewerb ist jedoch nicht mit Redundanz identisch. Alle Wettbewerbssysteme sind zwar redundant aber nicht jede Strukturredundanz ist kompetitiv. Das heißt für den Organisationsgestalter, daß er redundante Strukturen konzipieren kann, ohne daß diese (zunächst) in Wettbewerb zueinander stehen. Die organisatorische Realität zeigt jedoch, daß geplant oder ungeplant[2] entstandene Parallelstrukturen in Konkurrenz (um knap-

2 Z.B. aus Unzufriedenheit mit der Leistung zentraler Stabsabteilungen duplizieren Linienabteilungen diesen Service nach ihren individuellen Bedürfnissen.

pe Ressourcen) zueinander treten. Systematisch geförderter Wettbewerb um knappe Ressourcen ist *ein* Mittel, die nicht effiziente Nutzung von Ressourcen (negativen Slack) zu reduzieren.

Die Abkehr vom Monopolmodell der Organisation, wie wir es prototypisch in der Einprodukt-Unternehmung mit funktionaler Spezialisierung vorfinden, ist vor allem im Zuge von Diversifikationsstrategien hin zum strukturredundanten divisionalen Organisationsmodell erfolgt (vgl. etwa Williamson 1975, der diesen Trend mit dem Vorteil geringerer Transaktionskosten erklärt). Dabei ist zu beachten, daß auch die Diversifikationsstrategie – aufbauend auf der Portfolio Selection Theorie von Markowitz (1959) – auf Prinzipien der Redundanz beruht, wonach redundante Teile/Systeme unabhängig voneinander funktionieren sollen, d.h. Sicherheit (hier der Investitionen) soll durch Engagements in nicht verwandten Märkten erreicht werden. Strukturredundanz muß sich jedoch, entgegen dem Monopolmodell der Organisation, permanent ökonomisch rechtfertigen.

Beispielhaft hierfür mag die entsprechende Diskussion bei Krüger (1984, S. 104) stehen: „Typischerweise ist eine DO (Divisionale Organisation, W.St.) auf der dritten Ebene nach Funktionen untergliedert. Sollte dort nochmals eine Objektgliederung erfolgen, was nicht auszuschließen ist, wird spätestens auf der vierten Ebene das Verrichtungskriterium Anwendung finden. Dies führt in aller Regel zu einer Stellenvermehrung gegenüber einer FO (Funktionale Organisation, W.St.), was einen Ressourcenüberschuß (Slack) bedeutet, der u.a. den Flexibilitätsvorteil der DO ausmacht. Mit diesem Ressourcenüberschuß sind selbstverständlich Kosten verbunden, die unter ökonomischen Gesichtspunkten nur dann zu rechtfertigen sind, wenn ihnen eine entsprechende Leistung gegenübersteht. Für die DO bedeutet dies, der Slack muß marktbezogen einsetzbar sein.

Zur Vermeidung von unnötigem Slack ist daher zu untersuchen, welche Funktionen sich nicht notwendig in sämtlichen Sparten wiederholen müssen. In der praktischen Anwendung versucht man deshalb dadurch Kosten zu sparen, daß man alle Funktionen, die nicht notwendigerweise den Sparten überlassen werden müssen, zentralisiert".

Die Argumente *für* Zentralisation nehmen in der betriebswirtschaftlichen Organisationslehre und im Denken der Manager einen traditionell hohen Stellenwert ein: Zentralisation sorgt (angeblich) für

- Transparenz und Übersichtlichkeit
- klare Aufgabenteilung (eine Abteilung pro Funktion)
- einheitliche Willensbildung in wenigen Abteilungen
- einheitliche Bearbeitung gleichartiger Aufgaben (keine Doppelarbeit)
- Einsatz hochqualifizierter Spezialisten

– Einsatz informations- und produktionstechnischer Instrumente zur Rationalisierung (economies of scale)

Dagegen verursacht Strukturredundanz zunächst einmal nur Mehrkosten. Worin liegt aber dessen (potentieller) Mehrertrag?

Zur Beantwortung dieser Frage ist eine Rückbesinnung auf die sicherheitstechnische Analogie, als dem Ausgangspunkt unserer Diskussion, notwendig. Anders als bei serieller Kopplung, wo die Kette so stark ist wie ihr schwächstes Glied, gilt für redundante Systeme, daß eine Duplikation das System stärker (zumindest gleich stark) macht als sein stärkstes Teil. „Die Zuverlässigkeit eines Serien-Systems ist immer kleiner oder höchstens gleich der Zuverlässigkeit des unzuverlässigsten Elementes, d.h. ein Serien-System kann nie besser funktionieren als sein schwächstes Teil. Seine Zuverlässigkeit ist somit begrenzt. Die Zuverlässigkeit eines Parallel-Systems ist immer größer oder mindestens gleich der Zuverlässigkeit seines zuverlässigsten Elements, d.h. durch parallele Anordnung beliebig vieler Elemente läßt sich eine beliebig hohe Zuverlässigkeit erreichen" (Zeep 1968, S. 89).

Während das Konzept der seriellen Anordnung von der irrigen Annahme ausgeht, die Sicherheit eines Systems ließe sich durch die Perfektionierung seiner Teile erhöhen, wird es bei paralleler Anordnung in der Tat möglich, ein zuverlässiges System auch aus tendenziell unzuverlässigen Teilen zu gestalten (vgl. Chisholm 1989, S. 183).

Das setzt jedoch voraus, daß parallel installierte Teile (z.B. Teams in F&E) unabhängig voneinander funktionieren und nicht miteinander kommunizieren (vgl. auch die Portfolio-Theorie und die Beispiele bei Perrow 1984). Je mehr Teile/Einheiten an der gleichen Aufgabe arbeiten, desto eher sind die beiden grundlegenden Fehlerquellen im System zu vermeiden: Die Unfähigkeit,

– einen unerwünschten Zustand zu stoppen,
– einen erwünschten Zustand zu erreichen.

Perrow (1984, S. 70 f.) unterscheidet in diesem Zusammenhang zwischen Vorkommnissen (incidents) und Unfällen (accidents). Vorkommnisse bezeichnen Fehler auf den unteren beiden Systemebenen, Elemente und Teile, Unfälle bezeichnen Fehler auf den höheren Ebenen, Subsystem und Gesamtsystem. Unfälle sind unbeabsichtigte und unerwartete Vorkommnisse, die sich nicht mehr auf einzelne Elemente und Teile begrenzen lassen und den Systemoutput stoppen.

Eine weitere wichtige Bezugsdisziplin für das Redundanz-Konzept ist die Biologie (vgl. zum folgenden Weizsäcker 1984). Gerade was Fehlertoleranz und -freundlichkeit anbetrifft, können wir viel von der belebten Natur lernen: Redundanz von Molekülen, Zellen, Organen (z.B. zwei Nieren), Individuen und Arten; Vielfalt und Diversität von Reaktionsweisen, Individuen und Arten; Barrieren zwischen Zellen (z.B. Sollbruchstellen im Eidechsenschwanz), Organen und Arten. „Redundanz, Vielfalt und Barrieren zusammen garantieren lebenden Systemen ihre Fehlerfreundlichkeit und damit ihr Vorbereitetsein auf künftige Ereignisse" (Weizsäkker 1984, S.170).

Übertragen auf technische Systeme ergibt sich die Notwendigkeit des Einbaus von Knautschzonen, Sollbruchstellen, elektrischen Sicherungen oder der Bereitstellung von Notstromaggregaten und Ersatzdiensten bis hin zum Kopiloten im Flugzeug.

Bezogen auf Arbeitssysteme bedeutet Fehlerfreundlichkeit das Ermöglichen und Anbieten von Chancen, Fehler machen zu dürfen, um aufgabenspezifische Fähigkeiten und Fertigkeiten zu erwerben, wozu auch das Vorbereitetsein auf Unfälle zählt. „Dort wo die Arbeitsbedingungen dies verunmöglichen und im Fehler grundsätzlich eine sicherheitsgefährdende Handlung statt ein Durchgangsstadium zur Optimierung von Fertigkeiten bzw. sicherheitsadäquater Handlungen gesehen wird, ist das Verhältnis von Fehlern und Unfällen – wie unsere ersten Ergebnisse zeigen – alarmierend" (Wehner/Mehl 1987, S.590).

Neben dem Sicherheitsaspekt wird von den Befürwortern einer Strukturredundanz der Innovationsaspekt betont (vgl. Bendor 1985, S. 52 ff.). Sicherheit und Innovation ebenso wie Tüchtigkeit und Fehlerfreundlichkeit schließen sich allerdings keineswegs aus, sondern verhalten sich komplementär zueinander. Parallele Strukturen versprechen unter Wettbewerbsbedingungen (Artenvielfalt) anspruchsvollere, kreativere Lösungen als monopolistische Strukturen. Die Chance, daß von herkömmlichen Problemlösungen abgewichen wird, ist höher. Damit wird die Varietät des Systems sensu Luhmann erhöht, die Organisation wird flexibler, anpassungsfähiger an Umweltherausforderungen (vgl. hierzu ausführlich Abschnitt 3.1).

2.2.3 Lose Kopplung

Wie weiter oben schon angedeutet, lassen sich die mit dem als Sicherheits- und Innovationsaspekt bezeichneten Mehrertragspotentiale redundanter Strukturen um so besser realisieren, desto unabhängiger die parallel installierten Teams/Abteilungen arbeiten; mit anderen Worten, je autonomer (in Bezug auf den Handlungsspielraum) die Organisationseinheiten agieren können. Hiermit ist ein drittes Konzept neben Slack und Redundanz angesprochen, nämlich das der losen Kopplung (loose coupling) von Organisationseinheiten (Subsystemen). Das Konzept hat eine Tradition sowohl in der Biologie als auch der Mechanik und beschreibt die Effekte einer losen bzw. engen Kopplung von lebenden Systemen bzw. technischen Einheiten. Ein für Sicherheitssysteme zwingendes Gebot fordert z.B., daß Fehler in einem (Sub-)System nicht auf andere durchschlagen dürfen, was Slack und Puffer bis hin zu Barrieren zwischen den Teilen erfordert, sowie deren lediglich lose Kopplung. Im Gegensatz zu automatischen Kontrollsystemen, die i.d.R. enge Kopplungen benutzen, um das System möglichst rasch auf eine Input- bzw. Störgröße reagieren zu lassen, führt eine lose Kopplung zu lokal stabilen Subsystemen, die Störungen an anderen Stellen des Systems ignorieren.

Das Loose Coupling-Konzept ist in den 70er Jahren von Soziologen und Sozialpsychologen auf Organisationen übertragen worden (vgl. Glassman 1973, Weick 1976). Es diente zunächst als Instrument der Kritik an bürokratischen, tayloristischen Organisationen, die – ein mechanistisches Organisationsbild vor Augen – enge Kopplung auf bzw. zwischen allen Systemebenen favorisieren. Chisholm (1989, S. 11 ff.) verbindet enge Kopplung mit Hierarchie und formaler Organisation und lose Kopplung – etwas mißverständlich – mit informaler Organisation bzw. Koordination. Enge Kopplung, wie sie z.B. im Produktionsbereich durch Fließbandfertigung repräsentiert wird, impliziert unqualifizierte Arbeit, enge Überwachung und Kontrolle, eben Mißtrauensorganisation. Fox (1974, S.102 ff.) spricht von Low-trust-Beziehungen, wenn mit Hilfe einer straffen, direkten Kontrolle, Arbeiter zu einer vorschriftsmäßigen Aufgabenerfüllung nach Plan angehalten werden (zum Begriff Mißtrauensorganisation vgl. Bleicher 1982 sowie Krell 1988). Perrow (1984, S. 78) spricht hier von linearen (im Gegensatz zu komplexen) Interaktionen, d.h. die Interaktionen sind in ihrem Auftreten gut prognostizierbar (in der Sprache der Informationstheorie also hochredundant), es gibt keinen Slack, keine ungenutzten Kapazitäten, keine Fehler-Toleranz. Abweichungen von Standards werden sofort registriert und weitergemeldet, die Korrekturen erfolgen unmittelbar und ebenfalls standardisiert. Somit erscheint lineare Interaktion bzw. enge Kopplung als Ideal einer Organisation.[3]

Weit gefehlt! Enge Kopplung bedeutet Inflexibilität, höchste Anfälligkeit gegen nicht-prognostizierte Störungen jeglicher Art, zeitliche Abhängigkeit der nach- von vorgelagerten Prozessen. Lineare Interaktionen bzw. enge Kopplung weisen graphentheoretisch gesprochen (vgl. u.a. Cartwright 1959 sowie Granovetter 1973) die Form einer Kette bzw. eines Baumes auf, die durch eine Vielzahl von Artikulationspunkten (Verbindungs-

3 Vgl. das heute allenthalben propagierte Streben nach Just-in-Time Produktionssystemen. In dem Maße, in dem JIT Slack ausmerzt, müssen andere Strategien der Reduzierung des Informationsbedarfs bzw. der Verbesserung der Kommunikation gewählt werden.

stellen) gekennzeichnet sind. Artikulationspunkte sind solche Punkte in einem Graph, deren Fortfall (Ausfall) ein verbundenes Muster in zwei oder mehr isolierte Teilgraphen zerfallen läßt, d.h. sie sind besonders anfällig für Kommunikationsstörungen (Überlastungen, Überforderungen). Im Gegensatz zu ungebundenen Kommunikationssystemen kennzeichnet Baum- und Kettenstrukturen insgesamt die Unmöglichkeit der Variation, Improvisation und Neuschöpfung, das Fehlen von Zeit und Muße (eben Slack) zum Lernen vor Ort. Das Denken und Lernen wird vom Arbeitsprozeß getrennt in hochspezialisierten Planungsabteilungen (früher: Arbeitsvorbereitung) konzentriert; denn jede nur denkbare Abweichung von der geplanten linearen Interaktion muß bei enger Kopplung antizipiert werden; die installierten Sicherheitssysteme müssen jeden denkbaren technischen und menschlichen Fehler und die Reaktion darauf einplanen, und, da Sicherheitsingenieure anders denken als Arbeiter, kommt es immer wieder zu Unfällen (vgl. die Beispiele in Perrow 1984 sowie das grundlegende Konzept einer Pathologie der Organisation von Türk 1976). Lernen aus Fehlern wird unmöglich gemacht. Je planmäßiger die Menschen vorgehen, desto wirksamer trifft sie der Zufall, sagt Friedrich Dürrenmatt. Diese Einschätzung wird jedoch von der Managementpraxis (noch) nicht geteilt. So finden wir in einer empirischen Untersuchung von Domsch/Fischer (1990) zum Problemfeld ‚Störfälle im strategischen Forschungsmanagement' als eine vorbeugende Maßnahme zur Reduzierung von Störfällen u.a. ‚gründliche Planung' (S.867). Gerade in Katastrophenfällen sind formale Pläne und Organisationen mit enger Kopplung hoffnungslos überfordert; das formale Kommunikationssystem bricht i.d.R. zusammen, und den zentralen Instanzen fehlt es an entscheidungsrelevantem Wissen über Ursachen und Ausmaß des Unfalls (vgl. Chisholm 1989, S. 36).

Die von Industriesoziologen auch als technozentrischer Entwicklungspfad (vgl. Jürgens/Naschold 1984; Brödner 1986) bezeichnete Strategie der engen Kopplung kämpft permanent mit dem letztlich unlösbaren Problem, die Diskrepanzen zwischen den realen Prozeßabläufen und deren analytischen Entwurf zu überwinden. „Konstruktionsmängel und nachträgliche Änderungen, nicht genau kalkulierbare Vorgabezeiten, Maschinenausfälle, fehlende Werkzeuge und Vorrichtungen, Fehlzeiten und Leistungsschwankungen führen dazu, daß auch der penibelst ausgearbeitete und optimierte Plan schon nach wenigen Stunden von den wirklichen Fertigungsabläufen überholt ist, mithin zusätzliche kostspielige Revisionen oder doch wieder Improvisationsleistungen erfordert. Und daran ändert auch eine noch zu zeitgenaue Betriebsdatenerfassung im Grundsatz nichts" (Brödner 1986, S. 83 f.).

Hier bietet sich als Alternative die lose Kopplung an. Perrow (1984) empfiehlt lose Kopplung – wie schon bei Slack und Strukturredundanz – zunächst unter dem Sicherheitsaspekt. Seiner Meinung nach werden mit diesem Konzept Unfälle vermieden, denn die Organisationseinheiten verfügen über Slack, sind dezentralisiert und mit Autonomie ausgestattet; das Personal kann vor Ort entscheiden, ob die Prozesse unterbrochen werden, es kann quer zu den Instanzenwegen kommunizieren und auch externen Rat einholen (Redundanz von Beziehungen). Diese von Industriesoziologen auch als anthropozentrischer Entwicklungspfad charakterisierte Strategie erfordert allerdings ganz andere organisatorische und personelle Voraussetzungen als enge Kopplung: hohe Qualifikation der Mitarbeiter, permanente Weiterbildung, Vertrauensorganisation, autonome, dezentrale Organisationseinheiten; somit alle Voraussetzungen für Selbstorganisation. Vertrauensorganisation impliziert ein Netz informaler Kommunikationsbeziehungen, Verzicht auf direkte Kontrolle und generell eine Organisation ad personam und nicht ad rem (vgl. Bleicher 1982 sowie Krell 1988).

Van Beinum (1988) sieht in self-managing groups das Prinzip der Redundanz von Funktionen verwirklicht, während sich in Bürokratien das Prinzip der Redundanz von Teilen niederschlägt. Selbstorganisation setzt permanentes individuelles und organisationales Lernen voraus. Vermehrte Selbstorganisation erfordert eine Erhöhung organisatorischer Redundanz, von organizational slack, in dem Sinne, daß viele selbstkoordinierende Personen oder Gruppen (z.B. teilautonome Arbeitsgruppen) geschaffen werden, die alle dasselbe parallel tun können, und zwar an Stelle einer Zentralinstanz. „Die Teile werden mit zusätzlichen ‚überflüssigen' Funktionen ausgestattet und dazu angehalten, daß sie möglichst viele Funktionen wahrnehmen (können). Diese Forderung ist bereits in autonomen Arbeitsgruppen, Qualitätszirkeln, Job-rotation, Job-enlargement usw. aufgekommen" (Probst 1987, S. 137).

Branchen, die auf stark schwankende, nicht bzw. nur schwer prognostizierbare Kundenwünsche reagieren müssen, haben ihre Produktionssysteme auf lose Kopplung umgestellt; typisch hierfür sind Formen flexibler Gruppenarbeit in sog. Fertigungsinseln. Weick (1979, S. 110 ff.) empfiehlt prinzipiell solche relativ kleinen Einheiten *in sich* als fest gekoppelte, stabile Kollektive zu konzipieren (Dyaden, Kleingruppen), in denen kurze, aber häufige Interaktionen stattfinden, und sie nur relativ locker (lose Kopplung) mit anderen organisatorischen Subsystemen zu verbinden. Lange, aber seltene Interaktionen sind kennzeichnend für Koordinationsmaßnahmen zwischen diesen kleinen Einheiten. Lose Kopplungen (weak ties) sind – so die Forschungsergebnisse von Granovetter (1973) – besser geeignet, unterschiedliche Netzwerke von Personen zu verknüpfen, als enge. Er spricht sehr anschaulich von der Stärke schwacher Beziehungen und bezeichnet es geradezu als Paradoxon, daß enge Kopplung (strong ties) u.a. aufgrund der Cliquenbildung und hohen Gruppenkohäsion zu einer Fragmentierung und nicht zu einer organisatorischen Einheit führt. „Weak ties are more likely to link members of different small groups than are strong ones, which tend to be concentrated within particular groups“ (Granovetter 1973, S. 1376).

Ein weiterer Vorteil loser Kopplung wird darin gesehen, daß Störungen in kleinen Organisationseinheiten (Gruppen, Abteilungen) zunächst auf diese begrenzt bleiben und nicht – wie bei enger Kopplung – sofort auf das Gesamtsystem übergreifen (vgl. als Analogon das System der Schotten im Schiffsbau). Lose Kopplung erleichtert auch die lokale Anpassung von Subsystemen an je typische Umweltkonstellationen und dies ist bei der heutigen Dynamik der Umweltveränderungen ein wesentlicher Vorteil gegenüber eng verkoppelten Gruppen/Abteilungen.

3 Die praktische Anwendung

In diesem Teil meiner Überlegungen möchte ich auf die in der Managementpraxis zunehmend beobachtbare implizite Verwendung der drei vorgestellten Konzepte eingehen, und zwar exemplarisch diskutiert an zwei zentralen Aktionsfeldern des Managements, Management von Strukturen: Parallelorganisation, und Management von Humanpotential: Human Resource Management. Dabei ist zu beachten, daß die in Abschnitt 2 vorgestellten Konzepte (mit Ausnahme des Slack) aus den Naturwissenschaften stammen, also zunächst *nicht* für soziale oder Humansysteme konzipiert wurden und folglich noch mit sozialwissenschaftlichen Erkenntnissen angereichert werden müssen.

Die Tatsache, daß die Managementpraxis mehr und mehr die Konzepte ‚sinngemäß', ihrer Intention nach nutzt, ohne die dahinterstehenden Theorien zu kennen, läßt darauf schließen, daß sie dem Alltagsverständnis der heutigen Manager von ‚guter Organisation und Führung' entsprechen. Zu beachten ist weiterhin, daß die Konzepte allein auf der Ebene der Organisation und *nicht* auf der des Individuums diskutiert werden, d.h. es geht um (aus der Sicht des Managements) effiziente Lenkung von Unternehmungen und *nicht* etwa um Humanisierung der Arbeit aus individueller Sicht. Personal (Humanpotential) wird also genauso instrumentell gesehen wie technische Ressourcen oder Organisationsstrukturen. Wenn im Zuge von mehr Slack, Redundanz und loser Kopplung Humanziele erreicht werden – und darauf weisen einschlägige Studien aus dem HdA- bzw. QWL-Bereich hin (vgl. etwa Stein/Kanter 1980; van Beinum 1988) –, dann sind das nützliche Nebenprodukte bei der Verfolgung der Managementziele, aber keinesfalls Primärziele. Folgende, von Stein/Kanter (1980, S. 379) zitierte Managementaussage stellt die wirklichen Motive für die

Einrichtung einer Parallelorganisation in grotesker Weise auf den Kopf: „The Steering Committee felt that each of these projects had significant business pay-offs in addition to their quality of work life implications".

3.1 Parallelorganisation

Als ‚parallel organization' bezeichnet Howard Carlson (OE-Experte bei GM) eine Mitte der 70er Jahre bei General Motors neu eingeführte Organisationsstruktur, die neben der hierarchisch-bürokratischen Grundstruktur (für Routineaufgaben) eine zweite, parellele Organisation zur Lösung innovativer Nicht-Routineaufgaben vorsieht (vgl. Miller 1978). Diese parallele Organisation ist eine ebenso formale Struktur wie die primäre, die neben ihr existiert, sie aber keineswegs dupliziert oder gar ersetzt (vgl. Stein/Kanter 1980).

Die Mitglieder der Parallelorganisation sind zugleich Mitglieder der Linienorganisation, d.h. sie arbeiten nur temporär oder part time in der Parallelorganisation. Nicht unter diese Abgrenzung von Parallelorganisation fallen alle auf Koordination oder sonstige Daueraufgaben angelegte Organisationsstrukturen, wie Matrix-Organisation, Produkt- oder SGE-Organisation.

Fallen in einer Unternehmung lediglich Aufgaben eines bestimmten Typs an, reicht theoretisch auch *eine* Organisationsstruktur. Tauchen neue und/oder zeitlich befristete Aufgaben oder Probleme auf, bietet es sich an, parallele Strukturierungskonzepte vorzusehen.

Parallelorganisationen werden vor allem zur Bearbeitung schlecht-strukturierter, komplexer Probleme, zur Steigerung der Flexibilität und Anpassungsfähigkeit der bestehenden Linienorganisation sowie zur Einleitung von OE-Prozessen mit dem Ziel einer Veränderung der Grundstruktur der Unternehmung eingesetzt (vgl. etwa Zand 1974; Stein/Kanter 1980).

Sieht man in der Sicherstellung von Kontinuität und Wandel die notwendigen und hinreichenden Mindestaufgaben einer jeden Organisation – Thompson (1967) spricht vom Paradox of Administration und Goldstein (1985) von Organizational Dualism –, bietet es sich bei empirisch nachweisbarer fehlender Eignung einundderselben Struktur, beide Aufgaben zufriedenstellend zu lösen, an, mindestens zwei parallele Strukturen zu installieren. Thompson (1967, S. 148 ff.) bezeichnet die gleichzeitige Suche nach Sicherheit/Kontinuität und Flexibilität/Wandel als Paradoxon, das sich aber im Zeitablauf auflöst: Kurzfristig strebt das Management danach, Unsicherheit zu reduzieren, langfristig will es durch Slackaufbau mehr Flexibilität erzielen. Parallelorganisation versucht dagegen, das Paradoxon eines Organizational Dualism simultan zu lösen. „Die jeweilige Un-

Maintenance Organization	Parallel Organization
Routine, geringe Unsicherheit	Problemlösung, hohe Unsicherheit
Ziel ist 'Produktion'	Ziel ist 'Organisation'
feste Stellenbeschreibung	flexible, rotierende Aufgabenzuweisung
Qualifikation vor der Aufgabenübernahme	Qualifikation während der Aufgabenbearbeitung
langer Dienstweg	kurzer Dienstweg
Zielbildung top-down	Zielbildung auch bottom-up
Anreize: Bezahlung	Anreize: Lernchancen
	soziale Kontakte
	Anerkennung
funktionale Spezialisierung	diagonale Verknüpfungen
Amtsautorität	personale Autorität

zulänglichkeit der beiden Organisationstypen für spezifische Entscheidungsprozesse macht es erforderlich, die Grundstruktur von Wirtschaftssystemen dualistisch zu gestalten" (Schienstock 1975, S. 69).

Gaitanides/Wicher (1986) diskutieren zwei Strategien zur Auflösung des organisatorischen Dilemmas: Integrationsstrategien (möglichst umfassende Einbindung der Organisationsmitglieder in den Innovationsprozeß) und Segregationsstrategien (Trennung in zwei unterschiedliche Organisationsformen mit Hilfe von Parallelorganisation, dualer Organisation oder Venture Management).

Ein zentraler Mangel bürokratischer Organisationen ist ihre Unfähigkeit, Innovationen (Produkt- und Verfahrensinnovationen) zu ermöglichen bzw. ein Klima zu schaffen, in dem neue Ideen und Projekte geboren und gefördert werden. Da die Hierarchie jedoch unbestreitbare Vorteile bei der Abwicklung von Routineaufgaben aufweist, bietet es sich an, eine innovationsförderliche Parallelorganisation einzuführen.

Kanter (1983, S. 407; s.a. Galbraith 1982, S. 10) hat die Charakteristika der beiden Organisationstypen anschaulich gegenübergestellt (s.o.).

Kanter (1983) berichtet von Beispielen aus der Praxis, in denen es gelungen ist, eine mechanistische Linienorganisation und eine organische Parallelorganisation nebeneinander bestehen zu lassen. Wichtigste Organe der letzteren sind ein Lenkungsausschuß (steering committee) auf Top Management-Ebene und eine Vielzahl flukturierender temporärer Task Forces. Galbraith (1982) schlägt für die innovative Organisation die Bildung von Reservaten auf allen Ebenen der Unternehmung vor: „Reservations are organizational units, such as R&D groups, that are totally devoted to creating new ideas for future business" (S. 14). Reservate arbeiten in einer garage-like Atmosphäre und bieten optimale Voraussetzungen für Experimentieren und Lernen. Reservate können einmal unternehmensintern konzipiert werden; bei fehlendem internen Know How aber auch in

Kooperation mit Externen, z.B. Universitätsinstituten, Forschungszentren, Unternehmensberatern.

Daß es sich bei dem heute in der Praxis verstärkt favorisierten Systemdualismus nicht um die Realisierung eines langgehegten Wunschtraums des auf Systemkontinuität programmierten Managements handelt, sondern eher um ein aus der Not permanenten Anpassungs-/Innovationsdrucks geborenes reaktives Konzept handelt, machen Heintel/Krainz (1988, S. 47) mit Blick auf das Projektmanagement als Parallel-Hierarchie auf Zeit deutlich: „Man glaubt, die Anlässe für Organisations- und Verhaltensänderungen möglichst gering halten zu können, wenn man die Projektorganisation analog zur bestehenden Hierarchie einrichtet". Durch die Abspaltung von der Hierarchie sollen möglichst wenig Berührungspunkte bzw. -probleme mit der ‚eigentlichen' Organisation entstehen, damit diese nur nicht von neuen Ideen und Arbeitsformen (etwa Teamarbeit) infiziert wird.

Dennoch sieht Goldstein (1985, S. 508) in der Tatsache, daß in der Praxis immer mehr Parallelorganisationen zu finden sind „an indication that the rudiments of organizational dualism are being understood at least at the intuitive level". Wie sind nun diese Entwicklungen im Lichte der in Abschnitt 2 diskutierten Konzepte zu beurteilen?

Zunächst ist zu prüfen, ob die Parallelorganisation auf Zeit (befristet) oder auf Dauer eingerichtet ist, und ob es sich um eine echte Duplizierung handelt, d.h. zwei oder mehrere Organisationseinheiten arbeiten parallel an der gleichen Aufgabe/Problemlösung. Nur im letzten Fall, der in der Praxis relativ selten vorkommt, ist von Strukturredundanz i.e.S. zu reden. In allen anderen oben beschriebenen Formen handelt es sich letztlich um eine Strukturierung nach dem klassischen Konzept der Zentralisation: Routineaufgaben werden in der Linienorganisation und innovative Aufgaben in der Parallelorganisation zentralisiert. Von Redundanz kann keine Rede sein, höchstens von Slack. Für die Parallelorganisation werden hinreichend Ressourcen an Personal, Geld, Zeit und Räumen bereitgestellt, so daß Überlastung in der Linie abgebaut und Chancen zum Experimentieren (Fehlermachen) und Selbstorganisieren geboten werden.

Dem Prinzip loser Kopplung wird ebenfalls entsprochen, insofern als der Parallelorganisation weitgehende Autonomie eingeräumt und sie nur lose mit der Linienorganisation verknüpft wird. Die Hierarchie bleibt jedoch in sich eng verkoppelt und durch lineare Interaktionen verknüpft, so daß deren Störanfälligkeit nach wie vor hoch ist. Dies könnte nur durch eine völlige Umstrukturierung der gesamten Unternehmung nach den drei Prinzipien erfolgen; bislang wird die sog. Parallelorganisation lediglich als notwendige Ergänzung (Komplement) der hierarchischen Mechanismen benutzt und nicht als Alternative (Substitut) zur Hierarchie.

3.2 Human Resource Management

Human Resource Management (HRM) bezeichnet eine neuere Strategie des Managements von Humanpotential, die sich erheblich von solchen Personalverwaltungsansätzen unterscheidet, die Slack im Personal möglichst eliminieren wollen (vgl. Staehle 1988). Herkömmlicherweise kommt dem Personalwesen in der Unternehmung die Aufgabe zu, den Faktor ‚Arbeit' an die zuvor personenunabhängig entworfenen Arbeits- und Organisationsstrukturen kostenminimal anzupassen. Die einzelnen Unternehmensbereiche melden einen Personalbedarf, die Personalabteilung hat die personellen Ressourcen in der gewünschten Quantität und Qualität, zur rechten Zeit und am rechten Ort bereitzustellen. Das benötigte Personal wird beschafft, ausgelesen, nach der Einstellung verwaltet und betreut; nicht (mehr) benötigtes Personal wird entlassen, verrentet, abgefunden. „Arbeitsproduktivität bzw. Arbeitswirtschaftlichkeit sind der Beitrag der Personalwirtschaft zur ökonomischen Effizienz der Organisation (z.B. Gewinn, Rentabilität)" (Marr/Stitzel 1979, S. 57).

Klassischerweise haben das Top Management und nachgeordnete Linienmanager Personalfragen an die Personalabteilung delegiert. Dieser wurden immer neue Aufgaben zugewiesen, und zwar in dem Maße, in dem neue Probleme auftauchten (wie Karriereplanung, Personal- und Organisationsentwicklung). Personalabteilungen sind so relativ unkoordiniert, additiv gewachsen und haben eine integrative, proaktive und vor allem strategische Orientierung vermissen lassen.

Alle mit Personal zusammenhängenden Fragen wurden in der Personalabteilung zentralisiert. Doppelarbeit und damit Slack und Redundanz sollten vermieden werden. Aber zu welchem Preis? Eine Personalplanung, die ‚Arbeit' lediglich als Kostenfaktor sieht, den es durch personalwirtschaftliche Maßnahmen zu minimieren gilt, führt zu einer systematischen Ausdünnung des Personals in quantitativer und – was viel schwerer wiegt – qualitativer Hinsicht. In Zeiten raschen technologischen Wandels und turbulenter Marktbedingungen, die flexibles unternehmerisches Agieren und Reagieren erfordern, erweist sich das Personal immer mehr als Engpaßfaktor. Technisch-organisatorische Neuerungen scheitern an der chronischen Verspätung der derivativen Personalanpassungsplanung. Das Personalplanungskonzept ‚Personal folgt Strategie' geht von der Annahme aus, daß das zur erfolgreichen Strategieimplementation erforderliche Humanpotential (kurzfristig) beschaffbar sei. Diese Annahme erweist sich in der Praxis als wenig realistisch – gerade die Ressource Personal erfordert eine langfristige Betrachtung – und ist mit eine Ursache für das Scheitern anspruchsvoller Strategien. Insofern ist es naheliegend, den umgekehrten Weg einer Strategieentwicklung aus den vorhandenen Ressourcen heraus zu prüfen. In diesem Sinne fordert Jack Welch, der CEO der General Electric Comp., „Strategy follows people; the right person leads to the right strategy“ (Friedman/LeVino 1984, S. 198). Selbst Anhänger eines mechanistischen Organisationsbildes fordern heute: „Personelle Auswirkungen der integrierten Technologien (gemeint ist CIM, W.St.) müssen rechtzeitig erfaßt werden, so daß die erforderlichen Maßnahmen mit genügend zeitlichem Vorlauf geplant werden können. Personalentwicklung nimmt aktiv an der Planung des technischen Wandels teil, indem sie die erforderlichen Qualifikationen zeitlich gesehen im Vorlauf des Technikeinsatzes bereitstellt. Investitionen in Sachkapital und ‚Human Resources' müssen sich zielgerichtet ergänzen“ (Bullinger 1989, S. 50).

In einer breit angelegten Untersuchung über die Praxis des gleitenden Übergangs in den Ruhestand (vgl. Deters/Staehle/Stirn 1989) wurde deutlich, daß bei einzelnen weitsichtigen Unternehmungen eine Rückbesinnung bzw. Neubesinnung auf den Wert der Ressource Arbeitskraft, speziell älterer Mitarbeiter, festzustellen ist. Erst als in Unternehmungen, die einen drastischen Personalabbau bei den Älteren vollzogen hatten, diese Mitarbeitergruppe fast gänzlich „ausgestorben“ war, hat man erkannt, welche Ressourcen hier verloren gegangen sind. Wissen, Können und vor allem die langjährigen Erfahrungen, der Überblick über die Zusammenhänge im Unternehmen, über die die älteren Mitarbeiter verfügen, sind Ressourcen, auf die kein Unternehmen verzichten kann.

Ganz offensichtlich ist gegenüber dem Faktor ‚Arbeit' von seiten des Managements ein Einstellungswandel erkennbar. Nicht zuletzt aufgrund der chronischen Knappheit hochqualifizierter Fachleute und der zentralen Bedeutung einer hochmotivierten Stammbelegschaft für den Unternehmungserfolg wird heute das Personal (mit Ausnahme einer beliebig disponierbaren Randbelegschaft, die in aller Regel kein Adressat betrieblicher Weiterbildung ist) als Pool von Ressourcen angesehen, den es gezielt aufzubauen, pfleglich zu erhalten und anforderungsgerecht weiterzubilden gilt. Da das Qualifikationspotential den Kern des Humanpotentials ausmacht, stehen Maßnahmen der Personalentwicklung (PE) im Mittelpunkt des HRM.

Personalarbeit reduziert sich nicht mehr auf die bloße Anwendung von Personaltechniken, wie Personalplanung, -einsatz, -entwicklung oder -entlassung, deren kompetenter Einsatz hochspezialisierten Mitarbeitern in der Personalabteilung zugewiesen wird, sondern sie ist eine genuine Managementaufgabe. Alle mit dem Faktor Arbeit in Verbindung stehenden Handlungen/Entscheidungen werden als Human Resources Activities integrativ geplant und mit der Unternehmensstrategie abgestimmt.

In der Praxis zeigt sich eine Entwicklung weg von der Zentralisierung des Personalbereichs und hin zu einer Reintegration vormals ausgegliederter Personalfunktionen (wie Lohnfindung, Arbeitsvorbereitung, Beurteilungsverfahren) zurück in die Linie, also eine Hinwendung zur Strukturredundanz.

Theoretisch stützt sich HRM auf zwei Wurzeln: (1) eine *verhaltenswissenschaftliche* (Mitarbeiter werden hier als Reservoir einer Vielzahl potentieller Fertigkeiten angesehen, und es ist Aufgabe und Verantwortung des Managers, herauszufinden, wie diese Anlagen am besten zu aktualisieren, zu fördern und weiterzuentwickeln sind) und (2) eine *ökonomische* (das Personal wird nicht mehr nur als Kostenfaktor betrachtet, sondern vor allem als Vermögensanlage, die es einzel- und gesamtwirtschaftlich zu erhalten und zu mehren gilt). Hierzu dient vor allem die Personalentwicklung, die als Maßnahme zum Aufbau von Slack interpretiert werden kann. Neben der Weiterbildung (off-the-job) als direkter Qualifizierung steht hier die Arbeitsstrukturierung als indirekte Form der Qualifizierung (on-the-job) im Mittelpunkt.

Bei der Arbeitsstrukturierung geht es darum, den Arbeitsinhalt und die Arbeitsbedingungen einer Stelle sowohl nach ökonomischen als auch nach humanen Kriterien zu gestalten. Während bei der Arbeitsinhaltsverkleinerung in der Tradition Taylors überwiegend ökonomische Überlegungen einer Slack- und Redundanzminimierung dominieren, zielen Arbeitsinhaltsvergrößerungen auf die Schaffung von Arbeitssystemen, die sowohl Slack als auch Redundanz von Funktionen aufweisen (van Beinum 1988).

In der betrieblichen Praxis haben unter der Bezeichnung Neue Formen der Arbeitsorganisation einige Arbeitsstrukturierungskonzepte Bedeutung erlangt, die z.T. den Anforderungen nach mehr Slack und Redundanz genügen: Während bei Job Rotation und Job Enlargement über die Variation der Arbeitsinhalte bzw. die Verlängerung des Arbeitszyklus nur in sehr beschränktem Maße PE möglich ist, bietet Job Enrichment durch die qualitative Vergrößerung des Arbeitsfeldes Chancen zur Höherqualifikation und Weiterentwicklung. In teilautonomen Arbeitsgruppen ermöglicht das Angebot von Selbstorganisation bzw. Selbstabstimmung der Gruppenarbeit die Entwicklung sozialer Kompetenz, Teamfähigkeit und Selbständigkeit.

Teilautonomen Arbeitsgruppen (Susman 1976) wird in der Praxis übertragen

- die selbständige Vorbereitung, Einteilung und Verteilung der Arbeitsaufgaben
- die selbständige Einrichtung, Wartung, teilweise Reparatur der Maschinen
- die selbständige Kontrolle des Arbeitsergebnisses.

Koordination durch Selbstabstimmung in (teil-)autonomen Arbeitsgruppen entlastet den klassischen Linienvorgesetzten von Anweisungs- und

Kontrollaufgaben und den Stab von Informations- und Planungsaufgaben. Alle zur Aufgabenerfüllung notwendigen Ressourcen (Raum, Zeit, Geld, Mitarbeiter) werden der Arbeitsgruppe zur eigenen Verwaltung übertragen. Es entstehen in sich eng gekoppelte Fertigungsinseln, die nur lose mit der restlichen Produktionshierarchie gekoppelt sind. Sie folgen insofern dem zuvor besprochenen Modell der Parallelorganisation. Dies ist auch ökonomisch sinnvoll, denn „Je straffer die Steuerung, desto weniger wert ist der ‚Faktor Personal', weil die spezifischen Potenzen von Personal (Varietätserzeuger, Zufallsgenerator, Lückenbüßer, Innovator usw.) eliminiert, also buchstäblich jenseits der Grenzen der Organisation ins Private verbannt werden" (Neuberger 1990, S. 7 f.).

Enrichment-Maßnahmen zielen dagegen auf

- Erweiterung des Tätigkeits- und Entscheidungsspielraums
- Integration von Service- und Stabstätigkeiten (Dezentralisierung)
- Verlängerung der Zykluszeiten
- Schaffung von Zwischenlagern (Puffern, Slack)
- Mitbestimmung am Arbeitsplatz (Experimentierchancen)
- räumliche Anordnung, die soziale Kontakte erlaubt
- Mobilität und Flexibilität.

Was zu Zeiten von HdA- und QWL-Programmen primär unter dem Humanisierungsaspekt eher halbherzig vom Management toleriert wurde, ist heute unter dem Flexibilisierungs- und Qualifikationsaspekt eine ökonomische Notwendigkeit geworden. Flexible Systeme der Fertigung und Montage erfordern es, den Mitarbeiter von starrer Technik, Taktzwang und Normarbeitszeit zu entkoppeln und schaffen die Chance, häufig sogar die Notwendigkeit, für eigenverantwortliches, fachlich kompetentes Verhalten. Was für die Fertigung gilt, gilt auch in der Verwaltung. Neue Informationstechnologien im Büro- und Verwaltungsbereich (vernetzte Personal Computer, multifunktionale Terminals, integrierte Bürosysteme) erlauben bei entsprechender Arbeitsorganisation eine verstärkte Aufgabenintegration und -automation (vgl. z.B. Rock et al. 1990).

Aufbau von Slack und Redundanz als notwendige Nebenbedingung eines nach mehr Effizienz und Flexibilität strebenden HRM gehen zeitlich einer dann allerdings intensiveren Nutzung dieser Ressourcen voraus (organizational pressure). Denn es ist erklärtes Ziel des HRM, *den ganzen Menschen* restlos mit all seinen Anlagen, Eigenschaften, Fähigkeiten und Fertigkeiten für betriebliche Zwecke zu nutzen. Nicht der Mensch steht im Mittelpunkt des HRM sondern das Geld (vgl. Neuberger 1990). „Although human resources work may have some intrinsic goodness about it in terms of helping people learn, grow, and advance, organizations do not tend to pay much for goodness. They are, out of necessity, most interested in return on investment" (Fitzenz 1984, S. 223). In dieses Bild paßt auch die in der US-amerikanischen Literatur zu findende Einschätzung, daß HRM am besten in gewerkschaftsfreien Unternehmungen funktioniert.

Ich komme insgesamt zu dem Ergebnis, daß die bislang in Literatur und Praxis dominierende negative Einschätzung der Folgen von Slack und Redundanz unter den heutigen Bedingungen der Kapitalverwertung unbegründet ist, ja ein Festhalten an diesem Denken die Unternehmungen in eine gefährliche Inflexibilität und Krisenanfälligkeit stürzen kann. Welche Konsequenzen diese neue Sichtweise des Managements für den arbeitenden Menschen hat bzw. haben wird, ist noch weitgehend offen.

4 Ansätze einer situativen Verwendung der Konzepte

Kennzeichnend für das noch relativ frühe Stadium der Diskussion der Konzepte Slack, Redundanz und Kopplung in der Managementlehre ist das Denken in entweder-oder Kategorien und deren dichotome Verwendung in Gestaltungsempfehlungen:

Organizational Pressure vs. Organizational Slack
Strukturmonopol vs. Strukturredundanz
enge Kopplung vs. lose Kopplung

An anderer Stelle (Staehle 1973, S. 36) habe ich diesen m.E. unbefriedigenden Entwicklungsstand einer Disziplin als Dualismus bezeichnet. Dualistische Theorien nenne ich solche Aussagensysteme, die dichotom zwei idealtypische Modelle der Organisation und Führung gegenüberstellen. Die Autoren solcher Theorien entwickeln zwei gegensätzliche Idealtypen zur Beschreibung des Verhaltens von sozio-technischen Systemen sowie der Menschen in ihnen und um sie herum. Autoren dualistischer Ansätze sehen die polaren Modelle als Extrema eines Kontinuums und empfehlen entweder bei unterschiedlichen Entscheidungssituationen Entscheidungsmodelle, die mehr zum einen oder anderen Extremtyp tendieren, oder sie empfehlen eines der beiden kontrastierten Modelle zur allgemeinen Anwendung in allen Situationen.

Als erster Schritt zur situativen Relativierung der Aussagen bietet sich an, aufbauend auf kontingenztheoretischer Tradition alternative Formen von Slack, Redundanz und Kopplung zu unterscheiden. So läßt sich Slack z.B. nach Funktionsbereichen, wie Materialwirtschaft (maschinelle Anlagen, Läger, Kapazitäten), Finanzwirtschaft (Eigenkapital, Liquidität) oder Personalwirtschaft (Personen, Qualifikationen), Redundanz nach Informationsredundanz (Erhöhung der Kommunikationssicherheit) und Strukturredundanz (Erhöhung der Flexibilität und Kreativität) und Kopplung nach Verkettungs- und Vernetzungssystemen differenzieren. Ganz in ökonomischer Tradition wird man nach einem optimalen Slackniveau, optimalem Grad an Redundanz oder Vernetzung/Kopplung suchen. Obwohl das Hauptargument gegen Slack und Redundanz immer noch Verschwendung von Ressourcen[4], d.h. unnötige Kosten lautet, ruft das Management heute – wie die Beispiele im Abschnitt 3 belegen – keineswegs mehr nach einer Kostenminimierung in diesem Bereich sondern nach Optimierung. D.h. man vertritt die Überzeugung, daß weder zu viel (hohe Leerkosten[5], geringe Wirtschaftlichkeit) noch zu wenig Slack (hohe Anpassungskosten, geringe Flexibilität) betriebswirtschaftlich sinnvoll ist, sondern ein irgendwie berechenbares Optimum anzustreben sei. Diese Optimalitätsvorstellung hat nicht nur in der Betriebswirtschaftlehre Tradition (z.B. optimaler Lagerbestand, optimale Liquidität, optimale Kapazität) sondern auch in der verhaltenswissenschaftlichen Managementlehre (z.B. optimales Konfliktniveau, optimales Stressniveau)[6]. Während eine Quantifizierung der in die betriebswirtschaftlichen Kalküle eingehenden Variablen noch einigermaßen möglich ist, muß dieses Unterfangen bei den verhaltenswissenschaftlichen Modellen scheitern. Genauso wenig wie sich ein optimales Organisations- und Führungssystem errechnen läßt, existieren operationale, quantifizierbare Aussagen über ein optimales Slackniveau.

Sinnvoller erscheint es, betriebliche Situationen zu beschreiben[7], in denen der Einsatz von Slack, Redundanz oder loser Kopplung unter Abwägung von damit verbundenen Kosten und Nutzen eher angebracht ist als in anderen. Beispielhaft hierfür ist etwa die aus der Populationsökologie stammende Diskussion über die Vorteilhaftigkeit von Generalisten bzw. Spezialisten in bestimmten Umweltsituationen.

Generalisten – sowohl auf der Ebene der Unternehmung (generalisiertes Leistungsangebot) als auch der Individuen (Generalisten als Manager) – verfügen (zwangsläufig) über mehr Slack und weisen höhere Ko-

4 Es erscheint mir wenig sinnvoll, diese Einstellung des Managements dadurch ändern zu wollen, daß man den negativ besetzten Slack-Begriff durch einen positiver klingenden, wie ‚organizational innovative capability' ersetzt, oder Slack als „the necessary cost of effective professional performance" (Benveniste 1987, S. 199) umdefiniert.

5 Der Teil der Fixkosten, der für die Bereitstellung nicht in Anspruch genommener Ressourcen (Slack) entsteht.

6 Ganz in diesem Sinne hat Kieser (1970) das Modell eines optimalen organizational stress konzipiert.

7 Dabei bin ich mir bewußt, daß es die Situation nicht gibt, sondern daß Situationsbeschreibungen beobachterabhängig sind. Dieselbe Situation wird individuell unterschiedlich wahrgenommen, sie ist sozial konstruiert. Im folgenden ist die Situationsanalyse aus der Managementperspektive vorgenommen worden.

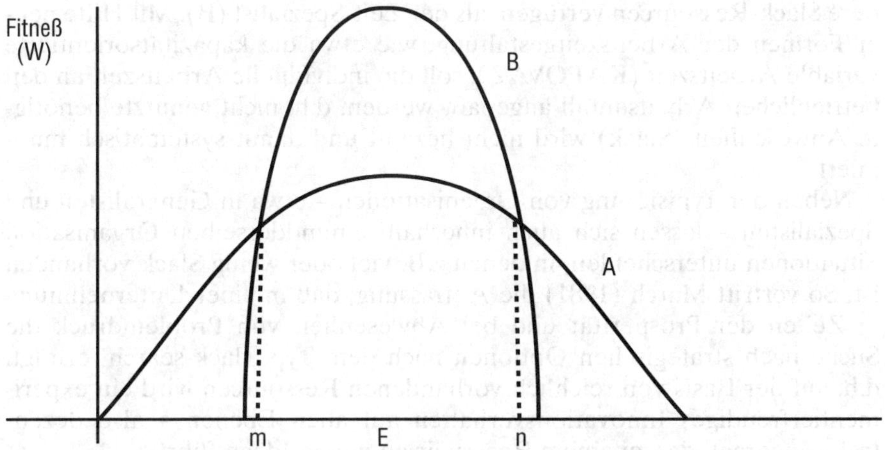

Abb.1: Nischen für Spezialisten und Generalisten (Hannan/Freeman 1977, S. 947)

stenniveaus auf als Spezialisten (spezialisiertes Leistungsangebot, Spezialisten als Manager). Hannan/Freeman (1977, S. 949) charakterisieren Generalisten als solche Populationen von Organisationen, die sich auf eine breite Basis von simultan genutzten Ressourcen (Redundanz) stützen und zu jeder Zeit ausreichend Slack vorhalten (Hannan/Freeman sprechen von ‚excess capacity'). Die generelle Aussage, Spezialisten seien Generalisten in jedem Fall überlegen, ist empirisch nicht haltbar; es kommt, so die These von Levins (1968), auf die jeweiligen Umweltanforderungen (sicher – unsicher) an. Es überrascht nicht, Spezialisten unter den Organisationen in stabilen, sicheren Umwelten und Generalisten in dynamischen, unsicheren Umwelten vorzufinden (vgl. Abb. 1). So lange sich die Umweltvariation in dem Intervall (m, n) bewegt, sind Spezialisten (B) eindeutig überlegen, und Generalisten (A) werden im Wettbewerb (langfristig) keine Überlebenschancen haben (vgl. Hannan/Freeman 1977, S. 950). A kann die (im Vergleich zu B) hohen Slack-Ressourcen nicht marktspezifisch nutzen und offeriert bei höheren Kosten ein qualitativ und quantitativ schwächeres Leistungsangebot.

Diese, in Abb. 1 veranschaulichte Betrachtung einer Variation hinsichtlich der nachgefragten Leistungen, läßt sich um eine solche hinsichtlich der Variation des zeitlichen Auftretens der Nachfrage (tägliche, monatliche, saisonale Schwankungen) erweitern. Derjenige Anbieter (A), der 24 Stunden täglich und 365 Tage jährlich lieferbereit ist, muß über ganz andere Slack-Ressourcen verfügen, als der Zeit-Spezialist (B). Mit Hilfe neuer Formen der Arbeitszeitgestaltung, wie etwa die kapazitätsorientierte variable Arbeitszeit (KAPOVAZ), soll die individuelle Arbeitszeit an den betrieblichen Arbeitsanfall angepaßt werden, d.h. nicht genutzte/benötigte Anwesenheit (Slack) wird nicht bezahlt und damit systematisch minimiert.

Neben der Typisierung von Organisationen – etwa in Generalisten und Spezialisten – lassen sich auch innerhalb einundderselben Organisation Situationen unterscheiden, in denen z.B. viel oder wenig Slack vorhanden ist. So vertritt March (1981) die Auffassung, daß in einer Unternehmung in Zeiten der Prosperität und bei Abwesenheit von Problemdruck die Suche nach strategischen Optionen nach dem Typ ‚slack-search' erfolgt, d.h. auf der Basis von reichlich vorhandenen Ressourcen wird ein experimentierfreudiges Innovationsverhalten auf allen Ebenen – also dezentral – angeregt, das zu einem Reservoir an neuen Ideen führt.

In Zeiten der Ertragsschwäche und bei starkem Markt- und damit auch Zeitdruck wird das Management dagegen den Typ des ‚solution-driven search' präferieren, d.h. bei Fehlen von Slack wird zentral nach raschen erstbesten Lösungen gesucht.

Zukünftige Forschung auf diesem Gebiet wird – wie diese wenigen Beispiele zeigen – theoretisch wie auch empirisch begründet zu einer Ablösung des einseitigen Denkens in entweder-oder Kategorien durch einen situativen Relativismus führen; d.h. sie wird zu zeigen haben, in welchen Situationen welche Kombination von Struktur- und Steuerungskomponenten die gewünschten Zielzustände am ehesten erreichen lassen.

Literaturverzeichnis

Ashby, W.R. (1956): An introduction to cybernetics. London.

Beinum, H.van (1988): New technology and organizational choice. In: QWL Focus 6 (1), S. 3-10.

Bendor, J.B. (1985): Parallel systems: Redundancy in government. Berkeley.

Bennis, W.G. (1969): Organization development: Its nature, origins, and prospects. Reading, Mass.

Benveniste, G. (1987): Professionalizing the organization. San Francisco/London.

Bleicher, K. (1982): Vor dem Ende der Mißtrauensorganisation? In: Office Management 30 (4), S. 400-404.

Bosetzky, H./Heinrich, P. (1985): Mensch und Organisation. 3.Aufl. Köln etc.

Brödner, P. (1986): Fabrik 2000 – Alternative Entwicklungspfade in die Zukunft der Fabrik. 3. Aufl. Berlin.

Bullinger, H.-J. (1989): Personal-Management in der Fabrik der Zukunft. In: Acker-

mann, K.-F./Danert, G./Horváth, P. (Hrsg.): Personalmanagement im Wandel. Stuttgart, S. 31-60.
Cartwright, D. (1959): The potential contribution of graph theory to organization theory. In: Haire, M. (Hrsg): Modern organization theory. New York/London, S. 254-271.
Chisholm, D. (1989): Coordination without hierarchy – Informal structures in multiorganizational systems. Berkeley/Los Angeles/London.
Cohen, M.D. (1981): The power of parallel thinking. In: Journal of Economic Behavior and Organization 2, S. 285-306.
Cube, F.von (1965): Kybernetische Grundlagen des Lernens und Lehrens. Stuttgart.
Cyert, R./March, J.G. (1956): Organizational factors in the theory of oligopoly. In: The Quarterly Journal of Economics 70, S. 44-64.
Cyert, R./March, J.G. (1963): A behavioral theory of the firm. Englewood Cliffs, N.J.
Deters, J./Staehle, W.H./Stirn, U. (1989): Die Praxis des gleitenden Übergangs in den Ruhestand. Berlin.
Domsch, M./Fischer, J. (1990): Entscheidungsgremien und strategisches Forschungsmanagement. In: ZfbF 42 (10), S. 851-868.
Fitzenz, J. (1984): How to measure human resources management. New York.
Fox, A. (1974): Beyond contract: Work, power and trust relations. London.
Friedman, St.D./LeVino, Th.P. (1984): Strategic appraisal and development at General Electric Company. In: Fombrun, Ch.J./Tichy, N.M./Devanna, M.A. (Hrsg.): Strategic human resource management. New York etc., S. 183-201.
Gaitanides,M./Wicher,H. (1986): Strategien und Strukturen innovationsfähiger Organisationen. In: ZfB 56, S. 385-403.
Galbraith, J.R. (1974): Organization design: An information processing view. In: Interfaces 3 (4), S. 28-36.
Galbraith, J.R. (1982): Designing the innovating organization. In: ODY 11 (Winter), S. 5-25.
Glassman, R.B. (1973): Persinstence and loose coupling in living systems. In: Behavioral Science 18, S. 83-98.
Goldstein, S.G. (1985): Organizational dualism and quality circles. In: AMR 10 (3), S. 504-517.
Gore, W.J. (1964): Administrative decision-making. New York etc.
Granovetter, M.S. (1973): The strength of weak ties. In: AJS 78, S. 1360-1380.
Gutenberg, E. (1960): Grundlagen der Betriebswirtschaftslehre, 1. Bd.: Die Produktion. 5. Aufl. Berlin/Heidelberg/New York.
Hage, J. (Hrsg.)(1988): Futures of organizations. Lexington/Toronto.
Hannan, M.T./Freeman, J. (1977): The population ecology of organizations. In: AJS 82, S. 929-964.
Heintel, P./Krainz, E.E. (1988): Projektmanagement – Eine Antwort auf die Hierarchiekrise? Wiesbaden.
Henley, E.J. (1981): Reliability engineering and risk assessment. Englewood Cliffs, N.J.
Jürgens, V./Naschold, F. (Hrsg.)(1984): Arbeitspolitik. Leviathan Sonderheft Nr. 5. Opladen.

Kanter, R.M. (1983): The change masters. New York.
Kieser, A. (1970): Unternehmungswachstum und Produktinnovation. Berlin.
Kosiol, E. (1962): Organisation der Unternehmung. Wiesbaden.
Krell, G. (1988): „Vertrauensorganisation“ als Antwort auf Wertewandel und Technologieschub? In: ZOE 7 (2), S. 35-50.
Krüger, W. (1984): Organisation der Unternehmung. Stuttgart etc.
Landau, M. (1969): Redundancy, rationality, and the problem of duplication and overlap. In: Public Administration Review 29, S. 346-358.
Landau, M. (1973): On the concept of a self-correcting organization. In: Public Administration Review 33, S. 533-542.
Levins, R. (1968): Evolution in changing environments. Princeton, N.J.
Litwak, E. (1961): Models of bureaucracy which permit conflict. In: AJS 66, S. 177-184.
Luhmann, N. (1988): Organisation. In: Küpper, W./Ortmann, G. (Hrsg.): Mikropolitik. Opladen, S. 165-185.
March, J.M. (1981): Decisions in organizations and theories of choice. In: Van de Ven, A.H./Joyce, W.F. (Hrsg.): Perspectives on organizational effectiveness. New York.
Markowitz, H. (1959): Portfolio selection: Efficient diversifications of investments. New York.
Marr, R./Stitzel, M. (1979): Personalwirtschaft. München.
Mayntz, R. (Hrsg.)(1968): Bürokratische Organisation. Köln/Berlin.
Morgan, G. (1986): Images of organization. Beverly Hills etc.
Miller, E.C. (1978): The parallel organization structure at General Motors: An interview with Howard C. Carlson. In: Personnel 55 (4), S. 64-69.
Neuberger, O. (1990): Der Mensch ist Mittelpunkt. Der Mensch ist Mittel. Punkt. In: Personalführung (1), S. 3-10.
Perrow, Ch. (1984): Normal accidents, living with high-risk technologies. New York.
Pinchot, G. (1985): Intrapreneuring. New York.
Probst, G.J.B. (1987): Selbstorganisation – Ordnungsprozesse in sozialen Systemen aus ganzheitlicher Sicht. Berlin/Hamburg.
Rock, R./Ulrich, P./Witt, F. (Hrsg.)(1990): Strukturwandel der Dienstleistungsrationalisierung. Frankfurt a. M./New York.
Scharfenkamp, N. (1987): Organisatorische Gestaltung und wirtschaftlicher Erfolg – Organizational Slack als Ergebnis und Einflußfaktor der formalen Organisationsstruktur. Berlin/New York.
Schienstock, G. (1975): Organisation innovativer Rollenkomplexe. Meisenheim am Glan.
Scott, W.R. (1987): Organizations: rational, natural, and open systems. 2. Aufl. Englewood Cliffs, N.J.
Shannon, C.E./Weaver, W. (1949): The mathematical theory of communication. Urbana, Ill.
Simon, H.A. (1960): The new science of management decision. New York.
Staehle, W.H. (1973): Organisation und Führung sozio-technischer Systeme. Stuttgart.

Staehle, W.H. (1988): Human Resource Management (HRM). In: ZfB 58 (5/6), S. 576-587.

Staehle, W.H. (1990): Management – Eine verhalteswissenschaftliche Perspektive. 5. Aufl. München.

Stalk, G./Hout, Th.M. (1990): Competing against time. How time-based competition is reshaping global markets. New York.

Stein, B.A./Kanter, R.M. (1980): Building the parallel organization: Creating mechanisms for permanent quality of work life. In: JABS 16 (3), S. 371-388.

Susman, G.I. (1976): Autonomy at work – A sociotechnical analysis of participative management. New York etc.

Szyperski, N./Winand, U. (1979): Duale Organisation – Ein Konzept zur organisatorischen Integration der strategischen Geschäftsfeldplanung. In: ZfbF-Kontaktstudium 31, S. 195-205.

Thompson, J.D. (1967): Organizations in action. New York u.a.

Türk, K. (1976): Grundlagen einer Pathologie der Organisation. Stuttgart.

Weber, M. (1921): Wirtschaft und Gesellschaft. Tübingen.

Wehner, T./Mehl, K. (1987): Handlungserforschung und die Analyse von kritischen Ereignissen und industriellen Arbeitsunfällen. In: Amelang, M. (Hrsg.): Bericht über den 35. Kongreß der Deutschen Gesellschaft für Psychologie in Heidelberg 1986, Bd.2. Göttingen etc., S. 581-593.

Weick, K.E. (1976): Educational organizations as loosly coupled systems. In: ASQ 21 (1), S. 1-19.

Weick, K.E. (1979): The social psychology of organizing. 2. Aufl. Reading, Mass.

Weidermann, P.H. (1984): Das Management des Organizational Slack. Wiesbaden.

Weizsäcker, Ch.v./Weizsäcker, E.U.v. (1984): Fehlerfreundlichkeit. In: Kornwachs, K. (Hrsg.): Offenheit – Zeitlichkeit – Komplexität, Zur Theorie der Offenen Systeme. Frankfurt/New York, S. 167-201.

Williamson, O.E. (1975): Markets and hierarchies: Analysis and antitrust implications. New York.

Zand, D.E. (1974): Collateral organizations: A new change strategy. In: JABS 10, S. 63-89.

Zeep, W. (1968): Redundanz – ein Mittel zur Steigerung der Zuverlässigkeit von technischen Systemen. In: Bussmann, K.F./Mertens, P. (Hrsg.): Operations Research und Datenverarbeitung bei der Indstandhaltungsplanung. Stuttgart, S. 83-102.

Prof. Dr. Wolfgang H. Staehle
Institut für Management
Freie Universität Berlin
Garystraße 21
D-1000 Berlin 33

Emil Walter-Busch

Entwicklung von Leitmotiven verhaltensorientierten Managementwissens

Humanitätsprinzip von Industriegesellschaften; Leitmotive und Topoi des Managementwissens; Managementgeschichte; Professionalisierung; verhaltensorientiertes Managementwissen; Verwissenschaftlichung des Managementwissens

Zusammenfassung

Der Aufsatz geht von der Annahme aus, daß die methodisch wie inhaltlich heiklen Probleme managementhistorischer Forschung besser gelöst werden können, wenn es gelingt, im weiten Feld von Theorien und Praktiken des Managements mehr oder weniger gleichförmig wiederkehrende Handlungs- oder Argumentationsmuster, d.h. gattungsspezifische Gemeinplätze (oder loci communes, Topoi) zu identifizieren. Nach Darstellung von Kooperationsproblemen und problematischen Fortschrittsprämissen der älteren und neueren Managementhistorie, die solche Analysen erschweren, stellt die Arbeit ein drei Entwicklungsstufen unterscheidendes Phasenmodell der sukzessiven Verwissenschaftlichung und Professionalisierung verhaltensorientierten Managementwissens dar. Die Betrachtung phasentypischer Probleme dieses Professionalisierungsprozesses führt zur Schlußfolgerung, daß die immer wieder diskutierte Frage nach sozialwissenschaftlich zu ermittelnden Schlüsselfaktoren der Managementpraxis, die im Spannungsfeld des männlich-weltbemächtigenden Wirtschaftlichkeits- und des weiblich-fürsorglichen Humanitätsprinzips von Industriegesellschaften für zeitgemäße Lösungen sorgen, keineswegs umso besser beantwortbar wird, je wissenschaftlich elaborierter man sie zu formulieren versteht.

Managementforschung 1 (1991), hrsg. von W.H. Staehle u. J. Sydow,
Walter de Gruyter · Berlin · New York, S. 347-399

Inhaltsübersicht

1 Moden in Managementtheorie und -praxis

Je professioneller moderne Gesellschaften publizierbare Informationen herzustellen und in Zirkulation zu setzen verstehen, desto häufiger kommen in ihnen *Modezyklen* mit ihren Regeln des „In-“ und „Out-Seins“ von etwas vor. Kennern der Verhältnisse ist es alsdann möglich, Dinge, die gestern „in“ waren, heute aber bereits wieder „out“ sind, von solchen zu unterscheiden, die gegenwärtig oder demnächst (wieder?) „in“ sind. Dabei ist die Frage, welchen Anteil an solchen Modeerscheinungen unvorhersehbar einmalige Ereignisse, extrapolierbare Wandlungs- und Fortschrittstrends oder zyklische Vorgänge der Wiederkehr des Gleichen haben, nicht leicht zu beantworten.

Zur Gattung zunehmend modeströmungsähnlich verlaufender Entwicklungen gehören seit einigen Jahrzehnten auch *Managementaktivitäten*, d.h. Reden und Taten von Führungskräften, deren Aufgabe die Lenkung und Entwicklung von Organisationen oder von Organisationsteilen ist. Das renommierte Wirtschaftsjournal „Business Week“ stellte zu Beginn des Jahres 1986 die von ihm halb ernsthaft, halb ironisch „Business Fads“ genannten jüngsten Managementmoden dar, indem es auf seiner Titelseite unter der Rubrik „Out" jene Entwicklungen auflistete, die seiner Redaktion 1986 überholt zu sein schienen (z.B. „Planungsfachleute", der „Yuppie-Markt", „Management by Objectives", „Ökonomen", „Berater", „die Fabrik der Zukunft"). Eine zweite Rubrik „In" führte demgegenüber die nach Ansicht der Redaktion aktuell wichtigsten Managementtrends an (u.a. „Intrapreneure", „strategische Allianzen", „Marktnischen", „Restrukturierungen" und „Unternehmenskultur", vgl. „Business Week" vom 20.1.1986). Auf die Periode von 1950 bis 1986 zurückblickend, hob die Redaktion die nachstehenden zwanzig folgenreichen Entwicklungen besonders hervor (ibid., und Staehle 1990, S. 73):

50er Jahre: 1. Computerisierung und Automation
2. McGregors Theorie Y
3. Quantitative Entscheidungstechniken
4. Diversifikation
5. Management by Objectives

60er Jahre: 6. T-Gruppen
7. Dezentralisation/Zentralisation
8. Matrixorganisation
9. Conglomerates
10. Verhaltensgitter, Organisationsentwicklung

70er Jahre: 11. Zero-Base Budgeting
12. Erfahrungskurve
13. Portfolio-Management

80er Jahre: 14. Ouchys Theorie Z
15. Intrapreneurship
16. Gesundschrumpfen, Abspecken
17. Restrukturierungen, Desinvestitionen
18. Organisationskultur
19. Management by Walking Around
20. Einminuten-Management.

Journalisten publizieren In- und Out-Diagnosen häufig nicht nur, um Zeitströmungen möglichst objektiv zu beschreiben, sondern auch, um deren Gang selber zu beeinflussen. Ihren massenmedial verbreiteten Urteilen liegen insoweit eher persönliche Präferenzen und Gestaltungsinteressen als ein wissenschaftlich autorisierter Konsens darüber zugrunde, wie sich der Wandel faktisch oder normativ bedeutsamer Realitätserscheinungen tatsächlich vollzieht.

Selbst Wissenschaftler können freilich Stellungnahmen dieser Art mindestens dann nicht umgehen, wenn sie aktuelle Entwicklungstendenzen *ihres Fachgebietes* zu beurteilen haben. Dies mag eine von Felix Frei und Ivars Udris (1989) erarbeitete, ebenfalls im Stil salopper In- und Out-

Urteile formulierte Standortbestimmung der Arbeits- und Organisationspsychologie illustrieren:

„Zunächst zu den *Zielgruppen* und *Untersuchungsfeldern* [der aktuellen arbeits- und organisationspsychologischen Forschung]...: Frauen sind *in*, Ausländer sind *out*. Bürotätigkeiten sind *in*, Fließbandarbeit ist *out*. *In* ist die Software-Psychologie, *out* ist die ‚apokalyptische' Technologiefolgenabschätzung. *In* sind CIM [Computer Integrated Manufacturing], FFS [Flexible Fertigungssysteme] und JIT [Just-In-Time Production], *out* sind einfache Montage- Arbeitsplätze.- Wie steht es mit den *Forschungsthemen*? *Out* ist die Beschäftigung mit Schädigungen und Beeinträchtigungen, *in* sind die menschlichen Entwicklungspotentiale und die Gesundheitsförderung. *In* sind Emotionen, *out* die Kognitionen. *Out* ist der klassenkämpferische Impetus bei der Wahrung von Arbeitnehmerinteressen, *in* ist die Verbindung von Humanisierung und Wirtschaftlichkeit. *In* ist jede Art von Flexibilität und Flexibilisierung, *out* sind die (vermeintlich) kopierbaren Musterlösungen. *In* sind Führungsfragen, *out* ist die Berührungsangst mit dem Management. *In* ist überhaupt der Versuch (oder die Behauptung?) der Integration von Arbeits- und Organisationspsychologie, *out* sind die engeren arbeits- und ingenieurpsychologischen Ansätze" (Frei/Udris 1990, S. 341).

Erwägt man, welche handgreiflichen (vielleicht sogar zähl- oder meßbaren) *Belege* allenfalls für die behaupteten Entwicklungen – etwa die, daß Frauen in und Ausländer out seien – angeführt werden könnten, so stößt man erneut auf eine schon bei journalistischen Zeitdiagnosen beobachtbare Argumentationsregel. Zu den formtypischen Anforderungen an Überlegungen über aktuelle Forschungsprobleme gehört es offenbar nicht, von guten Fachgebietskenntnissen zeugende Trendaussagen auf Verlangen empirisch noch genauer – z.B. mittels quantitativer Inhaltsanalysen der faktischen Entwicklung von Untersuchungsfeldern, Zielgruppen und Themen der Forschung – begründen zu müssen. Solchen Diagnosen steht es vielmehr frei, ihre Aussage *auch kontrafaktisch* geltend zu machen, im Falle des zitierten Beispiels „Ausländer-" vs. „Frauenforschung" etwa mit dem Argument „Forschungsthema A mag nach wie vor einen großen, vielleicht sogar wachsenden Prozentsatz der Forschungskapazitäten beanspruchen – zukunftsreicher und förderungswürdiger scheint gleichwohl das Forschungsthema F zu sein". Sollte diese Stellungnahme von der Mehrzahl relevanter Forscher nicht akzeptiert werden, so würde deren Fach sich *faktisch* eben einfach anders entwickeln, als von der zitierten Fachentwicklungs*diagnose erwünscht*, diese aber nicht *widerlegen*.

Um die methodisch offenbar heiklen Fragen nach den Modezyklen der jüngeren und – vielleicht auch – der älteren Managementgeschichte besser beantworten zu können, sollen im folgenden zunächst einige Grundsätze zur Orientierung im ebenso breit wie unübersichtlich sich fortwälzenden Strom von Managementaktivitäten festgelegt werden. Gibt es Gesichtspunkte, die besser zu beurteilen erlauben, wie die theoretisch mehr oder weniger elaborierten *Reden* und *Theorien* des Managements mit dessen *Taten* oder *Praktiken zusammenhängend sich zu entwickeln pflegen?*

2 Drei allgemeine Grundsätze eines Modells der Entwicklung von Leitmotiven des Managementwissens

Wesentliche Verlaufsformen managementhistorischer Entwicklungen können – so lautet eine der Kernthesen dieses Aufsatzes – prägnanter beschrieben werden, wenn man dem Vorbild der literaturwissenschaftlichen Toposforschung folgend im ausgedehnten Theorien- und Praktikengewebe von Wirtschaft und Verwaltung nach mehr oder weniger gleichförmig wiederkehrenden *Handlungs- oder Argumentationsmustern des Managements*, d.h. nach dessen *gattungsspezifischen Gemeinplätzen (oder loci communes, Topoi)* sucht.

Es war in der Literaturgeschichte an erster Stelle *Ernst Robert Curtius*, der sich darum bemühte, den Sinn für die *„Topos- und Metapherngemeinschaft“*, die zwischen den Literaturen der klassischen Antike, des lateinischen Mittelalters und der Neuzeit einst bestand, zu schärfen (Curtius 1973). Curtius zeigte, wie sich Schriftsteller bis weit in die Neuzeit hinein häufig eines *Vorrates stereotyper Argumentationsfiguren, Motive und Bilder* bedienten, den kennen muß, wer Rückgriffe auf ihn nicht als originale Neuschöpfung eines Autors missverstehen möchte.[1]

Analog ist zu vermuten, daß das inzwischen sehr intensiv und traditionsreich bestellte Feld von Theorien und Praktiken, Reden und Taten modernen Managements wesentlich besser überblickt werden kann, sobald es gelingt, wiederkehrende Grundmuster der Argumentation und des Handelns, auf die nicht allein bei repetitiven Routineaufgaben, sondern auch bei neuen oder alten Innovationsproblemen zurückgegriffen wird, zu identifizieren. Die Regeln, die die innere Ordnung solcher *Vorratskammern von Topoi der Managementtheorie und -praxis* bestimmen, sollte man sich

1 Im Anschluß an Curtius nennt W. Kayser Topoi „'feste Clichés oder Denk- und Ausdrucksschemata'“, die zusammen einen „Schatz poetischer Bilder, geprägter Formeln und technischer Darbietungsweisen [bilden], die man lernt und die auch der größte Dichter nicht verschmäht. Wer die antike Herkunft und rhetorische Vermittlung dieses poetischen Materials nicht kennt, der kommt zu schweren Mißdeutungen ...“ (Kayser 1961, S. 72; vgl. zum weiteren Verlauf der geisteswissenschaftlichen Topik-Diskussion Baeumer 1973; Bornscheuer 1976; Breuer/Schanze 1981).

dabei als *relativ schwache, kaum streng systematisierbare, historisch variable Ordnungsprinzipien* vorstellen. Die Gesamtheit der von der Managementtheorie und -praxis bisher erzeugten Redefiguren vermag vermutlich jenem strengen strukturalistischen Ideal einer gleichsam kristallinen Ordnung kultureller Ausdrucksformen, wie sie Claude Lévy-Strauss (1955) äußerst kühn in menschlichen Kulturen insgesamt nachzuweisen versuchte, nicht zu genügen:

„Die Gesamtheit der Bräuche eines Volkes ist stets durch einen Stil gekennzeichnet; sie bilden Systeme. Ich bin davon überzeugt, daß die Anzahl dieser Systeme begrenzt ist und daß die menschlichen Gesellschaften genau wie die Individuen – in ihren Spielen, ihren Träumen, ihrem Wahn – niemals absolut Neues schaffen, sondern sich darauf beschränken, bestimmte Kombinationen aus einem idealen Repertoire auszuwählen, das sich rekonstruieren ließe. Würde man das Inventar aller Bräuche aufstellen, die je beobachtet, in Mythen ersonnen, in den Spielen von Gesunden und Kranken sowie in den Verhaltensweisen von Psychopathen beschworen wurden, dann erhielte man schließlich eine Art periodischer Tafel ähnlich derjenigen der chemischen Elemente, in der sich alle realen oder auch nur möglichen Bräuche zu Familien gruppieren würden, so daß man nur noch herauszufinden brauchte, welche von ihnen die einzelnen Gesellschaften tatsächlich angenommen haben“ (Lévy-Strauss 1955, S.183; nach der deutschen Übersetzung von E. Moldenhauer 1978, S. 168 f.).

Ziemlich sicher wird sich so etwas wie ein „Inventar aller für die Managementtheorie und -praxis wesentlichen Bräuche“ nie auch nur annähernd ebenso exakt erstellen lassen, wie es einem der großen Durchbrüche chemischer Forschung, der periodischen Tafel der natürlichen und der künstlichen Elemente, gelungen ist. Als *Suchformel für Motive und Denkfiguren* verstanden, denen ausdrücklich nur der Charakter *unexakten Meinungswissens*, d.h. von *endoxa*, die *historische Traditionen* des Wissens bilden, zugeschrieben wird (vgl. Walter-Busch 1989a, S. 12 ff.), verdient diese Idee jedoch weiter verfolgt und an konkreten Beispielen praktisch erprobt zu werden. Dies sollen die nachfolgenden, ihrer Konkretisierung dienenden Grundsätze zeigen.

2.1 Gleichwertigkeit verschiedener Generationen und Arten des Managementwissens

Exakte wissenschaftliche Forschung, die gemäß P. Feyerabend (1980) nicht historischen, sondern abstrakten Traditionen des Wissens angehört, zeichnet sich dadurch aus, daß in ihr das je den letzten Erkenntnis*fortschritt* repräsentierende Fachwissen *allgemein konsensfähig* sowohl *erstens* überholtem älterem Fachwissen wie auch *zweitens* nichtwissenschaftlichem Laien- oder Praktikerwissen gegenüber als *überlegen* gilt.[2] Diese im Zusammenhang abstrakter Traditionen (vornehmlich der Formal- und Naturwissenschaften) weder problematische noch sehr umstrittene, *asymmetrische Beziehung* zwischen neuster Erkenntnis auf der einen, überholtem wissenschaftlichem und nichtwissenschaftlichem Wissen auf der anderen Seite ist in historischen Traditionen ungleich fragwürdiger. In diesen sollte deshalb gewissen minoritären Auffassungen der Wissenschaftstheorie zufolge an die Stelle einer einseitigen Bevorzugung wissenschaftlicher Erkenntnisse ein sowohl *zeitlich* (auf verschiedene Generationen des Wissens) wie auch *transdisziplinär* (auf verschiedene Wissensarten) anzuwendendes *Dialogprinzip* treten (vgl. Abb. 1): Dialoge wie zwischen *gleichberechtigten Partnern* sind hier demnach sowohl zwischen älteren und jüngeren Generationen des Wissens (vgl. die Zeitdimension von Abb. 1), als auch zwischen den verschiedenen von Laien, Praktikern und Gelehrten zu einem bestimmten Fragenbereich entwickelten Wissensarten (vgl. die transdisziplinären Beziehungslinien von Abb. 1) möglich.

Anwendungsorientierte Humanwissenschaften – denen grundsätzlich auch die traditionell stark akademisch geprägte Betriebswirtschaftslehre Deutschlands zuzurechnen ist – sind zwar dadurch geradezu definiert, daß in ihnen das *transdisziplinäre Dialogprinzip*, das Verständigungsprobleme des Typs B-C (gemäß Abb. 1) regelt, eine bedeutende Rolle spielt. Die Praxis, die sie zu unterstützen suchen, stellt für solche Wissenschaften nicht nur ein Belehrungsobjekt, sondern auch ein Lernfeld dar, so wie umgekehrt Praktiker hier oft mit Gewinn den Standpunkt, daß von weltfremder Theorie nichts zu lernen sei, zugunsten vermehrter Offenheit für ungewohnte Perspektiven oder sonstige Entscheidungshilfen der Theorie aufgeben.

Wesentlich ferner steht anwendungsorientierten Humanwissenschaften demgegenüber das *zeitlich* auf verschiedene *Generationen des Wissens* angewandte Dialogprinzip, das insbesondere in den textpflegenden und textkommentierenden Geisteswissenschaften sehr bedeutungsvoll ist. Dies hängt im speziellen Fall der Betriebswirtschaftslehre nicht zuletzt wohl mit der überwältigenden Evidenz der sei es positiv, sei es negativ bewerteten *Fortschritte* technologischer und ökonomischer, z.T. sogar sozialer Art zusammen, deren Zeuge oder Urheber gerade auch Führungskräfte der Wirt-

---

2 Lindblom und Cohen meinten dasselbe, als sie die „independent authoritativeness“ strenger Wissenschaften von der „dependent authoritativeness“ unterschieden, die das Verhältnis anwendungsorientierter Sozialforschung zum Laien- und Praktikerwissen ihrer Klienten kennzeichne (Lindblom/Cohen 1979, S. 44; ähnlich auch Beck/Bonss 1989, S. 16 f. zur „Überlegenheitsannahme“, die man praktisch angewandtem sozialwissenschaftlichem Wissen zu Unrecht zuschreibe).

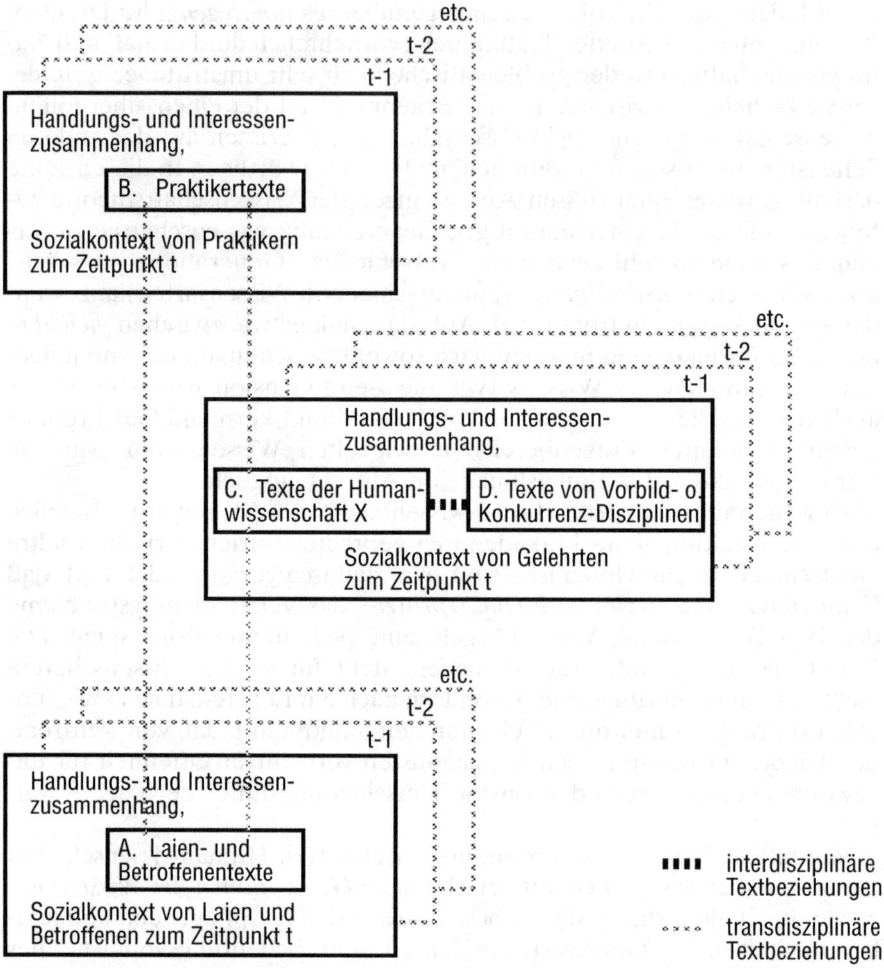

Abb. 1: Verschiedene Generationen und Arten des Wissens, deren Unterscheidung für die Text- und Sozialkontextgeschichte historischer Traditionen bedeutsam ist

schaft und deren wissenschaftlichen Berater in modernen Gesellschaften sind.

Die um 1920 und siebzig Jahre danach verwendeten Fabrikations- und Informationsverarbeitungstechniken von Industriefirmen etwa unterscheiden sich voneinander häufig derart, daß eine Restauration früherer, als „gleichwertig" zu betrachtender Zustände so gut wie undenkbar erscheint. Welcher dankbare Benutzer moderner PC-Programme für Tabellenkalkulation, Statistik oder Grafik zum Beispiel würde denn im Ernst wieder auf das Niveau der Rechenschieber-, Tabellierungs- und Zeichentechniken der 20er Jahre zurückfallen wollen?

Wie es sich dabei im einzelnen genauer besehen auch verhalten mag (vgl. dazu die nächsten Abschnitte 3 und 4) – der allgegenwärtige wissenschaftlich-technische und wirtschaftliche Wandel moderner Gesellschaften begünstigt ganz allgemein einen *eindimensional fortschrittsgläubigen* Stil des Rückschau-Haltens, den man in Großbritannien nach der liberalen Fortschrittspartei par excellence, den Whigs, „whiggish" nennt: Danach gilt, was der fortgeschrittenen Gegenwart zeitlich voranging, bloß als eine unvollkommene – z.B. weniger effiziente, unmenschlichere, beschränktere, weniger zivilisierte usw. – Vorstufe zu ihr. Diese Defizite werden dabei für umso größer gehalten, je weiter zurück die Vergangenheit liegt, mit deren Gegenbild sich die Gegenwart schmeichelt. Theorienwandel kann so gesehen immer nur als Fortschritt von einfacheren, einseitigen zu umfassend-komplexen Modellen gefaßt werden – so als ob diese allein den stets noch dynamischeren, noch komplizierteren Verhältnissen der Gegenwart angemessen wären. Menschenbilder entfalten sich von der Einseitigkeit ökonomisch-technischer Auffassungen der Vergangenheit zum allumfassenden Menschenbild des „complex man" der Gegenwart, Organisationsmodelle von „rationalistischen" über „natürliche" zu „offen-systemischen" Perspektiven, bedeutsame Managementtheorien von geschlossen-rationalistischen zu sozialorientiert-offenen Ansätzen, usw.

2.2 Realitäts- als Diskursanalysen

Wenn wir im Alltag begründete Zweifel hegen hinsichtlich der Wahrhaftigkeit oder der Gegenstandsadäquatheit der Äußerung R_x eines Autors A zu einem beliebigen Gegenstand X, können wir diesen Zweifel u.a. auch dadurch ausdrücken, daß wir sagen, die Aussage R_x verrate eher als über ihren Gegenstand X etwas über ihren Autor A. Unter Einklammerung ihres (im weitesten Sinne) Repräsentationsanspruchs interpretieren wir die Äußerung R_x dann gleichsam als eine indirekte Selbstcharakteristik $_aR_{(x)}$ ihres Autors: In der ihm und uns gemeinsamen Welt scheint *uns* der Gegenstand X allein in dem Maße, in dem A ihn *als real konstruierte*, real zu sein. Realität ist in der Menschenwelt, wie u.a. das bekannte Thomas-Theorem besagt, alles, was Menschen als real definieren.

Diese Denkregel läßt sich auch auf das nicht selten problematische Entsprechungsverhältnis zwischen den *Reden* und *Taten* eines Menschen, dessen „deklarierten" und „tatsächlichen" Beweggründen, Wert- und Faktenprämissen, Ziele usw. anwenden. Dem mehr oder weniger direkt *erklärten* Motiv M_r einer Handlung etwa braucht der *wahrhafte* Beweggrund M_t, der *behaupteten* Realitätsbeschreibung B_r braucht der *wahre* Sachverhalt B_t, und der *bekräftigten* Wert- oder Geschmackseinstellung W_r schließlich braucht der *faktisch maßgebende* Wert W_t nicht unbedingt zu „entsprechen". Unter Einklammerung direkt gegenstandsbezogener Repräsentationsansprüche solcher Reden interpretiert man diese dann, der Devise Nietzsches folgend, daß „das Dauerhafteste" in der Flut von Reden und Taten der Menschen noch deren „Meinungen" seien, für sich genommen als solche:

„Der interpretative Charakter alles Geschehens.
Es gibt kein Ereignis an sich. Was geschieht, ist eine Gruppe von Erscheinungen *ausgelesen* und zusammengefaßt von einem interpretierenden Wesen."
„Auslegung, *nicht* Erklärung. Es gibt keinen Tatbestand, alles ist flüssig, unfaßbar, zurückweichend; das Dauerhafteste sind noch unsere Meinungen. Sinn-hineinlegen – in den meisten Fällen eine neue Auslegung über eine alte unverständlich gewordene Auslegung, die jetzt selbst nur Zeichen ist" (Nietzsche-Gesamtausgabe von Colli/Montinari 1980, Bd 12, S. 38, 100).

Die Frage, welches der *Realitätsgehalt* zum Beispiel der einleitend erwähnten modischen *Reden* über Unternehmenskultur, Ouchis Theorie Z u.ä. sei, kann gemäß diesem Prinzip des *Primats von Diskursanalysen*, das *Realitätsanalysen als Diskursanalysen* ansetzt, zugunsten von Abklärungen zurückgestellt werden, die untersuchen, *wie solche Management-Reden eigentlich funktionieren*: Wie etwa drückte man in anderen Zeiten Ähnliches wie das vom Unternehmenskulturkonzept Gemeinte aus? Inwieweit decken oder unterscheiden sich die so gefundenen, parallelisierbaren Redeweisen voneinander? Was stellt sich im größeren Zusammenhang der Metaphern- und Toposgemeinschaft von Managementdiskursen als das traditionell Alte, was als das Neuartige der neuen Redeweise heraus? Und was bewirkte wohl, daß man sich der Art und Weise, in der da oder dort „eine alte unverständlich gewordene Auslegung" mit einer neuen Auslegung überschrieben wurde, gar nicht mehr bewußt ist?

2.3 Formale Hauptkomponenten des Wandels von Managementdiskursen

In einer seiner anregenden wissenschaftshistorischen Studien bemerkt S.J. Gould einmal, daß es der menschliche Geist aus eigentlich recht undurchsichtigen Gründen liebe, auch komplizierte Sachverhalte zu vereinfachen, indem er sie dichotomisiere. Den „guten“, da „zeitlosen“ Dichotomien seien dabei die beiden komplementären Modelle zuzurechnen, die Zeit entweder als etwas irreversibel Voranschreitendes (*„time's arrow“*), oder als *zyklische Wiederkehr bzw. Präsenz des zeitlos Gleichen* („time's cycle“) betrachteten:

„… I regard arrow versus cycle as a particularly ‚good' dichotomy because each of its poles captures a deep principle that human understanding of complex historical phenomena requires absolutely – while other favored dichotomies, like evolution versus creation, cannot be so fruitful because the ends don't balance, at least in the sense that for certain classical issues (the history of life for example), one side is simply wrong, and therefore drops from intellectual interest … Evolution consumed creation …, but arrows and cycles need each other if we ever hope to grasp the meaning of history. Arrows and cycles are ‚eternal metaphors'“ (Gould 1987, S. 191, 194).

Die auffallende Ähnlichkeit „analoger“ Organe irdischer Lebewesen, etwa der Flossen von Fischen und derjenigen von Säugetieren, die im Wasser leben, läßt sich Gould zufolge mit zeitinvarianten Designprinzipien erklären, die für alle fischartig sich fortbewegenden Wassertiere gelten (ibid. S. 198 f.). Demgegenüber sind „homologe“, äußerlich manchmal völlig unähnliche Organe über die komplizierten Entwicklungspfade einer evolutionsgeschichtlich gesehen gemeinsamen Abstammung miteinander verbunden:

„These two kinds of similarity – by genealogical connection, or time's arrow, and by separate reflection of the same immanent laws, or time's cycle – join forces when we try to unravel nature's complexity.“ „Something deep in our tradition requires, for intelligibility itself, both the arrow of historical uniqueness and the cycle of timeless immanence – and nature says yes to both“ (ibid. S. 197, 200).

Goulds Gedankengang fortführend, kann man annehmen, daß nicht nur die Natur-, sondern auch die Menschheitsgeschichte Ja sagt zu diesen zwei komplementären, in der Naturhistorie offenbar nützlichen Zeitmodellen. Ein gutes Beispiel hierfür bietet die Weise, in der S. Toulmin den evolutionstheoretisch zentralen Mechanismus der Variation, Selektion und Retention benutzte, um mit ihm Probleme des „kollektiven Gebrauchs und der Evolution unserer Begriffe“ zu erklären (Toulmin 1972). Obwohl selber gemäß der Zeitzyklus-Metapher als „zeitlos“ zu denken, liefert dieser Mechanismus „Erklärungen im Prinzip“ für Vorkommnisse, die auf Goulds „arrow of historical uniqueness“ liegen, die also eine irreversible Folge von menschheitsgeschichtlich einmaligen, allein entwicklungs*historisch* erklär- oder erzählbaren Ereignissen bilden (vgl. dazu auch Lübbe 1973).

Zeitlich geordnete Serien von Texten können indessen nicht nur mittels evolutionstheoretisch fundierten Metaphern, sondern auch schlicht da-

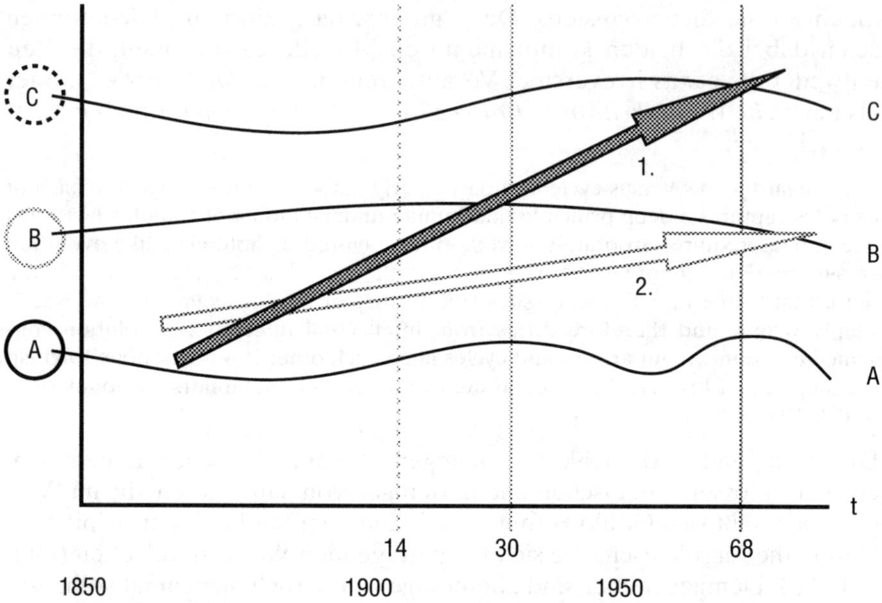

Abb. 2: Drei Hauptkomponenten des Wandels von Managementdiskursen: a. Langfristtrends (1., 2.), b. (un)regelmäßig wiederkehrende Denkmotive (A, B, C), c. historisch einmalige Konstellation (hier um 1914 / 30 / 68)

durch besser verstanden werden, daß man den Wandel ihrer Inhalte und Formen auf die folgenden *drei formalen Hauptkomponenten* einer bestimmten Diskursart zurückführt (vgl. Abb. 2): auf a. irreversible Langfristtrends (z.B. der Modernisierung), b. periodisch oder unregelmäßig wiederkehrende Argumentationsfiguren sowie c. historisch einmalige (vornehmlich „zeitgeistspezifische") Gegebenheiten.

a. Langfristtrends der Modernisierung.- Spätestens seit Nietzsches radikaler Kritik an der dekadenten Moderne schreibt man der jüdisch-christlichen Welt gerne ein *heilsgeschichtliches* sowie, als dessen modernes Säkularisationsprodukt, ein *linear fortschrittsorientiertes Zeitbewußtsein*, der als heidnisch naturnah stilisierten Antike dagegen ein *zyklisches Zeitbewußtsein* zu.[3] In vormodernen Zeiten gab es demnach lehrreiche Geschichten

3 Vgl. dazu v.a. Koselleck (1979, 1980), Löwith (1953) und Lübbe (1983). Bedenkenswerte Kritik an zu einfachen Vorstellungen vom zyklischen Zeitbewußt-

einzelner Fortschritte oder Rückschritte, Wachstums- oder Verfallsprozesse der Dinge, die Menschen schaffen oder in die sie verstrickt sind, zu erzählen. Von *dem* ganz neue Perspektiven eröffnenden Fortschritt *der* Geschichte zu sprechen, war erst möglich, als im späten 17. und im 18. Jahrhundert Zukunft zunehmend als Horizont erwartbarer Veränderungen erfahren wurde, über deren Richtungssinn *langfristig wirksame Fortschrittsmächte* entschieden (Koselleck 1980, S. 225):

„Solange man sich im letzten Zeitalter glaubte, konnte das wirklich Neue der Zeit nur der jüngste Tag sein, der aller bisherigen Zeit ein Ende setzte ... Erst nachdem die christliche Enderwartung ihre stete Gegenwärtigkeit verlor, konnte eine Zeit erschlossen werden, die unbegrenzt und für das Neue offen wurde" (Koselleck 1979, S. 315).

Das „Richtmaß, nach dem die Geschichte der Gegenwart zu beurteilen, ihr Anspruch auf Modernität zu bemessen ist", liegt seitdem nicht mehr (religiös) im kommenden Gottesreich oder (humanistisch) im Idealbild einer vergangenen Klassik, sondern im diesseitig-offenen „Horizont einer wachsenden Perfektion des Zukünftigen" (Jauss 1970, S. 35).[4]

Eine dieser modernen Fortschrittsmächte, die den Verlauf von Managementdiskursen bestimmen, ist der Langfristtrend der *Verwissenschaftlichung und Professionalisierung* der verschiedenen Disziplinen des Wissens, die es braucht, um eine Organisation, z.B. eine private oder eine öffentliche Unternehmung, am Leben zu erhalten. Damit ist zunächst der Trend zur *Professionalisierung des Managements selber* gemeint, der bewirkte, daß die einst als ausgesprochen persönlichkeitsgebunden und schulmäßig kaum lehr- oder lernbar geltenden Künste der Entscheidungsvorbereitung, des Treffens und Durchsetzens von Entscheidungen und der

---

sein der vorchristlichen Antike haben u.a. E. Dodds (1973) und H. Cancik (1983) geübt; vgl. zur Vor- und Frühgeschichte modernen Fortschrittsbewußtseins ferner Jauss (1970), Krauss (1968) und Merton (1983).

4 Zwei aus der Zeit des deutschen Vormärz stammende Äußerungen, die Koselleck zitiert, belegen diese exklusiv moderne Geschichts- und Zeiterfahrung besonders prägnant: „Das Auftauchen neuer Worte in der Sprache, ihr häufigerer Gebrauch und die wechselnde Bedeutung, die ihnen durch den Stempel der herrschenden Meinung aufgeprägt wird, also Das, was man die gerade geltende Sprachmode bezeichnen darf, ist ein nicht zu verachtender Zeiger an der Uhr der Zeit für alle, die nach äußerlich geringfügigen Erscheinungen auf die Veränderungen im Gehalte des Lebens zu schließen vermögen" (Wilhelm Schulz 1841, zitiert von Koselleck 1979, S. 300). Marx erschuf sich mit seiner Gesellschafts- und Ökonomiekritik ein Instrument, mit dem er den Stand der „Zeiger an der Uhr der Zeit" genau bestimmen zu können meinte: „Wenn ich die deutschen Zustände von 1843 verneine, stehe ich, nach französischer Zeitrechnung, kaum im Jahre 1789, noch weniger im Brennpunkt der Gegenwart" (Marx 1843/44, vgl. Koselleck 1979, S. 325).

Ergebniskontrolle in Organisationen endlich doch *auch* wissenschaftlich fundiert und an Höheren Schulen (Handelshochschulen, Verwaltungsakademien, Technischen Hochschulen, Universitäten etc.) systematisch gelehrt wurden. Inhalte und Formen von Managementdiskursen reagieren außerdem auch auf die Ströme neuer Erkenntnisse, die die übrigen Wissenschaften, etwa die Medizin, die Jurisprudenz, die Sozialwissenschaften sowie – da kumulativ fortschrittsfähig und mit den einschneidenden Folgen der *Technisierung* besonders folgenreich – die exakten Natur- und Ingenieurswissenschaften erzeugen (vgl. dazu u.a. Abbott 1988; Beck/Bonss 1989; Haskell 1985; Hays 1959 sowie Noble 1977, 1984).

Von einem nicht allzu anspruchsvoll formulierten *modernisierungstheoretischen Standpunkt* aus betrachtet steht der zentrale Langfristtrend der Verwissenschaftlichung, Technisierung und Professionalisierung in einem engen Zusammenhang mit anderen Komponenten des universalgeschichtlichen Rationalisierungsprozesses – an erster Stelle mit denjenigen der *Säkularisierung bzw. Entzauberung, der Bürokratisierung und Verrechtlichung* (M. Weber), der zunehmenden *Kommerzialisierung und Monetarisierung* von Transaktionen (A. Smith; K. Marx; J. Ruskin), der *Gewaltmonopolisierung und Verhaltensdisziplinierung* (N. Elias; M. Foucault), der *Fundamentaldemokratisierung* (K. Mannheim) sowie der *Urbanisierung und Individualisierung der Lebensformen* (G. Simmel). Zahlreiche Details aus der Geschichte von Managementdiskursen blieben schwer verständlich, wenn man sie nicht als symptomatische Erscheinungsformen für die eine oder andere dieser übrigen Komponenten des – offenbar facettenreichen – Rationalisierungsprozesses begriffe. Managementdiskursgeschichtlich waren und sind freilich die zwei Kernprozesse der Modernisierung, die Professionalisierung und die Kommerzialisierung, besonders bedeutsam.

b. Periodisch oder unregelmäßig wiederkehrende Motive des Denkens.- Zyklische Modelle der periodischen Wiederkehr des Gleichen können das linear fortschrittsorientierte Zeitbewußtsein der Moderne zwar nicht als ganzes *ersetzen*, wohl aber, indem sie in den Fluktuationen gesellschaftsgeschichtlich relevanter Bewegungen (un)regelmäßig wiederkehrende Muster identifizieren, *ergänzen*. Der eine von zwei bemerkenswerten neueren Ansätzen dieser Art versucht dies hinsichtlich *politökonomischer Ideologiezyklen* westlicher Industriegesellschaften zu leisten (Hirschman 1984). Hirschman zufolge wechseln in diesem Gesellschaftstyp politisch und sozial *progressive* Phasen der *Gemeinwohlorientierung* („public action") mit solchen der *Enttäuschung durch deren Resultate* und der *Rückbesinnung auf das Privatwohl* ab (Dominanz von „private interests" und der sie legitimierenden unsichtbaren Hand des Marktfreiheitsprinzips). Hirschmans Modell beschreibt, wie immer man auch seine Erklärungskraft beurteilen mag, die politideologischen Zyklen jedenfalls der Geschichte der Vereinigten Staaten im 20. Jahrhundert treffend.[5] Zu seinen Vorteilen gehört ferner, daß es auf ein Grundproblem der Fortschrittsthematik moderner Zeiten verweist: auf die zwischen Fortschritt *als Wunschbild* einerseits, Fortschritt *als Erfahrung* andererseits bestehenden Diskrepanzen, und auf die daraus resultierenden *Desillusionierungszyklen von Fortschrittsidealen*. Diese sehen realisiert erfahrungsgemäß völlig anders aus als vor ihrer Verwirklichung im Zustand richtungsweisender Ideen für die Zukunft.[6]

J. Huber äußert sich in seinen Überlegungen zur „Kulturdynamik des Westens" (1989) über etwaige zyklische Bewegungen des Zeitgeistes zurückhaltend, definiert dafür aber den Anwendungsbereich der beiden ebenso gegensätzlichen wie komplementären Weltanschauungs-Modi umso umfassender, mit denen er soziokulturelle Grundmuster der Modernisierung erfassen möchte. „Promodus" nennt er ein männlich-weltbemächtigendes, „Anamodus" ein weiblich fürsorgliches, nach Vereinigung strebendes, sich Umweltgegebenheiten sanft anschmiegendes Prinzip:

„Mode, Zeitgeist und Kulturmentalität sind nicht so irrational und unberechenbar, wie man ihnen gerne unterstellt. Wie der Wind nur aus vier Himmelsrichtungen wehen kann und dabei gewissen großräumigen Regelmäßigkeiten unterliegt, so weht auch der Zeitgeist unter den topologischen Bedingungen eines bipolaren Weltbildes und unterliegt dabei gewissen kulturdynamischen Regelmäßigkeiten …

---

5 In Kreisen der zuständigen Fachhistoriker ist relativ unbestritten, daß die Ära der Präsidenten T. Roosevelt, Taft und Wilson (1901-21) eine progressive Phase der Dominanz von Gemeinwohlinteressen, die „roaring twenties" demgegenüber eine von Privatwohlinteressen dominierte Zeit, und Präsident F.D. Roosevelts New Deal und Kriegszeit (1933-45) wiederum eine ausgeprägt von „Public Action" geprägte Epoche war. Auf deren Traditionen griffen nach den überwiegend privatwohlorientierten 50er Jahren erst wieder Präsident Kennedys New Frontier- und Präsident Johnsons Great Society-Programme zurück. Nach einer längeren Übergangsphase gelangten schließlich zur Zeit der Präsidentschaft Ronald Reagans (1981-89) erneut Privatwohlorientierungen zur Herrschaft (vgl. dazu Walter-Busch 1989c, S.25ff., sowie Bornschier 1988, S. 32 f.).

6 Dasjenige Ereignis, das seinen Zeitgenossen als erstes die mitreißende Gewalt moderner Fortschrittsmächte eindringlichst vor Augen führte, die Französische Revolution, rief mit den von ihr geschaffenen Realitäten auch entsprechend heftige Desillusionierungen hervor. Georg Büchner hat sie in seinem Revolutionsdrama „Dantons Tod" unvergleichlich prägnant zum Ausdruck gebracht: „… aber sie hören nicht, daß jedes dieser Worte das Röcheln eines Opfers ist. Geht einmal euren Phrasen nach bis zu dem Punkt, wo sie verkörpert werden.- Blickt um euch, das alles habt ihr gesprochen; es ist eine mimische Übersetzung eurer Worte. Diese Elenden, ihre Henker und die Guillotine sind eure lebendig gewordnen Reden …" (3. Akt, 3. Szene).- Die moralische Position des diskursanalytischen Ansatzes, der hier vertreten wird, entspricht nicht derjenigen des postmodernen Zynismus, sondern Georg Büchners.

Auf allen Gebieten des kulturellen Lebens, sobald sie sich nur ein Stück weit entfaltet haben, ... bilden sich zwei einander ebenso entgegengesetzte wie ergänzende und nur im Bezug aufeinander sinnvolle Haltungen oder Verhaltensweisen, *Modi*, die Gegenstände des betreffenden Gebietes wahrzunehmen und zu gestalten ...: *Promodus* und *Anamodus*" (Huber 1989, S. 9-11).

Wer es so wie J. Huber wagt, alle möglichen Kulturleistungen der Moderne, von den promodalen exakten Naturwissenschaften über die teils promodale, teils anamodale Ökonomie und Psychologie bis zur Philosophie und den schönen Künsten (Huber 1989, S. 51-128) mit einem einzigen Maßstab, dessen Enden „Promodus" und „Anamodus" bedeuten, zu vermessen, operiert freilich in ziemlich dünner Höhenluft abstrakter Weltauslegung. Die vorliegende Untersuchung, die in der Entwicklungsgeschichte verhaltensorientierten Managementwissens (un)regelmäßig wiederkehrende Motive zu identifizieren versucht, möchte dies darum von einem wesentlich textnäheren Interpretationsniveau aus tun.

c. Historisch einmalige, zeittypische Gegebenheiten.- In Managementdiskursen spielen schließlich auch „kontingente" Konstellationen eine Rolle, die weder als Folge von Langfristtrends, noch mittels Zyklenmodellen, noch auch sonstwie theoretisch, sondern im wesentlichen „nur historisch erklärbar" sind. Jede der sozialen, politischen und geistigen Bewegungen bzw. „Ideen" von 1914, 1930 und 1968 zum Beispiel (vgl. oben, Abb. 2) hinterließ in der deutschsprachigen Betriebswirtschaftslehre deutliche Spuren. Am Anfang jener verhängnisvollen Entwicklungen, die in Deutschland mit dem Sieg des Nationalsozialismus endeten, trug ein prominenter Betriebswirtschaftler einmal sogar selber Wesentliches zum anlaufenden Umbruchdiskurs bei. Eugen Schmalenbachs Referat auf der Pfingsttagung des Verbandes der deutschen Hochschullehrer für Betriebswirtschaftslehre vom 31. Mai 1928 in Wien erregte in weiten Kreisen der Öffentlichkeit großes Aufsehen. Schmalenbachs These, daß wachsende Fixkosten die Industrie unaufhaltsam aus der freien in die „gebundene Wirtschaft" drängten, und daß die kapitalistischen Wirtschaftsführer damit „gewollt oder ungewollt Vollstrecker des Marxistischen Testaments" und des von diesem prophezeiten „Systemwechsels" seien, provozierte unter Wissenschaftlern, Publizisten und Führungskräften der Wirtschaft eine lebhafte Debatte (Cordes 1984, S. 113 ff.). Die Ende der 20er Jahre unter linken wie rechten Systemkritikern erneut erwachende Gewißheit, „zwischen den Zeiten" einer ihrem Ende entgegengehenden und einer noch undeutlich umrissenen, neuen Epoche zu leben, konnte sich von Schmalenbachs Ausführungen bestätigt fühlen (Sohn-Rethel 1973, S. 41 ff.).

Damals wie später im Zusammenhang anderer Umbruchdiskurse, die u.a. mit den Schlüsselworten „Posthistoire", „New Age" und „Postmoderne" operierten, blieb unentschieden, ob die festgestellten Wandlungstendenzen mittels *Diskontinuitäts-*, oder ob sie besser mittels *Kontinuitätsmodellen* sozialen Wandels beschrieben werden sollten. Diagnosen aktueller Entwicklungstendenzen bevorzugen *prospektiv* gewöhnlich – nicht zuletzt, weil sie so leichter Gehör finden – eine dramatische Umbruch- oder Paradigmenwechselrhetorik. Der oben (s. Anm. 6) erwähnten Diskrepanz zwischen Handlungszielen als stets auch illusionärem Desiderat und erfahrener Wirklichkeit entsprechend, erweisen sich gleichwohl immer wieder einst für revolutionäre Umbrüche gehaltene Wandlungstendenzen im nachhinein als kontinuierlicher Gestaltwandel überdauernder Strukturen, deren Entwicklung nach wie vor der Spur bekannter Langfristtendenzen folgt.[7]

Es ist im übrigen nicht die Regel, sondern eine Ausnahme, wenn in zeitdiagnostischen Diskussionen Betriebswirtschaftler selber – wie es Schmalenbach 1928 tat – eine Hauptrolle übernehmen. Diagnosen zur Lage der Gegenwart und deren Zukunft pflegen eher mit einer gewissen Verspätung die weltanschauliche Einfärbung von Managementdiskursen zu verändern, als daß diese jene direkt zu beeinflussen vermöchten.

3 Traditionen und Fortschrittsprämissen bisheriger managementhistorischer Forschung

Bevor im folgenden versucht versucht wird, die skizzierten Grundsätze diskurshistorischer Untersuchungen auf einige offenen Fragen der Entwicklungsgeschichte verhaltensorientierten Managementwissens anzuwenden, sind Hinweise zum Stand der einschlägigen Forschung unumgänglich. Wo überall und wie hat sich diese bisher mit der Evolution von Theorien und Praktiken des Managements, d.h. mit hier im weiteren Sinne *managementhistorisch* genannten Fragen auseinandergesetzt?

Angesehene Organisationen, z.B. Unternehmungen, Schulen oder Verbände lieben es bekanntlich, wenn sie ein gewisses Alter erreicht haben, ihre Gründungsgeschichte und spätere Entwicklung in *historischen Jubiläumsschriften* darzustellen. Dem Anlaß der Rückschau entsprechend, würdigen diese an erster Stelle den Weg, auf dem voranschreitend sich die gefeierte Institution und deren maßgebenden Persönlichkeiten die Verdienste erwarben, die man ihnen plausibel zuschreiben kann. Kritisch aus-

---

7 Walter-Busch (1988), S. 108; (1989c), S. 23; vgl. als gute Beispiele einer sozial- und ideengeschichtlich (wenn auch nicht modernisierungstheoretisch) elaborierten Beschreibung der Physiognomie einer Zeit Kern (1983), Janik/Toulmin (1973), Schorske (1980) und Wohl (1979).

zulegende Phasen der Organisationsgeschichte werden dabei umso eher umgangen, je näher man mit ihnen der Gegenwart kommt. Gelegentlich publizierte „Antifestschriften" versuchen hier ausgleichend einzugreifen, indem sie gerade umgekehrt die offiziell vernachlässigte Kehrseite der Entwicklung scharf beleuchten, und deren anerkennungswürdigeren Errungenschaften verkleinern oder verschweigen.

Geschichts*wissenschaftliche* Untersuchungen von Organisationen, bedeutenden Persönlichkeiten, Berufs- oder Fachvereinen und den von diesen gepflegten Künste und Wissenschaften können nun zwar die Restriktionen solch einseitig apologetischer oder anklagender Geschichtsschreibung teilweise überwinden. Der größere Spielraum zur Bildung unbefangener Urteile, den sie besitzen, bedeutet indessen keineswegs, daß sie damit perspektivendefinierender Wert- und Weltanschauungsprämissen gänzlich enthoben wären. Historische Forschung steht, auch wo sie streng objektiv urteilen möchte, so wie die Geistes- und Sozialwissenschaften im allgemeinen in der Tradition der praktischen (Moral-)Philosophie. Zudem ist sie als Geschichtswissenschaft immer auch ein weltanschaulich engagiertes, moralisches Unterfangen (Haan et al. 1983). Die Vorstellung, daß menschengemachte Ereignisse der Vergangenheit objektive Gegebenheiten seien, die sich geschichtswissenschaftlichen Rekonstruktionen eindeutig „so, wie es eigentlich gewesen ist", erschlössen, ist durchaus irreführend. Ohne damit näher auf wissenschaftstheoretische oder methodische Probleme historischer Erkenntnis eingehen zu wollen (vgl. dazu unten, Anm.9), kann den entsprechenden Debatten doch die ziemlich allgemein anerkannte Feststellung entnommen werden, daß die Plausibilität, die sei es eher geschichtenerzählende, sei es theoriegeleitete Darstellungen vergangener Ereignisse in Anspruch nehmen dürfen, ausgesprochen *kontextempfindlich* ist. Zudem hängt sie nicht nur von der Gegenstandsadäquatheit des Wissens, sondern auch vom Wandel erkenntnisleitender Wertbeziehungen, Ideologien, Metaerzählungen usw. ab. Selbst umfassend mit neuen Materialien, Erzählweisen oder theoretischen Modellen aufwartende Rekonstruktionen verlieren unter veränderten Umständen – dann vornehmlich, wenn die sie fundierenden Hintergrundannahmen nicht mehr tragfähig genug sind[8] – ihre Überzeugungskraft, und müssen zeitgemäßeren Darstellungen „derselben" Ereignisse weichen. Als empirisch und/oder theoretisch wie gut fundiert Beschreibungen vergangener Verhältnis-

8 Max Weber hat dies in einer seiner methodologischen Schriften sehr schön wie folgt ausgedrückt (1904, S. 214): „Aber irgendwann wechselt die Farbe: die Bedeutung der unreflektiert verwerteten Gesichtspunkte wird unsicher, der Weg verliert sich in der Dämmerung. Das Licht der großen Kulturprobleme ist weitergezogen. Dann rüstet sich auch die Wissenschaft, ihren Standort und ihren Begriffsapparat zu wechseln …"

se gelten dürfen, hängt, wie u.a. Jürgen Kocka ausgeführt hat, von weitaus mehr Faktoren ab als vom nur scheinbar eindeutigen Grad ihrer Übereinstimmung mit der Realität.[9]

Dies gilt es im Auge zu behalten, wenn im folgenden kurz Hauptrichtungen und Ansätze managementhistorischer Forschung skizziert werden. Der Überblick berücksichtigt von den insgesamt rund zehn Forschungstraditionen, die relevant erscheinen, nur die vier wichtigsten (vgl. Abb. 3).

Zwei von ihnen (die Geschichte der Betriebswirtschaftslehre und ihr amerikanisches Pendant „Management History") untersuchen wissenschaftlich meistens eher wenig elaboriert *Reden und Theorien*, die anderen zwei („business" und „labor history") geschichtswissenschaftlich professioneller, d.h. häufig unter Verwendung publizierter wie unpublizierter Primärquellen, *Reden und Taten* des Managements (vgl. Abb. 3).

Wissenschafts- und ideengeschichtliche Studien zur Entwicklung von Reden und Theorien des Managements

Während sich die *Geschichte der Betriebswirtschaftslehre* und deren Hilfsdisziplinen vor allem mit der Entwicklung der entsprechenden *akademischen Fächer* beschäftigt, richtet die *Managementgeschichte im engeren Sinne* („Management History") ihren Blick auf von der Management*praxis* angeblich oder tatsächlich für bedeutsam gehaltenen Theorien; sie berücksichtigt wie immer auch akademisch reputables Fachwissen also nur in dem Maße, in dem es praktisch relevant erscheint.

Es ist wohl kein Zufall, daß die Managementhistorie (Management History) bis heute primär ein Anliegen amerikanischer, die Geschichte der Betriebswirtschaftslehre dagegen eines deutscher, seit je als besonders praxisfern und geschichtsbewußt geltender Gelehrtenkreise war. Der klei-

---

9 „Der ‚Nachweis' der Angemessenheit oder Nicht-Angemessenheit eines Modells in diesem Sinne … ist unter den Bedingungen möglichst unbeschränkter Diskussionsfreiheit und Fachöffentlichkeit ein in der Regel komplexer, sich nur allmählich fortbewegender Argumentations- und Überzeugungsprozeß, in dem die bisherigen Ergebnisse der wissenschaftlichen Tradition, sich wandelnde vor- und außerwissenschaftliche Bedürfnisse und Interessen, Erfahrungen und Denkmuster, aber auch dezisionistische Momente in verschiedenen Übergängen eine Rolle spielen … [Dies alles] begründet das Recht, die Notwendigkeit und die Grenzen eines Pluralismus von Modellen und Interpretationsansätzen; [es] … verweist auf die Unmöglichkeit, mehr als begrenzten, immer wieder neu in Frage gestellten und veränderlichen Konsens über vorzuziehende Interpretationen, Fragestellungen und Modelle zu erzielen …" (Kocka 1973, S. 141; vgl. dazu ferner de Certeau 1987; Handlin 1979; Koselleck et al. 1977 ff.; LaCapra 1985; Lübbe 1973 und White 1990).

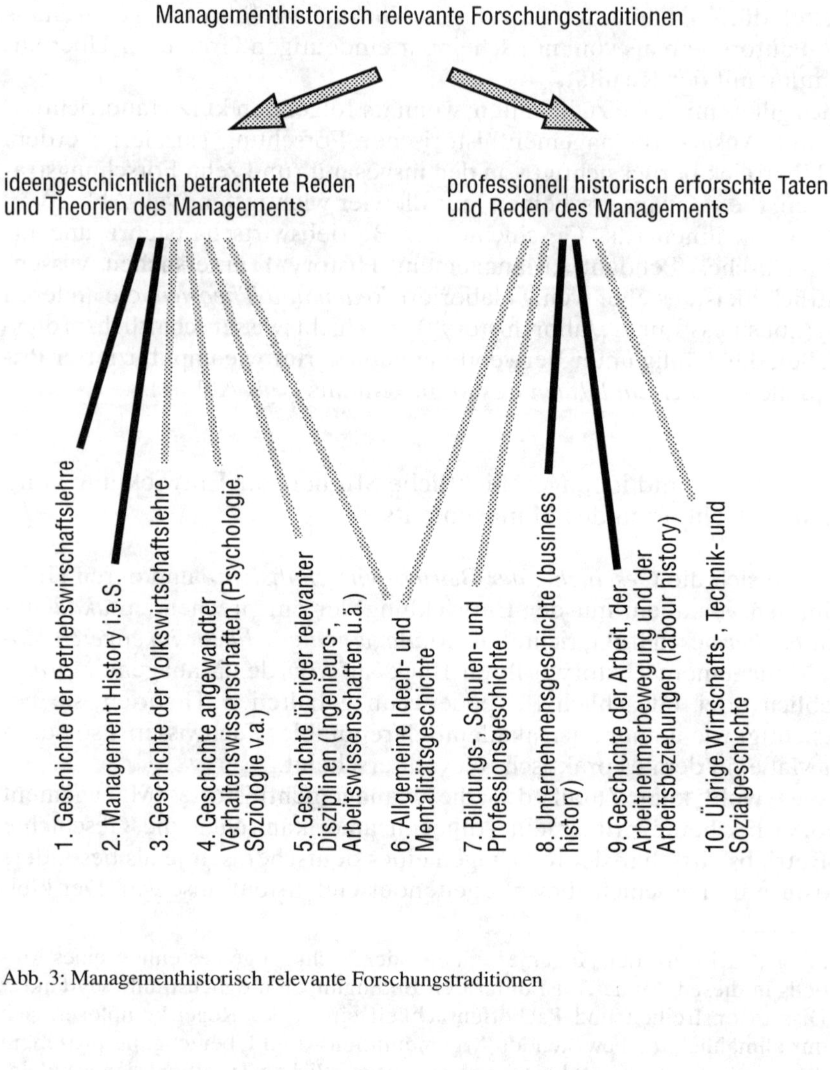

Abb. 3: Managementhistorisch relevante Forschungstraditionen

ne Kreis deutscher Spezialisten für die Geschichte der Betriebswirtschaftslehre[10] betrachtete bislang kaum die Evolution moderner Management-

---

10 Man kann sie nach Schneider (1981, S. 80) „fast an einer Hand abzählen“. Die Geschichte der Betriebswirtschaftslehre ist ganz allgemein hinter derjenigen der Nationalökonomie (vgl. dazu z.B. Schumpeter 1965; Krauth 1978; Krüger 1983 und die Zeitschrift „History of Political Economy“) weit zurückgeblieben.

praktiken und der von diesen benützten oder zitierten „Theorien". Umgekehrt betätigten sich amerikanische Experten für „Management History" in der Regel nicht als Geschichtsschreiber des Hochschulfaches „Business Administration".[11] Dem praxisnäheren Schwerpunkt dieses amerikanischen Pendants zur deutschen Betriebswirtschaftslehre entsprechend (vgl. dazu u.a. H. Ulrich 1988), stehen im Mittelpunkt der Forschungsspezialität „Management History" vielmehr die Schriften und vermuteten Wirkungen der von der Managementpraxis (jedenfalls theoretisch) als wichtig anerkannten Theoretiker. Daniel Wren etwa behandelt in seinem Standardlehrbuch „The Evolution of Management Thought" neben Pionieren wie C. Babbage oder A. Ure vor allem F. Taylor und die Tayloristen, M. Weber, H. Fayol, hervorragende Vertreter verhaltenswissenschaftlich orientierter Ansätze wie M. Parker Follett, E. Mayo, F. Roethlisberger und C. Barnard sowie einige Autoren neuerer Managementkonzepte (Wren 1979). Den Hauptgegenstand der gründlichsten deutschsprachigen Theoriegeschichten neueren Datums bilden andererseits die für die Entwicklung der akademischen Betriebswirtschaftslehre Deutschlands wegweisenden Konzepte und Systeme von (vor 1900) C.G. Ludovici, J.H. v. Thünen u.a. sowie (nach 1900) von E. Schmalenbach, H. Nicklisch, E. Gutenberg, E. Heinen u.a. (Hundt 1977; Schneider 1981a, b; Wagner 1990).

Anders als die junge amerikanische Forschungsspezialität „Management History" verfügt die deutsche Geschichte der Betriebswirtschaftslehre über einige ältere Vorläufer, die in der ersten Hälfte des 20. Jahrhunderts publizierten. Beachtliche Darstellungen der Vor- und Frühgeschichte der Betriebswirtschaftslehre legten namentlich E. Weber (1914), A. Isaac (1923) und J. Löffelholz (1935) vor.[12] Je weiter zurück in die Vergangenheit der Gegenstand ihrer Untersuchungen reichte, desto eher berücksichtigten sie neben mehr oder weniger „akademisch" tradierten handelswissenschaftlichen *Theorien* auch *Praktiken* der Gründung und Leitung kaufmännischer oder gewerblicher Unternehmungen. Insbesondere Josef Löffelholz bemühte sich in seiner 1935 veröffentlichten Geschichte der Betriebswirtschaftslehre *und* der Betriebswirtschaft darum, seine Darstellung jedenfalls der älteren Betriebswirtschaftslehren des 15. bis 18. Jahrhunderts in ihren „literarischen Erscheinungen … gleichsam vor einen tatsachengeschichtlichen Hintergrund zu setzen". Denn die Theoretiker ga-

11 Wer sich für die Geschichte dieser Disziplin interessiert, profitiert daher mehr als von solchen managementhistorischen Arbeiten von dicht dokumentierten Entwicklungsgeschichten bedeutender amerikanischer Wirtschaftshochschulen oder Lehrstuhlinhaber (z.B. Copland 1958; Cruikshank 1987; Roethlisberger 1977; Sass 1982 und Trahair 1984).

12 Vgl. dazu als anregende Zwischenbilanz auch Walb (1929).

ben damals in ihren gelehrt-systembildenden Traktaten an aktuellen betriebspraktischen Problemen nur wieder, was ihnen die Managementpraxis bot; und nicht derjenige habe das Pulver erfunden, „der zuerst das Rezept aufschrieb, sondern der, der zuerst die Mischung fand und sie erprobt hat“ (Löffelholz 1935, S. XII, 20, 140, 227).

Löffelholz's Versuch, die Geschichte der Betriebswirtschaftslehre in engem Zusammenhang mit derjenigen der Betriebswirtschaft zu schreiben, hat vor allem aus den folgenden beiden Gründen kaum Schule gemacht. *Erstens* verfügen die meisten Spezialisten für die Geschichte der Betriebswirtschaftslehre und Managementhistorie über eine wirtschafts- oder sozialwissenschaftliche, nicht jedoch über eine geschichtswissenschaftliche Ausbildung. Nun interessieren sich aber für ideen- wie ereignisgeschichtlich relevante Primärquellen der Unternehmens- und Wirtschaftsgeschichte gewöhnlich nur professionelle Historiker, die für die erforderlichen Sucharbeiten in Archiven genügend Sitzfleisch[13] mitbringen.

Betriebswirtschaftslehre- und Managementhistoriker berücksichtigen sodann *zweitens* auch darum eher selten unternehmensgeschichtlich relevante Dokumente, weil ihnen diese höchstens mittelbar etwas mit der inneren Ideengeschichte des Faches, dessen verkannte Vorgeschichte vor 1900 und Durchbruch zu akademischer Autonomie sie schildern, zu tun zu haben scheinen. Selbst die wesentlich praxisorientierteren amerikanischen Spezialisten begnügen sich in der Regel damit, unser Erinnerungsvermögen an bedeutende management*theoretische* Leistungen der Vergangenheit zu schärfen oder, falls notwendig, zu korrigieren. Detaillierte Studien darüber, aufgrund welcher impliziten oder expliziten Annahmen, Alltagstheorien, Modelle oder Theorien in der Firmenführungspraxis de facto wie entschieden wurde, sind bei ihnen nicht zu finden.[14] Die Brücke, mit der Löffelholz die – für seine Untersuchungsperiode *vor 1800* noch relativ kleine – Kluft zwischen der Geschichte der Betriebswirtschaft und derjenigen der Betriebswirtschaftslehre zu überwinden versuchte, genügt offenbar den stark erhöhten Anforderungen an die entsprechende Geschichtsschreibung *des 20. Jahrhunderts*, dessen Wissenschaftssystem viel kompli-

---

13 Vgl. dazu Hayden White's ironisch-hellsichtige Aufzählung dessen, was zur Ausbildung eines Historikers erforderlich ist – nämlich Sprach- und Literaturkenntnisse, Archivarbeit, „eine allgemeine Kenntnis der menschlichen Angelegenheiten, Lektüre von abgelegenen Sachgebieten, Selbstdisziplin und Sitzfleisch“ (zit. in LaCapra 1987, S.129, Anm. 14).

14 Als Ausnahme von dieser Regel dürfen die eine außergewöhnlich große Zahl entlegener Primärquellen verarbeitenden Studien des Managementhistorikers C. Wrege gelten, die von einem leidenschaftlichen Interesse an der Korrektur weitverbreiteter Fehlvorstellungen davon, wer einst welche managementhistorisch bedeutsamen Ideen und Praktiken zuerst entwickelte (vgl. Pethia 1983), motiviert sind (vgl. v.a. Wrege 1961).

zierter geworden ist, nicht mehr. Inwieweit ist es auf der anderen Seite professionellen Wirtschafts-, Sozial- und Firmenhistorikern gelungen, etwas zur Überwindung dieses *unternehmensgeschichtlichen Defizits insbesondere der jüngsten Geschichte der Betriebswirtschaftslehre und der Managementhistorie* beizutragen?

Professionell geschichtswissenschaftlich erforschte Reden und Taten des Managements

Professionell historisch erarbeitete Unternehmensgeschichten älteren Datums waren in der Regel mit der Aufarbeitung der wichtigsten firmen-, wirtschafts- und sozialhistorischen Primärquellen derart ausgelastet, daß zur Beantwortung managementhistorischer oder allgemeiner wissenschafts- und geistesgeschichtlicher Fragestellungen kaum noch Ressourcen übrig blieben. Dies änderte sich erst in neuerer Zeit, primär im Hinblick auf die Vor- und Frühgeschichte modernen Managementwissens des 19. und frühen 20. Jahrhunderts. In Großbritannien und den USA waren es insbesondere S. Pollard (1968) und A. Chandler (1962, 1977 und 1980 [zusammen mit Daems]), in Deutschland J. Kocka (1969a, 1969b, 1975 und 1983), die erste Schritte zur Überwindung des *managementhistorischen Defizites der älteren Unternehmensgeschichtsschreibung* machten. Einige dieser neueren unternehmensgeschichtlichen Arbeiten, die Interesse für die Evolution von Theorien und Praktiken des Managements bekunden, sind dabei durchaus nicht nur einseitig vom Standpunkt der Verfügungsmächtigen aus geschrieben. Gesichtspunkte der Arbeiterbewegungsgeschichte aufnehmend, schildern solche Unternehmens- oder Unternehmergeschichten Leitungsaktivitäten manchmal eher aus der Perspektive betroffener Arbeiter und Angestellter als aus derjenigen der Herrschenden (vgl. z.B. Jaun 1986; Siegrist 1981; Vetterli 1978). Der Abstand, der einst die arbeitgeberfreundlichen Firmengeschichtsschreiber von den ebenso dezidiert unternehmerkritischen Arbeiterbewegungshistorikern distanzierte, ist kleiner geworden. Neuerdings finden selbst Ergebnisse kritischer Arbeits- und Technologiegeschichten (von Braverman 1974; Edwards 1979; Noble 1977, 1984 u.a.) als wertvolle Beiträge zur professionellen Unternehmensgeschichte Anerkennung, ja es werden bereits erste Konvergenztendenzen der beiden Fachrichtungen „business history“ und „labor history“ diagnostiziert:

„The study of entrepreneurship is part of a long and distinguished scholarly tradition. In contrast, the recent outpouring of scholarship on the history of management-labor relations is unprecedented, and for the first time is erasing the traditional distinction between business and labor history. Just as many labor historians have in recent years abandoned their traditional preoccupations with union leaders, so many business historians have shifted their sights from the board room, making it possible to write the history not of management or labor but of the workplace itself" (Tedlow/John 1986, S. XXII).

Mindestens ebenso bedeutsam wie diese durchaus fruchtbaren Konvergenzen wären analoge Kooperationsbestrebungen zwischen Arbeiter- und Unternehmensgeschichte einerseits, Managementhistorie und der Geschichte der Betriebswirtschaftslehre andererseits. Die oben festgestellten ersten Schritte zur Überwindung des managementhistorischen Defizits der Unternehmensgeschichte sollten fortgeführt, und durch solche zur Reduktion des unternehmensgeschichtlichen Defizits der Geschichte der Betriebswirtschaftslehre und der Managementhistorie ergänzt werden. Arbeiterbewegungs-, Firmen- und Sozialhistoriker vom Fach sollten sich mit anderen Worten nicht mehr nur bestenfalls mit älteren, sondern auch mit neueren und neusten Entwicklungen der Managementtheorie auseinandersetzen, so wie auf der anderen Seite Wissenschafts- und Managementhistoriker die von A. Chandler, J. Kocka, D. Noble u.a. erhobenen Materialien zu Realitäten der Managementpraxis aufgreifen und in ihren ideenhistorischen Rekonstruktionen vermehrt berücksichtigen sollten. Denn die wirkliche Bedeutung von Management*theorien* läßt sich nur auf der Grundlage gründlicher ereignis- *oder* diskurshistorischer Untersuchungen von Reden *und Taten* des Managements und der davon unmittelbar Betroffenen ermessen.[15]

Das anspruchsvolle Ziel einer besseren Kooperation zwischen diesen traditionell zwar mit guten Gründen, aber unguten Folgen wenig miteinander kommunizierenden Disziplinen ist sicher nicht rasch, sondern, wenn überhaupt, nur langfristig realisierbar. Ein Hindernis immerhin, das seiner Realisierung entgegensteht, dürfte sich relativ kurzfristig aus dem Wege räumen lassen: *einseitige Erkenntnisfortschrittsprämissen*, die dem oben (von Abschnitt 2.1) erläuterten, dialogischen Prinzip der Gleichberechtigung verschiedener Arten und (vor allem) verschiedener *Generationen* des Wissens widersprechen.

Die Autoren von Studien über die Entwicklung der Betriebswirtschaftslehre und von Managementtheorien waren und sind wie erwähnt meistens keine professionellen Historiker, sondern historisch interessierte Angehö-

15 Das oben (s. Abschnitt 2.2) eingeführte Prinzip des Primats von Diskursanalysen, das Realitäts- als Diskursanalysen durchzuführen empfiehlt, ist demnach nicht so zu verstehen, als ob es sich mit geistesgeschichtlichen Rekonstruktionen der Reden und Texte von Menschen zu begnügen hätte; Diskursanalysen, die sich auf die im Tatenzusammenhang bestimmter Handlungen und Ereignisse zirkulierenden Diskurse konzentrieren, können durchaus auch real- oder ereignisgeschichtlich aufschlußreich sein.

rige der betreffenden Fachrichtungen selber. In dieser Funktion anzunehmen, daß die Evolution der dargestellten Wissensgebiete *keinen* eindeutigen Erkenntnisfortschritt erkennen läßt, fällt offenbar schwer. Den Weg von älteren zu neueren und neusten Erkenntnissen stellen solche Autoren infolgedessen häufig als Fortschritt von einfach-einseitigen zu umfassend-komplexen Modellen oder Instrumenten der Forschung dar. Und in der Tat wirkt ja zumal etwa die wachsende Perfektion datenanalytischer Techniken beeindruckend. Die Chancen, annähernd beliebigen Untersuchungsobjekten auszählbare Daten abzugewinnen, um diese anschließend mit Computerprogrammen rasch und bequem komplexen, so einst gar nicht machbaren Auswertungen zuzuführen, sind heute ungleich viel größer als früher. Es ist naheliegend, mit der offensichtlichen Fortschrittsfähigkeit von Datenanalysetechniken vergleichbare Erkenntnisfortschritte auch den Theorien und Interpretationen zuzuschreiben, die sich auf derart bearbeitbare empirische Grundlagen stützen. Zwei Beispiele mögen diese Annahme veranschaulichen.

Egon Jehle etwa sieht in den Wirtschaftswissenschaften ganz allgemein dieselben Entwicklungsmechanismen wie in den exakten Naturwissenschaften am Werk, und behauptet speziell von der Betriebswirtschaftslehre, daß diese erstmals mit dem Durchbruch des Gutenbergschen Paradigmas (vgl. Gutenberg 1929, 1983) um 1950 das Reifestadium normalwissenschaftlicher Forschung im Kuhnschen Sinne erreichte (Jehle 1973, S. 97, 84 f.). Für die rund ein Jahrzehnt dauernde Phase der Vorherrschaft des Gutenbergschen „Paradigmas“ – die allerdings stets auf Deutschland beschränkt blieb – hält Jehle somit normalwissenschaftlich-kumulativen Erkenntnisfortschritt, das Hauptmerkmal reifer Wissenschaften nach Kuhn (1962), für gegeben. Aber auch die anschließende Phase der Verdrängung des Gutenbergschen Ansatzes aus seiner paradigmatischen Vorrangstellung und seine Konkurrenzierung durch andere „Paradigmen“ kann Jehle's Erkenntnisfortschrittsoptimismus nicht beirren: Den Ansatz Kuhns kurzerhand mit dem ihm durchaus konträren von Poppers Kritizismus vertauschend, findet Jehle nun einfach den betriebswirtschaftstheoretischen Erkenntnisfortschritt gerade umgekehrt vom nach-Gutenbergschen „Pluralismus von konkurrierenden Ideen“ und „Paradigmen“ gewährleistet (Jehle 1973, S.93).

Etwas weniger widersprüchlich, aber ebenfalls nicht durchwegs konsistent hat Richard Scott das Verhältnis jener vier Entwicklungsstufen der Organisations- und Managementtheorie, von denen auch Peters und Waterman in ihrem Bestseller „In Search of Excellence“ Gebrauch machen (s. Tab. 1), konzipiert: einerseits als dreifachen *Fortschritt* des Übergangs 1. von geschlossen-rationalen zu geschlossen-sozialen, 2. von diesen zu offen-rationalen, und 3. noch einmal von (nun aber offen-) rationalen zu offen- sozialen Ansätzen (vgl. Tab. 1). Scott erklärt andererseits ausdrück-

Tabelle 1: Vier Stufen managementtheoretischer Fortschritte nach Peters und Waterman (1982, S. 93)

Annahmen der Theorie:	Geschlossenes Systemmodell	Offenes Systemmodell
Aktoren handeln rational	**Phase 1, 1900–1930:** Weber Taylor	**Phase 3, 1960–1970:** Chandler Lawrence Lorsch
Aktoren sind sozial orientiert	**Phase 2, 1930–1960:** Mayo et al. McGregor Barnard Selznick	**Phase 4, 1970 ff.:** Weick March

lich, daß er die von ihm unterschiedenen Perspektiven als *gleichwertig* betrachte, der „geschlossen-rationale" Ansatz Taylors oder Webers demnach ebenso wie der „geschlossen-soziale" der Human Relations-Schule also nach wie vor unter bestimmten Gesichtspunkten gut aktualisierbar sei.[16] Tatsächlich ist es ja eigentlich unsinnig, beispielsweise Max Weber zusammen mit Frederick Taylor dem ersten, gemäß undifferenzierten Fortschrittsmaßstäben rückständigsten der vier Theorieentwicklungskästchen zuzuordnen, die Tab. 1 unterscheidet. Falls ein so klassierter Autor wie ohne Zweifel etwa Max Weber ein Klassiker der Sozialwissenschaften ist, demgegenüber uneingeschränkt das Dialogprinzip gilt (vgl. dazu oben, Abschnitt 2.1), kann man sicher sein, daß eindimensional fortschrittsorientierte Klassifikationen dieser Art mehr desorientierend als klärend wirken.

Geschichtswissenschaftlich ausgebildete Managementhistoriker tendieren demgegenüber dazu, undifferenzierten Fortschrittsbildern wider-

16 Obwohl also nach Scott die drei Perspektiven des rationalen, des natürlichen und des offenen Systems sich sukzessive „zu verschiedenen Zeiten herausbildeten, ist es den späteren keineswegs gelungen, die früheren zu verdrängen: Die drei Perspektiven leben nebeneinander fort, und jede kann nach wie vor ihre Gefolgschaft für sich reklamieren." „Es sind analytische Modelle, dazu bestimmt, empirische Forschung anzuleiten und sie zu interpretieren." Versuchen, die drei Perspektiven in einen einheitlichen Ansatz zu integrieren, war „ein voller Erfolg … bis heute nicht beschieden" (Scott 1986, S. 89 f.).- Scott ordnet den gemäß Tabelle 1 unterschiedenen vier Phasen von Organisations- und Managementtheorien im übrigen nur in fünf Fällen dieselben Gelehrten zu wie Peters und Waterman (ibid. S. 182).

sprechend das traditionsreiche Alte angeblich neuer Ansätze, und umgekehrt das gut aktualisierbare Neue des scheinbar Alten hervorzuheben. Chandler beispielsweise legten seinen firmen- und managementhistorischen Studien die These nahe, daß die größten und fortschrittlichsten Unternehmungen der Vereinigten Staaten bereits um 1910 im wesentlichen alle auch heute noch maßgebenden Basismethoden der Firmenführungspraxis entwickelt hatten; die Managementwelt der Gegenwart stehe insofern derjenigen der 10er Jahre dieses Jahrhunderts wesentlich näher, als diese, die bereits stark von gut organisierten Großunternehmungen dominiert war, der noch weit überwiegend kleinbetrieblich und landwirtschaftlich geprägten Welt der 30er und 40er Jahre des 19. Jahrhunderts (Chandler 1977, S. 417, 455, 483).

In der Tat ist einem bewährten Grundsatz der historischen Schule zufolge gleichsam jede Epoche Gott gleich nahe (oder fern).[17] Dieses Prinzip, einseitige Fortschrittsannahmen jeglicher Art möglichst zurückhaltend zu gebrauchen, soll der nachfolgenden Untersuchung mehr oder weniger dauerhafter Grundmotive verhaltensorientierter Managementdiskurse als Richtschnur dienen.

4 Entwicklungstendenzen und Leitmotive verhaltensorientierten Managementwissens

Die offenbar recht difficilen Probleme der Managementhistorie könnten, wie der 2. Abschnitt dieser Arbeit postulierte, besser gelöst werden, wenn man versuchen würde, im weiten Feld managementrelevanter Theorien und Praktiken mehr oder weniger gleichförmig wiederkehrende Argumentationsmuster, d.h. gattungsspezifische Gemeinplätze (oder loci communes, Topoi) zu identifizieren. Nachstehend sei eine von mehreren *Möglichkeiten*, diese Idee zu realisieren, skizziert.

Mindestens die folgenden zwei Schwerpunkte betriebswirtschaftstheoretischer Diskussionen zeichnen sich, wie es scheint, durch eine besonders große Dichte stereotyper Argumentationsfiguren (Topoi) aus: 1. wissen-

17 Vgl. dazu die oben in Anmerkung 9 zitierte Literatur, Gombrich (1987) sowie (als Anwendung dieser Annahmen auf die Entwicklung der amerikanischen Geschichtswissenschaft selbst) Higham (1983).- Daß „fortschrittsskeptische" Prämissen keineswegs zur Verkennung irreversibler Langfristtrends, z.B. derjenigen der Rationalisierung und der Modernisierung (vgl. oben, Abschnitt 2.3.a), führen müssen, beweist im übrigen namentlich Max Webers Gesamtwerk eindrücklich (vgl. dazu auch oben, Anm. 8).

schaftstheoretische Bestimmungen des *Identitätsprinzips* der Betriebswirtschaftslehre, unter besonderer Berücksichtigung des Verhältnisses, das diese zum Prinzip fachwissenschaftlicher Spezialisierung, zu anderen Fachwissenschaften und zur Managementpraxis anstreben sollte; sowie 2. Erwägungen über die Bedeutung *menschlicher Faktoren* im Wirtschaftsleben, insbesondere über Ausmaß und Art der *Verhaltensorientierung* betriebswirtschaftlicher Theorie und Praxis.

Da Untersuchungsresultate zum ersten der beiden Themen bereits vorliegen[18] soll im folgenden versucht werden, Formen und Inhalte stereotyper Argumentationen über Kernprobleme des (im weitesten Sinne) *verhaltensorientierten Managementwissens* zu erfassen. Darunter seien hier *im Dienste betriebswirtschaftlicher Theorien und Praktiken stehende Erkenntnisse über soziopsychische und ethische Aspekte menschlichen Handelns* verstanden. Diese Erkenntnisse mögen gar nicht, mehr oder weniger oder (als verhaltens*wissenschaftliches* Managementwissen) weitestgehend verwissenschaftlicht sein – ihr Gegenstand sind in jedem Falle jene „Imponderabilien" des Verhaltens von Menschen, die an den scheinbar harten Fakten des technisch und ökonomisch Machbaren gemessen eher schwer zu fassen, eben „unwägbar", sind, und die daher aus naturwissenschaftlich-technischen und strikt wirtschaftswissenschaftlichen Fachperspektiven im allgemeinen herausfallen.

4.1 Entwicklungsstufen der Verhaltensorientierung von Managementwissen

C. Aronoff veröffentlichte im Jahre 1975 Ergebnisse einer Inhaltsanalyse englischsprachiger Managementlehrbücher, die der verhaltenswissenschaftlichen Perspektive ein eindrucksvolles Durchsetzungsvermögen be-

---

18 Die Pioniere des neuen Hochschulfaches Betriebswirtschaftslehre an Handelshochschulen, Technischen Hochschulen und Universitäten standen vor der Wahl, die neue Disziplin entweder einer oder mehreren akademischen Vorbild- und Konkurrenzdisziplinen (z.B. der Volkswirtschaftslehre) anzunähern, oder zugunsten einer größeren Praxisverbundenheit vorerst Einbußen an Wissenschaftlichkeit in Kauf zu nehmen, bis auch Universitätsgelehrte die angestrebte praxisnahe Art der Wissensentwicklung akzeptierten (vgl. oben Abb. 1). Die diese Entscheidungssituation definierenden Gedanken über „Wissenschaftlichkeit", über Prinzipien fachwissenschaftlicher Spezialisierung und Identität, Beziehungen zu anderen Fachwissenschaften und zur Managementpraxis waren und sind, wie ich in mehreren Untersuchungen feststellen konnte (Walter-Busch 1985, 1989a [Kapitel 4, 5] und 1990, außerdem 1982, 1983 und 1984), hochgradig stereotypisiert.

scheinigt. Die Auswahl der 28 untersuchten Lehrbücher, von denen das älteste 1910, das jüngste 1974 erschienen war, erfolgte – außer daß auf eine annähernd gleichmäßige Verteilung über den betrachteten Zeitraum 1910-1975 geachtet wurde – „zufällig" (Aronoff 1975, S. 756). Die ausgewählten Lehrbücher wurden daraufhin durchgesehen, wie häufig in ihnen einer oder mehrere von insgesamt rund 55 verhaltenswissenschaftlichen Schlüsselbegriffen (von „adjustment", „attitude" etc. über „human relations", „leadership" und „motivation" bis „status" und „work environment") vorkamen. Insgesamt 6304 Begriffe dieser Art konnten identifiziert werden, d.h. 225.1 pro Lehrbuch, oder je Lehrbuch durchschnittlich 19.0 verschiedene Begriffe. Trägt man auf der Zeitachse die Zahl der auf einer Textbuchseite durchschnittlich festgestellten Schlüsselbegriffe ab, so ergibt sich das Bild eines annähernd exponentiellen Wachstums derselben (s. Abb. 4). Aronoff interpretiert es folgendermaßen:

„One can conclude, then, that there has been a fairly strong and consistent increase in the influence of the behavioral perspective in twentieth century management thought, in terms of both breadth and depth" (Aronoff 1975, S. 760).

Wie kam diese kräftige Expansion verhaltens*wissenschaftlichen* Managementwissens im 20. Jahrhundert zustande, und wie ist sie vom diskurshistorischen Standpunkt aus, der hier vertreten wird, zu beurteilen?

Einer der Pioniere angewandter Wirtschaftspsychologie, Hugo Münsterberg, hat sich zum ersten der beiden Punkte in seinem Buch „Psychologie und Wirtschaftsleben", das 1912 erstmals erschien, mit bemerkenswertem Weitblick geäußert:

„Schon ist die Forderung aufgestellt, ... daß die großen Betriebe fachmännisch geschulte Experimentalpsychologen anstellen, die genau wie ein naturwissenschaftlicher Spezialist sich allen einschlägigen Fragen im Dienste der besonderen Industriestätte widmen. Es gibt heute in Deutschland Fabriken, die Hunderte wissenschaftlich geschulter Chemiker bei der Arbeit haben, die es aber sicherlich als einen unwirtschaftlichen Luxus betrachten würden, wenn sie einen jungen wissenschaftlich geschulten Psychologen in ihren Stab aufnehmen sollten. Und doch könnten seine Beobachtungen und Experimentalprüfungen vielleicht zum wirtschaftlich wichtigsten Faktor werden" (Münsterberg 1912, S. 177 f.).

Münsterberg stellte im Rahmen seiner Lehrtätigkeit an der Universität Harvard 1911-13 den obersten Führungskräften von annähernd eintausend amerikanischen Industriebetrieben die Frage, inwieweit sie sich für betriebspsychologische Expertenarbeit interessierten. Die Umfrage hatte Münsterberg zufolge ein erfreulich positives Echo:

„Überall hieß es, daß sie [die befragten Firmen] sich eigentlich um die psychischen Eigenschaften der Angestellten niemals mit Bewußtsein gekümmert hatten. Sie hätten natürlich wohl darauf geachtet, ob sie fleißige und ehrliche und kluge und

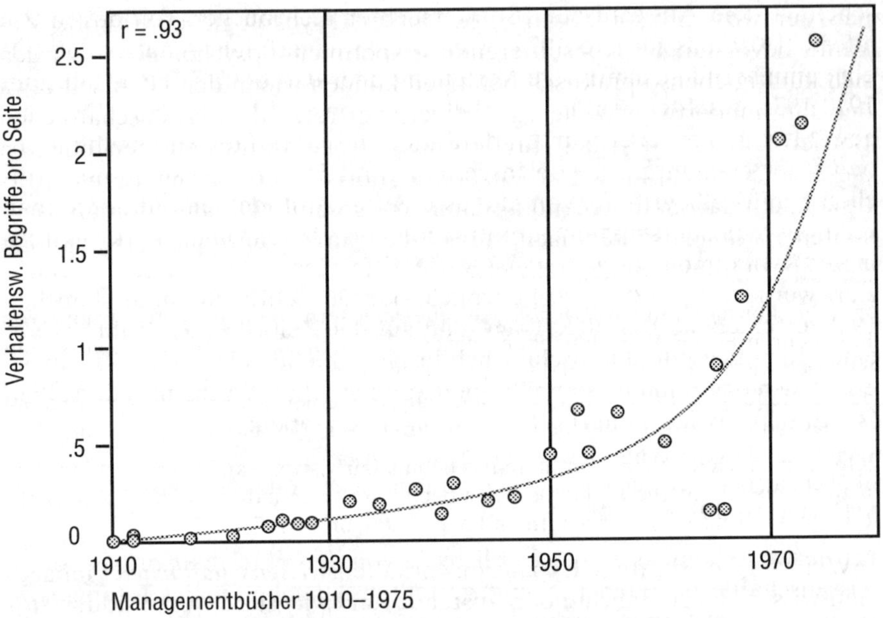

Abb. 4: Zunehmende Verbreitung verhaltenswissenschaftlicher Terminologie in 28 englischsprachigen Management-Lehrbüchern, 1910–1975 (Aronoff 1975, S. 758 f., 762)

geschickte und friedfertige Leute in ihrem Betrieb hatten, aber gerade alles das hatte ich in meinem Rundschreiben vorweggenommen und betont, daß es sich um solche Gesichtspunkte nicht handele, sondern um die besondere Beschaffenheit der Aufmerksamkeit, des Gedächtnisses, des Vorstellungslebens, der Phantasie, des Gefühls, des Willens, der Übungsfähigkeit, der Suggestibilität, des Raumsinnes, des Zeitsinnes, des Unterscheidungsvermögens, des Urteils usw. Kurz, ich betonte so energisch wie möglich den ... Gegensatz der objektiven und der subjektiven seelischen Betrachtungen" (Münsterberg 1912, S. 74; vgl. dazu Hale 1980, S. 154).

„Subjektive seelische Betrachtungen" meinen hier offensichtlich nichtwissenschaftliche Weisen des Sprechens über menschliche Eigenschaften oder Tugenden wie Fleiß, Ehrlichkeit, Klugheit, Geschicklichkeit, Friedfertigkeit usw., „objektive seelische Betrachtungen" die von der Experimentalpsychologie in Deutschland und anderswo ab etwa 1870 energisch geförderten Bestrebungen zur wissenschaftlichen Präzisierung solch alltagspraktisch vager Redeweisen des Common Sense. Die Antworten, die man Münsterberg auf seine Fragen gab, bestätigten ihn in seiner Überzeugung, daß der wirtschaftspraktisch angewandten Psychologie eine große Zukunft bevorstand. „Konsultierende Experimentalpsychologen“ würden sich künftig ebenso praktisch betätigen können wie in den USA seit etwa der Jahrhundertwende die „geübteren Vertreter der wissenschaftlichen Betriebsleitung“, d.h. des Taylorismus. Große Industriefirmen pflegten diesen die Durchführung arbeitsorganisatorischer Experimente anzuvertrauen, um davon ausgehend alsdann „die gesamte Organisation umzugestalten“. Ähnlich sollten nach Münsterberg in Zukunft auch „psychologische Spezialisten“ eingesetzt werden:

„Solche ‚konsultierenden Psychologen’, die gewissermaßen eine neue Gruppe von Ingenieuren in der Welt darstellen würden, könnten dann vermutlich selbst sehr bald sich weiter spezialisieren. Der eine würde sich mit Fragen der Berufswahl und der Anstellung und der andere mit dem ganzen Gebiet des Werbewesens und der Propaganda, der dritte mit den Fragen der Ermüdung, der Arbeitsleistung, der Erholung, der vierte mit den psychophysischen Forderungen der Maschinen und ähnlichem befassen, und jeder Tag wird da neue Aufgaben entstehen lassen“ (Münsterberg 1912, S. 178 f.).

Mittlerweile haben sich bekanntlich die von der Wirtschaftspraxis Sozialwissenschaftlern „jeden Tag neu“ gestellten Aufgaben in der Tat ungefähr so, wie es Münsterberg vorhersah, enorm vermehrt. Dies ist primär auf die neben der Ökonomisierung wichtigste Komponente des Modernisierungsprozesses zurückzuführen: auf den *Langfristtrend der Verwissenschaftlichung, Technisierung und Professionalisierung* (vgl. dazu oben, Abschnitt 2.3a).

Er bewirkte im Falle verhaltensorientierten Managementwissens, daß man lernte, Gesichtspunkte und Instrumente 1. der *Berufsberatung*, 2. der *Auswahl, Entschädigung, Ausbildung, Motivation und Betreuung von Personal*, 3. der *Arbeits- und Organisationsverbesserung* sowie 4. der *Markt- und Meinungsforschung* sozialwissenschaftlich immer professioneller zu gestalten. Nach Absolvierung der Pionier- und Ausbauphase des neuen Wissenssystems, das damit entstand (s. Abb. 5), haben sozialwissenschaftlich elaborierte Sprechweisen weitgehend die Orientierungsfunktionen traditioneller, gemeinverstandsnaher Arten des Sprechens über menschliche Aspekte der Wirtschafts- und Verwaltungspraxis übernommen. Sozialwissenschaftler, die sich auf solche Probleme spezialisierten, konnten Praktiker je länger desto wirkungsvoller davon überzeugen, daß hier bloßes Common Sense-Denken einer vom Erkenntnisfortschritt überholten Vergangenheit angehöre, daß es also „wissenschaftlich-objektivere“ Möglichkeiten beispielsweise zur Beschreibung des „Fleißes“, der „Geschicklichkeit“, der „Friedfertigkeit“ usw. von Stelleninhabern oder Stellenanwärtern gebe – eben die von Münsterberg erwähnten der Experimen-

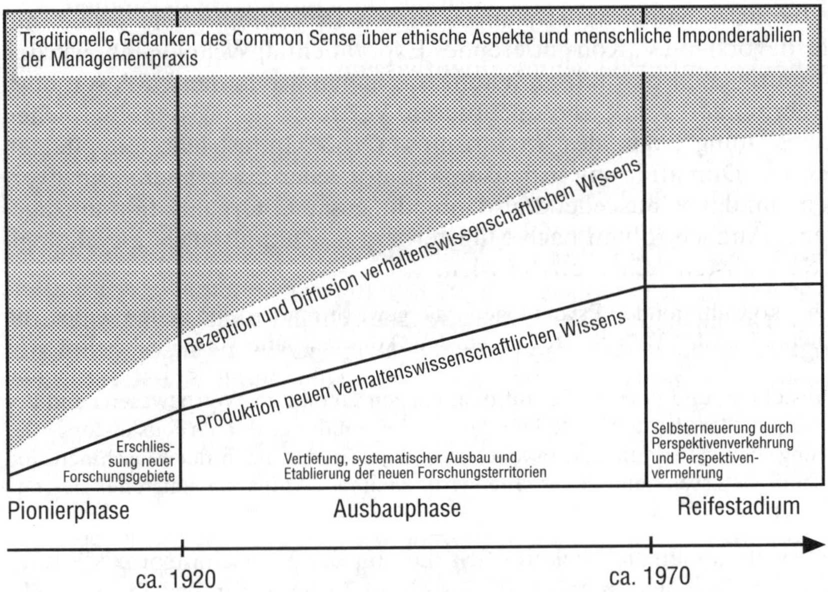

Abb. 5: Drei Phasen der Produktion und Verbreitung verhaltenswissenschaftlichen Managementwissens

talpsychologie wie „Übungsfähigkeit", „Suggestibilität", „Raum- und Zeitsinn" usw.

Im 20. Jahrhundert expandierte mit anderen Worten verhaltens*wissenschaftliches* im System verhaltens*orientierten* Managementwissens relativ stark (Abb. 5). Ohne auf Details dieses im einzelnen überaus komplizierten Professionalisierungsprozesses eingehen zu können, seien im folgenden – wo möglich wieder mit Originalzitaten illustriert – dessen je für Art und Ausmaß der Verhaltensorientierung der drei Entwicklungsstadien typischen Kernprobleme dargestellt.

Erschließung, systematischer Ausbau und Etablierung der neuen Erkenntnisse als Kernprobleme der Pionier- und Ausbauphase verhaltensorientierten Managementwissens

Obwohl manche der Erwartungen, die man im ersten Überschwang der *Pionierphase* des neuen Wissens äußerte, unerfüllbar blieben[19], bewährte sich dieses doch auch noch in seiner *Ausbauphase* (s. Abb. 5) theoretisch wie praktisch so gut, daß die Zahl derer kontinuierlich wuchs, die es an Hochschulen, an Instituten für Psychotechnik, für Arbeitswissenschaften oder Markt- und Meinungsforschung weiterentwickelten oder anwandten. Zunächst begegneten zwar zumal in Deutschland viele Promotoren der Betriebswirtschaftslehre dem neuen Fachwissen, das vor allem Tayloristen und Psychotechniker recht lautstark anpriesen, indifferent, abwehrend oder – bestenfalls – rezeptiv. Produktive Eigenbeiträge zu dessen Weiterentwicklung erbrachten nur wenige von ihnen – unter anderem wohl darum nicht, weil das deutsche Universitätsmilieu überdurchschnittlich stark nach Beweisen wissenschaftlicher Eigenständigkeit der als Hochschulfach umstrittenen Betriebswirtschaftslehre verlangte.

Dennoch sollten die in der deutschen Betriebswirtschaftslehre besonders intensiven Bemühungen um Erringung und Verteidigung einer rein wirtschafts*wissenschaftlichen* Fachperspektive nicht so interpretiert werden, als ob sich hier verhaltenswissenschaftliches Managementwissen erst von dem Moment an etablieren konnte, da *wirtschafts*wissenschaftlich begründete Widerstände gegen die Integration moderner, insbesondere amerikanischer Varianten solchen Wissens schwächer wurden. Mit W. Kirsch setzt W.H. Staehle diese „endgültige Öffnung" der deutschen Betriebswirtschaftslehre den Sozial- und Verhaltenswissenschaften gegenüber – bzw., von diesen her gesehen, die definitive Etablierung eines Teils von ihnen als verhaltenswissenschaftliches *Management*wissen – auf die Zeit um 1970 an. Zu dieser Zeit rückten die entscheidungs- und systemorientierten Ansätze von E. Heinen, W. Kirsch, H. Ulrich u.a. in führende Positionen vor (Staehle 1990, S. 125). Verhaltenswissenschaftliches Wissen europäischen Ursprungs[20] wurde aber durchaus auch schon von führenden älteren

---

19 Viel zu optimistisch war beispielsweise jene Behauptung von Fritz Giese, einem der deutschen Pioniere der angewandten Betriebspsychologie, „daß in rund 90% der Fälle ... bei der Eignungsauslese" das Urteil des Psychologen Recht behalte (in Hinrichs/Peter 1976, S. 208; vgl. dazu Walter-Busch 1977a, S. 251 sowie S. 248-275 mit weiteren Belegstellen zu Durchbruchsmotiven verhaltensorientierten Managementwissens; vgl. zu dessen Entwicklung ferner vor allem Baritz 1960; Bendix 1960, S. 380 ff.; Dorsch 1963; Geck 1953; Hinrichs 1981; Jaun 1986; Rüeggsegger 1986 und Walter-Busch 1989a).

20 Zwar boten die im 20. Jahrhundert bekanntlich ausgesprochen sozialforschungsfreundlichen Rahmenbedingungen der Vereinigten Staaten anwen-

Vertretern der Betriebswirtschaftslehre gefördert (Staehle 1990, S. 117 ff.). Heinrich Nicklisch und die von ihm begründete Schule zum Beispiel hielten den Faktor Mensch in der Wirtschaft, die menschliche Arbeit und „Organisationsgesetze“ stets für hochbedeutsam. Materialien zu deren besseren Kenntnis oder systematischen Erforschung wurden dementsprechend auch vom „Betriebswissenschaftlichen Institut“, das Nicklisch 1914 an der Handelshochschule Mannheim gründete, und dem er 1919 ein „Wirtschaftspsychologisches Laboratorium“ eingliederte, gesammelt. Abb. 6 veranschaulicht gut die Stoßrichtung der vielfältigen, darunter offenkundig auch verhaltenswissenschaftlichen Aktivitäten des Instituts.

Ungefähr zur selben Zeit, als Nicklisch seinem System der Betriebswirtschaftslehre Erkenntnisse der tayloristischen Arbeitswissenschaft, der allgemeinen Organisationslehre und der angewandten Psychologie integrierte (Nicklisch 1920 und 1922, S. 50 ff.), kam einer der führenden Exponenten des amerikanischen Handelshochschulwesens, Dean Wallace Donham von der Harvard Business School, zu dem Schluß, daß ihm zur Darstellung von Verhaltensaspekten der Managementpraxis, die er ebenfalls für überaus bedeutsam hielt, leider noch *„keine geeignete Sprache“* zur Verfügung stand, in der er seinen Studenten Probleme dieser Art hätte nahebringen können:

„About that time also [1920] I was able to carry out a plan that had been with me from the first and teach labor relations from cases. I had become interested in problems of organization and of handling men. I found two things: First, that I almost always had a concrete notion as to how I would handle a case, and second that I had no knowledge that would enable me to teach students.“ „I tried to tell how I did it myself. I found that I had no language available that would define the intuitive grasp of situations that I had in fact had … I found there was something else that seemed to me very elusive“ (zit. nach Walter-Busch 1989a, S. 53).

Da seiner Überzeugung nach sowohl der Taylorismus wie die Psycho-

---

dungsorientierten Sozialwissenschaften bereits in den 20er Jahren ungewöhnlich günstige Wachstumschancen. Der daraus resultierende Professionalisierungsvorsprung amerikanischer Sozialwissenschaft hat jedoch den Makrotrend akademischer Zitiergepflogenheiten, die vor dem Ersten Weltkrieg noch europa- bzw. (vor allem) deutschlandzentriert waren, erst nach Beendigung des Zweiten Weltkrieges um 180 Grad gekehrt: Stark wachsende Anteile verhaltenswissenschaftlichen Grundlagenwissens für Theoretiker und theoretisch interessierte Praktiker des Managements stammen seitdem aus den Vereinigten Staaten (vgl. dazu vor allem Teil 2 und 3 von Staehle 1990, sowie als ältere und jüngere Schriften, die diesen wissenschafts- und gesellschaftsgeschichtlich interessanten, untersuchungswürdigen Diffusionsprozeß einleiteten bzw. beschleunigten, u.a. Gasser 1949, 1950; Gross 1952; Grössle 1957 und Kirsch 1971).

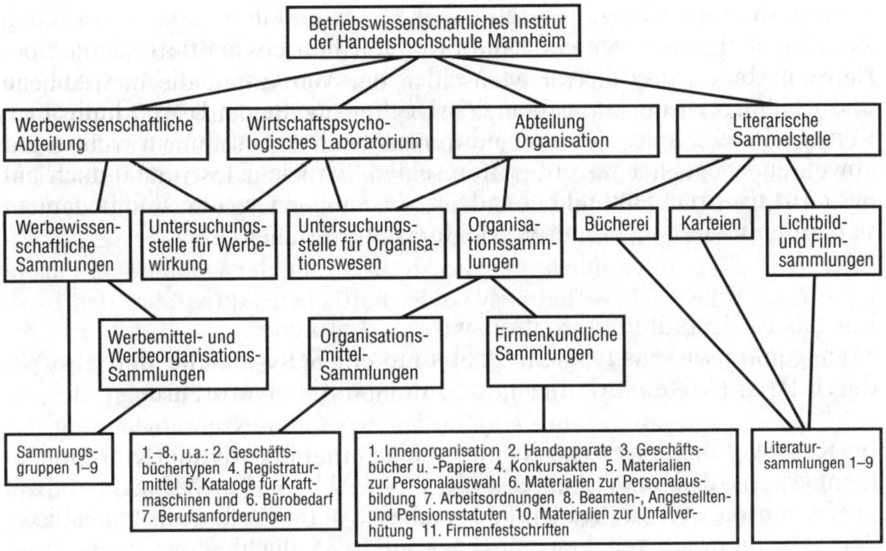

Abb. 6: Betätigungsbereiche von H. Nicklischs Betriebswissenschaftlichem Institut, ca. 1920, nach einem Organigramm in: Seyffert (1936, S. 12)

technik den schwer greifbaren Wesenskern der menschlichen Beziehungsprobleme der Wirtschaft verfehlten, initiierte Donham Mitte der 20er Jahre ein großzügig dotiertes, langfristiges Forschungsprogramm, das dieser Problematik endlich zu der ihr und ihrer überragenden Bedeutung gemäßen Sprache verhelfen sollte. Aus Donhams Initiative wurde einer der größten Forschungserfolge anwendungsorientierter Sozialwissenschaft überhaupt, der von E. Mayo, L.J. Henderson, C. Barnard, F. Roethlisberger u.a. formulierte Harvard Hawthorne-Ansatz der Human Relations. Er bestimmte noch in den 50er Jahren in den Vereinigten Staaten und in Europa weite Bereiche verhaltensorientierter Managementdiskurse (Walter-Busch 1989a).

Ein „diskursivitätsbegründender" Forschungserfolg diesen Kalibers (Geertz 1990, S. 25) war und ist ein seltener Ausnahmefall. In der Geschichte verhaltenswissenschaftlichen Managementwissens sind mit ihm allenfalls exemplarische Studien aus der Schule K. Lewins vergleichbar. Entscheidend für die während der Pionier- und Ausbauphase stark expandierenden Anteile der Verhaltenswissenschaften am verhaltensorientierten Managementwissen waren aber nicht nur solche argumentationsstilprägenden Großereignisse der Forschung. Mindestens ebenso folgenreich wirkten die weit weniger auffälligen Aktivitäten einer stark wachsenden Zahl von mehr oder weniger reputierten Fachwissenschaftlern, deren Spezialistenarbeit Wesentliches zur Vertiefung, zum systematischen Ausbau und zur Verbreitung des neuen Wissens beitrug. Selbst Hochschulinstitutionen, die ihm lange Zeit nur indifferent oder rezeptiv, wenn nicht sogar abwehrend begegnet waren, griffen schließlich wie selbstverständlich auf das einst so zurückhaltend behandelte neue Wissen zurück, und begannen sich selber an dessen Weiterentwicklung zu beteiligen.[21]

Für das Reifestadium verhaltenswissenschaftlichen Managementwissens typische Probleme der Selbsterneuerung durch Perspektivenverkehrung und Perspektivenvermehrung

Im Reifestadium der Professionalisierung verhaltensorientierten Managementwissens, das inzwischen erreicht ist (s. Abb. 5), beschäftigen sich mit professionsdienlichen Problemen Hunderte, ja Tausende von zumeist akademisch ausgebildeten Spezialisten als Personalfachleute, Gruppentrainer, Unternehmensberater, Markt- und Meinungsforscher, Hochschuldozenten usw. Sie gehören nach den Kriterien von T. Clark (1972, S. 110) längst einer „big science" an, die sich intern fein differenziert und spezialisiert hat. Längst übertrifft auch die Zahl derjenigen Institutionen, die selber an der Weiterentwicklung des neuen Fachwissens mitwirken, die Zahl jener, die es nur rezipieren bzw. weiterverbreiten.

Die von Dean Donham beklagte Mangelsituation, in der man eine akademisch elaborierte Sprache zur Darstellung menschlich-moralischer Aspekte der Managementpraxis vermissen konnte, ist damit gründlich überwunden worden. Fragwürdig wirkt heute eher umgekehrt das reifestadiumstypische Überflußproblem: Es fällt immer schwerer, aus dem Überangebot konkurrierender Fachsprachen und Forschungsergebnisse willkürfrei die allgemein oder speziell situationsbezogen am besten passenden auszuwählen. Viele dieser gemäß anerkannten Stoffauswahl- und Zitier-

---

21 Vgl. dazu das auch noch unten in Abschnitt 4.2 kurz behandelte, wohl nicht untypische Beispiel der Hochschule St.Gallen, in deren Auseinandersetzung mit verhaltensorientiertem Managementwissen die folgenden drei Phasen unterschieden werden können: 1. Phase der Gleichsetzung desselben mit primär moralisch zu reflektierenden handlungspraktischen Tugenden (1899 – ca. 1920); 2. Phase einer zuerst passiven, dann aktiven Rezeption und Vermittlung bzw. probeweisen Anwendung managementrelevanter Erkenntnisse der Verhaltenswissenschaften (1920 – ca. 1950); sowie 3. Phase der Erarbeitung eigener, fachwissenschaftlich kompetenter werdender Beiträge zur (womöglich innovativen) Weiterentwicklung verhaltensorientierten Managementwissens (seit 1950).

konventionen relevanten Erkenntnisse erweisen sich zudem bei näherer Betrachtung als redundant, und unterscheiden sich von den ihnen am nächsten stehenden Konkurrenten nur marginal. Es wird immer schwieriger, dem Riesenberg von Ergebnissen, den die einschlägige Forschung bis heute produziert hat und laufend weiterproduziert, echt Neues, das mehr darstellt als nur die zeitgemäß verpackte Wiederholung von eigentlich Bekanntem, hinzuzufügen. Der Lebensraum verhaltenswissenschaftlichen Managementwissens hat sich infolge der stark erhöhten Populationsdichte von Ansätzen und Ergebnissen der Forschung verengt. Um dennoch dem Innovationen prämierenden Erkenntnisfortschrittsprinzip zu genügen, wird immer häufiger zum Mittel a. der auf den ersten, vielleicht auch auf den zweiten Blick verblüffenden *Perspektivenverkehrung*, sowie b. zum Mittel der *Perspektivenvermehrung* gegriffen.

a. Selbsterneuerung verhaltenswissenschaftlichen Managementwissens mittels Perspektivenverkehrung.- Das Prinzip der Perspektivenverkehrung besteht im wesentlichen aus der einfachen Regel: „Verkehre eine anerkannte oder scheinbar plausible Annahme des Common Sense oder bisheriger Forschung in ihr Gegenteil“. Aus „Hohe Arbeitszufriedenheit bewirkt hohe Arbeitsleistung“ wird so „Hohe Arbeitszufriedenheit ist eine Folge hoher Arbeitsleistung“, aus „structure follows strategy“ wird „strategy follows structure“, aus „Die Perspektiven und Instrumente zweckrational strukturierter Organisationen definieren und lösen viele Probleme“ wird „Organisationen sind Bündel von Problemlösungsroutinen, die nach Entscheidungssituationen, Problemen und Fragen suchen“, aus „Erfolgreiche Strategien gehen von guten Umweltkarten aus“ wird „Die Karte ist das Gelände: Strategien konstruieren die ihnen gemäße Umwelt“, usw. (vgl. dazu v.a. Türk 1989 und Weick 1979).

1946, am Anfang des zweiten großen Wachstumsschubes der amerikanischen Verhaltenswissenschaften, wandte Herbert A. Simon gegen traditionelle Management- und Verwaltungswissenschaften ein, daß deren empirisch leider völlig ungesicherten Annahmen und Ratschläge so widersprüchlich wie Sprichwortweisheiten seien; wie bei diesen könne man meistens die plausible Handlungsanweisung X mit der ihr entgegengesetzten, aber ebenso plausiblen Handlungsanweisung Y entkräften (Simon 1946, S. 53). Nach langen und intensiven Bemühungen, Managementwissen verhaltenswissenschaftlich solider zu fundieren, tritt in dessen Reifestadium auf einem fachsprachlich höheren Elaborierungsniveau anscheinend derselbe Effekt erneut auf: Annähernd jeder theoretischen Perspektive steht jetzt wieder empirisch durchaus ebensogut bewährt[22] eine ihr entgegenge-

---

22 Vgl. zum „sozialempirischen Begründungsdefizit“ solcher Forschung bzw. zu dem auf sie anwendbaren „Pandämoniumsprinzip“ Walter-Busch (1977a, S. 276 ff. und 1989a, Kap. 1) sowie Gergen (1982). Gergens gut begründbare

setzte zur Seite – so als ob selbst sozialwissenschaftliche Erkenntnis den wirklichen oder scheinbaren Makel, ähnlich ungenau wie Sprichwortweisheiten zu gelten, nicht abstreifen könnte.

b. Selbsterneuerung verhaltenswissenschaftlichen Managementwissens mittels Perspektivenvermehrung.- Die Grenzen, die einst verschiedene Ansätze, Forschungstraditionen und Fachrichtungen voneinander trennten, tendieren in der beschriebenen Wissensverdichtungssituation des Reifestadiums verhaltensorientierter Managementforschung dazu, durchlässiger zu werden. Grenzüberschreitungen fallen nun leichter, und werden im allgemeinen, da sie ein Stimulans gegen die schwindende Innovationskraft der gealterten Forschung zu sein scheinen, positiv bewertet. Interdisziplinärer Wissenstransfer findet daher intensiver und schneller statt als früher. Erstaunlich rasch sind von der Organisationsforschung der 70er und 80er Jahre beispielweise verschiedene neuere Ansätze der Kulturanthropologie, Gesichtspunkte der biologischen Theorie autopoietischer Systeme, der Kritischen Theorie und des Poststrukturalismus bzw. des Postmodernismus rezipiert worden (vgl. Clegg 1990; Türk 1989; P. Ulrich 1987). Ein typisches Symptom für das inzwischen erreichte Reifestadium der Theorieentwicklung ist Gareth Morgan's 1986 publiziertes Lehrbuch „Images of Organization", das davon ausgeht, daß Organisationen stets mehrere Realitäten zugleich repräsentierten, und daher von einer Mehrzahl von als gleichwertig zu betrachtenden theoretischen Perspektiven aus – die bezeichnenderweise nurmehr „Metaphern" heißen – erhellt werden müßten (Morgan 1986). Gewisse Diagnostiker beschreiben diese auch in anderen Bereichen der Kultur feststellbare Entwicklung als „postmodernen Radikalpluralimus", und hoffen, mehr zur besseren Orientierung im Labyrinth, das er darstelle, sagen zu können als eben nur dies, daß „alles erlaubt sei" („anything goes"; Welsch 1987, 1988).

4.2 Forschungsoberfläche und topische Tiefenstrukturen verhaltensorientierten Managementwissens

Der von verhaltenswissenschaftlicher Managementforschung akkumulierte Wissensberg ist in deren Reifestadium in der Tat zum Labyrinth geworden, für das dringend Regeln benötigt werden, mit denen man es besser begehen kann. Die wichtigste Orientierungsregel, die aus den Aus-

---

These lautet, daß die Aufgabe, annähernd beliebigen Hypothesen und Theorien der weicheren Sozialwissenschaften Bewährungskontexte zu konstruieren, die sie empirisch bestätigen, stets lösbar ist und nicht die theorientestende „Wirklichkeit", sondern „nur" die Kreativität des Sozialforschers herausfordert.

führungen der obenstehenden Abschnitte 2.1 – 2.3 folgt, empfiehlt ganz einfach, nicht nur auf die Bewegungen an der Forschungsoberfläche der verhaltens*wissenschaftlich* erzielten Erkenntnisse, sondern mindestens ebensosehr auch *auf die von diesen verdeckt oder offen in Anspruch genommenen Denkweisen des Common Sense* - auf den schraffierten Bereich von Abb. 5 also – zu achten. Einige Episoden aus der Geschichte verhaltensorientierten Managementwissens, die überwiegend entweder deren Pionier- oder deren Reifestadium entstammen, mögen im folgenden zeigen, wie sich diese Regel anwenden läßt.

Im Pionierstadium verhaltensorientierter Managementforschung begnügten sich definitionsgemäß die meisten Promotoren der Akademisierung kaufmännischen Führungswissens mit „bloß" gemeinverständigen Formulierungen für menschlich-ethische Aspekte der Managementpraxis. An vielen Hochschulinstitutionen, die Managementwissen kultivierten, war es lange Zeit selbstverständlich, spezifisch menschliche Aspekte des Wirtschaftslebens nicht fachwissenschaftlich elaboriert zu behandeln, sondern für eine primär *moralisch* zu reflektierende Angelegenheit *handlungspraktischer Tugenden* zu halten. Die Hochschule St.Gallen zum Beispiel tat dies in der ersten der drei oben von Anm. 21 unterschiedenen Entwicklungsphasen u.a. im Rahmen „handelstechnischer Übungen". Diese simulierten möglichst praxisnah Buchungsvorgänge, die Ausarbeitung von Offerten und Beteiligungsprojekten, die briefliche oder telegraphische Beantwortung von Anfragen usw., wobei jeweils nicht nur „auf die Notwendigkeit ... kaufmännischer Lebensklugheit, sondern auch eines in sich gefestigten Charakters, der ... die ‚kaufmännische Ehre' hochhält", verwiesen wurde:

„Nicht auf Umfang und Zahl der Buchungen kommt es ... an, sondern darauf, wie unter den jeweils vorliegenden Verhältnissen bei sorgfältiger Abwägung aller Chancen der Entschluß des Kaufmannes sich bildet und nun den technischen Apparat des Kontors in Bewegung setzt.- Die Bildung und die Tragweite des Willensaktes als des bewegenden Antriebes für all die einzelnen Operationen, Wesen und Bedeutung kaufmännischer Initiative, wird den Schülern zum Bewußtsein gebracht ... Die Wichtigkeit der Menschenkenntnis und an sie anknüpfende Lebensklugheit soll den Studierenden eindringlich klar gemacht ... werden. Auf Eigenschaften und Angewohnheiten, die im Verkehr mit Mitarbeitern, Vorgesetzten, Untergebenen, mit Lieferanten und Abnehmern hinderlich und nachteilig werden können, werden die Studierenden aufmerksam gemacht und auf die Wichtigkeit der Selbstkontrolle und Selbstzucht hingewiesen" (13. Jahresbericht (JB) 1911/12 der Hochschule St.Gallen (HSG), S. 64 f.).

Menschenkenntnis und „Lebensklugheit" im Umgang mit Kollegen, Vorgesetzten, Untergebenen, Lieferanten und Kunden[23] wurden anscheinend

---

23 Man beachte das hübsche Detail der Reihenfolge der Personenkreise, denen

in diesem frühen Stadium der Professionalisierung des Managementwissens noch nicht überall so wie an der Universität Harvard von H. Münsterberg und W. Donham für ein akademisch elaborierungsbedürftiges Wissensgebiet gehalten. Man überantwortete die Pflege von Praktiken der Menschenbehandlung und damit zusammenhängender Überzeugungen vielmehr dem alltagspraktisch zu bewährenden Berufsethos des Kaufmanns, insbesondere den kaufmännischen Tugenden der „Gewissenhaftigkeit“, „Pünktlichkeit und Ordnung“, unbedingten „Zuverlässigkeit, Selbstzucht und Selbstbeherrschung“ (10. JB der HSG 1908/09, S.VI).

Die Befürworter professionalisierten Managementwissens griffen dabei gerne auf den Topos immer komplexer und dynamischer werdender Umweltbedingungen zurück – dem die unermüdliche Modernisierungsdynamik gleichsam eine ewige Jugend beschert -. Damit begründen sie ihre Forderung, daß Führungskräfte der Technik, Wirtschaft, Verwaltung usw. nicht nur ihre *fachtechnischen*, sondern auch ihre Talente zur Wahrnehmung und Ausübung *sozialer Verantwortung* permanent schulen müßten, wenn sie den steigenden Anforderungen der Zukunft gewachsen sein wollten:

„Kein Zweifel, daß der kaufmännische Unternehmer der Gegenwart ... mit viel größerem Risiko arbeitet, viel kompliziertere Aufgaben zu lösen hat als ... vor 70 und 60 Jahren. Zu dieser Ausweitung der nationalen ... zur Weltwirtschaft tritt dann ... die Arbeiterfrage ... Nicht nur die mechanischen Kräfte sollen organisiert und in Bewegung gesetzt werden, auch die lebendigen Kräfte großer Menschenmassen mit oft widerstrebenden Impulsen und feindseligen Regungen müssen zu fruchtbarem Zusammenwirken gebracht werden.“ „Wir wollen nicht das berechtigte Streben nach Erfolg, nach Mehrung des im Geschäft steckenden Vermögens unterdrükken. Unternehmungen, denen diese Triebkraft fehlt, ... die privatwirtschaftlich

---

mit guter Menschenkenntnis zu begegnen sich lohne: Die Gruppe der später „Mitarbeiter“ genannten „Untergebenen“ wird hier offenbar keineswegs als besonders bedeutsam erachtet – wahrscheinlich weil das an der Hochschule St.Gallen um 1912 gelehrte Managementwissen noch nicht genügend Prestige besaß, um beanspruchen zu können, außer tüchtigen Untergebenen eines „Prinzipals“ auch Vorgesetzte auszubilden, die schon von der Schule auf eigene Führungsaufgaben vorzubereiten waren. Erst die von der Human Relations- und der Betriebsgemeinschafts-Bewegung der 30er Jahre wissenschaftlich etablierte Subdisziplin „Führungspsychologie“ setzte einen nicht von unten nach oben, sondern von oben auf führungsbedürftige Mitarbeiter gerichteten Blick durch. Er wurde rasch derart selbstverständlich, daß für das Reifestadium verhaltensorientierten Managementwissens typische Versuche, die gewohnte Blickrichtung kreativ umzukehren (zum Beispiel im Rahmen „arbeitnehmerorientierter“ Wissenschaft, oder von Kursen des Typs „Wie motiviere ich meinen Vorgesetzten?“, vgl. oben Abschnitt 4.1), kaum noch als teilweise Wiederkehr einer älteren Konstellation durchschaubar sind.

schlecht geführt werden, bedeuten auch für die Volkswirtschaft eine unerwünschte Belastung ... Aber wir wollen dabei das Gefühl der sozialen Verantwortlichkeit wecken und stärken, das sich mit der Verfolgung der privaten Interessen verknüpfen muß" (13. JB 1911/12 der HSG, S. 15 f., 20).

Je nachdem, wie man das Verhältnis des *Prinzips Menschenfreundlichkeit* (oder Philanthropie, Humanität, sozialer Verantwortung usw.) zu demjenigen der *wirtschaftlicher Leistungsfähigkeit* konzipiert, nimmt der *diese Beziehung darstellende Topos* eine andere Gestalt an (Haskell 1985, und Walter-Busch 1989c, S. 11 ff.). Der zitierte Text stammt aus einer Rede, die der erste Rektor der Hochschule St.Gallen, E.O. Schulze, im Jahre 1911 hielt. Im selben Jahr notierte sich der noch um einiges sozialer als Schulze gesinnte Unternehmer Wilhelm Merton, der u.a. die Frankfurter Akademie für Sozial- und Handelswissenschaften begründete:

„Was uns bedrückt ..., ist die Zerrissenheit, ... die Kluft, die die Besitzenden und Gebildeten ... trennt von den Volksteilen, deren Persönlichkeitsgefühl erwacht ist und die nach besseren Lebensbedingungen streben. Auf Seiten der letzteren neben berechtigten Wünschen, falsche, ... widerlegte Thesen ... Was hier aber zu Unrecht behauptet, sowie Unmögliches gefordert wird, erzeugt bei den besitzenden und machthabenden Klassen, und bei den Gewohnheitsmenschen bis tief hinein in den kleinen Mittelstand Unwillen und Haß, und verdunkelt den Blick für das Wirkliche und seine Erfordernisse, verhärtet die Gemüter gegen Elend und Not ... Im Privatleben wird dadurch nicht nur allzu häufig jedes gerechte Abwägen im Verkehr mit den Untergebenen unterdrückt, sondern sogar eine Geringachtung der Humanität erzeugt. Und da hilft dann das Schlagwort vom Humanitätsdusel ... zur Kennzeichnung von Schwäche und Weichlichkeit, im Gegensatz zur Kraft und Männlichkeit ... mit dem Schlagwort Humanitätsdusel [ist aber] schon mancher gesunde Gedanke erschlagen worden" (Nachgelassene autobiographische Notiz W. Mertons vom 19.4.1911, in Achinger 1965, S. 312 f.).

Merton assoziiert hier offensichtlich das Prinzip Humanität mit traditionell als „weiblich" geltenden Eigenschaften, das Wirtschaftlichkeits- zusammen mit anderen „technischen" Verfügungs- und Weltbemächtigungsprinzipien mit „männlichen" Eigenarten. Dazu paßt, daß das dem expandierenden Geldmedium moderner Gesellschaften inhärente Prinzip „männlicher" Wirtschaftskraft eine Vorrangstellung beansprucht, neben der, was vielfach beklagt wird, das von ihm weggelassene oder ausgegrenzte Übrige (Gesichtspunkte der Menschlichkeit, sozialer und ökologischer Verantwortung bzw. eben die verdrängte Geschichte des Weiblichen) zweitrangig erscheint. An einer Jubiläumstagung des Schweizerischen Wasserwirtschaftsverbandes erinnerte einer der Festredner sein Publikum mit einem eigenartigen Bild daran, daß es eigentlich beschämend sei, wie wenig darüber nachgedacht werde, „was an unserer Wirtschaft sinnvoll und was leerläufig ist":

„Da fragen wir uns … ob wir, wie es der St. Galler Stadtamtmann Dr. Emil Anderegg vor einem Jahr bei der Einweihung des Kraftwerkes Zervreila sagte, unsere Kraftwerke der Technik durch *ethische Kraftwerke des inneren Menschen* zu ergänzen wissen“ (Georg Thürer, zitiert vom Tages-Anzeiger Zürich, 3.9.1960).

Ständiger Begleiter des traditionsreichen Diskurses über ein angemessenes Verhältnis ökonomischer zu nichtökonomischen, spezifisch menschlichen oder ethischen Aspekten des Wirtschaftens ist offenbar ein *Ermahnungstopos*, der moniert, daß Nachdenken dieser Art viel zu selten geschehe. Verhaltens*wissenschaftliches* Managementwissen ermöglicht es in diesem Zusammenhang, solche Ermahnungen mit als vielversprechend, ja revolutionär deklarierten *sozialwissenschaftlichen Programmen zur Bestimmung neuer Schlüsselfaktoren ethisch-menschlicher Aspekte des Wirtschaftslebens* zu verknüpfen: Gerade das bisher Vernachlässigte, Unscheinbare könnte sich dem solchermaßen *mit sozialwissenschaftlichen Mitteln sich ständig erneuernden Ermahnungtopos* zufolge als eigentlich entscheidender *Schlüsselfaktor* erweisen, und die „inneren Kraftwerke“ zunächst der Alltagsethik, dann der Psychotechnik, der Human Relations, der Organisations- und Organisationskulturentwicklung, Humanisierung der Arbeit usw.[24] als mindestens ebenso bedeutsam wie die äußeren Kraftwerke der Technik und Wirtschaft.

Zur topischen Tiefenstruktur verhaltensorientierter Managementdiskurse, die vom ständigen Wechsel der Forschungsoberfläche, die ihr der Verwissenschaftlichungs- und Professionalisierungstrend verlieh, relativ wenig tangiert wurde, gehört mit anderen Worten die industriegesellschaftlich wichtige Trias von *Wirtschaftskraft (Geld)*, einer *weitherzigen Gesinnung* und *Weitblick* (mit oder ohne Versozialwissenschaftlichung), die eine 1896 publizierte Schrift über Berliner Wohlfahrtseinrichtungen sehr anschaulich wie folgt beschrieb (vgl. Abb. 7):

„Auch auf dem Gebiet der … Wohltätigkeit bricht sich erfreulicherweise mehr und mehr die Anschauung Bahn, daß nicht ein *gutes Herz* und ein *gefüllter Geldbeutel* in erster Linie zu ersprießlicher Tätigkeit befähigen. Nach den vorgeschrittenen

24 Vgl. dazu z.B. oben, Hugo Münsterbergs Hoffnung, daß die Tätigkeit anwendungsorientierter Wirtschaftspsychologen vielleicht wider Erwarten „zum wirtschaftlich wichtigsten Faktor“ werden könnte, sowie die praktisch relevanteste Hauptbotschaft des Harvard Hawthorne-Ansatzes der Human Relations, „Efficiency of Industrial Workers Affected More by Human Relations than by Scientific Planning of Work“, die sich gut als Schablone zur Darstellung von Schlüsselfaktoren anderer Art eignet, z.B. „Efficiency of Corporations Affected More by Job Enlargement / Organizational Climate / Organization Development / Corporate Culture etc. than by …“ (Walter-Busch 1989b).

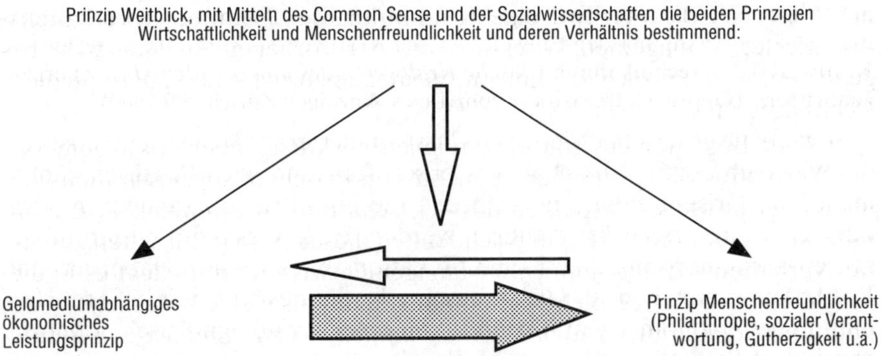

Abb. 7: Die industriegesellschaftlich wichtige Trias Weitblick – Geld – gutes Herz

Anschauungen unserer Zeit bedarf es [außerdem auch] eines *weiten Blickes* und *tiefdringenden Verständnisses* der sozialen Gesamtverhältnisse ...“[25]

Eine bis heute erstaunlich konstant gebliebene *Hauptfunktion verhaltenswissenschaftlicher Forschung* bestand und besteht im Spannungsfeld dieser Prinzipien vornehmlich darin, mit *Schlüsselfaktorargumenten* gute – und das heißt im Zeitalter der Versozialwissenschaftlichung zunehmend verhaltenswissenschaftlich elaborierte – Gründe für die gemäß normativen Aspekten und situativen Gegebenheiten bevorzugte Konstellation von Wirtschaftlichkeit und Menschlichkeit zu begründen. Ein zeitgenössisches Plädoyer für eine „Transformation der ökonomischen Vernunft“, das Peter Ulrich 1987 veröffentlichte, möge abschließend die Stabilität dieser topischen Tiefenstruktur verhaltensorientierter Managementdiskurse veranschaulichen. P. Ulrichs Ansatz ist dazu besonders gut geeig-

25 Zitiert von Sachsse (1986), S. 94; Hervorhebungen im Text hier wie im nachstehenden Zitat von E.W.-B. Diese Trias thematisiert den faktisch in Industriegesellschaften ebenfalls sehr wichtigen Bereich von Zwangs- und Machtphänomenen nicht direkt. Wie ein bekannter Leitspruch eines holländischen Arbeitshauses aus dem 17. Jahrhundert zeigt, eignet sich dazu die Metapher der körperlich strafenden und zwingenden Hand: „Fürchte Dich nicht! Ich räche nichts Böses, sondern zwinge zum Guten. Hart ist meine Hand, aber liebreich mein Gemüt“ (zitiert von Müller-Armack 1940, S. 218).- Augen, Herz, Geldbeutel und Hände – nur schon mit diesen vier Alltagsmetaphern lassen sich wichtige Grundprobleme der Gesellschaftswissenschaften hinreichend genau definieren.

net, weil sich die merkwürdige Kontinuität der Leitmotive verhaltensorientierter Managementforschung, die der vorliegenden Übersicht begegneten, gerade auch in ihm und seiner anspruchsvollen Paradigmenwechselrede nachweisen läßt.

Sowohl die gesellschaftliche Wirklichkeit moderner Industriegesellschaften wie auch deren Wirtschaftswissenschaften sind nach P. Ulrich zunehmend von Krisentendenzen gefährdet, die mittelfristig zu einem System- oder „Paradigmenwechsel" führen werden. Er läßt sich am besten in Begriffen der philosophischen Kommunikationstheorie von J. Habermas und K.-O. Apel verstehen. P. Ulrich beschreibt die bevorstehende „Transformation der ökonomischen Vernunft" einerseits zeitdiagnostisch, indem er den industriegesellschaftlichen Modernisierungsprozeß „und die paradigmatische Sprengkraft der zeitgenössischen sozioökonomischen Herausforderungen" rekonstruiert. Mit dem Instrumentarium immanenter Kritik und einer sprachpragmatischen Neufundierung der Wirtschaftswissenschaften versucht er andererseits, „den unerbittlichen Prozeß der Selbstauflösung des wirtschaftstheoretischen Rationalitätskonzeptes bis an seinen (wiederholt aufblitzenden) paradigmatischen Wendepunkt hin ..., an dem es selbst auf die Notwendigkeit einer kommunikativ-ethischen Rationalitätsidee verweist", zu verfolgen (Ulrich 1987, S. 341). Von entscheidender Bedeutung für die unumgängliche Neuorientierung unseres Rationalitäts- und Realitätsverständnisses sind dabei die apriorischen Grundprinzipien der menschlichen Kommunikationsgemeinschaft, wie sie mit ihren weitreichenden Konsequenzen insbesondere Jürgen Habermas herausgearbeitet hat:

„In der denknotwendigen Symmetrie der gegenseitig anerkannten Ansprüche in der prinzipiell unbegrenzten Kommunikationsgemeinschaft aller Menschen ist eine rational nicht hintergehbare moralische Grundnorm aufgedeckt" (Ulrich 1987, S. 287).

Die von ihren ökonomistischen oder technokratischen Restriktionen befreite Sozialökonomie der Zukunft geht demnach, vor allen Überlegungen über „funktionale Systemsteuerungsprinzipien", vom *„Primat einer kommunikativ rationalen Verständigungsordnung"* aus (Ulrich 1987, S. 373). Sie führt zu einem „*dualistischen* Wissenschaftsprogramm praxisorientierter Ökonomie, das die beiden Perspektiven der funktionalen Systemrationalisierung und der kommunikativen Rationalisierung sozialer Interaktion gleichermaßen gelten läßt":

„Dementsprechend kommt den Wirtschaftswissenschaften eine durchaus spannungsgeladene lebenspraktische Doppelfunktion als kritisch-normative Verständigungswissenschaft *und* als sozialtechnologisch anwendbare Verfügungswissenschaft zu. Die *kritisch-normative Sozialökonomie* zielt auf die kommunikative Rationalisierung der politisch-ökonomischen Verständigungsverhältnisse, die *sozial-*

technologische ‚Systemökonomie' auf die funktionale Rationalisierung des ökonomischen Systems" (Ulrich 1987, S. 355; auch S. 243, 384, 438 f., 452).

Offenkundig stellen diese zwei Dimensionen theoretisch elaborierte Interpretationen der industriegesellschaftlich fundamentalen Prinzipien „ökonomische Leistungsfähigkeit" und „Menschenfreundlichkeit" (gemäß Abb. 7) dar. Um P. Ulrichs Gedankengang dem Formschema von Abb. 7 einzufügen, braucht man darum nur, wie Abb. 8 demonstriert, die Wirtschaftlichkeits- und Weitherzigkeitsprinzipien neu als Prinzipien theoretisch-technischer und praktisch-kommunikativer Vernunft im Habermas'schen Sinne, und die Dimension „Weitblick" als Fortschritt zum Primat kommunikativer Rationalisierung, die die bislang übermächtige technisch-ökonomische Rationalität „zur Vernunft bringen" soll, auszulegen.

P. Ulrich weist an einer aufschlußreichen Stelle seines Buches selber darauf hin, daß eine frühe Spielart des „zweidimensionalen Rationalitätskonzeptes" gemäß Abb. 8, der Dual „instrumentale" vs. „sozio-emotionale Rationalität", bereits im Lehrbuch „Organisationslehre" von W. Hill, R. Fehlbaum und P. Ulrich, also noch vor der Rezeption von Habermas' kritischer Kommunikationstheorie, eine bedeutsame Rolle spielte:

„... in diesem Lehrbuch (1. Auflage 1974) ist erstmals in der deutschsprachigen Fachliteratur systematisch ein zweidimensionales Rationalitätskonzept verwendet worden, ohne daß allerdings der kommunikative Kern der sozio-emotionalen Rationalitätsdimension völlig herausgearbeitet worden ist" (Ulrich 1987, S. 140, Anm.122).

Die theoretisch wie praktisch überragende Bedeutung des „kommunikativen Kerns" der sozio-emotionalen Rationalitätsdimension ließ sich erst ermessen, als Habermas' Ansatz klar gemacht hatte, „daß im Zentrum der sozio-emotionalen Rationalität einer Organisation nichts anderes als ihre *kommunikative Rationalität* steht" (Ulrich 1987, S. 140).

Die hier vorgelegte Konfrontation topischer Tiefenstrukturen mit der eher ephemeren Forschungsoberfläche verhaltenswissenschaftlicher Managementdiskurse geht genau umgekehrt davon aus, daß Fragen nach Eigenarten und Beziehungen zwischen den Common Sense-Prinzipien Wirtschaftlichkeit (bzw. „instrumentale Rationalität", „theoretisch-technische Vernunft") und Menschenfreundlichkeit (bzw. „sozio-emotionale Rationalität", „praktische-kommunikative Vernunft") *durchaus nicht umso besser beantwortet werden können, je sozialwissenschaftlich elaborierter man sie zu formulieren versteht.* Denn solche Fragen scheinen, wie bereits ein Kerngedanke der späten Philosophie Wittgensteins deutlich machte (Kambartel 1989, S. 146 ff.), nicht strikt sozial*wissenschaftlich*, sondern *grundsätzlich nur mit den beschränkten Mitteln des industriegesellschaftlich gebildeten Common Sense und seiner Topoi* möglicher Beziehungen zwischen

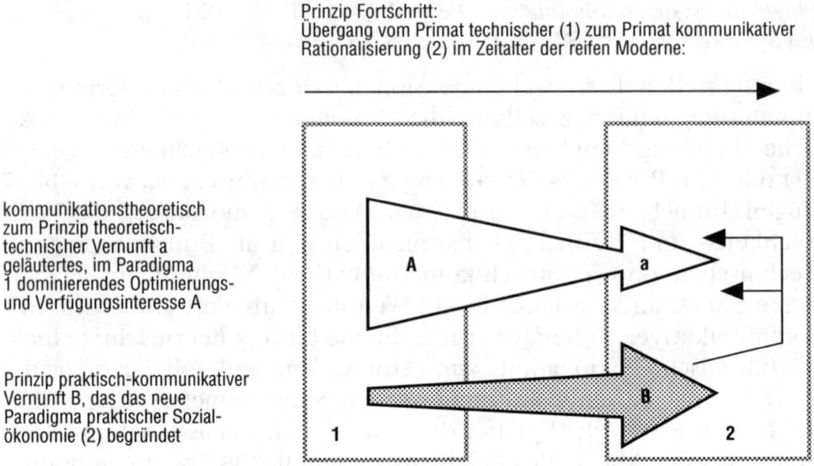

Abb. 8: Übergang vom traditionell ökonomistischen (1) zum kommunikativ-ethischen Paradigma praktischer Sozialökonomie (2), nach P. Ulrich (1987)

den Prinzipien Wirtschaftlichkeit, Weitherzigkeit, Macht, Weitsicht usw. entschieden werden zu können:

„Kann man Menschenkenntnis lernen? Ja; Mancher kann sie lernen. Aber nicht durch einen Lehrkurs, sondern durch *‚Erfahrung'*. ... Was man erlernt, ist keine Technik; man lernt richtige Urteile. Es gibt auch Regeln, aber sie bilden kein System, und nur der Erfahrene kann sie richtig anwenden. Unähnlich den Rechenregeln.- Das Schwerste ist hier, die Unbestimmtheit richtig und unverfälscht zum Ausdruck zu bringen." „Es bestehen nämlich, in der Psychologie, experimentelle Methoden *und Begriffsverwirrung* ... Das Bestehen der experimentellen Methode läßt uns glauben, wir hätten das Mittel, die Probleme, die uns beunruhigen, loszuwerden; obgleich Problem und Methode windschief aneinander vorbeilaufen" (Philos. Unters. Teil II, XI, XIV).

Bisherige Debatten menschlicher Imponderabilien der Managementpraxis überblickend, ist man öfters versucht, sie mit Diskussionen über das Wesen des Weiblichen, wie sie Silvia Bovenschen geschildert hat, zu vergleichen. In beiden Fällen ist die Geschichte dieser Diskurse eine „Geschichte des Vergessens, der Aussparung und daher einer steten, obschon modifizierten, Wiederholung des schon einmal Gedachten." Die in die Debatte eingebrachten Argumente für oder gegen die Frauen, mehr Humanität, soziale Verantwortung, Wirtschaftskraft usw. schrumpfen gesamthaft betrachtet „auf ein kleines Bündel von relativ stereotypen Stellungnahmen zusammen“ (Bovenschen 1979, S. 65). Es sind deshalb in Disputen dieser Art immer wieder „die gleichen Gespenster, die verläßlich an bestimmten Biegungen der Gedankenbahnen ihren Auftritt haben“ (Bovenschen 1990, S. 20).

Das hier skizzierte Fernziel einer historischen Topik geeigneter Teilbereiche von Managementdiskursen besteht in der Tat darin, herauszufinden, welchen inneren Gedankenbahnen folgend welche Schlüsselargumente solcher Diskurse gewöhnlich wann ihren – wenn er gut durchschaubar ist, immerhin *auch* unterhaltsamen – Auftritt haben.

Literaturverzeichnis

Abbott, A. (1988): The System of Professions. An Essay on the Division of Expert Labor. Chicago und London.

Achinger, H. (1965): Wilhelm Merton in seiner Zeit. Frankfurt a.M.

Aronoff, C. (1975): The Rise of the Behavioral Perspective in Selected General Management Textbooks: An Empirical Investigation through Content Analysis. In: Academy of Management Journal 18, S. 753-768.

Baeumer, M.L. (Hrsg.)(1973): Toposforschung. Darmstadt.

Baritz, L. (1960): The Servants of Power. A History of the Use of Social Science in American Industry. Westport.

Beck, U./Bonss, W. (Hrsg.)(1989): Weder Sozialtechnologie noch Aufklärung? Analysen zur Verwendung sozialwissenschaftlichen Wissens. Frankfurt a.M.

Bendix, R. (1960): Herrschaft und Industriearbeit. Untersuchungen über Liberalismus und Autokratie in der Geschichte der Industrialisierung. Frankfurt a.M.

Bornscheuer, L. (1976): Topik. Zur Struktur der gesellschaftlichen Einbildungskraft. Frankfurt a.M.

Bornschier, V. (1988): Westliche Gesellschaft im Wandel. Frankfurt a.M. und New York.

Bovenschen, S. (1979): Die imaginierte Weiblichkeit. Exemplarische Untersuchungen zu kulturgeschichtlichen und literarischen Präsentationsformen des Weiblichen. Frankfurt a.M.

Bovenschen, S. (1990): Vorwort zur Neuausgabe von F.M. Huebner (Hrsg., 1929): Die Frau von morgen wie wir sie wünschen. Frankfurt a.M., S. 9-21.

Braverman, H. (1974): Labor and Monopoly Capital. The Degradation of Work in the Twentieth Century. New York und London.

Breuer, D./Schanze, H. (Hrsg.)(1981): Topik. Beiträge zur interdisziplinären Diskussion. München.

Cancik, H. (1983): Die Rechtfertigung Gottes durch den ‚Fortschritt der Zeiten‘. Zur Differenz jüdisch-christlicher und hellenistisch-römischer Zeit- und Ge-

schichtsvorstellungen. In: Gumin, H./Meier, H. (Hrsg.): Die Zeit. 2. Auflage 1989. München, S. 257-288.
Certeau, M. de (1987): Histoire et psychoanalyse entre science et fiction. Paris.
Chandler, A. (1962): Strategy and Structure. Chapters in the History of the Industrial Enterprise. Cambridge (Mass) und London.
Chandler, A. (1977): The Visible Hand; the Managerial Revolution in American Business. Cambridge (Mass.) und London.
Chandler, A./Daems, H. (Hrsg.)(1980): Managerial Hierarchies. Comparative Perspectives on the Rise of the Modern Industrial Enterprise. Cambridge (Mass.) und London.
Clark, T. (1974): Die Stadien wissenschaftlicher Institutionalisierung. Dte. Übersetzung von: The Stages of Scientific Institutionalisation (1972). In: Weingart, P. (Hrsg.): Wissenschaftssoziologie II. Frankfurt a.M., S. 105-121.
Clegg, S. (1990): Modern Organizations. Organization Studies in the Postmodern World. London/Newbury Park/New Dehli.
Copeland, M. (1958): And Mark an Era. The Story of the Harvard Business School. Boston.
Cordes, W. (Hrsg.)(1984): Eugen Schmalenbach. Der Mann – Sein Werk – Die Wirkung. Stuttgart.
Cruikshank, J. (1987): A Delicate Experiment. The Harvard Business School 1908-1945. Boston.
Curtius, E.R. (1973): Europäische Literatur und lateinisches Mittelalter. 8. Auflage. Bern und München.
Dodds, E.R. (1973): The Ancient Concept of Progress and Other Essays on Greek Literature and Belief. Oxford.
Dorsch, F. (1963): Geschichte und Probleme der angewandten Psychologie. Bern und Stuttgart.
Edwards, R. (1981): Herrschaft im modernen Produktionsprozeß. Übersetzung von Contested Terrain (1979). Frankfurt a.M. und New York.
Feyerabend, P. (1980): Erkenntnis für freie Menschen. Veränderte Ausgabe. Frankfurt a.M.
Fischer-Winckelmann, W. (Hrsg.)(1983): Paradigmawechsel in der Betriebswirtschaftslehre? Spardorf.
Frei, F./Udris, I. (1990): Forschung für die Arbeitswelt – Reflexionen im Diskurs. In: Frei, F./Udris, I. (Hrsg.): Das Bild der Arbeit. Bern/Stuttgart/Toronto, S. 341-350.
Gasser, C. (1949): Die menschlichen Beziehungen im Betrieb. In: Gasser, C. (Hrsg.): Mensch und Betrieb. St.Gallen, S. 1-45.
Gasser, C. (1950): Der Mensch im modernen Industriebetrieb. Vortrag vom Juni 1950 (zit. nach der 3. Auflage, 1958). Köln.
Gasser, C. (1972): Unternehmensführung im Strukturwandel. Düsseldorf und Wien.
Geck, A. (1953): Soziale Betriebsführung. 2. Auflage. Essen.
Geertz, C. (1990): Die künstlichen Wilden. Der Anthropologe als Schriftsteller. München und Wien (engl. Works and Lives. The Anthropologist as Author, 1988).

Gergen, K. (1982): Toward Transformation in Social Knowledge. New York/Heidelberg/Berlin.
Gombrich, E. (1987): Kunst und Fortschritt. Köln (engl. The Ideas of Progress and their Impact on Art, 1971).
Gould, S.J. (1987): Time's Arrow, Time's Cycle. Myth and Metaphor in the Discovery of Geological Time. Harmondsworth.
Grössle, H. (1957): Der Mensch in der industriellen Fertigung. Ergebnisse der betrieblichen Sozialforschung in den USA. Wiesbaden.
Gross, H. (1952): Manager von Morgen. Partnerschaft als Wirtschaftsform der Zukunft. 4. Auflage (1. Auflage 1949). Düsseldorf.
Gutenberg, E. (1929): Die Unternehmung als Gegenstand betriebswirtschaftlicher Theorie. Berlin und Wien.
Gutenberg, E. (1983): Grundlagen der Betriebswirtschaftslehre, 1. Bd.: Die Produktion. 24. Auflage (1. Auflage 1951). Berlin/Heidelberg/ New York.
Haan, N./Bellah, R./Rabinow, P./Sullivan, W. (Hrsg.)(1983): Social Science as Moral Inquiry. New York.
Hale, M. (1980): Human Science and Social Order. Hugo Münsterberg and the Origins of Applied Psychology. Philadelphia.
Handlin, O. (1979): Truth in History. Cambridge (Mass) und London.
Haskell, T. (1985): Capitalism and the Origins of the Humanitarian Sensibility. In: American Historical Review 90, S. 339-361 (Teil I) und S. 547-566 (Teil II).
Hays, S. (1959): Conservation and the Gospel of Efficiency. The Progressive Conservation Movement, 1890-1920. Cambridge (Mass.) und London.
Higham, J. (1983): History. Professional Scholarship in America. 2. Auflage. Baltimore und London.
Hill, W./Fehlbaum, R./Ulrich, P. (1974): Organisationslehre 1. Bern und Stuttgart.
Hinrichs, P. (1981): Um die Seele des Arbeiters. Arbeitspsychologie, Industrie- und Betriebssoziologie in Deutschland 1871-1945. Köln.
Hinrichs, P./Peter, L. (1976): Industrieller Friede? Arbeitswissenschaft, Rationalisierung und Arbeiterbewegung in der Weimarer Republik. Köln.
Hirschman, A.O. (1984): Engagement und Enttäuschung. Über das Schwanken der Bürger zwischen Privatwohl und Gemeinwohl (engl. Shifting Involvements, 1982). Frankfurt a.M.
Huber, J. (1989): Herrschen und Sehnen. Kulturdynamik des Westens. Weinheim.
Hundt, S. (1977): Zur Theoriegeschichte der Betriebswirtschaftslehre. Köln.
Isaac, A. (1923): Die Entwicklung der wissenschaftlichen Betriebswirtschaftslehre in Deutschland seit 1898. Berlin.
Janik, A./Toulmin, S. (1973): Wittgenstein's Vienna. New York.
Jaun, R. (1986): Management und Arbeiterschaft. Verwissenschaftlichung, Amerikanisierung und Rationalisierung der Arbeitsverhältnisse in der Schweiz 1873-1959. Zürich.
Jauss, H.R. (1970): Literarische Tradition und gegenwärtiges Bewußtsein der Modernität. In: Jauss, H.R. (Hrsg.): Literaturgeschichte als Provokation. Frankfurt a.M., S. 11-66.
Jehle, E. (1973): Über Fortschritt und Fortschrittskriterien in betriebswirtschaftlichen Theorien. Stuttgart.
Kambartel, F. (1989): Philosophie der humanen Welt. Frankfurt a.M.

Kayser, W. (1961): Das sprachliche Kunstwerk. 7. Auflage. Bern und München.
Kern, S. (1983): The Culture of Time and Space 1880-1918. Cambridge (Mass.).
Kirsch, W. (1971): Entscheidungsprozesse. 3 Bände. Wiesbaden.
Kocka, J. (1969a): Industrielles Management: Konzeptionen und Modelle in Deutschland vor 1914. In: Vierteljahrsschrift für Sozial- und Wirtschaftsgeschichte 56, S. 332-372.
Kocka, J. (1969b): Unternehmensverwaltung und Angestelltenschaft am Beispiel Siemens, 1847-1914. Stuttgart.
Kocka, J. (1973): Klassengesellschaft im Krieg 1914-1918. Göttingen.
Kocka, J. (1975): Unternehmer in der deutschen Industrialisierung. Göttingen.
Kocka, J. (1983): Legitimationsprobleme und -strategien der Unternehmer und Manager im 19. und frühen 20. Jahrhundert. In: Pohl, H. (Hrsg.): Legitimation des Managements im Wandel. Wiesbaden, S. 7-21.
Köstler, H. (1974): Betrieb und Unternehmung in historischer Sicht. Konstanz.
Koselleck, R. (1979): Vergangene Zukunft. Zur Semantik geschichtlicher Zeiten. Frankfurt a.M.
Koselleck, R. (1980): ‚Fortschritt' und ‚Niedergang' – Nachtrag zur Geschichte zweier Begriffe. In: Koselleck, R./Widmer, P. (Hrsg.): Niedergang. Studien zu einem geschichtlichen Thema. Stuttgart, S. 214-230.
Koselleck, R./Faber, G.-K./Kocka, J./Meier, C./ Mommsen, W./Nipperdey, T./ Rüsen, J. (Hrsg.)(1977 ff.): Theorie der Geschichte. Beiträge zur Historik. Band 1 (1977) – 4 (1982). Frankfurt a.M.
Krauss, W. (1968): Der Streit der Altertumsfreunde mit den Anhängern der Moderne und die Entstehung des geschichtlichen Weltbildes. In: Krauss, W. (Hrsg.): Essays zur französischen Literatur. Berlin und Weimar, S. 130-194.
Krauth, W.-H. (1978): Disziplingeschichte als Form wissenschaftlicher Selbstreflexion. Das Beispiel der deutschen Nationalökonomie. In: Geschichte und Gesellschaft 4, S. 498-519.
Krüger, D. (1983): Nationalökonomen im wilhelminischen Deutschland. Göttingen.
Kuhn, T. (1962): The Structure of Scientific Revolutions, dt. Die Struktur wissenschaftlicher Revolutionen (1973). Frankfurt a.M.
LaCapra, D. (1985): History and Criticism, dt. Geschichte und Kritik (1987). Frankfurt a.M.
Lévy-Strauss, C. (1955): Tristes Tropiques, dt. Traurige Tropen (1960: Köln/Berlin, und 1978: (Übers. Moldenhauer). Frankfurt a.M.).
Lindblom, C./Cohen, D. (1979): Usable Knowledge. Social Science and Social Problem Solving. New Haven/London.
Löffelholz, J. (1935): Geschichte der Betriebswirtschaft und der Betriebswirtschaftslehre. Stuttgart.
Löwith, K. (1953): Weltgeschichte und Heilsgeschehen. Die theologischen Voraussetzungen der Geschichtsphilosophie. Stuttgart.
Lübbe, H. (1973): Was heißt: ‚Das kann man nur historisch erklären'? In: Koselleck, R./Stempel, W.-D. (Hrsg.): Geschichte – Ereignis und Erzählung. Poetik und Hermeneutik V. München, S. 542-554.
Lübbe, H. (1983): Zeit-Verhältnisse. Zur Kulturphilosophie des Fortschritts. Graz/ Wien/Köln.

Merton, R. (1983): Auf den Schultern von Riesen. Ein Leitfaden durch das Labyrinth der Gelehrsamkeit. Frankfurt a.M. (amer.: On the Shoulders of Giants. 1965).

Morgan, G. (1986): Images of Organization. Beverly Hills/Newbury Park/New Dehli/London.

Müller-Armack, A. (1940): Genealogie der Wirtschaftsstile. In: Müller-Armack, A. (1959): Religion und Wirtschaft. Stuttgart, S. 46-244.

Münsterberg, H. (1912): Psychologie und Wirtschaftsleben. Leipzig.

Nicklisch, H. (1912,1922,1932): Allgemeine kaufmännische Betriebslehre als Privatwirtschaftslehre des Handels (und der Industrie). Leipzig, 1912; ab 5. Auflage (1922): Wirtschaftliche Betriebslehre; ab 7. Auflage (1932): Die Betriebswirtschaft. Stuttgart.

Nicklisch, H. (1920): Der Weg aufwärts! Organisation. Stuttgart.

Nietzsche F. (1980): Sämtliche Werke. Kritische Studienausgabe in 15 Bänden, herausgegeben von G. Colli und M. Montinari. München.

Noble, D.F. (1977): America by Design. Science, Technology, and the Rise of Corporate Capitalism. New York.

Noble, D.F. (1984): Forces of Production. A Social History of Industrial Automation. New York.

Peters, T./Waterman, R. (1982): In Search of Excellence. Lessons from America's Best-Run Companies. New York.

Pethia, R. (1983): Pseudo-History in Management Textbooks: Illustrations and Comments. Working Paper 2. College of Business Administration, Western Kentucky University.

Pollard, S. (1968): The Genesis of Modern Management. Harmondsworth.

Roethlisberger, F. (1977): The Elusive Phenomena; an Autobiographic Account of My Work in the Field of Organizational Behavior at the Harvard Business School. Boston.

Rüegsegger, R. (1986): Die Geschichte der Angewandten Psychologie 1900-1940. Ein internationaler Vergleich am Beispiel der Entwicklung in Zürich. Bern/Stuttgart/Toronto.

Sachsse, C. (1986): Mütterlichkeit als Beruf. Sozialarbeit, Sozialreform und Frauenbewegung 1871-1929. Frankfurt a.M.

Sass, S. (1982): The Pragmatic Imagination. A History of the Wharton School 1881-1981. Philadelphia.

Schneider, D. (1981a): Geschichte betriebswirtschaftlicher Theorie. München und Wien.

Schneider, D. (1981b): Vorläufer der Betriebswirtschaftslehre. In: Zeitschrift für betriebswirtschaftliche Forschung 33, S. 117-139.

Schorske, C. (1980): Fin-de-Siècle Vienna. Politics and Culture. New York.

Schumpeter, J. (1965): Geschichte der ökonomischen Analyse. Göttingen, 2 Bde.

Scott, W. R. (1986): Grundlagen der Organisationstheorie. Frankfurt a.M., New York (amerik. Original: Organizations. Rational, Natural, and Open Systems, 1981).

Seyffert, R. (1936): Nicklisch's Bedeutung für die Entwicklung betriebswirtschaftlicher Forschungsmethoden. In: Heinrich Nicklisch. Festschrift zum 60. Geburtstag. Stuttgart, S. 9-14.

Siegrist, H. (1981): Vom Familienbetrieb zum Managerunternehmen. Angestellte und industrielle Organisation am Beispiel der Georg Fischer AG in Schaffhausen 1797-1930. Göttingen.

Simon, H.A. (1946): The Proverbs of Administration. In: Public Administration Review 6, S. 53-67.

Sohn-Rethel, A. (1973): Ökonomie und Klassenstruktur des deutschen Faschismus. Aufzeichnungen und Analysen. Frankfurt a.M.

Staehle, W.H. (1990): Management. Eine verhaltenswissenschaftliche Perspektive. 5. Aufl. München.

Tedlow, R./John, R. (Hrsg.)(1986): Managing Big Business. Essays from the Business History Review. Boston.

Toulmin, S. (1972): Human Understanding. The Collective Use and Evolution of Concepts. Princeton, N.J.

Trahair, R. (1984): The Humanist Temper. The Life and Work of Elton Mayo. New Brunswick und London.

Türk, K. (1989): Neuere Entwicklungen in der Organisationsforschung. Ein Trend Report. Stuttgart.

Ulrich, H. (1988): Von der Betriebswirtschaftslehre zur systemorientierten Managementlehre. In: Wunderer (1988), S. 173-190.

Ulrich, P. (1987): Transformation der ökonomischen Vernunft. Fortschrittsperspektiven der modernen Industriegesellschaft. 2. Aufl. Bern und Stuttgart.

Vetterli, R. (1978): Industriearbeit, Arbeiterbewußtsein und gewerkschaftliche Organisation. Dargestellt am Beispiel der Georg Fischer AG (1890-1930).

Wagner, B. (1990): Bedürfnisorientierte Unternehmenspolitik. Bern und Stuttgart.

Walb, E. (1929): Zur Frage der historischen Betrachtung in der Betriebswirtschaftslehre. In: Zeitschrift für Handelswissenschaft und Handelspraxis 22, S. 203-211.

Walter-Busch, E. (1977a): Arbeitszufriedenheit in der Wohlstandsgesellschaft. Beitrag zur Diagnose der Theoriesprachenvielfalt betriebspsychologischer und industriesoziologischer Forschung. Bern und Stuttgart.

Walter-Busch, E. (1977b): Bürokratisierung in Großunternehmungen und Human Relations. In Leuenberger, T./Ruffmann, K.-H. (Hrsg.): Bürokratie – Motor oder Bremse der Entwicklung? Bern/Frankfurt/Las Vegas, S. 189-208.

Walter-Busch, E. (1982): Problemorientierte Sozialforschung: Mentor oder Partner der Öffentlichkeit? In: Gschwind, U. (Hrsg.): Forschung und Politik: Abgründe und Brückenschläge. Diessenhofen, S. 179-194.

Walter-Busch, E. (1983): Genese und Funktionen humanbiologischer Lenkungsmodelle der Managementlehre. In Siegwart, H./Probst, G. (Hrsg.): Mitarbeiterführung und gesellschaftlicher Wandel; Festschrift zum 70. Geburtstag von C. Lattmann. Bern und Stuttgart, S. 71-102.

Walter-Busch, E. (1984): Methodische Aspekte des Interdisziplinaritätsproblems in der systemorientierten Managementlehre. In Ulrich, H /Malik, F./Probst, G./ Semmel, M./Dyllik, T./Dachler, P./Walter-Busch, E.: Grundlegung einer allgemeinen Theorie der Gestaltung, Lenkung und Entwicklung zweckorientierter sozialer Systeme. Diskussionsbeiträge des Instituts für Betriebswirtschaft an der Hochschule St.Gallen, Nr. 4, S. 227-252.

Walter-Busch, E. (1985): Zur Sozialgeschichte des wissenschaftstheoretischen Selbstverständnisses der Betriebswirtschaftslehre. In: Probst, G./Siegwart, H.

(Hrsg.): Integriertes Management. Festschrift Hans Ulrich. Bern und Stuttgart, S. 113-134.

Walter-Busch, E. (1986): Entwicklung von Arbeitsverhältnissen und Arbeitsverhalten des Sandoz-Personals. Jubiläums-Sondernummer des Sandoz Bulletin 22, S. 47-70.

Walter-Busch, E. (1988): Zweihundert Jahre Vor- und Nachteilredcn über Arbeit in der Industriegesellschaft: Ein Blick zurück nach vorn. In: Bierter, W./Hagemann, S./Levy, R./Udris, I./Walter-Busch, E.: Keine Zukunft für lebendige Arbeit? Ein Szenario. Zürich, S. 93-113.

Walter-Busch, E. (1989a): Das Auge der Firma. Mayos Hawthorne – Experimente und die Harvard Business School, 1900-1960. Stuttgart.

Walter-Busch, E. (1989b): Anmerkungen zur Soziogenese von Theorien und Praktiken der Entwicklung von Organisationskulturen. In: Hoffmann-Nowotny, H.-J. (Hrsg.): Kultur und Gesellschaft. Beiträge der Forschungskomitees, Sektionen und Ad-hoc-Gruppen. Zürich, S. 148-150.

Walter-Busch, E. (1989c): Wertewandel bei Bevölkerung und Unternehmen. Vorstudie für das NFP ‚Stadt und Verkehr'. Bericht 2 des NFP ‚Stadt und Verkehr'. Zürich.

Walter-Busch, E. (1990): Integrationskonzepte der Betriebswirtschaftslehre: Das Beispiel der Harvard Business School. In: Die Betriebswirtschaft 50, S. 237-248.

Weber, E. (1914): Literaturgeschichte der Handelsbetriebslehre. Tübingen.

Weber, M. (1904): Die ‚Objektivität' sozialwissenschaftlicher Erkenntnis. In: Weber, M. (Hrsg.)(1922): Gesammelte Aufsätze zur Wissenschaftslehre. Tübingen, S. 186-262.

Weick, K. (1979): The Social Psychology of Organizing. 2. Auflage (1. Auflage 1969; dte Übersetzung 1985). Reading, Mass..

Welsch, W. (1987): Unsere postmoderne Moderne. Weinheim.

Welsch, W. (Hrsg.)(1988): Wege aus der Moderne. Schlüsseltexte der Postmoderne-Diskussion. Weinheim.

White, H. (1990): Die Bedeutung der Form. Erzählstrukturen in der Geschichtsschreibung. Frankfurt a.M. (engl. The Content of the Form, 1987).

Wohl, R. (1979): The Generation of 1914. Cambridge, Mass.

Wrege, C. (1961): Facts and Fallacies of Hawthorne. A Historical Study of the Origins, Procedures and Results of the Hawthorne Illumination Tests and Their Influence upon the Hawthorne Experiments. Reprint 1986 der unpublizierten Dissertation von 1961. New York und London.

Wren, D. (1979): The Evolution of Management Thought. 2. Auflage. New York/Chichester/Brisbane/Toronto.

Wunderer, R. (Hrsg.)(1988): Betriebswirtschaftslehre als Management- und Führungslehre. 2. Auflage. Stuttgart.

Prof. Dr. Emil Walter-Busch
Forschungsinstitut für Arbeit und Arbeitsrecht
Hochschule St. Gallen
Guisanstraße 92
CH-9001 St. Gallen

Managementforschung 2, 1992

Herausgegeben von W. H. Staehle und Peter Conrad

Geplante Beiträge:

Unternehmenskultur und ökonomische Theorie

Verhaltenswissenschaftliche Ursprünge in der Betriebswirtschaftslehre

Personaleinsatzstrategien und organisationelles Lernen

Zur Enthierarchisierung von Unternehmen

Strategische Netzwerke und Transaktionskosten

Review zum Personalmanagement

Jenseits von Totem und Tabu. Ein Beitrag zur Führungstheorie

Akquisitionen und Allianzen als Optionen bei Diversifikationsstrategien

Mensch und Organisation

Eine Schriftenreihe, herausgegeben von Wolfgang H. Staehle

Hellmut Schlicksupp

Kreative Ideenfindung in der Unternehmung

Methoden und Modelle

15,5 x 23 cm. 255 Seiten. 1977.
Gebunden DM 76,– ISBN 3-11-006809-X
(MuO, Bd. 2)

Andreas Remer

Personalmanagement

Mitarbeiterorientierte Organisation und Führung von Unternehmungen

15,5 x 23 cm. 509 Seiten. 1978.
Gebunden DM 138,– ISBN 3-11-007289-0
(MuO, Bd. 6)

Peter Conrad / Jörg Sydow

Organisationsklima

15,5 x 23 cm. XII, 362 Seiten. 1984.
Gebunden DM 136,– ISBN 3-11-009945-4
(MuO, Bd. 10)

Jörg Sydow

Organisationsspielraum und Büroautomation

Zur Bedeutung von Spielräumen bei der Organisation automatisierter Büroarbeit

15,5 x 23 cm. XII, 664 Seiten. 1985.
Gebunden DM 164,– ISBN 3-11-010576-4
(MuO, Bd. 11)

Peter Conrad

Involvement-Forschung

Motivation und Identifikation in der verhaltenswissenschaftlichen Organisationstheorie

15,5 x 23 cm. XX, 483 Seiten. Mit 81 Abbildungen. 1988.
Gebunden DM 168,- ISBN 3-11-011497-6
(MuO, Bd. 14)

Wolfgang Ropella

Synergie als strategisches Ziel der Unternehmung

15,5 x 23 cm. XVIII, 333 Seiten. 1989.
Gebunden DM 148,– ISBN 3-11-011930-7
(MuO, Bd. 17)

de Gruyter · Berlin · New York